V&R

Novum Testamentum et Orbis Antiquus / Studien zur Umwelt des Neuen Testaments

Band 129

Vandenhoeck & Ruprecht

Aliyah El Mansy

Τελῶναι im Neuen Testament

Zwischen sozialer Realität und literarischem Stereotyp

Vandenhoeck & Ruprecht

Bibliografische Information der Deutschen Nationalbibliothek:
Die Deutsche Nationalbibliothek verzeichnet diese Publikation in der
Deutschen Nationalbibliografie; detaillierte bibliografische Daten
sind im Internet über https://dnb.de abrufbar.

Umschlaggestaltung: SchwabScantechnik, Göttingen
Satz: le-tex publishing services, Leipzig
Druck und Bindung: Hubert & Co, Göttingen
Printed in the EU

Vandenhoeck & Ruprecht Verlage | www.vandenhoeck-ruprecht-verlage.com

ISSN 1420-4592
ISBN 978-3-525-50024-8

Vorwort

Die vorliegende Arbeit wurde im Wintersemester 2021/2022 als Habilitation am Fachbereich Evangelische Theologie der Philipps-Universität Marburg angenommen. Für die Veröffentlichung habe ich das Manuskript überarbeitet und gekürzt. Verschiedene Menschen haben beigetragen, dass dieses Buch geschrieben werden konnte. Ihnen gilt mein aufrichtiger Dank.

Prof. Dr. Angela Standhartinger hat mich über viele Jahre unterstützt und ermutigt. Durch ihre kritische und konstruktive Begleitung habe ich gelernt, weiter und tiefer nachzuforschen. Und zwischen all den Quellen stets die Theologie im Blick zu behalten.

Prof. Dr. John S. Kloppenborg hat mir die Welt der Inschriften und Papyri geöffnet. Mit unglaublicher Großzügigkeit hat er mich während meines Forschungsaufenthaltes in Toronto und darüber hinaus unterstützt.

Prof. Standhartinger und Prof. Kloppenborg haben die Gutachten verfasst und dadurch noch mal einen Beitrag zur Verbesserung der Arbeit geleistet.

Prof. Dr. Claudia Janssen sei für die vielen Spaziergänge gedankt, auf denen meine Gedanken und Überlegungen Form annehmen konnten. Dieser Austausch hat mich auf verschiedenen Ebenen gestärkt.

Im exegetischen Arbeitskreis in Marburg konnte ich meine Arbeit mit Kolleg:innen diskutieren. Dieses Buch ist auch das Ergebnis dieser kritischen und interessierten Rückmeldungen.

Gefördert wurde die Habilitation durch ein Post-Doc Stipendium des DAADs, durch das ich einen Forschungsaufenthalt in Kanada bei Prof. Kloppenborg realisieren konnte. Diese fünf Monate haben in verschiedenster Weise neue Beziehungen geschaffen und sich nachhaltig auf meinen Weg ausgewirkt.

Mein Dank geht auch an Prof. Dr. Peter Lampe, Prof. Dr. Stefan Schreiber sowie den anderen Herausgeber:innen von Novum Testamentum Orbis Antiquus. Von den Vandenhoeck & Ruprecht Verlagen haben mich Dr. Izaak de Hulster, Christoph Spill und Miriam Lux zuverlässig und freundlich begleitet.

Meiner Familie und meinen Freund:innen sei für ihre vielfältige Unterstützung von Herzen gedankt. Viele Mosaiksteinchen ergeben gemeinsam ein Bild.

Wetterfeld, 20.03.2023 Aliyah El Mansy

Inhalt

I. Einleitung

1. Τελῶναι im Neuen Testament – Zwischen sozialer Realität und literarischem Stereotyp

In der historischen Jesusforschung gilt es als gesichert, dass Jesus Umgang mit Zöllnern hatte.[1] Die Logienquelle überliefert das viel zitierte Urteil über Jesus: „Siehe, ein Fresser und Weinsäufer, ein Freund von Zöllnern und Sündern." (Lk Q 7,34) Passend dazu berichten die Synoptiker von Jesu Tischgemeinschaft: „Und viele Zöllner und Sünder lagen mit Jesus und seinen Jüngern zu Tisch." (Mk 2,15b parr) Neben der Tischgemeinschaft erzählen die Synoptiker von der Berufung des Levi/Matthäus in die Nachfolge. Das Lukasevangelium berichtet wie Zöllner zu Johannes dem Täufer kommen, von Zachäus und von einem Zöllner im Tempel. Besonders das Matthäusevangelium nennt Abgabenpersonal mit Sünder:innen, nicht-jüdischen[2] Personen oder Sexarbeiter:innen in einem Atemzug. Vor diesem Befund entwickelte sich ein weitgehender Forschungskonsens, der sich so auf den Punkt bringen lässt: „Der Umgang Jesu mit „Zöllnern und Sündern" zählt zum historisch gesicherten Bestand der synoptischen Evangelien."[3]

Vor dieser Prämisse ist die Forschung verschiedenen Fragen nachgegangen: Wer waren die Zöllner zur Zeit Jesus? Warum werden Zöllner zusammen mit Sündern genannt? Warum wird Jesu Tischgemeinschaft mit ihnen kritisiert? Wieso wendet sich Jesus dieser Gruppe überhaupt zu? Mehrheitlich ist man sich in der Forschung einig, dass Abgabenpersonal in der Antike ein negatives Image hatte, uneinig worin der Grund liegt. Zöllner – so meistens in neutestamentlicher Forschung genannt – gelten als verachtet und sündig, unrein, moralisch und religiös disqualifiziert oder verräterisch. Die neutestamentliche Wertung strahlt in die althistorische Forschung aus. So bezeichnet der Althistoriker Stefan Pfeiffer Zöllner generell als ausbeuterisch mit Verweis auf das Neue Testament.[4] In einem Satz des Neutestamentlers

---

1 Vgl. Theißen/Merz, Jesus, 160; Ebner, Jesus, 153; Strotmann, Jesus, 135; Schröter/Jacobi, Jesus, 348.

2 Im Griechischen besitzt der Begriff Ἰουδαῖος eine ethno-kulturell-religiöse Dimension, die im Deutschen leider nicht erkennbar ist. Zur Debatte um die Verwendung der Begriffe jüdisch oder judäisch in der neutestamentlichen Forschung vgl. Lopez/Penner, New Testament, 70–75.

3 So der erste Satz im Aufsatz von Völkel, Freund, 1. Eine gegenteilige Meinung vertritt Walker, Jesus, 238: „The result of the investigation, then, is that, while it can by no means be asserted that Jesus did not associate intimately with tax collectors, neither can it be confidently affirmed that he did. The question must, at least for the present, remain open."

4 Pfeiffer, Flavier, 100: „die *publicani* als Steuerpächter. Es handelt sich um die als ‚Zöllner' bekannten unliebsamen Ausbeuter des Volkes im Neuen Testament."

Mikeal C. Parsons über Zachäus kulminieren diese negativen Zuschreibungen: „Luke has spared no insulting image to paint Zachaeus as a pathetic, even despicable, character. The image of a traitorous, small-minded, greedy, physically diminutive tax collector is derisive and mocking."[5] Andere Ansätze weisen darauf hin, dass es sich um einen literarischen Topos handelt wie William E. Arnal: „And, finally, literary portrayals of tax collectors cast these figures in an unequivocally and invariably bad light, as voracious, unclean, and immoral."[6] Die umfangreichste Studie, die diesen literarischen Vorurteilen in antiken Quellen nachgeht, ist von Fritz Herrenbrück verfasst worden. Die vorliegende Untersuchung knüpft an diese und andere Studien an. Mein Blick wendet sich den Adressat:innen der Evangelien zu: Welche Verbindungen zur historischen Realität der Adressat:innen haben die Darstellungen der Abgabeneinnehmenden in den Synoptikern? Welche Botschaft übermitteln die Synoptiker anhand ihrer τελώνης-Darstellungen bzw. welche Botschaft wollen sie mit ihrer Hilfe illustrieren?

Ich werde die τελῶναι in ihrem Kontext in den Blick nehmen, denn wo Abgabenpersonal ist, da steht im Hintergrund ein Abgabenwesen. Die Übersetzung des Begriffs τελώνης hängt vom Kontext ab, wie ich noch eingehend erläutern werden. Ich werde nur dann den Begriff „Zöllner" verwenden, wenn es sich tatsächlich um Zollpersonal handelt oder ich andere Meinungen wiedergebe. Ansonsten werden ich allgemeinere Begriffe wie Abgabeneinnehmer:innen oder Abgabenpersonal benutzen. An wenigen Stellen gehen die Synoptiker auf das Abgabensystem oder religiöse fiskalische Strukturen ein. Ich gehe aufgrund der Quellen und der Forschung davon aus, dass sich zur Zeit der Entstehung der Evangelien bereits ein Stereotyp über τελῶναι und auch das Abgabenwesen etabliert hatte. Es wird also auch darum gehen, wie die Synoptiker mit diesem Stereotyp umgehen. Dabei verstehe ich ein Stereotyp als eine vereinfachte Annahme über Personen, Gruppen, Institutionen oder Sachverhalte.

Stereotype können positive und/oder negative Wertungen beinhalten bzw. Reaktionen auslösen. Sie dienen vor allem dazu, komplexe Sachverhalte bzw. Alltagserfahrungen zu vereinfachen.[7] In dieser Reduktion von Komplexität liegt gleichzeitig die Stereotypen inhärente Gefahr der Pauschalisierung. Dies kann soziale Diskriminierung begünstigen.[8] Der Journalist Walter Lippmann, der den Begriff des Stereotyps in die Sozialwissenschaften einführte, wies darauf hin, dass Stereotype ein Teil unseres Zugangs zur Welt darstellen, da unsere Wahrnehmung der Umwelt nicht allein durch die tatsächliche Erfahrung geprägt wird, sondern wir schon vorher über die Welt Wissen vermittelt bekommen. So haben wir Erwartungen

5 Parsons, Short, 55.

6 Arnal, Village Scribes, 143.

7 Vgl. Klauer, Soziale Kategorisierung, 24.

8 Vgl. Petersen/Six, Stereotype, 18.

und Bilder im Kopf, bevor wir Dingen und Personen begegnen.[9] Der Philosoph Adam Schaff formuliert es folgendermaßen:

> Wir sprechen dann von einem Stereotyp, wenn unsere Emotionen, Werturteile und Haltungen im Sinn der Bereitschaft zu entsprechendem Handeln nicht eine Reaktion auf eigene diesbezügliche Erfahrungen sind, sondern auf einen Wort-Namen, der in uns diese Empfindungen, Urteile und Haltungen hervorruft. [...] Zweitens sprechen wir dann von Stereotypen, wenn ein bestimmtes Signal (ein bestimmter Wort-Name) emotionelle Reaktionen hervorruft, die ihren Ausdruck in Urteilen und Haltungen des Individuums finden, welche quasi mechanisch auf alle Exemplare der mit diesem Wort bezeichneten Kategorie bezogen werden. [...] Drittens beziehen sich die Produkte des Bewusstseins, die wir Stereotype nennen, immer und ausschließlich auf Probleme des gesellschaftlichen Zusammenlebens der Menschen. [...] Viertens ist ein Stereotyp immer mit einem Wort, einem sprachlichen Ausdruck verbunden [...] Und fünftens schließlich enthalten die Stereotypen immer bestimmte Werturteile und eine emotionale Ladung.[10]

Die genannten Punkte treffen auf die Begriffe für Abgabenpersonal in Teilen der antiken Literatur und insbesondere im Neuen Testament für τελώνης zu. Über eine Berufsgruppe – Abgabenpersonal – wird in sozialen Prozessen ein Wissen vermittelt, das dazu führt, dass negative Reaktionen aufgrund des Wort-Namens, z. B. τελώνης, und nicht aufgrund einer eigenen (schlechten) Erfahrung hervorgerufen werden können. Zudem werden diese negativen Urteile unabhängig vom Individuum pauschal auf alle übertragen, die dieser Berufsgruppe angehören. Schließlich steht auch hier ein sozialer Konflikt im Vordergrund, nämlich die Eintreibung von Abgaben und die Befugnisse, diese Geldforderung mit verschiedenen Mitteln durchzusetzen. Im Hintergrund findet eine Auseinandersetzung um Macht, verschiedene Ressourcen und ökonomische Teilhabe statt.

Der Prozess der Stereotypisierung ist nicht auf Personengruppen beschränkt. Auch Systeme können stereotypisiert werden – greifbar in Deutschland durch den Ausdruck „der Fiskus“, der stellvertretend für das staatliche Steuer- bzw. Finanzsystem steht. In der Antike wird *fiscus* unterschiedlich verwendet. In Rechtstexten wird er als Fachausdruck benutzt, um das kaiserliche Privatvermögen, mit dem zum Teil öffentliche Aufgaben finanziert wurden, zu bezeichnen.[11] Andere Quellen weichen von diesem juristischen Sprachgebrauch ab: „In literary sources, papyri and inscriptions other terms, *res familiaris*, *res dominica*, *patrimonium* or just

---

9 Vgl. Lippmann, Meinung, 68.

10 Schaff, Stereotypen, 31.32.33.35.36.

11 Vgl. Millar, Fiscus, 29.

pecunia sua or *mea* – τὸ βασιλικόν, τὸ (ἱερώτατον) ταμεῖον, τὰ αὐτοκρατορικὰ χρήματα are often used in context where Fiscus (or ὁ φίσκος), or cognate expressions, might have appeared."[12] Diese Beobachtung ist nicht verwunderlich, wenn man davon ausgeht, dass einigen Verfassenden die legalen Unterschiede nicht geläufig waren und auch der Kaiser nicht vom Staat (Senat) unterschieden wurde bzw. die finanzielle Kontrolle in der Kaiserzeit dem Kaiser oblag.[13] Daneben bezeichnet *fiscus* in der Kaiserzeit auch spezielle Kassen öffentlicher Gelder und spätestens seit dem 3. Jh. n. Chr. auch den gesamten Staatshaushalt bestehend aus staatlichen und kaiserlichen Mitteln:[14] „When the term 'fiscus' is used by Romans in the Principate, however, without qualifications and without any local context to which it can be confined, it clearly refers to the imperial finances as a whole."[15] Dies würde dem Gebrauch des deutschen „Fiskus" nahe kommen. In den Quellen wird jedoch auf die oben zitierten Begriffe oder auch schlicht auf den Kaiser selbst verwiesen (vgl. Mk 12,17), wenn es um das Abgabensystem geht. Statt über das System als Ganzes zu sprechen, wird uns häufiger, besonders in kritischen Kontexten, der Verweis auf Personengruppen begegnen. Festzuhalten ist, dass die Stereotypisierung von Abgabenpersonal nicht in allen Quellen geschieht, wie diese Untersuchung zeigen wird. Es handelt sich um einen spezifischen Ausschnitt eines Diskurses.

Stereotype sind ein gängiges soziales Phänomen der Identitätsbildung und des Weltzugangs. Demnach ist es erwartbar, dass diese auch im Neuen Testament und in christlicher Identitätsbildung begegnen. Selbst konträre, inkonsistente eigene Erfahrungen revidieren die vorgefassten Meinungen häufig nicht, sondern unsere Aufmerksamkeit fokussiert sich auf die Aspekte, die das Stereotyp bestätigen.[16] Dies bedeutet jedoch nicht, dass Stereotype sich nicht wandeln können, sondern lediglich, dass sie hartnäckig sind. Lars Eric Petersen und Bernd Six verweisen darauf, dass Stereotype eine spezifische Funktion haben und sowohl manipuliert als auch verändert werden können.[17] Daher können sie an Kontexte, Normen und Zeitumstände oder Ziele usw. adaptiert werden.[18] Für neutestamentliche Texte bedeutet dies zum einen, dass das Stereotyp des Abgabeneinnehmenden eine spezifische Funktion erfüllt. Zum anderen, dass die jeweiligen Evangelien das Stereotyp für ihre Zwecke anpassen können. In der Forschung zu Stereotypen werden dabei verschiedene Prozesse voneinander unterschieden:

12 Ebd., 29.

13 Vgl. Brunt, Fiscus, 77.86–87.

14 Vgl. ebd., 75–76, der damit die These Millars als Engführung kritisiert.

15 Ebd., 77–78. Im Edikt des Tiberius Alexanders, das später vorgestellt wird, werden *fiscus*, öffentliches und kaiserliches Konto synonym benutzt. Vgl. ebd., 91 Fn. 109.

16 Vgl. Lippmann, Meinung, 87. Ähnlich Schaff, Stereotypen, 32.

17 Vgl. Petersen/Six, Stereotype, 17.

18 Vgl. Waldzus/Wenzel, Selbstkategorisierung, 234.

a) Substereotypisierung

Wenn Menschen damit konfrontiert sind, dass sie eine Information erhalten oder eine Erfahrung machen, die einem Stereotyp widerspricht, wird dies entweder als Ausnahme begriffen oder ein neues Stereotyp entwickelt.[19] Dieser Prozess wird als Subtyping bezeichnet und hält Stereotype aufrecht. Eine weitere Variante besteht darin, dass innerhalb einer Stereotypen-Gruppe neue Gruppen hinzugefügt werden.[20] Durch das sogenannte Subgrouping findet eine Diversifizierung statt, die bestehende Stereotypen tatsächlich verändern kann.

b) Dekategorisierung und Rekategorisierung

Ansätze, die Stereotypen verändern wollen, bedienen sich häufig der Dekategorisierung, was meint, dass Personen in ihrer Individualität statt als Stereotyp präsentiert werden.[21] Die Rekategorisierung dagegen bedeutet, dass ein übergeordnetes Merkmal gefunden wird, unter dem verschiedene Gruppen vereint werden.[22] Die Unterscheidung in Eigen- und Fremdgruppe sowie damit einhergehende Stereotype müssen damit aufgegeben werden.

c) Solidarität und Empathie

Ein weiterer Ansatz besteht darin, dass Solidarität mit stereotypisierten Gruppen eingefordert wird. Dafür wird sich vor allem der Empathie bedient.[23]

Die synoptischen Darstellungen über Abgabenpersonal können dahingehend analysiert werden, ob sie sich solcher Prozesse bedienen. Dies ermöglicht es, genauer zu erfassen, welchen Zweck das Stereotyp erfüllt und wie die Synoptiker sich dieses kreativ aneignen.

Als Ursache für negative Stereotype werden in der Forschung politische, soziale oder religiöse Konflikte angenommen. Diese Konflikte hielten in unterschiedlicher Weise das Stereotyp aufrecht. Stereotype sind immer ein Teil komplexer gesellschaftlicher Prozesse, in denen um Ressourcen konkurriert, Macht verhandelt und Identität gebildet wird. Stereotypen erfüllen einen bestimmten Zweck und haben eine spezifische Funktion in diesen Vorgängen. Das gilt für die Gesellschaft sowie für alles, was sie hervorbringt. Daher müssen auch die sozialen Hintergründe und gesellschaftlichen Bedingungen zur Zeit der Entstehung der Synoptiker in den Blick genommen werden. Die Prozesse, die das Stereotyp des Abgabeneinnehmers hervorbringen, werden nachgezeichnet werden, um der gesellschaftlichen Komplexität, die sich dahinter verbirgt, Rechnung zu tragen.

Wenn im Neuen Testament der Begriff τελῶναι benutzt wird, dann kann damit gerechnet werden, dass zum einen das Stereotyp anklingt. Zum anderen, dass

---

19 Vgl. Machunsky, Substerotypisierung, 45.

20 Vgl. ebd., 49.

21 Vgl. Otten/Maschke, Dekategorisierung, 293.

22 Vgl. ebd., 294.

23 Vgl. Bierhoff, Solidarität, 342–344.

die tatsächlichen Erfahrungen und Meinungen über τελῶναι weitaus vielfältiger waren als die Kollektivbezeichnung widerspiegelt. Die Evangelien zeigen dies selbst in ihren unterschiedlichen Aussagen über Abgabenpersonal. Dies weist darauf hin, dass die τελῶναι in den Evangelien zur eigenen theologischen, ethischen und sozialen Positionierung herangezogen werden.

Die Vorüberlegungen zu Stereotypen lassen bereits erahnen, dass davon nicht nur die antiken Texte betroffen sind, sondern sich diese auch in der Forschungsliteratur wiederfinden können. Auch wir gehen mit bestimmten Vorannahmen, Haltungen und Urteilen an die sogenannten „Zöllnertexte“ im Neuen Testament heran. Es ist sinnvoll, zunächst zu eruieren, welche Bilder über Abgabenpersonal – ohne diese sofort mit Stereotypen gleichzusetzen – in der neutestamentlichen Exegese zu finden sind. Ich werde mich dabei auf das Abgabenpersonal konzentrieren, da das Abgabenwesen selbst fast ausnahmslos als ausbeuterisch beschrieben wird. Wir werden später sehen, dass dies eine historisch nicht haltbare Pauschalisierung ist. Es ist damit zu rechnen, dass die antiken Stereotypen über Abgabenpersonal in der Forschung rezipiert werden. Wenn in der Forschung selbst jedoch Stereotypen entstehen, dann verstellen diese den Blick auf komplexe rhetorische Vorgänge in der Literatur und der antiken Gesellschaft.

2. Die Darstellung von Abgabenpersonal in der Forschungsliteratur

Statt einer klassischen Forschungsgeschichte möchte ich mich auf die Bilder von Abgabenpersonal konzentrieren, die die Forschung rekonstruiert, rezipiert und tradiert. Die einflussreichsten Thesen zum Thema „Zöllner“ im Neuen Testament sind zu einem großen Teil in Aufsätzen publiziert worden. Dabei konzentrieren sich fast alle Forschenden darauf, die ablehnende Haltung gegenüber Abgabenpersonal und ihre soziale Stellung zur Zeit Jesu zu rekonstruieren. Die Forschungspositionen zur negativen Darstellung von τελῶναι lassen sich grob in drei Erklärungsansätze aufteilen, die jeweils ein spezifisches „Zöllnerbild“ hervorbringen:

(1) Die τελῶναι würden von den Pharisäer:innen aus moralischen und/oder religiösen Gründen abgelehnt werden. So entsteht das Bild des *unreinen und sündigen Zöllners.*

Joachim Jeremias hat 1931 einen Aufsatz unter dem Titel „Zöllner und Sünder“ veröffentlicht, in dem er vor allem rabbinisches Material untersucht. Er kommt zu dem Ergebnis, dass die Zöllner von Pharisäern ausgeschlossen worden seien, weil ihre Tätigkeit aus religiös-moralischer Perspektive als unehrlich und unehrenhaft verurteilt worden wäre. Jeremias stellt die Wendung „Zöllner und Sünder“ in den Kontext rabbinischer Negativreihungen von Berufen, denen Unehrlichkeit und/oder Unsittlichkeit unterstellt wurde.[24] Die Zoll- und Abgabeneinnehmer werden in b.Sanh. 25[b] neben Hirten, Würfelspieler, Wucherer, Veranstaltern von Taubenwettflügen und Händler mit Früchten des Brachjahres gestellt – alles Tätigkeiten, die den Verlust bestimmter Ämter wie Richter oder die Fähigkeit zur Zeugenaussage nach sich zögen, da sie im Ruf des Betrügens stünden.[25] Aufgrund von Zachäus Wiedergutmachung (Lk 19,8) schreibt Jeremias: „Steuererheber und Zöllner (6–7) missbrauchten, wie die Erfahrung gelehrt hatte, ihr Amt fast durchweg zu unrechtmäßiger Bereicherung: sie wurden daher, falls sie vor der Amts- bzw. Pachtübernahme einer pharisäischen Gemeinschaft angehörten, ausgestoßen und konnten sich nur durch Amtsniederlegung rehabilitieren."[26] So sei es dann eben auch anstößig, wenn Jesus mit solchen Personen Tischgemeinschaft habe oder sie in die Nachfolge rufe, d. h. in die Gemeinschaft aufnehme. Jeremias ordnet diese Liste zeitlich nicht ein, sondern setzt voraus, dass sie die Situation im 1. Jh. n. Chr. spiegelt. Jeremias These ist eine der wirkmächtigsten in der Forschung. Sie bietet auch die Basis dafür, einen Konflikt über die Mitgliedschaft von Zöllnern in der eigenen Gruppe zwischen Pharisäern und Jesusgruppe zu vermuten. Jedenfalls etabliert Jeremias, dass Zöllner als moralisch unrein betrachtet wurden.

Jeremias Schüler Norman Perrin baute auf den Studien seines Lehrers auf und spitzte 1967 dessen These in dem Aufsatz „Rediscovering the Teaching of Jesus" zu, indem er behauptete, dass es um eine speziell rituelle Ablehnung ginge, da Zöllner als rituell unrein galten.[27] Diese Annahme basiert auf mTohorot 7,6. Dort steht, dass alles im Haus unrein würde, wenn ein Abgabeneinnehmer es betritt.[28] Hinzu käme, dass sie auch mit der römischen Besatzungsmacht kollaborieren würden. Die Tischgemeinschaft mit diesen Kollaborateuren sei auch der Grund gewesen, warum die jüdischen Behörden Jesus ausgeliefert hätten.[29] Die Mahlgemeinschaft mit jüdischen Personen, die sich zu „Heiden" machten, hätte Anstoß erregt.[30] Laut Perrin sind Zöllner rituell unreine Kollaborateure.

(2) Die jüdische Bevölkerung lehnt τελῶναι wegen ihrer Kollaboration mit den Römern ab. So wird das Bild des *verräterischen Zöllners* stark gemacht.

---

24 Vgl. Jeremias, Zöllner, 295–298.

25 Vgl. ebd., 299–300.

26 Ebd., 299–300.

27 Vgl. Perrin, Jesus, 134. Donahue, Tax Collectors, 40 (Fn. 7).42 berichtet über den Briefwechsel zwischen Perrin und Jeremias zu dem Thema, den er einsehen durfte.

28 Gegen diese Auslegung weist Maccoby, Tax-Collectors, 60–63 darauf hin, dass rituelle Unreinheit im Judentum nicht permanent ist, sondern durch Reinigungsrituale beseitigt werden kann. Es könne in den herangezogenen rabbinischen Stellen also nur um moralische Unreinheit gehen.

29 Vgl. Perrin, Jesus, 113–114.

30 Vgl. ebd., 116–117.

Ebenfalls in den 30ern vertrat der Papyrologe HERBERT C. YOUTIE in seinem Aufsatz „Publicans and Sinners" prominent die These, dass Zöllner in Palästina zur Zeit Jesu wohlhabende Kleinpächter gewesen seien, die als Kollaborateure der römischen Staatsmacht verhasst gewesen seien. YOUTIES Thesen, dass die Zöllner des Neuen Testaments nicht zu den Publikanengesellschaften gehörten, die Abgaben pachteten, sowie der Vorwurf, dass sie Verräter seien, werden bis heute rezipiert. In seinem Aufsatz – der ganz ohne Fußnoten und Quellenverweise auskommt – behauptet er, dass die Synoptiker ein vom jüdischen Nationalismus des 1. Jh. n. Chr. geprägtes negatives Bild der τελῶναι verbreiten würden.[31] Er spricht pauschal von einem „Jewish hatred of tax-farmers."[32] Gründe für diesen Hass und diese Ablehnung seien die Kollaboration mit den römischen Machthabenden durch die sich die τελῶναι selbst von der jüdischen Gemeinschaft abgeschnitten hätten.[33] Jesus würde sich diese Stigmatisierung zunutze machen, um seine Botschaft der Umkehr radikal zu illustrieren. Er selbst habe wie Johannes der Täufer eine eher pragmatische Sicht, dass die τελῶναι eine notwendige Aufgabe erfüllten, die sie jedoch ehrlich ausführen sollten.[34] YOUTIE interessiert nun, ob Jesus die τελῶναι als Gruppe zu Illustrationszwecken aufgrund nationalistischer Vorurteile oder aufgrund religiöser und ethischer Vorbehalte benutzt.[35] Sein Vergleichspunkt sind die Verhältnisse in Ägypten. Er kommt zu dem Schluss, dass die τελῶναι des Neuen Testaments eben keine Publikanen, d. h. Abgabenpächter, seien, sondern „like those of Egypt, local men, bourgeois respectable business men […] sometimes truly wealthy, sometimes with only the fasçade of wealth, now honest, now dishonest, occasionally sheer speculators."[36] Zusammengefasst seien die τελῶναι wohlhabende Kollaborateure und seien als solche gehasst worden, obwohl sie nicht schlechter oder besser als andere Personen waren.[37] Jesus habe sich diese Vorbehalte zunutze gemacht, um an ihnen zu zeigen, dass Umkehr jede Person retten könne.[38]

Eine Kombination des ersten und zweiten Bildes kann man z. B. bei JOHN R. DONAHUE 1971 finden. Er vertritt, dass die Zollpächter aufgrund ihrer Unehrlichkeit und wegen Kollaboration abgelehnt worden seien. DONAHUE knüpft an die Fragen an, ob Abgabenpersonal moralisch oder rituell sündig sei. Er nahm damit einen Vorschlag JEREMIAS auf, das Problem frisch zu betrachten, indem erstens das

31 Vgl. Youtie, Publicans, 2–8.
32 Ebd., 20 vgl. auch 2–3.6–7.
33 Ebd., 3.
34 Ebd., 4–5.
35 Ebd., 6.
36 Ebd., 17.
37 Ebd., 19.
38 Ebd., 20.

rabbinische Material erneut darauf untersucht würde, ob Abgabeneinnehmer:innen überhaupt rituell verunreinigt seien und zu den nicht-jüdischen Personen gezählt würden; zweitens, ob es tatsächlich jüdische Abgabeneinehmer:innen zur Zeit Jesu gab und drittens, ob nicht eine Unterscheidung zwischen Zoll- und Abgabeneinnehmer:innen gemacht werden müsste.[39] Diese Punkte arbeitet DONAHUE systematisch in seinem Aufsatz ab. Er stellt fest, dass es sowohl jüdische Zoll- und Abgabeneinnehmer:innen im 1. Jh. n. Chr. gab, die keinen Publikanengesellschaften angehörten, sondern direkte Abgaben einsammelten oder indirekte Abgaben pachteten.[40] Bei der Auswertung der rabbinischen Quellen re-evaluiert DONAHUE die von JEREMIAS und PERRIN herangezogenen Stellen. Er beobachtet, dass Abgabeneinnehmer (גבאי) und Zolleinnehmer (מוכס) beide neben Räuber gestellt werden.[41] Er weist jedoch selbst darauf hin, dass in bSanh. 25^b ebenso positiv über einen Abgabeneinnehmer berichtet wird. Dieser Abgabeneinnehmer sorgt dafür, dass die Leute nicht die hohen Abgaben bezahlen mussten.[42] Dagegen würden die Zolleinnehmer generell härter verurteilt – nicht, weil sie für die Fremdmacht arbeiteten, das taten die Abgabeneinnehmer auch, sondern weil sie als unehrlich galten.[43] DONAHUE betont, dass die τελῶναι im Neuen Testament Zollpächter oder Angestellte von Zollpächtern seien, weil sowohl in Judäa als auch Galiläa im 1. Jh. n. Chr. an sie die indirekten Abgaben verpachtet wurden.[44] Die Berichte und Worte über Jesu Gemeinschaft mit Zöllnern gehörten zur ältesten Schicht und dieser Kontakt würde in Galiläa zur Zeit Jesus deswegen kritisiert, weil sie unehrliche Leute seien. Hier spielten die Römer:innen im Gebiet des Herodes weniger eine Rolle, da er für die Abgaben zuständig war. Im Laufe der Ausbildung der Evangelien habe sich dies aber geändert und nun seien Abgaben- und Zolleinnehmer wegen ihrer Arbeit für die Römer:innen (6–44 n. Chr.), wie es in Jerusalem der Fall war, abgelehnt worden.[45] DONAHUE gibt also sowohl JEREMIAS als auch PERRIN Recht, indem er feststellt, dass Abgabenpersonal zu unterschiedlichen Zeiten an verschiedenen Orten different bewertet werden konnte. Hierin liegt eine wichtige Erkenntnis: Die Bewertung von Abgabenpersonal hängt nicht nur von dem jeweiligen Abgabeneinnehmer ab, sondern ebenso von dem jeweiligen administrativen System. Der ursprünglich als unehrlich geltende Zöllner (galiläische Tradition) würde zum verräterischen Zöllner (Jerusalemer Tradition).

39 Vgl. Donahue, Tax Collectors, 42.
40 Vgl. ebd., 48–49.
41 Vgl. ebd., 49–52.
42 Vgl. ebd., 51.
43 Vgl. ebd., 53.
44 Vgl. ebd., 54.59.
45 Vgl. ebd., 60.

(3a) Die τελῶναι werden von einer Mehrheit abgelehnt, weil sie zu einer verarmten und prekären Schichte gehören. Der *arme und marginalisierte Zöllner* ist geboren.

Gut vier Jahrzehnte nach YOUTIE, 1978, präsentierten LUISE SCHOTTROFF und WOLFGANG STEGEMANN in ihrem Buch „Jesus von Nazareth – Hoffnung der Armen“ die These, dass Zöllner in prekären Verhältnissen lebten und zu den Armen und Marginalisierten gehörten. Damit wenden sie sich dezidiert gegen Youties These von reichen Zöllnern. SCHOTTROFF/STEGEMANN gehen davon aus, dass die τελῶναι Zöllner an Zollstationen waren und in den Evangelien hauptsächlich von diesen Zollangestellten berichtet würde. Diese Angestellten gehörten zu sozialen Randgruppen, die keine andere Arbeit gefunden hätten und schnell geneigt waren, bei der Zollabwicklung zu betrügen.[46] Die Verachtung von Zöllnern schreiben sie jedoch den literarischen Quellen zu. Sie stellen sowohl für die griechisch-römische als auch jüdische Gesellschaft fest: „Die Zöllner werden von Juristen und Moralisten nur verurteilt, *wenn* sie sich vergangen haben, von Händlern immer angegriffen und von Gebildeten und Vornehmen pauschal verachtet.“[47] Sie wenden sich damit gegen JEREMIAS These, dass Zöllner per se im Judentum verachtet und religiös ausgeschlossen seien. Gleichzeitig spezifizieren sie, dass Jesus hochgestellten Leuten bzw. das Lukasevangelium später dieser Gruppe in der Gemeinde ihren Hochmut vorhalten würde, der zur Verachtung der Zöllner oder anderer marginalisierter Gruppen führe.[48]

(3b) Die τελῶναι werden von einer jüdischen und griechisch-römischen Elite abgelehnt, weil sie deren Wertvorstellungen nicht erfüllten und zu ihnen in Konkurrenz stehen konnten. Dieses Bild des *gierigen/ungebildeten/unehrlichen etc. Zöllners* hat sich am meisten wirkungsgeschichtlich durchgesetzt. Die Vorstellung der τελῶναι als Opfer eines Machtdiskurses konnte sich kaum in der Forschung durchsetzen.

Die einzige neutestamentliche Monographie zu Zöllnern ist die 1979 abgeschlossene und 1990 publizierte Dissertation von FRITZ HERRENBRÜCK mit dem Titel „Jesus und die Zöllner. Historische und neutestamentliche Untersuchungen“. Auch er rezipierte YOUTIES These, dass die Zöllner Kleinpächter seien. Er arbeitete heraus, dass sie in Konkurrenz zu den Pharisäern gestanden hätten und von diesen analog zur griechisch-römischen Elite aufgrund aristokratischer Wertvorstellungen stigmatisiert würden. Er verweist damit also auf einen eher sozialen Konflikt. Konkret fragt er, ob die τελῶναι ein Teil der „Hierarchie einer römischen societas publicanorum“[49] oder ob sie von diesen Pachtgesellschaft unabhängige hellenistische

46 Vgl. Schottroff/Stegemann, Jesus, 16–18.

47 Ebd., 23.

48 Vgl. ebd., 22–23.

49 Herrenbrück, Zöllner, 162. Als Vertreter dieser Position nennt er C. Salmasius und Th. Mommsen.

Kleinpächter waren.[50] Die Quellenbelege zeigten, dass die τελῶναι in „Palästina“ [sic] Anfang des 1. Jh. n. Chr. lokale hellenistische Kleinpächter waren. Es gäbe nur wenige Belege für römische Abgabenpächter in dieser Region zu dieser Zeit.[51] Das System der Kleinpächter sei von den Seleukiden über die Hasmonäer bis zum Ende des 1. Jh. n. Chr. vorherrschend gewesen.[52] Herrenbrück bezeichnet die τελῶναι als Abgabenpächter im Unterschied zum römischen Großsteuerpächter.[53] Damit folgt er Michael Rostovtzeff (1904/1955) und Youtie (1937/1967).[54]

Um die Beurteilung von Abgabenpersonal zu untersuchen, stellt Herrenbrück eine Sammlung griechisch-römischer und rabbinischer Aussagen über Zöllner vor. Für die griechisch-römische Literatur stellt er fest, dass sich hier (aristokratische) Norm- bzw. Bildungsvorstellungen spiegelten:

> Haß und Ablehnung (Dion. Chr. 14,14; Epikt. diss. Ab Arr. 3,15,12), Belästigung und Unruhe (Lukian. 38,11; Artem. 1,23; 4,57), Schamlosigkeit und Geldgier (Artem. 4,42; Philostr. VA 8,7,11), schließlich Reichtum und ordinäres Verhalten (Lukian. 51,30; Diog. epist. 36,2, vgl. Gal. VIII 587 und Hermog. inv. 1,2) sind die einzelnen und sich gegenseitig ergänzenden Aspekte eines abschreckenden Beispiels. Einzig Artem. 3,58 fällt bislang aus dem angeführten Material, das weitgehend die Volksmeinung widerspiegelt und zugleich auch die Ablehnung der Gebildeten gegenüber dem τελώνης zeigt, auffällig heraus.[55]

Aus dieser Perspektive heraus würden die τελῶναι negativ bewertet, da sie qua Beruf gesellschaftliche Grenzen durch ihre weitreichenden Befugnisse überschreiten konnten.[56] Diese ablehnende Haltung findet er auch in einigen rabbinischen Schriften wieder, die er der Perspektive einer „pharisäischen Bildungsaristokratie“ zuschreibt.[57] Ein weiterer Konflikt sei zudem die soziale Rivalität gewesen: τελῶναι konnten ökonomisch wohlhabend und sozial-politisch einflussreich sein, was sie zu Konkurrenten im Machtgefüge zu z. B. Pharisäern machte.[58]

Die religiöse Beurteilung fächert Herrenbrück sorgfältig auf und macht damit deutlich, dass es unterschiedliche Haltungen zu Abgabenpersonal unter den Pharisäer:innen gab. Einerseits gäbe es sozial und religiös integriertes Abgaben-

---

50 Vgl. ebd., 162.
51 Ebd., 165.188.
52 Ebd., 189.
53 So ebd., 225–226.
54 Vgl. ebd., 162.
55 Ebd., 72.
56 Ebd., 226–227.292–293.
57 Vgl. ebd., 234.293.
58 Vgl. ebd., 289 im Aufgriff der These G.W. Buchanans zu Lk 18,10ff.

personal.[59] Andererseits betrachten einige rabbinische Quellen Abgabeneinnehmer:innen als unehrlich, betrügerisch, gierig oder sündig.[60] HERRENBRÜCK hält die τελῶναι-Stellen für jesuanisch.[61] Er analysiert die synoptischen Stellen im Licht der antiken Befunde. Die theologische Kernaussage sei, dass Jesus zu ganz Israel gesendet worden sei, was an der Hinwendung zu τελῶναι illustriert werde.[62] Die τελῶναι würden nicht Sünder:innen repräsentieren, sondern nicht-Pharisäer:innen und damit religiös deklassierte und stigmatisierte Personen.[63] Soziologisch seien τελῶναι wohlhabende Kleinpächter, denen aus unterschiedlichen Gründen unmoralisches oder sündiges Verhalten zugeschrieben würde.

HERRENBRÜCKS Ergebnisse wurden zum Teil von WERNER STENGER 1988 in seiner Monographie über die Besteuerung Palästinas aufgenommen. Er kombinierte die These des Zöllners als Kleinpächter mit der Annahme von SCHOTTROFF/STEGEMANN, dass solche Unterzöllner aus prekären ökonomischen Verhältnissen stammten.[64] STENGER befasst sich in seiner Untersuchung mit dem Steuersystems Palästina zur neutestamentlichen Zeit. Seine These lautet, dass die hohe Steuerlast und die damit einhergehende Demütigung mit verantwortlich gewesen wären für die zwei jüdischen Aufstände. Er nimmt damit vor allem die sozio-psychologischen (ideelle Belastung) und ökonomischen (materielle Belastung) Folgen in den Blick. In einem Unterkapitel beschäftigt er sich mit Zoll und Kleinpächtern (Kapitel 2, 1.3). Er schließt sich HERRENBRÜCK an, indem er annimmt, dass es keine römischen Steuerpachtgesellschaften in Judäa gab, sondern nur hellenistische Kleinpächter.[65] Allerdings unterscheidet er noch mal: Es hätte Steuereinnehmer gegeben, die im Auftrag des Sanhedrins und der Stadträte die direkten und einen Teil der indirekten Steuern (Markt-, Gewerbe- und Verkaufssteuern u. ä.) eingenommen hätten.[66] Daneben hätte es Steuerpächter gegeben, die die Hetärensteuer, Zölle und Wegegelder pachteten.[67] Spiegeln würde sich dies in der Terminologie der rabbinischen Schriften sowie in der positiveren Bewertung der Steuereinehmer im Gegensatz zur negativen Beurteilung der Steuerpächter.[68] Im Neuen Testament sei lediglich von Steuerpächtern die Rede, da sie an Zollorten auftreten, wobei zu unterscheiden sei zwischen wohlhabenden Zollunternehmern wie Zachäus und Unterzöllnern wie

59 Ebd., 211-217.227.
60 Ebd., 198-208.
61 Vgl. ebd., 228.
62 Vgl. ebd., 283-285.
63 Ebd., 286-289.
64 Schottroff/Stegemann, Jesus, 18.
65 Vgl. Stenger, Besteuerung, 66.
66 Vgl. ebd., 65.
67 Vgl. ebd., 66.
68 So ebd., 66.

Levi.[69] Mit dieser Annahme grenzt er sich von HERRENBRÜCK ab und kritisiert, dass dieser ägyptische Gegebenheiten zu undifferenziert auf Judäa übertragen würden.[70] STENGER schließt sich eher SCHOTTROFF/STEGEMANN an, indem er deren Unterscheidung und These des in prekären sozialen und ökonomischen Verhältnissen lebenden Zöllners aufnimmt.[71]

3. Ausblick

In verschiedenen Kombinationen und Spielarten finden sich diese Hauptthesen in der neutestamentlichen Forschung wieder. OTTO MICHEL rezipiert im Anschluss an Jeremias in der ThWNT die These des Zöllners als „notorisch sündhaften Israeliten".[72] Auch WILLIAM R. FARMER hält Zöllner für kollaborierend und sündig, sieht den Grund dafür jedoch darin, dass sie wie nicht-jüdische Personen leben würden.[73] Für WARREN CARTER stabilisiert das Abgabenpersonal als systemrelevante Tätigkeit das Römische Reich („retainer").[74] CHRISTOPH RIEDO-EMMENEGGER schreibt ohne direkten Verweis auf Sekundärliteratur: „Dies macht die Verachtung durch Landsleute verständlich, welche sie als unrein und als Kollaborateure ansahen."[75] Im Jesushandbuch von JENS SCHRÖTER und CHRISTINE JACOBI werden Zöllner als exemplarische Betrüger betrachtet.[76] Ein Querblick durch die deutsche und englische Kommentarliteratur zeigt, dass Zöllner hauptsächlich als sündig, betrügerisch/unehrlich und Kollaborateure betrachtet werden.[77] Vor allem neuere englischsprachige Kommentare machen jedoch zum Teil deutlich, dass es sich dabei um antike Stereotype handelt und kennzeichnen damit die Aussagen über

---

69 Vgl. ebd., 66.

70 So ebd., 244 in Endnote 137 zum zweiten Kapitel.

71 Vgl. ebd., 66 mit Verweisen und Zitaten aus Schottroff/Stegemann, Jesus.

72 Michel, τελώνης, 103.

73 Vgl. Farmer, Tax Collectors, 167–168. Besonders 168: „And it is altogether likely that many Jewish tax collectors and their families succumbed to the temptation to live like Gentiles". Einen Beleg gibt es dafür nicht.

74 Vgl. Carter, Margins, 218.

75 Riedo-Emmenegger, Provokateure, 137.

76 Schröter/Jacobi, Jesus, 350.

77 *Sündig*: Donahue/Harrington, Mark, 104; Johnson, Luke, 287; Fiedler, Matthäusevangelium, 329; Lohmeyer, Matthäus, 148; Petzke, Sondergut, 163; Wolter, Lukasevangelium, 162; Gnilka, Matthäusevangelium (1), 330; Dschulnigg, Markusevangelium, 97. *Betrügerisch/unehrlich*: Davies/Allison, Matthew, 558; Wolter, Lukasevangelium, 162; Gnilka, Matthäusevangelium (1), 330; Schürmann, Lukasevangelium (1), 288; Dschulnigg, Markusevangelium, 97; Carter, Mark, 49; Bovon, Lukas (1), 257. *Kollaborateure*: Brawley, Luke, 57.76.164.170; Luck, Matthäus, 125; Petzke, Sondergut, 70; Dschulnigg, Markusevangelium, 97; Carter, Mark, 49.

„Zöllner" als Zuschreibungen.[78] Manche betonen, dass die Position des Abgabenpersonals im fiskalischen und provinzialen Gefüge, das mögliche Fehlverhalten hervorbringe.[79] Diese Forschungsansätze kontextualisieren das Abgabenpersonal als Teil des Abgabenwesens.

Insgesamt lässt sich festhalten, dass die Forschung auf den ersten Blick zu widersprüchlichen Einschätzungen zu kommen scheint. Der Grund dafür liegt an den jeweils herangezogen Quellen und vor allem konträren sozio-ökonomischen Grundannahmen über das jeweilige Abgabensystem, Abgabenpersonal sowie gesellschaftlichen Gruppen. Jedes der oben skizzierten Bilder über Abgabeneinnehmende lässt sich in den Quellen finden – aber erst zusammen ergibt sich eine Vorstellung vom Abgabenpersonal, das heterogen war.

4. Neutestamentlicher Befund

Wenn man sich mit Abgaben und Zoll in der Antike beschäftigt, erstaunt es, dass gerade bei Paulus und in den Geschichten über ihn dieser Aspekt antiken Lebens und besonders Reisens so gut wie gar nicht vorkommt. Wie kommt es vom Römerbrief, in dem die Abgabeneinnehmer als λειτουργοὶ θεοῦ (Röm 13,6), als Liturgen Gottes, bezeichnet werden zum Matthäusevangelium, das sie auf eine Stufe mit nicht-Gläubigen Menschen stellt (Mt 18,17)? In den neutestamentlichen Schriften finden sich in verschiedenen Kontexten Aussagen zu τελῶναι, zum staatlichen sowie religiösen Abgabensystem. In den folgenden Abschnitten werden die verschiedenen neutestamentlichen Aussagen zu Abgabenpersonal und Abgabenwesen kurz vorgestellt.

4.1 Staatliche Abgaben

Bereits Paulus rekurriert auf Abgabenzahlungen. In Röm 13,6–7 heißt es, dass Abgaben und Zoll zu zahlen seien, weil diejenigen, die diese Leistungen einziehen, in Gottes Auftrag handeln würden. In Mk 12,13–17/Mt 22,15–22/Lk 20,20–26 wird Jesus gefragt, ob dem Kaiser Abgaben gezahlt werden sollten. Die Geburtserzählung bei Lukas beginnt mit dem Bericht über einen Zensus in Lk 2,1–2. In der lukanischen Passionserzählung schließlich wird Jesus vorgeworfen, dass er zum Abgabenboykott aufrufen würde (Lk 23,2). Das verbindende Element dieser verschiedenen Perikopen ist die Tatsache, dass das Römische Reich Abgaben einzog

78 Vor allem Levine/Witherington, Luke, 149.491; Reid/Matthews, Luke, 184.

79 Levine/Witherington, Luke, 89; Brawley, Luke, 57.

sowie die Frage nach der Haltung und dem Umgang der Abgabenzahlenden mit diesen Forderungen.

4.2 Darstellung von Abgabenpersonal

Jesu Begegnungen mit Abgabenpersonal werden in den Evangelien in verschiedenen Perikopen dargestellt. Alle Synoptiker bieten die Berufung des Levi/Matthäus in Mk 2,14/Mt 9,9/Lk 5,27 sowie die anschließende Tischgemeinschaft Mk 2,15-17/Mt 9,10-11/ Lk 5,28-32. Mt 10,3 listet eben diesen Abgabeneinnehmer Matthäus in der Jüngerliste auf. Aus der Tradition der Logienquelle stammt die Aussage, dass Jesus ein Freund der ‚Zöllner und Sünder' sei in Mt 11,19 und Lk 7,34. Das Matthäusevangelium lässt Jesus sowohl inkludierende Aussagen über Abgabenpersonal und Sexarbeiter:innen machen, wenn es in Mt 21,31-32 heißt, dass sie eher als die Hohenpriester und Ältesten des Volkes in das Reich Gottes kommen. Als auch exkludierende, wenn ihnen in Mt 5,46 vorgeworfen wird, nur ihresgleichen zu lieben und in Mt 18,17 angeraten wird, dass ein uneinsichtiger Bruder wie ein nicht-Jude und Abgabeneinnehmer sei.

Lediglich im Lukasevangelium gibt es längere Passagen, die Abgabenpersonal gewidmet sind. Die Abgabeneinnehmer:innen sind hier in die Traditionen rund um Johannes den Täufer eingebettet: In Lk 3,12-13 kommen sie zu Johannes Täufer, um sich taufen zu lassen und ihn um Rat zu bitten. Dies wird in Lk 7,29 erneut aufgenommen. In Lk 15,1 hören Abgabeneinnehmende mit Sünder:innen Jesus zu. Eine eigene Perikope in Lk 18,9-14 vergleicht das Gebet eines Pharisäers und eines Abgabeneinnehmers im Tempel. Schließlich gehört ebenso die bekannte Geschichte über den Abgabeneinnehmer Zachäus in Lk 19,1-10 zum Sondergut des Lukas, nach der Jesus mit Zachäus isst und dieser schließlich sein Geld an Arme geben und Übervorteilten das Vierfache zurückerstatten möchte.

4.3 Religiöse Abgaben

Religiöse Abgaben kommen in Mk 12,41-44/Lk 21,1-4 als Spende der armen Frau in den Gotteskasten vor. In Mt 17,24-17 wird die Doppeldrachmen-Abgabe thematisiert und in Mt 23,23 sowie Lk 11,42 die Verzehntung verschiedener Gewürzkräuter.

5. These und Vorgehen

Die These der Untersuchung lautet, dass die Synoptiker ein literarisches Stereotyp adaptieren, um ihre jeweilige theologische Botschaften zu illustrieren. Obgleich es lockere Bezüge zur Sozialgeschichte gibt, kann aus den neutestamentlichen Aussagen nicht adäquat die soziale Realität von Abgabenpersonal rekonstruiert werden, da sie eine narrativ-theologische Funktion in den Evangelien haben. Die Evangelien verhandeln anhand des Abgabenpersonals Fragen der Identität, Zugehörigkeit und Außenwirkung. Dafür entwerfen sie ein Bild von Abgabeneinnehmer:innen, das nicht immer der sozialen Realität entspricht, sondern die Aspekte betont, die sie für ihre Aussage brauchen.

Anhand des Themas τελῶναι wird in der Untersuchung illustriert, wie die Synoptiker mit Stereotypen als literarischem und sozialem Phänomen umgehen und sie sich für ihre eigene theologische Botschaft kreativ aneignen. Dafür wird analysiert, welche Bezüge die synoptischen Darstellungen von Abgabenpersonal und Abgabenwesen zum einen zu außerneutestamentlichen literarischen Quellen und zum anderen zur Sozialgeschichte haben. Die soziale Wirklichkeit von Abgabenpersonal und mögliche Alltagserfahrungen der Adressierten werden anhand von papyrologischen und epigraphischen Dokumenten rekonstruiert. Schließlich wird ausgewertet, welche Funktion die Perikopen über Abgabenpersonal im Gesamtkonzept des jeweiligen Evangeliums haben.

Um die neutestamentlichen Perikopen zum staatlichen und religiösen Abgabenwesen sowie Abgabenpersonal kontextualisieren zu können, müssen verschiedene Bereiche näher betrachtet werden. Kapitel II. widmet sich der Rekonstruktion des Abgabenwesens in der frühen Kaiserzeit. Davon hängt in der Forschung auch die Bewertung von Abgabenpersonal als dessen Repräsentant ab.

Die Legitimation von Abgaben ist die Basis der Finanzadministration. Nicht nur wird über sie in philosophischen und historischen Schriften diskutiert, auch werden sie in Form von Abgabenordnungen und Edikten der Öffentlichkeit kommuniziert. Sie bilden den Rahmen für die Tätigkeiten von Abgabenpersonal und geben die Strukturen vor, in denen alle Beteiligten agieren. In den Provinzen müssen sich die Bewohner:innen zu den Abgabenforderungen verhalten und einen Umgang mit ihnen finden. Jüdische Quellen werden exemplarisch illustrieren, wie dies aussehen konnte.

In Kapitel III. geht es um die Darstellung von Abgabenpersonal in literarischen Quellen, papyrologischen Dokumenten sowie ihre Selbstdarstellung in Inschriften. Der Repräsentanz und tatsächlichen Präsenz von Abgabenpersonal in der Gesellschaft wird nachgegangen. Anhand von Quellen aus Ägypten wird nachgezeichnet, worin die Tätigkeiten von Abgabenpersonal bestanden und was aus ihren Archiven über ihr Leben rekonstruiert werden kann. Es werden die Funktion von Abgabenpersonal im Abgabenwesen sowie ihre Rolle im sozialen Gefüge einer Stadt oder eines Dorfes analysiert. Dies ist das Herzstück der Untersuchung. In diese Kontexte können die später untersuchten Darstellungen von Abgabenpersonal bei den Synoptikern eingezeichnet werden.

Das folgende Kapitel IV. beleuchtet die Seite der Abgabenleistenden. Es wird ein Blick auf ihre Erfahrungen mit der Finanzadministration, Abgaben und Abgabenpersonal geworfen. Dadurch kann ein Eindruck gewonnen werden, wie die Haltungen zu und Erfahrungen mit Abgabenpersonal aussahen.

Kurz widmet sich Kapitel V. dem Zusammenhang zwischen Tempeln und Abgaben. Hier wird zum einen illustriert, wie Tempel selbst in Abgabensysteme eingebunden waren bzw. eigene fiskalische Strukturen hervorbrachten. Zum anderen wird die religiöse Legitimation von Abgaben deutlich und damit ihre kultische Bedeutung im Gegenüber zu staatlichen Abgaben.

Im neutestamentlichen Kapitel VI. schließlich werden die Darstellungen von Abgabenpersonal und Abgabenwesen untersucht. Es wird nach ihrer narrativen und theologischen Funktion in der Gesamtschrift gefragt. Die Bezüge zu literarischen Stereotypen und zur sozialen Wirklichkeit der Adressierten werden herausgearbeitet. Auf diese Weise können die Zusammenhänge nachgezeichnet werden, in denen ein Stereotyp eingebettet ist und eine spezielle Funktion erfüllt. Stereotype dienen nicht nur der Vereinfachung der Welt, sondern gleichzeitig der Behauptung der eigenen Stellung in der Gesellschaft und Konstruktion der eigenen Identität.[80] Nur vor dem Hintergrund dieser Komplexität können die Funktionen, Wirkungen und das Beharrungsvermögen der literarischen Stereotype genauer analysiert werden.

In Kapitel VII. werden abschließend die Ergebnisse gebündelt und ein Bogen zum Bild von Abgabenpersonal in der Forschungsliteratur geschlagen.

80 Vgl. Lippmann, Meinung, 71, der Stereotype martialischer als *Verteidigungswaffe* bezeichnet.

II. Abgabenwesen in der Frühen Kaiserzeit

1. Vorbemerkungen

Im Neuen Testament wird auf das staatliche Abgabenwesen in der Perikope über die Kaiserabgaben (Mk 12,13-17 parr) Bezug genommen, es wird vom Zensus berichtet (Lk 2,1-2) und Jesus Abgabenboykott vorgeworfen (Lk 23,2). Matthäus thematisiert Verschuldungsspiralen, die es nicht nur, aber auch im und durch das Abgabenwesen gab, sowie ungleiche Besteuerung (Mt 18, 23-34; Mt 17,25-26). Das Abgabenpersonal arbeitet im Abgabenwesen, sie sind miteinander verflochten. Mit einem ungerechten Abgabenwesen und zu hohen Abgabenforderungen wird häufig in der Forschung die Abneigung gegenüber Abgabenpersonal erklärt. Ich möchte daher zunächst in das Abgabenwesen einführen, um seine Mechanismen und das administrative Agieren besser zu verstehen. So kann der Rahmen, in dem sich Abgabenpersonal sowie Abgabenleistende bewegten, besser verstanden werden.

Das Abgabensystem der Antike ist nicht vollständig rekonstruierbar. Das liegt zum einen an den lückenhaften und diversen Quellen und Gattungen. Zum anderen an der Interpretation derselben. Die Herausforderungen einer Systematisierung des kaiserzeitlichen Abgabensystems lassen sich anschaulich an zwei wichtigen Publikationen verdeutlichen. Lutz Neesen veröffentlichte 1980 seine Forschungsergebnisse unter dem Titel: „Untersuchungen zu den direkten Staatsabgaben der römischen Kaiserzeit (27 v. Chr.-284 n. Chr.)". Unter „direkte Staatsabgaben" zählt er einerseits Abgaben für landwirtschaftlich genutzten Boden (*tributum soli, stipendium, vectigal, decuma* u. ä.) und andererseits Personalabgaben (*tributum capitis*, Erbschaftssteuer, Freilassungssteuer, *aurum coronarium*[1] u. a.). Die Publikation von Sven Günther widmete sich 2008 den indirekten Abgaben: „*Vectigalia nervos esse rei publicae*. Die indirekten Steuern in der Römischen Kaiserzeit von Augustus bis Diokletian".[2] Für ihn sind die Untersuchungsgegenstände die Erbschafts-, die Freilassungs-, die Verkaufs-, die Sklavenabgabe sowie kleinere unter spezifischen Kaisern eingeführten Abgaben[3]. Zwei Dinge fallen auf: Neesen spricht von direkten Staats*abgaben* und Günther von indirekten *Steuern*. Es werden zwei unterschiedliche Begriffe verwendet zur Beschreibung, dass Geld- oder Naturalabgaben erhoben

1 Eine Ehrbezeugung an den Herrscher.

2 Es handelt sich bei diesen Worten um ein Zitat Ciceros (Cicero, leg. man. 17). So aus dem eigentlichen Satzbau gelöst, kann es übersetzt werden als: „Die Staatseinnahmen sind die Nerven des Staates."

3 Unter Caligula eine Zollabgabe für Rom (Edulensteuer), Prozess- und Streitsachenabgaben, Abgaben auf Tageseinnahmen von Lastenträgern, Prostitutionsabgabe. Unter Vespasian eine Urinsteuer für Gerber. Vgl. Günther, Vectigalia, 155-156.161.

werden. Außerdem werden die Erbschafts- und Freilassungssteuer bei NEESEN den direkten Abgaben und bei GÜNTHER den indirekten Steuern zugeordnet. Damit ist das Problemfeld der Terminologie umrissen.

In unseren gegenwärtigen Steuersystemen sind wir meistens eindeutige Definitionen und Zuordnungen gewohnt. Es wird unterschieden zwischen Abgaben als (Geld-)Leistungen für eine Gegenleistung des Staates, Steuern als eine generelle Geldleistung, damit der Staat Einnahmen erzielt, worunter auch die extra geführten Zölle, d. h. die Erhebung von Abgaben für das Ein- und Ausführen von Waren, fallen.[4] Dagegen verwendet die antike Literatur keine einheitliche Terminologie bzw. kann dieselbe Abgabenleistung mit verschiedenen Ausdrücken beschreiben.[5] Eine Systematisierung in diesem Bereich dient demnach mehr unserer Orientierung heute als das Verständnis damaliger Zeit wiederzugeben.[6] Die Terminologie im Bereich der Abgaben war fluide und nicht exakt festgelegt. Genaue Übersetzungen sind demnach schwierig und vom jeweiligen Kontext und auch dem antiken Autor abhängig. So konnte bspw. *vectigal* einfach generell Abgaben bezeichnen oder synonym für bestimmte Abgaben wie das *portorium* (Zoll) verwendet werden.[7] Ich lehne mich im Folgenden an den Vorschlag von GÜNTHER an, der nach der Art der Festlegung der Abgaben unterteilt.[8] Zum einen kennt die römische Kaiserzeit Abgaben, die auf Grundlage eines Zensus erhoben werden. Darunter fallen das *tributum* (Umlageanteil, Abgabe), seit der Kaiserzeit die Bezeichnung für regelmäßige Zahlungen der Provinzen in Form einer Personen- (*tributum capitis*) und Besitzabgabe (*tributum soli*), das *stipendium* (Geldzahlung), das die Abgaben der Provinzstädte bezeichnet und eine Art Kriegsentschädigungszahlung darstellte sowie die *decuma/septima/quinta*, die festgelegte Ernteabgaben bezeichnen.[9] Zum anderen gibt

4 Vgl. Günther, Vectigalia, 2 (Fn. 8).

5 Vgl. Neesen, Untersuchungen, 28; Wolters, Vectigal, 428; Günther, Vectigalia, 18. France, Vocabulaire, 2007, 351-352 legt dar, wie *tributum* und *stipendium* im frühen Prinzipat noch vermischt verwendet werden.

6 Zudem sind die Systematisierungsversuche auch immer eine Spiegelung der jeweiligen vorausgesetzten Wirtschaftstheorie, vor deren Hintergrund das antike Abgabenwesen interpretiert wird. Vgl. Günther, Vectigalia, 20.

7 Vgl. De Laet, Portorium, 18-19.

8 Vgl. Günther, Vectigalia, 20. Zur Erläuterung der dazugehörigen Abgabenformen entnehme ich Neesen, Untersuchungen, 25-27. Anders Stenger, Besteuerung, 13-36, der in direkte Steuern, indirekte Steuern sowie Zoll und Fron unterteilt.

9 France, Vocabulaire, 351-352 vertritt die These, dass die römische kaiserzeitliche Verwaltung mit dem Begriff *tributum* bewusst einen Euphemismus verwenden würde. In der Republik sei das *tributum* von römischen Bürgern bezahlt worden und das *stipendium* von den Provinzen und werde mit Sieg und Triumph bzw. Niederlage und Beschämung auf der anderen Seite assoziiert. Das *tributum* dagegen habe bürgerliche und militärische Konnotationen. Die Frage ist m. E., ob diese römische Perspektive von den Provinzen geteilt wurde und das *tributum* wirklich mit positiveren Assoziationen besetzt war bei denen, die es zahlen mussten.

es die Abgaben, die nicht auf einer offiziellen Erhebung basierten, sondern sich auf konkrete Transaktionen bezogen. Darunter fallen die *vectigalia*, indirekte Abgaben (Erbschafts-, Freilassungs-, Verkaufs-, Sklavenkaufs-, Salzabgabe) und die *portoria*, die Zölle. Hinzufügen möchte ich auch noch die außerordentlichen Abgaben wie Lebensmittellieferungen an den Staat bzw. Militärabgaben (*frumentum emptum*, *annona*), bezahlte oder unbezahlte Leistungen wie Fronarbeit (*munera*) oder Ehrerweisungen an den Kaiser (*honores*) (Kranzgold [*aurum coronarium*], Erbschaften, Geschenke zum Geburtstag oder Regierungsjubiläen).[10]

Im Griechischen werden keine exakten Äquivalente für die lateinische Terminologie benutzt. Es kann also nicht erwartet werden, dass eindeutige Zuordnungen zum römischen Fiskalsystem vorgenommen werden können. Dies gilt umso mehr fürs Neue Testament. Im Neuen Testament kommen lediglich folgende fiskalische Lemmata vor: τέλος (Röm 13,7; Mk 2,14; Mt 9,9) in der häufigsten Form von τελώνης,[11] κῆνσος (Mk 12,14; Mt 17,25; 22,17) sowie ἀπογραφή (Lk 2,2 [Verb V 1]; Apg 5,37) und φόρος (Röm 13,7; Lk 20,22; 23,2). Indirekt werden Geldbeträge genannt, die auf Abgaben verweisen: δίδραχμα (Mt 17,24) und δηνάριος (Mt 22,19). Das heißt, wir haben es nur mit einem Ausschnitt des Abgabensystems zu tun. Im Neuen Testament werden lediglich grob direkte und indirekte Abgaben genannt und weitere Feinheiten ausgelassen.

In anderen griechisch sprachigen Quellen ist die Bandbreite der benutzen Lemmata weitaus größer. Laut GÜNTHER entspricht τέλος meistens der *vectigal*,[12] d. h. den indirekten Abgaben für Transaktionen, die ohne Census erhoben werden. Laut NEESEN entspricht φόρος meistens dem *tributum*, d. h. der direkten Abgabe, die aufgrund eines Census erhoben wird.[13] Es wird in den Einzeluntersuchungen zu prüfen sein, auf welche Abgabe jeweils Bezug genommen wird.

Abgabenpersonal wird mit einer Vielzahl an Bezeichnungen betitelt. Klassisch findet sich in lateinischen Texten der *publicanus* (Abgabenpächter). Daneben werden jedoch auch allgemeine verwaltungstechnische Termini verwendet wie *promagister* (Vorgesetzter, Leiter), *conductor* (Pächter), *exactor* (Aufseher), *servus vilicus* (Verwaltungssklave), *vicarius* (Assistent) oder Personen mit abgabenbezogenen Tätigkeiten genannt wie *scrutator* (Kontrolleur), *contrascriptor* (Rechnungsprüfer) und *arcarius* (Kassierer).

Für Abgabenpersonal wird τελώνης (Abgabeneinnehmer) vor allem in literarischen Quellen am häufigsten gebraucht. Weitere geläufige griechische Bezeich-

---

10 Vgl. Neesen, Untersuchungen, 25; Stenger, Besteuerung, 25.34-36 und zu letzterem Wolters, Vectigal, 424-425.

11 S. Mk 2,15f; Mt 5,46; 9,10f; 10,3; 11,19; 17,25; 18,17; 21,31f; Lk 3,12; 5,27.29f; 7,29.34; 15,1; 18,10.13; 19,2.

12 So Günther, Vectigalia, 14.

13 Vgl. Neesen, Untersuchungen, 56.62.64; Weiß, φόρος, 81-83.

nungen in verschiedenen Quellengattungen sind φορολόγος (Abgabeneinnehmer), ἐκλογεύς (Abgabeneinnehmer), δημοσιώνης (Abgabeneinnehmer), ἀπαιτητής (Abgabeneinnehmer), πράκτωρ (Abgabeneinnehmer) und ἐπιτηρητής πύλης (Zolleinnehmer; wörtlich: Toraufseher). Seltener wird παραληπτής (Zolleinnehmer) verwendet. Wenn das Kaufen bzw. Ersteigern von Abgaben betont werden soll, wird ὠνουμένος (Abgabenkäufer), μισθουμένος oder μισθωτής (Abgabenpächter) gebraucht. Auch aus dem allgemeinen Verwaltungsbereich werden Bezeichnungen für Tätigkeiten im Abgabenwesen übernommen: ἀρχώνης (Vorgesetzter, Leiter), οἰκονόμος (Vorgesetzter, Leiter), ἐπιμελητής (Verantwortlicher), πραγματευτής (Repräsentant), ἐπίτροπος (Administrator), ἐπιτηρητής ([Finanz-]Aufsicht), ὑπηρέτης (Assistent), χειριστής (Assistent), βοηθός (Assistent), δημόσιος δοῦλος (Verwaltungssklave). Ebenso gibt es spezifische Aufgaben: παραφυλακή/παραφύλαξ (Zollwächter), ἀραβοτοξότης (Zollwächter [Bogenschütze]), αὐθέντης (Zeichnungsberechtigter), ἀντιγραφεύς (Quittierer), ἐκλογιστής (Buchhalter).

Im Laufe dieser Untersuchung werden all diese Begriffe begegnen. Das Neue Testament lehnt sich im Vokabular an die Mehrheit der griechischsprachigen Literatur an. Dies ist bereits ein Hinweis darauf, dass im Neuen Testament über Abgabenpersonal als eine allgemeine Gruppe ohne weitere Differenzierungen gesprochen wird.

1.1 Modelle und Rekonstruktionen des Abgabensystems in der frühen Kaiserzeit

Jede Rekonstruktion und jedes Modell hängen von den zur Verfügung stehenden Daten ab. Über das römische Abgabensystem der Kaiserzeit steht uns sowohl geographisch als auch zeitlich weit verstreutes Material verschiedener Provenienz zur Verfügung. Dieses ist eher bruchstückhaft.[14] Die Rekonstruktionen des Abgabensystems für den Osten des Römischen Reiches orientieren sich meistens an den Funden in Ägypten, weil dort zahlreiche Papyri erhalten geblieben sind, die Einblicke in das fiskalische System geben. Die Literatur weist jedoch regelmäßig auf die Problematik der Übertragung auf andere Provinzen hin.[15] Gleichzeitig gibt es wenig andere Möglichkeiten bis weitere Zeugnisse gefunden werden. Neben den literarischen Quellen dienen vor allem archäologische Funde wie Münzen, Schiffe und Geld-Behältnisse dazu, die wirtschaftlichen Verhältnisse zu rekonstruieren und darin die Bedeutung von Abgaben einzuzeichnen.

Das römische Abgabensystem war von Ungleichheiten geprägt. Dies begann bei den von Abgaben befreiten römischen Bürger:innen im Gegenüber zu Provinzialen

---

14 Vgl. Duncan-Jones, Structures, 187.199; Wolters, Vectigal, 407.

15 Vgl. exemplarisch Neesen, Untersuchungen, 120; Drexhage, Wirtschaftspolitik, 34.

und ging bis zu einzelnen Städten oder Individuen mit Abgabenprivilegien. Es würde falsche Vorstellungen wecken, wenn man von einer Steuerpolitik in der Kaiserzeit sprechen würde. Dies würde ein kohärentes System bzw. einen Plan der jeweiligen Kaiser voraussetzen. Fiskalische Maßnahmen waren jedoch in der Antike vor allem eine Reaktion auf knappe Staatskassen. Des Weiteren waren sie ein Ausdruck kaiserlicher Macht und Symbolpolitik: Abgaben konnten auf Ersuchen oder nach einer Naturkatastrophe erlassen oder nach einer Revolte erhöht werden. Sie dienten somit auch der Regulation und Kontrolle in den Provinzen.

Einig ist man sich darin, dass der Großteil des Staatshaushaltes für das Militär aufgewendet wurde.[16] Nicht nur zur Bezahlung, Versorgung und Ausstattung der Soldaten, sondern auch zur Instandhaltung der nötigen Infrastruktur für die regelmäßigen Truppenverlegungen.[17] Hinzu kamen Posten wie der Sold für Beamte, Prätorianer und anderes Sicherheitspersonal, Veteranenversorgung, Geldgeschenke und -spenden, öffentliche Bauten, Spiele, die Lebensmittelversorgung Roms sowie Zahlungen an andere Herrschende.[18] Ebenso klar scheint, dass diese Ausgaben zu einem großen Teil durch Abgaben und Zölle finanziert wurden.[19] Staatshaushalt und Geldwesen waren abhängig von den Abgabeneinnahmen. Besonders Gebietsverluste bzw. Änderungen in der Oberhoheit konnten dazu führen, dass Geld nahezu vollständig aus dem Umlauf kam, wie es mehrfach zur Zeit der römischen Republik passierte.[20] Wirtschaftssysteme reagierten empfindlich auf Störungen und vieles war miteinander verflochten. Wenn z. B. Geld knapp wurde, wurde Geld von Schuldnern gefordert, die dann wiederum ihre Investitionen, häufig Landbesitz, zu Dumpingpreisen veräußern mussten.[21] An diesen Szenarien wird deutlich, wie zentral der stetige Abgabenzufluss für die Gesamtwirtschaft gewesen ist.

1.2 Fiskalische Eindrücke aus der frühen Kaiserzeit

Fiskalische Maßnahmen lassen sich bisher nicht nahtlos chronologisch in der Kaiserzeit nachverfolgen. Von ihnen wird besonders dann berichtet, wenn sie auf eine positive oder negative Weise hervorstechen. Hinsichtlich der Abgaben wird vor

---

16 Vgl. Lo Cascio, Empire, 632.

17 Anschaulich schildert dies Rostovtzeff, Gesellschaft, 73 und zählt Straßen, Brücken, Schiffe, Zugtiere und ihre Treiber, Quartiere, Waffen, Kleider, Schuhe. Die Liste könnte noch um einiges verlängert werden.

18 Vgl. Pekáry, Seditio, 104–105; Lo Cascio, Empire, 632.

19 Vgl. Pekáry, Seditio, 106.

20 Vgl. ebd., 102. Er nennt als Beispiele Mithridates Vernichtung römischer Einheiten 88 v. Chr., wodurch die Einnahmen aus Griechenland und Kleinasien wegfielen, Catilinas Verschwörung 66-63 v. Chr. sowie zur Zeit der Bürgerkriege.

21 Vgl. ebd., 102.

allem über die Abgabenarten, ihre Höhe sowie Abgabenerleichterungen geschrieben. Meistens werden diese Schilderungen in die Gesamtdarstellung eines Kaisers eingebettet und dienen dazu, bestimmte Charaktereigenschaften zu untermauern. Dabei wird manchmal auch die hinter den Entscheidungen stehende Räson erläutert bzw. kommentiert. Daneben gibt es durch administrative Quellen Hinweise darauf, dass im gewissen Maße versucht wurde, einen Überblick über Einnahmen und Ausgaben zu erhalten. Ein Beispiel ist das augusteische *breviarium totius imperii*, in dem Listen über die Abgabeneinnahmen festgehalten sind.[22] Ebenso die Zensuslisten, die Personen registrieren. Einige Inschriften, die z. B. Edikte wiedergeben, informieren über Zoll oder spezifische Abgabenmaßnahmen. Dennoch kann man kaum davon sprechen, dass es eine systematische und stringente Finanz- bzw. Steuerpolitik gab: „Vielmehr hat die Finanzverwaltung der Kaiserzeit die Neigung zu einem improvisierenden Handeln, das besonders von Thesaurierungsgedanken und spontaner Bedarfsdeckung geprägt war, nie völlig aufgegeben."[23] Ich werde zunächst kurz auf ausgewählte Kaiser blicke, um später die Quellen besser einordnen zu können. Außerdem kann so ein Eindruck gewonnen werden, wie sich der große Rahmen des kaiserlichen Abgabensystems in den Provinzen über ein Jahrhundert präsentierte. Es wird sich zeigen, dass direkte Abgaben stabil waren und die indirekten Abgaben die eigentlichen Stellschrauben waren, an denen die verschiedenen Kaiser unterschiedlich drehten.

Kaiser Augustus (27 v.–14 n. Chr.) war für die Neuordnung der Provinzen nach dem Bürgerkrieg und dem Ende der Republik bekannt. Dabei handelt es sich weniger um tiefgreifende strukturelle Veränderungen, sondern vielmehr um eine Zentralisierung der Verwaltung und einer sich daraus ergebenen stärkeren Kontrolle.[24] Neu eingeführt wurde das Amt des Prokurators, eines Finanzverwalters in kaiserlichen Provinzen, der ein festes Gehalt bezog. Diese wurden den Provinzstatthaltern ähnlich wie eine Finanzaufsicht zur Seite gestellt.[25] In senatorischen Provinzen übernahm dieses Amt ein Quästor.[26] Allerdings geschah dies nicht flächendeckend.[27] Mit diesen Maßnahmen waren zumindest in der Theorie Rahmenbedingungen geschaffen, die für mehr Transparenz, weniger Willkür, Amtsmissbrauch und Bereicherung sorgten.[28] Die Annahme, Augustus hätte dadurch automatisch Korruption

22 Vgl. Drexhage, Wirtschaftspolitik, 29.
23 Ebd., 29.
24 Vgl. Bleicken, Augustus, 414–415.
25 Vgl. ebd., 415.
26 Vgl. Bringmann/Schäfer, Augustus, 111.
27 Ebd., 106 weisen darauf hin, dass die Schilderung bei Cassius Dio 53,15,2 die Verhältnisse von 200 n. Chr. zurückprojizierten.
28 Vgl. Bleicken, Augustus, 415–416.

und andere Missstände beseitigt, scheint m. E. zu positiv.[29] Dies war nicht der Fall, wie Beschwerden und auch Maßnahmen einzelner Kaiser und Statthalter nach Augustus zeigen.[30] Zudem blieben die alten Verwaltungsapparate in den Provinzen weitgehend bestehen, da dies kostengünstiger war als der Aufbau einer Verwaltung mit römischen Beamten.[31] Jedoch legte Augustus zumindest das Fundament für ein administratives Beschwerdeverfahren.[32]

Bezüglich der Abgabeneinnahme führte Augustus einen regelmäßigen Zensus als Grundlage der Abgabenerhebung ein. Ebenso fand die Verpachtung indirekter Abgaben direkt in den Provinzen und nicht mehr in Rom statt.[33] Augustus führte auch neue Abgaben ein, darunter 6 n. Chr. eine 5 % Erbschaftsabgabe (Cassius Dio 55,25,5) und eine 1 % Verkaufsabgabe oder Umsatzabgabe, durch die die Militärpensionskasse finanziert wurde.[34] Als der Senat sich am Ende der augusteischen Herrschaft gegen die unbeliebte Erbschaftsabgabe stellte, drohte Augustus mit der Einführung einer Bodenabgabe im abgabenfreien Italien. Mochte diese Abgabe besonders bei der römischen Elite auf Widerstand stoßen, so konnte sie Provinzialen signalisieren, dass nicht sie allein für die Finanzierung des Römischen Reiches herangezogen wurden. Insgesamt kann festgehalten werden, dass der Ausbau der fiskalischen Administration zu einem effektiveren Abgabeneinzug führte und gleichzeitig für mehr Transparenz und Berechenbarkeit sorgte. Nicht zu unterschätzen ist dabei auch der Effekt, dass diese Ordnung zentralistisch vom Kaiser aufrechterhalten wurde. Dies konnte im besten Fall für mehr fiskalische Sicherheit sorgen, im schlimmsten Fall zu mehr Ausbeutung führen. Beides geschah unter den Augustus nachfolgenden Kaisern.

Kaiser Tiberius (14–37 n. Chr.) führte die Politik des Augustus weitestgehend fort.[35] Im Großen und Ganzen herrschte während seiner Regierung in den meisten Provinzen Frieden. Lediglich drei große Aufstände fanden statt.[36] Er war ein Kaiser, der das Finanzwesen in den Mittelpunkt seiner Herrschaft stellte. Es ist in der Forschung umstritten, warum Tiberius eine lange Amtszeit der Statthalter

---

29 So Bleicken, Augustus, 415–416.

30 Vgl. auch Bringmann/Schäfer, Augustus, 107, die als Beispiele für die Bereicherung in Provinzen den Freigelassenen Licinus (Gallien; Cassius Dio 54,21,2–8) und Quinctilius Varus (Syrien; Velleius 2,117,2) nennen.

31 Darauf weisen Bringmann/Schäfer, Augustus, 106 hin.

32 Vgl. Bleicken, Augustus, 416–417.

33 Vgl. für beide Punkte ebd., 415–416.

34 Vgl. ebd., 661, Bringmann/Schäfer, Augustus, 61.

35 Es sei darauf hingewiesen, dass die Beurteilung des Kaisers in der Forschung sehr unterschiedlich ausfällt. Wohlwollend und wertschätzend z. B. Kornemann, Tiberius. Kritisch und skeptisch z. B. Yavetz, Tiberius.

36 Vgl. Seager, Tiberius, 162–163; Levick, Tiberius, 126. Africa (17–24 n. Chr.), Gallien (21 n. Chr.), Germanien (28 n. Chr.).

in den Provinzen bevorzugte. Manche meinen, dass er Schwierigkeiten hatte, die Posten zu besetzen, andere, dass er dadurch Klientelpolitik betrieb.[37] Wieder andere meinen, dass er so die Ausbeutung von Provinzen verhinderte, indem er eine langfristige Verwaltung durch bewährte und zuverlässige Personen favorisierte.[38] Der Kaiser war für seine Sparsamkeit, Gerechtigkeit und Genauigkeit bekannt. Er ging gegen korrupte Statthalter vor und nahm administrative Verantwortung ernst.[39] Seine oberste Maxime war, dass die Provinzbewohnenden nicht ausgepresst werden sollten, damit sie auch in Zukunft Abgaben geben könnten (Tacitus, ann. 1,76,2). Gleichzeitig investierte der Kaiser nicht übermäßig in die Verbesserung der Infrastruktur der Provinzen.[40] Dennoch war er in den Provinzen nicht unbeliebt, denn in Notlagen verteilte er finanzielle Zuschüsse oder erließ Abgaben.[41] Das sollte nicht darüber hinwegtäuschen, dass die Provinzen in erster Linie der Finanzierung des Imperiums dienten.[42]

Folgendes Beispiel illustriert Tiberius sorgsamen Umgang mit dem Staatshaushalt: Der Bitte um Abschaffung der 1 % Umsatzabgabe bei Verkäufen kam er erst nach, als 17 n. Chr. Kappadokien zur Provinz wurde und die Mehreinnahmen den finanziellen Spielraum schafften, um die Abgabe zumindest auf 0,5 % zu reduzieren (Tacitus, ann. 1,78,2; 2,42,4). In Dalmatien sorgte er für eine gerechtere Verwaltung und Finanzordnung.[43] Ebenso fällt aber auch der Aufstand der Friesen 28 n. Chr. gegen überzogenen Abgabenforderungen eines Centurio in seine Regierungszeit (Tacitus, ann. 4,72-74). Leider berichtet Tacitus nicht, was Tiberius von diesen Ereignissen hielt, außer dass er behauptet, dass der Kaiser und der Senat die römischen Verluste geheim hielten. Alles in allem schien Tiberius ansonsten bemüht, derartige Aufstände wegen Abgaben in den Provinzen zu verhindern.[44]

Kaiser Gaius Caligula (37-41 n. Chr.) war dafür bekannt, durch seine Selbstinszenierung als Monarch und seine Militärkampagnen sehr viel Geld ausgegeben zu haben.[45] Refinanziert wurden diese kostspieligen Unternehmungen

37 Vgl. Yavetz, Tiberius, 112-113.

38 Vgl. Kornemann, Tiberius, 122.

39 Vgl. Yavetz, Tiberius, 117-118, der darauf hinweist, dass uns aus Quellen allein neun Korruptionsprozesse gegen Statthalter bekannt sind.

40 Vgl. Levick, Tiberius, 125-126.

41 Vgl. Kornemann, Tiberius, 123-124. Seager, Tiberius, 172-173 schränkt dies ein, da solche Wohltaten eine Ausnahme und nicht die Regel gewesen seien.

42 Vgl. Yavetz, Tiberius, 112. Ebd., 119 stellt er fest: „Die Provinzbewohner waren zweifellos die Hauptopfer von Tiberius' Besessenheit, den Staatshaushalt im Hinblick auf Einnahmen und Ausgaben auszugleichen."

43 Vgl. Kornemann, Tiberius, 51.

44 Vgl. ebd., 239.

45 Vgl. Levick, Claudius, 130.

durch die Einführung neuer Abgaben und den Druck, dem Kaiser Erbschaften zu hinterlassen.[46]

Kaiser Claudius (41–54 n. Chr.) unternahm einige aufwendige und langwierige Bauprojekte, die viel Geld verschlangen. Es ist allerdings unklar, welche davon er aus Abgabengeldern und welche aus seiner eigenen Tasche finanzierte.[47] Da er sich von seinem Vorgänger Gaius Caligula absetzen wollte, machte er unter anderem die von ihm eingeführten neuen Abgaben rückgängig.[48]

Kaiser Nero (54-68 n. Chr.) war überraschend zurückhaltend bei den Abgaben: „Fiscal policy under Nero was characterized by a confounding mix of dramatic proposals, radical initiatives, and a series of modest and prudent measures."[49] Gleich zu Beginn seiner Herrschaft wollte er alle indirekten Abgaben abschaffen, wovon ihn der Senat allerdings abhielt (Tacitus, ann. 15,30). Wahrscheinlich handelte es sich eher um Propaganda als eine ernstgemeinte Maßnahme. Die Provinz Achaia erklärte er 67 n. Chr. für abgabenfrei, wobei Vespasian dies drei Jahre später rückgängig machte.[50] Weitaus wichtiger sind seine Zollreformen 58 n. Chr., die für mehr Transparenz sorgen sollten, indem er z. B. bestimmte, dass die Namen des Zollpersonals und die Höhe der Zölle gut sichtbar und lesbar angebracht werden mussten.[51] Gleichzeitig häufte er hohe Schulden an und zum Wiederaufbau Roms nach dem Brand wurden extra Abgaben von den Provinzen verlangt.

Kaiser Vespasian (69-79 n. Chr.) ist vor allem für seine Geldgier bekannt, was besonders auf die Darstellung bei Sueton zurückzuführen ist (z. B. Sueton, Vesp. 16,1; 23,3). Allerdings muss man fairerweise sagen, dass die Herrschaft Neros und das Vierkaiserjahr den Staat an den Rand des Ruins getrieben hatten. Es wird geschätzt, dass es fünf Jahreseinnahmen an Abgaben brauchte, um den Staat wieder finanziell zu stabilisieren.[52] Vespasian stand demnach unter großem Druck: „On Vespasian's solution to these problems depended the maintenance of adequate government, immediate security, and, in the long run, confidence in Roman power. Much of the huge sum was needed to pay off the troops".[53] Er führte den *fiscus Alexandrinus, Asiaticus* und *Judaicus* ein, d. h. neue Kassen für Einnahmen. Außerdem machte er Abgabenerleichterungen seiner Vorgänger Nero und Galba rückgängig. Teilweise annektierte er Provinzen wie Kommagene, um sie wieder tributpflichtig zu machen. Insgesamt hatte er den Ruf, sehr kreativ zu sein, um mehr Einnahmen zu

---

46 Vgl. ebd., 130.

47 Vgl. ebd., 131.

48 Vgl. ebd., 132.

49 Noreña, Administration, 53.

50 Vgl. ebd., 53–54. Aufgefangen wurde dieser Einkunftsverlust jedoch durch Tribut aus Sardinien.

51 Vgl. ebd., 54.

52 Vgl. Levick, Vespasian, 105.

53 Ebd., 105.

bekommen.[54] In Gallien führte er den 2,5 % Zoll wieder ein und monopolisierte die Bergwerke.[55] Besonders die Abgabenerhöhungen in den Provinzen machten ihn unbeliebt.[56] Das Ergebnis war jedoch ein konsolidierter Haushalt am Ende seiner Herrschaft.[57]

Kaiser Titus (79–81 n. Chr.), Vespasians Sohn, galt als großzügiger Wohltäter. Sein Vater hatte ihm auch eine gut gefüllte Staatskasse hinterlassen durch seine rigorosen Maßnahmen, so dass er nicht unter demselben finanziellen Druck stand wie sein Vater bei Herrschaftsantritt. Nach dem Vesuvausbruch und einem erneuten Brand in Rom, stellte er finanzielle Mittel zum Wideraufbau zur Verfügung. Doch auch Titus bestand selbstverständlich darauf, dass die Abgaben in den Provinzen bezahlt wurden, doch eben nur in der vorgesehenen Höhe.[58]

Kaiser Domitian (81–96 n. Chr.) war für seine effiziente Verwaltung bekannt. Er bekämpfte Korruption und stabilisierte die Staatsfinanzen (Sueton, Dom. 8,3). Unter anderem trieb er den *fiscus Judaicus* unnachgiebig ein (Sueton, Dom. 12,2). Gründe dafür waren auch seine hohen Ausgaben für Bauprojekte, Schauspiele und die Unterhaltung der Armee.[59] Seine Politik galt als volksnah und es waren eher die Vermögenden und besonders die senatorischen Familien, die er gegen sich aufbrachte durch die Strafverfolgung wegen Korruption und willkürlichen Einzug von Vermögen und Erbschaften.[60]

Kaiser Nerva (96–98 n. Chr.) lockerte die Zügel, ohne weniger sparsam zu sein. Besonders das mit der Abgabeneintreibung verbundene Denunziantentum und andere Auswüchse wollte er eindämmen. Er führte das Amt eines *praetor fiscalis* ein.[61]

Kaiser Trajan (98–117 n. Chr.) sanierte den Haushalt. Er führte das Amt der Kuratoren ein, die zur Finanz- und Verwaltungsaufsicht in den Provinzen eingesetzt wurden.[62] Allgemein setzte er die Abgabenlast herab (Plinius d. J., pan. 41,1) und erließ Schulden, auch um seine Beliebtheit beim Volk zu erhöhen.[63] Plinius überliefert, der Kaiser habe gesagt, dass man sich um die Menschen genauso wie um die öffentlichen Gelder sorgen sollte (Plinius d. J., epist. 10,111).

---

54 Vgl. ebd., 109–112.

55 Vgl. Pfeiffer, Flavier, 25.

56 Vgl. ebd., 24.

57 Sowohl die Herrschaft Neros als auch der Bürgerkrieg 69 n. Chr. hatten finanzielle Löcher hinterlassen. Vgl. ebd., 24.

58 Vgl. den Rechtstreit um Abgaben in der Stadt Munigua in Baetica (AÉ 1962,288), dazu ausführlich ebd., 99–101.

59 Vgl. ebd., 69.

60 Vgl. ebd., 69–71.

61 Bennett, Trajan, 77.

62 Vgl. Rostovtzeff, Gesellschaft, 76.78 und Tenger, Korruption, 205.

63 Vgl. Bennett, Trajan, 78.124.

Aus diesem knappen Überblick über die Kaiser des 1. Jahrhunderts können verschiedenen Schlüsse gezogen werden. Die Einnahmen des Staates dienten in erster Linie der Finanzierung des Militärs, an dem die Aufrechterhaltung und Expansion des Reiches hing. Außer Frage stand dabei, dass die Provinzialen den Großteil dieser Kosten tragen mussten. Abgaben wurden selten als wirtschafts- oder sozialpolitisches Instrument begriffen. REINHARD WOLTERS fasst treffend zusammen: „Dem Staat dienten die Steuern in erster Linie zur Erzielung von Einnahmen, wirtschaftslenkend, politisch oder sozialpolitisch steuernd waren sie allenfalls in Ansätzen.“[64] Seit Augustus haben Kaiser immer wieder versucht, Missstände im Fiskalsystem durch erzwungene Transparenz, hohe Strafen, Kontrolle oder Strukturänderungen zu beseitigen. BERNHARD TENGER kommt zu dem Schluss, dass eine Beseitigung der Korruption nie erreicht wurde, sondern lediglich ihre Folgen etwas eingedämmt wurden.[65] Die römische Verwaltung war dazu auch personell gar nicht in der Lage. Um die Dimensionen zu verstehen, kann man sich vor Augen halten, dass es im gesamten 1. Jh. n. Chr. weniger als 300 bezahlte hohe Beamte gab verteilt auf plus/minus 30 Provinzen und um die 10.000 administrativen Kräfte, was eine Person pro 5.000 Provinziale macht.[66] Der Großteil der Abgabenabwicklung geschah auf der lokalen Provinzebene. Abgaben führten immer wieder zu Spannungen – mit Provinzialen, römischen Bürger:innen und der römischen Aristokratie. Wobei es zu kurz gegriffen wäre, dies allein auf Unbeliebtheit von Abgaben zurückzuführen. Die jeweiligen Widerstände und Aufstände gegen Abgaben sind im Kontext der Gesamtlage unter den jeweiligen Herrschenden zu betrachten. Vor allem war es eher die Ausnahme, dass die Politik des vorherigen Kaisers weitergeführt wurde wie beim Wechsel von Augustus zu Tiberius. Besonders von Kaiser Gaius Caligula bis Kaiser Nerva, also den Großteil des 1. Jh. n. Chr., lässt sich beobachten, wie schnell sich das fiskalische Blatt wenden konnte. Jedoch betrifft dies meistens Sondermaßnahmen bzw. indirekte Abgaben. Die regelmäßigen direkten Abgaben waren eine Konstante. In der Forschung gilt das *tributum soli* als Haupteinnahmequelle für das Imperium Romanum.[67]

Solche Differenzierungen finden sich selten in literarischen Quellen. Abgaben und Abgabensystem werden nicht um ihrer selbst willen besprochen, sondern sie dienen zur Illustration von Charaktereigenschaften von Kaisern oder anderer Personen wie Sparsamkeit, Großzügigkeit, Willkür oder Geldgier. Dabei sind die Darstellungen durch die politischen Haltungen und Abhängigkeiten der Autoren geprägt.

---

64 Wolters, Vectigal, 427.

65 Vgl. Tenger, Korruption, 210f.

66 Zahlen bei Noreña, Administration, 51.

67 So Drexhage, Wirtschaftspolitik, 32 Fn. 106.

1.3 Abgabensystem in den Provinzen

Grundsätzlich versuchten die Römer, wie auch andere Großreiche vor ihnen, die lokalen Abgabeneinzugssysteme zu übernehmen, statt mühsam und personell aufwendig eine neue Struktur zu etablieren.[68] Deswegen konnten sich die Abgabensysteme von Provinz zu Provinz unterscheiden. Das bedeutet für den Osten des Römischen Reiches vor allem die Übernahme der Verwaltungsstrukturen der Ptolemäer und Seleukiden. Die Verwaltung in den Diadochenreichen war zentralistisch organisiert mit Beamten, die meistens griechischer bzw. makedonischer Herkunft waren. Es handelt sich demnach um administrative Spezialisten. Zentral beim Einnehmen von Abgaben ist die Kommunikation und Dokumentation. Im Osten des Römischen Reiches lief letztere auf Griechisch und erstere teils auf Griechisch teils in den lokalen Sprachen ab. Deshalb und aus personalen Gründen griff die römische Administration für solche Posten vor allem auf Provinziale selbst zurück: „Because the central government had few representatives of its own in the provinces, it devolved the collection of taxes and the distribution of the tax-load on to intermediaries, who were typically prosperous land-owners and local town-councilors (*decuriones*).“[69] Das bedeutete, dass in der Administration einer Provinz oder Stadt römische Abgesandte und einheimische Machthabende neben-, miteinander- oder gegeneinander arbeiteten. Wobei die Einheimischen zwar in der Mehrzahl, aber in untergeordneten Positionen waren.

Den Grundstein des fiskalischen Verwaltungssystems in der Kaiserzeit legte Kaiser Augustus durch eine administrative Zentralisierung.[70] In allen Provinzen wurden in ausgewählten Provinzhauptstädten Außenstellen eingerichtet, die zum einen die Abgabenveranlagung in Form des *census* und zum anderen den Einzug der Abgaben überwachten.[71] Die Gelder selbst flossen in die Staatskasse (*aerarum populi Romanum*) und nicht in die Privatkasse des Kaisers (*fiscus Caesaris*).[72] Das Imperium Romanum zeigt keine administrativen Ambitionen, sondern konzentrierte sich auf „die Steuereintreibung, die Rekrutierung einer ausreichenden Zahl von Soldaten und die Aufrechterhaltung von Gesetz und Ordnung römischer Diktion.“[73] Dabei stützten sich die römischen Herrschenden auf die lokalen Eliten,

68 Vgl. Jones/Brunt, Economy, 188; Riedo-Emmenegger, Provokateure, 105.

69 Hopkins, Taxes, 121.

70 Vgl. Jones/Brunt, Economy, 164: „It was probably Augustus who introduced the uniform and more rational system of taxation which is attested later in the empire.“

71 Vgl. Baatz, Steuern, 44. Vgl. zu folgenden Schilderungen auch Jones/Brunt, Economy, 165–166.

72 Vgl. Alpers, Finanzsystem, 27–29 mit Verweis auf Velleius 2,39,2 laut dem die Abgaben aus der kaiserlichen Provinz Ägypten in die allgemeine Staatskasse flossen.

73 Riedo-Emmenegger, Provokateure, 105.

die die Selbstverwaltung übernahmen bzw. fortsetzen.[74] Neben den damit einhergehenden Prestige und Einflussmöglichkeiten mussten diese Personen allerdings durch private Spenden Speisungen, die Errichtung von Bädern und anderen öffentlichen Bauten oder die Ausrichtung von Veranstaltungen finanzieren.[75] Von diesem sogenannten Liturgien-System profitierten sowohl die Römer:innen als auch die lokalen Eliten: „So wurden die lokalen Eliten an der Herrschaft beteiligt, indem ihnen von Rom ein Rest ihrer früheren Autonomie zugestanden wurde. Andererseits vermieden sie durch ihre Erstverantwortung viele Konflikte zwischen der lokalen Bevölkerung und der römischen Besatzungsmacht."[76] Ein vertrautes Beispiel ist die Situation im Gebiet Judäa und Galiläa unter den Herodianern. Auch wenn in Judäa und den anderen Gebieten zeitweise Angehörige des herodianischen Hauses herrschten, blieb das Gebiet doch abhängig von Rom.[77] Es ist in der Forschung umstritten, inwiefern diese Klientelkönige Rom gegenüber tributpflichtig waren. Sicher ist jedoch, dass die Unterhaltung des Hofes, der Armee und kostspielige Bauprojekte wie unter Herodes d. Gr. in Form von Abgaben auf das Volk umverteilt wurden.[78] Dazu später mehr.

Meistens waren die größeren Städte für die Abgabeneinnahme einer Region zuständig. Sie sammelten festgelegte Abgaben ein, die auf dem Zensus basierten (Kopf- und Bodenabgabe).[79] Es ist unklar, wie lange und wo die Publikanen, die Mitglieder der großen Pachtgesellschaften, noch eingesetzt wurden.[80] Sie wurden nach und nach durch Beamte oder Angestellte ersetzt.[81] Michael Rostovtzeff legt dar, dass diese Stellen besonders in Ägypten größtenteils bereits ab der zweiten Hälfte des ersten Jahrhunderts Liturgien waren, d. h. die Personen bekamen keinen Sold, sondern bestritten Ausgaben und Abgabenausfälle aus ihrem eigenen Vermö-

---

74 Vgl. ebd., 106.

75 Vgl. ebd., 106-107.

76 Ebd., 108.

77 Vgl. Stenger, Besteuerung, 53-54, der annimmt, dass dies auch eine Abgabenpflicht Rom gegenüber bedeutete. Anders Udoh, Tribute, 143-144.

78 Vgl. Stenger, Besteuerung, 54.

79 Jones/Brunt, Economy, 165.

80 Ebd., 168 geht davon aus, dass die variablen Abgaben von Publikanen eingesammelt wurden und diese lediglich bei den Zöllen irgendwann ersetzt wurden. Brunt gibt im Addendum zu Jones (posthumen) Ausführungen zu bedenken, dass Tacitus, ann. 4,6 davon spricht, dass Publikanen nach Augustus Tod sowohl direkte als auch indirekte Abgaben einsammeln und es ansonsten aber unklar ist, wie lange, wo genau und mit welchem Auftrag die Publikanen noch operierten. Vgl. ebd., 181f. Ähnlich Gibbs, Tax Farming, 6554, der mit Tacitus, ann. 13,50 davon ausgeht, dass bis zur Mitte des 2. Jahrhunderts die Abgaben an *publicani* versteigert wurden. Wolters, Wirtschaftspolitik, 421 geht von einer weitestgehenden Verdrängung der Publikanen aus.

81 Vgl. Hollander, Taxation, 6552.

gen.[82] Er meint, dass sich dieses System auch außerhalb Ägyptens in anderen Teilen des Römischen Imperiums verbreitete, besonders wegen der Schwierigkeit, Pächter für indirekten Abgaben zu finden, denn damit waren zum Teil hohe Verluste verbunden.[83] Es ist also damit zu rechnen, dass nicht alle Abgabeneinnehmenden ihre Tätigkeit aus freien Stücken ausübten. Um den rechtmäßigen Einzug zu gewährleisten und zur Kontrolle wurden Prokuratoren eingesetzt. Wahrscheinlich führte Kaiser Vespasian Konduktoren ein, die für das Aufbringen der festgesetzten Abgabensumme hafteten. Da sich auch für dieses Amt kaum Personen freiwillig fanden, wurde es in eine Liturgie umgewandelt und nun konnten Personen dazu verpflichtet werden.[84] Im Osten des Römischen Reiches bürgten in einigen Städten die δεκάπροτοι oder εἰκοσάπρωτοι, die obersten 10 oder 20 der wohlhabendsten Bürger, für die regelmäßigen Abgaben.[85]

Personell bedeutete dies, dass gemäß des Liturgien-Systems die lokalen Eliten für die veranschlagten Abgabensummen bürgen mussten.[86] Dabei fand kein großer Umbruch statt, sondern häufig übernahmen diese Ämter die Familien, die schon vorher die Führungsschicht besetzt hatten.[87] Ähnliches gilt für die Provinz Judäa. Herrenbrück kommt auf Grundlage zweier Papyri aus der Mitte des 3. Jh. v. Chr.[88] sowie aus der Erwähnung von Johannes dem τελώνης bei Josephus um 66 n. Chr. (Josephus, bell. 2,287.292) zu dem Schluss, dass „das ptolemäische Steuerwesen als maßgebliche Grundlage für Palästina“[89] über Jahrhunderte stabil war. Auch die weiteren Belege sprächen für eine Kontinuität des Abgabenwesens unter Ptolemäern, Seleukiden, Hasmonäern und schließlich Römern in dem Gebiet.[90]

Es gab so wenig administratives Personal, dass die Dienstleistungen und die Verwaltung dementsprechend rudimentär waren und kein Verwaltungsapparat

82 So Rostovtzeff, Gesellschaft, 94f.

83 Leider führt er keine weiteren Belege an.

84 Vgl. Rostovtzeff, Gesellschaft, 101.

85 Vgl. ebd., 102. Er verweist in Endnote 45 darauf, dass die früheste inschriftliche Erwähnung der δεκάπροτοι aus Gerasa von 66 n. Chr. stammt (IGR iii 1376). Vgl. dazu auch Mitford, Notes, 205 und Fn. 223. In Kleinasien taucht der Titel Anfang des 2. Jh. auf. Vgl. Rostovtzeff, Gesellschaft, 103.

86 Vgl. Riedo-Emmenegger, Provokateure, 108.

87 Vgl. Hoffmann-Salz, Auswirkungen, 484.

88 P.Cair.Zen. 5,59804 und 1,59093 gehören zum Zenonarchiv, die die Korrespondenz des Zenon von Kaunos enthält, der 260 v. Chr. für den ptolemäischen Finanzminister in Kleinasien, Syrien und Palästina war und von dort Briefe schrieb und empfing. Ersteres spricht über Abgabenpächter, die eine Sklavenumsatzabgabe in Gaza erhoben und zweiteres von Abgabenpächtern in Tyros. Vgl. Herrenbrück, Zöllner, 163-164.

89 Ebd., 166.

90 Vgl. ebd., 173-189. Grundlage ist Rostovtzeff, Gesellschaft, 792: „Wir wissen sehr wenig von dem Besteuerungssystem, das die Hasmonäer schufen, aber es ist sehr wahrscheinlich, dass sie das von den Seleukiden übernommene nicht veränderten und dass Pompeius das gleiche System von ihnen übernahm.“

mit Abgaben finanziert werden musste. KEITH HOPKINS nimmt an, dass niedrige Abgaben eine große Gewinnspanne ermöglichten, die an die Mittelsleute wie Abgabeneinnehmende oder Stadträte gingen[91]: „My general argument is that the Roman state provides a carapace under which relatively low levels of taxation made possibly high profits."[92] Es ist daher verkürzt anzunehmen, dass der Staat ein Interesse an möglichst hohen Abgaben hatte. Die Abgabenlast war ungleich verteilt – sowohl auf Seite der Zahlenden als auch Nutznießenden.[93] In einem derartigen verflochtenen System sind die Verlierer von Abgabenerhöhungen selbst die, die sonst Gewinne abschöpfen. Je höher die Abgaben, desto niedriger die Gewinnspanne. Damit würden Abgabenerhöhungen die Privilegien eben dieser kleinen wohlhabenden Schicht reduzieren.[94] Genau auf diesem binären Profitsystem baute aber das Römische Reich laut HOPKINS auf: Staat und Bürger:innen teilten sich die Gewinne aus den eroberten Provinzen, besonders in Form von Land- und Besitzverteilung an die Aristokratie und Militärelite.[95] Abgaben und Pachten konkurrierten miteinander.[96] Damit aber ebenso der Staat und die Grundbesitzer. Erhöhte der Staat die Abgaben, blieb weniger für die Pachten. Darin mag also auch ein Grund liegen, die Abgaben nicht zu erhöhen. Damit konnten die verpachtenden Eliten empfindlich getroffen und einer wichtigen Einnahmequelle beraubt oder zumindest beschnitten werden.[97] Wenn die Abgaben also niedrig waren, konnten die Pachten hoch sein.[98] Die zu entrichteten Pachten flossen eher in den lokalen Wirtschaftskreislauf als die Abgaben, die vorwiegend in Italien oder von der Armee in den Grenzregionen verbraucht wurden.[99]

Damit erklärt sich auch die Konkurrenz zwischen Abgaben und Pachten – erstere konnte der Staat von den eroberten Gebieten erheben, zweitere verlangten die neuen Landbesitzer für die Nutzung des Landes. Beide begrenzten sich gegenseitig und konnten nicht endlos bzw. zeitgleich erhöht werden: „Romans turned their political power into economic advantage. Even small peasants in remote villages in the provinces had their lives disrupted by the demands of a distant government for taxes, and by the demand of distant elite landlords for rents."[100] Anders ausgedrückt macht die Besteuerung die Ungleichheiten sichtbar – und zwar zwischen Italien

91 Vgl. Hopkins, Taxes, 121.
92 Ebd., 122.
93 Vgl. ebd., 204.
94 Vgl. ebd., 121.
95 Vgl. ebd., 205.
96 Vgl. ebd., 105 ebenso ders., Rome, 208.
97 Vgl. ders., Rome, 229.
98 Vgl. ders., Taxes, 105.
99 Vgl. ders., Rome, 210.
100 Ebd., 229.

und den Provinzen, abgabenfreien und abgabenpflichtigen Städten sowie zwischen Stadt und Land.[101] Oder wie HOPKINS es ausdrückt, zwischen den Privilegierten [*honestiores*] und Nicht-Privilegierten [*humiliores*].[102]

MIREILLE CORBIER legt in ihren Untersuchungen ein besonderes Augenmerk auf das Verhältnis zwischen Stadt und Land, was für die Thematik der Abgaben im Neuen Testament von Bedeutung ist. Die Personen, die Land verpachteten, lebten in Städten. Städte legten Abgabenhöhen fest und trieben sie ein.[103] „Roman taxation tended to reinforce the power of towns over the surrounding countryside, as indeed did the management of local finances, and in particular of the lands belonging to the city."[104] Hinzufügen lässt sich mit HOPKINS noch ein weiterer Aspekt. Mussten die Bauern ihre Erträge möglicherweise erst zu Geld machen, um ihre Abgaben zu bezahlen, so waren sie auch auf die lokalen städtischen Märkte angewiesen. Gleichzeitig brauchten die Städte natürlich die landwirtschaftlichen Produkte, um sich zu ernähren.[105] DONALD ENGELS erinnert daran, dass die Städte wichtige Dienstleistungen im Bereich der Bildung, Gesundheit, Kultur und Unterhaltung, Religion, Verpflegung, Recht und Verwaltung sowie den eben schon erwähnten Markt anboten, die von den nicht-städtischen Personen ebenso in Anspruch genommen wurden.[106]

Die Abgabenbelastung in den Provinzen wird in großen Teilen der Forschung für gering gehalten.[107] Bis auf Kaiser Vespasian verfolgen die Kaiser des 1.-2. Jh. eine eher gemäßigte Besteuerung.[108] In Bezug auf die Provinz Asia stellt HEINRICH-WILHELM DREXHAGE fest, „dass das kaiserliche System der Staatsabgaben die wirtschaftliche Leistungsfähigkeit der Provinzbewohner im Regelfall nicht überfordert haben dürfte."[109] Abgaben waren über lange Zeit stabil und damit verlässlich.[110] HOPKINS kommt zu dem Ergebnis, dass die Abgaben weniger als 10 % der (minimalen) Bruttoproduktion ausmachten, was pro Kopf ausgerechnet pro Jahr 33 kg Weizen bedeutet.[111] Für wahrscheinlich hält er 5-7 % Abgaben der tatsächlichen

---

101 So Corbier, City, 214.

102 Hopkins, Rome, 206.

103 Vgl. Corbier, City, 234.

104 Ebd., 234.

105 Vgl. Hopkins, Taxes, 102, Alcock, Eastern Mediterranean, 682.

106 Vgl. Engels, Roman Corinth, 43–48.

107 Jones/Brunt, Economy, 178; Garnsey/Saller, Roman Empire, 103; Rathbone/Temin, Intermediation, 416; Drexhage, Wirtschaftspolitik, 39; Förster, Jesus, 44 hält die Vermögenssteuer von 1 % für gering, die Einkommenssteuer von ¼ der Ernte für hoch.

108 So Jones/Brunt, Economy, 171-172.177; Neesen, Staatsabgaben, 83f; Drexhage, Wirtschaftspolitik, 33.

109 Drexhage, Wirtschaftspolitik, 39.

110 Vgl. ebd., 39.

111 Vgl. Hopkins, Taxes, 116-120. Ders., Rome, 201.

Bruttoproduktion. Fehlende Geldmittel wurden über Münzentwertung, d. h. eine Verringerung des Silbergehalts, aufgefangen und weniger über Abgabenhöhungen.[112] Auch andere schließen sich HOPKINS Berechnungen an und gehen von einer maximalen Abgabenhöhe von 10 % aus.[113] RICHARD DUNCAN-JONES zeigt am Beispiel Ägyptens, dass trotz der anscheinenden hohen Abgabenbelastung, die Abgabenquittungen niedrig waren und Abgabenschulden auch regelmäßig erlassen wurden.[114] Aufgrund der schlechten Quellenlage liegen uns keine verlässlichen Zahlen zu Abgabenhöhen vor. Die Abgabenschätzungen in der Forschung beruhen hauptsächlich auf Aussagen verschiedener Autoren zu Gallien, Asia, Judäa und Ägypten.[115]

ELIO LO CASCIO nimmt an, dass je nach Provinz Abgaben in Geld oder in Naturalien geleistet wurden.[116] So seien z. B. bei kornreichen Provinzen wie Ägypten oder Africa die Abgaben zu einem großen Teil in Naturalien erhoben worden, um den immensen Verbrauch der Stadt Rom zu decken.[117] Dies bestätigt SUSAN E. ALCOCK für die östlichen Provinzen, wo beide Abgabenarten bezeugt seien, doch Geldabgaben überwiegen.[118] Fast einstimmig wird festgehalten, dass nicht die Abgabenhöhe das Problem war, sondern die ungleiche Belastung sowie das zur Ausnutzung einladende System des Abgabeneinzuges.[119] Einige Berufsgruppen wie Ärzt:innen, Anwält:innen, Rhetoriker:innen, Grammatiker:innen oder Personen in administrativen Funktionen bezahlten keinerlei Abgaben auf ihr Einkommen. Auch Händler:innen und Handwerker:innen waren keiner sehr hohen Abgabenlast ausgesetzt.[120]

Dieser kurze Blick in das komplexe Abgabensystem räumt mit verschiedenen stereotypen Vorstellungen auf und bestätigt gleichzeitig andere: Das Abgabensystem ist eng mit der Provinzelite verknüpft. Nicht alle Akteur:innen arbeiten freiwillig für das Fiskalsystem. Abgabenhöhen waren von anderen ökonomischen Faktoren wie z. B. Pachten abhängig. Das Fiskalsystem ist anfällig für Korruption

---

112 Vgl. ders., Taxes, 123 und ebenso ders., Rome, 202.

113 Vgl. Wolters, Vectigal, 426.

114 Vgl. Duncan-Jones, Money, 63. Engels, Roman Corinth, 40–41 legt dar, dass Bauern die Abgaben und Pachten in der späten Kaiserzeit, die das Dreifache im Vergleich zur frühen Kaiserzeit betrugen, nur dann aufbringen konnten, wenn sie nicht wie bisher angenommen lediglich 2 % Ertragsüberschuss erwirtschafteten, sondern 30–40 %.

115 Z. B. Gallien: Velleius Paterculus 2,39; Sueton, Jul. 25; Asia: Philostratus, vit. soph. 548; Syrien und Kilikien: Appian, hist. rom. 50; Judäa: Josephus, ant. 14,202–206; 19,352; Ägypten: Velleius 2,39; Josephus, bell. 2,386.

116 Vgl. Lo Cascio, Empire, 632.

117 Vgl. ebd., 640.

118 Alcock, Eastern Mediterranean, 676.

119 Vgl. Hopkins, Taxes, 121f; ders., Rome, 204; Duncan-Jones, Money, 63.

120 Vgl. Jones/Brunt, Economy, 175f.

und persönliche Bereicherung. Es basiert häufig auf schon vorhandenen Strukturen der Ungleichheit und Machtverteilung. Die Last der Abgaben war ungleich verteilt und stark von Berufen und Tätigkeiten abhängig. Somit wird deutlich, dass in den neutestamentlichen Texten zu Abgaben und Abgabenpersonal lediglich ein winziger Ausschnitt aus einem komplexen System zur Sprache gebracht wird.

2. Finanzadministration

2.1 Griechisch-Römische Literatur

Allgemein ist zunächst festzustellen, dass in der griechisch-römischen Literatur wenig Interesse an fiskalischer Administration und Abgabenpersonal besteht. Es ist vor allem die Geschichtsschreibung, die zwischendurch Abgaben thematisiert. Dies wird zum Teil damit erklärt, dass die Eliten kein Interesse an Tätigkeiten im Finanzsektor hätten, die häufig von Personen aus dem Ritterstand übernommen würden, auf die sie herabschauten.[121] Es erschien nicht relevant, administrative Abläufe festzuhalten. Allerdings gehörten einige der Schriftsteller selbst zum administrativen Apparat oder zum Ritterstand. So war Cicero (106-43 v. Chr.) 51 v. Chr. Statthalter von Kilikien.[122] Andere begleiteten hochgestellte Personen wie Strabon (ca. 63 v. Chr.-23 n. Chr.), der mit dem Präfekten Aelius Gallus nach Ägypten reiste.[123] Persönlichkeiten wie Seneca der Jüngere bereicherten sich in den Provinzen (laut Cassius Dio 62,2). Tacitus (58-120 n. Chr.),[124] Plinius der Jüngere (61-113/115 n. Chr.)[125] und Cassius Dio (163-229 n. Chr.)[126] waren römische Senatoren

---

121 So Malmendier, Publicani, 5659, dies., Societas, 29. Die Zugehörigkeit zu den *equites* war nicht allein qua Geburt, sondern auch durch Vermögen möglich. Dennoch war es nicht einfach möglich, sich den Zugang zu erkaufen, da man meistens an mindestens 10 Feldzügen teilgenommen haben und einen vorbildlichen (moralischen) Lebenswandel vorweisen musste. Das darf aber nicht darüber hinwegtäuschen, dass die *equites* mit den senatorischen Familien die Elite bildeten. Vgl. Owens, *Equites*, 2474f. S. besonders die ausführliche Schilderung bei Eck zu Voraussetzungen und Aufnahmeprozedur Eck, Verwaltung, 111-114. Er nennt auch noch familiäre Herkunft und freie Geburt seit drei Generationen als ein weiteres Kriterium. Die Überprüfung fand unter Augustus zudem jedes Jahr erneut statt. Ebenso ist natürlich Vorsicht geboten, wenn Cicero in *De provinciis Consularbius* 5 (10) Gabinius beschuldigt, gegenüber den *publicani* unmögliche Härte hätte walten lassen und sie quasi zu Sklaven gegenüber den Juden und Syrern degradiert habe. Vgl. Hinweis Förster, Jesus, 28 Fn. 14. Hier spiegelt sich auch Polemik.

122 Vgl. Bringmann/Leonhardt, Cicero.

123 Vgl. Radt, Strabon.

124 Vgl. Flaig, Tacitus.

125 Vgl. Krasser/Sallmann, Plinius, 2.

126 Vgl. Birley, Cassius, III 1.

und in der Verwaltung von Provinzen beschäftigt. Plinius wurde von Kaiser Trajan 109 als Statthalter der Provinz Bithynien mit dem speziellen Auftrag eingesetzt, den Provinzhaushalt zu konsolidieren. Cassius Dio (163–235 n. Chr.) war nach Konsulaten in der Provinz Africa schließlich Statthalter in Pannonien und Dalmatien. Tacitus war 112/113 n. Chr. Prokonsul in Asia. Alle drei und speziell Plinius müssen daher mit der Finanzadministration in den Provinzen vertraut gewesen sein. Darüber hinaus war Plinius ein Fürsprecher des aus dem Ritterstand stammenden Suetons und setzte sich beim Kaiser für ihn ein.[127] Sueton (70–122 n. Chr.) machte Karriere im kaiserlichen Verwaltungsapparat und war am Ende mit der Leitung der kaiserlichen Kanzlei betraut. In dieser Funktion beantwortete er (Rechts-)Anfragen verschiedener Personen und vor allem der Statthalter der Provinzen. Er kann daher als Fachmann für juristische Angelegenheiten gelten.[128] Andere waren in der lokalen Administration beschäftigt. Plutarch (45–125 n. Chr.) bekleidete z. B. religiöse und politische Ämter in seiner Heimatstadt.[129] Lukian (120–180/200 n. Chr.) war die Provinzverwaltung in Ägypten bekannt. Ursprünglich aus Samosata in der Provinz Syria stammend, besetzte er am Ende seiner Karriere einen Posten beim römischen Statthalter von Ägypten.

Viele der Schriftsteller sind auf verschiedene Weise mit der Administration vertraut bzw. ein Teil von ihr. Wenn man für eine Provinz zuständig war, musste man sich trotz der Finanzbeamten bis zu einem gewissen Grad mit Abgaben beschäftigen. Die Schriftsteller aus den Provinzen waren zudem vom römischen Abgabensystem mehr oder weniger direkt betroffen.[130] Dass die Autoren selten etwas über das Abgabensystem oder Abgabenpersonal schreiben oder wenn eher schematisch, kann also nicht daran liegen, dass sie kein Wissen über oder keinen Einblick in diese Strukturen hatten. Allen Perspektiven gemeinsam ist, dass sie aus der Elite Roms oder den Provinzen stammen. Aussagen zu fiskalischen Themen dienen der Akzentuierung historischer Ereignisse oder Persönlichkeiten oder werden aus moralischer Perspektive beleuchtet. Sie adaptieren damit ein soziales Phänomen in einem bestimmten Rahmen. Die Adressierten dieser Werke gehören zur selben Schicht. Abgaben werden relativ abstrakt und allgemein thematisiert, so dass sie häufiger als strukturelle Pauschalität anstatt als individuelle finanzielle Forderung in Erscheinung treten. Aus den griechisch-römischen literarischen Quellen kann daher zum einen erschlossen werden, in welchen Zusammenhängen Abgaben und Abgabenpersonal überhaupt thematisiert werden. Zum anderen welche Perspektiven die Eliten auf den fiskalischen Sektor einnehmen.

---

127 Vgl. Plinius, epist. 10,94–95.

128 Vgl. Sallmann, Suetonius, 2.

129 Vgl. Pelling, Plutarchos, 2.

130 Gehörten sie wie Appian zu privilegierten Schichten einer Provinz, so waren sie häufig von einigen Abgaben ausgenommen.

2.1.1 Abgaben als Herrschaftsinstrument

Es ist auffällig in den Quellen der griechisch-römischen Geschichtsschreibung, dass Tributforderungen nach einem Sieg sich erstens durch die gesamte Darstellung der römischen Geschichte ziehen und zweitens als selbstverständlich erachtet werden. Als Beleg werden in der Forschung häufig Ciceros Aussagen herangezogen, der das Konzept formuliert, dass eroberte Gebiete wie Landgüter für Rom seien, die es zu versorgen haben (Cicero, Verr. 2,2,7). Gleichzeitig bedeutet das nicht, dass die Provinzen willkürlich ausgepresst werden sollen. Dies macht Cicero in ebendiesen Reden gegen Verres, in denen er dessen brutale und kriminelle Statthalterschaft in Sizilien anprangert, deutlich. Es bestätigt sich in weiteren Quellen, dass nicht über Tribut grundsätzlich diskutiert wird, sondern lediglich über die angemessene Höhe. Tribut als Begleichung von Kriegsschuld, d. h. Reparationszahlungen, konnte weitaus mehr beinhalten. Neben Geldzahlungen konnten auch Kornlieferungen, Kleiderabgaben sowie Geiseln gefordert werden. All dies und insbesondere die Geiselforderung diente zur Reduzierung der Ressourcen und zur Abschreckung, einen weiteren Krieg oder Aufstand zu versuchen.[131]

Es gibt Hinweise, dass es durchaus eine Vorstellung von angemessenen und unangemessenen Tributforderungen von Besiegten gab. Allerdings dienen diese Notizen häufig zur Abgrenzung und als Negativfolie. So lässt Appian (90/95–160 n. Chr.) Brutus in einer Rede auf dem Kapitol vor dem zusammengerufenen Volk sagen, dass Sulla und Cäsar ihre eigenen Landsleute schlimmer ausgepresst hätten als sonst mit Feinden umgegangen werde, von denen lediglich 1/10 ihrer Ernte genommen würde (Appian, hist. rom. 2,19,140). Tacitus berichtet über Drusus (38–9 v. Chr.), dass er dem germanischen Stamm der Friesen einen gemäßigten Tribut – angepasst an ihre eingeschränkte Ressourcen – auferlegt hätte (Tacitus, hist. 4,72). Langfristige Überlegungen zeigt auch Kaiser Tiberius bei Sueton, als er den Wunsch von Statthaltern nach einer Abgabenerhöhung nicht nachkam mit der Begründung, dass ein guter Hirte Schafe wohl scheren, aber nicht abhäuten dürfe (Sueton, Tib. 32; ebenso Dio 57,10,5). An vielen Stellen bleibt aber unklar, was und wieviel genau die Forderungen umfassen und es wird lediglich festgehalten, dass eine Steuer erhoben wird.

Eine überraschende Notiz findet sich bei Tacitus bezüglich der Batavier um 69 n. Chr., die von den Römern nicht besteuert wurden (Tacitus, hist. 4,17,4). Sie

131 Im zweiten punischen Krieg (218–201 v. Chr.) wurden die besiegten Iberier (Spanier) laut Livius 29,3,5 zur Abgabe eines doppelten *stipendium*, eines *frumentum* ausreichend für 6 Monate, von Mänteln und Togen für die Armee sowie Geiseln von 30 Stämmen verpflichtet.

mussten stattdessen Kriegsdienst leisten, weil sie als kamptüchtig galten.[132] Die Formulierung bei Tacitus in der Germania lohnt einen näheren Blick:

> Von allen diesen Völkern sind die Bataver die männlichsten: [...] Das Ansehen blieb und das Zeichen des alten Bündnisses; denn sie werden weder durch Tribut [*tributum*] verächtlich behandelt noch demütigt sie ein Steuerpächter [*publicanus*]; ausgenommen von Abgaben und Leistungen [*onus et collatio*] und nur zur Verwendung im Kampf bestimmt, werden sie als Waffe und Rüstung für Kriege bereitgehalten. (Tacitus, Germ. 29,1)

Tacitus beschreibt es als eine Erniedrigung, wenn Tribut gezahlt werden muss. Hier spiegelt sich wider, was häufig in Auseinandersetzung um Tributabgaben eine Rolle spielt: es kann eine Erniedrigung und einen Ehrverlust bedeuten, wenn Abgaben gezahlt werden müssen im Kontext der hierarchischen Struktur zwischen Sieger und Besiegten. Tacitus beschreibt die Batavier ein paar Sätze vor der zitierten Passage als *gens virtus*, als ein tapferes, tüchtiges, tugendhaftes oder männliches Volk. Dieses Volk wird ausgesondert für Kriegsdienst und damit hervorgehoben. Durch diese Verbindung von Tapferkeit/Männlichkeit mit Kampf und Krieg wird mit Hilfe von Rollenvorstellungen ein bestimmtes Bild dieses Stammes gezeichnet. Sie sind zwar besiegt, werden aber in ihrer Männlichkeit respektiert und nicht gedemütigt. Sie werden weiterhin männlich dargestellt, wohingegen besiegte Völker häufig als Frauen dargestellt werden.[133] Abgabenfreiheit bedeutet also laut Tacitus auch Männlichkeit in Würde und Ehre. Vorstellungen über Geschlechterrollen werden als Begründung für Besteuerung herangezogen, was vermuten lässt, dass Tacitus meint, dass dies den Lesenden plausibel erscheinen wird. Wir werden später in der Rede der Hortensia eine weitere geschlechtsspezifische Argumentation kennenlernen (Appian, bell. civ. 4,33). Gleichzeitig wird so kaschiert, dass das Leisten von (Zwangs-)Kriegsdienst ebenso eine (Abgaben-)Leistung ist. Die Publikanen stellt er stereotyp als Personen dar, die demütigen, aufreiben, schädigen oder sogar vernichten, was das Verb *attero* meinen kann. Dazu später ausführlicher mehr.

Ein wichtiges Instrument der Abgabenmaßnahmen waren Erhöhungen und Erlässe bzw. Reduzierungen von Abgaben. Symbolisch ging dies teilweise mit der Entlassung des für den Abgabeneinzug zuständigen Personals einher. Auf diese Weise wurde signalisiert, dass der Staat etwas gegen die Ausbeutung unternahm, die auf diese Weise einzelnen Abgabeneinnehmenden zu Lasten gelegt wurde. Weiterhin lässt sich beobachten, dass Abgabenerlässe bei Regierungswechseln üblich

---

132 Ähnlich Dionysius Halicarnassus über die Aequanier, in deren Friedensvertrag mit den Römern festgehalten wird, dass sie keinen Tribut (ὑποτελοῦντας μηθέν) bezahlen, sondern eine Anzahl an Truppen in Kriegszeiten schicken müssen (Dionysius Halicarnassus, ant. rom. 10,21,8).

133 Vgl. Lopez, Apostle, 35–55. Sie analysiert in Tiefe die gegenderte Darstellung besiegter Völker.

waren oder als Belohnung dienen konnten. Auf diese Weise wurde versucht, sich die Gunst und Loyalität der Provinzen zu sichern. Die andere Seite der Medaille waren erhöhte Tributforderungen zur Strafe. Besteuerung oder Nichtbesteuerung diente dazu, politisch erwünschtes Verhalten zu motivieren. Besonders von Cäsar wird diese Strategie geschildert. Laut Plutarch senkte Cäsar die Abgaben in der Provinz Asia um 1/3 (Plutarch, Caes. 48,1). Cassius Dio differenziert mehr: Cäsar habe einerseits in Asien Tribute auferlegt, andererseits ausbeuterische Abgabeneinehmer (τελῶναι) vertrieben und die sich angesammelten Abgaben (τέλος) in einen gemeinsamen Tribut (φόρος) umgewandelt (Cassius Dio 42,6,3). Konkret bedeutet dies wohl, dass die Abgabe nicht mehr an Publikanen, d. h. die vertriebenen Abgabeneinnehmer, verpachtet wurde, sondern deren Einzug in der Verantwortung der Städte lag. Statt einer prozentualen Abgabe waren nun feste Pauschalbeträge an die Städte zu entrichten.[134] Hier werden verschiedene Maßnahmen erkennbar, die gemeinsam durchgeführt wurden. Dahinter lässt sich zumindest ein gewisses Konzept vermuten, so dass Drexhage von einer Reform des „Grundsteuerrechts" spricht.[135] Zu fragen ist, ob die politischen Vorteile die möglichen fiskalischen Nachteile nicht überwogen. Somit wären die Abgabenerleichterungen lediglich ein Mittel zum Zweck der Machtsicherung und ganz bestimmt nicht aus Milde den Provinzen gegenüber zu verstehen.

Laut Appian verspricht Augustus nach dem Bürgerkrieg dem Senat, Schulden zu erlassen: unbezahlte Abgaben (εἰσφορά) werden gestrichen, Abgabenpächtern (φόρων τελῶναι) und Besitzern von öffentlichen Verträgen werden ihre Verbindlichkeiten erlassen (Appian, bell. civ. 5,13,130). Auch bei der Umwandlung in eine Provinz, wie im Falle Kappadoziens unter Tiberius 18 n. Chr., konnten Abgaben (τέλει) gesenkt werden (Tacitus, ann. 2,56). Schließlich schien es auch Statthaltern möglich gewesen zu sein, Abgaben zu erlassen. So berichtet Josephus, dass der Statthalter von Syrien, Vitellus, um 37 n. Chr. zum Dank für einen außerordentlichen Empfang den Jerusalemern die beim Verkauf von Feldfrüchten erhobenen Abgaben (τὰ τέλη τῶν ὠνουμένων καρπῶν) erließ (Josephus, ant. 18,90). Über Kaiser Nero erzählt Sueton, dass er nach dem Vorbild Kaiser Augustus regieren und deshalb seine Großzügigkeit stets zeigen wollte. Daher verringerte oder schaffte er einige Abgaben (*vectigalia*) komplett ab (Sueton, Nero 10,1).

Die Digesten zitieren im Abschnitt über den Census den Juristen Julius Paulus (frühes 3. Jh. n. Chr.), laut dem Kaiser Vespasian der nicht-jüdischen Bevölkerung von Cäsarea die Kopfabgaben erlassen habe und Titus später auch noch die Bodenabgabe (Dig. 50,15,8,7). In dem juristischen Werk wird dies nicht weiter erläutert. Solche Abgabenerleichterungen sind ein Beispiel für das bereits erwähnte

---

134 Vgl. Drexhage, Wirtschaftspolitik, 32f.

135 Vgl. ebd., 32f.

Belohnungs- und Bestrafungssystem nach Aufständen. Hier deutet sich jedoch noch mehr an. Wenn innerhalb einer Stadt Bevölkerungsteile unterschiedliche behandelt werden, dann konnte dies darüber hinaus soziale und ökonomische Ungleichheiten bewirken. Ähnliches ist auch aus Ägypten bekannt, wo rechtlich u. a. zwischen alexandrinischen, griechischen, ägyptischen und römischen Personen unterschieden wurde.

Um die Folgen von Naturkatastrophen zu mildern, wurde ebenso von Abgabenreduzierungen Gebrauch gemacht. Beispielsweise wurden laut Tacitus 17 n. Chr. 12 Städte in der Provinz Asia von einem schweren Erdbeben getroffen (Tacitus, ann. 2,47). Sardes hatte am meisten Zerstörung erlitten. Der Kaiser versprach Geld und erließ für fünf Jahre die Abgaben, die ins *aerarium* und in den *fiscus* flossen – so der Text. Neun weiteren Städten wurde für ebendiese Zeit das *tributum* erlassen So hatten die Orte die Möglichkeit, sich wirtschaftlich wieder zu stabilisieren. Es zeigt sich insgesamt, dass die Forderung und der Erlass von Abgaben politische Instrumente waren.

Auch jenseits von Eroberung, Sieg und Missernten wurden Abgabenerleichterungen sozial-politisch eingesetzt. Strabon berichtet in seiner Geographia Folgendes aus Indien: Die Philosophen konnten jedes Jahr vor dem König ihre Ideen vorbringen, die nützlich für die Ernte, Lebewesen oder den Staat sein könnten. Die Philosophen, deren Ideen sich als hilfreich herausstellten, wurden als Belohnung von Tribut und Abgaben (ἄφορον καὶ ἀτέλει) befreit (Strabo, geogr. 89). Hier werden demnach Personen, die sich durch geistige Leistungen um Land und Staat verdient machen, durch Abgabenfreiheit geehrt. Strabon entwirft bzw. berichtet über die Utopie einer geförderten Ideeninitiative, die ihm vielleicht für Rom selbst vor Augen schwebt. Die Belohnung für politische, finanzielle oder militärische Leistungen war üblich – Strabon stellt die Leistungen der Philosophie als ebenbürtig und belohnenswert dar. Abgabenfreiheit ist Ausdruck von Anerkennung und ein Anreiz für besondere Leistungen.

2.1.2 Bedeutung von Abgaben für Staat und Gesellschaft

In verschiedenen Schriften wird auch über den Zweck von Abgaben gesprochen. Abgaben dienen in erster Linie der Versorgung. Besonders deutlich wird dies bei den Naturalabgaben wie dem *frumentum*. Bei den gelieferten Naturalien handelte es sich häufig um Korn. Livius berichtet, dass diese Kornabgabe meistens nach Rom, aber auch nach Griechenland oder andere Orte gebracht wurde (Livius 36,2,13; 37,2,12). Nicht nur die Stadt Rom bedurfte der Versorgung von außen. Besonders die Versorgung des römischen Heeres musste an den verschiedenen Standorten gewährleistet werden. Auf dieses Thema geht Livius für die Zeit der punischen Kriege ein, was aber auch Gültigkeit in der Kaiserzeit behielt. Livius verweist auf die Notwendigkeit der Armeeversorgung, ohne die nicht garantiert war, dass eine eroberte Provinz gehalten werden konnte. Er schildert, wie Publius einen Brief an Gnaeus Scipio schreibt, der beklagt, dass Geld für den Sold (*stipendium*), die Kleidung und Nahrung (*frumentum*) für die in Spanien stationierten Truppen fehlt (Livius 23,48,4).[136] Scipio und seine Berater diskutieren die Lage und sehen ein, dass Publius vollkommen Recht hat. Allerdings stünden schon die Kriegsvorbereitungen für mögliche makedonische Kriege an. Sizilien und Sardinien, die vor dem Krieg Abgaben (*vectigalia*) geleistet hatten, seien nun kaum in der Lage, die bei ihnen stationierten Truppen zu versorgen (Livius 23,48,6–7). Nur das *tributum* könne die nötige Summe aufbringen, aber da die Personen, die dieses *tributum* zahlen könnten, in den Kämpfen umgekommen seien und den übriggebliebenen ein höheres *stipendium* nicht zuzumuten sei, weil sie sonst auch ganz zugrunde gehen würden, müsse eine andere Finanzierungsmöglichkeit gefunden werden (Livius 23,48,7–8). Als Lösung wird beschlossen, dass die Römer, die ihren Reichtum vermehrt hatten, für die Armee aufkommen sollen, mit der Zusage, alles ersetzt zu bekommen, sobald die Staatskasse wieder gefüllt sei (Livius 23,48,10). Hier werden der Versorgungskreislauf und auch seine Achillesferse mehr als deutlich: Die eroberten Gebiete finanzierten das Militär. Da der Krieg jedoch zu viele Opfer auf Seite der Besiegten gefordert hatte, konnten diese nicht die nötige Summe aufbringen. Ein paar Kapitel weiter schickt Scipio Abgabeneinnehmer (*exactores*) zu tributpflichtigen Staaten, um das *stipendium* einzusammeln (Livius 28,25,9–10). Livius zeichnet hier vielleicht auch implizit einen Gegensatz zwischen Republik und Kaiserzeit. Die Armeeversorgung und der dafür nötige regelmäßige Abgabenfluss waren die Grundlage für die in der Pax Augusta propagierten Aufrechterhaltung (militärischer) Sicherheit und Stabilität des Römischen Reiches. Die Versorgung der stationierten und der sich im Kampf befindenden Truppen sowie der Veteranen musste gewährleistet werden und war somit eine Priorität.

Die Provinz Ägypten galt als Kornkammer des Römischen Reiches. Laut Plinius d. J. waren sich die Ägypter dessen auch bewusst. Der Kontext des folgenden Abschnittes aus dem Panegyrikus, die Lobrede auf Kaiser Trajan, ist eine Dürre, in deren Folge Ägypten den Kaiser um Hilfe anrufen musste.

> 2. Schon lange war es die herrschende Meinung, die Versorgung der Stadt Rom mit Nahrungsmitteln könne nur durch die Lieferungen aus Ägypten garantiert werden. Da prahlte das Volk der Ägypter in unverschämter Überheblichkeit, sie, die Besiegten, ernährten das Volk der Sieger, und von seinem Fluss, von seinen Schiffen hänge sowohl unser Überfluss wie unser Hunger ab. 3. Wir aber haben dem Nil seinen Reichtum zurückerstattet; er hat das Getreide zurückbekommen, das er geschickt hat, und hat die weggeholten Ernten

136 Weitere Stellen, wo es um die Versorgung der Armee mit Korn geht finden sich bei Livius 37,50,9f; 42,31,8.

> wieder stromaufwärts getragen. Also möge Ägypten, aus Erfahrung klug geworden, erkennen, dass es uns nicht Lebensmittelspenden [*alimentum*], sondern Tribut [*tributum*] zukommen lässt; es möge sich im Klaren sein, dass das römische Volk nicht auf Ägypten angewiesen ist, und soll ihm trotzdem dienen. [...] 5. Man empfände es schon als Wunder, wenn der Ausfall Ägyptens und die Trägheit des Nils die Getreideversorgung der Stadt [AEM: Rom] nicht spürbar getroffen hätte. Doch dank deiner Hilfe und deiner Fürsorge war die Versorgung so überreich, dass damit zweierlei bewiesen wurde: wir können ohne Ägypten auskommen, aber Ägypten nicht ohne uns. Hätte es noch die Unabhängigkeit besessen, es wäre geschehen gewesen um die Bevölkerung dieses fruchtbaren Landes.[137] (Plinius d. J., pan. 31,2-3.5)

Plinius gibt hier Einblick in das diffizile Verhältnis zwischen Herrschenden und Beherrschten. Er versucht mit Nachdruck darzulegen, dass Rom nicht auf die Provinz angewiesen ist. Er verweist zur Unterscheidung, um seinem Argument Nachdruck zu verleihen, auf zwei Begriffe: *alimentum* und *tributum*. Ägypten würde letzteres leisten und so streicht Plinius die Hierarchie heraus: Besiegte bezahlen Tribut und versorgen Rom nicht wie Ebenbürtige. Es kann davon ausgegangen werden, dass das Wissen um die Bedeutung Ägyptens für die Kornversorgung nicht allein der Überheblichkeit der Ägypter:innen zugeschrieben werden kann. Vielmehr spiegelt sich hier die Abhängigkeit Roms von eroberten Provinzen. Die Rhetorik des Plinius weist dies jedoch zurück und stellt die machtpolitischen Verhältnisse klar: Ägypten ist Rom Tribut schuldig und es ist von Rom abhängig und nicht andersherum. Es handelt sich dabei vor allem um eine Vergewisserung nach innen, denn Adressat der Rede ist der Senat.

Eine römische Logik der Besteuerung bringt Tacitus prägnant auf den Punkt: „Es kann nämlich Ruhe [*quies*] unter den Völkern nicht bestehen ohne Waffenmacht, Waffenmacht nicht ohne Soldzahlung [*stipendium*], Soldzahlung nicht ohne Tribute [*tributum*].“ (Tacitus, hist. 4,74,1). Hier werden Ruhe, Armee und Tribute miteinander aufs engste verflochten und in Abhängigkeit gebracht. Man könnte sagen, es handelt sich um eine sicherheitspolitische Begründung von Abgaben. In den Annalen gibt Tacitus eine ökonomische Begründung. Zur Regierungszeit Neros (54-68 n. Chr.) beschweren sich die Menschen über die Gier der Publikanen [*publicani*]. Daraufhin überlegt Nero, ob er die *vectigalia* nicht abschaffen sollte (Tacitus, ann. 13,50,1). Nach der ersten Begeisterung, sprechen sich die älteren Senatoren dagegen aus:

> [E]s würde die Auflösung des Reiches bedeuten, falls die Einkünfte [*fructus*], von denen der Staat getragen würde, sich vermindern sollten. Eine Aufhebung der Zölle [*portoria*]

137 Übersetzung Werner Kühn.

würde zur Folge haben, dass auch die Abschaffung der Steuern [*tributum*] gefordert würden. Die meisten Gesellschaften für die Erhebung der Zölle [*vectigalium societas*] seien von Konsuln und Volkstribunen eingesetzt worden, obwohl damals der Freiheitssinn des römischen Volkes sehr lebendig war; die übrigen Abgaben habe man mit Rücksicht darauf geschaffen, dass die Einnahmen und die notwendigen Ausgaben miteinander übereinstimmen. Allerdings gegen die Übergriffe der Zollpächter [*publicanus*] müsse man einschreiten, damit nicht das, was das Volk so lange Jahre geduldig getragen habe, jetzt durch neue Härte zur Unzufriedenheit führe.[138] (Tacitus, ann. 13,50,2–3)

Welche Abgaben, Zuständigkeiten und Gründe hier genannt werden, ist durch die unterschiedlichen Vokabeln nicht so einfach zu verstehen. Anfangs werden die *portoria* erwähnt, obwohl Nero doch davon gesprochen hatte, die *vectigalia* aufzuheben. Dann schwenkt der Text zu den Gesellschaften, die für den Einzug der *vectigalia* zuständig sind und von Konsuln und Volkstribunen eingesetzt wurden. Beschwert hatten sich die Leute anfangs über die *publicani*, deren Übergriffe dann am Ende auch eingeschränkt werden sollen, wenn schon keine Abgabenabschaffung durchgeführt wird. Diese Stelle scheint ein System zu spiegeln, in dem Zölle (*portoria*) zu den indirekten Abgaben (*vectigalia*) gezählt werden, die an Abgabenpächter (*publicani*) verkauft werden.[139] Als Grund für die Abgaben wird das Überleben des Staates angeführt, der ohne diese Einkommensquelle nicht fortbestehen könnte. Diese Abgaben seien aber so festgesetzt worden, dass sie die notwendigen (*neccesitas*) Ausgaben des Staates ausbalancieren, sie dienen demnach nicht der Bereicherung des Staates. Insgesamt macht die Rede der Senatoren deutlich, dass jede Abgabe ihren Sinn im Staatsgefüge hat und der Staat von diesen Einkünften abhängig ist. Gleichzeitig scheint hier aber auch schon eine Einschätzung der Abgabenmoral der Bevölkerung durch: wenn eine Abgabenart abgeschafft würde, würde das weitere Forderungen zur Abgabenabschaffung nach sich ziehen, so die Befürchtung. Ebenso angesprochen werden Übergriffe von Abgabenpächtern auf Abgabenleistende. Allerdings werden sie nicht grundsätzlich verurteilt, sondern die Befürchtung ist, dass härtere Forderungen Unzufriedenheit entstehen lassen. Es entsteht der Eindruck, dass Tacitus zeigt, dass die Senatoren vor allem darum besorgt sind, den feinen Grad zwischen Erdulden-Können und Nicht-Mehr-Aushalten beizubehalten. Es geht nicht grundsätzlich darum, ungerechte Forderungen zu verhindern. Wahrscheinlich soll man weiterdenken, dass das Verhalten der Publikanen in Ordnung sei, solange kein Aufstand entsteht, von denen Tacitus ebenfalls zu berichten weiß.

---

138 Übersetzung Erich Heller.

139 Dieses Modell vertritt z. B. Youtie, Publicans, 11.15 für die Kaiser seit August.

Um die Staatsfinanzierung geht es bei Cassius Dio in einer fiktiven Rede zwischen Cäsar und seinen Beratern Agrippa und Mäcenas. Im Übergang von Republik zur Monarchie werden die verschiedenen Staatsformen Demokratie und Monarchie und die in ihnen vorherrschende Steuermoral mit den Bedürfnissen des Staates in Verbindung gebracht. Agrippa stellt zunächst fest, dass viel Geld von allen Seiten nötig ist, um die Armee und die übrigen Ausgaben zu finanzieren. Egal welche Staatsform, dies sei überall nötig (Cassius Dio 52,6,1). Dann geht er auf die Motivation der Abgabenzahlenden ein:

> (2) Die Republiken [πολιτεία] sind ohne Ausgaben organisiert. Stattdessen geben in jenen zahlreiche von vielen freiwillig viel, denn sie machen diese Tat abwechselnd aus Liebe zur Ehre [φιλοτιμία] und Ehre empfangen sie stattdessen als Lohn. Wenn es aber irgendwo auch Notwendigkeit ist von der ganzen Bürgerschaft Abgaben [ἐσφορά] (zu nehmen), überzeugen sie sich selbst (3) und für sich selbst halten sie die Abgabenzahlungen [συντελέω] aufrecht. Aber in den Monarchien [δυναστεία] habe die herrschende Macht allein, die überreich sei - wie auch alle denken -, zu bezahlen, sein Einkommen machen sie bereitwillig ausfindig, aber die Ausgaben berechnen sie nicht auf dieselbe Weise. Und weder aus dem eigenen (Besitz) geben sie gern oder freiwillig etwas, noch (4) die gemeinschaftlichen Abgabenzahlungen [συντελέω] machen sie selbstbestimmt. Weder dieses nämlich will irgendeiner noch will jemand bereitwillig Reichtum zugeben und so etwas wird sich für den Herrscher nicht vorteilhaft entwickeln. Sofort nämlich erlangt er [AEM: derjenige, der Geld für die Gemeinschaft gibt] Ehre als eine stadtliebende Person bei vielen und würde sich erheben und einen Umsturz planen. Andererseits unterdrückt sie [AEM: eine allgemeine Abgabe] insgesamt viele und umso schlimmer, weil bei ihnen der Schaden zurückbleibt, aber den Gewinn nehmen die anderen ein. (5) In den Demokratien [δημοκρατία] dienen nämlich auch die mehrheitlich im Militär, die das Geld aufbringen, so dass sie auf diesen Weg irgendetwas zurück erhalten. Aber in den Monarchien sind einige von den vielen mit Landwirtschaft, Handel, Seefahrt und Politik beschäftigt, von diesen kommen die meisten Einnahmen, während aber andere Waffen haben und Sold erhalten. (Cassius Dio 52,6,2-5)

Der Text dreht sich darum, wer in verschiedenen Staatsformen Abgaben zahlt und von diesen Abgaben in Form von militärischem Sold etwas zurückerhält. Cassius Dio lässt Agrippa die These aufstellen, dass je mehr die Personen, die Abgaben zahlen, von diesen selbst profitieren, desto bereitwilliger würden sie Abgabenzahlungen leisten. Zunächst wird festgestellt, dass in Republiken/Demokratien die Bürger:innen zusätzlich zu dem von ihnen geforderten Abgaben auch noch freiwillige Spenden dem Staat zukommen lassen und im Gegenzug dafür geehrt werden. Dieses Phänomen wird uns später in Ehreninschriften begegnen. Unabhängig von der Freiwilligkeit der Abgabe stimmten sie diesen Geldforderungen zu, weil sie Mitspracherecht hätten und die Ausgaben ihren eigenen Interessen dienten. In Monarchien dagegen sei die Auffassung verbreitet, dass der Machthabende den größten Reichtum besäße, dabei aber nicht an seine Ausgaben für den Staat gedacht würde. Die Leute hätten weder eine Wahl bei den geforderten Abgaben noch würden sie freiwillig Spenden geben. Es sei auch gefährlich für den Monarchen, wenn ein Bürger auf diese Weise Beliebtheit erlangen könnte und seine Machtposition gefährde. Zudem profitierten die Leute nicht von den Abgaben, sondern spürten nur den Verlust. Zum Schluss geht Agrippa auf den Kreislauf des Geldes ein: das meiste Geld komme der Armee zu Gute. In einer Demokratie würden die Abgabenzahler auch gleichzeitig in der Armee dienen und somit ihr Geld in Form von Sold zurückbekommen. In einer Monarchie hingegen werden die Abgaben von Personen genommen, die in der Landwirtschaft, dem Handwerk, dem Handel sowie der Politik tätig sind und dann den Berufssoldaten gegeben. Damit erwirtschaften die einen das Geld, das dann andere bekommen. Agrippa spricht hier einen wichtigen Aspekt an, der später noch relevant werden wird: den Fluss des Geldes, die – modern ausgedrückt – Verteilungsgerechtigkeit und damit zusammenhängend die Abgabenmoral.

Nach ein paar weiteren Ratschlägen zu anderen Bereichen, zieht Agrippa das Fazit: „Nachdem du diese (Dinge) nun und das andere, was ich kurz zuvor sagte, bedacht hast, sei weise, solange es dir möglich ist, und gib dem Volk auch die Streitkräfte, die (eroberten) Völker, die Ämter und die Gelder zurück. (…)“ (Cassius Dio 52,13,1). Mäcenas übernimmt das Wort und gibt Cäsar konkrete Finanztipps, wie er das nötige Geld für das Heer aufbringen kann (Cassius Dio 52,28,1–5). Als erstes sollte er das Staatseigentum, womit insbesondere Grund und Boden gemeint sind, verkaufen. Danach alle Einkünfte aus natürlichen Ressourcen wie Minen und Bergwerken schätzen. Schließlich eine Evaluation erstellen, wie viel der Staat ausgeben muss unter Einbeziehung möglicher Notfälle. Was dann noch nicht gedeckt sei über diese Einkünfte, solle durch Abgaben erhoben werden:

> (6) Und von diesem ist für alles übrige eine Abgabe [φόρος] aufzuerlegen auf alles, was den Besitzern irgendeinen generellen Ertrag abwirft und Abgaben [τέλος] festzulegen bei allen über die wir herrschen, es ist nämlich auch gerecht und angemessen, dass niemand von ihnen abgabenfrei [ἀτελής] ist, weder eine Privatperson noch eine Gemeinde, da sie sich genauso wie die anderen des Vorteils erfreuen werden. (7) Und du sollst Abgabeneinnehmer [ἐκλογεύς] einsetzen, die in jedem Gebiet die Verwaltung machen [ἐπιτροπεύω], damit sie alles, was in der (Amts-)Zeit ihrer Aufsicht [ἐπιτροπεία] insgesamt hervorgebracht wurde, von den Einnahmen [πρόσοδος] einnehmen. Auf diese Weise wird auch für diese die Abgabeneinnahme [εἴσπραξις] leicht gemacht und für die Gebenden eine nicht geringe Hilfe gewährt werden. (8) Ich sage aber, dass sie in kleinen Teilen in Reihenfolge ableisten [ἐσφέρειν], was sie schulden, und nicht nach einer kurzen Zeit des Erlasses alles

> aufgerechnet auf einmal zurückgefordert wird. 29 (1) Und ich weiß, dass einige wegen des Aufstellens von Tributen und Abgaben [φόρος καὶ τέλος] verärgert sein werden. Aber auch dieses weiß ich, wenn sie weder misshandelt werden und vom Werk überzeugt werden, dass sie all dieses gemeinsam als Abgaben zahlen [συνεισφέρω] für ihre eigene Sicherheit und (2) für den ungefährdeten Genuss ihres übrigen Besitzes und darüber hinaus der größere Teil davon nicht für irgendwelche anderen, sondern für sich selbst – die Statthalter, Verwalter/Prokuratoren [ἐπιτροπεύω] und Soldaten – nehmen werden, werden sie dir insgesamt viel Dank zugutekommen lassen [...] (Cassius Dio 52,28,6–29,2)

Der Staat soll das fehlende Geld zum einen durch Besteuerung des Besitzes aufbringen zum anderen von eroberten Völkern Abgaben nehmen. Es wird betont, dass es eines wirklichen Systems für eine Besteuerung bedarf. Abgaben werden als gerecht erklärt, denn alle würden schließlich von dem so gewonnen Geldern profitieren. In welcher Form wird allerdings nicht näher ausgeführt. Es wird auch bedacht, dass diese Abgaben in irgendeiner Form eingezogen werden müssen. Dafür werden Abgabeneinnehmende vorgeschlagen, die die gesamten Abgaben eines Distriktes einsammeln sollen. Der Vorteil für die Abgabenleistenden läge darin, dass sie kleine Raten bringen können anstatt mit einer großen Summe konfrontiert zu sein, sollten sie einmal in Zahlungsverzug kommen. Die Schlusssätze machen deutlich, dass der größte Widerstand gegen Abgaben von denen erwartet wird, die Besitz haben und evtl. Ämter bekleiden. Sie sollen überzeugt werden, indem klar gemacht wird, dass sie zwar zahlen, dies aber ihrer eigenen Sicherheit und der ihrer Besitztümer diene. Letztendlich würde ein großer Teil der Abgaben wieder an bestimmte Personengruppen zurückfließen. Mit dieser finanzpolitischen Strategie, die die Herrschaft sichern soll, offenbart sich gleichzeitig die Ungleichheit des Systems und dass die Abgaben keineswegs allen gleich zugutekommen. Insgesamt dienten Abgaben laut den Texten der Versorgung des Römischen Reiches, dem Staatsapparat und insbesondere der Armee. Sie unterstützten damit die Absicherung der Herrschaft in finanzieller Hinsicht nach außen und innen durch die Finanzierung des Militärs. Die Besitzenden profitierten, indem ihr Besitz durch die sicherheitspolitische Stabilität weniger gefährdet war. Nebenbei wird vor Misshandlungen gewarnt, um die Abgabenzahlenden nicht noch mehr zu verärgern. Ein Bewusstsein für diesen Missstand war demnach vorhanden.

In seiner Rede *Vom Reichtum* hinterfragt Dion Chrysostomos (40–120 n. Chr.) kritisch, was aus Eroberungen gewonnener Reichtum wirklich bedeutet und ob sich die Eroberer selbst nicht vielmehr durch ihre Verschwendungssucht zu abhängigen Tributpflichtigen machen würden.

> (5) Habt ihr darüber nachgedacht, dass alle diese – ich meine aber die Kelten, Inder, Iberer, Araber und Babylonier – Tribut [φόρος] von uns bekommen, nicht von unserem

Land oder Herden, sondern von unserer Torheit? Wenn nämlich der eine den andern mit Waffengewalt besiegt und den Unterlegenen zwingt, ihm Geld zu zahlen [ὑποτελεῖν], dieses nennt man Tribut [φόρος], und ein Mensch ist nicht sehr [vom Glück] begünstigt oder mutig, anderen tributpflichtig [δασμός] zu sein. Wenn aber irgendwelche – obwohl niemand Krieg gegen sie geführt hat oder sie gezwungen hat – durch Unbedarftheit und Bequemlichkeit, die sie über alles lieben, Geld schicken zu jenen - über viele lange Wege des Meeres -, die nicht einfach unser Land betreten können, ist dieses nicht viel schlimmer und beschämender? (6) Außer, dass sie kleine, zerbrechliche Steine und – bei Zeus – Tierknochen geben und Silber und Gold erhalten, sie tauschen Nutzloses gegen Nützliches. Am meisten aber wundere ich mich oft, wenn ich überlege, dass die Meder zufrieden und erfreut waren, die [Dinge/Schätze/Reichtümer] der Syrer zu nehmen, die Perser die der Meder, die Makedonier die der Perser, und glaubten, [vom Glück] begünstigt worden zu sein und Besseres zu genießen, weil sie den Besitz der jämmerlichen und unglücksseligen [Leute] haben. (Dion Chrysostomos, or. 79,5-6 [divit.])

Dion Chrysostomos nennt zu Beginn Völker, die zwar gefragte Bodenschätze wie wahrscheinlich Edelsteine, Gold und anderes wie eventuell Elfenbein oder Bernstein besäßen, diese ihnen jedoch kein Glück gebracht hätten. Es geht um den Erwerb von Luxusgütern. Dion Chrysostomos argumentiert – in kynisch-stoischer Manier -, dass Reichtum nutzlos sei und nicht glücklich mache, wie er am Ende der kompletten Rede zuspitzt. Dazwischen liegt zur Illustration der zitierte Textteil, der einen Vergleich zu Tributzahlungen zieht. Dion Chrysostomos zeichnet hier zwei laut ihm einfältige und törichte Mechanismen nach. Zunächst würden die Römer:innen ohne Zwang, wie sonst üblich bei Tribut, ihr Geld ausgeben, um wertlose Gegenstände zu erwerben, um ihre Städte und Häuser auszuschmücken. Sie würden so Brauchbares wie Gold und Silber gegen Unbrauchbares eintauschen, das letztendlich nutzlos sei und Städten keinen Schutz gäbe. Da dies freiwillig geschehe, kann Dion Chrysostomos es nur als Dummheit, Feigheit und tadelwertes Verhalten bezeichnen. Die Sätze zum Schluss bringen einen weiteren Aspekt ein. Dion Chrysostomos stellt in Frage, ob es wirklich bedeutet, sich glücklich schätzen zu können und ein besseres Leben zu haben, wenn man Menschen, die offensichtlich eh bereits vom Glück verlassen wurden und ein schlimmes Schicksal erlitten haben, ihren Besitz wegnimmt. In 79,1 formuliert er es sogar so drastisch, dass man wohl kaum stolz sein müsse auf erbeutete Güter, deren frühere Besitzende nun in Armut und als Versklavte leben.

2.1.3 Zusammenfassung

Die griechisch-römischen Schriften wurden teils von Autoren geschrieben, die selbst im Zuge ihrer Ämterlaufbahn in der Administration tätig waren. Insgesamt ist nur wenig Interesse an administrativen Abläufen oder Personal zu erkennen. Abgaben werden vor allem in ihrer Funktion als Herrschaftsinstrument thematisiert. Sie dienten der Belohnung und Bestrafung in den Provinzen. Ebenso konnten sie in prekären wirtschaftlichen Situationen erlassen werden, um die Not zu entschärfen. Abgaben werden als eine Selbstverständlichkeit und Notwendigkeit betrachtet. Dem Römischen Reich dienten sie besonders zur Finanzierung der Armee sowie der Lebensmittelversorgung von Italien. Daraus entstanden auch Konflikte. So diskutierte Plinius d. J., wer auf wen angewiesen sei – die Römer auf die Provinzen oder andersherum. Seine Antwort ist eindeutig – die Provinzen brauchten Rom. Doch zeigt diese Auseinandersetzung, dass sich die Provinzen ihrer wirtschaftlichen Bedeutung durchaus bewusst waren. Dion Chrysostomos ging in die andere Richtung und monierte, dass Rom von den eroberten Völkern abhängig sei durch den Handel. Hier klingt eine weitere Komponente an, die besonders Tacitus hervorhebt: Abgaben- und Tributzahlungen werden als eine Erniedrigung und Schmach angesehen. Sie hatten also auch eine symbolische Bedeutungsebene. Um Abgaben zu legitimieren, wird auch ein sicherheitspolitisches Argument herangezogen: Die Tribute stellten sicher, dass die Römer den Frieden sicherten und somit auch die Wirtschaft. Cassius Dio bietet eine der wenigen Stellen, die Abgabenzahlungen in Bezug zum politischen System diskutieren. Seiner Meinung nach zahlen die Menschen in einer Demokratie gerne und freiwillig Abgaben, weil sie von diesen profitierten. In einer Monarchie dagegen sei dieser Zusammenhang von Zahlenden und Nutznießern nicht gegeben und daher würden die Menschen auch nur durch Zwang Abgaben zahlen. Er weist so pointiert auf das Problem von Monarchien hin, in denen für Abgabenzahlende schwer sichtbar ist, wie ihnen Abgaben zugutekommen.

2.2 Frühjüdische Literatur

Frühjüdische Texte haben als Grundlage die Texte des Tanakhs. Die dort zu findende kritische Königstradition steht staatlichen Abgaben skeptisch gegenüber. In 1Sam 8,15.17 wird davor gewarnt, dass der König neben Arbeits- und Dienstleistungen auch den Zehnten (עשׂר/ἀποδεκατώσει) der Ernte, Weinberge und Schafe nehmen wird. Nicht zuletzt stehen diese Abgaben in Konkurrenz zur Zehntabgabe an Gott (z. B. Lev 27,30.32). Manche sehen in dieser Spannung den Grund für die Ablehnung des römischen -oder jeglichen nicht jüdischen – Abgabenwesens und seinem Personal jüdischerseits.[140] Der religiösen Zehntabgabe widmet sich das V. Kapitel später. Staatliche Abgaben sind vor allem mit Fremdherrschern wie

140 Vgl. Yarbro Collins, Mark, 195 auch in Bezug auf herodianische Abgabeneinnehmende in Galiläa im 1. Jh. n. Chr.

den Babyloniern, Achämeniden und Römern, verbunden. Es ist daher nicht verwunderlich, dass so zwei Abgabenansprüche – der zur Finanzierung des eigenen Tempelkultes und der zur Finanzierung der (Fremd-)Herrschaft – kollidieren.

Wirft man einen groben geopolitischen Blick auf die östlich von Italien liegenden Länder und die dort herrschenden Großmächte, so wurden diese erst von den Achämeniden, dann den Diadochen und schließlich den Römern bzw. Mesopotamien von den Parthern beherrscht. Jüdische Gemeinschaften finden sich überall verstreut in diesem Gebiet und konzentrieren sich im Stammland Judäa mit dem Jerusalemer Tempel. Dort entwickelt sich unter den Hasmonäern auch ein quasi autonomer Staat. Anders als die Bevölkerung in Ägypten, Syrien oder großen Teilen Kleinasiens macht das jüdische Volk dadurch die Erfahrung von knapp 100 Jahren weitestgehender administrativer Eigenständigkeit zwischen Ptolemäern/Seleukiden und Römern. Diese wird dann durch die herodianische Dynastie abgelöst, die durch ihre idumäischen Wurzeln nicht auf dieselbe Anerkennung wie die Hasmonäer bauen konnte. Als die Römer durch Pompeius das Gebiet 64 v. Chr. eroberten, begann eine gut 100-jährige Phase des Ringens, was sich auch an der fiskalischen Gestaltung ablesen lässt. Im Hintergrund standen politisch zum einen der hasmonäische Bruderkrieg, der nach dem Tod Alexandra Salomes 67 v. Chr. begann und endgültig erst 37 v. Chr. entschieden war. Zum anderen beeinflusste der römische Bürgerkrieg (49–27 v. Chr.) die lokalen Machtverhältnisse und Abgabenzahlungen. Grob skizziert war Hyrkanus II. unter Pompeius lediglich Hohepriester und dem Statthalter von Syrien rechenschaftspflichtig. Antipater I., der Gründer der herodianischen Dynastie, war für den Abgabeneinzug zuständig und wurde unter Cäsar 47 v. Chr. zum Prokurator von Judäa ernannt. Zugleich machte er Hyrkanus II. zum Ethnarchen. Kaiser Augustus schließlich bestätigte 30 v. Chr. einen Senatsbeschluss von 37 v. Chr., demnach Herodes der König von Judäa sein sollte. Damit entstand ein Klientelkönigtum, das nicht mehr abgabenpflichtig war. Erst 6 n. Chr. wurde Judäa in eine Provinz umgewandelt und erneut direkt römischen Präfekten unterstellt. Zwischen 41–44 n. Chr. wurde Agrippa I. von Kaiser Claudius zum König ernannt, nach dessen Tod stand Judäa erneut unter römischer Kontrolle. Es fällt auf, dass die Provinz Ägypten demgegenüber administrativ deutlich stabiler war und das Verwaltungs- und Finanzsystems immer unter römischer Kontrolle standen.

Im Partherreich konnte sich zwischen 18–33 n. Chr. ein lokaler jüdischer Kleinststaat unter den Brüdern Anilaios und Asinaois entwickeln,[141] wenn der Bericht des

141 Es sei angemerkt, dass die beiden Brüder ihren Kleinstaat durch Erpressung von Tribut von den umliegenden Landwirten und Viehzüchtern finanzierten. Im Konflikt mit dem parthischen König spielen Abgaben keine Rolle, sondern die Angst, dass es zu einer Revolte kommen könnte (Josephus, ant. 18,310–339 [Tribut: 316]).

Josephus historisch sein sollte. Bedeutsam ist auch die Konversion des Königshauses von Adiabene unter König Izates II. (33/36–57/59 n. Chr.) und seiner Mutter Helena.[142] Das Königreich Adiabene, in Gebiet des heutigen irakischen Kurdistans gelegen, war ein Vasallenstaat der Parther. Im Römischen Reich war die Situation der jüdischen Gemeinden zum Teil bedrohlich. Es sind Pogrome aus Alexandria bekannt (38 v. Chr., 37–41 n. Chr.) und Ausweisungen aus Rom (19 n. Chr.; 50 n. Chr.). Am Vorabend des jüdischen Krieges 66–74 n. Chr. lässt sich aus der Vogelperspektive feststellen, dass es eine Spannung in den jüdischen Gemeinden zwischen ruhigen Gebieten und Unruheherden gab, zwischen Unabhängigkeitsbestrebungen und Toleranz der Fremdherrschaft. Der erste Ausbruch geschah in Judäa im ersten jüdischen Krieg. Dieser hatte auch Konsequenzen für jüdische Diasporagemeinden. Josephus spricht von Pogromen in Damaskus, Alexandria, Tyros und zahlreichen weiteren syrischen Städten sowie Ägypten (Josephus, bell. 2,477–480;[143] 550–561; 7,364–369). Der zweite Ausbruch wird als Diasporaaufstand bezeichnet und meint die bewaffneten Aufstände ausgehend von der Kyrenaika, über Ägypten bis hin nach Mesopotamien und Zypern zwischen 115–117 n. Chr. Der Aufstand wurde niedergeschlagen und die jüdischen Gemeinden erneut hart bestraft. Der letzte große Aufstand schließlich fand unter Bar Kokhba 132–136 n. Chr. wiederum in Judäa statt.

Diese größeren historischen Ereignisse sind relevant, um die fiskalische Administration und die Haltung ihr gegenüber, wie sie in frühjüdischen Schriften deutlich wird, einordnen zu können. Philo von Alexandrien (15 v.–15 n. Chr.) und Flavius Josephus (37–100 n. Chr.) sind die Hauptquellen, um hier mehr zu erfahren. Wie bereits gesehen, werden wir ansonsten über Reaktionen auf das römische Abgabensystem aus dem restlichen Reich nur von römischen Autoren selbst informiert. Auch Philo und Josephus haben Berührungspunkte zur Adminstration. Philos Bruder Alexander hatte eine administrative Funktion in der jüdischen Gemeinschaft von Alexandria inne. Sein Sohn Tiberius Julius Alexander machte bei den Römern Karriere und bekleidete verschiedene administrative Ämter: Epistratege der Thebais, Prokurator von Judäa (46–48 n. Chr.) sowie Statthalter von Ägypten (68 n. Chr.). Er war für die Niederschlagung von Aufständen und die Hinrichtung von Aufständigen in Galiläa und Alexandria verantwortlich, beteiligte sich im Partherkrieg (63 n. Chr.) und bei der Belagerung von Jerusalem (70 n. Chr.). Von Philo wissen wir durch eine seiner Schriften, dass er selbst eine Gesandtschaft zu Kaiser Caligula anführte (39 n. Chr.).[144] Josephus stammte aus einer Jerusalemer Priesterfamilie und gehörte damit zur Aristokratie. Politisch betätigte er sich als Diplomat

---

142 Josephus, ant. 20,17–96.

143 Lediglich die Bevölkerung von Antiochien, Sidon, Apamea und Gerasa habe keine Übergriffe begangen.

144 Vgl. Runia, Philon, 12.

und erwirkte in Rom die Freilassung von jüdischen Priestern (64–66 n. Chr.). Prominent ist seine Rolle im Jüdischen Krieg als General der Festung Jotapata. Nach seiner Gefangennahme unterstütze er die Römer bei der Eroberung Jerusalems und wurde mit Land, einer Pension und dem römischen Bürgerrecht belohnt.[145]

2.2.1 Abgaben an die Herrschenden

Josephus beschreibt die Finanzadministration hauptsächlich aus der Perspektive eines Angehörigen der Elite eines unter römischer Herrschaft stehenden Volkes, der einerseits von dem Arrangement profitiert und sich andererseits romkritischen Gruppen in der Bevölkerung gegenüber behaupten muss. Meistens wird auf die genaue Administration gar nicht eingegangen, sondern lediglich festgestellt, dass nach einer Eroberung Tribut gezahlt werden muss. Dies ist besonders der Fall in der Erzählung über die Frühzeit Israels, in der Israel mal Tribut von anderen fordert, mal selbst Tribut leisten muss.[146] Ich möchte mich auf die Zeit nach den Makkabäeraufständen konzentrieren. Aus fiskalischer Perspektive ist diese Periode deswegen interessant, weil hier besonders der Zusammenhang zwischen Fremdherrschaft und Abgabenpflicht sowie Autonomie und Abgabenfreiheit deutlich wird. Die Darstellung des Josephus ist davon geprägt, dass es immer wieder zu abgabenbezogenen Ereignissen kommt. Drei Schilderungen stechen besonders hervor: Der Abgabenerlass unter Antiochus dem Großen (198 v. Chr.), die (semi) Abgabenhoheit unter den Hasmonäern (143 v. Chr.) und schließlich die Abgabenboykotte unter den Römern (ab 6 n. Chr.).

Josephus beschreibt, wie das jüdische Volk und Land zwischen den ptolemäischen und seleukidischen Fronten aufgerieben wurden im sogenannten fünften syrischen Krieg (Josephus, ant. 12,129). Die Juden unterstützen schließlich den siegreichen Antiochus III. gegen den ptolemäischen General Scopas, der in einer Blitzaktion weite Teile des Gebietes inklusive Jerusalem eingenommen hatte (Josephus, ant. 12,132–134). Daraufhin erzählt Josephus, wie Antiochus der Große einen Brief an seine Verwalter und Freunde schreibt, in dem er die Unterstützung der Juden hervorhebt und Belohnungen für sie verspricht. Darunter auch Abgabenerleichterungen:

> (142) [A]ber es sollen die Ältesten, die Priester, die Tempelschreiber und Sänger von der Kopfabgabe [τῆς κεφαλῆς τελοῦσιν], der Abgabe für die Krone [τοῦ στεφανιτικοῦ φόρου] und jeder anderen Abgabe [wörtlich: die der übrigen] befreit sein. (143) Damit nun die Stadt schneller bewohnt werde, gebe ich den Bewohner:innenn und denen, die

145 Vgl. Bringmann, Iosephos, 4.

146 Vgl. Josephus, ant. 4,300; 5,129.181.

sich bis zum Monat Hyperberetaios niederlassen, Abgabenfreiheiten [ἀτελής] für drei Jahre. (144) Ich will ihnen aber auch den übrigen von ihnen den dritten Teil der Abgaben [φόρος] erlassen, damit sie sich von ihrem Schaden erholen. (Josephus, ant. 12,142-144)

Es wird eigens hervorgehoben, dass Kultpersonal und die Ältesten als Leitungsgremium von Abgaben befreit werden. Damit wird fiskalisch zwischen Elite und nicht-Elite unterschieden und erstere erhält Privilegien.[147] Die übrigen Bewohner:innen wird Abgabenfreiheit gewährt, wenn sie bis zu einem bestimmten Zeitpunkt wieder in die Stadt zurückkehren. Abgabenfreiheit wird hier als ein Art Konjunkturmittel genutzt, es bietet Anreiz, sich wieder anzusiedeln und hilft der Wirtschaft, wieder in Schwung zu kommen. Als in Phrygien und Lydien Aufstände ausbrechen, ordnet Antiochus III. an, aus Mesopotamien und Babylonien 2.000 jüdische Familien dort anzusiedeln, um loyale Untertan:innen zu haben. Dafür soll ihnen das Land gegeben werden und die Ernteerträge für 10 Jahre abgabenfrei sein (Josephus, ant. 12,151-152). Wie auch die römischen Herrschenden belohnt Antiochus Loyalität mit Abgabenerleichterungen. Nachdem Josephus dann kurz das ptolemäisch-seleukidische Abgabensystem skizziert (die Vermögenden pachten das Recht, Abgaben einzusammeln), kommt er schon zur Verweigerung der Abgabenzahlung durch den Hohepriester Onias. Dessen Neffe Joseph wendet die Rache des Königs ab, was historisch vor dem Sieg des Antiochus liegt. Joseph werden wir später als ein Beispiel für einen Abgabeneinnehmer näher betrachten. Auch ansonsten werden Abgabenerleichterungen als Gunst der Fremdherrscher gegenüber dem jüdischen Volk präsentiert: So erlässt Demetrios II. (ca. 143 v. Chr.) Steuern und Abgaben (φόρος καὶ σύνταξις), die eigentlich fällig wären, auf: regelmäßige Abgaben (φόρος), Salz- ([φόροι] τῶν ἁλῶν), Kranz- ([φόροι] τῶν στεφάνων), Korn- (καρπός), Baumfrucht- (τοῦ ξυλίνου καρποῦ), Kopf- ([φόροι] τῆς κεφαλῆς), den Zehnten (δεκάτη), sonstige Abgaben (τέλει), Frondienste sowie Tempelabgabe[148] (Josephus, ant. 13,49-52.55).[149] Vitellus erließ die Abgaben auf die Erstlingsfrüchte in Jerusalem (Josephus, ant. 18,90) und Agrippa allgemein Abgaben für die in Jerusalem Wohnenden (Josephus, ant. 19,299). Der Erlass von Abgaben dient der Auszeichnung und Belohnung von Einzelnen oder ganzen Gruppen.[150]

---

147 Vgl. dazu auch Adams, Economic Life, 158.

148 Damit ist eine Abgabe gemeint, die der König aus der Tempelkasse erhält.

149 Vgl. auch 1Makk 10,22-42.

150 Beispiele von Einzelpersonen, denen Abgaben erlassen werden: Ptolemäus von Alexander (Josephus, Cap. 2,43); Antipater von Cäsar (Josephus, bell. 1,194); Domitian befreit Josephus Land in Judäa von Abgaben (Josephus, vita 429). Anhand von Antipater und Josephus lässt sich auch sehen, dass die Verleihung des römischen Bürgerrechtes nicht automatisch mit Abgabenbefreiungen einherging, sondern diese gesondert gewährt wurden. Vgl. Udoh, Tribute, 150 mit Verweis auf das Edikt des Augustus von 7-6 v. Chr. bezüglich der Bewohner:innen von Cyrene. Diejenigen, die

Als Simon Makkabäus zum Hohepriester und Ethnarchen eingesetzt wird (141 v. Chr.), erwähnt Josephus als erstes, dass Simon es möglich machte, dass den Makedoniern, d. h. Nachfolgern Alexanders des Großen, zum ersten Mal seit 170 Jahren kein Tribut mehr gezahlt werden musste (Josephus, ant. 13,213). Gemessen an den davorliegenden langen Jahren der Fremdherrschaft und den folgenden tributpflichtigen Jahren, kann die Bedeutung vielleicht erahnt werden. Da Josephus sich hier schon von der Vorlage des ersten Makkabäerbuches löst, erklärt, dass in 1Makk 15,5-8 berichtet wird, dass Antiochus IV., der Sohn des Demetrios II., die von seinem Vater gewährte Abgabenfreiheit bestätigte, was Josephus nicht erwähnt. Nichtsdestotrotz war das autonome Königreich im Prinzip tributpflichtig, was die jeweiligen Forderungen der seleukidischen Herrscher deutlich machen. So forderte Demetrius II. von Simon Tribut (1Makk 15,28-31) sowie Antiochus VII. von Johannes Hyrkanus (Josephus, ant. 13,246). Es handelt sich also um eine relative Abgabenfreiheit. Es ist aus den Quellen leider nicht genau zu erschließen, wie die Hasmonäer ihr Königreich finanzierten.[151] Die Quellen berichten von ihrem generellen Reichtum und es gibt keine Hinweise auf eine übermäßige Abgabenlast. Wahrscheinlich übernahmen sie einige der Abgaben der Seleukiden in gemäßigter Form, vielleicht war der Zehnte eine Einnahmequelle und ansonsten finanzierten sie sich vor allem durch Raubgut und konfiszierten Besitz (Josephus, ant. 13,273).[152]

Pompeius hatte 63 v. Chr. Judäa und Jerusalem nach den Nachfolgestreitigkeiten zwischen Johannes Hyrkanos II. und seinem Bruder Aristobulus II. zuallererst tributpflichtig gemacht (φόρος; Josephus, bell. 1,154). Dass solche fiskalischen Maßnahmen Teil des Belohnung- bzw. Strafsystems der römischen Herrscher sind, wird auch unter Augustus deutlich. Nach dem Tod Herodes des Großen gab es einen Aufstand, an dem die Samarier sich nicht beteiligten. Als Belohnung wurden ihnen 25 % Abgaben (φόρος) erlassen als Archelaus als Ethnarch eingesetzt wurde (Josephus, bell. 2,96). Herodes der Große selbst benutzte laut Josephus ausgiebig das Instrument der Abgabenerlässe (Josephus, bell. 1,428). Dabei scheint er geschickt gewesen zu sein und nutzt die Erlässe als politische Taktik. Nach einer geglückten Gesandtschaft zu Agrippa 14. v. Chr., bei der die Rechte der Juden und Jüdinnen bzw. Judäer:innen bestätigt wurden, verbucht Herodes diesen Erfolg für sich und nutzt ihn propagandistisch bzw. zur Stabilisierung seiner Herrschaft:

---

römisches Bürgerecht bekommen haben, müssen explizit ihre Liturgien wie andere Griech:innen ausführen.

151 Vgl. Applebaum, Judea, 18, der auf die mangelhafte Quellenlage hinweist.

152 Vgl. zu den Einnahmequellen der Hasmonäer Dąbrowa, Hasmoneans, 152-158. Auch Applebaum, Judea, 18 hat festgestellt, dass es trotz der fehlenden Belege wahrscheinlich ist, dass das Hasmonäerreich sich auch durch Abgaben finanziert haben muss.

> Insgesamt [sprach er] über die glücklichen Fügungen und die Verwaltung der Herrschaft wie niemand die Sammlungen [συμφέρω] für jene vernachlässige und um sich selbst zu verherrlichen, erließ ihnen ein Viertel der Abgaben [φόρος] für das vergangene Jahr. (Josephus, ant. 16,64).

Der Teilerlass der Abgaben wird von Josephus als Selbstverherrlichung des Herodes dargestellt. Inschriften, die wir später noch sehen werden, spiegeln genau dies wider: Abgabenerlässe konnten dazu dienen, dass dem Wohltäter Ehre zukam und sein Ansehen gesteigert wurde.

Josephus hebt Gaius Julius Cäsar als Wohltäter der jüdischen Bevölkerung bzw. Hasmonäer hervor. Zunächst werden Dekrete des Senats und Cäsars zitiert, nach denen die jüdische Bevölkerung kein Winterquartier geben mussten oder andere Besitztümer oder Geld (Josephus, ant. 14,195). Da es im weiteren Verlauf sehr wohl um Tributzahlungen geht, scheint es hier wahrscheinlich, dass lediglich eine Befreiung von den Sonderleistungen ans römische Heer gemeint ist, wie dann Josephus, ant. 14,204 ausgeführt wird.[153] Nach der Bestätigung von Hyrkanos in seinem Amt, geht es erneut um Abgaben:

> (200) Gajus Cäsar [...] verordnet [...] (201) Auch dass die Juden in jedem zweiten Jahr ausgenommen werden von den (Getreide-)Abgaben [τῆς μισθώσεως τῆς προσόδου] [in Höhe von] einem Kor und weder irgendwelche Abgabenverpachtungen [ἐργολαβέω] noch die selbigen Abgaben [φόρος] geleistet werden sollen [τελέω]. (Josephus, ant. 14,200-201)

Ed Parish Sanders interpretiert diese Art der Abgabenerlässe als ein Beweis für die Flexibilität des römischen Abgabensystems.[154] Zumindest scheint es hier Ähnlichkeiten zu den vorher vorgestellten Maßnahmen in der Provinz Asia hinsichtlich der Abschaffung von Abgabenverpachtungen durch Cäsar zu geben.

Ein sicherheitspolitisches Beispiel ist die Ansiedlung babylonischer Juden/Jüdinnen in Batanäa. Herodes überzeugte einen babylonischen Juden, unter dessen Kommando berittene Bogenschützen standen, die Stadt Bathyra an der Grenze zu den Trachoniter:innen als eine Art Außenposten zum Schutz gegen sie zu gründen (Josephus, ant. 17,23-25). Anreize dabei waren, dass das Gebiet als abgabenfrei (ἀτελής) erklärt wurde, die Bewohner:innen von allen Abgaben (εἰσφορά) befreit wurden, die sonst zur Bebauung und Bewohnung bezahlt wurden (Josephus, ant. 17,25). Die Abgabenfreiheit während Herodes Regierung lockte auch weitere

153 Dort ein Verbot, jüdische Männer für die Hilfstruppen einzuziehen Geld für den Winter oder andere Zwecke einzuziehen oder andere Frondienste fürs Militär zu leisten.

154 Vgl. Sanders, Judaism, 161.

Personen an, die sich ansiedelten (Josephus, ant. 17,27). Die Nachfolger erheben laut Josephus dann aber wieder Abgaben. Philippus (4.v.-34 n. Chr.) nur ein wenig, die beiden Agrippas dann aber umso mehr (Josephus, ant. 17,28). Die Römer schließlich verlangen noch höhere Abgaben (φόρος, Josephus, ant. 17,28).

2.2.2 Abgabenerleichterungen

Abgabenforderungen konnten nur erfüllt werden, solange eine Bevölkerung diese aufbringen konnte. Josephus berichtet, dass ungefähr 24 v. Chr., dem dreizehnten Regierungsjahr des Herodes, zahlreiche Personen einer Dürre, die einen Ernteverlust verursachte, Nahrungsmittelknappheit, die schließlich Krankheiten und Seuchen nach sich zog, zum Opfer fielen (Josephus, ant. 15,299-301). Als Folge „litt selbst der König an Mangel, da er der Abgaben [φόρος], die er von der Erde bekam, beraubt war" (Josephus, ant. 15,303). Und so ließ Herodes Gold aus dem Königsschatz einschmelzen, um Korn aus Ägypten zu kaufen.

Historisch ist unklar, wie das Abgabensystem unter Herodes d. Gr. geregelt war.[155] Es ist gängige Forschungsmeinung, dass die Abgabenlast in Judäa allgemein und insbesondere unter Herodes d. Gr. die Bevölkerung in den Aufstand getrieben habe.[156] Fabian E. Udoh hat dargelegt, dass Judäa unter Herodes d. Gr. keinen direkten Tribut zahlte und erst ab 6 n. Chr., als Judäa in eine kaiserliche Provinz umgewandelt wurde, *tributum soli* an Rom zahlte bis König Agrippa I. dann 41 n. Chr. Judäa zugeschlagen bekam.[157] Die Vermutung liegt nahe, dass das herodianische Abgabensystem vom seleukidisch-hasmonäischen System geprägt war, auch wenn wir wie gesagt wenig über dieses wissen. Avraham Schalit vertritt die These, dass König Herodes sich am römischen Abgabensystem orientierte, alle möglichen Einnahmequellen ausgeschöpft habe und der Zoll eine seiner Haupteinnahmen darstellte.[158] Sicher ist jedenfalls, dass Herodes für seine zahlreichen Bauprojekte Geld brauchte.[159] Aus Josephus wird ersichtlich, dass es Abgaben auf Land bzw.

---

155 Zeitlin, Rise, 96 geht davon aus, dass Herodes viele neue Abgaben einführte, nennt jedoch keine Belege.

156 Vgl. Udoh, Tribute, 3 nennt u. a. Shimon Applebaum, Martin Goodman, Joachim Jeremias, Richard A. Horsley und John Dominic Crossan.

157 Udoh, Tribute, 5-6.286-287.

158 Vgl. Schalit, Herodes, 256-297, zum Zoll 290-297. Der Landbesitz des Herodes in Idumäa und der von den Hasmonänern konfiszierte seien eine weitere Hauptfinanzierungsquelle. Ebd., 257-262. Ähnlich auch Udoh, Tribute, 171-175.

159 Er baute Samaria auf, stattete Cäsarea mit einem neuen Hafen aus, ließ in Jerusalem Theater, Amphitheater, den Königspalast sowie Erneuerungen am Tempel bauen sowie die Festungen Herodion, Alexandreia, Hyrkania, Machairus und Masada. Auch außerhalb seines Reiches stiftete er Tempel oder beteiligte sich an kaiserlichen Städten. Vgl. zur Finanzierung der Bauprojekte Broshi, Temple.

Ernteerträge (*tributum soli*) gab (Josephus, ant. 15,303.305.365).[160] In ant. 17,308 spricht Josephus von einer „strengen" Eintreibung der Abgaben unter Herodes d. Gr. Grundsätzlich passt dies in das negative Bild, das Josephus von Herodes d. Gr. zeichnet. Der Herrscher wurde von bestimmten Kreisen der Oberschicht sehr kritisch gesehen, wahrscheinlich auch, weil er Geld für griechische Städte ausgab.[161]

Legen wir dies einmal beiseite, ist es nicht sehr plausibel, dass Herodes d. Gr. ein extrem hohes Abgabensystem eingeführt hat, selbst wenn er sicherlich auch teilweise durch Abgaben seine zahlreichen Bauprojekte finanzierte.[162] Die Bewertung Herodes d. Gr. und seiner Fiskalpolitik ist auch immer unter der Perspektive eines Wechsels von einem halb-autonomen Reich unter einer lokalen Herrscherdynastie hin zur römischen Vorherrschaft und einem eingesetzten Klientelkönig zu reflektieren.[163] Klientelkönigtümer waren nicht automatisch tributpflichtig. Herodes d. Gr. war für die fiskalische Verwaltung selbst zuständig.[164] Die Vergabe von Land inklusive Abgabenbefreiung bei der Ansiedlung babylonischer Juden und Jüdinnen in Gebieten von Trachonitis und Batanäa ist ein Beispiel für die fiskalischen Entscheidungsfreiheiten, die Herodes d. Gr. hatte (Josephus, ant. 17,23-31).[165] Udoh hat ausführlich dargelegt, dass es keine Anzeichen gibt, dass Herodes in irgendeiner Form Rom gegenüber abgabenpflichtig war.[166] Damit kann auch nicht davon ausgegangen, dass es eine dreifache Belastung von herodianischen und römischen Abgaben sowie Tempelabgaben gegeben hätte oder Herodes d. Gr. Judäa durch Abgaben ausgeblutet hat.[167]

Eine übermäßige Abgabenforderung konnte auch politisch für Klientelkönige gefährlich sein, wie ein weiteres Beispiel zeigt. Josephus berichtet über die Familienstreitigkeiten zwischen Herodes d. Gr. und seinem Sohn Antipatros aus der Ehe mit Doris und seinen Söhnen Aristobul und Alexander, deren Mutter Mariamne gewesen war. Dieser Zwist wurde laut Josephus durch den Spartaner Eurykles, der nur auf seinen eigenen Vorteil bedacht war, noch befeuert. In einer gerissenen Intrige

---

160 Vgl. Udoh, Tribute, 162-164.

161 Vgl. ebd., 204-205.

162 Vgl. zur Unwahrscheinlichkeit der Einführung eines extrem belastenden Abgabensystems unter Herodes Adams, Economic Life, 177. Ebenso Udoh, Tribute, 115-117.

163 Vgl. Zu den politischen Implikationen imperialer Herrschaft, die sich auch im Abgabensystem ausdrückt, Udoh, Tribute, 286-287.

164 Vgl. ebd., 143-144.

165 Die Strafzahlungen einiger galiläischer Städte wegen ihres Widerstandes gegen Herodes und der Tötung seines Generals Ptolemäus (Josephus, ant. 14,433; bell. 1,316) sind weitere Beispiele. Vgl. auch mit weiteren Belegen Udoh, Tribute, 144-145.

166 Vgl. z. B. Udoh, Tribute, 144-148. Tribut wurde lediglich kurzzeitig unter Antonius an Kleopatra für die Gebiete (wie Jericho) bezahlt, die Herodes nicht aufgeben wollte. Ebd., 146-148.

167 Vgl. ebd., 117-136.

schwärzte er Alexander vor Herodes d. Gr. an. Angeblich habe dieser schlecht über seinen Vater geredet. Unter anderem legt Eurykles Alexander folgende Worte in den Mund, die er angeblich vor Kaiser Augustus gegen Herodes d. Gr. vorbringen wollte:

> [S]ondern an erster Stelle das Unglück des Volkes zu verkünden und wie sie bis aufs letzte Hemd [wörtlich: zum eigenen Leben] besteuert wurden [συμφορά] und danach für welchen Luxus und welche Taten die durch Blut eingebrachten Gelder verwendet wurden, was für welche das sind, die Reichtümer von uns [nehmen] und wem die Städte gehören, die geehrt werden. (Josephus, bell. 1,524)

Davon abgesehen, dass Josephus diese Worte als „abenteuerliche Lügen über Alexander" abtut, so ist es interessant, welche Vorwürfe Eurykles Alexander in den Mund legt. Es geht um Abgabenmissbrauch und um Ausbeutung des Volkes sowie um Verschwendung des so gewonnen Geldes. Es zeigt sich erneut, dass selbst ein Klientelkönig nicht alles machen konnte, ohne Konsequenzen fürchten zu müssen. Der Vorwurf des Abgabenbetrugs war politisch gefährlich.

Eine andere übliche Reaktion auf Abgaben ist die Bitte um Nachlass oder Abschaffung von Abgaben. Philo berichtet davon im Rahmen der Gesandtschaft an Caligula (39/40 n. Chr.). Agrippa I. schrieb an Kaiser Caligula einen Brief, in dem er für Jerusalem um Freiheit von Abgaben [φόρος] bat (Philo, leg. 287). Judäa war zu diesem Zeitpunkt noch kein Teil seines Königreiches. Unter Kaiser Claudius schließlich wurde Agrippas I. Bitte stattgegeben, indem Judäa 41 n. Chr. Teil seines Königreichs wurde und damit auch keine Abgaben mehr an Rom bezahlen musste. So konnte Agrippa I. entscheiden, Abgaben auf die Häuser in Jerusalem zu erlassen (Josephus, ant. 19,299).[168] Judäa war also Rom gegenüber lediglich 35 Jahre lang abgabenpflichtig. Besonders üblich ist das Verhandeln über Abgaben bzw. ein Schuldenerlass beim Antritt neuer Amtsinhaber. Josephus berichtet sowohl im Bellum als auch in den Antiquitates von der Bitte des Volkes in Jerusalem um Abgabensenkung, als nach dem Tod Herodes d. Gr. (4 v. Chr.) dessen Sohn Herodes Archelaos die Nachfolge antritt: „Die einen schrien, er solle die Abgaben [εἰσφορά] ermäßigen, andere, er möge die indirekten Abgaben [τέλος] abschaffen, wieder andere er solle die Gefangenen [δεσμώτης] freilassen." (Josephus, bell. 2,4) Josephus bietet eine Dreierkette: Ermäßigung der Abgaben, Abschaffung der Zölle und Freilassung der Gefangenen. In Antiquitates sind die Formulierungen ein bisschen anders, die Dreierkette jedoch ähnlich:

168 Vgl. Auch Udoh, Tribute, 157–158. Zu den ominösen Hausabgaben vgl. ebd., 179–180. Udoh vermutet, dass es sich um eine Immobilienabgabe oder Grundbesitzabgabe handelt.

(204) Die Bedürftigen schrien die Abgaben [εἰσφορά], die sie jährlich tragen, zu erleichtern, die anderen dagegen um Freilassung der Gefangenen [δεσμώτης], die Herodes eingesperrt hatte – es waren aber viele und auch lange Zeit. (205) Aber es gab die, die baten, um Erlass der Abgaben [τέλος], die auf Verkaufen [πρᾶσις] und Kaufen [ὠνή] draufgeschlagen wurden, die eifrig eingezogen wurden. (Josephus, ant. 17, 204–205)

Hier bittet das Volk um Absenkung der Abgaben (εἰσφορά) und spezifisch der Handelsabgaben (τέλος) statt der Zölle. Die Handelsabgaben auf Früchte wurden um 36 n. Chr. von Lucius Vitellius, der die Niederschlagung eines Abgabenboykotts durch einen kilikischen Stamm nach 20 n. Chr. angeordnet hatte (Tacitus, ann. 6,41), erlassen (Josephus, ant. 18,90).

Die Megillat Taanit, eine Art Monatskalender, der die Tage festhält, an denen nicht gefastet werden muss, listet Freudentage aus der vor-hasmonäischen, der hasmonäischen sowie der römischen Zeit bis 66 n. Chr. auf.[169] Auch zwei fiskalische Ereignisse werden zu Freudentagen erklärt. Im Monat Iyyar ist der 26. Tag ein Freudentag, weil 143 v. Chr. Demetrios II. Judäa und Jerusalem von der Kranzabgabe (כליליא) befreit habe (II. [d]).[170] Dies kann wahrscheinlich als ein Ausdruck für eine allgemeine Abgabenfreiheit verstanden werden. Am 25. Siwan ist Freude angebracht, weil das Abgabenpersonal (דימוסנאי) von Judäa und Jerusalem entfernt worden sei (III. [c]). Angespielt wird hier auf die Einstellung der Abgabenzahlungen durch die Bevölkerung nach der Niederlage des Statthalter Florus 66 n. Chr.[171] Die Bezeichnung des Abgabenpersonals ist die aramäische Variante des griechischen δημοσιῶναι (Pl.), also der Terminus, der insbesondere dem lateinischen *publicanus* entspricht, aber eher selten in der griechischen Literatur belegt ist.[172] Der erste Freudentag bestätigt die Wahrnehmung des Josephus. Der zweite Freudentag bewertet die Geschehnisse gegenteilig zu Josephus. Für die Megillat ist es ein Anlass zur Feier, dass Abgaben verweigert wurden. Josephus dagegen lässt Agrippa II. sofort erklären, warum die Verweigerung der Abgabenzahlung ein Fehler ist, er und Berenice weinen und das Volk erklärt sich am Ende bereit, die Abgaben zu zahlen. In der Megillat ist dieser Tag gerade kein Tag zur Trauer, sondern zur Freude. Die Abgaben und das Abgabenpersonal sind Zeichen der Fremdherrschaft gegen die es sich zu wehren gilt.

---

169 Vgl. Zeitlin, Megillat Taanit, 3.71. Ebd., 65–71 auch der Text und eine englische Übersetzung.

170 Vgl. zur Einordnung ebd., 83.

171 Vgl. ebd., 93–94.

172 Eine Recherche im TLG (22.07.2021) ergibt insgesamt 14 Belege.

2.2.3 Boykotte gegen Abgaben

Erst unter den Herodianer:innen berichtet Josephus dezidiert von Boykotten gegen Abgaben. Die Ambivalenz zwischen der Verpflichtung, Abgaben zu zahlen und das Bedürfnis nach der eigenen Unabhängigkeit kochten nun immer wieder hoch. Dabei scheinen jedoch Pragmatismus und Realpolitik in der Darstellung durch. Herodes d. Gr. hielt nach einem Erdbeben 31 v. Chr. mitten in den Auseinandersetzungen mit arabischen Stämmen eine Rede vor seinem demoralisierten Heer. Diese Kämpfe dauerten schon länger an und begannen laut Josephus damit, dass Herodes durch seine hohen Abgabeneinnahmen ein Heer aufstellen konnte und Mark Anton ihn bat, gegen die arabischen Stämme vorzugehen, doch das Blatt wendete sich gegen die Juden und Jüdinnen (Josephus, ant. 15,108–120). Der König wollte das durch zahlreiche Verluste physisch und psychisch geschwächte Heer motivieren. Herodes betonte erst, wie seine gute Beziehung zu Mark Anton und sein Aufkommen für den auferlegten Tribut das Land gerettet hätten. An für sich sei dieser Tribut an sich schon Unrecht: „Und es ist angemessen, dass keiner von den Juden von dem Besitz Abgaben [φόρος] oder von Teilen des Landes Abgaben zahlt [τελέω]" (Josephus, ant. 15,133). Weitaus schlimmer sei es aber, wenn die Nabatäer:innen Abgaben bekommen würden, weil diese sich feindlich und schlimmer als Griech:innen und Barbar:innen verhalten hätten. Pragmatisch wird hier dargelegt, dass Tribut manchmal nötig sei, um die eigene semi-Autonomie zu bewahren und sich einer kompletten Unterwerfung unter eine unerträglichere Herrschaft zu entziehen.

Leider erfahren wir nur wenig über administrative Abläufe. In Josephus, bell. 2,16 zeigen sich die unterschiedlichen Interessen der administrativen Kräfte der Provinz Syriens – hier der Epitropos/Prokurator Sabinus und der Statthalter Varus:

> Es begegnete ihnen aber in Cäsarea Sabinus, der Epitropos von Syrien, der hinaufging nach Judäa, um das Vermögen des Herodes zu sichern [zu beschlagnahmen]. Dieser wurde aufgehalten vorwärts zu gehen, nachdem Varus angekommen war, der auf viele Bitten des Archelaus durch Ptolemäus hinterhergeschickt worden war. (Josephus, bell. 2,16)

Sobald jedoch Varus, der Statthalter Syriens nach Antiochien und Archelaos nach Rom aufbrachen, begab sich der Prokurator Sabinus nach Jerusalem, nahm die Paläste des Herodes in Besitz und versuchte herauszufinden, was es noch an Schätzen gab. Die Interessen der Statthalter und Prokuratoren konnten demnach entgegengesetzt sein und zwischen ihnen bestand ein komplexes Machtgefüge, das auch von den jeweiligen Amtsinhabenden abhängig war. Josephus berichtet z. B. von dem habgierigen Prokurator Albinus (62–64 n. Chr. in Judäa), der extrem hohe Abgaben forderte (Josephus, bell. 2,271) und zwei Jahre ungehindert in die eigenen Taschen wirtschaften konnte.

Das Streben nach Autonomie wird besonders in den jüdischen Aufständen zum Ausdruck gebracht. Die Hauptquelle für diesen Krieg ist Josephus, durch dessen Perspektive meistens auf diese Auseinandersetzung geblickt wird.[173] Unter der Präfektur von Gessius Florus in Judäa (64–66 n. Chr.) kam es zu Aufständen gegen seine ausbeuterische Amtsführung (Josephus, bell. 2,277–280). Die Situation eskalierte, als Florus aus dem Tempelschatz 17 Talente nahm, um ausstehende Abgaben zu bezahlen (Josephus, bell. 2,293). Diese Tat könnte auch im Zusammenhang mit Sonderabgaben stehen, die nach dem Brand in Rom von Kaiser Nero überall in den Provinzen zum Wiederaufbau Roms eingefordert wurden.[174] In Asia wurden laut Tacitus, ann. 15,45 sogar Statuen von Gottheiten aus den Tempeln genommen. STENGER vermutet, dass Aufständige vorher zum Abgabenboykott aufgerufen hatten und daher die geforderte Summe nicht zusammengekommen war.[175] In Aufruhr und Aufregung lief das Volk zum Tempel zusammen und aufrührerische Personen verspotteten Florus (Josephus, bell. 2,294f). Das Volk wandte sich schließlich an den anwesenden Agrippa II. und die Hohepriester, um Erlaubnis zu erhalten, eine Gesandtschaft zu Kaiser Nero zu schicken (Josephus, bell. 2,342). Die folgenden Ausführungen geben wahrscheinlich zum größten Teil auch Josephus eigene Position wieder. Agrippa II. befand sich in einer politischen Zwickmühle: Er wollte Florus nicht zum Feind haben, doch an einem Aufstand in Judäa hatte er auch kein Interesse. Der Grundtenor seiner beschwichtigenden Rede ist daher, dass sich ein Krieg gegen das mächtige und überlegene Volk der Römer nicht lohnt. Außerdem sei es nun auch zu spät, sich von den Römern zu befreien, das hätte passieren müssen, als Pompeius Judäa eroberte (64 v. Chr.). Die Knechtschaft sei wie ein Erbe und ein Abschütteln nicht möglich. Dann zeigt er an dem Beispiel bedeutender Völker wie Athener, Lakedämoier und Makedonier, dass ein Aufstand gegen Rom zwecklos sei, sie alle seien Rom nun unterworfen, obwohl sie militärisch und finanziell besser ausgestattet waren als die Juden und Jüdinnen (Josephus, bell. 2,358–361). Reichere (Gallien), stärkere (Germanien), klügere (Griechen) Völker hätten sich gegen die Römer:innen nicht behaupten können (Josephus, bell. 2,364). Es läge auch nicht daran, dass z. B. die Gallier verweichlicht (μαλακία) oder von niedriger Geburt (ἀγένεια) seien (Josephus, bell. 2,373). Hier wird erneut auf den Aspekt der Beschämung und Ent-männlichung eroberter Völker rekurriert. Schließlich kommt Agrippa II. explizit auf Abgaben zu sprechen: „Wie sehr könnten Bithynien, Kappadokien und das pamphylische Volk, die Lykier und Kilikier

---

173 Vgl. zu kritischen Auseinandersetzungen mit Josephus Darstellung z. B. Yoder, Representatives, 131–194; Eck, Repräsentanten.

174 Vgl. Eck, Repräsentanten, 63.

175 Vgl. Stenger, Besteuerung, 73.

Anspruch auf Freiheit erheben und dennoch zahlen sie Abgaben [φορολογέω] ohne Waffenzwang.“ (Josephus, bell. 2,368) Auch die Völker Äthiopiens geben die geforderten Abgaben ohne Widerstand:

> Abgesehen von den jährlichen Früchten, von denen sich die Bevölkerung Roms acht Monate lang ernährt, steuern sie auch darüber hinaus noch Abgaben [φορολογέω] aller Art und Steuern [εἰσφορά] zu den Bedürfnissen des Reiches bereitwillig bei, ohne eine der Vertragsbedingungen für eine Schande [ὕβρις] zu halten wie ihr, obwohl sie nur eine einzige Legion bei sich haben. (Josephus, bell. 2,383)

Agrippa II. spricht das *frumentum* an sowie nicht näher erläuterte weitere Abgaben. Auffällig ist, dass es hier, wie bereits bei den Reden der Nichtrömer bei Tacitus, auch um Kränkung [ὕβρις] und entwürdigende Behandlung [ἀδοξέω] geht (Josephus, bell. 2,385), die sich in der Besteuerung ausdrücke. Der König meint, dies liege einzig und allein an der Haltung der jeweiligen Völker, ob dies so wahrgenommen würde. Im Kern, macht er anhand von Alexandria deutlich, leisten die Juden und Jüdinnen bzw. Judäer:innen relativ wenig: „in einem Monat zahlt sie [die Stadt Alexandria] den Römern mehr Abgaben [φόρος] als ihr im ganzen Jahr und außer dem Geld für Rom noch Getreide für vier Monate.“ (Josephus, bell. 2,386) Agrippa II. versucht durch diese Vergleiche die Abgabenlast zu relativieren und eine Art Gemeinschaft der abgabenpflichtigen Länder unter römischer Herrschaft zu konstruieren. Zum Schluss seiner Rede ruft er dann dezidiert dazu auf, die Abgaben zu bezahlen:

> (403) Auf dieses sagte König Agrippa: Alle die Taten sind schon wie Krieg führen gegen die Römer: Weil ihr dem Kaiser nicht die Abgaben [φόρος] gegeben und die Säulen der Antonia niedergerissen habt. (404) Aber ihr könnt nur jede Veranlassung zur Revolte verhindern, wenn ihr diese [Säulen) wieder zusammenfügt und die Abgaben bezahlt [τελέω εἰσφοράν]. Weder gehört Florus die Festung noch gebt ihr ihm Geld. (Josephus, bell. 2,403-404)

In der Rede Agrippas verdeutlicht Josephus verschiedene Zusammenhänge. Anfangs macht er darauf aufmerksam, dass Rom gar nicht mitbekommt, was in den östlichen Provinzen geschieht. Zum Schluss jedoch betont er, dass die Nichtbezahlung von Abgaben bemerkt und als Aufruhr bewertet werden wird. Es findet eine Entkoppelung von lokalem Statthalter und globalem Reich statt. Man könnte es auch so ausdrücken, dass aus dieser Sicht das Römische Reich nicht schlecht ist, sondern lediglich einzelne Personen. Danach werden dann jüdische Personen losgeschickt, um die ausstehenden Abgaben einzusammeln (Josephus, bell. 2,405).

Doch auch diese Rede Agrippas II. konnte den kurz darauf ausbrechenden ersten jüdischen Krieg nicht verhindern. Zum Schluss dieses Krieges lässt Josephus sich selbst auftreten. In seiner Rede bei der Belagerung Jerusalems erklärt er kurz und bündig die Vorteile, die es bringt, den Römern die geforderten Abgaben zu entrichten:

> (405) Die Römer fordern den üblichen Tribut [δασμός], den unsere Väter deren Vätern gaben. (406) Haben sie dies geschafft, wollen sie weder die Stadt zerstören noch das Heiligtum antasten, sie geben uns alles andere, Familien, und den freien Vermögensbesitz, den sie selbst austeilen, und schützen die heiligen Gesetze. (Josephus, bell. 5,405-406)

Laut dieser Darstellung geht es den Römer:innen lediglich um die Abgaben und werden diese geleistet, gibt es im Gegenzug dazu keine Zerstörung, sondern Schutz. Josephus reproduziert die römischen Argumente.

Nicht immer wurden Konflikte um Abgaben auf friedliche Weise gelöst. Schwelende Konflikte und eruptive Aufstände konnten sich über die Jahre zu einem Krieg auswachsen. Das wohl bekannteste Beispiel sind die Ereignisse um Judas Galiläus in der Darstellung des Josephus.[176] Auch hier wird der Moment des Herrschaftswechsels genutzt. Herodes Archelaos wurde in die Verbannung geschickt und seine Ethnarchie bestehend aus Judäa, Samaria und Idumäa in eine römische Provinz umgewandelt (6 n. Chr.). Nun mussten direkte Abgaben an Rom geleistet und sich auch dem Census unterworfen werden. Der römische Ritter Coponius wurde als Prokurator eingesetzt.

> Während dieser Zeit führte irgendein galiläischer Mann namens Judas die Landsleute in den Aufstand, indem er es für feige [κακίζω] erklärte, wenn sie den Römern Abgaben [φόρος] bezahlen würden [τελέω] und sie sich nach Gott sterblichen Herrschern unterordnen würden. Dieser aber war ein Anführer einer eigenen Gruppe [αἵρεσις], die keiner anderen ähnelte. (Josephus, bell. 2,118)

Die Argumentation des Judas gegen Abgabenzahlung dreht sich, wie schon in anderen Quellen, um die eigene Ehre, denn er erklärt die Leute für feige (κακίζω), sollten sie die Abgaben weiterbezahlen. Es kommt ein religiöses Argument hinzu, indem Judas die Zahlung der Abgaben mit der Anerkennung von menschlichen Herrschenden in Konkurrenz zu Gott gleichsetzt. Am Ende des jüdischen Krieges, bei der Belagerung Masadas, wird Judas noch mal erwähnt, weil einer seiner

---

176 Ansonsten berichtet Josephus immer wieder mal von Abgabenverweigerungen (Josephus, ant. 12,158-159) oder auch von der Taktik, Archive und darin aufbewahrte Schuldscheine zu verbrennen (Josephus, bell. 2,425-427; 7,60-62).

Nachkommen, Eleazar, der Anführer der dort verschanzten Sikarier ist. Hier wird als Auslöser der Zensus genannt und Eleazar fordert auf, sich der Schätzung zu entziehen: „Er [Eleazar] war ein Abkömmling von Judas, der die Judäer in nicht geringem Maß überzeugte, wie wir bereits berichtet haben, die Schätzung [ἀπογραφή] nicht zu machen als Quirinus als Zensor nach Judäa geschickt wurde.“ (Josephus, bell. 7,253) In den Antiquitates wird auch diese Variante erzählt, allerdings mit ähnlichen Argumenten wie in Bellum unterfüttert. In Ant. 18,2-3 entfalten sich die Geschehnisse folgendermaßen:

> (3) Sie [die Juden] aber hielten anfangs die Schätzungen [ἀπογραφή] für unerträglich, nachdem der Hohepriester Joazar, der Sohn des Boethos sie überzeugt hatte, gaben sie ihren großen Widerstand durchs Zuhören nach und nach auf. Nachdem sie durch die Worte des Joazars überzeugt worden waren, ließen sie den Besitz schätzen und keiner stellte es in Frage. (4) Aber Judas der Gaulaniter, ein Mann aus einer Stadt namens Gamla, nachdem er den Pharisäer Saddok mitgenommen hatte, peitschte zum Aufruhr auf, die Schätzung [ἀποτίμησις] würde nichts anderes als unverhohlene Versklavung bringen und indem sie das sagten, ermutigten sie das Volk, statt dessen Freiheit zu erhalten. (Josephus, ant. 18,3-4)

Anfangs stößt die Schätzung auf wenig Wohlwollen, aber der Hohepriester Joazar schaffte es, die Leute zumindest dazu zu bewegen, sich registrieren zu lassen. Leider werden seine Argumente nicht genannt. Judas jedenfalls führt dem Volk vor Augen, dass diese Schätzung der Anfang der Versklavung sei und dass es seine Freiheit schützen müsse. Er appellierte damit an grundsätzliche Werte.

2.2.4 Zusammenfassung

Die frühjüdischen Perspektiven sind divers. Im Tanakh werden Abgabenforderungen von Herrschenden kritisch betrachtet, wenn auch bezahlt, und als Konkurrenz zum religiösen Abgabensystem gesehen. Josephus repräsentiert diejenigen, die mit den Römern kollaborieren wollen und daher Abgaben für unabdingbar halten. Abgaben werden als geteiltes Merkmal aller Provinzen betrachtet und Rom garantiere im Gegenzug Schutz und ein Leben nach den eigenen Sitten und Gebräuchen. Auch die Gegenposition schimmert bei ihm durch, wenn die Tributpflicht als Schwäche, Feigheit und Schmach betrachtet wird. Der Widerstand wird auch religiös legitimiert, da die Abgabenzahlung gleichzusetzen sei mit der Anerkennung weltlicher Herrscher statt Gott. Die Abgabenboykotte lehnen sich dagegen auf. Abgaben sind ein Werkzeug der Politik, das zur Belohnung und Bestrafung eingesetzt wird. Hier unterscheiden sich Römer nicht von Herodianern oder anderen. Josephus neigt dazu, einzelne römische Repräsentanten für Missbrauch und Ausbeutung verantwortlich zu machen statt das Abgabensystem. Rom wird als Gesamtstaat somit entlastet. Philo bot ein Beispiel der Bitte um Abgabenreduzierung – ein verbreiteter Vorgang, durch den sich einzelne Kaiser auch profilieren konnten. Abgabenfreiheit ist ein Grund zur Freude – wie die Megillat Taanit eindrücklich festhält.

Insgesamt zeigt sich, dass Abgaben emotional aufgeladen waren für die besetzten Völker. Ihre Akzeptanz war so brüchig oder stabil wie die Akzeptanz der Fremdherrschaft oder die allgemeine Wirtschaftslage. Die verschiedenen Schilderungen haben deutlich gemacht, wie abhängig das Abgabensystem von der lokalen Verwaltung und römischen oder lokalen Regierungvertretenden war. Es gab nicht viel Spielraum vor Ort und die Angst vor einem militärischen Eingreifen schien allgegenwärtig. Besonders dort, wo Legionen stationiert waren. Lässt sich anhand der Quellen auf ein Stereotyp bezüglich der Darstellung des Abgabensystems zurückschließen? Wenn es ein solches gab, so wahrscheinlich eher auf der Seite derjenigen, die Abgaben ablehnten. Hinweise finden sich hier auch wieder bei Josephus, wenn das Abgabensystem als ungerecht, ausbeuterisch und erniedrigend beschrieben wird, wie in der Rede des Agrippas sichtbar wird oder in dem Aufruf zum Abgabenboykott durch Judas Galiläus.

2.3 Epigraphische und Papyrologische Quellen

Abgaben- und Zollwesen waren sowohl Teil des privaten als auch öffentlichen Lebens in der Antike. Dies spiegelt sich in den papyrologischen und epigraphischen Quellen wider. Es wurden vor allem Papyri und Ostraka gefunden, die über fiskalische Abläufe Aufschluss geben wie Abgabenquittungen und -listen. Sie zeugen vom direkten Kontakt zwischen Abgabenleistenden und Abgabenpersonal. Inschriften bewahren unter anderem öffentliche fiskalische Bekanntmachungen, Ehrungen verdienter Abgabenbeamter oder fiskalische Stiftungen von Wohltäter:innen. Diese Zeugnisse vermitteln einen Eindruck sowohl vom täglichen administrativen Vorgehen wie auch Konflikten beim Abgabeneinzug. Gleichzeitig repräsentierte sich das Abgabensystem nicht nur in offiziellen Bekanntmachungen, sondern konnte auch in Form von Stiftungen, Ehreninschriften oder Grabinschriften greifbar werden. Geographisch stammen die ausgewählten Zeugnisse vor allem aus Kleinasien, Syrien und Ägypten aus dem 1. und 2. Jh. Es liegt leider in der Natur des gewählten Schreibmaterials, dass die meisten Funde aus Ägypten sind, wo besonders Quittungen auf Papyrus und Tonscherben ausgestellt wurden. Gleiches gilt für die Inschriften aus Stein. In der römischen Antike waren auch Holztäfelchen als Quittung üblich, sogenannte *tabulae cerata*, die jedoch häufig die Jahrhunderte nicht überdauert haben.[177] Die vorgestellten Zeugnisse möchte ich besonders unter

177 Vgl. den ausführlichen Aufsatz zu dieser Problematik von Eck, Inschriften.

dem Aspekt in den Blick nehmen, was sich aus ihnen hinsichtlich der Akteur:innen des Abgabensystems rekonstruieren lässt.

Die Inschriften von Ephesus (Asia), Andriake und Myra (Lycia), Kaunos (Asia/ Lykia), Palmyra (Syria) und Koptos (Aegyptus) geben einen Einblick in die fiskalischen Bestimmungen der jeweiligen Provinzen. Alle diese Städte verbindet aufgrund ihrer geographischen Lage miteinander, dass sie für den Handel zentral waren. Abschnitte der Zollgesetze von Ephesus (SEG 39,1180), Andriake und Palmyra (SEG 37,1458) stammen aus neronischer Zeit. Sie sind Teil der sog. Neronischen Reformen,[178] die der Kaiser 58 n. Chr. aufgrund von Beschwerden über die Publikanen durchführte, wie Tacitus festhält (Tacitus, ann. 13,50-51).[179] Von den bei Tacitus berichteten Änderungen begegnen in den Inschriften bspw. die Vorschrift zur Publikation der Zollgesetze, die Klagefrist der Publikanen, die Änderungen in der Zuständigkeit bei Klagen gegen die Publikanen und das Verbot der Erhebung von Gebühren und Zuschlägen. Vor allem aber enthielten die Reformen die Pflicht, Gebühren und die Namen des Zollpersonals zu veröffentlichen.

Diese offiziellen Abgabenordnungen können als Teil einer dreiseitigen Kommunikation verstanden werden. Die Administration kommuniziert ihre fiskalischen Forderungen sowohl an das eigene Personal als auch die Abgabenpflichtigen. Über die Reaktionen darauf, also die andere Seite der Kommunikation, erfahren wir entweder nur indirekt durch beschriebene Abläufe oder durch andere Quellen in Form von Beschwerden oder Klageschriften. Auch hier ist nur das erhalten, was auf die Zeiten überdauernden Material festgehalten wurde. Werner Eck verweist jedoch darauf, dass es wahrscheinlich ist, dass die Zolltarife an anderen Stationen auf Holz geschrieben wurden, ebenso wie die Namen des Zollpersonals, die deswegen leider verloren sind.[180] Die Inschriften von Myra (SEG 33,1147) und Kaunos (SEG 14,639) stammen beide aus hadrianischer Zeit. Aus Myra ist ein Statthalterbrief erhalten, der wahrscheinlich auf ein lykisches Zollgesetz rekurriert. Bei der Inschrift aus Kaunos handelt es sich um eine Stiftung, laut der die Stifter den Importzoll übernahmen.

---

178 Die neronischen und trajanischen Maßnahmen werden meistens als „Reformen" beschrieben. Diese Maßnahmen waren weniger systematische Eingriffe als Anpassungen an lokale, manchmal überregionale Gegebenheiten aufgrund von Missständen. Vgl. dazu Kritzinger, Zollsystem, 49. Dadurch erklären sich auch die sich teilweise überschneidenden Aufgaben voneinander unterschiedener Amtspersonen.

179 Ein Vergleich der Tacitus-Stelle mit der Inschrift von Andriake findet sich bei Takmer, Lex Portorii, 180-184. Bisher ist die Inschrift noch unveröffentlicht, aus einem Vorbericht und einer Inhaltsangabe sind zumindest Eindrücke erschließbar.

180 Vgl. Eck, Inschriften, 215.

2.3.1 Abgabenordnungen

Die bereits vorgestellten Orte hatten unterschiedliche administrative Gegebenheiten. Ephesus und Myra mit seinem Hafen Andriake waren Hafenstädte der Provinzen Asia und Lykien. Ephesus gehörte vor dem Sieg der Römer 129 v. Chr. zum Königreich von Pergamon und wurde zur Provinzhauptstadt Asias. Lykien war nach einem Jahrzehnt unter den Seleukiden und zwei Jahrzenten unter der Herrschaft Rhodos 167 v. Chr. von den Römern als unabhängig erklärt worden. Es bildete sich der lykische Bund und erst 43 n. Chr. wurde das Gebiet als Provinz in das Römische Imperium integriert. Beide Zollgesetze wurden maßgeblich 62 n. Chr. unter Kaiser Nero fortgeschrieben und reformiert bzw. verfasst.[181] Palmyra und Koptos waren wichtige Wüstenstädte entlang der zentralen Handelsrouten durch die Provinzen Syria und Ägypten. Palmyra stand bis 64 v. Chr. unter seleukidischer Vorherrschaft. Die Römer:innen gestanden der Stadt bis 14 n. Chr. eine gewisse Autonomie zu. Obwohl die Aufstellung der palmyrenischen Inschrift auf das Jahr 137 n. Chr. datiert werden muss, hat sie Parallelen mit der Inschrift aus Andriake. Z. B. wird C. Lucinius Musianus erwähnt, der ehemals in Lykien tätige Statthalter.[182] Koptos, die Handelsstadt in der Nähe des Roten Meeres, wurde 30 v. Chr. durch die Römer:innen von den Ptolemäer:innenn erobert. Die Inschrift von Koptos wurde unter Domitian um 90 n. Chr. publiziert. Die Abgabenordnung von Koptos (SEG 20,668) ist eine Gebührenordnung und in Palmyra (CIS 2,3913) handelt es sich um eine Mischform aus Vorschriften zur Reduzierung von Zollkonflikten, einer Abgabenordnung sowie einem Statthalteredikt.[183]

Die Abgabenordnungen sind gewachsen. Sie spiegeln sowohl die Fiskalpolitik verschiedener Kaiser als auch die wachsenden Erfahrungen der Finanzadminis-

---

181 Takmer, Lex Portorii, 168-170. Das Präskript der Zollinschrift von Andriake ist leider beschädigt, es können folgende Informationen rekonstruiert werden (Zeilen 1-7): Q. Manlius Tarquitius Saturninus und Publius Petronius Niger verantworten die Veröffentlichung der Inschrift am 9.6.62. Es folgt die Nennung der relevanten administrativen Einheiten: Im Archiv neben der Basilika Julia unter der Aufsicht der drei Konsuln, die die Leitung des Aerariums innehatten. Inhalt des Gesetzes sind die ἐπινόμια διηνεκῆ τελῶν Ἀσία [*pascua perpetua vectigalium Asiae*], worunter der Zoll und verschiedene *vectigalia* fielen, die in Zeilen 5 und 7 als δημοσιωνίας α, β, γ, δ, ε durchnummeriert werden. Vier dieser Abgaben können identifiziert werden: *portorium* (Zoll), *decuma* (10ter), *metalla* (Metallabgaben), *vicesima libertatis* (Freilassungsabgabe). Anhand dieser Zollinschrift lässt sich belegen, dass Zoll mit anderen Abgaben zusammengelegt werden konnte. In den folgenden Paragraphen werden Abgabeneinnehmende entweder als τελώνης oder δημοσιώνης bezeichnet.

182 Auf Tafel IV Spalte 1 Zeile 150 wird „Gaiu[s — Mu]ci(a)nus“ erwähnt, der bereits in der Zollinschrift von Andriake vorkommt. Er war von 67-69 n. Chr. in Syrien Statthalter. Vgl. Takmer, Lex Portorii, 170 der diese Personalie herausarbeitet.

183 Vgl. zur Datierung der verschiedenen Teile Zahrnt, Fiskalgesetz, 281-285.

tration wider. Zollgesetze wurden meistens durch den wachsenden Druck der Beschwerden gegen intransparente Zollforderungen aufgestellt. Dies ist sowohl an dem Beispiel aus Ephesus als auch Palmyra zu sehen.[184] Die Initiative Neros, die fiskalischen Vorschriften an den Zollstationen zu publizieren, war ein Schritt, den Zolleinzug transparenter und damit auch überprüfbarer und einklagbarer zu machen. Peter Kritzinger stellt fest, dass durch diese Änderung die meisten Beschwerden tatsächlich abebbten.[185] Abgabenordnungen hatten sowohl informativen als auch regulatorischen Charakter. Da nicht davon ausgegangen werden kann, dass die Mehrheit vom Zoll betroffenen Personen lesen konnte, dienen die Zollinschriften besonders der Erinnerung des Zollpersonals.[186] Dies erklärt auch, warum besonders im ephesischen Zollgesetz so viele Vorschriften festgehalten sind, die nicht die Verzollung direkt betreffen, sondern das Zollpersonal. Verschriftlichte und in der Öffentlichkeit aufgestellte Gesetze rufen zudem in Erinnerung, dass es keiner physischen Anwesenheit bedarf für die Geltung römischen Rechts auf erobertem Gebiet. Sie waren also auch eine Machtdemonstration. Die Abgabenordnungen offenbaren ein komplexes Geflecht zwischen Abgabenfordernden (Römisches Reich), Abgabenpflichtigen, Abgabeneinziehenden, Provinzen und Städten. Damit sind sie einerseits ein Spiegel dieser Gruppen und Hierarchien und zugleich konstruieren sie sie und schreiben sie fest.

2.3.1.1 Gebietsansprüche

Die Abgabenordnungen sind grundsätzlich zunächst Hoheitsansprüche über bestimmte Gebiete und Ausdruck der Macht, die in ihnen stattfindenen ökonomischen oder zivilen Bewegungen zu kontrollieren und finanziell abzuschöpfen. Die Gebietsansprüche drücken sich sichtbar vor allem in den Zollstationen und durch sie festgelegte konstruierte oder physische Grenzen aus. In eroberten Provinzen wurden teilweise bestehende Zollstationen übernommen, da sie bereits an den ökonomisch und strategisch wichtigen Punkten platziert waren. Administrativ

184 In der Einleitung der palmyrenischen Abgabenordnung heißt es: „da es häufig geschah, dass es in diesen Sachen zu Streitigkeiten zwischen den Händlern (ἐνπόρος) und den Abgabenerhebern (τελώνης) kam". Übersetzung aus Ruprechtsberger, Palmyra.

185 Kritzinger, Zollsystem, 25-26. Wobei dies sicher nicht monokausal auf die bloße Veröffentlichung zurückzuführen ist.

186 Vgl. zum Grad der Literalität und Illiteralität Harris, Ancient Literacy, 147-284. Harris kommt zu dem Ergebnis, dass zur römischen Zeit die Literalität leicht anstieg (ebd., 284). Für die westlichen Provinzen nimmt er jedoch an, dass immer noch unter 5-10 % literat waren (ebd., 272). In Ägypten waren es vor allem wohlhabendere Personen oder Priester und Versklavte in spezifischen Aufgabenbereichen, die (Griechisch) lesen und schreiben konnten (ebd., 201-202). Insgesamt warnt er, dass nicht automatisch von einer administrativen Aufgabe auf Literalität geschlossen werden kann: „This evidence makes it probable that many village officals in Antonine Egypt were illiterate or semi-illiterate." (ebd., 279).

vorteilhaft war es sicher auch, dass diese Stationen bekannt waren. Dort mussten laut dem Zollgesetz von Ephesus (SEG 39,1180) die Namen des Zollpersonals sowie die Zollregelungen sichtbar angebracht werden (§10).[187] Neben dem Effekt der Transparenz wird so zum Ausdruck gebracht, dass der römische Staat in diesem Gebiet zuständig war und mindestens in der Theorie die Ordnung aufrechterhielt. Es werden Zollstationen aufgelistet[188] und Bauvorschriften für die Zollstationen festgehalten.[189] Den Zöllnern war es überlassen zu entscheiden, welche Gebäude sie zur Amtsausführung brauchten. Sie konnten eine Wachstation, eine Deklarierstube oder eine Wohnung im Rahmen ihrer Tätigkeit haben (§12). Diese mussten auf öffentlichen Boden errichtet sein. Es geht nicht genau hervor, ob diese Gebäude einen Komplex bildeten. Mindestens die für den Zollablauf relevanten Gebäude waren wahrscheinlich nebeneinander. Generell war vorausgesetzt, dass schon bestehende Zollgebäude übernommen wurden.[190]

2.3.1.2 Kontrolle

Die Kontrolle drückt sich besonders in der Regulierung der Zollabläufe aus. Der Hauptanteil der Vorschriften der Abgabenordnung von Ephesus (SEG 39,1180) entfällt auf die fiskalischen Verwaltungsabläufe.[191] Von der Frage wie man eine Zollerklärung abgibt bis hin zu welche Zollstation zuständig ist oder was zu tun ist, wenn der Zollposten unbesetzt ist.[192] Die Zusätze aus der Kaiserzeit im ephesischen Zollgesetz beschäftigen sich vor allem mit den rechtlichen Verpflichtungen der Zöllner:innen und Bürg:innen, Verträgen, die mit Zöllner:innen geschlossen werden können (§§113-114) sowie juristische Handlungsoptionen der Abgabenleistenden.[193] Daraus lässt sich zum einen schließen, dass die grundsätzlichen Zollregelungen aus republikanischer Zeit immer noch in Kraft waren. Zum anderen, dass der Großteil der Ergänzungen Abgabenleistende besser stellte und die Zöllner:innen und Bürg:innen stärker kontrollierte. Das Zollgesetz ermächtige und beschränkte sowohl das Zollpersonal als auch die Zollleistenden. Zöllner:innen konnten bei (bewusst oder unbewussten) Betrugs- oder Schmuggelversuchen Ware konfiszieren[194] und verkaufen (§19 Zeile 47-48), sollte sie nicht nach 30 Tagen

---

187 Die Angaben orientieren sich an der Edition von Engelmann/Knibbe, Das Zollgesetz der Provinz Asia.

188 Zollgesetz von Ephesus §9; §13; §28; §29.

189 Zollgesetz von Ephesus §12; §14; §15; §30.

190 Zollgesetz von Ephesus §14; §28.

191 Zollgesetz von Ephesus Zeilen §4; §6; §10; §11; §§16-18; §20; §21.

192 Es werden Import- und Exportgüter (§2), Versklavte (§3; §41; §§51-52); Purpur (§7; §53); die *decuma* und *scriptura* (§§31-32) und Metalle (§34) näher geregelt. Schmuggel und Betrug sind justiziabel (§§42-43; §§4-46; §§58-61).

193 Zollgesetz von Ephesus §24; §§49-50.

194 Zollgesetz von Ephesus §8; §18; §22.

ausgelöst worden sein (§49). Auch Zöllner:innen konnten bestraft werden. Sollten sie Schiffe, die Bodenschätze transportierten, böswillig zurückhalten, so schuldeten Zöllner:innen den Transportierenden das Zweifache des Warenwertes (§34). Offensichtlich hatte es solche Fälle gegeben, vielleicht, weil auf solche Lieferungen lediglich ein Pauschalzoll erhoben werden durfte (s. ebd.). Auch in Andriake werden hohe Strafen angedroht. Dort heißt es:

> Dem Zöllner soll es nicht erlaubt sein, [...] Belohnungen, Geschenke, [...] oder Spenden entgegenzunehmen, auch nicht zu Ehren der Aphrodite oder des Hermes oder der Leto oder einer anderen Göttin. Wenn jemand trotzdem solches eintreibt, wird dem Zahlenden das Vierfache des Gezahlten erstattet und dem Ankläger die Hälfte der Strafe gezahlt. Das gleiche gilt, wenn der Zollpächter Zoll eintreibt, dessen Erhebung verboten ist. Auch er soll das Vierfache erstatten. (Zollinschrift von Andriake Zeilen 72-74)[195]

Es handelt sich hierbei um eine Reihe von Verboten, die darauf zurückschließen lassen, dass diese Dinge in der Praxis vorkamen. Zöllner:innen wird es untersagt, Bestechungen anzunehmen. Interessant ist, dass solche offenbar unter dem Deckmantel einer Spende an Gottheiten gefordert oder getätigt wurden. Unklar bleibt, ob dieses Geld der Zöllner behielt oder an den entsprechenden Tempel als eigene Spende weitergab. Sollten Zöllner:innen dies tun, muss das Vierfache zurückerstattet werden und zudem bekam die Person, die den Vorfall meldete, eine Belohnung.

Die genannten Gottheiten haben Verbindungen zu Schifffahrt, Handel oder der Region. Aphrodite, meistens als Göttin der Liebe bekannt, wurde auch als Schützerin der Schifffahrt betrachtet.[196] Hermes wurde als Schutzgott für Reisende und Kaufleute verehrt.[197] Leto hatte vor allem regionale Bedeutung: In Kaunos und Xanthos, nicht weit von Andriake entfernt, gab es bedeutende Kultzentren der Göttin. Das Letoon in Xanthos ist das Zentralheiligtum der Lykier und spielt so eine besondere religiöse und politische Rolle.[198]

In der Inschrift von Ephesos betrug die Strafe für die Verzögerung der Zollabwicklung bei Schiffen das Zweifache des Warenwertes. Die Höhe der Strafe spiegelt sicherlich auch das moralische Empfinden über solche missbräuchlichen Forderungen wider und es wird zudem ein Anreiz geschaffen, solche Vorfälle zu melden. Das Strafverfahren läuft genauso bei der Erhebung von untersagtem Zoll, womit laut Burak Takmer willkürlich erhobene Zuschläge gemeint sind. Eklatanter Amtsmissbrauch wird als solcher gekennzeichnet und geahndet. Im älteren Teil der

195 Übersetzung Takmer, Lex Portorii, 183.
196 Pirenne-Delforge/Ley, Aphrodite, B.2.
197 Baudy, Hermes, I.A.
198 Vgl. zur Bedeutung von Leto in Kleinasien Graf, Leto.

Zollinschrift von Palmyra (CIS 2,3913)[199] finden sich ähnliche Vorschriften wie im ephesischen Zollgesetz: Streitigkeiten werden vor einem Offiziellen ausgetragen (G 127). Zöllner:innen durften Pfand nehmen und wenn dieses nicht ausgelöst wurde, es nach einer bestimmten Frist (Text unleserlich) verkaufen (G 131).

Der wichtigste Vorgang ist die Verzollung selbst. Die Waren müssen beim Zollpersonal angemeldet und deklariert werden: προσφωνεῖν καὶ ἀπογράφεσθαι.[200] Nach KRITZINGER handelt es sich hierbei um eine mündliche Deklaration und/oder das Vorzeigen einer bereis vorhandenen Zollquittung (προσφωνεῖν), die dann ins Zollregister übertragen wurde (ἀπογράφεσθαι).[201] Diese Zollpapiere waren für den Warenein- und –ausführenden wichtige Papiere, um eine bereits erfolgte Verzollung nachzuweisen und nicht erneut die Ware verzollen zu müssen.

2.3.1.3 Finanzielle Abschöpfung

Anders als in den kleinasiatischen Zollvorschriften wurde sowohl in Palmyra als auch Koptos (SEG 20,668) sehr genau aufgelistet, wer für welche Waren Abgaben bezahlte. Koptos war der Knotenpunkt der West-Ost Achse zum Roten Meer und der Nord-Süd Achse nach Alexandria. Die Bedeutung dieser Route war sowohl für den Handel als auch für Reisen immens.[202] Personen, die in die eine oder andere Richtung reisten, mussten Koptos passieren. Entlang der Routen sorgten Wachtürme und Hydreumata für Sicherheit und Wasserversorgung der Reisenden.[203] In Koptos handelt es sich wahrscheinlich um Abgaben/Gebühren, die für die Benutzung der Straße zwischen Koptos und den Häfen am Roten Meer (Myos Hormos und Berenike) erhoben wurden.[204] Umstritten ist in der Forschung jedoch, welche Dienstleistungen genau mit der Gebühr bezahlt wurden.[205]. Auch aus anderen

---

199 Vgl. zur Textausgabe Ruprechtsberger, Palmyra, 160–162.

200 Zollgesetz von Ephesus §4 für den Seetransport und für den Landtransport §10.

201 Kritzinger, Contrascriptores, 573. Gegen Knibbe/Engelmann, Zollgesetz, die von einer erst mündlichen Deklaration und dann schriftlichen ausgehen, was Kritzinger wegen der verbreiteten Illiteralität nicht für wahrscheinlich hält.

202 Vgl. Ruffing, Nikanor-Archiv, 1–26 und Ruffing, Koptos, 17–42.

203 Vgl. Ruffing, Nikanor-Archiv, 4.

204 Wallace, Taxation, 273; Vandorpe, Roman Egypt, 98–99. Die Reise von Koptos nach Berenike dürfte wahrscheinlich 11–12 Tage und nach Myos Hormos 6–7 Tage gedauert haben. Vgl. Ruffing, Nikanor-Archiv, 4 und Fn. 19.

205 Vgl. Hogarth, Classical Inscriptions, 30 meint, dass es sich um eine Gebühr für die Benutzung der Straße sowie die (Schutz-)Begleitung handele. In dieselbe Richtung argumentiert auch Wallace, Taxation, 274, laut dem von den Einnahmen die Instandhaltung der Straße und die Wachstationen mit Personal sowie bewaffnete Begleitung von Reisegruppen finanziert wurden. Sidebotham, Policy, 81 vermutet, dass die Gebühren eine Art Reisepass erkauften, also die Erlaubnis, die Straße zu benutzen. Er verweist auf die Verwendung des Lemmas ἀποστόλος im Gnomon des Idios Logos, wo damit eine Art Reisepass bezeichnet werde. Auch in P.Oxy. 10,1259 (211 n. Chr.) würde ein solcher Pass erwähnt. Bereits vorher hat sich für diese Theorie Wallace, Taxation, 273 ausgesprochen (im

Teilen des Römischen Reiches ist bekannt, dass an Straßenkreuzungen, Passwegen oder Brücken eine Art Mautgebühr von den Reisenden an den Zollstationen eingezogen wurde.[206] Die Zahlungen gehen an die Arabarchie und nicht die Stadt Koptos oder das Nome Theben, in dem sie liegt. Die Arabarchie war eine ptolemäische Verwaltungseinheit für die östliche Wüste bis zum Roten Meer und umfasste somit vor allem die Wüstenstraßen.[207]

Die Gebührenliste aus Koptos (SEG 2,668) ist nach verschiedenen Kategorien zusammengestellt. Am Anfang werden Berufe im Zusammenhang mit Schifffahrt und Sicherheit genannt: Steuermänner, Bogenkommandeure, Wächter, Matrosen, Schiffsreparateure und Handwerker. Dabei kann davon ausgegangen werden, dass das Sicherheitspersonal auch für die Schifffahrt gedacht war.[208] Danach werden Frauen verschiedenen Kategorien zugeordnet. Hetären gehören zum Prostitutionsgewerbe. Es folgt eine mehrdeutige Gruppe von Frauen, die als εἰσπλεουσῶν bezeichnet werden. Das Lemma εἰσπλεουσῶν (Pl. Gen.) hat ein weites Bedeutungsspektrum. Daher könnten damit einreisende Frauen, eingeführte Frauen oder, wenn man die Lesart von εἰσπλεουσῶν zu εἰσπλεούντων ändert, wie Wallace vorschlägt, Frauen von Matrosen gemeint sein.[209] Letztere Lesart wäre die einfachste, da sie analog zu der nachfolgenden Gruppe der Frauen von Soldaten gebildet wäre. Bei diesen könnte es sich um Frauen handeln, die Soldaten begleiten, aber (noch) nicht den legalen Status einer Ehefrau haben. Soldaten war seit Augustus eine Ehe erst nach dem Ausscheiden aus dem Armeedienst erlaubt bzw. bereits vorhandene Ehefrauen durften sich nicht im Armeelager aufhalten.[210] Diese Frauen wären dem Graubereich des Konkubinats zuzuordnen, der nicht immer klar von der Prostitution abgegrenzt werden kann. Danach scheint es um Gegenstände, Tiere und Personen zu gehen, die zu Reisegruppen bzw. Karawanen gehören: Kamele, Stempel, Männer und Frauen als Reisende, Esel sowie Fuhrwerke. Dann wird Schiffszubehör genannt: Masten und Hörner. Zum Schluss schließlich das Ein- und Ausführen von Särgen.

Anschluss an Uxkull-Gyllenband). Little/Scott/Jones gibt den Begriff wieder mit „tax for escort", also eine Reiseschutzgebühr.

206 Vgl. für die Route zwischen Aquileia und Aguntum bzw. Virinum im illyrischen Zollgebiet Froehlich, Zollpersonal, 80–82.

207 Lucius Antistos scheint als Eparch Berenikes die Aufsicht über dieses Gebiet zu haben. Vgl. Hogarth, Classical Inscriptions, 28. Marcus Mettius Rufus war in Ägypten von 89–91 n. Chr. Präfekt und Lucius Antistus Asiaticus um 90 n. Chr. Eparch von Berenike.

208 Vgl. Bernand, Les Portes, 206.

209 Wallace, Taxation, 469 En. 102.

210 Vgl. Stumpp, Prostitution, 181–183. Sie merkt an, dass durch diese Neuregelung von Augustus und die Umwandlung eines Bürgerheeres in ein stehendes Heer, die Nachfrage an Prostituierten gestiegen sein muss. Mitte des 2. Jh., für fest stationierte Flottensoldaten bereits früher, wurde diese Regelung aufgeweicht und Soldaten hatten Ehefrauen und Kinder an ihren Stationsorten.

Die Gebührensätze sind recht unterschiedlich und die dahinterstehende Logik vermutlich vielschichtig. Bei den Berufen, abgesehen von Prostitution, sind die mit militärischer Ausbildung mit den höchsten Zollsätzen belegt, es folgen Steuermänner und Handwerker mit 8 Drachmen und nur 5 Drachmen müssen Reparateure und Matrosen zahlen. Entweder richtet sich die Gebühr nach dem Grad der Ausbildung und/oder dem Verdienst. Es fällt besonders auf, dass Frauen insgesamt höhere Abgaben entrichten müssen. Für Hetären ist mit 108 Drachmen der mit Abstand höchste Satz zu zahlen. Frauen, die keinen legalen Status als Ehefrau haben, zahlen 20 Drachmen.[211] Die übrigen Frauen bezahlen den vierfachen Betrag von Männern. Die geforderten Sätze orientierten sich vermutlich hauptsächlich an der Zahlungskraft der Personen.[212] Bei den Gegenständen scheinen sich die Gebühren am Wert zu orientieren. Besonders interessant ist, dass anscheinend eine Gebühr für das Ticket für die Ausfuhr von Kamelen sowie den Stempel allgemein zu bezahlen ist.[213] Es ist zu vermuten, dass es sich hier um eine administrative Gebühr handelte, die aufgeschlagen wurde.

In Palmyra werden neben Kauf- und Handelsleuten weitere Gruppen aufgezählt, von denen Abgaben eingesammelt werden: Hetären (ἑταίρα),[214] Läden (παντοπωλεῖαν), Handwerksgeschäften (ἐργαστηρίων) und wahrscheinlich von Läden, die Lederware verkauften (σκυτικός).[215] Wie in Koptos werden also unterschiedliche

211 Stumpp, Prostitution, 358 erklärt die höheren Abgabensätze für Frauen damit, dass es teurer war für ihre Sicherheit und Bequemlichkeit zu sorgen. Deutlich wird jedoch nicht, warum die Betroffenen dann mehr zahlen mussten, es sei denn, man geht davon aus, dass die Gebühr auch dafür gedacht war, die Sicherheit der Reisegruppe durch das Mitschicken von bewaffnetem Personal zu bezahlen. Hogarth, Classical Inscriptions, 31 meint, dass es sich hierbei um Immigrantinnen handelt, die ohne Zuhälter anreisten, aber dann auch ins Prostitutionsgewerbe gingen. Die hohen Abgaben von oder für Frauen, die mit Prostitution zu tun haben, erklärt Hogarth mit zwei Theorien: Entweder sei durch die hohen Zahlungen versucht worden, den Import von Prostituierten nach Koptos unlukrativ zu machen oder die Nachfrage war schlicht hoch. Er hält letzteres für wahrscheinlicher. Hogarth führt noch weiter aus, dass die hohen Summen abschreckend wirken sollten, um das Einführen von Hetären und anderen Prostituierten zu verhindern. Dies ist sehr unwahrscheinlich, weil ansonsten nirgendwo von der römischen Administration belegt ist, dass sie Prostitution in den Provinzen unterbanden bzw. mit moralischem Impetus besteuerten. Vgl. Stumpp, Prostitution, 358-359.

212 Zu dem Schluss kommt Wallace, Taxation, 274. Die Gebührenlogik ist nicht einfach zu eruieren. Sie scheint sich bei den berufstätigen Männern am Einkommen zu orientieren. Bei den Frauen ist es unklar, auch deswegen, weil nicht eindeutig ist, außer bei den Hetären, wie sie eingeordnet werden und ob sie selbst oder eine andere Person für sie zahlt.

213 Vgl. z. B. Hogarth, Classical Inscriptions, 28.

214 Gebührenordnung von Koptos Tafel III Spalte 2 Zeile 75; Tafel IV Spalte 2 Zeile 203.

215 Dieses Verständnis schlägt Matthews, Tax Law, 177. Matthews bietet eine englische Übersetzung des griechischen Textes.

Sätze von Berufsgruppen genommen. Insgesamt sind hier aber weniger Unterschiede zu erkennen. Hetären müssen je nach ihrem geforderten Satz 6 Asse, 8 Asse oder 1 Denar bezahlen. Geschäfte 1 Denar und Verkäufer von Häuten 2 Asse. Für die Ware wird nach Transportgefäßen und Export oder Import unterschieden. Eingeführt werden Versklavte (10/12/22 Denare), Purpurstoffe (8 Asse), Salben (7/13/25 Denare), Olivenöl (7/13 Denare), Tierfett (13 Denare) und Salzfisch (10 Denare).[216] Es wird deutlich, dass Zölle einerseits für die Städte und den Staat eine wichtige Einnahmequelle waren. Andererseits, dass im Handelsverkehr und bei Reisen eine Vielzahl an Leuten von ihnen betroffen waren und dadurch Kontakt zu Zöllnern hatten.

2.3.1.4 Fiskalische Hierarchien

In der Kaiserzeit lässt sich die Verwaltung schematisch auf drei Säulen aufteilen: Die Verwaltung der senatorischen Provinzen, der kaiserlichen Provinzen und von Rom/Italien. An der Spitze stehen Kaiser und Senat. Die Verwaltung umfasst legislative, exekutive und judikative Instanzen. Dabei ist es nicht so, dass der Staat lediglich Abgaben einnimmt, er konnte auch abgabenpflichtig sein: militärische und staatliche Warentransporte, reisende Militärangehörige oder Expeditionsgruppen führten zu verzollende Waren und Gegenstände mit sich. Diese genießen jedoch häufig das Privileg der Abgabenbefreiung.[217] Ein Prätor Peregrinus, der in Rom residierte, war für die Entscheidung von Streitfällen zwischen Abgabeneinnehmenden und Abgabenzahlenden in den Provinzen zuständig.[218] Allerdings ist davon auszugehen, dass seine Dienste kaum bis gar nicht in Anspruch genommen wurde, da dies eine Reise nach Rom bedeutete.[219] Ab dem Jahr 58 n. Chr. konnten durch eine neronische Gesetzesänderung Streitfälle durch den Prätor der Provinz entschieden werden, was es für die Provinzialen einfacher machte. Manchmal gab es noch eine unterste Verwaltungsebene, wenn Städte selbstverwaltet waren oder direkt das Zollrecht innehatten, wie z. B. die Colonia Augusta Troas.[220] Ein ähnlicher Fall liegt in der Zollinschrift von Andriake für die Provinz Lykia vor. Im Unterschied zur Provinz Asia ist hier die lokale Administration mehr eingebunden, da der lykische Bund an Rom eine bestimmte Summe abführte und die lykischen Städte ihre Einnahmen an den Bund überwiesen. Auch in Palmyra hatte die Stadt selbst von Rom die Zollerhebung gepachtet und eine Kommission organisierte diese im Auftrag des

216 Vgl. zum Text und Hintergrundinformationen Matthews, Tax Law.

217 Zollgesetz von Ephesus §§ 25–26.

218 Zollgesetz von Ephesus §50. Dieser Zusatz wird auf 5 n. Chr. datiert.

219 Vgl. Kritzinger, Contrascriptores, 575–576.

220 Zollgesetz von Ephesus §44.

Stadtrates.[221] Die Archonten, Dekaprotoi und Syndikoi – städtische administrative Ämter – setzten die Zölle fest und kontrollierten die Abgabeneinnehmer:innen, damit sie sich an die vorgeschriebenen Tarife hielten.

Die zwei unmittelbaren Gruppen im Zollsystem sind die Zollleistenden und Zolleinnehmenden.[222] Werfen wir zunächst einen Blick auf die Seite des Zollpersonals. In der Provinz Asia gehörten die Personen, die für den Einzug der *vectigalia* zuständig waren, zu größeren Pachtgesellschaften. Die Zollinschrift von Ephesus (SEG 39,1180) bezeichnet sie durchgehend als τελώνης oder δημοσιώνης. Sie haben das Recht, Zoll einzunehmen und Strafen zu verhängen. Dabei arbeiten sie nicht alleine, sondern es gibt einen Vertreter (ἐπιτρόπως).[223] Auch in der Inschrift aus Palmyra (CIS 2,3913) wird ein Assistent (ὑπηρέτης) genannt (G 131). Die Zolleinnehmenden übten das Zollrecht aus und durften nur an bestimmten Orten Abgaben einziehen (Zollgesetz von Ephesus §23). Deren Wohnungen waren teilweise direkt bei der Zollstation, denn dies bot logistische Vorteile. Selbst wenn die Zollstation nicht besetzt war, war der Zöllner evtl. gleich nebenan. Eine weitere wichtige Person war der „Zeichnungsberechtigte" (αὐθέντης), dem der Zöllner eine Generalvollmacht erteilt hatte, um bei den Präfekten des Aerariums, den Leitern der Staatskasse, Unterschriften zu leisten. Diese Person konnte jährlich ausgewechselt werden.[224] Diese Personen waren quasi das Bodenpersonal. Die Pachtgesellschaften, die das Recht des Abgabeneinzugs für fünf Jahre pachteten, standen hierarchisch über diesen.[225] Sie hatten selbst die finanziellen Mittel oder agierten mit Bürg:innen. Die Bürg:innen hafteten für die aufzubringende Summe mit ihrem Grundbesitz bis zum fünffachen Wert der gepachteten Summe.[226] In Lykien dagegen oblag die Verpachtung der Zölle dem ἀρχιερέυς und γραμματέυς des Bundes. Sie waren auch für die Eintreibung der Zollgebühren von den Zöllnern und für Pfände/Hypotheken zuständig (Zeilen 75–79).[227] Takmer erwähnt, dass bei der Zolldeklaration für in Lykien erworbene Waren der παραφύλαξ (Wächter), der ἄρχων (Vorsteher/Leiter) und der δημόσιος δοῦλος (Sklave der Gemeinde) eine

221 Vgl. Kritzinger, Zollsystem, 35. Die Stadt wiederum schien den Zoll an den Unternehmer Alkimos verpachtet zu haben (G 152). Vgl. ebd.

222 Eine dritte Kategorie sind zu verzollenden Personen, d. h. vor allem Versklavte.

223 Zollgesetz von Ephesus §4; §10; §16.

224 Zollgesetz von Ephesus §§46–47; §§54–55. Der erste Zusatz wird auf 57 n. Chr. datiert und der zweite auf 5 n. Chr. bei Engelmann/Knibbe, Zollgesetz. Eck, Zollgesetz, 139–145 legt anhand der genannten Namen Ti. Claudius Nero II und L. Calpurnius Piso dar, dass es sich hierbei um die Konsuln aus dem Jahr 7 v. Chr., namentlich den späteren Kaiser Tiberius und Gnaeus Calpurnius Piso, dessen Namen nach seinem Selbstmord rückwirkend geändert wurde, handelt.

225 Zollgesetz von Ephesus §45; §56; §§59–60.

226 Zollgesetz von Ephesus §43; §47; §62.

227 Takmer, Lex Portorii, 177.

Rolle spielten.[228] All diese waren städtische Funktionäre, denen das Zollpersonal unterstellt war und mit denen sie zusammenarbeiteten. War im Inland keine Zollstation vorhanden, so erfolgte die Deklaration beim παραφύλαξ oder ἄρχων. Bei einer Beschlagnahmung halfen der ἄρχων und der δημόσιος δοῦλος dem Zöllner.

Auch zwischen den zollpflichtigen Personen wurden Unterschiede gemacht im Zollgesetz von Ephesus (SEG 39,1180). Personengruppen, ganze Städte und Waren konnten vom Zoll befreit werden.[229] Zöllner waren wie einige andere Berufsgruppen davon befreit, Gegenstände und Personen zu verzollen, die sie für die Ausführung ihrer Aufgabe brauchten wie Schiffe, Versklavte, Bücher, Schreibgegenstände, Tiere und Proviant (§33). Ebenso mussten reisende Militärangehörige (Soldaten und Matrosen) die Dinge für den Eigenverbrauch sowie ihre Ausrüstung nicht verzollen. Auch besondere Lebensumstände werden bedacht. So mussten Kriegsflüchtlinge keinen Zoll bezahlen (§27). Ebensowenig Personen, die Gesteinsproben aus Grabungen oder Bauschutt mit sich führten.[230] Vor allem sollte auf Wasser kein Zoll erhoben werden. Dies ist keine Selbstverständlichkeit, wie das Zollgesetz aus Palmyra zeigt, nach dem Wasser aus den Quellen Palmyras mit Abgaben belegt wurde.[231] Den Zöllnern war es auch erlaubt, Verträge mit Einzelpersonen zu schließen (§48), um z. B. Pauschalbeträge zu vereinbaren. Dies hatte gerade für Großhändler Vorteile. Teilweise waren Zollbestimmungen an das Bürgerrecht geknüpft. Sogenannte κυκλεύοντες, Herumziehende wie Kaufleute mit Geschäften in verschiedenen Provinzen, Mediziner:innen, Schauspieler:innen, Rhetor:innen, Philosoph:innen oder Berufsathlet:innen,[232] mussten in den Provinzen Abgaben beim Grenzübertritt bezahlen, in denen sie kein Bürgerrecht besaßen (§37). Auch Privatpersonen mussten Reiseproviant und Gegenstände für den eigenen Gebrauch wie Bücher, Schreibtafeln, Schriften, Dokumente, Schuhe und Ringe nicht verzollen.[233] Diese Vorschrift gibt es auch in dem Zollgesetz aus Andriake.[234] Angesichts der Reisen, die Personen wie Paulus, Timotheus, Phöbe oder Priska unternahmen, stellt sich die Frage, wie sie vom Zoll betroffen waren und welche Erfahrungen sie machten. Leider schweigen unsere neutestamentlichen Quellen zu diesem Thema.

Insgesamt ist festzustellen, dass die Verzollung sowohl für die Abgabeneinehmenden als auch Abgabenleistenden sehr komplex war. Fehler auf beiden Seiten konnten geahndet werden, wobei es den Anschein hat, dass die Personen, die eine Zollerklärung machen mussten, eher in die Gefahr kamen, dass ihnen Fehler

228 Vgl. ebd., 175.
229 Zollgesetz von Ephesus §§25–27; §33; §§35–36.
230 Vgl. Engelmann/Knibbe, Zollgesetz, 90.
231 Zollgesetz von Palmyra Tafel III Spalte 2 Zeile 88.
232 Vgl. die Auflistung bei Engelmann/Knibbe, Zollgesetz, 102.
233 Zollgesetz von Ephesus §25 vgl. auch §35.
234 Zollfreiheit von Gütern für den Eigenbedarf (B 9f) vgl. Takmer, Lex Portorii, 173.

unterliefen oder Betrug unterstellt wurde. Die literarischen Beschreibungen vom schikanösen Zoll muss nicht allein auf das Zollpersonal zurückgeführt werden, sondern könnten sich auch implizit auf die komplexen Regelungen beziehen. Die verschiedenen Abgabenordnungen haben deutlich gemacht, dass es lokale Unterschiede besonders auf der Ebene des Abgabenpersonals und der Administration gab. In Andriake und Palmyra waren jeweils die lokalen städtischen Ebenen zwischengeschaltet, in Ephesus und Koptos gab es eine engere Anbindung an die römische Provinzadministration. Die jeweiligen Regelungen für die Zollstationen fallen ähnlich aus, was in Ephesus, Andriake und Palmyra zum einen durch die Abfassungszeit einiger Teile unter Nero zu erklären ist und in Andriake und Palmyra noch mal spezieller durch denselben Statthalter.

2.3.2 Edikte

In den ersten Jahren der Regierung Kaiser Neros kam es, wie sich anhand verschiedener Quellen zeigen lässt, zu einem Anstieg an Abgabenschulden in Ägypten, die auf eine ökonomische Krise in Folge einer ungewöhnlich hohen Nilüberschwemmung zurückgeführt werden.[235] Der Erlass des Präfekten Tiberius Julius Alexander (OGIS 669) gegen Missstände in der Abgabenpraxis wird meistens vor diesem Hintergrund interpretiert.[236] Er wird im ersten Regierungsjahr des Nero Nachfolgers Galba veröffentlicht und bekommt dadurch zusätzliche politische Bedeutung. Die sich in Abgabenflucht und Beschwerden ausdrückende Krise in Ägypten versuchte Ti. Julius Alexander durch fiskalische Bestimmungen zu begegnen.[237] Das Edikt ist damit auch ein Dokument der Kommunikation zwischen Administration und Bevölkerung. Der Präfekt antwortete auf die Beschwerden.[238] Ti. Julius Alexander war in Ägypten von 66–69 n. Chr. Präfekt und brachte Erfahrungen aus seiner Präfektur in Judäa in den Jahren 46–48 n. Chr. mit. Er war der Neffe Philos von Alexandria und mit Alexandria und Ägypten bestens vertraut. Er stand Kaiser Vespasian nahe und hatte ihn bei seinem Putsch unterstützt.[239] Die Präfekten in Ägypten waren nach der Erfahrung des Bürgerkrieges und der besonderen militäri-

---

235 Vgl. Die klassische Interpretation einer schweren ökonomischen Krise bei Chalon, L'Edit.

236 Eine Übersetzung bietet z. B. Jördens, Edikt, 384–389.

237 Braunert, Bevölkerungsgeschichte, 272–273.

238 Zur sozial-politischen Bedeutung einer respondierenden Administration vgl. Bryen, Violence, 43–44: „This meant treating people as if they had rights by extending to them remedies that we may think of as procedural, but which were in fact substantive […] It meant, above all, responding to their petitions, and finding workable solutions to numerous problems, social and economic." (ebd., 43).

239 Vgl. Eck, Repräsentanten, 54.

schen und finanziellen Bedeutung Ägyptens strenger Aufsicht unterworfen.[240] Dies wird auch im Edikt sichtbar, da explizit gesagt wird, dass über einige Aspekte nur der Kaiser entscheiden kann. Das Edikt, veröffentlicht 68 n. Chr., ist umfangreich und ich werde nur einige Aspekte herausgreifen.

Nach einer Einleitung folgen verschiedene Anordnungen. Neben der Beendigung der zwangsweisen Pachtung von Abgaben oder Land werden auch einige Missbräuche durch die Abgabeneinnehmer:innen und am System Beteiligten geschildert. Das Edikt benutzt die übliche formelhafte Sprache. Das Römische Reich und besonders der Kaiser werden mit Wohltaten, Glück, Wohlstand, Stabilität, Rettung und Hilfe in Verbindung gebracht. Dem gegenüber stehen Niedergang und Betrug durch einzelne Beamte in den Provinzen. Missstände werden dem Fehlverhalten einzelner und nicht dem System angelastet. Als erstes stellt Ti. Julius Alexander fest, dass es sinnlos ist, Personen zum Abgabeneinnehmen zu zwingen. Als Grund gibt er an, dass es die Administration schädige, weil diese Personen unwillig seien und auch das administrative Wissen nicht hätten. Deswegen würde er niemanden zum Einsammeln von Abgaben oder Pachten zwingen, weil es für den Fiskus von Vorteil sei, wenn sich einflussreiche Personen bereitwillig und eifrig in der Administration beteiligten (1,25-27). Hier werden zwei wichtige Aspekte deutlich: Es erfordert ein gewisses Wissen und bestimmte Fertigkeiten wie Lesen und Schreiben, um als Abgabeneinnehmender tätig zu sein und auch fiskalische Erfahrung ist von Vorteil. Andere Zeugnisse von Zoll- und Abgabenpersonal bestätigen, dass die Personen häufig länger in diesem Bereich tätig waren.[241] Außerdem nützt es der eigenen Administration mehr, wenn die Leute freiwillig für sie arbeiten und es sich zudem um einflussreiche Leute handelt, d. h. aus der Elite der Städte oder Dörfer stammten. Danach wird Missbrauch durch Abgabenpersonal angesprochen. Einige übernehmen die Schulden dritter und versuchen diese dann mittels der ihnen zur Verfügung stehenden Mittel wie Inhaftierung einzutreiben, um Druck auf Angehörige auszuüben, die Schulden zu begleichen. Abgabenpersonal stand nicht nur das Gefängnis zur Verfügung, es hatte auch Zugriff auf bewaffnetes Personal, wie wir später sehen werden. Diesen Missbrauch verbietet der Präfekt bezüglich Personen mit Bürgerrechten, gleichzeitig bestätigt er aber, dass Schuldner:innen inhaftiert oder im Praktorium eingesperrt werden können. Eher zum Ende des Ediktes geht Ti. Julius Alexander auf Klagen von Bauern gegen Abgaben in Geld und Naturalien ein, die entgegen der Abgabenordnung verlangt werden. Der Präfekt macht klar, dass dies zu unterlassen ist und die Abgaben zu gelten haben, die vor solchen nicht

240 Vgl. dazu Monson, Ptolemies, 259-260. So waren die Präfekten ritterlichen Ranges und damit abhängiger vom Kaiser als die senatorischen Prokuratoren. Sie durften keinen Besitz in Ägypten haben, hatten nur 3 Jahre Dienstzeit und konnten jederzeit ersetzt werden.

241 Vgl. so für das Zollpersonal in Noricum Hainzmann, Fortunati, 1297.

von oben abgesegneten Neuerungen in Kraft waren. Hier scheinen Fälle im Hintergrund zu stehen, wo eigenmächtig neue Abgaben eingeführt wurden. Schließlich werden noch die Amtsbefugnisse der Buchhalter und Pragmatoi angesprochen, die es ihnen ermöglichen zu betrügen. Sie sollen stärker vom Eparchen, d. h. dem Präfekten/Statthalter, kontrolliert werden. Wenn sie des Betruges überführt werden, dann müssen sie die Summen erstatten und den Betrag in die öffentliche Kasse bezahlen. Ebenso seien Abgabenschätzungen im landwirtschaftlichen Bereich zu unterlassen, sondern sich an den tatsächlichen Ernteerträgen zu orientieren. Er gibt als Grund an, dass er landwirtschaftliche Tätigkeiten ermutigen und fördern will. Auch hier wird betont, dass diejenigen, die bei den Abgaben betrügen (unklar ist, von wem gesprochen wird), den dreifachen Betrag der hinterzogenen Summe zahlen sollen. Wir werden später noch sehen, dass der Nachweis von Betrug nicht gerade einfach war. Insgesamt versucht das Edikt auf Missstände zu reagieren, es bleibt aber offen, wie erfolgreich es war. Die Stellschrauben, an denen Ti. Julius Alexander dreht, sind vor allem auf der Ebene der Abgabenadministration und des Abgabenpersonals.

Wie schwer es war, Pächter für die Abgaben zu finden, illustriert der folgende, leider nicht komplett erhaltene Brief des Strategen von Oxyrhynchos. Papiskos hatte um 66–70 n. Chr. Schwierigkeiten, Abgabenpächter zu finden. Die üblichen Pächter wollten die Mehrwert- und Marktabgaben nicht mehr ersteigern, weil sie Verluste erlitten hatten und sie drohten sogar an, zu fliehen. Am Ende wird das Archiv erwähnt, das auch verpachtet wurde. Papiskos hatte dies dem Hegemon, wenn damit der Präfekt gemeint ist, dann handelt es sich um Ti. Julius Alexander, berichtet und dieser hatte ihn angewiesen, die Pachten nach Möglichkeit zu erleichtern. Papiskos schickte eine Abschrift dieses Briefes mit dem folgenden Begleitschreiben an Asklepiades, den königlichen Schreiber.

[Πα]πίσκος [κσμητεύ]σας στρατηγὸς Ὀξυρυ[γ]χ(ίτου) [Ἀσ]κληπιάδ[ηι βασιλικῶ]ι γραμμα(τεῖ) τοῦ αὐτοῦ νομοῦ χαίρειν. ἐπὶ τῆς γενομένης διαπράσεως τῶν τελωνικῶν ὑπό τε ἐμοῦ καὶ σοῦ ἐπὶ παρόντων καὶ \τῶν/ εἰωθότων, δυσπειθούντων τῶν τὸ ἐνκύκλιον ἀσχολουμένων καὶ τοῦ τὸ ἀγορανόμενον δημοσιωνῶν ὡς ἱκανὰ βλαπτομένοων καὶ κινδυνευόντων μεταναστῆναι, <τὸ> δόξαν ἡμεῖν ἔγραψα τῶι κρατίστωτι ἡγεμόνι περὶ τοῦ πράγματος. ἀντιγράψαντος οὖν αὐτοῦ μοι περὶ τοῦ ἐφιδόντα τὰς π[ρο]τέρας μισθώσεις κατὰ τὸ δυνατὸν [ἀνα]κουφίσαι τοὺς τελώνας ὑπὲρ τοῦ μὴ φυγ[ά]δας γενέσθαι τ[ο]ὺς πρὸς β[ίαν] ἀ[γο-]μένους(?), καὶ πρότερόν σοι τὸ ἀντίγρ[αφο]ν τῆς ἐπιστολῆς μετέδωκα ἵν εἰδῇς, καὶ ὅτι ἀποδημοῦντός σου καὶ τῶν ὠνῶν μὴ ἐπιδεδεγμένων ὑπὸ τῶν τελωνῶν μηδὲ μὴν ἄλλων προσερχομένων αὐτοῖς [[πολλάκις]] πολλάκις προκηρυχθεισῶ ἔλαβον χειρογραφείας τῶν τε τὸ ἐνκύκλιον καὶ τὸ γραφεῖον ἀσχολουμένων. (P.Oxy. 1,44)

Papiskos, [?] Stratege von Oxyrhynchos an Asklepiades, den königlichen Schreiber desselben Nomes, Grüße. Bezüglich der vergangenen Verpachtung der Pachtabgaben durch mich und dich in Anwesenheit der üblichen Personen, die, die tätig sind in der Mehrwertabgabe und die Pächter der Marktabgaben; sie sind widerwillig und so, weil es schon genügend Verluste gab, drohten sie zu fliehen. Es schien uns das Beste, dem Hegemon über diese Angelegenheit zu schreiben. Er erwiderte mir nun schriftlich, nach den früheren Verpachtungen zu schauen und nach Möglichkeit die Pächter zu erleichtern, damit es keine Flüchtlinge gäbe unter denen, die gegen ihren Willen gezwungen werden. Und vorher habe ich mit dir eine Abschrift des Briefes geteilt, damit du informiert bist und als du abwesend warst und die Käufe von den Pächtern nicht angenommen wurden und keiner vorgetreten ist, obwohl sie oft öffentlich bekannt gemacht wurden, habe ich die Verträge derer, die tätig sind in der Mehrwertabgabe und dem Archiv. (P.Oxy. 1,44)[242]

In dem Brief geht es speziell um die Mehrwertabgaben (ἐνκύκλιον) und Marktabgaben (ἀγορανόμιον).[243] Die Zurückhaltung bis hin zur Verweigerung, die öffentlich versteigerten Abgaben, trotz mehrfacher Bekanntmachung zu ersteigern, wird eindrücklich geschildert. Die Antwort des Präfekten lässt erkennen, dass Personen gezwungen wurden, Abgaben zu pachten. Zugleich ist er sich des Problems bewusst, dass diese Abgabenpächter sich ihren Verpflichtungen durch Flucht entziehen können. Um dem entgegenzuwirken, schlägt der Präfekt eine Pachterleichterung vor. Es wird nicht konkret ausgeführt, was das bedeuten soll. Es zeichnet sich ab, dass die Abgabenpacht schon hier einem Zwang ähnelte, vergleichbar mit den späteren Liturgien.[244] Leider ist der Rest des Briefes nicht erhalten, so dass unklar bleibt, was genau der Stratege Papiskos weiterhin unternimmt. Deutlich wird aber, dass versucht werden soll, die Übernahme des Amtes bzw. die Ersteigerung bestimmter Abgaben attraktiver zu machen. Wir werden später beim Praktor Nemesion sehen, dass die fiskalischen Pächter oder Liturgieinhaber durch Verweigerung oder Flucht Druckmittel in der Hand hatten, die sie auch zu ihrem Vorteil einsetzen konnten.

Geographisch wechseln wir nach Lykien, die Nachbarprovinz von Asia. Wir haben aus dieser Provinz bereits die Zollinschrift aus Andriake besprochen. In der Stadt Myra wurde eine epigraphische Abschrift eines Statthalterbriefes aus hadrianischer Zeit gefunden (SEG 33,1147).[245] Christian Marek arbeitet heraus, dass

242 Ich orientiere mich bei der Angabe der Papyri an der Checklist. Vgl. Arzt-Grabner, Abbreviate.

243 Die ἐνκύκλιον Abgaben wurde unter Augustus eingeführt und umfasste Abgaben auf Verkäufe, Freilassung von Versklavten, Stiftungen oder Kredite. Vgl. Wallace, Taxation, 227–231; Capponi, Egypt, 148–149.

244 So Palme, Amt, 29. Oertel, Liturgie, 115 spricht von einem *Liturgisierungsprozess* besonders ab der zweiten Hälfte des 1. Jh. n. Chr.

245 Ediert und kommentiert wurde die Inschrift von Wörrle, Inschriften, 255–300. Wir können die Hauptdiskussion zur Inschrift, ob es eine lykische Zollunion gab, hier vernachlässigen. Zur ausführlichen Diskussion vgl. die Monographie von Marek, Stadt, der damit die These in Wörrle,

diese Inschrift sich an Regelungen hält, die auch in der Zollinschrift von Ephesus zu finden sind. Daraus schließt er, dass der Statthalterbrief auf ein römisches Zollgesetz für die Provinz Lykia rekurriert.[246] Die Organisation des Abgabeneinzugs ist jedoch anders als in der Provinz Asia geregelt. Die Inschrift erwähnt Abgabeneinnehmende und zwar einmal der Stadt (δημοσιώνη) und einmal des Bundes (δημοσιώνη τοῦ ἔθνους).[247] Für die Stadt wird noch eine Gruppe genannt, doch ist die Inschrift genau an dieser Stelle leider unlesbar. MICHAEL WÖRRLE vermutet, dass hier vielleicht δεκάπρωτοι oder εἰκοσάπρωτοι gestanden haben könnte.[248] Die städtischen Abgabeneinnehmenden zogen die Zölle ein, führten eine feste Summe an den lykischen Bund ab, der diese wiederum an die römische Verwaltung weiterleitete. Somit war die Stadt selbst personell zuständig für den Zoll und die römische Verwaltung kassierte lediglich das Geld.[249] Diese Einbeziehung der städtischen Verwaltung in die fiskalischen Abläufe ist ein zentraler Aspekt in Kleinasien im Unterschied zu Ägypten.[250] Die Zöllner in Myra zogen laut der Inschrift 2,5 % des Warenwertes ein, der nach Myra importiert wurde. Eine Pauschale von 7.000 Denare war an den lykischen Bund abzuführen. Der Bund wiederum musste 100.000 Denare an Rom abliefern.[251] Wird die Ware nicht verkauft und wieder aus Lykien exportiert, so zogen die Zöllner des Bundes dafür den Zoll ein. Demnach sind also die städtischen Zöllner für die Importzölle zuständig und die Zöllner des Bundes für die Exportzölle.

Vermutlich aus dem Zeitraum 133-137 n. Chr., also ebenso unter Hadrian, stammt das Edikt eines Präfekten Ägyptens, dessen Name leider nicht erhalten ist. Falls die Datierung korrekt ist, müsste es sich um Marcus Petronius Mamertinus handeln. Er reagierte damit auf Meldungen von Betrug seitens Zöllner.

> [ca.?-ἔπαρχος] Αἰγύπτου λέγει κατηχοῦμαι τοὺς τελώνας δι[ν]ῶς σοφίσασθαι τοῖς διερχομένοις καὶ ἀπαιτεῖν τὰ μὴ ὀφιλόμενα αὐτοῖς ἐπὶ πλεῖ[ον] καὶ κρατεῖν τοὺς ἐπιγομέν[ο]υς [ἵνα] καὶ τὸ τάχιον ἀποχωρῖν τινὲς ἐξωνήσωνται. παραγγέλλω [δὲ] οὖν αὐτοῖς παύσασθαι τῆς [τοιαύ]της πλ[ε]ονεξίας παρ[α-] [χρῆμα (?)] ατε[-ca.?-] (P.Princ. 2,20)
> [Der Präfekt] von Ägypten teilt mit: ich wurde unterrichtet, dass die Abgabeneinnehmer auf übertriebene Weise Tricks anwenden gegenüber Durchreisenden und obendrauf das,

Inschriften, 295-296 unterstützt. Takmer bestätigt mit seiner Untersuchung der Zollinschrift von Andriake Wörrles und Mareks These. Takmer, Lex Portorii, 165-188. Dagegen sprechen sich Engelmann/Knibbe, Zollgesetz sowie Schwarz, Soll für eine Zollunion aus.

246 Marek, Stadt, 117-118.

247 Wörtlich: Pächter der Staatszölle der Völker.

248 Vgl. Wörrle, Inschriften, 291.

249 Vgl. Marek, Stadt, 121.

250 Vgl. Capponi, Egypt, 132-133.

251 Vgl. Die Zollinschrift von Andriake Takmer, Lex Portorii, 174.

> was ihnen nicht geschuldet wird, einfordern und die festhalten, die es eilig haben, und damit sie eine schnellere Abreise von ihnen erkaufen. Ich ordne aber nun an, dass sie sofort aufhören mit dieser Gier [...] (P.Princ. 2,20)

Was hier geschildert wird, ist neben zu hohen Forderungen auch mutwillige Verzögerung, damit Reisende, Schmiergelder bezahlten. Die Zöllner griffen also auf Erpressung zurück. Der Präfekt bewertete diese Trickserei als Gier und ordnete an, dass dies sofort eingestellt werden soll. Eine Bestrafung oder Wiedergutmachung wird nicht genannt. Es ist unklar, wer das Zollpersonal angezeigt hatte. Ihre Übergriffe waren auf jedem Fall dem Präfekten zugetragen worden.

Die Edikte können als Ergänzung der vorherigen Abgabenordnungen gelesen werden. Sie illustrieren zum einen die administrativen Besonderheiten wie im Fall von Myra in Lykien. Zum anderen beschreiben sie die Missstände, die zum Teil offensichtlich nicht behoben werden konnten. So tricksten manche Zöllner beim Zoll und erpressten Bestechungsgelder. Es gab Probleme, Abgabenpächter:innen zu finden, es wurden unrechtmäßige Abgaben eingeführt und die Kontrolle im Fiskalsystem vernachlässigt. Dieser Befund scheint zunächst widersprüchlich: Einerseits gab es zu wenig Abgabenpächter:innen und andererseits bereicherten sich Zoll- und Abgabenpersonal auf verschiedene Art und Weise. Eine Erklärung für letzteres könnte sein, dass es zum einen Orte gab, an denen die Kontrolle weniger streng war, wie z. B. auf den Wüstenrouten oder entlegenen Dörfern. Dort war es für das Abgabenpersonal einfacher zu betrügen. Die Schwierigkeit, Abgabenpersonal zu finden, weist auf die andere Seite hin: Auch die Abgabenleistenden hatten Wege gefunden, sich den Zahlungen zu entziehen. Die dadurch entstehenden Schulden konnten auch Abgabeneinnehmenden finanziell schaden. Deswegen war es mit einem Risiko behaftet, Abgaben zu pachten. Dies wollten immer weniger Personen auf sich nehmen. Es werden für diese Ambivalenz noch weitere Beispiele begegnen. Die Edikte und Abgabenordnungen versuchten regulierend in dieses System einzugreifen. Sie tarierten vor allem das finanzadministratorische Interesse aus: ein reibungsloser Ablauf des Abgabeneinzuges, bei dem die störungsanfällige Balance zwischen Abgabenleistenden und Abgabenpersonal sowie Finanzadministration intakt bleibt.

2.3.3 Zusammenfassung

Abgabenordnungen und Edikte bestanden nicht einfach nur aus fiskalischen Anweisungen. Sie kommunizierten Gebietsansprüche, teilten Personen spezifischen abgabenpflichtigen Gruppen zu, schrieben Hierarchien fest, kontrollierten und regulierten. Egal ob Zoll oder Gebührenordnung – ein ausgefeiltes System finanzieller Abschöpfung wird an ihnen sichtbar. Ein großer Teil der Bestimmungen richtete sich an das Zollpersonal selbst. Lokalen administrativen Strukturen wurde Rechnung getragen. So war in Lykien der lykische Bund als administrative Ebene zwischengeschaltet. In den Edikten wurde erkennbar, dass für Missstände meist Einzelpersonen statt des Systems verantwortlich gemacht wurden. Individuelle Korruption statt struktureller Mängel wurde als Ursache gesehen und dementsprechend fielen die Maßnahmen aus. Die Schwierigkeit, überhaupt Personen für den Abgabeneinzug zu rekrutieren, illustriert jedoch Fehler im System selbst. Die Administration suchte im Idealfall nach fähigen und willigen Leuten, damit der Abgabeneinzug reibungslos ablief. Diese waren jedoch nicht immer vorhanden oder bereit, diese Aufgabe zu übernehmen. Die Verantwortlichen waren sich dieser Problematiken bewusst.

Die Anfälligkeit für Missbrauch und persönlicher Bereicherung ist offenkundig und bestätigt die stereotypen Vorwürfe an das Zoll- und Abgabensystem. Ausgeblendet bleibt allerdings, wie viele Vorschriften und Regularien über die Zeit aufgestellt wurden, um dieses zu verhindern. Ebenso die strukturellen Abhängigkeiten und Verantwortlichkeiten im System selbst. Diese werden durch das Stereotyp „korrupte Abgabeneinnehmende" verschleiert, da sie für alle Missstände verantwortlich gemacht werden – seitens der Abgabenpflichtigen als auch der Verwaltung.

3. Ertrag

Das Quellenmaterial hat verschiedene Sachverhalte beleuchtet. Die griechisch-römischen Schriftsteller sind sich über den symbolischen Gehalt von Abgabenzahlungen im Klaren und benutzen diesen Aspekt auch rhetorisch. Abgabenpflicht steht für Unterlegenheit, Erniedrigung und Niederlage. Dabei war erkennbar, dass sie gleichzeitig um die Bedeutung der Provinzen für den Handel, die Wirtschaft und die Versorgung Roms wissen. Die Abhängigkeit der unterlegenen Völker wird jedoch festgeschrieben, indem behauptet wird, dass Rom ihnen als Gegenleistung den Frieden garantiert. Die Abgabenordnungen und Edikte zeichnen dagegen ein komplexeres Bild. Die lokalen Provinz-Eliten sind in den Abgabeneinzug einbezogen und profitieren davon.

Josephus präsentierte aus der Perspektive eines Teils der Elite eines unterworfenen Volkes vor allem sozial-politische Aspekte – sowohl bezüglich staatlicher als auch religiöser Abgaben. Die Pflicht zur Abgabenleistungen ist zu akzeptieren, auch wenn sie keinen Idealzustand bedeutet. Josephus Haltung gegenüber staatlichen Abgaben war pragmatisch. Er war bemüht, dass die Abgaben an Rom geleistet werden. Das Zahlen der Abgaben sei das geringere Übel und dafür könnte die jüdische Bevölkerung nach ihren Bräuchen leben und würde geschützt. Abgaben seien keine Kränkung, sondern erfüllten die Bedürfnisse des Römischen Reiches, worin Judäa implizit miteingeschlossen wird. Josephus spiegelt die Haltung der römischen Finanzadministration, wie sie auch Ti. Julius Alexander in Ägypten zum Ausdruck gebracht hatte: Einzelne Statthalter oder Klientelkönige wie Herodes benutzen die Abgaben zur Ausbeutung des Volkes, das Römische Reich habe daran keinen Anteil. Es verwundert wenig, dass Josephus, wie auch Ti. Julius Alexander, als Angehöriger der Elite, die von diesem System profitierte, diese Position einnahmen. Jedoch schimmert auch eine gewisse Ambivalenz zumindest bei Josephus durch. Er war gleichzeitig auch Angehöriger des jüdischen Volkes und Teil der innerjüdischen Diskussionen, die eine Positionierung erfordern. Er lässt Herodes sagen, dass das jüdische Volk eigentlich gar nicht abgabenpflichtig sein sollte. Wenn jedoch Abgaben gezahlt werden, dann wenigstens an Rom und nicht an verfeindete Völker wie die Araber. Agrippa II. lässt er sogar die Position vertreten, dass die römische Vorherrschaft wie ein Erbe zu akzeptieren sei, was dann natürlich auch die Akzeptanz und das Zahlen der Abgaben betrifft. Diese Art von historisch begründeter Realpolitik lässt sich anhand von Kleinasien, Ägypten oder auch durch die langen Zeiten der Fremdherrschaft plausibilisieren. Gemessen an den jeweiligen Fremdherrschern, hat die ganze Levante lediglich sehr kurze Perioden lokaler Unabhängigkeit erlebt. Josephus illustriert dies an anderen Völkern. Er bietet letztendlich einen größeren Kontext und versucht deutlich zu machen, dass das jüdische Volk trotz der Abgabenpflicht im Vergleich gut dasteht. Er macht sich auch römische Argumentation zu eigen, wenn er fiskalischen Missbrauch individuellen Verwaltern zuschiebt und Rom von der Verantwortung freispricht.

Die Abgabenadministration ist am weitesten entfernt von den Abgabenleistenden. Sie kommuniziert ihre Vorgaben schriftlich, die dann veröffentlich werden wie im Falle der Inschriften. Sie ist vor allem mit den administrativen Abläufen beschäftigt und versucht diese zu kontrollieren und Missbräuche einzuschränken. Sie ist auf Personen angewiesen, die einerseits die Abgaben einsammeln und andererseits mit ihrem Vermögen für den Erhalt der geforderten Summen bürgen. Die Außendarstellung der Administration konnte beispielhaft in dem Edikt des Ti. Julius Alexander betrachtet werden. Der Staat ist, wie in der römischen Propaganda üblich, der Retter, Spender von Wohltaten und Hüter des Friedens und der Ordnung. Sollte es zu Missbräuchen kommen, so ist die Schuld auf der Ebene des Abgabenpersonals zu suchen. Gleichzeitig wurde deutlich, dass der Staat auf die Abgabenleistenden und das Abgabenpersonal angewiesen war und deswegen unterbinden musste, dass erstere übermäßig ausgebeutet wurden oder letztere sich verschuldeten. So war bei Abgabenforderungen im Idealfall zu bedenken, ob diese geleistet werden konnten. Sowie bei Abgabenverpachtungen, dass diese nicht unattraktiv waren oder erzwungen wurden. In der Realität wurden beide Ziele nicht immer erreicht, weil sich die andere Seite zur Wehr setzte, indem sie die Abgaben nicht leistete oder sie nicht pachtete. Der Brief des Strategen (P.Oxy. 1,44) zeigte, dass dies eine Herausforderung für die Zuständigen war, die nicht einfach mit Zwangsmaßnahmen gelöst werden konnte.

Die Zollgesetze und die Zurechtweisungen[252] bezüglich Übervorteilung, Erpressung, Bestechung etc. zeigen zumindest ein Problembewusstsein seitens der Administration. Die Lösungsansätze scheinen auch an den richtigen Punkten anzusetzen, doch ist die Durchsetzung und der Erfolg der Maßnahmen nicht immer deutlich. Die Veröffentlichung der Zollgesetze, wenn sie denn für die Zollpassierenden lesbar waren, schien einige Probleme beseitigt zu haben. Die Krux im System ist jedoch die mangelnde Kontrolle durch unabhängige bzw. übergeordneter Instanzen, Korruption und die uneinheitlichen Rechte zwischen Personen mit verschiedenem Status wie römischen Bürgerrecht, Ägypter:innen, Griech:innen oder Ägypter:innen, die wie Griech:innen steuerlich veranlagt wurden.[253] Insgesamt lassen die römischen Quellen wenig überraschend hauptsächlich ein finanzielles, politisches und administratives Interesse erkennen. Die Administration der Abgaben sollte möglichst reibungslos und ohne Störungen auf allen Ebenen ablaufen. Störungen sind dabei auf allen Ebenen möglich – von Klagen oder Abgabenverweigerung seitens der Abgabenzahlenden bis zur Verweigerung der Übernahme der Aufgabe des Abgabeneinsammelns. Zu bedenken ist jedoch, dass Inschriften und Edikte keine neutralen Quellen sind. Auch sie transportieren spezifische Perspektiven und verfolgen einen Zweck.

Wir werden sehen, dass diese komplexen Sachverhalte kaum in den Synoptikern begegnen. Der Staat kommt lediglich als abgabenfordernder Akteur in den Blick (Lk 2,1-2; Mk 12,13-17 parr), aber nicht in seinen regulativen Versuchen oder als eine auf Abgaben angewiesene Größe. Vor allem das Bewusstsein der politischen Konsequenzen von Abgabenboykotten taucht auf (Mk 12,13-17 parr; Lk 23,2). Es klingt an, dass Abgabenforderungen auch mit Begünstigung der eigenen Gruppe und Benachteiligung der anderen einhergehen (Mt 17,25-26). Außerdem wird das strukturelle Problem der Verschuldung thematisiert (Mt 18,21-35).

252 P.Princ. 2,20.

253 Vgl. Clarysse, Egyptian Temples, 284.

III. Abgabenpersonal

1. Griechisch-römische Literatur

In den bisher vorgestellten Texten kamen Personen und verschiedene Gruppen vor, die auf unterschiedliche Weise für das Abgabensystem relevant waren. Die Kaiser oder der Senat, die Abgaben festlegten und Gesetze veröffentlichen ließen. Präfekte oder Strategen, die Edikte erließen oder Abgabenpersonal aquirierten. Unterschiedlich bezeichnete Gruppen oder Personen, die für die Abgabeneinnahme zuständig waren. Meistens wird in der kaiserzeitlichen Literatur von Einzelpersonen berichtet, die im Abgabenwesen tätig sind. Allerdings ist es häufig schwer festzustellen, zu welchen Gruppen bzw. Organisationseinheiten sie gehörten. Die bekannteste Gruppe sind die Publikanengesellschaften (*societas publicanorum*). In juristischen Schriften wie den Digesten, eine in der späten Kaiserzeit zusammengestellte Sammlung juristischer Sentenzen, ist stattdessen von *societas vectigalium*, d. h. Gesellschaft von Abgaben(pächtern), die Rede.[1] Ansonsten taucht der *publicanus*, d. h. ein Gesellschafter oder Angestellter der *societas publicanorum* häufig in literarischen Texten auf.[2] Sie werden in Zusammenhang mit *tributa* und *vectigalia* genannt und so scheint es, als hätten sie vor allem mit Abgaben zu tun gehabt.[3] Tacitus nennt als Aufgabenbereiche der ritterlichen Abgabenpachtgesellschaften (*societas equitum Romanorum*) den Einzug des *frumentums*, der *vectigal* und weitere Staatseinkünfte (Tacitus, ann. 4,6,3). Tatsächlich waren Publikanen jedoch in verschiedenen Bereichen des Gemeinwesens aktiv wie dem öffentliche Bauwesen, der Verwaltung und Pflege öffentlichen Besitzes oder bei der Übernahme öffentlicher Dienste wie der Armeeversorgung.[4] Definiert werden können sie daher als Personen(grupppen), die „öffentliche Aufträge über Lieferungen und Dienstleistungen übernahm[en], als auch [...] staatliche Güter für einen begrenzten Zeitraum pachtete[n], und schließlich [...] die Eintreibung von Zöllen und Abgaben übernahm[en]."[5] Die Tätigkeiten umfassten also „1. Dienstleistungen und Lieferungen an den Staat [...] 2. Die Nutzbarmachung staatlichen Grundbesitzes und 3. Die Pacht staatlicher Einnahmen."[6] Das Pachten von Abgaben war demnach nur ein Teil, allerdings

---

1 Vgl. Malmendier, Societas, 23f.

2 Vgl. ebd., 24.

3 Vgl. ebd., 25–27.

4 Vgl. Malmendier, Publicani, 5658. Vgl. z. B. Livius 23,48,10–11; 25,3,8–11. Ausführlich Malmendier, Societas, 28–49. Auch Owens, Equites, 2474.

5 Malmendier, Societas, 29.

6 Ebd., 31.

der, für den sie am Bekanntesten und Berüchtigsten waren. ULRIKE MALMENDIER macht darauf aufmerksam, dass dies ein verzerrtes Bild sei, das die vielfältigen Tätigkeiten der Publikanen nur unzureichend widerspiegele.[7] Das läge vor allem daran, dass die rechtlichen Quellen wie der Corpus Iuris Civilis die Verhältnisse zum Ende der Republik und später wiedergebe als die Publikanengesellschaften schon in vielen ihrer Geschäftstätigkeiten beschnitten worden waren.[8]

Ihren Zenit erreichten die Publikanen in der späten Republik. Es ist leicht verständlich, welchen Einfluss und Handlungsspielraum eine Gesellschaft hatte, die zentrale Aufgaben des Gemeinwesens übernahm und der keine ebenbürtige Administration gegenüberstand. Zudem setzten sie sich hauptsächlich aus Rittern zusammen und durch ihre wachsende Macht spricht Livius 25,3,12 sogar von einem *ordo publicanorum*, d.h einer Klasse oder Statusgruppe der Publikanen. Mit der Einführung einer funktionstüchtigen Administration und einer kaiserlichen Kasse aus der viele Bedürfnisse der Öffentlichkeit finanziert wurden, stand den Publikanengesellschaften ein Konkurrent gegenüber. Ihnen wurden Aufgaben entzogen und Stellen wie Cassius Dio 47,14 zeigen Verbote und Ächtungen, die ihnen gegenüber ausgesprochen wurden.[9] Übrig bleibt zum Schluss lediglich die Eintreibung der Abgaben.[10] In den kaiserlichen Provinzen wird diese von Kaiser Augustus einem Prokurator, einer Finanzaufsicht, unterstellt.[11] Jedoch waren die Publikanen weiterhin wichtige Funktionsträger, wie sich z. B. darin zeigt, dass sie für die von Kaiser Augustus eingeführte Erbschaftsabgabe (6 n. Chr.) zuständig waren.[12] Insgesamt setzten die julisch-claudischen Kaiser diese Politik fort.[13] Spätere Kaiser verpachteten nur noch kleine Abgaben an *conductores*, Einzelpächter.[14]

Sowohl die antiken Quellen als auch die sie rezipierende Literatur verschleiern daher, dass die Zurückdrängung der Publikanengesellschaften nicht lediglich davon motiviert war, dass sie die Bevölkerung „auspressten und unterdrückten". Dahinter steckte sowohl ein ökonomisches als auch politisches Interesse, eine einflussreich gewordene Gruppe in die Schranken zu verweisen. Die Klagen über Abgabeneinnehmer – egal ob Publikan oder nicht – blieben bestehen und verschwanden nicht durch die politische und juristische Einschränkung der Publikanen. Eine Erklärung dafür sind Intransparenz und Gewinnabschöpfung im Abgabenwesen, die bestehen blieben.

---

7 So Malmendier, Publicani, 5658.

8 Vgl. ebd., dies., Societas, 29 und Owens, Equites, 2475.

9 Vgl. zu der vorhergehenden Schilderung Malmendier, Publicani, 5659.

10 Vgl. Malmendier, Societas, 61.

11 Vgl. ebd., 62.

12 Vgl. zur bleibenden Bedeutung der Publikanen Eck, Verwaltung, 88.

13 Vgl. Malmendier, Societas, 62. D.h. von 14–68 n. Chr. unter Tiberius, Caligula, Claudius und Nero.

14 Vgl. ebd., 62.

Für den Bereich des Zolls waren Publikanengesellschaften noch bis Kaiser Hadrian (117-138 n. Chr.) zuständig, was sich besonders epigraphisch nachweisen lässt.[15] Verschiedene Abgabensysteme existierten so nebeneinander her: „In ihrer republikanischen Form hielt sich die Steuerpacht länger bei den indirekten Steuern wie den Verbrauchs- und Verkehrssteuern. Am längsten finden wir sie bei der Zollverwaltung, so dass für das 3. Jahrhundert n. Chr. die Steuerpacht mit der Grenzzollpacht gleichgesetzt werden kann.“[16] Daher möchte ich hauptsächlich vorstellen, welche Bezeichnungen die Quellen verwenden und in welchen Kontexten Abgabeneinnehmer bzw. -pächter auftreten. Folgende sind die häufigsten griechischen und lateinischen Begriffe für Abgabeneinnehmende und -pachtende: τελώνης, ἐκλογεύς, δημοσιώνης und φορολόγος sowie *publicanus* und *exactores*.[17]

Die geläufigste Bezeichnung für Personen, die Abgaben einsammeln, sind Wortbildungen vom Stamm τέλος (Steuer, Abgabe, Zoll, Tribut) kontrahiert mit ὠνέομαι (kaufen, bieten auf): τελώνης ist demnach die Person, die die Abgaben kauft. Der τελώνης wurde in der Forschung als Grenzzöllner, Angestellter römischer Publikanengesellschaften, hellenistischer Kleinpächter oder Unterzollpächter verstanden.[18]

Im Folgenden soll ein genauerer Blick auf Abgabenpersonal geworfen werden. Es kann bereits vorweggenommen werden, dass in den literarischen Quellen eine negative Darstellung überwiegt.[19]

1.1 Stereotype Darstellungen

In griechisch-römischen Texten finden sich auch negative Reihungen, wie sie im Neuen Testament in der Formulierung „Zöllner und Sünder“ oder „Zöllner und

---

15 Vgl. Drexhage, Wirtschaftspolitik, 35.39; Herrenbrück, Zöllner, 66 mit Belegen in den Digesten (Datierung ca. 3. Jh. n. Chr.: Dig. 39,4,11,5; 49,14,3,6). Die erste Stelle gibt wieder, dass sich für das Pachten von Abgaben nicht immer Personen fanden bzw. nicht zum angestrebten Preis verpachtet werden konnte und der Jurist Paulus feststellt, dass dann die Pächter des Vorjahres gezwungen werden sollen, erneut zur selben Summe zu pachten. Im zweiten Beleg gibt der Jurist Callistratus ein Reskript Kaiser Hadrians wieder, laut dem das Pachten attraktiver gemacht werden soll. Beide Belege legen nahe, dass es teilweise schwierig war, Abgabenpächter zu finden. Dazu auch Jones/Brunt, Economy, 168 und besonders Fn. 93, der darauf hinweist, dass Publikanen selbst noch in der Spätantike bezeugt sind.

16 Herrenbrück, Zöllner, 100.

17 Herrenbrück hat eine hilfreiche Sammlung von Belegen für die Lemmata τελώνης, δημοσιώνης sowie *portitor* zusammengetragen. Vgl. Herrenbrück, Zöllner, 298-303. Einige der hier besprochenen Belege stammen aus dieser Übersicht bzw. aus den von Herrenbrück besprochenen Texten der Kaiserzeit. Herrenbrück selbst bespricht darüber hinaus noch Texte der klassischen griechischen Zeit.

18 Vgl. Herrenbrück, Zöllner, 7-9.

19 Herrenbrück, Zöllner hat einen großen Teil dieser Texte gesammelt und vorgestellt. Ich werde mich daher fast ausschließlich auf Quellen beschränken, die er nicht besprochen hat.

Prostituierte" begegnen. Dion Chrysostomos (40–120 n. Chr.) fragt rhetorisch, ob man nicht „eine ganze Menge sogenannter Könige [sehen kann], die [eigentlich] Krämer, τελῶναι und Bordellbesitzer seien" (Dion Chrysostomos, or. 4,98 [4 Regn.])?[20] Artemidor (erste Hälfte 2. Jh. n. Chr.), der an anderer Stelle auch positive Assoziationen zu Abgabeneinnehmenden festhält, wie wir noch sehen werden, stellt τελῶναι neben Schankwirte und rücksichtslose Menschen (Artemidor, oneir. 1,23). Außerdem an anderer Stelle neben Schankwirte, Räuber, Gewichtfälscher und Betrüger, da sich all diese fremdes Eigentum gewaltsam und gegen den Willen des Besitzenden aneignen würden (Artemidor, oneir. 4,57). Lukian (120–180 n. Chr.) fomuliert: „Ehebrecher [μοιχοὶ], Bordellbesitzer [πορνοβοσκοὶ], τελῶναι, Schmeichler [κόλακες], Denunziatoren/Spitzel [συκοφάνται] und dergleichen ähnliche, die der Abschaum im Leben sind." (Lukian, nek. 38,11) Sie werden in der Unterwelt gefesselt vor Minos und die Strafgeister zum Totengericht geführt. Typische Zusammenstellungen finden sich auch mit anderen Berufen aus dem Finanzsektor, meistens Geldverleiher und Wucherer. Philostrat (165/170–244/249 n. Chr.) benutzt die negativen Konnotationen dieser Berufe, um den Philosophen Euphrates zu diskreditieren. Euphrates von Tyros gilt als Gegner des Apollonios von Tyana. Bei einem Treffen mit Kaiser Vespasian, bei dem auch Euphrates und Dion von Prusa anwesend waren, sagte Apollonios Folgendes:

> Und doch, wie lohnend es für einen Philosophen ist, den Mächtigen zu schmeicheln, macht Euphrates sichtbar, denn diesem wurde Geld, - was sage ich -, Ströme von Reichtum [zuteil], er hält Vorträge an den (Wechsel-)Tischen als Händler, Unterhändler, Abgabeneinnehmer [τελώνης], Wucherer, alles gleichzeitig: Verkäufer und Ware. (Philostrat, vit. Apoll. 8,7,11)

Euphrates wird als jemand dargestellt, der sein Wissen und sich selbst verkauft. Dabei handelt es sich um eine typische Polemik gegen Sophisten. Illustriert wird diese hier mit Vergleichen aus dem Bereich des Geldkreislaufes. Er wird mit Personal an Wechseltischen verglichen und weiteren Personen, die mit Geld zu tun haben. Allerdings hier deutlich negativ konnotiert. Der Vergleich kulminiert darin, dass Euphrates alle Rollen zugleich bedient. Damit ist hier erneut das Motiv der Geldgier aufgegriffen.[21]

Plutarch (45–125 n. Chr.) schrieb eine Biographie des Senators und Feldherrn Lucullus (117–56 v. Chr.). Besonders an zwei Stellen macht er im Rückblick negative

20 Später werden wir unter einem anderen Aspekt eine weitere Stelle betrachten, an der Dion Chrysostomos den Abgabeneinnehmer neben den Bordellbesitzer stellt (vgl. Dion Chrysostomos, or. 14,14 [4 Regn.]).

21 Vgl. Herrenbrück, Zöllner, 71.

Bemerkungen über τελῶναι in der Provinz Asia. Die Bevölkerung würde sehr unter den Abgabeneinnehmenden leiden, „die wie die Harpyien den Menschen ihre Nahrung wegrafften“ (Plutarch, Luc. 7,6). Hier handelt es sich offenbar um Personen, die allgemein Abgaben einsammeln. Plutarch gibt dann einen kurzen Ausblick auf Maßnahmen des Lucullus, diesen Missständen zu begegnen. Zunächst wurden die Abgabeneinnehmer:innen lediglich angehalten, moderate Forderungen zu erheben, später dann vertrieben (Plutarch, Luc. 7,6). Die Zustände in Asia werden ein paar Kapitel weiter erzählt:

> (1) Nun wandte sich Lucullus den Städten in Asia zu, damit sie, da er frei von kriegerischen Unternehmungen war, auch an Gerechtigkeit und Gesetz teilhätten, an welchen es der Provinz seit langer Zeit mangelte, weil sie im Griff von unsagbaren und unglaublichen Unglück war, weil sie von den Abgabeneinnehmern [τελώνης] und Wucherern ausgeplündert und versklavt wurde, einzelne verkauften gut aussehende Söhne und jungfräuliche Töchter, die Gemeinden aber Weihgeschenke, Gemälde und heilige Statuen. (2) Aber ihr eigenes Ende war, dass sie Gläubigern zugesprochen und deren Sklaven wurden, aber die vorherigen [Dinge] waren schlimmer: Zwangsarbeit, Einkerkerung, Folterung, Stehenmüssen unter freiem Himmel, im Sommer in der heißen Sonne, im Winter in Schlamm und Eis, so dass die Versklavung wie ein Abschütteln einer Bürde und Frieden erschien. (Plutarch, Luc. 20,1-2)

Zusammengenommen ergibt sich das Bild, dass τελῶναι so hohe Forderungen stellten, dass die Menschen kein Essen mehr hatten, in die (Schuld-)Sklaverei verkauft wurden oder Städte heilige Gegenstände veräußern mussten.[22] Hinzu kamen die beschämenden und peinigenden Strafen in der Öffentlichkeit, die ähnlich auch bei Philo beschrieben werden (vgl. Philo, spec. 3,158.163). Plutarch führt dies in der Darstellung auf mangelndes Recht und fehlende Gesetze zurück und erweckt so den Eindruck, dass τελῶναι (und Wucherer) ungestraft blieben und vor allem ohne gesetzliche Legitimation handelten.

Anekdotisch wiederum mutet die berühmte Stelle bei Philostrat über Apollonius Erfahrung mit einem τελώνης an einer Zollstation an:

> Beim Übertritt nach Mesopotamien führte sie der Zöllner [τελώνης], der bei Zeugma Abgaben erhob, zu der Zolltafel [πινάκιον] und fragte, was sie mit sich führten, aber Apollonius sagte: „Ich führe Besonnenheit, Gerechtigkeit, Tugend, Enthaltsamkeit, Tapferkeit und Disziplin mit mir.“ Und er reihte noch mehr solche weiblichen Namen auf. Aber schon sah er [der Zöllner] für sich den Gewinn und sagte: „Schreibe die Sklavinnen

22 Ähnliches über Asias Leiden unter Abgabeneinnehmenden bei Plutarch, Sert. 24,4 und Cassius Dio 42,6,3 zur Zeit Cäsars.

auf." „Dies ist nicht möglich", sagte er, „denn nicht Sklavinnen, sondern Herrinnen führe ich mit mir." (Philostrat, vit. Apoll. 1,20)

Abgesehen von dem schönen Missverständnis, wird hier ein Ablauf an einer Zollstation geschildert. Die Stadt Zeugma lag am Euphrat und war mit Seleukia Apamea durch eine Brücke verbunden. Sie war Teil der sogenannten Seidenstraße, die Hauptroute zwischen Zentralasien und Ostasien. Die Reisenden kamen an und wurden vom τελώνης an der Zollstation zunächst zur Zolltafel geführt, wo die zu verzollenden Waren und die Raten aufgelistet waren.[23] Dann folgte die Befragung, welche Waren mitgeführt wurden. Die zu verzollenden Waren wurden zunächst mündlich aufgezählt. Da der τελώνης Apollonius dann auffordert, die Namen der Frauen aufzuschreiben, scheint es hier als müssten die zu verzollenden Waren auch schriftlich festgehalten werden. Dieser Ablauf bestätigt sich auch durch Zeugnisse aus Ägypten, wo jedoch das Abgabenpersonal selbst die Verschriftlichung zum Teil übernimmt. In der Erzählstruktur steht allerdings die Klimax im Vordergrund, dass die Vorfreude des Zöllners auf Gewinn bitter enttäuscht werden wird. Der τελώνης wird als ungebildet bzw. auf seinen Gewinn fokussiert dargestellt, da ihm lediglich in den Sinn kommt, dass es sich bei den Tugenden um Namen für Versklavte handeln müsse. Wie wir anhand der Gebührenordnungen von Koptos und Palmyra gesehen haben, waren die Abgabensätze für Sexarbeiterinnen besonders hoch und daher die Erwartung hoher Einnahmen realistisch.

Mark Anton hielt laut Appian (90/95–160 n. Chr.) eine Rede in Ephesus. Am Anfang der Rede geht er im Schnelldurchgang auf die letzten knapp 100 Jahre ein und hebt die fiskalischen Maßnahmen hervor. Es wird behauptet, dass Abgaben erst durch Demagogen in den eigenen Reihen eingeführt wurden, es wird also suggeriert, dass dies nur dem Willen einiger entsprach. Anders als griechische Herrschende, hätte Rom zunächst ganz auf Abgaben verzichtet und danach lediglich einen Anteil des Ernteertrages gefordert. Dann sei jedoch die Situation eskaliert und der Senat sei untätig geblieben:

Euer König Attalos,[24] ihr Griechen, hat uns euch im Testament hinterlassen, und sofort waren wir besser als Attalos, was ihr nämlich Attalos an Abgaben gezahlt habt [τελέω φόρου], erließen wir euch, bis Demagogen auch bei uns auftraten und Abgaben [φόρος] nötig wurden. [...] Da aber die für den Senat [tätigen] Abgabeneinnehmer [μισθουμένος] euch beleidigten und viel mehr forderten, erließ euch Gaius Caesar ein Drittel von dem Geld, was ihr diesen geben musstet, und beendete die Gewaltakte. Er übergab euch nämlich das Einsammeln der Abgaben [φόρος] von den Landwirten. (Appian, bell. civ. 5,1,4)

---

23 Vgl. Tacitus, ann. 13,51 die Veröffentlichungsanordnung unter Nero.

24 Gemeint ist Attalos III. Philometor von Pergamon (171–131 v. Chr.).

Erzählerisch wird dargestellt, dass die ungerecht handelnden Abgabeneinnehmenden, die Appian philologisch ungewöhnlich als μισθουμένοι bezeichnet, bestraft wurden, weil sie die festgelegten Geldsätze überschritten. Die zu hohe Forderung wird als Beleidigung beschrieben. Erneut wird das Abgabenzahlen mit Ehre und Würde verknüpft. Cäsar wird als die Person dargestellt, die Gesetz und Ordnung wiederherstellt und es nicht duldet, dass die Bevölkerung ausgebeutet wird. Er überlässt es dann sogar den Leuten selbst, bestimmte Abgaben einzuziehen. Die Rede soll darlegen, dass die Römer:innen und Cäsar insbesondere besser als andere Herrschende seien. Die Maßnahmen bezüglich der Abgaben dienen als Beweis.

Dion Chrysostomos geht in seiner siebten Rede auf Abgabenpersonal ein. Er verleiht seiner Rede *Der Jäger* Authentizität, indem er behauptet, dass er diese Geschichte selbst erlebt habe. Nach einem Schiffbruch strandete Chrysostomos an der Küste der Insel Euböa, wo er einen Jäger traf, der ihm eine Übernachtung bei ihm Zuhause anbot. Der Jäger berichtete von seinem einfachen Selbstversorgerleben, das er mit seiner Familie und der Familie seiner Schwester abgeschieden führte. Er betonte, dass er nur zweimal in seinem Leben überhaupt in die Stadt gegangen sei. Das zweite Mal aufgrund des Besuchs eines Abgabeneinnehmers: Später kam dann einer und wollte Geld einfordern, als ob wir welches gehabt hätten, er drängte uns, ihm in die Stadt zu folgen. Wir hatten aber wirklich kein Geld, ich schwor, dass wir nichts hatten. (Dion Chrysostomos, or. 7,21 [Ven.]) Die Familien gaben dem Abgabeneinnehmer zwei Hirschfelle und bewirteten ihn. Er bestand aber darauf, dass einer mitkommen müsse, um die Sache zu klären. Der Jäger wurde zu einem anderen Beamten geführt und der Abgabeneinnehmer stellte den Jäger als den vor, den er holen sollte. Es gab also offensichtlich den Auftrag, genau diese Familien aufzusuchen. Er bestätigte, dass der Jäger keinerlei Besitztümer außer zum täglichen Leben hatte. Die Abgabeneinnehmer nahmen den Jäger mit ins Theater, wo ihn das ungewohnte Spektakel aufwühlte und verwirrte. Es wurden Reden gehalten. Überraschend wurde er selbst vorgeführt.

(27) Und irgendjemand sagte: „Hier ist einer von denen, oh Männer, die seit vielen Jahren von dem staatlichen Land geerntet haben, nicht nur er allein, auch sein Vater früher, und die unsere Berge verteilt und bewirtschaftt und gejagt haben, und viele Häuser gebaut und Weinstöcke gepflanzt haben und sonstiges viele Gute haben, ohne Pacht zu zahlen für das Land noch es als Geschenk (28) vom Volk bekommen zu haben. Von wem hätten sie es auch bekommen sollen? Sie haben das unsere und sind reich, weder haben sie jemals Liturgien geleistet noch einen Anteil der Ernte gezahlt, sondern abgabenfrei [ἀτελεῖς] und liturgienfrei [ἀλειτούργος] leben sie, wie Wohltäter der Stadt.“ (Dion Chrysostomos, or. 7,27-28 [Ven.])

Der Jäger musste über diese Vorwürfe den Kopf schütteln, hatte zunächst die Lacher der Menge auf seiner Seite, aber als die Vorwürfe des Beamten schärfer und demagogischer wurden, konnte er die Menge gegen den Jäger aufbringen. Zum Glück für den Jäger trat auf einmal ein Fürsprecher auf, der die Menge beruhigen konnte, indem er die Vorteile benannte, wenn Menschen das Land bebauen, was sonst brach liegen würde, weil es nicht genug Personen gab, die sich seiner annahmen. Er entwarf sogar einen zehn Jahres bzw. einen fünf Jahres Plan für Fremde, der eine unentgeltliche Pacht mit darauffolgender Abgabe vorschlug (Dion Chrysostomos, or. 7,37 [Ven.]). Das Blatt wendete sich schließlich, nachdem der Jäger die bescheidenen Verhältnisse geschildert hatte, in denen er lebte und zudem Leute, die er nach einem Schiffbruch aufgenommen hatte, von seiner Gastfreundschaft berichteten.

Chrysostomos geht es vor allem darum mit seiner Erzählung zu zeigen, dass Einfachheit nicht daran hindert, ein Auskommen zu haben und anständiges Leben zu führen (Dion Chrysostomos, or. 7,103 [Ven.]). Die Episode mit dem Abgabenpersonal dient lediglich als Negativfolie und Mittel, um den Selbstversorger mit den Städter:innen zu konfrontieren und so im späteren Verlauf zwei Lebensweisen einander gegenüberzustellen. Interessant wird sie für die Untersuchung, da über eine öffentliche Demütigung und Zurschaustellung wegen Nichtbezahlung der Abgaben berichtet wird. Das Abgabenpersonal wird dabei negativ gezeichnet, weil sie ihre Beweggründe verschleiern, die Unerfahrenheit des Jägers ausnutzen und Lügen verbreiten. Sie ziehen sogar in die entlegensten Gebiete, um Geld einzutreiben. Außerdem wird deutlich, dass ein Gemeinwesen es erwartet, dass Abgaben und Pachten gezahlt und Liturgien geleistet werden – alle müssen ihren Teil beitragen und Ausnahmen kann es nur für Personen geben, die sich um die Stadt verdient gemacht haben. Die Vorführung des Jägers ist demnach eine Botschaft an alle Abgabenpflichtigen.

Die Darstellungen in den lateinischsprachigen Quellen unterscheiden sich kaum von den griechischen. Deutlich wird das auch bei Velleius Paterculus (20 v.–30 n. Chr.). So verbündete sich laut seiner Darstellung der Unterfeldherr Gaius Marius aus dem Ritterstand gegen Q. Metellus (Numidicus) mit Abgabenpächtern: „Mit Hilfe der Abgabenpächter [*publicani*] und anderer Geschäftsleute in Africa beschuldigte er Metellus: Er ziehe den Krieg schon drei Jahre hin.“ (Velleius 2,11,2) Vorausgesetzt bei einer solchen Taktik wird, dass das Wort der Publikanen Gewicht hat. Sie werden wie bei Josephus als Personen mit Einfluss dargestellt. Möglich ist es, dass sie ebenso wie Gaius Marius dem Ritterstand angehören, ausdrücklich gesagt wird das aber nicht. Einige Kapitel weiter berichtet Velleius über die Amtsführung des Konsuls C. Sentius Saturnius, der später auch Statthalter in Syrien war (7 v. Chr.–10 n. Chr.),[25] während der Abwesenheit Kaiser Augustus in Rom: „Er brachte die Betrügereien der Abgabenpächter [*publicani*] ans Licht, bestrafte ihre Geldgier und gab die Staatsgelder in die Finanzkasse [*aerarium*] zurück." (Velleius 2,92,2) Den Abgabenpächtern wird vorgeworfen, dass sie aus Gier betrügen, wofür sie dann bestraft werden. Damit wird wieder auf das negative Bild der habgierigen und ausbeuterischen Abgabeneinnehmenden zurückgegriffen.

Die Angehörigen des Kaiserhauses konnten verschiedene Freiheiten in ihren Positionen bekommen. So berichtet Sueton (70–122 n. Chr.) über Galba und seine Entourage:

> Andererseits gab es nichts, was er [Galba] den Anhängern und Freigelassenen nicht gestattete gegen Geld zu geben oder als Gunst zu verschenken, Abgaben [*vectigalia*], Befreiung von Abgabenleistungen [*immunitates*], die Bestrafung von Unschuldigen und Straflosigkeit von Schuldigen. (Sueton, Galb. 15,2)

Auch wenn es sich hier sicherlich um einen typischen Korruptionsvorwurf handelt, so wird doch deutlich, dass diese Willkür als Ungerechtigkeit bewertet wird und gleichzeitig drückt sich eine Machtlosigkeit aus, dieses Verhalten nicht verhindern zu können. Die Mächtigen bereichern sich auf Kosten anderer. Hier deuten sich schon Kritikpunkte bei der Abgabenerhebung an: Unnachgiebige bzw. konsequente Eintreibung sowie Bestechung der beteiligten Personen.

In der Biographie Kaiser Domitians berichtet Sueton negativ über einen Prokurator. Prokuratoren wurden häufig in der Wirtschaftsverwaltung eingesetzt, vor allem im Abgabenbereich. Einer der kaiserlichen Prokuratoren prüft gemeinsam mit einem Collegium besonders eifrig und auf demütigende Weise, ob Männer beschnitten waren und daher als Juden den *fiscus iudaicus* zahlen mussten (Sueton, Dom. 12,2). Dieses Vorgehen, bei dem sogar alte Männer von dieser entwürdigenden Untersuchung nicht ausgenommen wurden, soll die Gier sowie den Verlust von Respekt und Anstand verdeutlichen.

1.2 Viktimisierende Darstellung

Es mag überraschen, aber in der Literatur wird auch berichtet, wie Abgabenpersonal Opfer von Angriffen, Machtspielen oder einer ökonomischen Krise wird.

In Plutarchs Biographie über Alkibiades (450–405 v. Chr.) geht es um einen Konflikt zwischen dem Staatsmann und Abgabenpächtern. Das Setting dieser Erzählung ist das klassische Athen. Römische Pachtgesellschaften, die vor allem in der republi-

---

25 Vgl. Eck, Sentius.

kanischen Zeit tätig waren, bezahlten die Pacht jährlich im Voraus.[26] Im hellenistischen System scheint es so gewesen zu sein, dass Bürgschaften abgegeben wurden und dann das Geld eingetrieben und die ausstehenden Summen beglichen wurden. Beide Systeme konnten zu Verschuldung führen, sobald das Geld für den „Kauf" der Abgaben, wenn es geliehen oder dafür gebürgt wurde, nicht eingesammelt werden konnte. Mit einem ähnlichen Problem waren die Abgabenpächter in der Alkibiades Episode konfrontiert, die die Abgaben ersteigern mussten, um mit ihnen vorher gemachte Schulden zu begleichen (Plutarch, Alc. 5,3). Da Alkibiades einen nicht näher erläuterten Zwist mit den Abgabenpächtern hatte (Plutarch, Alc. 5,2), fordert er einen seiner Liebhaber (ἐραστής), ein Metoike d. h. kein Athener, auf, er solle bei den ὠνουμένους τά τέλη τὰ δημόσια, den „Käufern der öffentlichen Abgaben" mitbieten (Plutarch, Alc. 5,1). Im Folgenden werden die Abgabenpächter nur noch kurz τελῶναι genannt (Plutarch, Alc. 5,2–3). Der Mittelsmann treibt den Pachtpreis nach oben, was die üblichen Abgabenpächter in Aufregung versetzt. Sie fragen nach einem Bürgen und Alkibiades springt ein (Plutarch, Alc. 5,3). In ihrer Verzeiflung bestechen die Abgabenpächter Alkibiades Mittelsmann, das Angebot zurückzuziehen und schließich signalisiert ihm Alkibiades, dass er sein Angebot zurückziehen soll. In dieser Erzählung wird es so dargestellt, dass das ganze System leicht gestört werden kann und die Abgabenpächter sich existentiell bedroht sehen. Private Konflikte konnten, wie in dieser Darstellung, im Abgabensystem ausgetragen und Abgabenpersonal erheblich ökonomisch geschadet werden.

In der Biographie über Pyrrhus berichtet Plutarch über das Schicksal der Abgabeneinnehmer der Mamertiner, die aus Kampanien stammten:

> Die Barbaren in Messene [AEM: Sizilien], die Mamertiner genannt wurden, pisakten die Griechen viel, einige aber hatten sie abgabenpflichtig gemacht [φόρος [...] ὑποτελής], sie waren aber zahlreich und kriegstüchtig, deswegen wurden sie in der lateinischen Sprache „Marssöhne" genannt, er [Pyrrhos] ließ die Abgabeneinnehmer [φορολόγος] zusammensammeln und töten, aber sie selbst [die Mamertiner] besiegte er in einer Feldschlacht und zerstörte viele der Festungen. (Plutarch, Pyrr. 23)

Pyrrhos ließ, wie andere Armeeführer, die φορολόγοι töten. Solche Akte hatten auch symbolische Absichten. Zum einen wird dadurch deutlich, dass eine alte Ordnung beseitigt wird. Zum anderen wird der Weg frei gemacht, eigenes Personal einzusetzen oder zumindest den Siegern gegenüber möglichst loyales. Hier spielen finanzielle Interessen eine Rolle. Auch vor Racheakten war Abgabenpersonal nicht sicher. Aulus Vitellus, einer der Kaiser aus dem Vierkaiserjahr und Sohn des syrischen Statthalters Lucius Vitellus, über den wir später noch hören

26 So Stenger, Besteuerung, 42.

werden, war laut Sueton für seine willkürlichen Folterungen und Ermordungen bekannt (Sueton, Vitell. 14,1). Er wendet sich auch gegen Abgabeneinnehmende: „Außerdem verschonte er kaum irgendeinen der Geldverleiher, Gläubigern und Abgabenpächtern [*publicani*], die jemals in Rom von ihm die Begleichung einer Schuld oder unterwegs Zoll [*portorium*] verlangt hatten." (Sueton, Vitell. 14,2) Wie so oft ist hier zu veranschlagen, dass Sueton Vitellus aus politischen Gründen in einem möglichst unvorteilhaften Licht erscheinen lassen will. Interessant ist daher – egal, ob wahr oder von Sueton erfunden, – dass der Schriftsteller das Ermorden von Geldverleihern, Gläubigern und Abgabenpächtern als Beleg für Vitellus schlechten Charakter und Ungeeignetheit als Kaiser anführt. Sueton vermittelt so, dass ein wahrer Kaiser Schulden begleicht, sich nicht an Geldverleihern, Gläubigern und Abgabenpächtern rächt. Eine solche Darstellung kann nur dann wirken, wenn er bei den Lesenden Entsetzen über diese Tat und keine Genugtuung erwartet, weil die genannten Gruppen unbeliebt gewesen sein mögen.

Appian berichtet, dass Kaiser Augustus nach Beendigung des Bürgerkrieges als Sieger nach Rom kam. Unter anderem erließ er Abgaben sowie Abgabeneinnehmenden (φόρων τελῶναι) und Pächtern ihre Schulden (Appian, bell. civ. 5,130). Einzuordnen ist dies in die üblichen Maßnahmen nach einem militärischen Sieg und vor allem nach einem Krieg, der die Bevölkerung ausgezehrt hatte. Die von Appian benutzte Bezeichnung für Abgabenpersonal fällt durch die Doppelung auf: „die Abgabeneinnehmer der Abgaben". Es wird noch häufiger begegnen, dass Abgabenpersonal mit recht sperrig erscheinenden Begriffen bezeichnet wird. Unabhängig davon, ob es sich um Abgabenpächter oder anderes Abgabenpersonal handelte, sie schulden dem Staat Einnahmen, die von Kaiser Augustus erlassen werden.

Cassius Dio berichtet über die Verschuldung von τελῶναι in Syrien. Durch die Abwesenheit des Statthalters Gabinius (54–75 v. Chr.) hätten die Piraten freie Hand gehabt und es sei unmöglich gewesen, die Abgaben [τὰ τέλη] einzusammeln (Cassius Dio 39,59,2). Die Statthalter waren ein wichtiges Rädchen im Gefüge des Abgabensystems. Wenn keine Stabilität in der Provinz herrschte, dann war auch das Abgabeneinnehmen nicht möglich. Die Abwesenheit einer Instanz, die Gewalt abwehren kann, führte in Syrien zum Ausnutzen dieser Sicherheitslücke durch Piraten. Es ist unklar, was genau sie tun: verhinderten sie Grenzübertritte oder stahlen sie die Ware, so dass es nichts mehr zu verzollen gab? Neben den Händlern waren die Leidtragenden die Abgabeneinnehmenden, die in Verschuldung gerieten. Vorausgesetzt ist dabei wohl, dass sie die Abgaben gepachtet hatten und das fehlende Geld privat aufbringen mussten. Gabinius Statthalterschaft zeigt darüber hinaus, wie interveniert werden konnte. Gabinius entzog den Abgabenpächtern vielerorts ihre Aufgabe und ließ die Abgaben direkt einziehen (vgl. Cicero, prov. cons. 10f), was auf seine Feindschaft gegenüber den Pächtern zurückgeführt wird.[27]

In der literarischen Darstellung werden Soldaten zur Abschreckung und Einschüchterung beim Abgabeneinnehmen mitgenommen. Dies konnte jedoch nicht immer Gegenwehr unterdrücken, wie Cassius Dio bei einem Aufstand ca. 38 v. Chr. in Spanien schildert: „[...] erhob sich das Volk gegen die Abgabeneinnehmer [τελώνης], die es sehr hart bedrückten, und es kam zu Handgemengen mit diesen selbst, den Assistenten [ὑπηρέτης] und den Soldaten, die ihnen beim Einnehmen der Gelder halfen." (Cassius Dio 48,43,1) Hier leistete das Volk Widerstand und machte seiner Bedrängnis Luft, indem sie die Abgabeneinnehmer, Assistenten und Soldaten angriffen, so dass sich eine Schlägerei entwickelte. Deutlich wird, dass die Abgabeneinnehmer nicht alleine arbeiteten, sondern Hilfspersonal und militärische Unterstüzung haben konnten.

1.3 Ambigue Darstellungen

Der Rhetoriker Quintilian (35–96 n. Chr.) weiß offensichtlich um den zwiespältigen Ruf des Abgabenpersonals, gibt aber sehr differenzierte Hinweise, wie über sie gesprochen werden sollte. In einem Teil seines Werks befasst er sich mit Witzen und die in ihnen enthaltenen Diskriminierungen. Er rät davon ab, Beleidigungen auf gesamte Klassen, Nationen oder Personengruppen auszuweiten. Manchmal allerdings müsse der Rhetor etwas über eine bestimmte Gruppe sagen, wie Freigelassene, Soldaten oder *publicani*. Der goldene Weg sei, deutlich zu machen, dass man überhaupt ungern über dieses Thema spreche. Dann lediglich das eigentliche Ziel zu attackieren und keinen undifferenzierten Rundumschlag zu machen. Schließlich Vorwurf mit Lob zu mischen (Quintilian 11,6,86). Nach dieser generellen Einführung geht Quintilian auf die genannten Gruppen außer die *publicani* ein, was sehr zu bedauern ist. Den Soldaten sei Gier und Unverschämtheit vorzuwerfen, doch dies sei so, weil sie glaubten mehr zu verdienen, weil sie ihr Leben riskieren und eher Krieg als Frieden kennen. Den Freigelassenen wird ihr Einfluss vorgehalten, doch zu loben seien sie für ihre Tüchtigkeit. Festgehalten werden kann, dass er die

27 Vgl. Rostovtzeff, Gesellschaft, 776–778: „Der erbitterte Kampf, den Gabinius gegen die *publicani* führte, bedeutet nicht, dass sich diese in Syrien schlechter aufführten als in anderen Provinzen. Die Maßnahmen, die er ergriff, waren nicht durch ungewöhnlich schlechtes Verhalten von ihrer Seite geboten. Einerseits waren diese Maßnahmen alle politischer Art, gerichtet gegen ein System, dem die *equites* ihren politischen Einfluss verdankten; andererseits mögen sie sich Gabinius durch die Überzeugung angeboten haben, dass die *publicani* für eine Erhebung der Steuern nicht unumgänglich notwendig waren, denn diese konnte leicht zum Vorteil der Steuerzahler und des Staates ohne sie organisiert werden." (Ebd., 778.)

publicani neben Freigelassene und Soldaten stellt.[28] Was verbindet diese Gruppen? Die Vorwürfe gegenüber Soldaten und Freigelassenen sind Gier, Unverschämtheit und Einflussnahmen. Ähnliche Vorwürfe sind uns auch in Bezug auf Abgabenpersonal begegnet.[29] Denkbar ist auch, dass es um die Ambiguität geht, die allen drei Gruppen eigen ist: Sie werden gefürchtet und gebraucht. Sie haben spezifische Funktionen im Staatssystem und Soldaten wie Abgabenpersonal werden mit zum Teil weitreichenden Befugnissen ausgestattet.

Eine ungewöhnliche Beschreibung eines Abgabeneinnehmers am Roten Meer findet sich in einer ägyptisch-römischen Schrift. Das sogenannte Periplus Maris Erythraei ist eine Beschreibung auf Griechisch über Seehandelsrouten mit Hinweisen und Ratschlägen zu den Seewegen und Küstenorten. Es wurde wahrscheinlich zwischen 40–70 n. Chr. von einem Seehandelsreisenden selbst verfasst. Dort heißt es in §19, dass im ägyptischen Leuke Kome, östlich von Myos Hermos, ein Einnehmer (παραλήπτής) die 25 % Abgabe (τέταρτος) auf Waren einzieht. Dieser wird dann als παραφυλακή mit einer στράτευμα bezeichnet. Ein παραφυλακή ist ein Wächter, im römisch militärischen Kontext auch der Centurio, der hier gleichzeitig noch mit Soldaten ausgestattet ist. Es ist unklar, ob gemeint ist, dass der Abgabeneinnehmer gleichzeitig auch als Wächter fungiert oder ob hier Bewaffnete die Abgaben einziehen.[30] Es bleibt demnach offen, ob dieser „Zollwächter" dem militärischen oder fiskalischen Bereich zuzuordnen ist. Das es sich um eine Beschreibung von örtlichen Gegebenheiten handelt, findet sich in der Darstellung keine Wertung.

In Plutarchs Tischgesprächen wird der richtige Zeitpunkt für Geschlechtsverkehr diskutiert. Geradezu pittoresk mutet die Schilderung der morgendlichen Szene an: „... den Morgen [füllen] aber die Schläge der Hämmer, das Schrillen der Sägen und das Geschrei der Zöllner [τελωνικός] von früh an [...]"[31] (Plutarch, quaest. conv., mor. 655a). Sein Fazit ist, wie wahrscheinlich voraussehbar, dass der Morgen kein geeigneter Zeitpunkt für Geschlechtsverkehr sei. Laut Plutarch fangen die τελῶναι schon früh an zu arbeiten und gehören zur Akustik einer Stadt. Ob es sich bei dem Geschrei um das Bekanntgeben von Abgaben, Diskussionen mit Abgabenzahlenden oder anderes Denkbares handelt, bleibt leider offen.

---

28 Lk 3,12–14 lässt Abgabenpersonal und Soldaten nacheinander auftreten.

29 Der Philosoph Seneca d. J. (1–65 n. Chr.) meint z. B., dass ein guter Wohltäter die Geschenke um des Schenken willens gibt und nicht über sie Buch führt oder sie wie ein „gieriger Abgabeneinnehmer [*exactores*]" (Seneca, ben. 6,18,1) am festgesetzten Tag zu festgesetzter Stunde zurückfordert. Angemerkt sei, dass Livius die Bezeichnung *exactores* für Personen benutzt, die zu tributpflichtigen Staaten geschickt werden (Livius 28,25,9–10).

30 Young, Customs-Officer, 266–267 legt dar, dass es sich hier um römische Offizielle handeln muss und bezeichnet die Person als „custom officer".

31 Übersetzung nach der Ausgabe von Weise und Vogel.

Einen Text, der heraussticht, findet sich in Artemidors (erste Hälfte 2. Jh. n. Chr.) Traumdeutungsbuch.[32] Er führt aus, was es bedeutet, wenn man von einem τελώνης träumt:

> Ein Zöllner [τελώνης] bringt dem Glück, der ein Geschäft abschließen und erfolgreich beenden [τελειόω] will. Denn durch den Zoll [τέλος] sagt er den Abschluss eines jeden Geschäftes vorher. Und denen, die irgendwohin reisen möchten, sagt er eine kleine Verzögerung voraus (denn er steht an den Ausgängen), ansonsten lässt er sie gehen und jedes Reiseziel erreichen. Kranken sagt er den Tod voraus, denn wir nennen den Tod auch *telos*. Er sagt aber auch über Ehen und Partnerschaften, dass die Partner und (Ehe-)Frauen wohlwollend sein werden, aber auch zerstritten und streitsüchtig, weil jedesmal um den Zoll [τέλος] Streit entsteht. Ihr Wohlwollen [εὔνος] und die Treue [πιστός] lassen sich von der Aufmerksamkeit [φυλακτικός] ableiten. (Artemidor, oneir. 3,58)

Für diese Untersuchung ist relevant, welchen Tätigkeiten der Zöllner laut Artemidor in den Träumen nachgeht. Der τελώνης wickelt den Zoll an der Zollstation ab, er steht an den Toren, hält die Leute an und lässt sie weiterziehen, er ist in Auseinandersetzungen über die zu entrichtende Summe verwickelt und zugleich hat er die Aufgabe eines aufmerksamen Beobachters oder Wächters. Seine Aufgaben werden nicht negativ bewertet, sondern eher neutral dargestellt. Zank und Streit ergeben sich nicht aus mangelnder Moral, sondern aus den Interessenskonflikten beim Verzollen. Positiv stehen τελῶναι dann sogar für εὔνος und πιστός, weil φυλακτικός positiv konnotiert wird: Das Zollpersonal versieht zuverlässig den Dienst an den Toren, beobachtet alles aufmerksam und hat auch eine gewisse Wächterposition inne bzw. zu ihm gehört auch Wachpersonal. Leider führt Artemidor nicht genauer aus, warum er diese Parallele zieht.

Cassius Dio beschreibt Maßnahmen des Kaiser Claudius um 42 n. Chr., die den Kaiser in ein gutes Licht rücken sollen, gleichzeitig werden verschiedene Aufgaben im Abgabenwesen beschrieben.

> (3) Als er [Claudius] gegen einige Prätoren [στρατηγός], die mit dem Haushalt [διοίκησις] betraut waren, Beschwerden erhielt, ging er gegen sie nicht vor, sondern besuchte sie bei Verkäufen und Verpachtungen und stellte alles richtig, was ihm nicht gut erschien. Und gleichermaßen machte er [es] auch in vielen anderen Fällen. (4) Die Zahl der ernannten Prätoren schwankte, mal waren es vierzehn, mal achtzehn, mal in der Mitte, wie es eben passierte. Neben diesen Maßnahmen in Bezug auf den Haushalt setzte er auch drei Exprätoren als Praktoren [πράκτωρ] ein für das dem Staate Geschuldete, und gab ihnen Liktoren [ῥάβδουχος] und das übrige Hilfspersonal [ὑπηρεσία]. (Cassius Dio 60,10,3-4)

32 Vgl. Herrenbrück, Zöllner, 67.

Anfangs geht es um Prätoren, gegen deren Amtsführung es Beschwerden gibt. Sie waren für die Finanzverwaltung zuständig, wozu laut der Beschreibung Verkäufe und Pachtverträge gehörten – wahrscheinlich Abgaben eingeschlossen. Schließlich wurden drei Exprätoren eingestellt, die das, was den öffentlichen Kassen, geschuldet wurde, eintreiben sollten. Die Formulierung sticht hervor, da nicht vom *fiscus* oder dem Kaiser geschuldeten Geld gesprochen wird, sondern dem Geld, was für die allgemeinen Belange der Bevölkerung verwendet wird. Es wurden ihnen weitere Personen zur Seite gestellt, um ihre Aufgabe zu bewältigen wie Liktoren. Diese waren Amtsdiener der Magistrate und wurden als Leibwächter eingesetzt. Sie führten Rutenbündel und Beil mit sich. Sie durften Leute inhaftieren oder bestrafen. Vor allem symbolisierten sie die Macht des Römischen Reiches.[33]

1.4 Positive Darstellung

Bei den positiven Darstellungen, wie bei allen anderen, muss natürlich auch der Kontext beachtet werden. Öffentliche Ehrbekundigungen sind weder ein Spiegel der Wirklichkeit noch pure Erfindung. Ein solches Beispiel findet sich z. B. in Suetons Biographie über Kaiser Verspasian dar, in der er anfangs auf dessen familiäre Herkunft eingeht:

> (2) Sein Sohn [= Vespasians Vater], mit dem Beinamen Sabinus [...] war in der Provinz Asia als Abgabenpächter [*publicanus*] des Vierzigsten tätig. Es gab Statuen, die die Stadtgemeinschaften für ihn aufstellten mit der Inschrift: καλῶς τελωνήσαντι („dem guten Abgabenpächter"). (3) Später war er bei den Helvetiern im Geldverleih tätig, dort ist er auch gestorben. (Sueton, Vesp. 1,2–3)

Kaiser Vespasians Vater war *publicanus* in der Provinz Asia und hier für den Vierzigsten zuständig, was in der Übersetzung von John C. Rolfe als *portorium* von 2,5 % auf Importe und Exporte identifiziert wird und in der von Hans Martinet ähnlich als „Hafenzoll von 2,5 % der Ladung".[34] Offensichtlich führte er dieses Amt zufriedenstellend aus, denn ihm zu Ehren wurden Statuen aufgestellt, auf denen er als „rechtschaffener τελώνης" bezeichnet wird. Nicht nur haben wir hier ein Beispiel dafür, dass *publicanus* mit τελώνης wiedergegeben wird, sondern auch, dass eine gute Amtsführung gewürdigt wurde und zu Ansehen führte. Vielleicht deutet der letzte Satz auch an, dass es sich nicht widersprechen musste, Tätigkeiten im Finanzsektor rechtschaffen auszuführen und dabei Geld zu verdienen.

---

33 Vgl. zu Liktoren und ihren Aufgaben: Gizewski, Lictor.

34 Vgl. Rolfe, Suetonius, 267 Fn. 2; Martinet, Kaiserviten, 1168 Anm. zu 1,2.

Ebenso poitiv berichtet Philostrat über Aristeides von Athen (gest. 467 v. Chr.) mit dem Beinamen der „Gerechte“, dessen korrekte Amtsführung durch die Jahrhunderte tradiert wird:

> Mir aber genügt Aristeides, um zu zeigen, wer der Nicht-Ungerechte und wer der Gerechte ist, sag mir nämlich, war es nicht dieser Aristeides, von dem ihr Griechen erzählt, dass er die Inseln bereiste, um eine gerechte Verteilung der Abgaben [φόρος] zu erreichen, und doch mit dem gleichen Mantel heimkehrte? (Philostrat, vit. Apoll. 6,21)

Zusätzlich angerechnet wurde Aristeides, dass er nur gemäß dem Landbesitz besteuerte [φόρος] und nicht über den Besitz hinaus Lasten auflegte. Äußeres Zeichen seiner Rechtschaffenheit ist seine Kleidung, die dieselbe vor und nach Antritt der fiskalischen Reise blieb.[35] Sicherlich ist dies eine Idealsierung eines gerechten und weisen Staatsmannes. Dennoch zeigt sich, dass Abgaben ein entscheidender Aspekt der Staatslenkung waren und die Besteuerung gerecht und angemessen sein sollte. Ebenso ist relevant, dass sich Aristeides selbst darum kümmert.

1.5 Zusammenfassung

Der Überblick zeigt, dass ein negatives Bild über Abgabenpersonal besonders in den moral-philosophischen Werken zu finden ist. Abgabenpersonal wird als gierig, betrügerisch, in Verschwörungen verwickelt und brutal dargestellt. Historische Werke berichten besonders negativ über die Publikanen der Republik und das harte Vorgehen von Abgabenpersonal wird für Aufstände verantwortlich gemacht. Teilweise wird über die Finanzadministration spezifischer Kaiser oder Verwaltungsbeamter positiver berichtet. Besonders dann, wenn schlecht über den vorherigen Kaiser geschrieben wird. Es wird manchmal thematisiert, dass Abgabenpersonal selbst von Verschuldung betroffen ist oder Opfer von Gewalttaten wird. Insgesamt berichten die literarischen Quellen, besonders die Historiker, vorwiegend über wohlhabendes, einflussreiches und gut vernetztes Abgabenpersonal der höheren Schichten. Über die Tätigkeiten der Personen, die tatsächlich die Abgaben einnehmen, erfahren wir wenig. An einigen Stellen wird sichtbar, dass sie nicht alleine arbeiten, sondern Hilfspersonal hatten.

35 Vgl. auch Plutarch, Arist. 24.

2. Frühjüdische Literatur

Im Tanakh wird über Abgabeneinnehmer selten berichtet. Implizit kommen sie im Kontext des Leviten-Zehnten vor (Num 18,21.24.26), wo die Israeliten aufgefordert werden, den Zehnten den Leviten zu geben. Allerdings gilt dieser vor allem ihrer Versorgung.[36] In Neh 10,38–39 heißt es explizit, dass die Leviten gemeinsam mit den Priestern in den Städten den Zehnten einsammeln. Eine Ausnahme ist Jes 3,12 in der Septuagintaversion aus dem 2. Jh. v. Chr. Dort wird davon gesprochen, dass das Volk Gottes von Abgabeneinnehmenden (πράκτορες) ausgebeutet wird.[37]

2.1 Philo von Alexandria

Philo von Alexandria verfasste eine der gewalttätigsten Beschreibungen eines Abgabeneinnehmers. Der Kontext dieser Erzählung ist das Thema der Sippenhaft und -bestrafung. Ausgangspunkt seiner Ausführungen ist die Regelung, dass nach jüdischem Gesetz kein Sohn für seine Eltern und kein Vater für seinen Sohn die Strafe für Verbrechen übernehmen kann (Philo, spec. 3,153; 167–168). Wie eine Klammer umfasst dieses Verbot Philos Ausführungen. Philo legt anhand zweier Beispiele dar, warum es Unrecht ist, wenn Familienangehörige für das Vergehen eines Familienmitgliedes bestraft werden. Dafür zieht Philo das Beispiel eines Abgabeneinnehmers in Alexandria heran:

> 159 So hat jüngst ein bei uns zum Steuereinnehmer [ἐκλογεύς φόρων] bestellter Mann, als Leute, die wohl aus Armut im Rückstand waren, aus Furcht vor den unerträglichen Strafen [τιμωρία wörtlich: Rache] das Weite gesucht hatten, deren Frauen, Kinder, Eltern und alle übrigen Verwandten gewaltsam vorgeschleppt, sie geschlagen, misshandelt und schändliche Gewalttaten aller Art an ihnen verübt, damit sie entweder den Flüchtling verrieten oder dessen Rückstände bezahlten, wiewohl sie beides nicht vermochten, jenes (nicht), weil sie (seinen Aufenthalt) nicht wussten, dieses (nicht), da sie nicht minder arm waren als der Entflohene. (Der Steuereinnehmer) gab sie aber nicht eher frei, als bis er mit Folter- und Marterwerkzeugen ihre Körper gepeinigt und sie durch unerhörte Tötungsarten ums Leben gebracht hatte: (160) einen mit Sand gefüllten Korb befestigte er an Stricken, hing ihnen diese schwere Bürde auf den Nacken und stellte sie unter freiem Himmel auf offenen Markte hin, damit sie durch den furchtbaren Druck der auf sie gehäuften Strafen, durch Wind und Sonnenbrand, durch die Schande vor den Vorübergehenden und durch die aufgebürdeten Lasten zur Verzweiflung gebracht wurden, die anderen aber, die deren

36 Vgl. 2Chr 31,4–5 hier inklusive Priester. Der Zehnte im dritten Jahr für Leviten, Witwen, Waise und Fremde wird in Dtn 14,27–29 und 26,12 thematisiert.

37 Zu Abgabenpersonal im Jesajabuch der Septuaginta vgl. Oláh, Steuereintreiber, 274–283.

> Bestrafung mit ansehen mussten, im Voraus Schmerz empfinden. (161) Manche von den letzteren, die mit der Seele schärfer schauten als mit dem (leiblichen) Auge und in der Person der anderen sich selbst misshandelt fühlten, haben zuvor durch das Schwert oder durch Gift oder durch den Strang ihrem Leben ein Ende bereitet, da ihr Tod ohne Folterqualen ihnen als ein großes Glück in ihrem Unglück erschien. (162) Die aber, die nicht zuvor Hand an sich gelegt hatten, wurden der Reihe nach, wie bei Erbschaftsprozessen, herangeholt, zuerst die Nächstverwandten und nach ihnen die Verwandten zweiten und dritten Grades bis zu den entferntesten; und als von den Verwandten keiner mehr übrig war, da schritt das Unheil noch weiter zu den Nachbarn, gelegentlich auch in (ganze) Dörfer und Städte, die bald ihre Einwohner verloren und einbüßten, weil sie fortzogen und sich dahin zerstreuten, wo sie erwarteten unentdeckt zu bleiben. (163) Aber es ist wohl nicht verwunderlich, wenn bei der Steuererhebung [φορολογία] Barbarenseelen [βάρβαροι τὰς φύσεις], die keine edle Bildung genossen haben, gehorsam den Geboten ihrer Herren die jährlichen Abgaben einziehen, wenn sie nicht bloß aus dem Vermögen, sondern auch aus den Körpern sie herauspressen und dabei die einen für die anderen mit Gefahren bedrohen, die sie bis zur Lebensgefahr steigern.[38] (Philo, spec. 3,159-163)

Philo benutzt den Terminus ἐκλογεύς φόρων, worin das Auswählen, das Auslesen mitschwingt (vgl. Cassius Dio 52,28,7). Der Begriff wird eher selten benutzt. Wir erfahren weder Namen noch andere Details über den Abgabeneinnehmer. Dies ist ein Hinweis darauf, dass die Person ein Stereotyp sein könnte. Es ist auszuschließen, dass Philo nicht mit dem Abgabensystem vertraut war, denn zum einen war sein jüngerer Bruder Arabarches und zum anderen haben wir nun schon zur Genüge gesehen, dass alle Personen mit dem Abgabenwesen in Kontakt kamen. Der Abgabeneinnehmer wird am Schluss als „barbarisch" im Gegenüber zu „gebildet" charakterisiert. Philo operiert häufig mit derartigen Gegensätzen. Philo beschreibt Abgabenpflichtige, die ihre Abgaben wegen Armut nicht zahlen konnten und deswegen flohen. Einige Dokumente aus Ägypten berichten über diese sogenannte Anachorese, Steuerflucht. Sie war definitiv ein Problem für die Abgabeneinnehmer, die dennoch die angesetzte Summe aufbringen mussten. Der Abgabeneinnehmer in Alexandria versuchte nun, die Schulden von den Familienangehörigen zu erpressen, explizit von Frauen und Kindern, durch Folter, öffentliche Beschämung[39] und schließlich sogar Todesstrafen.[40] Philo berichtet, dass einige sich angesichts dieser Bestrafungen lieber selbst das Leben nahmen. Er behauptet, dass nach der Familie des Schuldners die Nachbar:innen an der Reihe waren und ganze Städte und Dörfer

38 Übersetzung Leopold Cohn u. a.

39 In den ausgelassenen Teilen werden die Personen öffentlich auf dem Marktplatz gefoltert.

40 Vgl. ähnlich Plutarch, Luc. 20,1. Hier müssen Bewohner kleinasiatischer Städte ihre Kinder verkaufen und Städte Gegenstände aus Tempeln.

auf diese Weise entvölkert wurden. Hier ist ein deutlicher Bruch in der Erzählung erkennbar. Philo hatte mit den Übergriffen eines Abgabeneinnehmers in einem Viertel in Alexandria begonnen und auf einmal spricht er von einem generellen Phänomen an verschiedenen Orten in Ägypten.

Philos Beschreibung lässt sich nicht durch die anderen Quellen erhärten, wie wir später sehen werden. Der Abgabeneinnehmer ist ungebildet, was aus keinem der restlichen Zeugnisse hervorgeht und höchstens vermutet werden kann für einige Abgabeneinnehmer:innen. Ein deutliches Zeichen also, dass Philo nicht über konkrete Abgabeneinnehmer spricht, sondern vielmehr über eine Struktur oder ein System. Die hier geschilderten Vorgänge und Strafen sind in ihrer Gewalttätigkeit nicht undenkbar, aber eher unwahrscheinlich. Wir werden noch Zeugnisse von Übergriffen sehen und dabei handelte es sich meistens um das Konfiszieren von Wertgegenständen, Erpressung, Inhaftierung und in einem Beispiel wird körperliche Gewalt angewandt. Es erscheint nicht plausibel, dass in Alexandria, immerhin der Sitz des Präfekten, öffentlich auf dem Marktplatz solche Strafen und sogar Ermordungen durchgeführt werden konnten. Auch eingedenk des Ediktes, das Philos Neffe Alexander gegen Übergriffe von Abgabeneinnehmenden (um 68 n. Chr.) erlassen hatte. Auch die von Philo benutzten Begriffe wie „Rache“ passen nicht in den fiskalischen Kontext.

Ich vermute, es könnte zweierlei hinter Philos Beschreibung stecken. Es ist auffällig, dass die Darstellung des Abgabeneinnehmers übertrieben ist und auch für Zeitgenoss:innen sein musste. Was jedoch ins Auge sticht, sind die Parallelen zu Kaiser Caligula: er erhöhte die Abgaben und führte neue ein, was den Abgabendruck steigerte. Er war bekannt für öffentliche Demütigungen, Folterungen und grausame Hinrichtungen. Der Kaiser zwang Senatoren zum Selbstmord. Könnte es also sein, dass Philo in seiner Beschreibung auf den Kaiser abzielte in einer Art hidden-transcript? Zu ihm lassen sich zumindest weitaus mehr Parallelen als zum üblichen Abgabenpersonal ziehen.[41] Philo beschreibt ihn besonders in der Legatio als Feind des jüdischen Volkes.[42] Eine weitere Interpretation ist denkbar. Philo beschreibt hier drastisch das Versagen eines Systems. Die Übertragung von Macht und weitreichenden Befugnissen führte zu Amtsmissbrauch, die auch persönlicher Natur sein konnten. In seinem Szenario ist keine überwachende oder strafende Instanz vorhanden, die dem Abgabeneinnehmer Einhalt gebietet. Philo stellt das Ausgeliefertsein, die Ungerechtigkeit, die Brutalität, die Ohnmacht und das Beschämtwerden, dem Menschen unter römischer Herrschaft ausgesetzt sind, dar.

---

41 Gegen Capponi, Egypt, 137, die Philos Darstellung für weniger übertrieben hält als angenommen wird.

42 Vgl. Philo, legat. 162-165; 168-170. Dagegen wird Kaiser Tiberius positiv beschrieben (Philo, legat. 141; 167).

Die Konsequenzen sind nicht nur für Einzelne fatal, sondern für eine ganze Bevölkerung. Die Ursache liegt für Philo weniger in den Gesetzen, die er, wie er später schreibt, gerecht sein können, doch die Herrschenden und Gesetzgebenden selbst halten sich nicht an Gesetze und handeln ungerecht (Philo, spec. 3,164). Philo zielt auf die Unkultiviertheit, Ungerechtigkeit und besonders auch Beziehungslosigkeit einzelner Personen im Kontext eines imperialen Systems, das Abgaben auf Besitz und Körper legt. Wie auch in anderen literarischen Berichten über Abgabenpersonal und konträr zu den materiellen Zeugnissen, wird dieser Abgabeneinnehmer als beziehungs- und bindungslos beschrieben.

Einen konkreten Fall beschreibt Philo in seiner Schrift über eine Gesandtschaft an Kaiser Gaius (Caligula). Der Kaiser war laut Philo dem jüdisch Volk gegenüber feindlich eingestellt. Dann wurde er jedoch zusätzlich aufgestachelt durch Capito, den Abgabeneinnehmer [φόρων ἐκλογεύς] in Judäa. Capito habe sich bereichert, er sei als armer Mann gekommen und in der Provinz reich geworden (Philo, legat. 199). Das ist ein Vorwurf, der sich auch andernorts besonders bezüglich von Statthaltern findet.[43] Auch habe Capito eine Abneigung gegen die jüdische Bevölkerung empfunden. Weil er Angst bekommen habe, dass diejenigen, von denen er Geld erpresst hatte, gegen ihn aussagen würden, schmiedete er einen Plan, um diese zu ermorden (Philo, legat. 199). Capito schürte Unruhen in Jamnia und hetzte die nicht-jüdische Bevölkerung auf (Philo, legat. 200–201). Der Plan gelang und Capito schrieb postwendend einen überzogenen Bericht über die Ereignisse an Kaiser Caligula, die den Kaiser aufstachelten, eine Statue im Tempel in Jerusalem aufstellen zu lassen (Philo, legat. 202–203). Philo skizziert hier einen ortsfremden Abgabeneinnehmer, der keinerlei Sympathien für die Bevölkerung hegte und sich lediglich ungestört bereichern wollte. Er war sogar bereit, intrigant die Bevölkerung gegeneinander aufzustacheln und den Kaiser zu hintergehen. Zentral ist hier, dass es sich um einen Abgabeneinnehmer handelt, der keinerlei Verbindung zu oder Verwurzelung in der Bevölkerung zu haben scheint. Losgelöst von allen persönlichen lokalen Verbindungen, ist sein einziges Ziel die eigene Bereicherung. Damit haben wir erneut eine Kritik am System bei Philo, der dezidiert von außen eingesetzte, fremde Abgabeneinnehmer negativ bewertet.

2.2 Flavius Josephus

Josephus verweist im Kontext größerer Erzählungen auf Abgabenpersonal und bietet zwei ausführlichere Schilderungen von Personen, die mit dem Einsammeln von Abgaben betraut sind. In die Ptolemäerherrschaft fällt der Bericht über Joseph,

43 Vgl. Velleius 2,117,2 über den syrischen Statthalter Publius Quinctilius Varus (7/6–5/4 v. Chr.).

der 22 Jahre lang die Abgaben für Syrien, Phönizien und Samaria gepachtet hatte.[44] Von Beginn an wird Joseph positiv eingeführt, er sei ein junger Mann gewesen, der bereits einen guten Ruf in Jerusalem erreicht habe, durch seine Würde, Voraussicht und Gerechtigkeit (Josephus, ant. 12,160). Sein Vater war ein Tobiade und seine Mutter die Schwester des Hohenpriesters Onias. Er kam demnach aus einer aristokratischen jüdischen Familie. Als sein Onkel Onias König Ptolemäus Euergetes die Abgabenzahlung verweigerte, regelte Joseph die Angelegenheit. Sein Onkel meinte, ihn interessiere die ganze Sache nicht und er sei auch bereit, sein Amt niederzulegen (Josephus, ant. 12,161-166).[45] Es gehörte zu seinen Aufgaben als Hohepriester, die Abgaben einzusammeln.[46] Joseph hielt eine Versammlung im Tempel ab und ohne Widerstand wurde akzeptiert, dass er sich dieser diplomatischen Mission annahm. Joseph leihte sich Geld von Bekannten aus Samaria, kaufte Geschenke für den König ein und machte sich auf den Weg nach Ägypten.

Was Josephus hier über Joseph erzählt, zeugt von außerordentlichen Beziehungen: Er schaffte es, dass sowohl sein Onkel, obwohl sie politisch unterschiedlicher Meinung waren, als auch die Versammlung im Tempel seine Pläne unterstützen. Darüber hinaus leihte er sich von Samaritanern Geld, wofür gute Beziehungen nötig waren.[47] Unterwegs wurde er von denen, die zur Versteigerung der Abgaben gekommen waren, verhöhnt wegen seiner Armut. Doch da der Botschafter, der ihn in Jerusalem kennengelernt hatte, König Ptolemäus Euergetes von ihm berichtet hatte, wurde Joseph am Hof empfangen (Josephus, ant. 12,167–174). Die Erzählung entfaltet nun, wie sich Joseph zum Zeitpunkt der Abgabenverpachtung (τέλη) in Alexandria mit weiteren „Vornehmen" aus den Provinzstädten, sprich mit anderen vermögenden Personen, aufhielt (Josephus, ant. 12,175).[48] Joseph bot auf die Abgaben (τέλη) von Syrien, Phönizien, Judäa und Samaria doppelt so viel wie die angesetzte Summe und zudem noch auf das Recht, Enteignungen von Personen, die

---

44 Vgl. Wandrey, Tobiaden datiert die Amtszeit des Joseph als Abgabenpächter des Ptolemäos Euergetes auf 240-218 v. Chr.

45 Historisch sei hier angemerkt, dass diese Verweigerung der Abgabenzahlung im Kontext des ein Jahrhundert währenden Konfliktes zwischen Ptolemäern und Seleukiden über die Herrschaft über Judäa zu verstehen ist und Onias sich mit der Zahlungsverweigerung auf die Seite der Seleukiden stellt. Vgl. Zeitlin, Tobias Family, 179-180. Sein Neffe Joseph steht also auf der Seite der Ptolemäer.

46 Vgl. Dąbrowa, Hasmoneans, 153.

47 Auch hier sei angemerkt, dass Juden/Jüdinnen und Samaritaner:innen sich eigentlich im Konflikt befanden, denn wie Josephus vorher erzählte, versuchten die Samaritaner:innen die Erlaubnis für den Bau eines Tempels von den Ptolemäer:innenn zu bekommen. Zeitlin, Tobias Family, 181 vermutet, dass Joseph Geschäftskontakte zu ihnen hatte.

48 Im Kontext der Tobiadenerzählung tatsächlich deswegen, weil sein Onkel Onias II. die Abgaben nicht gezahlt hatte und Joseph dies nun übernimmt. Später wird Joseph anstelle des Onias der Repräsentant Judäas am ptolemäischen Hof und Onias somit auf seine religiöse Funktion beschränkt. Vgl. Josephus, ant. 12,158-173.

sich gegen den König stellten, vorzunehmen (Josephus, ant. 12,176–177). Obwohl ihm die eigentlich notwendigen Bürgen fehlten, bekam er das Recht, die Abgaben einzutreiben und dazu noch 2.000 Soldaten (Josephus, ant. 12,177–180). Joseph lieh sich noch 500 Talente dazu und brach dann zum Abgabeneintreiben auf.

Joseph, ein einflussreicher und hochgestellter Jude mit guten Kontakten zum ptolemäischen Hof, ritt nun mit 2.000 ptolemäischen Soldaten durch Syrien, Phönizien, Judäa und Samaria, das Gebiet, um das sich Ptolemäer und Seleukiden stritten, um Abgaben für die Ptolemäer einzutreiben. Das muss man sich in der ganzen Bedeutung vor Augen halten. In Askalon verweigerten die Einwohner:innen die Abgaben (φόροι) und verhöhnten Joseph. Daraufhin inhaftierte er 20 wohlhabende Personen, ließ sie hinrichten, konfiszierte ihr Vermögen und schickte es zu König Ptolemäos (Josephus, ant. 12,181). Damit demonstrierte Joseph zum einen seine Unnachgiebigkeit und Härte bezüglich der Abgabenpflicht der Städte und zum anderen seine Ehrlichkeit gegenüber dem König. Die meisten Städte bezahlten dann auch bereitwillig bzw. eingeschüchtert die Abgaben. Lediglich Skythopolis (Bet Shean) wurde bei seiner Verweigerung genauso bestraft wie Ashkalon vorher (Josephus, ant. 12,182–183). „So sammelte er aber eine Menge Geld zusammen und machte großen Gewinn aus dem Kauf der Abgaben [ὠνή τῶν τελῶν]“ (Josephus, ant. 12,184).

Joseph pachtete die Abgaben und musste dann diesen Pachtpreis aufbringen durch den Abgabeneinzug. Alles, was darüber hinaus eingezogen wurde, konnte er behalten. Er stellte sich so geschickt an, dass die Betätigung als Abgabenpächter ihn wohlhabend machte und ihm auch einen gewissen Einfluss gab. Jedenfalls war nun nicht mehr der Hohepriester für die Abgaben zuständig, was jedoch nicht bedeutete, dass Joseph der Abgabeneinnehmer diesen als Führungsperson ersetzte.[49] So empfingen laut Josephus Königin Kleopatra und König Ptolemäos seinen Sohn Hyrkanos und bewirteten ihn „zur Ehrung seines Vaters freundlich“ (Josephus, ant. 12,209). Bei diesem Gastmahl wurde so etwas wie eine Zeichenhandlung durch andere Gäste inszeniert, indem sie abgenagte Knochen vor Hyrkanos legten und behaupteten, sein Vater Joseph habe ebenso ganz Syrien abgenagt (Josephus, ant. 12,212). Die vorherige Schilderung von Josephs Praktiken erklären diesen Vorwurf, auch wenn das im Erzählkontext bei Josephus keine Rolle spielt. HERRENBRÜCK kommentiert zu dieser Stelle: „Beides, die sozialen Aufstiegsmöglichkeiten und der Vorwurf der übermäßigen Steuerbelastung hängen engstens mit dem hellenistischen Steuersystem zusammen“.[50] Damit hebt er die sich gegenseitig beeinflussenden Faktoren im Abgabensystem prägnant hervor. Gleichzeitig zeigt sich,

49 Gegen Zeitlin, Tobias Family, 181–182, der schlussfolgert: „Thus the leadership of the community passed from the hand of the Pontiff, the spiritual leader, to the head tax-collector, representative of the wealthy class whose dominant interest lay in the commerce of the country.“

50 Herrenbrück, Zöllner, 172.

wie die einheimische Aristokratie als Akteurin zwischen Fremdherrschern und Bevölkerung stehen kann und somit profitiert.[51] Es überrascht ein wenig, mit welchen Worten Josephus zum Schluss den verstorbenen Joseph beschreibt:

> Aber Hyrkanus Vater Joseph starb, ein guter Mann und großzügig, der das jüdische Volk aus Bettelarmut und Schwäche zu einem leuchtenden Ausgangspunkt des Lebens führte, 22 Jahre lang hielt er die Abgaben Syriens, Phöniziens und Samarias in der Hand. (Josephus, ant. 12,224)

Diese Bemerkung gehört in die Erzählung von Joseph und seinem Sohn Hyrkanos, des sog. Tobiadenromans, der Abschnitt bei Josephus, der den Aufstieg dieser Familie nacherzählt. Unabhängig von dessen historischen Wahrheitsgehalt, hilft Joseph laut Josephus Darstellung der Tobiaden-Familie zu Ansehen und Macht.[52] Zudem hatte er sich um das jüdische Volk verdient gemacht, als er die Abgabenschulden des Hohenpriesters beglich und somit die angedrohte Strafe des Königs abwendete. In der Darstellung ist Joseph durchgehend positiv gezeichnet trotz der Vorwürfe gegen ihn. Aus der Außenperspektive ist der Abgabenpächter Joseph eine ambivalente und schillernde Figur. Er macht sich auf nach Ägypten, um für sein Volk einzutreten. Er kommt zurück mit 2.000 Soldaten, um Abgaben einzutreiben und schreckt dabei nicht vor Gewalt zurück.[53] Diese Machtdemonstration bei der Abgabeneinnahme zeigt, wie Widerstand gegen Abgaben gebrochen oder gleich im Keim erstickt wird. Es sei auf den Unterschied in der Bewertung im Vergleich zu den Abgabeneintreibern der Hohenpriester aufmerksam gemacht. Sie wendeten auch Gewalt an, doch wurde diese als illegitim beurteilt. Joseph nutzte seine Position als Abgabenpächter zu seinen Gunsten und für seine eigene Karriere. Er war Diplomat, Abgabenpächter und Dynastiegründer. Josephus präsentiert ihn allerdings auch als Wohltäter des jüdischen Volkes. Da in diesem Kontext seine Tätigkeit als Abgabeneinnehmer erwähnt wird, scheint es so, als würde Josephus einen Zusammenhang herstellen. Seine Position als Abgabeneinsammler zog Joseph von den Bewohner:innen von Syrien Abneigung zu (Josephus, ant. 12,212), doch scheint sein eigenes Volk von seiner hohen Stellung profitiert zu haben.

Ein ganz anderer Fall liegt in der Erzählung über Chärea, dem Chef der Prätorianergarde, der Elite-Leibwache des Kaisers, vor. Der Soldat führt den Befehl Caligulas (37–41 n. Chr.), Abgaben einzuziehen, nur sehr unwillig aus. Vorausgehend schildert Josephus eine Episode in Rom, in der Teile des Volkes Caligula um

---

51 Vgl. Stenger, Besteuerung, 43.

52 Vgl. zu den Anachronismen in der Erzählung Zeitlin, Tobias Family, 170–171.

53 Es ist interessant, dass von Gewaltanwendung nur in Ashkelon und Skythopolis berichtet wird, denn zu der Zeit war dort die Mehrheit der Bevölkerung nicht-jüdisch.

eine Reduzierung der τέλει und φόροι bittet und der Kaiser die lautesten unter den Rufern hinrichten lässt.[54] Chärea bringt dies noch mehr gegen den Kaiser auf und er plant den Kaiser zu ermorden (Josephus, ant. 19,24–27).

> (28) Er [Chärea] hatte schon lange Zeit in der Armee gedient, aber er ertrug nicht mit Freude das Verhalten des Gajus [Caligula]. Daher übertrug Gajus ihm die Eintreibung der Abgaben [φόρος] und weiterer anderer [Abgaben], die in den kaiserlichen Schatz eingelegt wurden;[55] er war hinterher in diesen Zeiten wegen der Verdoppelung ihrer Höhe, und auch führte er die Abgabensammlung eher nach seiner eigenen Zeit und milden Art aus als nach dem Befehl des Gajus. (29) Wegen des Verschones und weil er Mitleid hatte mit dem Schicksal derer, von denen er Abgaben einnehmen musste, erregte er den Zorn des Gajus, der in verweichlicht nannte und ihm [vorwarf] mit Nachlässigkeit die Gelder einzusammeln. Und er beleidigte ihn auch noch auf andere Weise und immer wenn ihm die tägliche Parole gegeben wurde, gab er ihm weibliche Namen. (Josephus, ant. 19,28–29)

Die Darstellung Kaiser Caligulas fällt bei Josephus generell sehr negativ aus und Chärea gehörte zu den Personen, die den Cäsarenmord planten und schließlich Kaiser Caligula mit der Unterstützung von Mitverschwörern tötete. Der Befehl des Caligulas kam einer Degradierung eines seiner besten Soldaten gleich. Wir haben bereits gesehen, dass es keineswegs üblich war, dass Soldaten, noch dazu hochrangige, Abgaben einzogen. Es ist also kein Wunder, dass dieser dies nur halbherzig tat. Dies kann mit gekränkter Ehre zu tun haben und weniger mit einem nachgiebigen Charakter, wie Josephus meint. In der Erzählstrategie wirkt Chärea dadurch natürlich um einiges sympathischer. Chärea kann eher als eine Ausnahmeerscheinung interpretiert werden, der den Wahnsinn und tyrannischen Charakter eines Kaisers illustrieren soll. Gleichzeitig klingt auch durch, dass Chärea das Einnehmen von überzogenen Abgabenforderungen nur dank seines Ranges schleifen lassen konnte und dass für die Aufgabe sonst eine gewisse Härte vonnöten war.

In den Antiquitates verweist Josephus zweimal nebenbei auf Abgabenpersonal.[56] Unter Herodes d. Gr. (37–4 v. Chr.) schildert Josephus, dass neben den üblichen

---

54 Vielleicht stehen die „unerhörten" *vectigalia*, die Kaiser Caligula laut Sueton, Cal. 40 einführte, im Hintergrund.

55 Alpers, Finanzsystem, 109–114 legt ausführlich dar, warum Josephus hier irrtümlich Kaiser und Staatskasse gleichsetzt.

56 In Ant. 18,313 berichtet Josephus, dass die Tempelsteuer, die in Nisibis gelagert wurde, von einer 1.000 Mann starken Truppe nach Jerusalem transportiert würde. Es geht hier um die Sicherung des Geldtransportes und leider erfahren wir nicht, wie dieses Geld der Diaspora in Parthien und Babylonien nach Nisibis kommt.

Tributzahlungen weitere Abgaben gefordert würden, von denen dieser selbst, sein ganzer Haushalt und seine Freunde profitierten. Herodes schickt Versklavte, um die Abgaben einzutreiben und diese nähmen obendrauf noch Bestechungsgelder, wie eine Gesandtschaft vor Kaiser Augustus beklagt:

> Neben der Einnahme der Abgaben [φόρος], die jedem jährlich auferlegt wurden, musste man zusätzlich ihm selbst [Herodes dem Großen], seinen Hausgenossen und Freunden und seinen Versklavten, die die Abgaben [φόρος] eintrieben, großzügige Geschenke machen, weil es keine Möglichkeit der Nicht-Erpressung gab, es sei denn, man gab Silber. (Josephus, ant. 17,308)

Im Gegensatz zur Darstellung im Bellum,[57] zeichnet Josephus generell ein tyrannisches Bild von Herodes in den Antiquitates. Es handelt sich hier um ein Beispiel eines Klientelkönigs, der für die Eintreibung der Abgaben sein eigenes Personal einsetzt. Der Vorwurf richtet sich gezielt gegen ein System der Abschöpfung der Abgaben durch Ausbeutung der Bevölkerung durch das Königshaus. Hiermit verdeutlich Josephus besonders die Distanz der herodianischen Dynastie zur eigenen Bevölkerung. Beide Gruppen scheinen sich gegenüber zu stehen und das Abgabenpersonal wird als zugehörig zur Herodesfamilie betrachtet. Dahinter kann das besonders bei Josephus immer wieder formulierte Bewusstsein stehen, dass die Herodianer Idumäer und keine Judäer waren. Das herodianische Herrscherhaus wird als fremd betrachtet.

Josephus berichtete außerdem von Auseinandersetzungen in Cäsarea zwischen der Synagogengemeinschaft und einem hellenistischen Landbesitzer zur Herrschaftszeit Neros. Der größere Kontext waren die Auseinandersetzungen zwischen hellenistischer („syrischer") und jüdischer Stadtbevölkerung um die Vorherrschaft in Cäsarea, die der Kaiser um 66 n. Chr. zugunsten der hellenistisch-syrischen Partei entschied (Josephus, bell. 2,266–270.284). Die Gemeinde wollte das Land, auf dem die Synagoge stand, kaufen, doch der hellenistische Besitzer verweigerte dies und ließ stattdessen weitere Handwerksschuppen bauen, so dass nur noch ein kleiner Weg frei war, um überhaupt die Synagoge zu erreichen. Einige Jugendliche versuchten darauf hin, die Arbeiter mit Gewalt zu stoppen, so dass eine Gruppe der οἱ δυνατοὶ τῶν Ἰουδαίων, also der Vermögenden oder Einflussreichen der jüdischen Gemeinschaft, den einzigen Ausweg in der Bestechung des Statthalters Florus sahen. Sie gaben ihm acht Talente Silber, damit er dafür sorgte, dass die Bauarbeiten aufhören. Unter ihnen erwähnt Josephus auch Ἰωάννης ὁ τελώνης, Johannes den Abgabeneinnehmer (Josephus, bell. 2,285–287). Es ist auffällig, dass

57 Z. B. beschreibt Josephus die vielen Wohltaten des Herodes, unter anderem, dass er auch ausstehende Abgabenzahlungen und Schulden für kleinere Städte beglichen hätte. Vgl. Josephus, bell. 1,428.

er als einziger mit Namen und Beruf genannt wird. Vielleicht, weil er der Anführer der 12-köpfigen Führungsgruppe war, wie es später heißt (Josephus, bell. 2,292).[58] Wichtig ist, dass der Abgabeneinnehmer bereit war, sich auch mit seinem Geld für die jüdische Gemeinschaft einzusetzen und dafür zu sorgen, dass es zu keinen Auseinandersetzungen kam. Er selbst wird auch durch seinen Namen als Teil der jüdischen Gemeinschaft identifiziert. Jetzt kann man natürlich darüber spekulieren, ob es sich hierbei generell um eine Gruppe von Geschäftsleuten handelte, für deren Geschäfte eine eskalierende Auseinandersetzung in Cäsarea schlecht gewesen wäre. Johannes schien auf jeden Fall zu ihnen zu gehören. Weil Florus sich mit dem Geld lieber aus dem Staub machte, als für Ruhe in Cäsarea zu sorgen, eskalierte die Situation und die jüdische Gemeinschaft floh. Erneut sprachen die 12 Männer bei Florus vor, doch sie wurden nun unter einem Vorwand ins Gefängnis geworfen (Josephus, bell. 2,292). Wir erfahren nichts mehr über ihr weiteres Schicksal, weil die Geschehnisse sich nun nach Jerusalem verlagern und dort in Gewalt eruptieren. Johannes und andere können ihren Einfluss, sei er finanzieller oder anderer Art, im Gegenüber zur Besatzungsmacht nutzen. Das Beispiel von Josephus zeigt jedoch, dass dies auch für sie mit Risiken behaftet sein konnte.

Auch die Hohepriester schickten Versklavte, um den Zehnten einzuziehen bzw. zu entwenden (Josephus, ant. 20,181). Zeitlich verortet Josephus diese Ereignisse um die Zeit der Konflikte in Cäsarea. Bei der Ernennung von Ismael zum Hohenpriester durch König Agrippa I. (58–62 n. Chr.) kam es zu einer Spaltung zwischen Hohenpriestern und Führungsschicht (Josephus, ant. 20,179). Der Konflikt wurde auch mit Gewalt ausgefochten. Die Hohenpriester nahmen den anderen Priestern schließlich den Zehnten weg, so dass sogar einige der ärmeren Priester verhungerten laut Josephus (Josephus, ant. 20,181). Zum Verständnis sei in Erinnerung gerufen, dass viele der Führungsriege der Priesterschicht angehörten – wie Josephus selbst. In Vita 63 beschreibt Josephus, wie sich andere bereits durch den Priesterzehnten bereichert hätten und betont, dass er selbst nie den Zehnten genommen hätte (Josephus, vita 80). In der Beschreibung wirkt es so, als wäre der Zehnte durch andere zu ihm gebracht worden.[59] Josephus erzählt einen ähnlichen Sachverhalt für die Zeit als Ananias, der explizit als Sadduzäer bezeichnet wird (Josephus, ant. 20,199), Hohepriester war (ab 63 n. Chr.) in schillernden Farben:

> (206) Er [Ananias] hatte aber Hausgenossen, die alle zusammen gaunerisch waren, die sich zusammen taten mit rücksichtslosen [Personen] und zu den Feldern gingen und

58 In der Forschung wurde teilweise vermutet, dass es sich um einen Hafenzöllner handelt. Herrenbrück, Zöllner, 164, Fn. 8 widerspricht dieser These.

59 Josephus versucht in diesem Abschnitt zu betonen, dass er selbst als Dreißigjähriger, wo man vielen Versuchungen ausgesetzt sei, diesen nie erlegen sei. Er habe nie gegen das Gesetz verstoßen oder Bestechungsgelder angenommen. Vgl. Josephus, vita 80.

den Zehnten der Priester wegnahmen, indem sie auch Gewalt anwandten gegen jene, die nichts gaben und sie hielten sich nicht zurück, zuzuschlagen. (Josephus, ant. 20,206-207)

Nicht nur nahmen hier die Angestellten der Priester den Zehnten, sondern wendeten auch noch Gewalt an. Das Abgabenpersonal wird als verlängerter Arm bzw. Handlanger des Königs bzw. der Hohenpriester beschrieben. Hier haben wir es mit dem Abgabenpersonal auf der untersten Hierarchieebene zu tun.

Auch jüdische Behörden bzw. Beauftragte sammelten Abgaben ein. Nach der Rede von König Agrippa II., die den Aufruhr in Jerusalem beenden sollte, waren es die ἄρχοντες καὶ βουλευταί, die für die Verwaltung einer Stadt zuständig waren, die in die Dörfer gingen und die nötigen Abgaben (φόρος) einsammelten (Josephus, bell. 2,405). Ein Grund dafür könnte sein, dass sie haftbar gemacht werden konnten. Die Archonten und diejenigen in Machtpositionen (δυνατοί) wurden schließlich auch zum Statthalter Florus geschickt, damit er auswählte, wer von ihnen in Zukunft Abgaben einsammeln sollte (Josephus, bell. 2,407). Dadurch wird deutlich, dass mindestens in der Darstellung des Josephus die Einflussreichen und die Führungsfiguren der jüdischen Gemeinschaft in das Einsammeln der Abgaben involviert waren. Es klingt an, dass das Amt des Abgabeneinnehmers kein freiwilliges war, sondern vom römischen Statthalter delegiert wurde. Es lassen sich hier deutliche Parallelen zu den griechischen Städten Kleinasiens oder Syriens erkennen, in denen ebenso die lokale Selbstverwaltung die Abgaben in Absprache mit Rom einzog und auch haftbar war.

Nur in Randbemerkungen kommt Josephus auf den Bruder Philos, Ti. Julius Alexander (ca. 10 v.–41/50 n. Chr.) oder auch Alexander Lysimachus genannt (Josephus, ant. 19,274), zu sprechen, der Alabarches in Alexandria war (Josephus, ant. 18,159; 259). Mohamed Abd-El-Ghani legt dar, dass der Alabarch nicht identisch ist mit dem Arabarchen, der für die Hafenzölle am Roten Meer und die Abgaben für die Wüstenstraßen zuständig war.[60] In der Gebührenordnung von Koptos ist uns dieses Amt begegnet. Die Gleichsetzung von Arabarch und Alabarch führt dazu, dass Ti. Julius Alexander häufig als zuständig für den Hafenzoll in Alexandria betrachtet wird. Es gibt allerdings keinerlei Belege dafür, dass das Amt derartig bezeichnet wurde. Wahrscheinlicher ist, dass er ein angesehenes und hohes Amt innehatte, was dieses Amt allerdings umfasste, ist nicht klar. In Ant. 20,147 heiratet Mariamne den Alabarchen Demetrios, der als der Erste unter den Juden Alexandrias beschrieben wird. Es lässt sich mit Sicherheit daher nur sagen, dass das

60 Vgl. Abd-El-Ghany, Arabs, 237–238. Die Gleichseztung von Arabarch und Alabarch lässt sich wahrscheinlich auf Cod. Theod. 4,12,9/Cod. Just. 4,61,9 zurückführen, wo der Alabarch zum Abgabenpersonal gehört.

Amt eines der wichtigsten oder das wichtigste in der jüdischen Gemeinschaft in Alexandria war und die Amtsinhaber angesehen und wohlhabend waren.

Über Ti. Julius Alexander wird berichtet, dass er den Tempel in Jerusalem reich verzieren ließ (Josephus, bell. 5,205), Agrippa eine große Summe Geld lieh (Josephus, ant. 18,159) sowie unter Kaiser Caligula inhaftiert und durch Kaiser Claudius freigelassen wurde (Josephus, ant. 19,277). Auch in der letzten Notiz über ihn bei Josephus spielt Reichtum eine hervorgehobene Rolle. Er sei hervorgestochen unter seinen Zeitgenossen durch seinen Reichtum und seine Familie und zudem gottesfürchtig gewesen (Josephus, ant. 20,100). Josephus beschreibt Ti. Julius Alexander als einen angesehen reichen Wohltäter, der sich sowohl für den jüdischen König als insbesondere auch den Tempel einsetzt. Josephus zeichnet mit ihm auch ein Gegenbild zu seinem gleichnamigen Sohn, der sich vom jüdischen Glauben abwandte und in Alexandria blutig den jüdischen Aufstand niederschlug. Falls ein Alabarch tatsächlich irgendetwas mit dem Abgabenwesen zu tun haben sollte, bleibt Josephus in seinem Muster, vor allem von Personen der Oberschicht zu berichten, die im Abgabenwesen tätig waren. Ti. Julius Alexander würde damit an die wohlhabenden Stifter der Inschriften erinnern.

2.3 Zusammenfassung

Philo stellt Abgabeneinnehmer als fremde, ungebildete und brutale Personen vor. Er thematisiert den Amtsmissbrauch römischer Statthalter. Wie schon die griechisch-römischen moralphilosophischen Schriften drückt Philo vor allem Abneigung und Herablassung für Abgabeneinnehmende aus. Dabei bedient er sich vorhandener Stereotype über Abgabenpersonal. Er spitzt diese noch zu, indem er sie als fremd markiert.

Josephus berichtet vor allem von Personen, die hohe Positionen im Abgabenwesen bekleiden. Seine Schilderungen sind ambivalent. Einerseits schildert er gewalttätige Bestrafungen bei der Verweigerung von Abgabenzahlungen. Andererseits weist er auf die Vorteile hin, die das gesamte Volk durch jüdische Personen im Abgabenwesen hat. Der Abgabeneinnehmer Joseph wird sowohl als gerecht, vorausschauend und ehrenvoll als auch gerissen, unnachgiebig und brutal beschrieben. Gegenüber dem herodianischen Herrschaftshaus ist Josephus kritisch und prangert an, dass sie sich am Abgabensystem bereichern würden – sie schaden dem jüdischen Volk. Ebenso kritisch wird über römische Statthalter wie Florus berichtet, die ihre Position missbrauchen. Selbst unter den Priestern gibt es Querelen beim Abgabeneinzug. Für Josephus ist ein Gradmesser der Bewertung, ob die Abgabeneinnehmenden dem jüdischen Volk nutzen oder schaden. Er bedient sich stereotyper Beschreibungen und gleichzeitig entwirft er differenzierte Charaktersierungen. Bei Josephus wird besonders die Ambivalenz des Abgabensystems in den Provinzen deutlich sowie die enge Verflechtung mit den Eliten der Bevölkerung.

3. Epigraphische und Papyrologische Quellen

3.1 Selbstrepräsentation

3.1.1 Ehrinschriften und Weihinschriften

Bevor wir uns den Inschriften zuwenden, ist es wichtig, sich zu vergegenwärtigen, dass Inschriften kostspielig waren und nicht jeder sie sich leisten konnte. Dem Althistoriker Onno Van Nijf ist eine Sammlung verschiedener lateinischer und griechischer Inschrifen über Abgabenpersonal in der Provinz Asia zu verdanken.[61] Er stellt die These auf, dass „like other mediators and power brokers, tax collectors and tax officials were natural candidates for receiving honorific inscriptions."[62] Wir werden sehen, dass besonders höhergestelltes Personal der Abgabenadministration Ehreninschriften erhält und weniger das Abgabenpersonal, das die Abgaben einsammelt. Diese werden zum Teil durch eigene Weihinschriften sichtbar, die auf gestifteten Gegenständen oder manchmal auch als Erfüllung eines Gelübdes als günstigere Votivinschrift angebracht wurden. Insgesamt sind diese Inschriften ein wichtiger Beleg, dass Abgabenpersonal die negative Auffassung ihres Berufes nicht teilte und auf der lokalen Ebene wie andere Berufsgruppen um Sichtbarkeit bemüht war.[63] Abgabenpersonal hatte eine Scharnierfunktion zwischen Provinz und Rom.

Die δεκάπρωτοι sind uns sowohl in der Inschrift von Kaunos als auch Palmyra bereits begegnet. Die Amtsbezeichnung kommt auch in verschiedenen Ehreninschriften vor. Ab dem späten 1. Jh. und dann besonders im 2. bis zum 3. Jh. n. Chr. findet man inschriftliche Belege für δεκάπρωτοι vor allem in Kleinasien.[64] Es handelte sich um ein gewähltes Kollegium von Magistraten einer Stadt, das für verschiedene fiskalische Bereiche mit ihrem Vermögen bürgte und für die Verpachtung verschiedener Verträge zuständig war. Pantelis Nigdelis und Anna Arvanitaki listen als Aufgaben das Management und die Überwachung der Zölle, der Tempeleinnahmen, das Einsammeln der lokalen Abgaben und der direkten

61 Vgl. van Nijf, Social World, 279-311. In den Fußnoten gibt er weitere Hinweise auf Inschriften aus anderen Teilen des Imperium Romanums. Die Xenophylakten in einer Inschrift von der Insel Chios interpretiert er als „custom officials". Allerdings ist dieses Amt bis jetzt nur aus Inschriften von Chios bekannt (IK 1,74; MDAI(A) 1888, 169-170 n. 10a; SEG 17,382 B: 1-11). Reger, Merchants, 190-191 bleibt näher am Wortsinn, indem er die Personen für die ausländischen Gäste, Seeleute und Händler, die in Chios ankommen, zuständig hält.

62 Vgl. van Nijf, Social World, 301.

63 So auch Kritzinger, Contrascriptores, 577-578 und dezidiert auch Zimmermann, Zöllner, 150-151.

64 Die fiskalischen Aufgaben bekamen sie wie Dmitriev, City Government, 198 darlegt, erst im Laufe des 2. Jh. zugewiesen. In Ägypten bestand das Amt nur im 3. Jh. laut Oertel, Liturgie, 211.

Abgaben sowie die Verwaltung von Nachlässen auf.[65] In den Inschriften ist häufig nicht viel mehr als die Amtsbezeichnung Dekaprotos genannt. Nigdelis und Arvanitaki stellen eine Inschrift aus der Nähe von Pieria in Makedonien von 73/74 n. Chr. vor, in der der Dekaprotos Timoxenos die Renovierung des Tempels des Asklepios und der Hygieia finanziert.[66] Bisher wurden nur zwei Inschriften in Gerasa gefunden, die einen Dekaprotos schon 66 n. Chr. belegen.[67] Nigdelis und Arvanitaki nennen in einer Fußnote 44 Städte Kleinasiens und Syriens, in denen inschriftlich Dekaprotoi im 2. und 3. Jahrhundert bezeugt sind.[68] Auch eine Frau hatte dies Amt inne, wie die Ehreninschrift für Menodora, Tochter von Megakles von Sillyon, aus der Mitte des 2. Jh. zeigt. Sie wird τ[ελεσαμ]ένη δεκαπρωτίαν genannt.[69]

Wie für die auf Stein erhaltenen Ehreninschriften typisch, handelt es sich bei den Geehrten vor allem um hochgestellte Persönlichkeiten. So auch Julius Capito, *conductor publici portorii Illyrici*, der für die Hafenzölle in den Provinzen Dalmatien und Pannonia, östlich von Italien auf der anderen Seite des adriatischen Meeres gelegen, zuständig war (ILS 1465).[70] Eine mit zwei Ähren geschmückte Inschrift bezüglich der Brotpreise ist im Namen des L. Boionius Pansa Flavianus und einer weiteren Person verfasst. Sie hatten als Agoronomoi die Aufsicht über den Markt inne (IK 13,924). Boionius Pansa Flavianus wird als ἐπίτροπος, als der Prokurator der Zölle Asias bezeichnet, was anscheinend eine weitere Tätigkeit von ihm war. Hier haben wir ein Beispiel für das Innehaben verschiedener Ämter. Im Hafengebiet von Ephesus wurde eine Steintafel gefunden, die eine Liste von Personen enthält, die für den Bau eines Zollhauses Geld gegeben haben. Datieren lässt sie sich auf ca. 54–59 n. Chr.

> Auf gutes Gelingen! Kalokairos und Eutyches, die Pragmateuten des Marcus Aurelius Mindius Matidianus Pollio, dem Archon der 1/40 [Abgaben] des Zolls Asias und der Prokurator des Augustus und Bithyniarch zweimal und Asiarch der Tempel, die in Ephesus

---

65 Nigdelis/Arvanitaki, Direct Taxation, 279. Die Aufgaben werden vor allem aus den Digesten (Dig. 50.4.3.10–11; 50.4.18.26; 50.12.10) und auch Papyri aus Ägypten rekonstruiert. Vgl. ebd., 277–278.

66 Ebd. finden sich Hinweise auf weitere Inschriften.

67 Vgl. ebd. 277.

68 Vgl. ebd., 277 Fn. 25.

69 Ebd., 279.

70 In der Forschung wird teilweise angenommen, dass ein Mann namens Potens, der unter Claudius (41–54 n. Chr.) in Iasos tätig war, etwas mit Abgaben zu tun habe. Vgl. van Nijf, Social World, 303. Inschriftlich erhalten ist eine Bauinschrift in seinem Namen (IK 28.2,253) und eine Inschrift zu seinen Ehren (SEG 43,717). Da es keinen eindeutigen Beleg gibt, dass er wirklich Abgabeneinnehmer war, werden diese Inschriften hier nicht näher herangezogen.

sind, das Zollhaus und damit die Säulenhalle und zugleich die ganze Dekoration von den Fundamenten bauten sie und sie vergoldeten die Aphrodite. (I.Eph. 20)

Am Anfang der Weihinschrift stehen prominent die Pragmateuten, d. h. Repräsentanten, Kalokairos und Eutyches. Die Namen wurden häufig von Versklavten getragen. Sie sind für den römischen Pächter des Hafenzolls tätig. Es folgen 53 Spenden verschiedener Personen und Familien. Beide Angestellten waren offenbar gut genug gestellt, um sich eine solche Spende leisten zu können. Sie bringen damit nicht nur ihren Wohlstand, sondern auch ihre Loyalität zum Ausdruck. Ein ähnlicher Fall liegt im Fall einer gestifteten Doppelstatue aus Ephesus vor. Allerdings ist hier der Spender der römische Pächter selbst. Die Statuen von Daedalus und Ikarus wurden im Gymnasion des Hafens von Ephesus gefunden. Die Widmung des Stifters Crispinus, der Abgabenpächter war, ist bilingual Lateinisch-Griechisch.

Der ephesischen Artemis und dem Imperator Nero Trajan Cäsar Augustus Germanicus Dacicus und dem Neokoros Ephesus Demos von Aulus A[—]Kios [Sohn] des Aulus, Sohn der Palateina, Crispinus, dem Archon der 1/40 [Abgaben] des Zolls Asias 4 und der 1/20 [Abgaben] der Freilassung [AEM: Freilassungsabgaben], hat aufgestellt den Dädalus und den Ikarus mit dem Podest. (IK 12,517)

Crispinus ist aus einer weiteren Inschrift bekannt, die ihn auf Lateinisch als *promagister* des Hafenzolls und der Freilassungsabgaben betitelt (IK 17,1,3045). Dort wird auch sein Zuständigkeitsbereich genannt, der leider nur zum Teil lesbar ist: die Provinzen Asia, Pontus und Bithynia, Galatia, Kappadocia, Pisidia, Lycaonia, Pamphylia und Lycia sowie Armenia Minoris. Grob gesagt ist er zuständig für Kleinasien bis zur Euphratgrenze. Der Promagister hatte eine leitende Position innerhalb der Publikanegesellschaft inne.[71] Er widmet der Artemis und Kaiser Trajan die Doppelstatue. Ob die Wahl der Sportstätte mit dem Beruf zu tun hatte, wie VAN NIJF andeutet, lässt Raum für Spekulationen.[72] War das Gymnasium am Hafen ein Treffpunkt zur Vernetzung und zog besonders diejenigen an, die dort beruflich tätig waren?[73]

Einige Beispiele für die Selbstrepräsentation von Zollpersonal stammen aus dem Westen des römischen Reiches und sollen hier angeführt werden, um auf die regionale Vielfalt im römischen Abgabenwesen hinzuweisen. In diesem Teil

71 Vgl. Meriç/Merkelbach/Nollé, Inschriften, 45. Hier Hinweis, dass die Zollerhebung unter Commodus (180–192 n. Chr.) an kaiserliche Prokuratoren übergeben wurde.

72 Van Nijf, Social World, 303.

73 In Ephesus wurden noch drei weitere Gymnasien gefunden: das Theatergymnasion im Westen der Stadt nicht weit entfernt vom Hafengymnasion, das Vedius Gymnasion im Norden der Stadt und das Ostgymnasium ganz im süd-östlichen Teil der Stadt.

des römischen Imperiums arbeiteten vor allem Versklavte von Großpächtern an den Zollstationen. Für Quintus Sabinius Veranus können zwischen 130–160 n. Chr. allein 12 Zollversklavte sicher nachgewiesen werden.[74] Aus den verschiedenen Inschriften lassen sich folgende Aufgaben extrahieren: der Leiter der Zollstation (*vilicus*), ein Kassierer (*arcarius*), Assistent(en) (*vicarius/vicarii*), ein Durchsucher (*scrutator*) sowie ein Rechnungsprüfer (*contrascriptor*).[75] Die verschiedenen Stationen waren mit unterschiedlichem Personal und in verschiedenen Konstellationen besetzt.

Vom Plöckenpass in den Alpen stammt eine von drei Inschriften eines Angestellten der Zollstation in Timaviensis von Anfang des 2. Jh. Respectus, der Sklave (*servus vilicus*) des Zollpächters T. Julius Perseus (*conductoris publici portorii vectigalis Illyrici*), beteiligte sich finanziell an der Straßenausbesserung und -befestigung in Abstimmung mit der Gemeinde Julium Caenicum (CIL 5,1864). Susanne Froehlich vermutet, dass er entweder einen Teil oder alle Kosten getragen oder die Leitung der Arbeiten übernommen hatte.[76]

Weihinschriften, die die Laufbahn des Stifters festhalten, können vor dem Hintergrund des klassischen *cursus honorum* gelesen werden. Wie es bei anderen Berufsgruppen auch üblich wurde, imitierten manche im Zollwesen Tätige die römische politische Ämterlaufbahn.[77] Leider ist kein Beispiel aus dem Mittelmeergebiet überliefert. Eine Weihung für Mithras und Luna auf einem Statuensockel aus der Grenzstadt Atrans, wo die Provinz Noricum an Italien grenzte, datiert auf ca. 151–200 n. Chr., bietet ein solches Beispiel:

> Dem unbesiegten Gott Mithras! Eutyches, Sklave der Iulier, Pächter des öffentlichen Zolls [*portorium publicus*], *servus contrascriptor* der Zollstation [*statio*] von Boiodurum, *ex-vicarius* unter dem *vilicus* der Zollstation von Atrans, Benignus, hat den Altar mit einer Statue der Luna für ein Gelübde errichtet. Unter dem Vorsitz des Titus Claudius Senillus. (ILS 1857)

Die Inschrift beschreibt, wie Eutyches, ein Sklave der Juliier, die den Zoll gepachtet hatten, erst in Atrans Stellvertreter (*vicarius*) des Zollvorstehes (*vilicus*) Beningus und dann „Gegenzeichner“ (*contrascriptor*) in Boiodurensis (Passau) wurde.[78] Die Tätigkeit als *contrascriptor* bedeutete, dass er für die Ausstellung und die Kontrolle

74 Vgl. Froehlich, Zollpersonal, 85–86.

75 Vgl. ebd., 87.

76 Vgl. ebd., 82–83.

77 Vgl. van Nijf, Social World, 300 und Wachtel, Slaven, 343.

78 Vgl. zum Personal an den Stationen in Noricum Alföldy, Noricum, 254–256 und Winkler, Reichsbeamten, 147–155.

der Zollquittungen zuständig war.[79] Das Amt ist ab dem 2. Jh. n. Chr. belegt und setzte Lesen, Schreiben und Rechnen als Fähigkeit voraus. PETER KRITZINGER kennzeichnet die *contrascriptores* als Personen, die auf lokaler Ebene einen gewissen Erfolg und Wohlstand erreicht haben. Besonders anhand der im Zollwesen eingesetzten Versklavten und Freigelassenen wird deutlich, dass es sich um spezialisiertes Personal handelte, dass Karriere machen konnte durch die verschiedenen Hierarchieebenen und Aufgaben beim Zoll.[80]

Aus Noricum sind weitere Weihinschriften von Zollpersonal aus der 2. Hälfte des 2. Jh. gefunden worden.[81] Diese Weihgeschenke werden manchmal alleine, manchmal zu zweit verantwortet und finanziert. Von dem Zollsklaven Fortunatus sind vier Weihinschriften auf Altären erhalten.[82] Mit seinem Kollegen Festinus, einem *servus arcarius*, stiftet Fortunatus, hier noch *servus contrascriptor*, vor 160 n. Chr. einen Altar für Isis in Sublavio (ILS 1859). Zwischen 160–170 n. Chr. wurde die Jupiterweihung in Wieting (Noricum) aufgestellt als Fortunatus zum *vilicus* aufgestiegen war (AÉ 1995,119). Gemeinsam mit dem *vilicus* Hermes taucht Fortunatus 166–171 n. Chr. erneut in einer Inschrift zur Errichtung und Ausstattung eines Mithrasheiligtums in Senia (Dalmatien) auf (ILS 4255). Die letzte Inschrift vor 180 n. Chr. ist eine Altarstiftung für die Götting Atrans aufgrund eines Gelübdes in Atrans (Noricum) (CIL 3,5117). Unsicher ist eine fünfte Inschrift aus Virunum (Noricum) auf einem Altar für den Genius des Mercurius, die ein Fortunatus vor 180 n. Chr. stiftete (CIL 3,04782). Lediglich zwei – mit der unsicheren drei – Weihungen sind im Namen des Fortunatus gestiftet, in den beiden anderen tritt er als Nebenperson auf (Isis und Mithras). Es ist daher schwierig festzustellen, wie er sich finanziell beteiligte. Auf den Inschriften werden immer die Vorgesetzen erwähnt, die sich zweimal ändern.[83] Es ist erkennbar, dass Fortunatus Versklavter einer Privatperson ist, die den Zoll pachtete und die Versklavten, wie im Fall von

79 Vgl. Zu den folgenden Informationen Kritzinger, Contrascriptores, 576–578. Er bietet im Anhang auch eine Übersicht über die Inschriften, die *contrascriptores* nennen.

80 Weitere Belege bei Günther, Sklaven, 236–237. U.a. verweist er auf CIL 3,1351: Der kaiserliche Versklavte Felix war *vicarius* an der Zollstation Micia in Dacien und dann *vilicus* an der Station Pontis Augusti; CIL 3,8042: Der Versklavte Silvanus eines Prokurators war *vilicus* in Dacien und später in Asia für die Verteilung von Rationen zuständig. Vgl. auch Zimmermann, Zöllner, 147–149. Hainzmann, Fortunati, 1293, zeichnet den Karriereweg des Versklavten Fortunatus im Zollwesen in Noricum und Dalmatia anhand der ihm zuzuschreibenden Weihinschriften nach. Fortunatus war erst *contrascriptor* (vor 160 n. Chr.), wurde dann *vilicus* (bis 171 n. Chr.), war dann in Dalmatien (nach 166 n. Chr.) und schließlich wieder als *vilicus* in Atrans, Noricum tätig (nach 171 n. Chr.).

81 Vgl. Hainzmann, Fortunati.

82 Vgl. die tabellarische Übersicht bei Hainzmann, Fortunati, 1296. Eine Vorstellung und Besprechung der Inschriften ebd., 1292–1296.

83 Die in den Inschriften genannten Vorgesetzen sind in zeitlicher Reihenfolge: T. Iulius Saturnius (vor 160 n. Chr.); Campilius Verus (nach 160 n. Chr.); C. Antonius Rufus (166–179 n. Chr.).

Fortunatus, an den nächsten Pächter auslieh oder weiterverkaufte.[84] MANFRED HAINZMANN rekonstruiert folgende Laufbahn des Fortunatus:

> Eintritt in den Zolldienst unter T. Iulius Saturnius in Sublavio knapp vor 160 n. Chr. Danach Versetzung unter dem neuen Dienstgeber C. Antonius Rufus nach Atrans, etwa zu Beginn der 60-er Jahre. Diese Station sollte zum ‚Hauptquartier' des *vilicius* Fortunatus werden. Die beiden Außeneinsätze in Wieting, d. h. beim norischen Eisenpächter, und jener in Senia (Dalmatien) fallen ja in die Amtszeit des Antonius Rufus, so auch die Atrans Weihung. Dafür eine sichere zeitliche Abfolge festzulegen ist nicht möglich. Fortunatus' Freilassung unter Kaiser Mark Aurel und während der letzten ‚Amtsjahre' seines Zollpächters würde gut in das Gesamtbild passen. Man könnte sogar an eine Übersiedlung nach Virunum denken, woher das Zeugnis Nr. 5 stammt und sich das Büro seines ‚Freundes' Mercurius befand.[85]

Es bleibt festzuhalten, dass die direkte und indirekte Beteiligung an vier bis fünf Weihungen eine hohe Anzahl darstellt. Mit Isis, Jupiter, Mithras und Atrans sind reichsweite oder im letzteren Fall lokal populäre Gottheiten vertreten. Mithras scheint auch in Poetovio beliebt gewesen zu sein beim Zollpersonal, wo in einer überregionalen Gruppe sieben von elf Kultmitgliedern im Zollwesen tätig waren.[86] Dass die Mithraskultmitglieder in Poetovio an Zollstationen wie Atrans (heute Slowenien), Pons Aeni (Rosenheim) tätig waren, hebt FROEHLICH besonders hervor.[87] Hier zeigt sich eine überregionale Vernetzung. Weitere im Gebiet Virunum und Agentum gefundene Weihinschriften von Zollpersonal sind Silvanus und Jupiter Optimus Maximus gewidmet.[88]

Auf einem in Berytus (Beirut) gefundenen Altar ist eine griechisch-lateinische Inschrift angebracht (vor 105/106 n. Chr.), laut der zwei Versklavte in der Tätigkeit eines *servus actor* von der Station Geranea den Altar den Göttinnen Atargatis/Dea Syria, Artemis Phosphoros und der Venus widmen (SEG 14,824).[89] Die Station wurde noch nicht eindeutig identifiziert. ECK nimmt jedoch an, dass sie in der Nähe von Beirut gelegen haben muss, weil Inschriften von Zollpersonal meistens in der Nähe ihrer Einsatzorte gefunden wurden. Denkbar ist natürlich auch, dass

84 Vgl. Hainzmann, Fortunati, 1297-1298.
85 Ebd., 1299.
86 S. Froehlich, Zollpersonal, 89.
87 So ebd., 89-90.
88 Vgl. ebd., 89.
89 Vgl. Eck, Sklaven, 13-14.

die Versklavten einen lokalen Bezug hatten und woanders eingesetzt wurden.[90] Auch wenn der Ort der Zollstation nicht abschließend geklärt werden, kann, so haben wir mit der Inschrift zumindest einen Beleg aus der Provinz Syria. Allerdings bezweifelt z. B. JEAN-PAUL REY-COQUAIS die Rekonstruktion des Textes und bestreitet die Lesart *statio* generell.[91] Damit wäre die Inschrift nicht in den Kontext vom Zollwesen einzuordnen.

3.1.2 Grabinschriften

Grabinschriften vermitteln einen Eindruck von der Selbstpräsentation der verstorbenen Person bzw. ihrer Familie oder ihres Berufvereins. VAN NIJF hat eine Sammlung von Grabinschriften von Abgabenpersonal zusammengestellt, von denen ich einige vorstellen möchte.[92] Dabei beschränke ich mich weitestgehend auf die, die in den zeitlichen Untersuchungsrahmen fallen. Zunächst ist es allgemein bemerkenswert, wenn Personen das Geld zur Verfügung haben, eine Grabinschrift anfertigen zu lassen. Wenn sie dazu noch ihren Beruf nennen, was im griechischen Kulturraum nicht üblich war, so kann man daran ein Berufsgruppenbewusstsein erkennen. Die Tätigkeit im Abgabenwesen erscheint als sozialer Aufstieg.[93] Die Nennung des Berufs dient der Einordnung und Identifizierung und scheint ein Anlass des Stolzes zu sein, mindestens kein Grund, ihn zu verstecken. Es gibt einfache Inschriften, wie die des T. Flavius Asklepas aus dem 1./2. Jh. n. Chr. aus Pisidien, die nur Namen und Beruf nennen (IK 28,2). Asklepas war ἐπίτροπος, d. h. Pächter des Hafenzolls, und stiftet einem Gott einen Altar.[94] In Iasos wird ein Pulcher – evtl. auf einem Grabstein – als οἰκονόμος einer Abgabenpachtgesellschaft des Hafens von Asia bezeichnet (IK 28,2,416). Iasos war eine Hafenstadt im Gebiet Karien. Wie zweisprachige Inschriften zeigen, konnte οἰκονόμος das griechische Äquivalent von *servus vilicus* sein. Ein *servus vilicus* ist ein Verwaltungssklave oder ein Freigelassener, der z. B. für Publikanengesellschaft administrative Aufgaben übernehmen kann, wie wir bereits gesehen haben. Schon seit republikanischer Zeit war es üblich, dass Versklavte und Freigelassene von Besitzern, die in der Administration tätig waren, mit Aufgaben betraut wurden.[95] Es sei daran erinnert, dass Augustus besonders in der Finanzadministration Ritter, Freigelassene und Versklavte einsetzte, die auch

90 Vgl. Bruzen de la Martinière, Atlas, 347 listet ein Gebirge Geranea, zwischen Megara und Korinth gelegen, auf dem sich auch ein Pass befände laut Thucydides. Ein Gebirgspass wäre grundsätzlich ein passender Ort für eine Zollstation.

91 Vgl. Rey-Coquais, Divinités, 233 Fn. 37.

92 Vgl. van Nijf, Social World, 297–300.306–311.

93 Vgl. ebd., 298.

94 Vgl. Blümel, Inschriften von Iasos, 100.

95 Vgl. Wachtel, Sklaven, 342.

entlohnt wurden.[96] In einer Inschrift von 26 n. Chr. aus Iasos, die leider beschädigt ist, so dass nicht alle Namen oder Titel lesbar sind (IK 28,2,415), wird ein *servus vilicus* im Zusammenhang mit einer Publikanengesellschaft des Hafenzolls der Provinz Asias genannt. Rekonstruierbar in der dritten Zeile sind aus den Abkürzungen die Wörter: *s]ocior(um) p(ublici) p(ortuum) A(siae) serv(vus) vil(icus) Iasi.*[97] Die Abgabenpachtgesellschaften deligierten demnach also bestimmte Aufgaben an Versklavte oder Freigelassene. Auch in Milet, also direkt neben Iasos, wurde eine zweisprachige Inschrift gefunden, die einen Felix Primionis sowohl als den *servus vilicus*/ οἰκονόμος des dortigen Hafenzolls betitelt und auch noch *servi*/δούλῳ hinzufügt (ILS 1862). Die sehr fragmentarische Grabstele eines Unbekannten aus Iasos steht auch im Zusammenhang mit dieser Abgabenpachtgesellschaft. Der Auftraggeber dieser Inschriften ist nicht ermittelbar. In Kibyra, an der Grenze zu Lykien gelegen, wurde ein marmorner Rundaltar mit einer Gedenkinschrift eines Vaters für seinen Sohn gefunden:

> Amerimnus soc(iorum) p(ublici) / XXXX p(ortuum) A(siae) ser(vus) vil(icus) / Cibyrae / Agathonico soc(iorum) / p(ublici) XXXX / port(uum) Asiae vilico Ciby- / rae filio suo / memoriae causa. (IK 60,1,107)
>
> Amerimnus, Sklave und Leiter der Zollstation Kibyra der Pächtergesellschaft der 2,5-prozentigen Abgaben von Asia, dem Agathonicus, dem Leiter der Zollstation Kibyra der Pächtergesellschaft der 2,5-prozentigen Abgaben von Asia, seinem Sohn, zum Andenken. (IK 60,1,107)[98]

Vater und Sohn gehörten beide der Pachtgesellschaft, die die 2,5 % Abgaben der Provinz Asia gepachtet hatte, an. Laut Thomas Corsten ist dies der erste Beleg für eine existierende Zollstation an diesem Grenzort.[99] Kibyra lag an der Grenze zu Lykien und gehörte von 40 v. Chr. bis 250 n. Chr. zu Asia. Die Datierung der Inschrift ist unsicher, wahrscheinlich stammt sie aus diesem Zeitraum.[100] Bei den *vilici* handelte es sich häufig um Versklavte wie Amerimnus. Sie wurden von Pachtgesellschaften mit der Verwaltung der Zollstationen beauftragt, deren Zoll sie gepachtet hatten.[101] Amerimnus hielt fest, dass er Versklavter war, bei seinem Sohn fehlt dieser Hinweis, jedoch wird er auch nicht als Freigelassener (*libertus*) gekennzeichnet. Der Sohn ist offensichtlich vor dem Vater gestorben und beide waren an der Zollstation tätig. Ob gleichzeitig oder nacheinander, lässt sich nicht

96 Vgl. ebd., 343.
97 Vgl. Blümel, Inschriften von Iasos, 99.
98 Übersetzung Corsten, Inschriften, 137.
99 Vgl. Corsten, Inschriften, 138; de Laet, Portorium, 380.
100 Vgl. van Nijf, Social World, 310 und Corsten, Inschriften, 138.
101 Corsten, Inschriften, 138.

feststellen. Einen beschrifteten Rundaltar aus Marmor aufstellen zu können, zeugt erneut von einem gewissen Wohlstand.[102] Vor dem Hintergrund der Zollinschrift von Ephesus, der zu entnehmen ist, dass das Zollpersonal oft direkt an der Zollstation wohnte, ist es auffällig, dass Vater und Sohn an derselben Zollstation tätig waren. Es scheint vorstellbar, dass die Versklavten der Zollstation gemeinsam an der Zollstation lebten und familiäre Beziehungen hatten und in unserem Fall Vater und Sohn demselben Beruf nachgingen. Bemerkenswert ist auch, dass die Inschrift auf Latein verfasst ist, obwohl es wegen der graeco-phonen Namen Amerimnus und Agathonicus und ihrem Einsatzort nahe liegt, dass sie griechischsprachig waren. Die einzigen anderen lateinischen Inschriften in Kibyra sind römischen Soldaten (IK 60.1,107 [bilingual]; IK 60.1,137) und einer römischen Privatperson (IK 60.1,193) gewidmet.[103]

Eine Schwierigkeit bei mehrsprachigen Inschriften ist, dass die Texte nicht zwingend identisch sein müssen. In Palmyra wurde eine trilinguale Grabinschrift gefunden: Lucius Spedius Chrysanthus errichtete für sich und seine Familie eine Grabstätte und bezeichnet sich nur im palmyrenischen Text als mksʾ, als Abgabeneinnehmer (CIS 2,4235). Glen W. Bowersock meint, dass es sich um einen lokalen Abgabeneinehmer handelt und nicht um einen *publicanus*, wie häufig angenommen.[104]

Die meisten Zeugnisse von Versklavten als Zollpersonal finden sich in Illyrien, Gallien und Africa.[105] *Der scrutator* der Zollstation in Bilachensis Ermianus und seine Frau Leontia beerdigten ihre Tochter, die im Kleinkindalter verstorben war (AÉ 1974,485). Der Leiter derselben Zollstation, der kaiserliche Versklavte Aquilinius, beerdigte seine Frau Julia Stratonice (CIL 3,4712).[106] Der *vilicus* Bagathus wurde durch seine Frau Hilara geehrt (AÉ 1975, 202). Der keltische Sklave Bellicus errichtete in Virunum eine Grabstätte für sich, seine Ehefrau Candida, Mutter Spora, den Bruder Saturnius und die zwei Schwestern Senonis und Sextilia

---

102 In Kibyra gab es noch weitere Versklavte, die finanzielle Mittel zur Errichtung von Grabmälern besaßen. Vgl. IK 60.1,192 die reichlich verzierte Säule mit einem Totenmahlrelief, die Eutychos, der Sklave des Troilos, gemeinsam mit seiner Frau Nanna für ihren verstorbenen Sohn errichten. Ebenso die Inschrift auf einem Grabhaus, das der Sklave Onesimus, im Dienste eines Konsuln stehend, für sich, seine Frau und die übrige Familie errichtete (IK 60.1,296). Eine Sklavin, die in der Stadt lebte, errichtete für sich und ihre Familie ein Grabmal (IK 60.1,279).

103 Vgl. Corsten, Inschriften, 193 mit dem Hinweis, dass andere urspünglich aus Italien stammende Familien in Kibyra Griechisch für ihre Inschriften verwenden.

104 Vgl. Bowersock, History, 71. Hoffmann-Salz, Auswirkungen, 402 bezeichnet L. Spedius Chrysanthus als *publicanus*.

105 Vgl. Günther, Sklaven, 233.

106 Froehlich, Zollpersonal, 89 verweist in der Fußnote darauf, dass die Ehefrau auch eine Freigelassene sein könnte.

(ILPRON 584).[107] Mit bereits 16 Jahren verstarb Sallustia Minidis, eine Freigelassene und Frau des kaiserlichen Zollsklaven Callistus (CIL 5,1801).[108] In Rom findet sich ein Grabstein, den Pedia Epictesis für ihren Mann Placido anfertigen ließ. Placido war ein kaiserlicher Versklavter und an einer Zollstation in Gallien tätig (ILS 1566).

Diese Inschriften, seien sie Grabinschriften oder Weihinschriften, zeigen einen gewissen Wohlstand und den Wunsch nach gesellschaftlicher Anerkennung auch auf der Ebene des niedrigeren Abgabenpersonals. Das Abgabenpersonal und ihre Familien beanspruchen ihren Platz in der Gesellschaft. Sie machen sich selbst sichtbar als Vertreter der römischen Administration durch die Betonung der Berufsbezeichnungen. Ihre engsten Familienangehörigen werden über sie und ihren Beruf identifiziert und erinnert. Die Verewigung der beruflichen Laufbahn lässt Stolz erkennen und soll die eigenen Verdienste würdigen und für alle sichtbar machen. All diese Inschriften geben dem eigenen Berufsstand Bedeutung und imitieren damit andere Berufe, die ähnliches in Nachahmung der Oberschicht tun. Zollsklaven konnte sich einen gewissen Wohlstand erwirtschafteten und waren auch mit freigelassenen oder freien Frauen verheiratet.[109] Es war nahezu ausgeschlossen, dass Zollsklaven freigelassen wurden. Grund war, dass Freigelassene nicht für Unterschlagungen, die während ihrer Versklavung begangen wurden, belangt werden konnten.[110] Die Tätigkeit ging häufig mit hoher Mobilität einher und ländlichen Einsatzgebieten. Es gibt immer wieder Hinweise auf die gute Vernetzung untereinander. Durch die hohe Spezialisierung und das Fachwissen waren Personen häufig Jahrzehnte im Zollwesen tätig.

3.2 Tätigkeiten des Abgabenpersonals

Die meisten Zeugnisse über die konkreten Tätigkeiten von Abgabenpersonal stammen aus Ägypten. Wie auch in anderen eroberten Gebieten, übernahmen die Römer 30 v. Chr. das vorherige ptolemäische Abgabensystem.[111] Im Unterschied zu z. B. Asia oder Judäa wurde die Administration nicht den Städten überlassen, sondern

107 S. Froehlich, Zollpersonal, 88.

108 Vgl. ebd., 88–89. Sie nennt weitere Grabsteine: Die 25-jährige Severilla bekommt ein Grab durch ihren Mann Onesimus, der *vilicus* ist (CIL 5,8650). Es wurde ein Grabstein eines Zollangestellten namens Albanus und seiner Frau Silvana gefunden (CIL 3,4875).

109 Versklavte in verantwortlicheren Positionen der Administration heirateten nicht zwingend andere Versklavte. Vgl. Weaver, Cursus, 78.

110 Vgl. Froehlich, Zollpersonal, 88.

111 Vgl. zu den folgenden Ausführungen, wenn nicht anders durch Fußnote gekennzeichnet, Palme, Amt, 21–23.

zentral aus Alexandria geregelt. Es ist wahrscheinlich, dass auch das Abgabenpersonal, bei dem es sich meistens um Abgabenpächter handelte, weiterhin tätig war. Besonders in den Bereichen, in denen es unabdingbar war, Ägyptisch zu beherrschen. Im Unterschied zu römischen *publicani* hafteten diese Abgabenpächter mit ihrem Vermögen und bezahlten in monatlichen Raten die Abgaben in die römische Staatskasse (δημοσία τράπεζα) in der Hauptstadt des Nomes bzw. die lokale, oft dörfliche Bank (τράπεζα) ein.[112] Lediglich die obere (Finanz-)Verwaltung wurde ausgetauscht und durch römisches Personal, häufig auch kaiserliche Freigelassene oder Versklavte, ersetzt.[113] Zum Stab des Präfekten gehörten ein Dioiket (διοικητής),[114] ein Idios Logos (ἴδιος λόγος)[115] und vier Epistrategen (ἐπιστρατηγοί), die für die elf ägyptischen Nome zuständig waren, die zusammengefasst wurden in westliches Delta, östliches Delta, die Heptanomia und Thebaides.[116] Hierbei handelte es sich um Personen mit römischem Bürgerrecht. Für die Bezirke in den jeweiligen Nome bzw. später das ganze Nome wurden Strategen (στρατηγοί) eingesetzt, denen die königlichen Schreiber (βασιλικοὶ γραμματεῖς) zur Seite gestellt waren. Diese konnten, mussten aber nicht das römische Bürgerrecht besitzen und waren meistens mit der Provinz vertraut, wobei sie jedoch wenn möglich fern von ihrem eigenen Herkunftsort eingesetzt wurden.[117] Unter diesen waren die Nomarchen (νομάρχαι) angesiedelt, die nur für Abgaben zuständig waren.[118] Hier finden sich Personen mit lateinischen, latinisierten oder griechischen Namen.[119] Darunter stand die jeweilige Verwaltung kleinerer Verwaltungseinheiten in den Bezirken wie die Komogrammatie (Dorfbezirk), wo Personen mit äyptischen, griechischen oder graeco-ägyptischen Namen vorherrschend waren.[120] In den Zeugnissen finden

---

112 Vgl. Preisigke, Girowesen, 12–15.

113 Vgl. Capponi, Egypt, 132. Selbst wenn Bezeichnungen übernommen wurden, so war die Hierarchie neu sortiert worden, wie z. B. am Dioiket sichtbar wird, der in ptolemäischer Zeit noch der oberste Finanzbeamte gewesen war. Vgl. Sharp, Shearing Sheep, 224-225.

114 Mehr zum Amt des Dioiketen vgl. Hagedorn, Amt, 167-210.

115 Mehr zum Idios Logos vgl. Swarney, Idios Logos, 41-126.

116 Eine ausführliche Diskussion der Nome bietet Derda, Arsinoites, 36-42. Er kommt zu dem Schluss, dass die Heptanomia aus folgenden Nome bestand: Leotopolite, Memphite, Aphroditopolite, Herakleopolite, Oxyrhynchite, Kynopolite und Hermopolite. Die übrigen 4 Nome sind daher: Arsinoites, Nilopolite, Oasis Parva und Antinoopolite. Diese Zuordnungen sind allerdings nicht konstant. Allein das Nome Arsinoites war bis 60 n. Chr. als ein Nome verwaltet, bis 136/137 n. Chr. dreigeteilt und schließlich bis ca. 260 n. Chr. zweigeteilt. Vgl. Derda, Arsinoites, 42. Eine Übersicht über die Entwicklung vom 1. bis zum 4. Jh. n. Chr. findet sich bei Derda, Arsinoites, 57.

117 Vgl. Sharp, Shear Sheep, 229.

118 Das Amt des oder der Nomarchen war bis 215/216 n. Chr. keine Liturgie. Vgl. Reiter, Nomarchen, 75.

119 Vgl. Oertel, Liturgie, 167. Bei den königlichen Schreibern handelt es sich laut Oertel, Liturgie, 168 häufig um reiche Alexandriner.

120 Ab ca. 111 n. Chr. werden Toparchien eingeführt. Vgl. Dazu Derda, Arsinoites, 140-141.

sich vereinzelt auch lateinische oder als Versklavte erkennbare Namen unter dem Abgabenpersonal.[121] Livia Capponi nimmt an, dass imperiale *vicarii*, *actores* und *vilici* als Art Kontrolleure des lokalen Abgabenpersonals durchs Land reisten.[122]

Zwischen 100 v. bis 200 n. Chr. ist das Lemma τελώνης nach Trismegistos Datenbank ca. 335 Mal in Papyri und Ostraka bezeugt.[123] Die meisten Belege finden sich in Oberägypten und 29 im Fayum. Lediglich ein Beleg stammt aus Unterägypten.

In Ägypten war ein τελώνης vor allem dafür zuständig, indirekte Abgaben einzusammeln. Lediglich 23 Belege können eindeutig mit Zoll in Verbindung gebracht werden – und zwar die 2 % Abgabe auf Einfuhr und Ausfuhr von Gütern namens πεντηκοστός. Unter den indirekten Abgaben sticht die Badabgabe in Theben hervor sowie die Abgabe der Weber. Unter sonstiges fallen Abgaben von Schneidern, Handwerkern, Prostituierten, Eseltreibern oder für Leinen und Kleidung u. ä. Bei den Zahlen handelt es sich um keine repräsentativen Zahlen, sondern sie spiegeln die Verteilung in dem bisher gefundenen und in der Datenbank zugänglichen Material wieder. So ist die Badabgabe z. B. nur in Quittungen aus Theben zu finden und die Zeugnisse aus Theben belaufen sich alleine auf ca. 239 Papyri und Ostraka, d. h. sie machen fast mehr als 2/3 der Belege insgesamt aus.

Der Präfekt verantwortete den Census, d. h. die Abgabenveranlagung. Der Dioiket und Idios Logos berechneten die Abgaben, delegierten deren Erhebung und überprüften sie. Die Eklogistai (ἐκλογισταί) berechneten auf der Grundlage des Census die anfallenden Abgaben. Wenn diese vom römischen Beamtenapparat und schließlich dem Kaiser angenommen wurden, konnten sie auf die jeweiligen Bezirke umgelegt werden. Bei der lokalen Berechnung half der Dorfschreiber (κωμογραμματεύς), der auch für die Abgabenlisten zuständig war.[124] Dieser war nie in seinem eigenen Dorf tätig.[125] Die Abgabenpflichtigen konnten Geldabgaben in eine Bank (τράπεζα) auf das dafür eingerichtete Konto des Abgabeneinnehmers einzahlen, Naturalien in den Kornspeicher (θησαυρός) abliefern oder an die Abga-

---

121 Vgl. Capponi, Egypt, 131–132.

122 So ebd., 132.137.

123 S. Trismegistos Wort-Suche vom 30.07.2021. Zum Vergleich: Das Lemma πράκτωρ kommt im selben Zeitraum 1.515 Mal vor und zwar 1.031 in Oberägypten, 441 Mal im Fayum, 20 Mal in Oberägypten und 3 Mal in Dura Europos. Die Bezeugung von ἐπιτηρητής beginnt erst Ende des 2 Jh. und endet um 279 n. Chr. Insgesamt gibt es 477 Belege, davon 318 in Oberägypten, 127 im Fayum, 12 in Unterägypten, 1 in Oasis Parva und 2 in der östlichen Wüste.

124 Vgl. auch Oertel, Liturgie, 157. Ab dem 3. Jh. wird er von dem ἀμφοδογραμματεύς abgelöst. Vgl. ebd., 172.

125 Vgl. Dijkman, Dorpsschrijver, 24 und Derda, Fayum, 149 mit verschiedenen Beispielen. Dorfschreiber werden auch bei Josephus als Teil der herodianischen Administration genannt (Josephus, bell. 1,479; ant. 16,203). Vgl. Bazzana, Kingdom, 30–31.

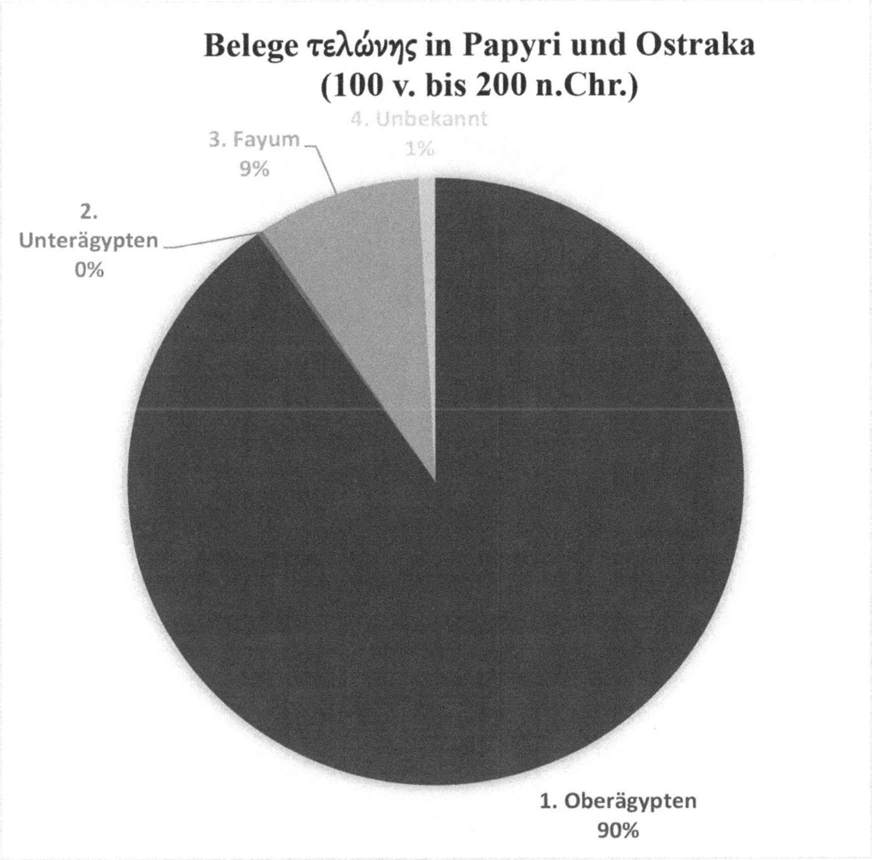

beneinnehmer direkt bezahlen.[126] Die Einnehmer der indirekten Abgaben waren Abgabenpächter (μισθωταί, τελῶναι). Die direkten Abgaben wurden von staatlichen, oft liturgischen Beamten (πράκτωρες, ἐπιτηρηταί) eingenommen. Auch sie hafteten mit ihrem Vermögen für die aufzubringende Summe, ebenso wie die anderen vorgesetzten Beamten.[127] Spätestens unter Kaiser Trajan, wahrscheinlich aber bereits unter Kaiser Claudius oder sogar früher, war dieses Amt eine Litur-

---

126 Vgl. dazu auch Preisigke, Girowesen, 251–257. Er erläutert auch die verschiedenen Kassen, die bei den Banken für verschiedene Abgaben wie die sogenannten Nomarchen-Abgaben (z. B. Umsatz-, Fischerei-, Bier-, Weideabgaben, Torzölle) eingerichtet wurden.

127 Eine umfassende Liste der in der Finanzverwaltung Ägyptens zu findenen Posten bei Oertel, Liturgie, 157–184.195–231.

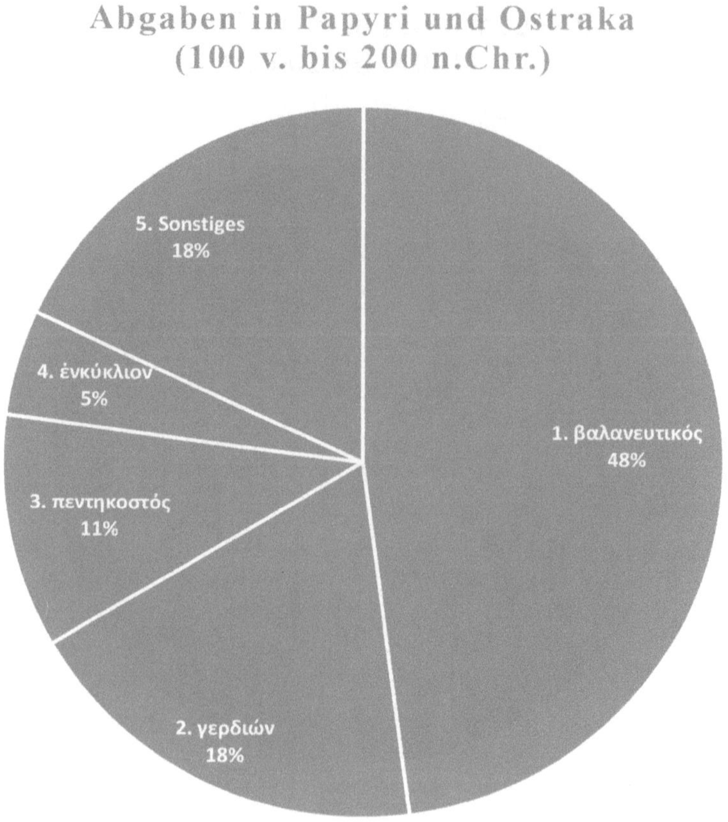

gie.[128] Der früheste Beleg für einen liturgischen Abgabeneinnehmer ist P.Mich. 10,582 von 50 n. Chr. aus dem Nemesion Archiv, das wir später noch ausführlich betrachten werden.[129] Diese Darstellung spiegelt grob die Abläufe in Ägypten im 1. Jh. n. Chr. wieder. Es gab lokale Unterschiede und besonders nach der Reform des Kaiser Trajan wurden neue Ämter eingeführt und fiskalische Abläufe optimiert. Die administrativen Reformen unter diesem Kaiser zu Beginn des 2. Jh. n. Chr. lassen sich hauptsächlich in den fiskalischen Dokumenten durch Erhöhung einiger Abgaben wie z. B. die Deichabgaben in Theben, Einführung neuer Abgaben

128 Vgl. Vandorpe, Roman Egypt, 100.

129 Vgl. Sharp, Shearing Sheep, 225, der meint, dass die Liturgisierung der Abgabeneinnahme bereits weiter zurückreicht. Zur Diskussion um fiskalische Liturgien Capponi, Egypt, 127–128.

(Penthemeros-Abgaben für Dämme im Arsinoites, Merismos-Abgaben als Umlage für Abgabenausfälle) und Ämterbezeichnungen (z. B. πράκτορες ἀργυρικῶν) fassen.[130] Für die Auswertung und Einordnung der Zeugnisse sind Datierung und Herkunft wichtig und es sollte mit lokalen Unterschieden sowie provinzialen Veränderungen gerechnet werden. Die verschiedenen Bezeichnungen des Abgabenpersonals sind unterschiedlichen Gepflogenheiten in den einzelnen Nome geschuldet. Im Folgenden werde ich mich auf die unterste administrative Schicht konzentrieren, die mit dem konkreten Einsammeln der Abgaben betraut war.

3.2.1 Zollstationen

Die Zollstationen in der Provinz Ägypten waren nach unterschiedlichen Mustern verteilt:[131] An den Hafenstädten am Mittelmeer (Alexandria; evtl. Pelousion) und am Roten Meer (Myos Hormos, Berenike, Arsione-Kleopatra/Klysma); an den Grenzen im Süden (Syene/Elephantine) und Westen (Kysis); rings um das Nome Arsinoite[132] und zwei darin;[133] im Nome Thebaide (Zeugmata, Memphis) und im Nildelta (Koptos, Apollinopolis Magna). Die Zollstationen sind geographisch an wichtigen Grenzposten bzw. Handels- und Reiserouten, natürlichen Grenzen wie Meer, Fluss und Wüste sowie rund um das fruchtbare Fayum verteilt. Die Handelsrouten werden durch die Häfen sichtbar, die in den Abgabenquittungen genannt werden: Memphis[134], Ptolemaios Hormos[135] und Syene[136]. Die dokumentierten Quittungen, die mit einem Hafen und damit Zoll in Verbindung gebracht werden können, stammen hauptsächlich aus dem Fayum.[137]

In den Zollinschriften wurde deutlich, dass es verschiedene Bezeichnungen für Zollpersonal gab. Leider sind auf den Zollquittungen nicht immer die Bezeichnungen des Zolleinnehmers festgehalten. Das Lemma τελώνης im Kontext vom Zollwesen ist laut Trismegistos Datenbank zwischen 100 v. bis 200 n. Chr. hauptsächlich in Theben, Syene/Elephantine und Hermonthis bezeugt.[138]

---

130 Vgl. Palme, Amt, 1989, 31–33.

131 Vgl. hierzu den Aufsatz von Cottier, Custom Districts, 142-147.

132 Papyrologische Belege für Zollstationen im Arsinoite stammen aus (im Uhrzeigersinn): Soknopaiu Nesos, Karanis, Bakchias, Philadelphia, Hawara/Haueris, Tebtynis, Dionysias.

133 Philopator/Theogenus und Anubias.

134 Für Soknopaiu Nesos, Karanis, Bakchias, Philadelphia, Dionysias, Philopator/Theogenus und Anubias.

135 Für Tebtynis.

136 Für Elephantine/Syene.

137 Laut Lemma Analyse λιμήν in Trismegistos Wort-Suche 30.07.2021.

138 Die Belege reichen insgesamt von 256 v. Chr. bis 325 n. Chr.

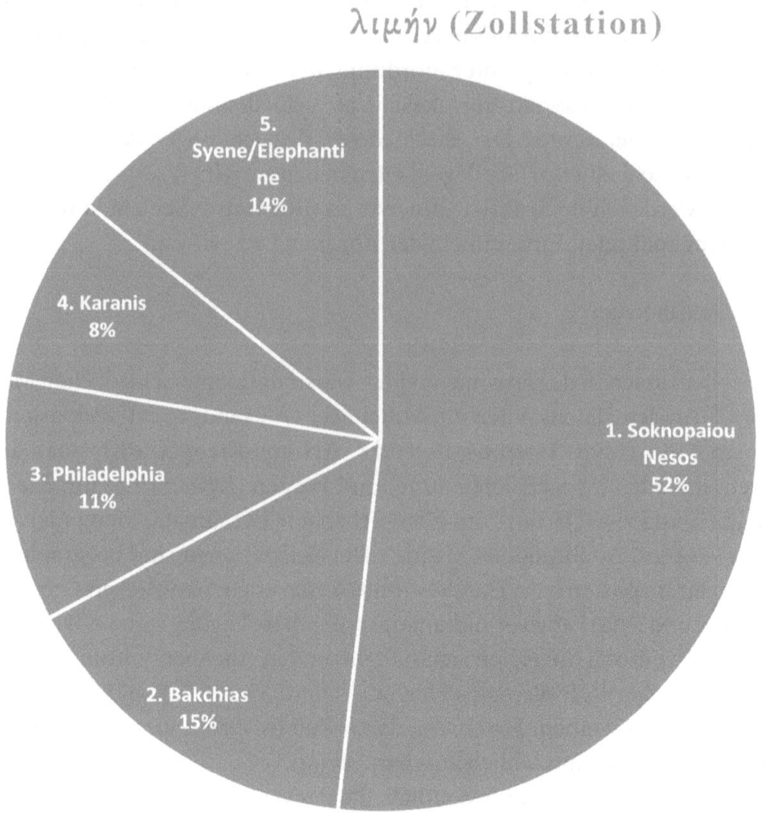

Die Quittungen belegen vor allem die *Ausfuhr* von Gütern. Darunter Weizen, Esel, Keramik, Wein, Linsen, Datteln und Netze oder andere Produkte aus Flachs. Lediglich vier Quittungen wurden von einer Einzelperson ausgestellt, in den anderen wird mindestens ein zweiter Zolleinnehmer oder mehrere genannt. Von 10 mehr oder weniger erhaltenen Namen von Zolleinnehmern sind alle männlich, zwei lateinisch, die übrigen ägyptisch und griechisch.

An einer Zollstation waren nicht nur der Zöllner anzutreffen, sondern auch weiteres Personal wie der Vertreter, ein Symbolarius oder ein Grammateus. Wir werden später sehen, was deren Aufgaben waren. Auch bewaffnete Angestellte waren vorhanden. In Ägypten sind das vor allem die (arabischen) Bogenschützen, die sogenannten ἀραβοτοξόται. Laut Fritz Mitthof eine nur im Nome Arsinoi-

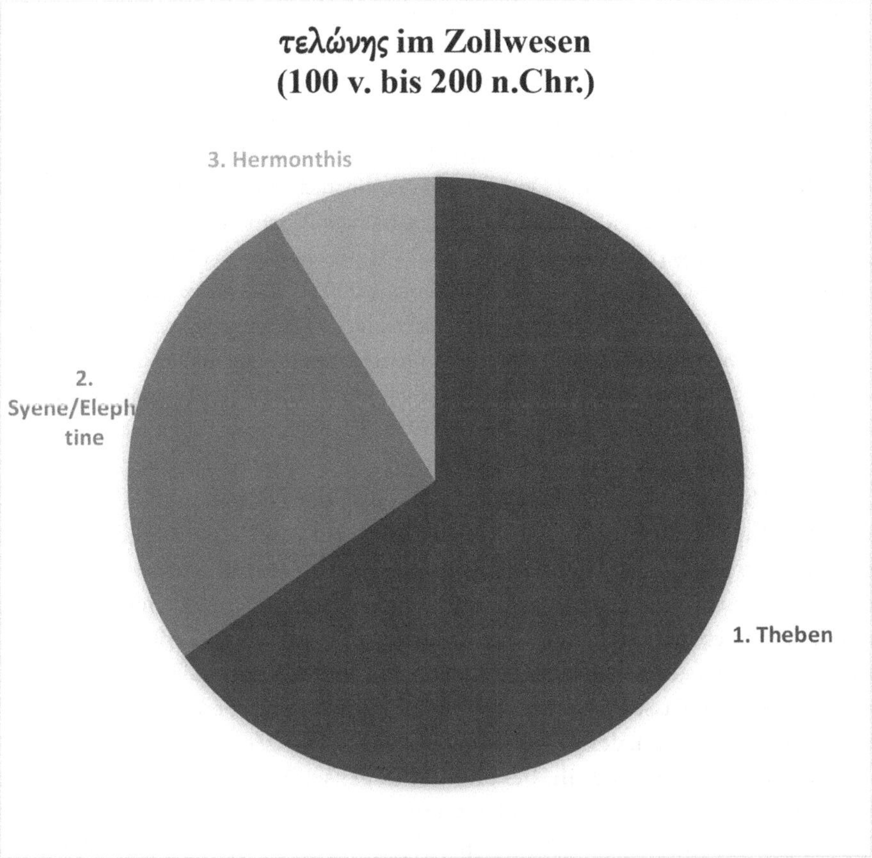

te belegte Zollpolizei.[139] Sie werden teilweise in Zollabrechnungen genannt, weil ihr Gehalt von den eingenommenen Abgaben abgezogen wird. Eine Abgabenabrechnung von 114 n. Chr. bezeugt für Bakchias (Nome Arsinoite) zwei stationierte Bogenschützen.

(γίνονται) ἐπὶ τὸ αὐτὸ (δραχμαί) Αμα (ὀβολὸς) ὧν Ἰσίωνι καὶ Ἀμμωνία ἀραβοτοξόταις ὀψωνίου ὡς τοῦ α (δραχμαὶ) ις (δραχμαὶ) λβ [λοιπ(αὶ)] (δραχμαὶ) Αθ (ὀβολὸς) ἃς καὶ διέγραψα εἰς τὸ δημόσιο[ν τῇ τ]ετράδ(ι) δ τοῦ ἐνεστῶτος μηνὸς Φαῶφι ε[ἰς ἀρίθ]μησιν Θὼθ ἐπακολουθοῦντος Κολλούθ(ου) [πραγματ]ευτοῦ Φλαυίου Ἡρακλείδου λιμνάρχ[ο]υ. Χα[ι]ρᾶς Χαιρήνομος τοῦ Ἀπολλωνίου ὀμνύω Αὐτοκράτορα Καίσαρα

139 Vgl. Mitthof, Zollbeamte, 256.

Νέρουα Τραϊανοῦ Σεβαστοῦ Γερμανικοῦ Δακικοῦ ἐξ ὑγιοῦς καὶ ἀπ' ἀληθείας ἐπιδεδωκέναι τὸν προκίμενον λόγον κα[ὶ] μηδὲν διεψεῦσθαι ἢ ἔνοχος ἴην τῷ ὅρκωι. (ἔτους) ιη Τρ[αι]ανοῦ Καίσαρος τοῦ κυρίου Φαῶφι δ. (P.Wisc. 2,80, Zeilen 185–197)

Das macht insgesamt 1041 Drachmen und 1 Obole, von denen als Gehalt Ision und Ammonius, die Bogenschützen, jeweils 16 Drachmen, das sind 32 Drachmen, übrig bleiben 1009 Drachmen und 1 Obole, die in die öffentliche Kasse überschrieben werden am vierten, das ist am 4. des gegenwärtigen Monats Paophi bis zur Abrechnung des Monats Thoth, geprüft von Colluthus, den Pragmateus des Flavius Heraclides, des Limnarchen. Ich, Chairas [Sohn] des Chairemons [Enkel] des Apollonius, schwöre beim Imperator Cäsar Nero Trajan Augustus Germanicus Dacicus, dass ich fundiert und gemäß der Wahrheit übergeben habe die vorgelegte Abrechnung und ich nicht betrogen habe oder ich möge auf den Schwur festgelegt werden. Jahr 18 des Trajan Cäsar des Herrn, Paophi 4. (P.Wisc. 2,80, Zeilen 185–197)

Aus dem Abschnitt lässt sich folgendes Personal an der Zollstation und administrative Struktur rekonstruieren: Die Abrechnung wird von Chairas erstellt, woraus sich ableiten lässt, dass er der zuständige Zöllner ist. Geprüft wurde seine Arbeit durch Colluthus, den Pragmateus. Dieser wurde wiederum von Flavius Heraclides, der das Amt des Limnarchen innehat, eingesetzt. Dann sind schließlich noch Ision und Ammonius als Bogenschützen genannt. Das eingenommene Geld wird an die öffentlichen Kassen überwiesen. Hinter dem Limnarchen verbirgt sich laut Sherman L. Wallace der Aufseher des Hafenzolls für Memphis.[140]

Auch noch Mitte des 2. Jh. bekommen Bogenschützen in Soknopaiu Nesos, westlich von Bakchias gelegen, 16 Drachmen Gehalt. Die Abrechnung, die auf ca. 150 n. Chr. datiert wird, enthält die Aufstellung für mehrere Monate. In Soknopaiu Nesos gibt es nur einen Bogenschützen an der Zollstation. Dieser hat gleichzeitig noch administrative Aufgaben.

(γίνονται) τῦ μηνὸς (δραχμαὶ) ροε τούτ(ων) ὀψονίου Θεογίτ(ονος) ἀραβοτοξό(του) ὑπὲρ τοῦ Μεχεὶρ μηνὸς (δραχμαὶ) ις λοι(παὶ) εἰς ἀρ[ί]θ(μησιν) (δραχμαὶ) ρνθ αἳ κ(αὶ) διεπέμφθησ(αν) διὰ Θεογίτ(ονος) ἀραβοτοξότ(ου) Παβοῦς Σαταβοῦτ(ος) ἐπιδέδωκα τὸν λόγ(ον) κ[αθὼς πρό]κειτ(αι(?)) διὰ Μελανᾶτ(ος) γρ(αμματέως). (P.Lond. 3,1169, 98–103)

Das macht für den Monat 175 Drachmen von denen als Gehalt des Theogiton, des Bogenschützen für [den Monat] Mecheir 16 Drachmen sind, es bleiben übrig nach der Rechnung 159 Drachmen, die durch Theogiton, den Bogenschützen geschickt werden. Pabus [Sohn] des Satabus hat diese Abrechnung erstellt wie vorgelegt durch Melan, den Schreiber. (P.Lond. 3,1169, 98–103)

140 Vgl. Wallace, Taxation, 259.

Der Zöllner Pabus erstellt diese Abrechnung. Der Schreiber Melan hat diese wahrscheinlich verschriftlicht. Theogiton bewacht nicht nur die Zollstation, sondern offensichtlich ist er auch der Geldbote. Es wird nicht gesagt, wo dieses Geld hingebracht wird, nur dass es durch Theogiton passiert. Da in Soknopaiu Nesos eine Bank nachgewiesen ist, wahrscheinlich dorthin.[141] Eine Quittung von 114/115 n. Chr. – vielleicht aus Tebtynis – belegt eine Einzahlung von ebensolchen Zolleinnahmen durch den Arabotoxotes Paniskos.[142]

ἔτους ὀκτωκαιδεκάτου Αὐτοκράτορος Καίσαρος Νέρουα Τρα[ια]ν[οῦ Ἀ]ρίστ[ου] Σεβαστοὺ Γερμανικ[ο]ῦ Δακικοῦ Ἀθὺρ ζ. ἐποίη(σεν) ἐπὶ τὴν Τίτ[ο(υ)] Φλα(ουίου) Δομι(τιανοῦ) τοῦ κ(αὶ) Ἀπολλω() τράπ(εζαν) εἰς τ[ὸ]ν Τιβ(ερίων) Κλ(αυδίων) Π[ρ]ωτάρ[χ]ου καὶ Διον() ἐπιτηρη(τῶν) νομαρχί(ας) λό(γον) Παυλῖνος ἐπιτηρη(τὴς) πύλ(ης) Καινῆ(ς) ιη (ἔτους) διὰ Πανίσκου ἀραβο(τοξότου) δρ[α]χ(μὰς) χι[λ]ίας [τ]ρι[ακοσίας] πεντηκ[ο]ντα ὀκτὼ (τετρώβολον), (γίνονται) (δραχμαὶ) Ατην (ὀβολοὶ 4(?)). (SB 20,15022)

Jahr 18 des Imperators Cäsar Nero Trajan Aristous Augustus Germanicus Dacicus, Athyr 7. Es hat eingezahlt in die Bank des Titus Flavius Domitian auch Apollo [genannt] für Tiberius Claudius, den Protarchen und Dion, den Epitereten der Nomarchie, [gemäß der?] Abrechnung des Paulinos, des Epitereten des Tores von Kaine, im 18. Jahr durch Paniskos, den Bogenschützen, 1358 Drachmen und 3 Obolen, das macht 1358 Drachmen und 4 (?) Obolen. (SB 20,15022)

Zuständig für die Abrechnung ist der Epiteret Paulinos. Epitereten waren im Gegensatz zu den Praktoren meistens in einem Kollegium tätig und hatten besonders, wie ihr Name deutlich macht, kontrollierende Aufgaben in der Finanzverwaltung.[143] Sie waren jedoch auch befugt, selbst Geld einzuziehen. Der früheste Beleg eines Epitereten ist O.Elkab 180, der Diokles und seine Kollegen in dem Amt 33/34 n. Chr. in Eileithyiopolis südlich von Theben/Luxor bezeugt.[144] Paulinos war schon das Jahr vorher Epiteret (SB 20,15021), allerdings war damals ein Bogenschütze namens Papontos tätig. Über Paulinos stehen in der Hierarchie der Protarch Tiberius Claudius und Epiteret der Nomarchie Dion, die auf der höheren Verwaltungsebene tätig sind, wie ihre Titel zeigen.

Dass einzelne Bogenschützen sich auch darum kümmerten, dass an den Zollstationen das Gesetz eingehalten wird, zeigt ein Vorfall aus dem Jahr 139 n. Chr. An

141 Vgl. Hennig, Arabotoxotai, 269 mit weiteren Hinweisen auf diese staatliche Bank in Fn. 13.

142 Hinweis bei Hennig, Arabotoxotai, 269.

143 Vgl. Oertel, Liturgie, 115 Fn. 1; 237–239; 242.

144 Da die Bezeichnung Epiteret vermehrt im 2. Jh. n. Chr. auftaucht und vor dem Fund von O.Elkab 180 eine Quittung von 137 n. Chr. als ältester Beleg galt, ist dieses Amt also älter als bisher angenommen. Einige Ämter bestanden damit über lange Zeit nebeneinander her. Vgl. Sharping, Shear Sheep, 226–227.

der Zollstation von Soknopaiu Nesos hat sich laut einer Anzeige des dort tätigen Bogenschützens ein Fall von Zollbetrug ereignet. Der Papyrus ist an einigen Stellen zerstört, was zu unterschiedlichen Textrekonstruktionen führt, die ich hier als a und b darstelle.

> An Julius Petronianus, den höchsten Epistrategen, von Pabus [Sohn] des Stotoetis, [Enkel] des Panomieus, einem Priester des Dorfes Soknopaiu Nesos im Bezirk von Heraklides im Nome Arsinoites, Arabischer Bogenschütze am Tor von Soknopaiu Nesos.
> [] [. . . .]Ankläger/Anklage [...] sondern weil ich gesehen habe, wie von Polydeukes Abgabengeld unterschlagen wurde, schon für den Zeitraum von 4 Jahren über die [Amts-]Niederlegung hinaus überwacht er das vorher genannte Tor und unter Harpagathes,
> a) den Eremophylakten,[145]
> b) [Sohn] des Ero[..]takos,
> habe ich den Epitereten der Provinz/Nomarchievertretern eine Kopie übergeben, von den von Harpagathes selbst geschriebenen Listen, die ich habe, über das, was ins Tor hineingebracht wurde und was herausgeführt wurde. Ich halte es für angebracht, dass eine Überprüfung derselben stattfindet, um zu entscheiden, ob die Abgaben von ihnen in die kaiserliche Kasse eingezahlt wurde. Und als Polydeukes [dies] herausfand, griff er mich mit anderen an, deren Namen mir nicht bekannt sind, und misshandelte mich mit vielen Schlägen, und nachdem er nicht zufrieden war, hetzte er mir Heraklas auf den Hals, einer der Schwertträger des imperialen Besitzes [AEM: Militärpolizei des *procurator usiacus*], und gemeinsam hoben sie mich mit Gewalt hoch und brachten mich zum Abrechnungshaus des Vorstehers des imperialen Besitzes [AEM: *procurator usiacus*] und sie machten mich [...], damit ich ausgepeitscht würde, um ihnen die Liste des Harpagathes auszuhändigen; dieses wurde den Nomarchen bekannt und dem, der Benefikarius des Ortes zu dieser war [...] Wegen dieser Zwangslage übergebe ich [dies] und halte es für angemessen, wenn es dir richtig erscheint, dass du Polydeukes und
> a) Harpagathes zum „*egregius procurator* des Herrn *Cäsars* (sc. den *procurator usiacus*) schickst, damit ich vor diesem den Beweis führe“[146]
> b) Harpagathes zu dir schickst, den Stärksten des Schlechten und Rädelsführer,[147] damit ich in der Lage bin den Beweis gegen sie zu machen
> und auch von dir die Genugtuung erhalte. Lebewohl. (P.Amh. 2,77 Zeilen 1–33)

---

145 Lesart laut Mitthof, Zollbeamte, 256, Fn. 5 und Hennig, Arabotoxotai, 270, Fn. 19.

146 Übersetzung Mitthof, Zollbeamte, 259.

147 Johnson, Roman Egypt, 601–602, Nr. 348 (hier 602) übersetzt: „the chief cause and prime mover in the mischief“.

Am Ende des Briefes folgt dann die oben erwähnte Liste der Im- und Exporte. Wie üblich bei offiziellen Schreiben, gibt Pabus zu Beginn seine Abstammung und sein Amt an. Er erwähnt, dass er zusätzlich Priester ist. Da Soknopaiu Nesos hauptsächlich aus einer priesterlichen Gemeinschaft bestand, überrascht dies nicht.[148] Interessant ist auf jeden Fall, dass er neben der Aufgabe am Zoll auch eine kultische Funktion innehatte. Auch dies ist typisch für Kultfunktionäre in niedrigen Positionen, da sie meistens nur Kost und Logis als Vergütung bekamen und nicht das ganze Jahr Tempeldienst versahen.[149] Die Zollstation wird von Polydeukes, der schon über die eigentliche Amtszeit hinaus das Zöllneramt innehat, geführt. Polydeukes Tätigkeit wird mit ἐπιτηροῦντος beschrieben, abgeleitet wäre er demnach ein Epiteret, und der Verweis auf seine Amtszeit könnte bedeuten, dass er eine Liturgie innehat.[150] Im Fall von Harpagathes ist es möglich, dass er als Eremophylakt an der Zollstation arbeitet.[151] Der Vorwurf gegen beide lautet, dass sie falsche Listen führen und nicht die eigentlich eingenommene Summe abführen. Beweisstück ist eine von Harpagathes geführte Liste, die Pabus zur Überprüfung empfiehlt, um seinen Verdacht zu bestätigen. Die Brisanz liegt nicht alleine in dem Betrug, sondern zu welchen Mitteln Polydeukes greift, um Pabus zum Schweigen zu bringen.

Was ist laut Pabus geschehen? Nachdem Pabus sich irgendwie eine Kopie dieser besagten Liste beschaffen konnte oder selbst anfertigte, hat er diese zu den Nomarchen geschickt. Das Amt der Nomarchen ist uns vorher schon begegnet. Hier zeigt sich, dass sie demnach auch für die Überprüfung von fiskalischen bzw. juristischen Vorgängen zuständig waren.[152] Polydeukes fand dies heraus, was darauf hinweist, dass ihn jemand informiert hat. Da dies wohl nicht Pabus selbst gewesen sein wird, bleiben nur alle Personen, die in irgendeiner Form von dem Brief des Pabus an die Nomarchen wussten oder direkt oder indirekt an dessen Weiterleitung beteiligt waren. Egal wer es war, wichtig ist, dass Polydeukes einen Informanten hatte. Dies veranlasst diesen, dass er Männer sammelt, die mit ihm gemeinsam

---

148 Vgl. Hobson, Land, 98.106-107 und Fn. 37. Dokumente legen nahe, dass über 50 % der Dorfbewohner Priester waren, Ende des 2. Jh. vielleicht sogar über 70 %. Auch sein Name (Pabus) und der seines Vaters (Stotoetis) wie Großvaters (Panomieus) gehören zu den häufigen und im Fall von Pabus und Stotoetis sogar ortsspezifischen Namen. Vgl. Sippel, Gottesdiener, 42.

149 Vgl. Sippel, Gottesdiener, 154.

150 Vgl. Mitthof, Zollbeamte, 256.

151 Die von Mitthof vorgeschlagene Lesart ist auch deswegen plausibel, weil Polydeukes kein Patronym erhält, sondern seine Funktion bei der Zollstation beschrieben wird. Außerdem würde das auch erklären, dass er später bei den direkten Angriffen auf Pabus keine Rolle spielt.

152 Reiter, Nomarchen, 94 weist drauf hin, dass dies allerdings laut den Belegen nicht ihre Hauptaufgabe war, wie in der älteren Forschung noch angenommen wurde.

Pabus zusammenschlagen.[153] Wo dies geschehen ist, lässt Pabus offen. Ebenso ob er diesen Vorfall gemeldet hat. Er identifiziert nur Polydeukes aus der Gruppe. Pabus lässt sich aber nicht einschüchtern und händigt die Liste nicht aus, was das erhoffte Ziel war, wie wir später erfahren. Polydeukes kommt nun in Begleitung des Militärpolizisten Heraklas, der Pabus offenbar namentlich bekannt ist. Sie schleppen Pabus zum Kontor des Vorstehers des imperialen Besitzes. Damit befinden wir uns nicht mehr in dem Bereich von Hintergassen, sondern einem offiziellen adminsitrativen Gebäude. Das Logisterion bezeichnet den zentralen Abrechnungshof des Nomes und befindet sich in der Hauptstadt Arsinoe.[154] Diese ist von Soknopaiu Nesos immerhin ca. 30 km Luftlinie entfernt. Dort ist der *adiutor*/βοητός, ein Beamter des *Procurators Usiacus,* zuständig. Mitthof weist darauf hin, dass von diesem *adiutor*/βοητός nirgendwo die Rede ist.[155] Wenn Pabus jedoch durch einen dort angestellten Sicherheitsbeamten dorthin gebracht und ausgepeitscht wird, dann scheint dort das illegale Vorgehen entweder gedeckt zu werden oder Polydeukes hat Pabus wegen des Entwendens einer offiziellen Abgabenliste angezeigt. Die Bestätigung der Vorwürfe ist ja immer noch offen und es steht Wort gegen Wort. Diese Aktion bleibt nicht mehr verborgen und sowohl die Nomarchen als auch der *beneficarius*, ein militärischer Verwaltungsinspekteur, erlangen Kenntnis von den Vorgängen.[156] Leider erfahren wir nicht, ob sie Schritte unternehmen, denn als Kontrollinstanzen fällt die Aufdeckung von Abgaben- oder Zollbetrug in ihren Zuständigkeitsbereich.[157]

Es ist auffällig, dass Harpagathes zwar an dem Betrug beteiligt ist, allerdings nicht erwähnt wird bei den Übergriffen gegen Pabus. Diese scheinen sämtlich von Polydeukes geplant und ausgeführt zu werden, was dafür spricht, dass er der zuständige Zollbeamte ist. Pabus jedenfalls denkt, wahrscheinlich zurecht, dass hier nur noch der Stratege helfen kann, an den er diesen Brief richtet. Mitthof vermutet, dass sich Pabus wegen der Untätigkeit anderer Beamter, namentlich der Zuständigen im örtlichen Abrechnungshaus, die Nomarchen und der Beneficarius, und deren eventueller Verstrickung in den Zollbetrug an den Epistrategen wendet als nächst höhere Ebene. Ebenso denkbar ist, dass Pabus an verschiedene Behörden

---

153 Ein Vorfall aus ptolemäischer Zeit illustriert neben der körperlichen Gewalt auch die öffentliche Demütigung (P.Hels. 1,2). Dionysius Zoilus, der Antigrapheus des Oikonomos, der für die Abgaben zuständig war, zeigt einen Überfall in einem öffentlichen Bad an. Der Soldat Philon hat ihn erst wie einen Badangestellten behandelt, dann mit anderen zusammengeschlagen und schließlich aus dem Bad gezerrt und an irgendwelche Wachen übergeben. Vgl. Llewelyn, Tax-Bureaucrat, 42–44.

154 Vgl. Mitthof, Zollbeamte, 259 und Fn. 21.

155 Vgl. ebd., 260.

156 Zum Amt des Beneficarius hadrianischer/antoninischer Zeit vgl. Ott, Beneficarier, 181–184.

157 Auch an Zollstationen aus dem Westen sind *beneficarii* bezeugt, die die Zollerhebung überprüfen. Vgl. dazu und zu den Aufgaben Ott, Beneficarier, 133.139. Vgl. auch P.Oxy. Hells. 11 (41/42 n. Chr. Oxyrhynchos), vermutlich eine Rechnungsprüfung des *beneficarius* des Idios Logos.

seinen Brief geschickt hat, wie es üblich war, und uns nur dieser erhalten ist.[158] Die vorgeschlagenen unterschiedlichen Lesarten am Ende des Briefes wirken sich darauf aus, wer für die Vorladung von Polydeukes und Harpagathes zuständig wäre. Laut der traditonellen Lesart müssten sie vor dem Strategen erscheinen, der sich der Sache annimmt. Mitthof dagegen schlägt vor, dass mit einer anderen Lesart der *Procurator Usiacus* gemeint sein könnte.[159] Auf diesen wurde auch vorher indirekt bereits zweimal auf lokaler Ebene verwiesen: Der Polizist Heraklas gehört zu seinem Personal und die Auspeitschung fand in seinem Amtssitz statt. Der *Procurator Usiacus* war für die Verwaltung des kaiserlichen Besitzes zuständig und in dem Zusammenhang auch als Richter tätig.[160] Dieser Vorfall zeigt anschaulich die administrative Struktur, in die jede Zollstation eingebettet war sowie die verschiedenten Personen und ihre Zuständigkeiten. Darüber hinaus macht es sichtbar, dass Betrug unter Umständen keine Tat von Einzeltätern war bzw. sein konnte, weil dieser auf verschiedenen Ebenen gedeckt werden musste. Nicht alle Angestellten einer Zollstation hießen Betrug gut und manche waren mutig genug, diesen anzuzeigen.

3.2.2 Abgabenquittungen

Abgabenquittungen sind hauptsächlich auf Papyri und Ostraka überliefert. Die Quittungen werden für jegliche Abgabenzahlungen ausgestellt, seien es Zoll oder andere indirekte oder direkte Abgaben. Sie dienen als wichtiger Nachweis, dass eine Abgabe bezahlt wurde. Praktoren waren in der Kaiserzeit in Ägypten in der Regel für das Einsammeln von direkten Abgaben zuständig, teilweise auch für solche wie die Badabgabe.[161] Praktoren stellten meistens selbst Quittungen aus im Gegensatz zu den μισθωταί und ἐπιτηρηταί, für die das teilweise Vertreter übernahmen.[162] Die Praktoren trugen häufig griechische oder ägyptische Namen und gehörten damit zur graeco-ägyptischen Schicht der Provinz.[163]

---

158 Vgl. Mitthof, Zollbeamte, 259–260.

159 Vgl. ebd., 258–259. Mitthof führt gegen die traditionelle Lesart an, dass grammatikalisch Harpagathes dann der eigentlich Schuldige und Kriminelle wäre, was aber der vorherigen Schilderung komplett widersprechen würde. Ebenso unklar sei die Wendung κράτιστον τοῦ κακοῦ und bei προσεπίτροπον handele es sich um ein Hapaxlegomenon, dessen Bedeutung aus der restlichen Konstruktion und dem Kontext geschlossen wird. Außerdem scheint am Ende von zwei Personen gesprochen zu werden, da für das ς in ἐπ' αὐτοὺς gar kein Platz vorhanden sei und auch das καὶ deplatziert sei. Dagegen seien die Bezeichnung ἐπίτροπος τοῦ κουρίου Καίσαρος und der Ehrentitel κράτιστος für den *procurator usiacus* gebräuchlich im 2. Jh. n. Chr.

160 Vgl. *Parassoglou*, Imperial Estates, 86; Beutler, Verwaltung, 67–68.

161 Vgl. Llewelyn, Tax-Collection, 67–68. Vgl. O.Heid. inv. 136; 147; 149 und 358.

162 Vgl. Reiter, Nomarchen, 125–126.

163 Vgl. ebd., 126 stellt für Elephantine/Syene fest, dass alle Praktoren griechische Namen tragen und die μισθωταί und ἐπιτηρηταί ἱερᾶς πύλας Σοήνης oft römische Namen.

Aus den zahlreichen Quittungen werde ich nur einige herausgreifen, die exemplarisch die fiskalischen Abläufe illustrieren. Als erstes blicken wir auf Zollstationen. Wie bei den Zollinschriften gesehen, wurden Abgaben auch beim Passieren von Häfen, Stadttoren, Flussfurten oder bestimmten Straßenpunkten eingezogen. Überall dort, wo Güter ein- und ausgeführt wurden. Die folgenden Quittungen bzw. Passierscheine belegen weiteres Personal an den Zollstationen. Der Ort Bakchias ist im Nome Arsinoites im Bezirk Herakleides nördlich von Philadelphia oberhalb eines Flusses gelegen. Der Papyrus wird auf 43/44 n. Chr. datiert.

> Erlaube dem Herakleios zu passieren durch das Tor von Bakchias, der einführt einen rötlichen jungen Esel, das macht 1 Esel. Jahr 4 des Tiberius Claudius Cäsar Augustus Germanicus Imperator, am 17. des [...], 17. A[...] (P.Customs 4)

Die Quittung ist etwas fragmentarisch, gut zu erkennen ist aber, dass die mitgeführte Ware genau beschrieben wird. Alter, Aussehen und Anzahl des Esels werden genannt. Auch das Tor von Bakchias, also die Zollstation, wird erwähnt. Es scheint als würde die Verzollung durchgeführt, bevor das Tor passiert wird. Wahrscheinlich wird der Passierschein dort dem Wachpersonal gezeigt und sie sind diejenigen, die mit dem Imperativ angesprochen werden. Es könnte sich dabei um Eremophylakten, Wüstenwächter, handeln. Die Aufgabe der Eremophylakten bestand darin, Quittungen und Passierscheine zu überprüfen. Sie waren sowohl an Zollstationen als auch an den Kontrollposten entlang der Wüstenstraßen tätig.[164] Nicht genannt wird eine Geldabgabe, was jedoch nicht bedeutet, dass keine bezahlt wurde, sondern lediglich, dass diese nicht auf dem Passierschein vermerkt wurde.

Der nächste Papyrus ist aus Soknopaiu Nesos, direkt am nördlichen Ufer des Sees Moeris im Nome Arinoite gelegen.

> Erlaube Phaboutos zu passieren durch das Tor von Nesos Soknopaiu, Öl, 2 Kamele und 4 Fohlen, das macht 6 Kamele und 10 Metren [Öl]. Im Monat Kaisareious 21 des Herrn Domitians, am 21. (P.Customs 16)

Die Zollquittung aus Soknopaiou Nesos ist nicht genau datierbar, weil eine Jahreszahl fehlt. Somit kann lediglich gesagt werden, dass sie unter Domitian (81–96 n. Chr.) ausgestellt wurde. Der Text ist von den Formulierungen dem vorherigen ähnlich. Die eingeführte Ware besteht aus Öl und Kamelen. Hier ist es schon schwerer vorstellbar, dass keine Zollabgaben bezahlt wurde. Festgehalten

164 Vgl. Hennig, Arabotoxotai, 277–280.284. Vgl. seinen Hinweis auf P.Oxy. 49,3467 Zeilen 8–12 (98 n. Chr.), wo von einem Turm der Eremophylakten neben einem Dioskuren Heiligtum in der Nähe von Oxyrhynchos die Rede ist. Es handelt sich wahrscheinlich um einen Kontrollposten.

werden kann lediglich, dass zumindest keine Abgaben genannt wird. Allerdings ist der Papyrus auch beschädigt. Archäologisch bestätigt ist die Existenz von Mauern um das Dorf, mindestens im nördlichen Teil.[165] Dort finden sich auch die Überreste eines kleinen Gebäudes, bei dem es sich um das Zollhaus handeln könnte.[166]

Eine weitere Quittung aus Bakchias von 125 n. Chr. ist in der Form eines Zahlungsbelegs gestaltet.

> Bezahlt hat [beim Passieren] des Tors von Bakchias für den Hafen von Memphis Ninnas, 4 Artabas Datteln auf einem Esel herausführend, im Jahr 9 des Trajan Hadrians des Herrn, am 14. Epeiph, am 14. Gezeichnet von Leo(.). Im Jahr 9 am 14. Epeiph, am 14. (P.Customs 132a)

Ninnas exportiert aus Bakchias Datteln auf einen Esel nach Memphis, der weiter nördlich gelegenen Stadt, die das Tor zum Nildelta bildet. Auch hier wird nicht genannt, wie viel Ninnas an Leo[?] bezahlt, sondern lediglich bestätigt, dass er bezahlt hat. Wir haben bereits in einer Abrechnung gesehen, dass in Bakchias auch Zoll für den Hafen in Memphis abgerechnet wurde. Ein solches Vorgehen ist aus anderen Orten im Nome Arsinoites und Oxyrhynchos belegt.[167] WALLACE vermutete, dass diese Zollquittungen dann in Memphis vorgezeigt wurden.[168]

Andere Quittungen belegen, dass Händler Zusatzleistungen bezahlten, einen Symbolon, für die Dienste des Symbolarius, der die Quittungen ausstellte. Dieses Amt ist für Ägypten und Ephesus bezeugt.[169] Ein Grabepitaph aus dem 3. Jh. bezeichnet den Verstorbenen als *servus symbolarius* (AÉ 1988, 1019).[170] „At all custom stations these payments were registered one by one into larger ledgers recording all imports and exports by *tabularii* and other specialists."[171] Diese Register mussten regelmäßig zur Überprüfung in zentrale Verwaltungszentren geschickt werden, d. h. an den königlichen Schreiber und den Strategen der Gauverwaltung.[172] Der administrative Aufwand für *eine* Abgabenquittung war also recht hoch. Von der Warendeklaration über die Quittung bis hin zu der Überprüfung waren verschiedene Personen in den Ablauf involviert.

---

165 Vgl. Davoli, Archaelogical, 56.

166 So ebd., 56.

167 Vgl. Wallace, Taxation, 258-261.

168 Vgl. ebd., 258.

169 Vgl. van Nijf, Social World, 290.

170 Hinweis ebd., 298.308.

171 Vgl. van Nijf, Social World, 291 bzw. Sijpesteijn, Custom, 85-90.

172 Vgl. Kruse, Schreiber, 624-627.

Ähnlich ist es beim Einzug von Abgaben. Caroll A. Nelson stellt in einem Aufsatz einige Quittungen aus Elephantine/Syene vor, die die Bezahlung einer nicht näher spezifizierten Handelsabgabe (χειρωνάξιον) belegen.[173] Diese muss von Gewerbertreibenden, oft organisiert in Vereinsform, bezahlt werden. Geographisch befindet sich Elephantine, bzw. Syene im südlichsten der ägyptischen Nome. O.Berol. inv. 25470 wird auf den 15.12.78 datiert.

> Ich erhalte in die Kasse [λόγος] von Psuchnusios und seinem Sohn für Handelsabgaben [χειρωνάξιον] des 11. [Jahres der Regierungszeit] des Herrn Vespasians 12 (Drachmen), Choiak 19. Philomenos hat unterschrieben/geschrieben. (O.Berol. inv. 25470)

Die Quittung ist formal typisch aufgebaut. Die zahlenden Personen, die Geldsumme, die Abgaben, die Transaktion, das Datum und der regierende Kaiser sowie der Abgabeneinnehmer werden genannt. Vater und Sohn kommen entweder gemeinsam für eine Abgabe auf oder erhalten zumindest eine gemeinsame Quittung.[174] Psuchnusios ist ein ägyptischer Name und der Abgabeneinnehmer trägt einen griechischen Namen.

Die nächste Quittung ist vom 08.06.108, d. h. nach der trajanischen Reform, und bestätigt erneut den Empfang der Handelsabgaben. Besonders an diesem Beleg ist, dass er als Ersatz für den originalen Abgabenbeleg ausgestellt wird.

> (Es hat eingeritzt für) Atpes, Sohn von Pachnubis und der Mutter Tachurt(...) hat bezahlt für Handelsabgaben des 11. (Jahres) [der Regierungszeit] des Herrn Trajan Cäsar 12 Drachmen, macht 12. Wegen des Verlorengehens der früheren Quittung [ἀποχή] hat Hermogenes, Sohn des Ammonas, (Praktor) unterschrieben/geschrieben. Jahr 12 des Herrn Trajan. Pauni 14. (O.Berol. inv. 25464)

Hermogenes stellt für Atpes, sowohl er als auch seine Eltern tragen ägyptische Namen, 108 n. Chr. eine neue Quittung aus, weil er diejenige von 107 n. Chr. verloren hat. Offensichtlich war es wichtig, dass die Abgabenquittungen mindestens des vergangenen Jahres aufbewahrt wurden. Die Bezeichnung „Praktor“ wurde rekonstruiert, weil laut Carroll A. Nelson die Tätigkeit des Hermogenes als Praktor gut bezeugt ist in den Jahren von 96/97 bis 109 n. Chr.[175]

---

173 Nelson, Receipts, 259–262.

174 Nelson, Receipts, 259–260 stellt bedauernd fest, dass nicht erschlossen werden kann, wie genau sich diese Zahlung zusammensetzt.

175 Vgl. Nelson, Receipts, 261. Vgl. O.Berol. inv. 25482, wo gleich am Anfang Didymion Praktor genannt wird.

Kopfabgabenquittungen sind unterschiedlich aufgebaut und benennen verschiedene Akteur:innen. Die Unterschiede lassen sich nicht allein durch Geographie erklären, denn in ein und demselben Nome wurden an manchen Orten zusätzlich zur Kopfabgabe Gebühren erhoben und auf der Quittung festgehalten. In Theben, zugehörig zum Nome Koptos, wurde folgende Kopfabgabenquittung im Jahr 34 n. Chr. ausgestellt:

> Es hat eingeritzt für Pabus gemäß für die Kopfabgaben des 20. Jahres, 10 Drachmen, das macht 10 und die Zusatzzahlung von 0,5 Obolen. Jahr 20 des Tiberius Cäsar Augustus, [im Monat] Pharmuthi 13. Petemenophis [Sohn] des Piktos. (O.Bodl. 2,416)

Der Name des Abgabenzahlers, die Abgabenart, das Jahr und die Summe werden notiert. Hier wird neben der Abgabe noch eine Gebühr von 0,5 Obolen einbehalten. Es wird nicht gesagt, wofür diese Gebühr ist. Am Schluss der Quittung ist der Name des Abgabeneinnehmers notiert. Er trägt einen ägyptischen Namen. Andere Abgabenquittungen aus Theben enthalten auch solche Zusatzleistungen.[176] Fast zeitgleich ist in Abgabenquittungen aus Ta Mennonmeia, südlich von Theben, keine Zusatzgebühr vermerkt.[177]

Einige Ostraka aus Theben quittieren die Zahlung von Kopfabgaben, die bei der Bank bezahlt wurden. Dies wird ausgedrückt mit τράπεζα.[178] In Theben spielten die Banken eine größere Rolle als an anderen Orten beim Abgabeneinzug.[179] Die Belege sind oft schematisch aufgebaut. Der folgende stammt von 7 v. Chr.[180]

> Es hat eingeritzt bei der Bank des Kephalos betreffend der Kopfabgaben des Petemenophis [Sohn] des Petechonsis, des Reparateurs, für das 23. Jahr, 10 Drachmen. Jahr 23 des Kaisers, [im Monat] Pharmuthi 13. (O.Bodl. 2,410)

Die Quittung enthält Name, Patronym und Beruf des Abgabenzahlers. Die Abgaben, das Datum und die Geldsumme werden festgehalten. Wichtig ist zudem, dass die Bank durch den Beinamen identifiziert wird. Dabei kann es sich wie hier um den Namen des Bankbesitzers handeln oder um eine geographische Verortung im Stadtteil oder ähnliches.[181] Eine weitere Quittung 16 Jahre später (9. n. Chr.) wurde

---

176 O.Bodl. 2,415 (33 n. Chr.); O.Bodl. 2,417.419-421 (41-47 n. Chr.) eine Gebühr von 0,5 Obolen und in O.Bodl. 2,423 (59 n. Chr.), O.Bodl. 2,426–429 (72-88 n. Chr.) wird nur noch die Gebühr, aber nicht die Höhe festgehalten.

177 O.Bodl. 2,422 (50/51 n. Chr.); O.Bodl. 2,424 (64 n. Chr.); O.Bodl. 2,430 (106 n. Chr.).

178 Vgl. LSJ τράπεζα A II; Wallace, Taxation, 287.

179 Vgl. Wallace, Taxation, 300-301.

180 Vgl. O.Bodl. 2,409 von 9 v. Chr. in der exakt gleichen Formulierung.

181 Vgl. Preisigke, Girowesen, 31.

in eine Tonscherbe, die in Koptos, nördlich von Theben, gefunden wurde, geritzt und ist anders aufgebaut.

> Es hat eingeritzt durch [...] der königlichen Bank für die Kopfabgaben des [Viertels] Arabon des 38. Jahres, Ptolemaios Dionysios [hat bezahlt] 8 Drachmen. Jahr 38 des Kaisers, [im Monat] Pachon 20. (O.Bodl. 2,411)

Bei Abgabenquittungen aus Koptos wurden einige mit dem Zusatz Ἀράβων gefunden, womit ein Viertel in Koptos gemeint ist.[182] Wie in Arsinoe ist es in dieser Stadt nötig, das Viertel anzugeben, um die Personen zu identifizieren. Hier wird von der königlichen Bank gesprochen, womit die römische Staatskasse gemeint ist, deren Sitz in der Nomehauptstadt ist.[183] Zu Beginn des 2. Jh. n. Chr. finden sich keine von Banken ausgestellten Quittungen mehr, was darauf hinweist, dass sie nicht mehr zum Einzahlen von Abgaben dienten.[184] Beispielhaft kann diese Entwicklung anhand zweier Zeugnisse aus Elephantine illustriert werden. Am 15.11.18 stellt der Bankangestellte Ammonius (Ἀμμώνιος τραπεζίτης) eine Quittung für die Kopfabgaben aus (BGU 20,2849). 140 Jahre später, am 9.5.158, stellt der Assistent eines Abgabenpächters die Quittung aus.

> Stlakkios, der Abgabenpächter des Heiligen Tores von Syene, durch Serenos, den Assistenten. Er hat eingemeißelt, dass Menopheilos der Ältere, Sohn des Orbaeis und der Mutter Tisatis für die Kopfabgaben des 21. Jahres 8 Drachmen bezahlt hat, das macht 8 Drachmen. Jahr 21 des Antonius Cäsars des Herrn, 4. Pauni. (O.Wilck. 237)

Der eigentliche Pächter Stlakkios hat den Assistenten Serenos eingesetzt, um die administrativen Aufgaben auszuführen. Die Bezeichnung findet sich in Elephantine ab dem 2. Jh. häufig auf Abgabenquittungen und gehört in den Kontext der trajanischen Reformen.[185] Die Pacht der Kopfabgaben durch Stakklios lässt sich durch gefundene Ostraka bis 150 n. Chr. zurückverfolgen (SB 1,4365,1).[186] Bis 155 n. Chr. hatte er einen Assistenten namens Ammonius, der die Kopfabgabenquittungen ausstellte.[187] Ab spätestens 156 n. Chr. wurde Serenos sein As-

182 Vgl. ebenso die Kopfabgabenquittungen: O.Petrie Mus. 80, 2 [b] (122 v. Chr.); O.Petrie Mus. 223, 2 (2 n. Chr.); O.Petrie Mus. 224, 2 (3 n. Chr.); O.Petrie Mus. 226, 2 (34 n. Chr.); O.Petrie Mus. 228, 2 (35 n. Chr.) und für die Deichabgaben O.Petrie Mus. 301, 2 (59 n. Chr.).

183 Vgl. Preisigke, Girowesen, 12.

184 Vgl. Palme, Amt, 29.

185 O.Bodl. 2,457; 458; O.Ashm. 17; 20; O.Berl 37;45; O.Cair. 37; O.Bankes 49; SB 1,4365,1.

186 Der Titel μισθωτὴς ἱερᾶς πύλης Σοήνης ist ab 114 n. Chr. in Elephantine nachweisbar. Vgl. Palme, Amt, 34.

187 SB 1,4365,1 am 24.04.150; O.Eleph. DAIK 289, 1 am 10.11.152; O.Wilcken 2 226, 1 am 05.02.155.

sistent.[188] Nicht genau datierbar auf August 157 oder 158 quittiert ein Assistent namens Petorzmetis die Abgaben (O.Wilck. 238).[189] Entweder war er zeitgleich mit Serenos angestellt, so dass wir also mindestens zwei Assistenten hätten, oder er vertritt Serenos. Stlakkios wird im Jahr 158 n. Chr. von dem Pächter Ulpius Cerealis abgelöst. Serenos ist für einige Zeit noch dessen Assistent.[190] Wenn es sich um dieselbe Person handelt, wurde er also vom nächsten Abgabeneinnehmer übernommen.

Anhand der zahlreichen Abgabenquittungen aus Elephantine ist es möglich, einen kleinen Einblick in das 1. und 2. Jh. zu gewinnen. In diesem Zeitraum sind durchgängig Praktoren bezeugt, die die Kopfabgaben[191], Flusswächterabgaben[192] oder die Umlagenabgaben[193] einnehmen. Meistens werden sie als Einzelpersonen genannt. Manchmal stellt ein Schreiber in ihrem Namen die Quittungen aus.[194] Im 2. Jh. tauchen Epitereten in Gruppen auf. Sie nehmen die Kopfabgaben[195], die Umlage wegen Anachorese[196], d. h. Abgabenflucht, die Gewerbeabgaben[197] und die Landvermessungsabgaben[198] ein. Ein Ostrakon bezeugt auch, dass sie den Zoll für ein Kalb quittieren (s. o.).[199] Sie deligieren die Arbeit häufig an Assistenten.[200] In den 40er Jahren des 2. Jh. werden viele der Quittungen von Assistenten der Pächter, wie in dem obigen Beispiel, ausgestellt, z. B. für die Kopfabgaben,[201] die Umlagenabgaben[202], die Landvermessungsabgaben[203] und Gewerbe-

188 Aufgelistet werden nur die klar identifizierbaren Ostraka: O.Wilcken 230, 1 am 17.12.156; O.Wilck. 231 am 16.08.157; O.Minor C 2,1 am 15.09.157; O.Wilck. 233 am 14.11.157; O.Wilck. 234 am 08.02.158; O.Wilck. 236 am 28.04.158.

189 Zwei Quittungen weichen von diesem Muster ab. Dort wird anfangs nur Stlakkios erwähnt und dann am Ende mit zweiter Hand eine weitere Zahlung quittiert (O.Wilck. 229; O.Eleph. DAIK 32, 1).

190 O.Bankes 10. Zimmermann, Zöllner, 146–149 weist auch für Illyricum eine Übernahme des Abgabenpersonals nach.

191 SB 6,9545,1 (12 n. Chr.); 10 (76 n. Chr.); 13 (89 n. Chr.); 15 (102 n. Chr.); O.Bankes 6 (98–106 n. Chr.); O.Ashm. Shelton 8 (120 n. Chr.).

192 O.Ashm. 18 (104–137 n. Chr.); O.Bankes 30 (131–132 n. Chr.).

193 O.Bankes 15 (140 n. Chr.); O.Bankes 19 (142 n. Chr.); O.Bankes 18 (145 n. Chr.).

194 SB 6,9545, 32 (112 n. Chr.); 25 (118 n. Chr.); 26 (124 n. Chr.); O.Bankes 14 (177 n. Chr. [?]).

195 O.Bodl. 2 457 (128 n. Chr.); O.Bodl. 2 458; O.Ashm. 17; O.Berl 37: SB 6,9545, 19; SB 18,13183; O.Cair. 37; SB 18,13184; O.Bankes 12; O.Ashm. 21 (149 n. Chr.).

196 O.Bodl. 2 816; O.Leid. 181; P.Bingen 88.

197 O.Bodl. 2 1064; O.Bodl. 3,1; O.Bodl. 2,1065; O.Berl. 39; O.Ashm. 23.

198 SB 28,17256.

199 O.Cairo 83 (144 n. Chr.).

200 O.Berl. 37; SB 6,9545, 19; SB 18,13183; O.Cair. 37; O. Bankes 12; O.Ashm. 21; O.Leid. 181.

201 SB 6,9545, 20; O. Bankes 49; O.Wilck. 237; O.Berl.45; SB 6,9545,23; O.Ashm. 20.

202 O.Bankes 17.

203 O.Bodl. 2,966; O. Leid. 182; O.Bankes 2.

abgaben[204]. Dabei ist auffällig, dass einige Abgabeneinnehmer für verschiedene Abgaben zuständig sind. Heraklides und Isidoros sind in den 40er Jahren des 2. Jh. sowohl für die Kopfabgaben (SB 6,9545,20) als auch Umlagenabgaben (O.Bankes 17) sowie Landvermessungsabgaben (O.Bodl. 2,966) und Gewerbeabgaben (O.Bodl. 2,1066) zuständig. Der bereits bekannte Stlakkios hat 156 n. Chr. durch Ammonius auch Quittungen für die Landvermessungsabgaben ausstellen lassen (O.Bankes 2). Vier Ostraka bezeugen die Bezeichnung τελώνης im Jahr 142 n. Chr. in Elephantine zur Einnahme der Hetärenabgaben und ebenso ein Ostraka in Hermonthis.[205] Ammonius stellt die Quittung im Namen seiner Kollegen für die Hetäre Senmarine aus und Brasidios Valens unterzeichnet die Quittung. Insgesamt kann man anhand der Beispiele beobachten, dass es Kontinuitäten sowohl personeller als auch formeller Natur auf verschiedenen Ebenen gab. Auffällig ist, wie es sich nun schon mehrfach gezeigt hat, dass verschiedenes Abgabenpersonal zeitlgeich tätig war und es nicht immer klar wird, anhand welcher Kriterien sich ihre Aufgaben voneinander abgrenzten.

Aus Oasis Parva, auch als Aphrodision bekannt, stammt eine Quittung für eine Landregistrierung.[206] Die Oase liegt südwestlich vom Fayum, westlich von Oxyrhynchos in Richtung Wüste. Das Dokument ist auf den 8.04.187 n. Chr. zu datieren. Obwohl sie relativ spät ist, möchte ich sie hier vorstellen, weil sie sie die Komplexität in der Abwicklung von Abgaben gut illustriert.

> Im Jahr 27 des Aurelius Commodus Antonius Cäsar, des Herrn, 13. Pharmouthi. Bezahlt wurde an Sarapias, die [Tochter] des Sarapions, die beschäftigt worden war für die [Land-]Registrierungen des Oxyrhynchtes und anderer Nome durch Ammoniu – Epiteret/Pragmateus - von Tetoeus, Freigelassene des Panechotos aus Aphrodision in Mikra Oasis [[…]] für eine Arura […] Abgaben mit [Gebühr {?}] noch das Geschuldete. (SB 18,13914)

Am einfachsten ist zunächst festzustellen, dass Tetoeus die Abgabenquittung erhält. Tetoeus war früher die Sklavin von Panechotos, der sie freigelassen hat. Panechotos und vermutlich auch Tetoeus leben in Aphrodision. Dies ist der Personenkreis der Abgabenzahlenden. Blicken wir auf die andere Seite, wird es etwas komplizierter. Über Sarapias wird gesagt, dass sie die Tochter des Sarapions ist. Sie war früher zuständig für die Landregistrierungen in Oxyrhynchtes und anderer Verwaltungseinheiten. Der Titel ἀσχολούμενος τοῦς καταλοχισμενοῦς bezeichnet im

204 SB 18;13199; O. Berl. 46; O.Bodl. 2,1066.

205 Elephantine: SB 4,7399; 6,9545,33; O.Wilck. 2,83; 2,1157. Hermonthis: O.Cair. 60.

206 Die Oase hatte bis 160/170 n. Chr. einen eigenen Strategen und galt daher als Nome. Vgl. Derda, Fayum, 39.

fiskalischen Kontext speziell die Person, die die Abgaben für die Registrierung von Land einnimmt.[207] Dass für Sarapias der Titel in ein Aorist Partizip gesetzt wird, erklärt STEPHEN R. LLEWELLYN damit, dass die Abgaben eigentlich zu ihrer Amtszeit hätten bezahlt werden müssen und dies nicht getan wurde.[208] Dann ist noch Ammonius erwähnt. Über das Wort πραγματευτοῦ wurden im Papyus die Buchstabenfolge ἐπιτ hinzugefügt, was laut PIETER J. SIJPESTEIJN für ἐπιτηρητῆς oder wie LLEWELLYN ergänzt ἐπιτήρησις stehen könnte.[209] Vielleicht wurde es zur Erläuterung hinzugefügt, um Ammonius Rolle zu erklären. Es handelt sich dabei um das Amt eines Kontrolleurs, der Abgabenquittungen unterschreiben und auch selbst Abgaben, besonders ausstehende, einsammeln konnte.[210] Pragmateus Ammonius ist also für die Vertretung und Überwachung mindestens dieser Abgaben zuständig. Durch das διὰ wird wahrscheinlich ausgedrückt, dass er das Geld statt Sarapias annahm. Ansonsten handelt es sich hier um einen Beleg, der Frauen sowohl als Abgabeneinnehmerinnen bezeugt als auch die Bezahlung durch eine Freigelassene. Frauen sind auch an anderer Stelle als Abgabeneinnehmerinnen genannt. In P.Princ. 2,50 rekonstruiert SIJPESTEIJN eine Usia Ptolemais, die zu einem Kollegium von ἀπαιτῆται gehört.[211] In den Digesten wird Moschis erwähnt, die verschuldet verstarb, weil sie *vectigalia* gepachtet hatte (Dig. 49,14,47).

Wir haben inzwischen verschiedene Abgabenquittungen gesehen. Die Abgabenquittungen aus dem Archiv des Soterichos aus Arsinoe in Ägypten quittieren die Zahlung der Laographia des Soterichos und seiner Söhne. Soterichos lebte ungefähr von 45-95/96 n. Chr. in Theadelphia, war verheiratet mit Thaisas und hatte mindestens vier Söhne. Theadelphia liegt südwestlich vom See von Moeris im Nome Arsinoites im Bezirk Themistos. Die Familie lebte von der Landwirtschaft und baute auf Pachtland Wein, Getreide und Gemüse und Obst an.[212] Die Laographiaquittungen enthalten regelmäßig den Zusatz, dass noch eine „Wechselgebühr" bezahlt wurde.

Im 5. Jahr des Imperator Cäsar Domitianus Augustus Germanicus, im Monat Pharmuthi, nach der Abrechnung am 28. Es haben überwiesen Soterichos, der Sohn des Lykos, Enkel

207 Vgl. Llewelyn, Tax-Collection, 47-48. Vgl auch eine Abgabenquittung aus Oxyrhynchos aus dem Jahr 196 n. Chr. mit ähnlichem Vokabular herausgegeben von Youtie, Receipt, 277-280.

208 So Llewelyn, Tax-Collection, 48.

209 Vgl. Sijpesteijn, A Female Tax Collector, 71-73; Llewelyn, Tax-Collection, 48.

210 Llewelyn, Tax-Collection, 48-49 diskutiert, ob es sich dabei um ein liturgisches Amt zu der Zeit handelt oder nicht.

211 Vgl. Sijpesteijn, Another Female Tax Collector, 121-122.

212 Vgl. Zu den Informationen Omar, Das Archiv des Soterichos, 17-23 und ders., Zwei Kopfabgabenquittungen, 287-291 mit der Korrektur, dass mindestens vier Söhne identifiziert werden können über gefundene Quittungen.

des Soterichos, und der Apollonus, der Tochter des Philippos, der auch Maron heißt, an Laographia des fünften Jahres für Tharapeia zwanzig Drachmen, macht 20, und die Wechselgebühr; und sein Sohn Lykos, von der Mutter Thaisas, der Tochter des Chares, zwanzig Drachmen, macht 20, und die Wechselgebühr; und sein anderer Sohn Chares, von derselben Mutter, zwanzig Drachmen, macht 20, und die Wechselgebühr. (SB 20,15106)[213]

Diese Quittung stammt von 86 n. Chr. und quittiert die Laographiazahlung von Soterichos und der beiden Söhne Lykos und Chares. Tharapeia ist ein Stadtteil von Arsinoe, der Hauptstadt des Nomes. Sie werden in Arsinoe besteuert, weil Soterichos wie auch seine Söhne ursprünglich dorther kam und dort registriert blieb. Da Bewohner von Arsinoe nur die Hälfte der Laographia bezahlten vom üblichen Satz des restlichen Nomes, brachte es finanzielle Vorteile, dort weiter registriert zu bleiben.[214] Auch hier wird die Quittung für mehrere Familienmitglieder ausgestellt. Die Laographia beträgt 20 Drachmen. Über die Höhe der Wechselgebühr wird nichts ausgesagt. Sayed Omar weist darauf hin, dass die Wechselgebühr im 2./3. Jh., wo sie ansonsten belegt ist, ca. 1/60 des Betrages betrug.[215] Lediglich Zeugnisse aus dem Fayum bezeugen eine Gebühr von 1/33 des Grundbetrages.[216] Die genealogischen Beziehungen werden mütterlicherseits und väterlicherseits bis zur Großelterngeneration bei Soterichos aufgeführt.

3.3 Archive von Abgabenpersonal

Aus dem Fayum sind zwei Archive von Abgabenpersonal erhalten und größtenteils ediert, die nicht nur Einblick in das Abgabenwesen, sondern auch in familiäre Strukturen, verschiedene Beziehungen und ökonomische Verhältnisse geben. Anhand der Daten und Informationen, die sich aus den Archiven gewinnen lassen, erfahren wir Details über die Tätigkeit von Abgabenpersonal sowie die Netzwerke, in die sie eingebettet sind. Auf diese Weise können wir zum Teil rekonstruieren und eine Vorstellung davon gewinnen, welchen Platz Abgabenpersonal in der Gesellschaft einnehmen konnte. Das eine Archiv ist aus dem 1. Jh. aus Philadelphia. Das andere aus der ersten Hälfte des 2. Jh. aus Karanis. Die Orte liegen beide im Distrikt Herakleides am nördlichen Rand und sind damit auch Umschlagplätze für Waren, wie die Zollhäuser signalisieren.[217] Sie bilden damit grob ein Jahrhun-

---

213 Übersetzung Sayed Omar.

214 So Omar, Zwei Kopfsteuerquittungen, 288.

215 Vgl. Omar, Neue Kopfsteuerquittungen, 216.

216 So ebd., 219 mit Verweis auf P.Fay. 56,7 (106 n. Chr. aus Theadelphia) und P.Tebt. II 352,19 (158 n. Chr.).

217 Die früheste Zollquittung aus Philadelphia stammt von 132 v. Chr. (P.Thomas 3). Leider fehlen Zollquittungen aus dem 1. Jh. Eingeführt werden im 2. Jh. z. B. Weizen (SB 12,10911; P.Customs 19)

dert ab und spiegeln sowohl spezifische lokale als auch fiskalische Besonderheiten. Nemesion und Sokrates waren als liturgische Praktoren tätig. Dies bedeutet, dass sie grundsätzlich genug Eigentum haben mussten, um die Sicherheiten zu stellen, dass sie ausstehende Abgabensummen unter Umständen begleichen konnten. Im Jahr 185 n. Chr. liegen die Sicherheiten bei den vorgeschlagenen Personen für die Liturgie des Praktors zwischen 600 und 800 Drachmen Besitzwert.[218]

Bei der Analyse konzentriere ich mich zum einen darauf, welche sozialen Beziehungen eines Abgabeneinnehmers rekonstruiert werden können: Familie, Freund:innen, Geschäftspartner:innen, Kollegen und Angestellte. Zum anderen sollen möglichst viele Informationen eruiert werden, die die Tätigkeit eines Abgabeneinnehmers näher beleuchten können: wie und von wem wurden Abgaben eingesammelt, was gehörte zu den administrativen Aufgaben, wie gestaltete sich die Zusammenarbeit mit der Finanzadministration. Dadurch soll die sozialgeschichtliche Situation rekonstruiert werden, um die literarischen Stereotype zu verdeutlichen.

3.3.1 Der Praktor Nemesion (30–60 n. Chr.)

Im 1. Jh. lebte der Praktor Nemesion in Philadelphia, von dem ein ganzes Archiv erhalten ist. Es vermittelt besonders einen Einblick in die administrativen Abläufe der Tätigkeit eines Abgabeneinnehmers. Daneben entfaltet sich ein engmaschiges Netz an geschäftlichen und privaten Kontakten, die sich zum Teil mit dem Abgabenwesen überschneiden. Aus dem Archiv ist ersichtlich, dass ein Praktor nicht (allein) von seiner Tätigkeit im Abgabenwesen lebte. Eindeutig bezeugt ist Nemesions Tätigkeit als Kopfabgabeneinnehmer in den Jahren 44/45, 48–51 n. Chr. unter Kaiser Claudius sowie 55–58 n. Chr. unter Kaiser Nero.[219] Damit wäre er mindestens sieben Mal in 13 Jahren als Praktor tätig gewesen.[220] Die 66 Dokumente des Archivs stammen insgesamt von ca. 30–61 n. Chr. Das Archiv besteht hauptsächlich aus Abgabenlisten und weiteren fiskalischen Papieren, daneben aber auch einigen privaten Briefen und der Buchhaltung.

---

und Wein (P.Heid. 3,235). Ausgeführt werden vor allem Weizen (P.Hamb. 1,76–77; P.Customs 266), Bohnen (?) (P.Hamb. 78; P.Aberd. 40f; 42f; P.Customs 477), Wicken (P.Aberd. 41i; 42g; P.Customs 354) und Datteln (P.Customs 137; 342). Zollquittungen aus Karanis belegen die Ausfuhr von Weizen (P.Amh. 2,116), Wicken (SB 22,15758), Olivenöl (P.Customs 383) und Oliven (P.Customs 409; P.Yale 1,74).

218 Vgl. P.Mich. 9,536 aus dem Archiv des Sokrates.

219 Vgl. Hanson, Village Officals, 429 und Cuvigny, Papyrus Graux, 12. Hanson hält es für wahrscheinlich, dass er auch in den dazwischenliegenden Jahren das Amt innehatte. Die Papyri in chronologischer Reihenfolge: P.Graux 1; P.Mich. inv. 806; P.Mich. 10,582; P.Mich. inv. 864; P.Corn. 24; P.Ryl. 4,595; P.Graux. 2.

220 Vgl. Hanson, Topographical Arrangement, 218.

Wir erhalten anhand der verschiedenen Dokumente Einblicke in Nemesions Leben neben seiner Tätigkeit als Abgabeneinnehmer. Zu dieser Zeit war das Amt des Praktors bereits eine Liturgie und konnte daher nur von Personen ausgeführt werden, die mit genug eigenem Vermögen für die Abgabensumme haften konnten. Sichtbar wird das z. B. in Nemesions Wortwahl in P.Mich. 10,582, wo er sagt, dass er und ein anderer Praktor in das Amt „gezwungen" (Aor. passiv von ἄγω) wurden.[221] Aus der Korrespondenz lässt sich rekonstruieren, dass Nemesion wahrscheinlich mit Thermuthis verheiratet war und mindestens ein oder zwei Söhne namens Diogenes und evtl. Ptollis sowie mindestens zwei Töchter, Ammonus und Nemesus, hatte.[222] Nemesions Vater hieß Zoilos (SB 4,7465) und hatte evtl. noch mindestens zwei oder drei weitere Söhne. In fünf Briefen wird Nemesion als Bruder tituliert. Es ist unklar, wer von den Absendern tatsächlich mit Nemesion verwandt ist. Dionysius und Tryphon gehören zu diesen Personen.[223] In einem Briefkopf, der Nemesion als Bruder anspricht, ist der Absender leider verloren (P.Graux. 2,11).

Ein Servilius bezeichnet Nemesion in einem Brief als Bruder (P.Graux 2,10). Sein römischer Gentilnamen und dass sein Schwager oder Schwiegersohn (γαμβρός) Julius heißt, machen es unwahrscheinlich, dass er Nemesions Bruder ist. Zumindest ist er ein Freund, ebenso wie der Centurion Lucius Cattius Cattulus.[224] Der Centurio ist die einzige Person mit *tria nomina*. Daher ist es unklar im Fall von Servilius und Longinus, dessen Name in einem der stark beschädigten Briefe in P.Mich. inv. 615 genannt wird, ob es sich hier um Personen mit römischem Bürgerrecht handelt.[225] Die folgende Übersicht zeigt die Personen, mit denen Nemesion in Briefkontakt steht oder die in Briefen erwähnt werden und die mit ihm auch geschäftlich zu tun haben.

---

221 DGE gibt zum Passiv von ἄγω an, dass es im Kontext von Liturgien benutzt wird.

222 In Briefen zweier seiner Brüder werden Grüße an Thermutis und die Kinder ausgerichtet (P.Graux 2,10) und ein Sohn und zwei Töchter namentlich genannt (P.Graux 2,11). In einer Abgabenliste von 69/70 n. Chr. aus Philadelphia werden ein Ptollis Sohn des Nemesion und der Mutter Thermutis und ein weiterer Sohn, dessen Name nicht lesbar ist, genannt (BGU 7,1614 A Zeile 7-8). Könnte es sich hierbei um dieselbe Familie handeln? Vgl. Cuvigny, Papyrus Graux, 12.

223 P.Princ. 2,65 und P.Mich. 12,656. Ein Brief aus Karanis (SB 12,11125) wurde wahrscheinlich fälschlicherweise zum Nemesion Archiv zugeordnet. Ein gewisser Nilos schreibt an seinen Bruder Nemesion, der kürzlich freigelassen wurde. Er bittet ihn, eine Frau, die nach Karanis in das Haus des Kollonius gezogen ist, unter seine Fittiche zu nehmen. Es findet sich im übrigen Archiv kein Hinweis darauf, dass Nemesion evtl. um 51 oder 65 n. Chr. (Datierung des Briefes) inhaftiert gewesen sein könnte. Es sei denn, man würde annehmen, dass Nemesion aufgrund von nicht bezahlten Geldforderungen, wie sie im Brief an Tryphon (P.Mich. 12,656) genannt werden, für kurze Zeit inhaftiert wurde. Es fehlen letztendlich zu viele Informationen, um solche Schlüsse zu ziehen.

224 P.Thomas 5; SB 14,11585; 20,14525.14526.

225 Vgl. Hanson, Village Officials, 435.

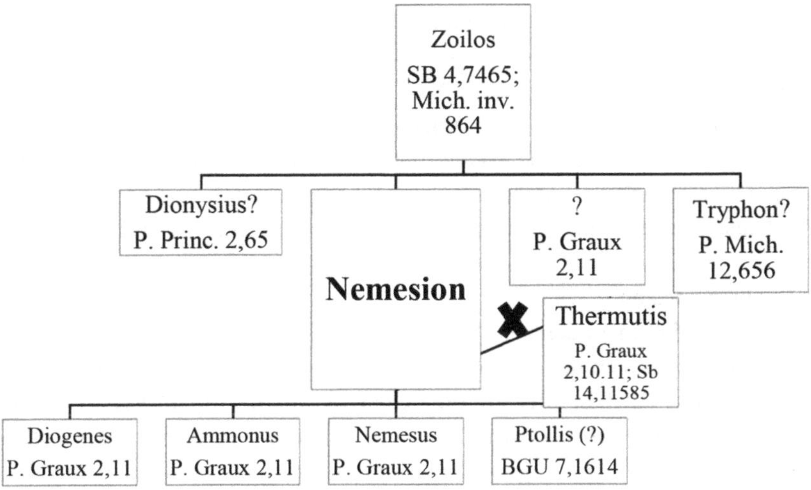

Nemesions Stammbaum

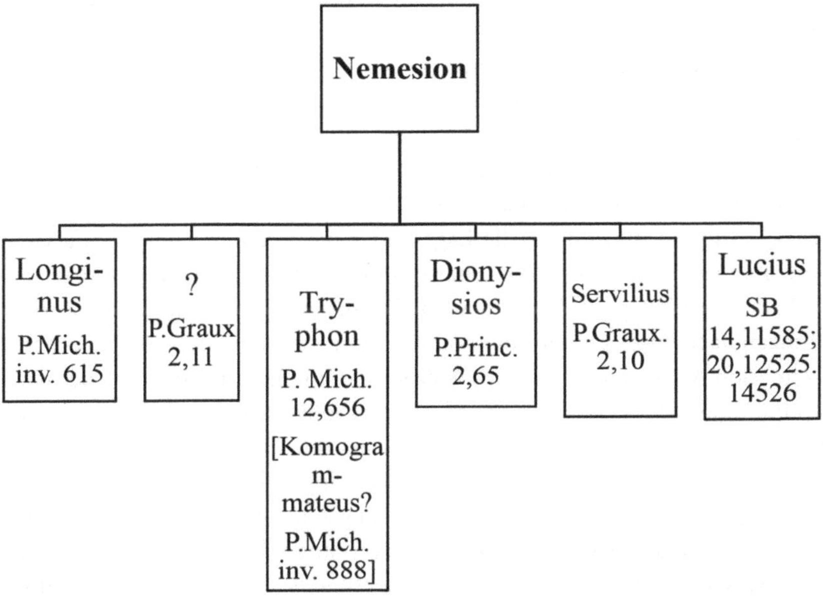

Nemesions Brief-Kontakte

Am Beispiel des Nemesion soll exemplarisch ein Praktor aus der Provinz näher in den Blick genommen werden. Es geht vor allem um die Rekonstruktion der Verbindungen und Beziehungen, die Nemesion hatte, um sich ein besseres Bild vom Sozialgefüge zu machen, in das Abgabenpersonal eingebettet sein konnte. Im Folgenden werden zunächst die fiskalischen Zeugnisse nach ihren verschiedenen Gattungen hinsichtlich der Kategorien Orte, Abgabenleistende und administratives Personal ausgewertet. Danach die geschäftlichen Dokumente und Briefe.

3.3.1.1 Abgabenlisten

Abgabenlisten gehören zu den zentralen Dokumenten eines jeden Abgabeneinnehmers. Dabei kann es sich um persönliche Aufzeichnungen handeln, die während der Arbeit erstellt werden, oder um offizielle Dokumente, die im Archiv des Komogrammateus aufbewahrt werden. Eine solche wird uns im Kontext des Archivs des Sokrates begegnen. Die Abgabenlisten sind formal nicht einhaltlich aufgebaut und manchmal auch nur fragmentarisch erhalten. Sie dienten unterschiedlichen Zwecken. Manche bieten einen Überblick über die insgesamt eingenommenen Abgabensummen, manche notieren Abgabenzahler und die gezahlte Summe, einige notieren ausstehende Abgaben, manche halten zensusartig Name und Alter von Personen fest. Die meisten vermerken Datumsangaben. Viele listen die Namen und die Abgabensummen gemeinsam auf. Einige ergänzen Berufe, die Art der Abgaben, den Status der Personen (verstorben, geflohen), die Wohnorte, das Alter, Patronyme, Matronyme oder weitere Verwandtschaftsbeziehungen. Durch das Führen der Abgabenlisten war Abgabenpersonal sehr gut über Abgabenleistende informiert. Sie kamen mit verschiedenen Gesellschaftsschichten in Kontakt. Sie wussten über die Aufenthaltsorte der Menschen und ihre familiäre Situation Bescheid. Auch in ihre finanzielle Lage hatten sie Einblick. Gleichzeitig waren die Abgabenleistenden sowie die Finanzadministration darauf angewiesen, dass diese Listen sorgfältig geführt und auch aktualisiert wurden. Die einen, um die Zahlungen nachzuweisen, die anderen, um die ausstehenden Gelder zu erhalten. Im Nemesion Archiv handelt es sich vorwiegend um die Aufzeichnung der Kopf-, Schweine- und/oder Deichabgaben.[226] Nemesion ist manchmal als Abgabeneinnehmer benannt (P.Corn. 24; P.Ryl. 4,595). Bei den Dokumenten aus den 30er Jahren könnte es sich um diejenigen seines Vorgängers handeln.

Philadelphia kommt als Kernbezirk am häufigsten vor.[227] In den Listen werden jedoch auch kleinste Orte und Dörfer genannt, deren Lokalisierung heute nicht mehr möglich ist, die meistens im Bezirk Heraklides liegen.[228] Ebenso lokalisier-

226 Explizit listet P.Ryl. 4,595 diese drei Abgaben und nennt Nemesion als Praktor für Philadelphia.

227 P.Mich. 10,549; P.Mil. Congr. XVII, PG 68,78,4; P.Princ. 1,10; P.Corn. 24; P.Ryl. 4,595.

228 SB 14,11930 sortiert das komplette Abgabenaufkommen nach ca. 18 Dörfern.

bare Dörfer wie Boubastos, Karanis, Bakchias, Tanis, Sebennytos (SB 14,11930) oder die Hauptstadt Arsinoe (P.Congr. XV,14; P.Mich. 12,642). P.Mich. 12,642 (ca. 48-63 n. Chr.) listet Personen auf, die in Philadelphia abgabenpflichtig sind und an anderen Orten leben. Darunter sind drei Personen, die in Dörfern von Memphis leben (Simyra und Isieion Mea), fünf im Bezirk Themistos, acht in Orten des Bezirks Polemon und weitere acht in der Hauptstadt Arsinoe. Auch in Alexandria und Babylon (Kairo) finden sich Abgabenpflichtige aus Nemesions Zuständigkeitsbereich.[229] Hinsichtlich der Personen ist anzumerken, dass in einer fragmentarischen Abgabenliste von 46-47 n. Chr. (P.Congr. XV,14) für Magdola in Polemon die 5 genannten Personen identisch sind mit den in P.Mich. 12,642 aufgelisteten. Ebenso ein Vater und Sohn aus Isieon Mea, in der Hauptstadt Arsinoe immerhin 4 von 20 genannten Personen sowie in Boubastos eine Person. Für Nemesion als Abgabeneinehmer in Philadelphia bedeutete dies, dass er auch Abgaben von Personen einsammeln musste, die nicht mehr in Philadelphia lebten. Die Abgabenpflichtigen verteilen sich geographisch über das gesamte Fayum und darüber hinaus. Allein das Fayum erstreckt sich über ca. 1.200–1.700 km^2. Dies erfordert logistische Planung und gute Organisation. Gleichzeitig bedeutet dies auch, dass versucht wird, wirklich alle abgabenpflichtigen Personen zu erfassen – egal ob sie in einem Dorf oder einem Gehöft lebten.

Die Abgabenlisten aus dem Archiv spiegeln in den meisten Fällen den abgabenpflichtigen männlichen Teil der Bevölkerung wider, der Abgaben gezahlt hat. Dabei kann es sich um kleine Gehöfte (ἐποίκον) handeln, bei denen zwei bis sechs Personen gelistet werden (P.Mich. 12,642), Dörfer wie Arabon, aus dem eine Liste mit 19 genannten Männern erhalten ist (P.Mich. 12,638) oder Städte mit höheren Zahlen. Schätzungen zufolge waren in Philadelphia ca. 1.000 Personen abgabenpflichtig.

Was erfahren wir aus den Listen über die Abgabenpflichtigen abgesehen von Namen und Verwandtschaftsbeziehungen? Vier Papyri aus dem Archiv machen Angaben zum Alter.[230] Die Kopfabgaben musste vom 14 bis 62 Lebensjahr bezahlt werden. Die jüngsten abgabenpflichtigen Personen werden in P.Mich. 10,578 genannt: Vier 13-Jährige und zwei 14-Jährige. P.Harr. 1,647 listet zwei 14-Jährige, acht 24-Jährige und einen 48-Jährigen.[231] In P.Princ. 1,8 ist von 15 bis 62 Jahren fast jedes Alter vertreten und in P.Congr. XV,14 eine Bandbreite von 14 bis 57 Jahren, ähnlich wie in P.Harr. 1,27 (15-51 Jahre). Dabei ist auffällig, dass in allen drei Listen die Mehrheit im Altersspektrum zwischen 38 und 47 Jahren liegt. Inzwischen ist klar, dass in den meisten Listen die 20 bis 39-Jährigen unterrepräsentiert sind. Hanson

229 P.Princ. 1,9; SB 16,12632; SB 14,11481 (nur Alexandria).

230 Ausführlich zu diesen Listen vgl. Hanson, Topographical Arrangement.

231 Die Liste ist nach Orten sortiert. In Arsinoe ist die größte Mischung mit zwei 14- und 24-Jährigen und einem 48-Jährigen. Für die anderen Dörfer sind nur die 24-Jährigen gelistet, was erklärungsbedürftig erscheint.

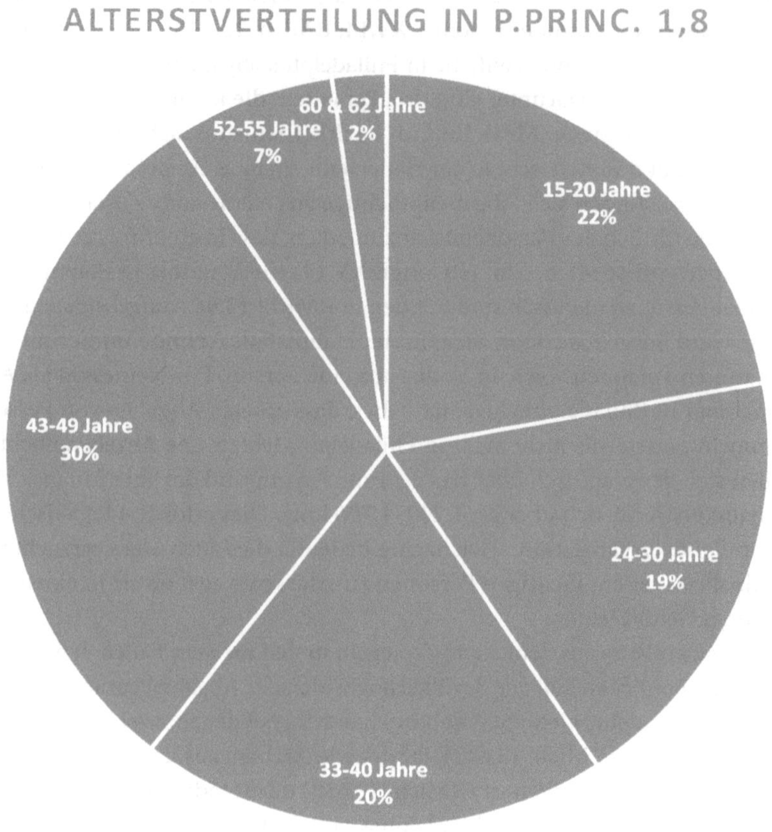

vermutet, dass sie zur Arbeitssuche an andere Orte zogen und daher auf verlorenen Teilen der Liste unter ἐπίξενοι („außerhalb lebend") vermerkt wurden.[232]

Von 14–37 Jahren nimmt die Zahl der Abgabenpflichtigen immer mehr zu, die meisten sind im Segment zwischen 38–47 vertreten und dann nehmen die Zahlen schnell ab zwischen 48–57 und nur einzelne Personen bleiben im Alter von 58–62 übrig. Dies entspricht den Ergebnissen der generellen Auswertung von

232 Vgl. Hanson, Records, 265–266.

Abgabenlisten, die ROGER S. BAGNALL und BRUCE W. FRIER durchgeführt haben.[233] Die Altersstruktur in den jeweiligen Orten scheint dabei gemischt.[234]

Listen wie P.Sijp 26 (51 n. Chr. aus Philadelphia), die vor allem von den Abgaben befreite Personen nennen, geben auch Zahlen für diejenigen an, die das abgabenpflichtige Alter überschritten haben. Die Listen, die Abgabenschulden auflisten, nennen spezifisch Gruppen, die entweder keine Abgaben bezahlen können oder müssen wie Inhaftierte[235], Personen mit besonderen Aufgaben wie Priester oder Wächter (P.Sijp. 26,1,16), Verstorbene und Militärdienstleistende.[236] Allein 120 Personen leben von Abgaben befreit in 9 verschiedenen Orten (P.Sijp. 26,1,11–15).

In einigen Abgabenlisten werden auch Berufe genannt. Allerdings nur bei bestimmten Personen. Vermutlich, um Verwechslungen zu vermeiden bzw. eindeutige Zuordnungen zu ermöglichen. In insgesamt neun Listen in Nemesions Archiv werden folgende Berufe genannt: Weber, Schäfer, Hirten, Schweinehirten, Kupferschmiede,[237] Schmiede, Flötenspieler, Barbier, Kuhhirten, Priester, Gemüsehändler, Ölproduzent, Agent, Schuster, Einbalsamierer, Schreiber.[238] Auch Versklavte werden als Abgabenpflichtige aufgeführt.[239] Weber und Schäfer werden insgesamt am häufigsten geannt. Dies spiegelt die dörfliche Struktur wider, in der Nemesion tätig ist und zu der er selbst gehört. In manchen Listen dominieren bestimmte Berufe. So werden allein elf Einbalsamierer in P.Corn. 21 genannt. In P.Princ. 1,10 haben wir den glücklichen Zufall, dass Philadelphia als Ort genannt wird und zudem viele Berufe aufgelistet werden: ein Kupferschmied, ein Schuster, sechs Weber, ein Schäfer, ein Eseltreiber, ein Gemüseverkäufer, ein Kuhhirte, ein Ölproduzent, ein Agent, zwei Schweinehirten und ein Priester. Selbst wenn dies nur ein Ausschnitt ist, so wird dennoch deutlich, dass einige Berufe häufiger vertreten sind und welche Fertigkeiten in einem Ort versammelt sind. Es kann nur spekuliert werden, in welchem Maße Nemesion diese Kontakte nützlich waren, da wir nichts über deren Qualität wissen, sondern nur, dass sie existierten. Es ist jedoch wahrscheinlich, dass Nemesion und seine Familie die ein oder andere Dienstleistung in Anspruch nahmen. Festzuhalten ist, dass Abgabeneinnehmer mit sehr vielen Menschen aus verschiedenen Berufsfeldern Kontakt hatten.

---

233 Vgl. seine ausführliche Untersuchung inklusive der Datenproblematik in Bagnall/Frier, Demography, 99–109.

234 P.Congr. XV,14: Boubastis: 23, 33 und 39 Jahre. Isieion Mea: 14, 40 und 43 Jahre. Arsinoe: 15, 19, 20, 22, 26, 27, 40, zweimal 47, 49 und 57 Jahre. Magdola: 27, 33, 39, 45 und 47 Jahre.

235 P.Sijp. 26,3,50.

236 P.Sijp. 26,1;4;6 jeweils zehn Personen. Vielleicht auch dieselben.

237 Dabei wird in drei verschiedenen Papyri jeweils der Kupferschmied Herakles, Sohn des Herakles genannt (P.Princ. 1,10; P.Princ. 1,14; SB 14,11481). Einmal lautet der Name eines Kupferschmiedes Harpamos und ist daher eine andere Person (P.Corn. 21).

238 P.Princ. 1,10; P.Corn. 21; P.Princ. 1,9; P.Princ. 1,1; P.Princ. 1,14; SB 14,11481.

239 P.Princ. 1,9; P.Corn. 21.

Zum Abschluss der Auswertung der Listen soll ein Blick auf weiteres Abgabenpersonal geworfen werden. Nemesions Bezirk umfasste im Kerngebiet im Distrikt Herakleides ca. 52–61 identifizierbare Orte. Doch Abgabenpflichtige lebten auch außerhalb des Nomes in Themistos und Polemon. Die Abgabenlisten spiegeln wider, dass es verschiedene Wege gab, die Abgaben in einem so weiten Gebiet einzusammeln. 122 Personen leben im Bezirk Herakleides, die in Philadelphia abgabenpflichtig sind und bei 36 von ihnen nehmen entweder sogenannte χείρισται eines anderen Dorfes[240] oder die Bank[241] die jeweiligen Abgaben ein. Die Abgabenpflichtigen konnten ihre Abgaben bei einer Bank einzahlen und quittieren lassen, wie Quittungen bezeugen. Banken werden in Kerkesoucha (P.Mich. 12,640), Psyas, Sebennytos (P.Princ. 1,8) und weiteren nicht näher bestimmbaren Orten genannt. In Kerkesoucha arbeitet Maron der Ältere als Angestellter einer Bank. Für eine unbekannte Bank arbeitet ein Theon (P.Mich. 12,641). Auch einige der χείρισται sind identifizierbar. Für das Gehöft/Weiler Basilis ist eine Einzelperson namens Soterichos für den Abgabeneinzug verantwortlich (P.Mich. 12,640). Eine Liste nennt die Abgabeneinnehmer, die an anderen Orten die Abgaben von diejenigen einnehmen, die in Nemesions Bereich abgabenpflichtig sind (P.Princ. 1,8).[242] Diese χείρισται waren ortsübergreifend tätig.[243] Es erscheint plausibel, dass Nemesion diese Agenten persönlich bekannt sind, auch wenn ihre Namen nicht genannt werden und sie lediglich als χείρισται bezeichnet werden. Nemesion nahm demnach nicht überall selbst die Abgaben ein, sondern es wurden Mittelspersonen eingesetzt. In einer Abrechnung gibt es Hinweise darauf, dass sie von Nemesion für ihre Dienste bezahlt werden, da dort Zahlungen an die χείρισται Heron und Kleon verbucht sind (SB 20, 14576). Die Mobilität der Abgabenpflichtigen erfordert demnach eine ebenso große Mobilität bzw. Vernetzung des Abgabeneinnehmers Nemesion. Er greift auf das Banksystem, ein Netz an eigenen Angestellten sowie auf Amtshilfe in anderen Nome zurück (SB 4,7463; P.Graux 1). Außerdem kann davon ausgegangen werden, dass Nemesion manchmal auch selbst reisen musste, wie wir später noch sehen werden (SB 4,7461,1+2/P.Graux 1).

240 Genannt werden Dörfer desselben Bezirks und Nomes aus dem näheren Umkreis: Hiera Nesos, Ptolemaios Nea, Arsinoe kat'Ammoniada, Kerkesoucha, Sebennytos, Straton, Epimachos, Boubastous, Psenyris und Onniton Koite.

241 Dreimal wird der Ort nicht genannt und einmal Psyas und interessanterweise Sebennytos, wo auch die χείρισται tätig werden. Es ist unklar, warum hier für einen Ort durch evtl. unterschiedliche Akteure die Abgaben eingezogen werden.

242 Vgl. Braunert, Binnenwanderung, 150.

243 Vgl. dazu ebd., 152.

3.3.1.2 Todesanzeigen und Schuldnerlisten

Abgabeneinnehmer hatten mit mehr Dokumenten als Abgabenlisten zu tun. Unter den Dokumenten im Archiv des Nemesion wurden drei Todesanzeigen gefunden. Die jeweiligen Familien informierten persönlich über das Versterben eines abgabenpflichtigen Familienmitgliedes, damit dessen Abgaben nicht mehr berechnet wurden und sie unter den Verstorbenen in den Abgabenlisten geführt werden konnten.[244] In SB 14,11586 informiert Tapapeis, die Tochter des Pasis, durch einen Verwandten, der als Vormund fungiert, über den Tod ihres Mannes 47 n. Chr., mit dem Hinweis, dass er in Philadelphia abgabenpflichtig gewesen sei. SB 14,11587 fügt zu der Information noch einen Schwur über die Richtigkeit der Angaben hinzu. Der Brief ist an den königlichen Schreiber adressiert. Strattipos meldet das Versterben seines Sohnes 48 n. Chr. an den Dorfschreiber und bittet um eine Streichung seines Namens aus der Liste der Abgabenpflichtigen (SB 12,11112; C.Pap. Gr. 2,1,6). Er betont am Schluss, dass so weder sein Sohn noch er sich etwas zu Schulden kommen lassen. Schwüre sind eine gängige Form der Versicherung, dass Auskünfte korrekt sind, so wie wir heute die Richtigkeit unserer Angaben auf offiziellen Dokumenten bestätigen. Die Todesanzeige wird an den Dorfschreiber gerichtet, der die Information bzw. die Todesanzeige an Nemesion weitergibt. Hier wird die Zusammenarbeit der einzelnen administrativen Funktionsträger sichtbar.

Im Zusammenhang mit Abgabenflucht steht der folgende Schwur eines Schäfers aus Oxyrhynchos von 51 n. Chr. aus dem Nemesion Archiv.

Φ[δεις] Πετεαρψενήσιος ὡ(ς) (ἐτῶν) μ ο(ὐλὴ) πήχ(ει) ἀρισ(τερῷ) Φ[ ]δεις Πετεαρψενήσιος προβατοκτηνοτρόφος τοῖς παρὰ Ἀμμονίου στρατηγοῦ Ἀρσινοίτου ὀμνύωι Τιβέριον Κλαύδιον Καίσαρα Σεβαστὸν Γερμανικὸν αὐτοκράτορα, εἶ μὴν ἔχιν σὺν ἐμοὶ Ἐσοῦριν Νεκφερῶτος ποιμένα τῶν ἀπὸ Φιλαδελφέας τῆς Ἡρακλελιδου μρίδος καὶ μηδὲν διεψεῦσθαι εὐορκοῦντι μέν μοι εὖ εἴηι, ἐφιορκοῦντι δὲ τὰ ἐναντία ἔγραψεν ὑπὲρ αὐτοῦ Σαραπίων ωομογράφος φαμένου μὴ ἰδέναι γράμματα. (ἔτους) δωδεκάτου Τιβερίου Κλαυδίου Καίσαρος Σεβαστοῦ Γερμανικοῦ Αὐτοκράτορος, Χοίαχ ἐννέα καὶ δεκάτηι. (SB 4,7463)
Ph[...dis] [Sohn] des Petearpsenesis seit 40 Jahren eine Wunde am linken Unterarm Ph[...]dis [Sohn] des Petearpsenesis, der Hirte von Schafen und Vieh: ich schwöre vor Ammonius, dem Strategen von Arsinoites, bei Tiberius Claudius Cäsar Augustus Germanicus Imperator, dass ich nicht Esuris [Sohn] des Nekpheros, den Hirten aus Philadelphia aus dem Bezirk Heraklides bei mir habe und niemanden täusche; das Wahrheitsschwören sei gut für mich, aber ein Falschwören das Gegenteil; Sarapion der Gesetzschreiber hat über dies geschrieben, weil er erklärt, dass er nichts versteht vom Geschriebenen. Jahr 12 des Tiberius Claudius Cäsar Augustus Germanicus Imperator, 19. Choach. (SB 4,7463)

---

244 Verstorbener Bruder: P.Gen. 3,137; verstorbener Ehemann: SB 14,11586; verstorbener Sohn: C.Pap. Gr. 2,1,6.

Aus dem Schwur lässt sich entnehmen, dass der Hirte Esuris aus Philadelphia wegen einer Abgabenschuld gesucht wird. Er wird in Oxyrhynchos vermutet. Der andere Hirte Ph. scheint unter Verdacht zu stehen, den Abgabenflüchtigen zu verstecken. Unter Eid schwört er, dass er Esuris kein Versteck geboten hat. Von ihm wird nicht nur der Name und der Name seines Vaters festgehalten, sondern auch ein physognomisches Merkmal: sein linker Unterarm ist durch eine Narbe gekennzeichnet. Da Ph. nicht schreiben kann, hat das Schriftstück der Gesetzesschreiber Sarapion für ihn verfasst. Es erscheint plausibel, wie wir es auch noch in anderen Dokumenten sehen werden, dass Nemesion um Amtshilfe gebeten hat. Das Abgabenpersonal in Oxyrhynchos macht sich auf die Suche nach Esuris und vermutet ihn beim Hirten Ph. Diesem wird der Schwur abgenommen. Nemesion erhält das Original Schriftstück oder eine Kopie.

Der Eid illustriert erneut, dass nicht alle Abgabenpflichtigen eines Bezirkes auch in diesem Bezirk lebten. Im Jahr 45 n. Chr. wandte sich Nemesion an Dionysidoros, den Strategen des Arsinoites.[245] Nemesion meldete Dionysidoros, dass viele Personen, die in der benachbarten Provinz Herakleopolites wohnten, die Kopfabgaben noch schuldeten. Dionysidoros schrieb daraufhin den folgenden Brief an den Strategen von Herakleopolites, Gaius Julius Jolla:

> Dionysidoros an den lieben Julius Jollas viele Grüße. Nemesas ist zu mir gekommen, der Praktor der Kopfabgaben des Dorfes zugehörig zu Philadelphia, und er sagte, dass es viele Namen gäbe in diesen Dörfern des Nomes unter dir, die die Kopfabgaben [für Philadelphia] schuldeten. Deswegen bitte ich dich einige [Personen] mit ihm zu schicken, damit das Geschuldete von ihm eingesammelt werden kann und eingezahlt wird in die Abgabenkasse. Und du aber, wenn du möchtest, schreibe mir, so dass ich [es] gerne umsetzen werde. Aber besonders bleibe gesund. Jahr 5 des Tiberius Claudius Cäsars Augustus Germanikus Imperator, 23. Pharmuthi. An Gaius Julius Jolla, den Strategen von Herakleopolites. (SB 4,7461,1+2/P.Graux 1)

Die Anrede zu Beginn fällt gleich durch einen weniger förmlichen als vertrauten Ton auf. Dionysidoros schildert dem Strategen das Problem und erbittet von ihm personelle Unterstützung für Nemesas (Nemesion),[246] damit dieser die Kopfabgaben einsammeln kann. Er wendet sich an den Strategen von Herakleopolites, weil die Personen, um die es geht, in den Dörfern dieses Nomes wohnen, fiskalisch aber in Philadelphia registriert sind. Es kann sich bei diesen Personen um Abgabenflüchtlinge handeln, näher liegt aber zunächst die Annahme, dass es sich

245 Vgl. Hanson, Village Officials, 433.

246 Der Name Nemesion wird manchmal in Kurzformen wie Nemesas oder Nemion geschrieben. Vgl. dazu Youtie, P.Gen. Inv. 211, 187.

um Personen handelt, die sich aus beruflichen oder familiären Gründen im Nome Herakleopolites aufhalten. Es wird um Amtshilfe gebeten, damit der Abgabeneinnehmer das fehlende Geld einziehen kann. Dies umfasste konkrete personelle Unterstützung, u. U. ist an bewaffnetes Personal gedacht. Am Schluss ist auffällig, dass Dionysidoros seinerseits Julius Jolla Hilfe in Aussicht stellt. Zwei administrative Funktionsträger leisten sich gegenseitig Amtshilfe. Geographisch ist anzumerken, dass die beiden Nome genau nebeneinander lagen. Die genauen Abläufe werden nicht ganz klar. Reist Nemesion tatsächlich in das andere Nome, um dort die Abgaben einzusammeln? Sind die Praktoren im anderen Nome ihren Aufgaben nicht nachgekommen? Festzuhalten ist jedenfalls, dass der Praktor seine Probleme an eine höhere Ebene gemeldet hat und diese sich nun um die Behebung kümmert. Deutlich wird auch, dass es offensichtlich der Anordnung des Strategen bedarf, um mit Verstärkung die Abgabenzahlungen in einem anderen Nome durchzusetzen. Es ist ein Beispiel für das Zusammenspiel zwischen Abgabenleistenden, Abgabeneinnehmenden und weiteren administrativen und exekutiven Kräften.

Ausstehende Abgaben wurden durch unterschiedliche Umstände verursacht. Ann Ellis Hanson rekonstruiert aus den Abgabenlisten des Nemesion Archivs, das sich die Abgabenpflichtigen zwischen 48/49 und 55/56 n. Chr. um ca. 20 % (197 Personen) reduzierten. Wahrscheinlich verursacht durch Unterernährung und Krankheiten als Folge der zu starken Nil-Überflutung 45 n. Chr.[247] Die Abgabenlisten aus diesen Jahren spiegeln diese Probleme. Die Summe der ausstehenden Abgabenzahlungen wuchs immer mehr an, erst um 50/51 normalisierten sich die Kopfabgabenzahlungen. Nemesion kompilierte 57 n. Chr., vermutlich aus anderen Listen,[248] eine Schuldnerliste der vergangenen Jahre (P.Ryl. 4,595).[249] In diesem Zeitraum rechnet Horst Braunert, waren mindestens 10 % der männlichen Bevölkerung Philadelphias Abgaben schuldig geblieben.[250] Die Abgabenschuldner werden verschiedenen Kategorien zugeordnet:

παρὰ Νεμεσίωνος πράκτορος λαογραφιείας Φειλαδελφείας. ὀφείλεται εἰς μῆνα Νέον Σεβαστιὸν τοῦ δ (ἔτους) Νέρωνος Κλαυ[δ]ίου Καίσαρος Σεαστοῦ Γερμανι[κοῦ] Αὐτοκρ[ά]τορος λαογραφία καὶ ὑικὴ καὶ χωμαικὸν τοῦ (αὐτοῦ) (ἔτους). [...] ἀνακεχωρηκότων ἀπόρων [...] ἄλλων ἀνακεχωρηκότων [...] εἰς ἀγνοουμένους τόπους [...] ἐστραγευμένοι[251] τετελευτηκήτες [...] ἄλλω[ν ἀνα]κεχωρηκότων [...] ὠφειλόντων μ[όνον

247 Vgl. Hanson, Records, 264-265.268-269. Sie kalkuliert, dass die Hungersnot die Todesraten um 150 % erhöht hat und dieser Zustand 5 Jahre andauerte.

248 So Oates, Fugitives, 92 mit dem Verweis auf die verschiedenen Muster der Datumsangaben in dem Papyrus.

249 Vgl. Link, Anachoresis, 307-308.

250 Braunert, Studien, 269-270.

251 Lesart Hanson, Herausgeber lesen: ἐστρατευμένοι.

τὸ] χωματικόν, διεσταλ[κό]τ[ων][252] τὴν λαογραφίαν, ὕστερον παρ[αλ]ελυμενους ὑπὸ τοῦ βασι[λι]κοῦ γραμματέως. (P.Ryl. 4,595 Zeilen 1-7.11.57-58.114.125.133-138)
Von Nemesion, dem Praktor der Kopfabgaben von Philadelphia. Es schuldet im Monat Neon Sebastos des 4. Jahres des Nero Claudius Cäsar Augustus Germanikos Imperator Kopfabgaben und Schweineabgaben und Deichabgaben dieses Jahres: [...] die besitzlos Geflohenen [...] die anderen, die an unbekannte Orte geflohen sind [...] die ἐστραγευμένοι [...] die Verstorbenen [...] Die anderen, die geflohen waren [...] die nur die Deichabgaben schulden, weil sie die Kopfabgaben überwiesen haben, nachdem sie befreit [AEM: im Sinne von: gestundet] wurden durch den königlichen Schreiber. (P.Ryl. 4,595 Zeilen 1-7.11.57-58.114.125.133-138)

Die Schuldner wurden nach Kategorien namentlich aufgelistet und die jeweiligen Schulden verzeichnet.[253] Ein weiteres in solchen Schuldnerlisten bezeugtes Ordnungsprinzip ist der Wohnort. Dies spiegele laut Hanson wider, dass die Kopfabgabeneinnehmenden von Haus zu Haus gingen, um die Abgaben einzusammeln.[254] Nemesion ordnete die Personen, die noch Abgabenzahlungen ausstehen hatten, verschiedenen Kategorien zu: besitzlos Geflohene (43 Personen); an unbekannte Orte Geflohene (55 Personen); die ἐστραγευμένοι (7 Personen); Verstorbene (4 Personen); Geflohene, die nur die Deichabgaben schuldeten (47 Personen). Insgesamt macht das 156 Personen, die Abgaben schuldig geblieben sind. Welche Situation die Kategorien beschreiben, wird in der Forschung kontrovers diskutiert. Einige Personen fliehen und lassen ihren Besitz zurück. Zurückgebliebene Familienmitglieder sind in solchen Fällen in der Beweislast, dass kein Besitz vorhanden ist, von dem die Abgaben bezahlt werden werden könnten. Können sie das nicht, müssen sie die ausstehenden Abgaben aufbringen. Die Personen, die an unbekannte Orte geflohen sind, werfen die Frage auf, ob die Aufenthaltsorte der anderen bekannt sind. Die Verstorbenen sind eindeutig. Die ἐστραγευμένοι sind laut Stefan Link Personen, die sich bekannterweise um Abgabenzahlung drücken wollten.[255] Nach der Interpretation von Thomas Kruse sind hier Männer gemeint, die wegen des Militärdienstes von Abgaben befreit wurden.[256] Diejenigen, die die Deichabgaben schulden, werden von Link als Geflohene verstanden, die aus dem

252 Es wird in der Forschung kontrovers diskutiert, was genau hier unter διαστέλλω zu verstehen ist. Link übersetzt im Anschluss an Bell, Economic Crisis, 6-7 „überweisen". Braunert, Studien, 270-271 übersetzt, dass die Personen „in einer anderen Liste geführt werden".

253 Mehr zu den Daten und Geldsummen bei Oates, Fugitives, 88-92.

254 Vgl. Hanson, Records, 266 und dies., Topographical Arrangement.

255 Link, Anachoresis, 312-313 leitet das Lemma von στραγεύομαι ab, was so viel bedeutet, dass man eine List, ein Ausweichmanöver anwendet, um etwas nicht tun zu müssen.

256 Kruse, Schreiber, 643 Fn. 1810 (ebenso bereits Oates, Fugitives, 93). Kruse leitet das Lemma von στρατεύω ab, was im Medium „in einer Armee dienen" bedeutet.

Exil die Kopfabgaben überweisen, irgendwann zurückkehren und lediglich noch die Deichabgaben schuldig sind.[257]

Abgabenflucht, d. h. Anachorese, wird in der Forschung häufig als Beweis drückender Abgabenlasten herangezogen, die viele in die Verelendung und damit Flucht trieben. In der Kaiserzeit bezeichnete ἀναχωρέω ein Zurückweichen vor einer unangenehmen Situation und beschreibt im fiskalischen Kontext das Verlassen des Registrierungsortes, um sich der Zahlung einer Geldsumme zu entziehen.[258] Erst im 2. Jh. wird es zum *terminus technicus* für Abgabenflucht.[259] Bereits 1993 zeichnete Link anhand der vorhandenen Quellen ein differenzierteres Bild.[260] Abgabenflucht war ein temporäres Phänomen, das unter bestimmten Umständen auftrat. Die Zeugnisse stammen vor allem vom Anfang der neronischen Herrschaftszeit[261] und dann wieder vermehrt unter Kaiser Hadrian und Antonius Pius.[262] Abgabenflucht konnte eine Auswirkung von Naturkatastrophen sein. Um 45 n. Chr. unter Kaiser Claudius gab es eine Nilüberschwemmung, die zu einer ökonomischen Krise führte, deren Folgen bis in die neronische Regierungszeit spürbar waren. Erst um 55/56 n. Chr. scheinen die Abgabenzahlungen wieder einen normalen Stand erreicht zu haben.[263] Link interpretiert die Aussagen in den Papyri zudem als Taktieren zwischen Abgabenzahlenden und Abgabenfordernden. Es ist erst unter Kaiser Trajan nachweisbar, dass bei Abgabenflucht eine zwangsweise Umlage der pro Kopf erhobenen Abgaben auf die verbliebene Familie, Dorfgemeinschaft oder Berufsverbände stattfand.[264]

3.3.1.3 Petitionen und Beschwerden

Abgabenschulden hatten direkte Auswirkungen auf die Abgabeneinnehmer. Diese haben dadurch Fehlbeträge, die sie selbst ausgleichen mussten. In diesem Kontext steht der folgende Entwurf einer Petition von Nemesion und fünf weiterer Kollegen aus Nachbarorten.

> Τιβερίωι Κλαυδίωι Βαλβίλλωι παρὰ Νεμεσίωνος πράκτορος λαογραφ(ίας) Φειλ(αδελφείας) καὶ Χαριδήμου πράκτορος λαογραφ(ίας) Βακχ(ιάδος) καὶ Σαμβᾶτος πράκτορος λαογραφ(ίας) Νέστο(υ) ἐποικί(ου) καὶ Πανεφρέμμιος πράκτορος Σοκνοπαίου Νή(σου)

257 Link, Anachoresis, 308 und Fn. 11 interpretiert, dass diese Personen zurückgekehrt sind. Kruse, Schreiber, 645 meint dagegen, dass nicht klar ist, ob sie zurückgekehrt seien.

258 Vgl. Braunert, Studien, 243-244.279.

259 Ebd., 282-283.

260 Link, Anachoresis, 306-320.

261 Braunert, Studien, 272-273 und Oates, Fugitives, 92.

262 Link, Anachoresis, 307.

263 Vgl. Hanson, Records, 264-265.

264 Vgl. Kruse, Katakrima, 174.

καὶ Ἰσχυρίωνος πράκτορος λαογραφ(ίας) Φειλοπατόρας καὶ Πτομεμαίου πράκτορος λαογραφ(ίας) Ἱερᾶς Νήσου, τῶν ἓξ πρακτόρων [[λαογραφίας τινῶν]] τῶν προκειμένων κωμῶν τῆς Ἡρακλείδου μερίδος τοῦ Ἀρσινοΐτου νομοῦ ἀπὸ τῶν ἔμπρισθεν πολυανδρούντων ἐν ταῖς προκειμέναις κώμαις νυνεὶ κατήντησαν εἰς ὀλίγους διὰ τὸ τοὺς μὲν ἀνακεχωρηκέναι ἀπόρους, τοὺς δὲ τετελευτηκέ[ναι] μὴ ἔχοντας ἀγχιστεῖς καὶ διὰ τοῦτο κ[ιν]δυνεύειν ἡμᾶς δι' ἀσθένειαν προλιπε[ῖν] τὴν πρακτορείαν ὧν χάριν ἐπί σὲ κατ[α]ντήσαντες [[πρὸσ τὸ μὴ προλι]]-[[/πεῖν τῆν [π]ρακτορείαν]] ἀξιοῦμέν σε, τὸν πάντων σωτῆρα καὶ εὐεργέτην, ἐὰν φαί-νηται, γράψαι τῶι τοῦ νομοῦ στρατηγῶι Ἀσινιανῶι ἀπαρανοχλήτους ἡμᾶς φυλάξαι [κα]ὶ ἐπισχεῖν μέχρι τῆς σῆς διαγνώσεως ἐπὶ διαλογισμοῦ τοῦ νομοῦ ἄνω, ἵν' ὦμεν εὐεργετ(ημένοι). διευτύχει. (SB 4,7462/P.Graux 2)

An Tiberius Claudius Balbillos von Nemesion, dem Praktor der Kopfabgaben von Philadelphia und Charidemos, dem Praktor der Kopfabgaben von Bakchis und von Sambas, dem Praktor der Kopfabgaben des Dorfes Nestos und Panephremis, dem Praktor von Soknopaiu Nesos und von Ischyrion, dem Praktor der Kopfabgaben von Pheilopatoros und von Ptolemaios, dem Praktor der Kopfabgaben von Hiera Nesos, von den 6 Praktoren der Kopfabgaben von den vorher genannten Dörfern des Heraklides Bezirks des Nomes Arsinoites, bezüglich der vorher genannten Dörfer, die vorher bevölkerungsreich waren, sich jetzt verringert haben zum Kleineren, wegen des Weggehens aus Armut, wegen Versterbens ohne Nachkommen zu haben und deswegen besteht die Gefahr, dass wir aus Verarmung das Praktorenamt aufgeben. Wir wenden uns an dich, damit wir das Abgabeneinsammeln nicht aufgeben mögen, wir halten dich für geeignet, den Retter und Wohltäter aller, falls es dir richtig scheint, dem Strategen des Nomes, Asianus, zu schreiben, um uns zu schützen von Belästigungen und [ihn] zurückzuhalten bis zu deiner Entscheidung bezüglich des Kassenausgleichs des obigen Nomes, damit wir die Nuztnießer sind. Lebewohl. (SB 4,7462/P.Graux 2)

Die sechs Praktoren, die für die Kopfabgaben im Bezirk Heraklides zuständig sind, haben sich zusammengetan, um zwischen 55 und 60 n. Chr. dem Präfekten Tiberius Claudius Balbilus zu schreiben. Eine genaue Datierung ist nicht möglich, denn das Datum fehlt und es handelt sich lediglich um einen Entwurf – erkennbar daran, dass Korrekturen und Anmerkungen in einer anderen Schrift ergänzt wurden.[265] Wir erfahren zunächst die Anzahl des Abgabenpersonals. Jeder Praktor scheint für ein Dorf zuständig zu sein. Sie beklagen einen Schwund an Abgabenzahlern. Relevant wird die Verringerung an Personen, die Abgaben zahlten, wenn die abzugebenden Summen nach der ursprünglichen Anzahl an Abgabenpflichtigen veranschlagt wurden und die Praktoren diese Summe nun abliefern müssen. Sie möchten erreichen, dass der Präfekt dem Strategen Asianus schreibt. Braunert

265 Vgl. Oates, Fugitives, 94 und Hanson, Records, 275.

vermutete, dass er ihn um einen Aufschub der Zahlung bitten soll.[266] Der Teil über einen Ausgleich der Kassen klingt aber eher so, dass die Praktoren nicht mehr Zeit wollen, um das Geld zusammenzubekommen, sondern vielmehr erwarten, dass der fehlende Betrag von anderer Stelle ausgeglichen wird. Sie fürchten auf jeden Fall „Belästigung" von seiten des Strategen, der zusehen wird, dass die Kopfabgaben in die Kasse gezahlt werden. Auch hier wissen wir wieder nicht, ob sie sich vorher schon an den Strategen gewandt haben oder ob sie sich gleich an den Präfekten wenden.

Die Praktoren nennen als Gründe für den Rückgang einmal die Immigration aus Armut und das Versterben ohne Nachkommen. Vergleicht man die Angaben mit P.Ryl. 4,595, der Schuldnerliste, ergeben sich einige Diskrepanzen. Link kommt zu dem Schluss, dass Nemesion und die anderen die Situation verzerrt darstellen. Aus der Liste der Abgabenschuldner (P.Ryl. 4,595) geht hervor, dass den größten Anteil die Abgabenflüchtigen ausmachen, derer die Praktoren nicht habhaft werden können.[267] Oder mit Kruse gelesen, denen die Abgaben gestundet wurden. Von 152 abgabensäumigen Personen werden lediglich 43 als „Armutsflüchtlinge" eingestuft. In dem Brief wird aber diese Gruppe als größte herausgestellt, die anderen werden noch nicht mal erwähnt. Stattdessen werden kinderlos Verstorbene aufgeführt. Link meint, dass die Praktoren verschleiern wollen, dass sie schlichtweg eine Mehrheit der Abgabenpflichtigen nicht zum Abgabenzahlen bringen konnten.[268] Zweimal wird in dem Brief darauf hingewiesen, dass die Praktoren ihr Amt aufgeben könnten. Link weist darauf hin, dass dies einer versteckten Drohung gleichkomme, denn das Amt war eine Liturgie, die man nicht einfach niederlegen konnte.[269]

Sollten die Praktoren das Amt niederlegen, blieb ihnen nur wie säumigen Abgabenzahlenden die Flucht. Doch das Vermögen, mit dem sie für die Abgabeneinkünfte hafteten, wäre dann auch für den Fiskus verloren.[270] Die Fahndung nach geflohenen Liturgen war konsequent.[271] Wie bei Beschwerden von Abgabenleistenden wird erkennbar, dass die einzelnen Akteure zwar unter einem Zahlungszwang standen, es aber durchaus Verhandlungsspielraum gab, da letztendlich alle aufeinander angewiesen und von einander abhängig waren. Die Unterschiede bestanden in den zur Verfügung stehenden Mitteln und wer wem wie sehr schaden konnte.

Wenn Praktoren ihrem Amt nicht mehr nachkamen, hatte dies auch auf ihre direkten Kollegen Auswirkungen. Nemesion beklagte sich über einen Kollegen,

---

266 Braunert, Studien, 266.

267 Vgl. Link, Anachoresis, 307-308.

268 Vgl. ebd., 315. Link stellt die Überlegung an, dass Nemesion und die anderen vielleicht vermeiden wollten, dass der Präfekt von ihnen forderte, die Abgabenflüchtigen zu suchen.

269 Vgl. ebd., 315.

270 Vgl. ebd., 315.

271 Vgl. Jördens, Flucht.

der seinen Pflichten nicht nachgekommen war (P.Mich. 10,582,2). In diesem Zusammenhang wird auch klarer, warum sich eine Abschrift eines Briefes des Dorfschreibers Herakleides an den Strategen Ammonius im Archiv findet (P.Gen. 2,91). In dem Schreiben informierte der Dorfschreiber den Strategen darüber, dass der Praktor Maron von Horion Sohn des Petosiris im Amt abgelöst wurde für das Dorf Maikenatiane Ousia nahe Philadelphia um 50–51 n. Chr. Gegen eben diesen Kollegen forderte Nemesion Schritte einzuleiten. Das kurze Schriftstück findet sich unterhalb einer Abgabenliste und ist wahrscheinlich ein Entwurf.

> παρὰ [ ] ωνος τ[ο]ῦ Β[-ca.?-] [[τῶν]] πράκτορος [ἀρ]γυρικῶν ἀπὸ Φιλαδελφείας τ(ῆς) Ἡρακ[λείδου] μερίδος τοῦ Ἀρσεινοείτου ν[ο]μοῦ. [[πράκτορος [ἀργυρικῶν]] Ὡρίων Πετοσίρεως ἀκθίς σὺν ἐμοί[[υ..]] τῶι δεκάτωι ἔτι Τιβερίου Κλαυδίου Καίσαρος Σεβαστοῦ Γερμανικοῦ Αὐτοκράτορος εἰς τὴν εἴσπραξιν τῶν δημοσίων, καὶ πρακτωρεύσας ἀριθμήσις τέσσαρες κατεφρόνησεν, οὐκέτι τῆς [[τάξεως]] ἰσπράξεως ἀντεχ(όμεονς), μήτε ὢν ἀπολύσιμος γεωργὸς μήτε ἐν λευκώματ(ι). διὸ ἀξιῶι σε τὸν πάντων σωτῆρα ὅπως γράψῃς Κλοτίωι τῶι ἐπὶ τῶν τόπων ἑκατοντάρχῃ ἐπανανκάσαι τὸν Ὡρίωνα ἀντέχεσθε τῆς πρακτορίας τῶν δημωσίων πρὸς τὸ μηδὲν ἔλατον τοῖς δημοσίοις ἐπακλουθ[σαι, ἵν' ὦμεν εὐεργετημένοι. (P.Mich. 10,582)
> von [Nemes]ion, [Sohn] des B[…] [[von]] Praktor der Geldabgaben von Philadelphia im Bezirk Heraklides im Nome Arsinoite. [[Praktor der Geldabgaben]] Horion [Sohn] des Petosiris, der eingesetzt wurde mit mir im 10. Jahr des Tiberius Claudius Cäsar Augustus Germanikos Imperator für das Einsammeln der öffentlichen Abgaben und der Praktor gewesen ist für 4 Verrechnungsperioden, verpönt/verachtet [seine Pflichten] und führt nicht mehr die Abgabensammlungen durch, obwohl er weder von der Bewirtschaftung öffentlicher Felder freigestellt ist [ἀπολύσιμος γεωργὸς] noch in einer Liste steht [λευκώμα]. Deswegen frage ich dich, Retter aller, dass du Clotius, dem Centurion des Ortes schreibst, um Horion zu zwingen, das Amt als Praktor für die öffentlichen Abgaben weiter auszuführen, damit nicht ein verringerter [Betrag] in den öffentlichen Kassen die Folge ist, damit es uns gut gehe. (P.Mich. 10,582)

Der hier beschuldigte Horion taucht evtl. auch in dem schwer beschädigten Dokument P.Mich. inv. 615 im Kontext von Streitigkeiten mit Webern auf.[272] Nemesion hatte offensichtlich Sorge, dass die aufzubringende Abgabensumme nicht eingenommen werden konnte, wenn Horion sein Amt nicht ausführte. Der Adressat ist zwar verloren, aber aus der späteren Anrede als „Retter aller“ (vgl. SB 4,7462) ist es wahrscheinlich, dass sich Nemesion an den amtierenden Präfekten Gnäus Vergilius Capito wenden wollte. Er sollte Horion zur Ausübung seines Amtes zwingen. Die Aufteilung der Zuständigkeiten in Abgabenbezirken ist auch aus

272 Hinweis bei Hanson, Village Officials, 435.

anderen Dokumenten bekannt. In 99/100 n. Chr. trafen in Tebtynis die Praktoren der Kopfabgaben Herakles, Athenodorus, Heron und Zoilos die Vereinbarung, dass Athenodorus und Herakles für Tebtynis zuständig waren und Heron und Zoilos für diejenigen Personen, die in den Dörfern und in der Nomehauptstadt lebten (P.Tebt. 2,391). Die einzuziehenden Summen und die Bezahlung eines Schwertträgers, d. h. einer bewaffneten Person, wurden vereinbart sowie eine Geldstrafe, sollte sich jemand nicht an die Vereinbarung halten. Hier sicherten sich die Praktoren also sogar vertraglich gegeneinander ab. Abgabeneinnehmer waren auf Kooperation untereinander angewiesen und dass alle tatsächlich ihren Aufgaben nachkamen. Sie waren eingebettet in ein Netzwerk von anderen Liturgen, die sich im besten Fall gegenseitig unterstützen.

Abgabeneinnehmer selbst konnten auch Opfer von Erpressung seitens der eigenen Administration werden. Eine Klage von 33 n. Chr. findet sich im Archiv des Nemesions (P.Graux. 2,9). Leider ist der Briefanfang beschädigt, so dass die Namen derjenigen, die Klage erheben, nicht lesbar sind. Es sind zwei Einnehmer der Kopfabgaben. Hanson hält es für möglich, dass Nemesion einer von ihnen ist.[273] Die Beschwerde richtete sich gegen Dionysios Alkimos, den ehemaligen Schreiber des Strategen Dionysidoros. Dieser hatte laut der Beschwerde mit seinen Angestellten über vier Jahre (ca. 29–33 n. Chr.) unrechtmäßige Zahlungen von den Abgabeneinnehmern gefordert. Es handelte sich um monatliche Zahlungen in Höhe von 40 Drachmen, die als Grammatikon, die Gebühr, die an Schreiber im fiskalischen Kontext gezahlt wurde, verbucht wurde. Alle paar Monate finden sich Forderungen über 20 Drachmen für Feste. Im Winter und im Sommer wurde eine χειρογραφία jeweils an den Archivar Maronas und Herodion gezahlt. Es gibt verschiedene Zahlungen an Einzelpersonen über Summen von 8, 12, 20 und 24 Drachmen. Zweimal werden Reisekosten von 60 Drachmen veranschlagt, in deren Zusammenhang der Schreiber Dionysios und der Centurio Sextilius genannt werden. Schließlich werden noch Weinrebenschösslinge im Wert von 120 Drachmen aufgelistet. Die am häufigsten genannte Person, die Zahlungen bekommt, ist Skapla, ein Angestellter.[274] Insgesamt mussten die Kopfabgabeneinnehmer über die vier Jahre 4.108 Drachmen bezahlen.[275] Die Beschwerdeführer hofften darauf, dass der Präfekt Aulus Avilius Flaccus für Gerechtigkeit sorgen würde. Wie wir auch noch bei anderen Beschwerden sehen werden, werden diese meistens gemacht, wenn der Angeklagte nicht mehr im Amt ist.

---

273 Vgl. Cuvigny, Papyrus Graux, 11 mit dem Hinweis, dass die Bezeichung λογευτής λαογραφίας für Kopfabgabeneinnehmer dieselbe ist wie in P.Corn. 24.

274 Eine Auflistung nach Monaten bietet Cuvigny, Papyrus Graux, 14–15.

275 Im Dokument selbst werden 5.216 Drachmen angegeben. Cuvigny, Papyrus Graux, 15 zeigt, wie es zu diesem Rechenfehler kam.

Abgabeneinnehmer waren zwar ein Teil der administrativen Hierarchie, doch differenzierte sich diese aus. Sie waren nicht davor geschützt, dass sie von anderen erpresst wurden. Es kann nicht davon ausgegangen werden, dass es eine Solidarität und Loyalität untereinander gab, nur weil alle für den Staat Aufgaben übernahmen.

Aus dem Archiv des Nemesions lassen sich folgende administrativen Kontakte während seiner Tätigkeit als Praktor rekonstruieren: Präfekten, Strategen, Schreiber und Angestellte des Strategen, Königliche Schreiber, Registerschreiber, Dorfschreiber, Nomeschreiber, Bankangestellte, Praktoren, Abgabeneinnehmer. Zudem militärisches Personal wie Soldaten und ein Centurio.

3.3.1.4 Geschäftliche Dokumente

Als letztes soll ein Blick auf die weiteren Tätigkeiten des Nemesion geworfen werden, die aus den Dokumenten rekonstruiert werden können. Diese sind hauptsächlich geschäftlicher Natur. Lediglich der Brief von Servilius fällt aus dem Rahmen (P.Graux. 2,10). Nemesion hatte Servilius offenbar um die Zusendung einiger Luxusgüter gebeten, die dieser nun zu Nemesion durch seinen Schwager oder Schwiegersohn Julius und den Kohortensoldaten Antonius bringen lässt. Darunter sind Papyrusrollen, ein Block Silicium, italienischer Wein, ein zweikarätiger Ring und Süßigkeiten für die Kinder. Nemesion konnte sich also einiges leisten.

Die Geschäfte des Nemesion lassen sich anhand von Buchhaltung und einigen Briefen nachvollziehen. Nemesion ist in der Landwirtschaft tätig. Er instruiert in einem Brief seinen Bruder Dionysios, wie die Bauern das Land bewirtschaften sollen und von wem er sich ein Ochsengespann bei Bedarf leihen kann (P.Princ. 2,65). Auch der leider kaum rekonstruierbare Brief an Longinus hat mit Landwirtschaft zu tun (P.Mich. inv. 615). Nemesions Frau Thermutis schreibt 59 n. Chr. einen Brief, in dem Lucius im Zusammenhang verschiedener Dinge genannt wird (SB 14,11585). Zum einen geht es um Kleidungsstücke, die Nemesion mitbringen soll und zum anderen um eine Matratze. Außerdem um die Gehälter von Schäfern, mit denen es Probleme zu geben scheint, weil ein Soldat geschickt werden soll, um Wertsachen zu konfiszieren. Am Schluss geht es noch um den Preis von Schaufeln. Es bleibt leider unklar, ob es sich bei Lucius um Lucius Cattius Cattulus, dem Centurio, der in P.Thomas 5 im Zusammenhang der eidlichen Verpflichtung genannt wird, handelt. Wenn dies so wäre, dann gäbe es eine Überschneidung zwischen dem administrativen und landwirtschaftlichen Netzwerk.

Die Buchhaltung scheint zu bestätigen, dass Nemesion mit Lucius, seinem Freund und Geschäftspartner, auch eine Schafzucht betreibt.[276] Eine Abrechnung von 57 n. Chr. über die Schafe des Lucius nennen den Schäfer Pnepheros einige Male, der

276 P.Mich. inv. 615 nennt noch einen Longinus in Zusammenhang mit Landwirtschaft, das Dokument ist aber zu zerstört für genauere Informationen. Vgl. Hanson, Village Officials, 435.

Gehalt bekommt und mindestens die Bierabgabe wird für ihn bezahlt (SB 20,14525). Isaak der Jude ist einer der Käufer der Schafe und anderer Schafprodukte, vermittelt durch einen Pouoris, der als Händler bezeichnet wird, und einen Apollos sowie zwei weitere Männer namens Sakolaos der Jude und Sambas der Araber werden genannt, die auch irgendeine Mittlerrolle zu haben scheinen.[277] Vom Bauern Theon wird Heu eingekauft.[278] Für Angestellte werden offenbar bestimmte Abgaben übernommen. Nemesion selbst musste wie andere auch Abgaben bezahlen. Es ist aus manchen Listen ersichtlich, dass Praktoren hin und wieder von Kopfabgaben befreit wurden (vgl. P.Mich. Inv. 619v.28–29).[279]

Ein leider zeitlich nicht genau zu datierender Brief (41–54 n. Chr.) wird von einem Herakleides an Nemesion gerichtet. HANSON identifiziert diesen anhand der Handschrift mit dem Komogrammateus Herakleides aus P.Gen. 2,91.[280] Nemesion wird als „liebster Freund" bezeichnet und dann mit veschiedenen Sachen beauftragt, da Herakleides sich nicht selbst darum kümmern kann (SB 14,12143). Nemesion soll verschiedene Personen unterstützen, es wird nicht gesagt wobei. Außerdem soll er an Sarapion, dem Schreiber des Strategen, ein paar Weinrebenstecklinge schicken. Herakleides schien seine berufliche Beziehung zu Nemesion zu nutzen, um ihn auch für andere Aufträge heranzuziehen, die nichts mit Abgaben zu tun haben. Der Komogrammateus hatte das höchste Amt im Dorf inne.[281] Wie ein Beispiel einer ganzen Dynastie von Dorfschreibern in Tebtynis zeigt, gehörten sie wohl auch zu den wohlhabenderen Landwirten.[282]

In der ausführlichen Buchhaltung von 43 n. Chr. (SB 20,14576) handelt es sich um eine Mischung aus Ausgaben und fiskalischen Einnahmen. In 21 Spalten, die teilweise unvollendet scheinen, werden verschiedene Posten aufgeführt. Gleich am

---

277 Synagogen und damit jüdische Gemeinschaften sind im Fayum in Krokodilopolis/Arsinoe und Alexandru Nesos, ein kleiner Ort am Fluss nahe des Sees Moeris, belegt. Vgl. Runesson/Binder/Olsson, Ancient Synagogue, 188–193.

278 Eine weitere Abrechnung aus demselben Jahr von Lucius und einem Hypermenos nennen teilweise dieselben Personen: den Händler Pouoris, einen Mittelsmann Apollon, Theon und einen Schäfer, der hier aber Pnepheros heisst (SB 20,14526). Weitere Ausgaben werden aufgelistet für Heu, Futter, Samen, Küken, einen Arbeiter sowie Webergehälter.

279 Vgl. Hanson, Egyptians, 135: „The *praktores argyrikôn* not only collected capitation taxes, but they were themselves also peasant tax payers, assessed capitation taxes at the highest level; their names appear on tax rolls. At other times, however, their names also appeared on lists of those who were exempt from one or more capitation taxes for a specific year, presumably a privilege faciliated by their public service as tax collector and compilers of the taxing lists."

280 Hanson, Village Officials, 429.

281 Vgl. Derda, Arsinoites, 147–148.

282 Vgl. ebd., 150. Über drei Jahrzehnte war die Familie von Lysimmachos in dem Bereich tätig (P.Tebt. 2,346; 410; P. Mich. 5,267–268).

Anfang wird Nemesion genannt, der eine bestimmte Summe von der Bank abgehoben hat. Es finden sich sehr viele Namen in der Liste mit Zahlungsvermerken, von denen nicht klar ist, wofür bezahlt wird.[283] Besonders Maron sticht hervor, der in Spalte 3,5,6,9 und 20 erwähnt wird. Heron wird als χειριστής bezeichnet und da auf ihn folgend Maron und Isiodors ebenso eine Zahlung erhalten, könnte es sich bei ihnen auch um χείρισται handeln. Ein Papontos sammelt Geld ein, der mit dem χειριστής in SB 14,11414 identisch sein könnte. Eubolos wird von Hanson auch als χειριστής identifiziert.[284] Der χειριστής Kleon erhält zweimal Geld. Ebenso werden Ausgaben für Lebensmittel wie Fleisch, Datteln, Weizen, Wein, Gemüse und Süßigkeiten festgehalten. Daneben Zahlungen für Papyrusrollen, Schilfrohr, Futter und Brombeersprösslinge. Es gibt Ausgaben, die sowohl privat als auch geschäftlich sein könnnten: allgemeine Gehälter, Angestellte, Steinmetzarbeiten, einen Boten und sogar das Bestechungsgeld an einen Papion werden festgehalten.[285] Mehrdeutig scheinen die Ausgaben für Schreiber, einen Boten, Versklavte, die Schulden eintreiben sowie allgemein Versklavte. Deren Dienste können sowohl für die Abgabeneinnahme als auch für Geschäfte in Anspruch genommen werden. Schließlich werden Ausgaben aufgelistet, die eindeutig im Zusammenhang mit Nemesions Tätigkeit als Praktor stehen: die Bezahlung von den Einnehmern (χείρισται) Heron und Kleon. Unklar ist wiederum die häufige Nennung von Zahlungen an bewaffnete Wächter (5-9 Nennungen),[286] spezifisch ein Weinwächter, der im Bezirk Polemon arbeitet, den Chef der Wächter sowie Soldaten. Bewaffnetes Personal ist uns sowohl im Zusammenhang der Abgabeneintreibung begegnet als auch bezüglich der Gehälter von Schäfern und es könnte auch zum Schutz von Lieferungen eingesetzt werden.[287] Ein Brief an Nemesions „Bruder" Tryphon (30-60 n. Chr.) berichtet von einem hartnäckigen Wächter, der ausstehende Zahlungen von Nemesion eintreiben will.

> Νεμεσίων Τρύφωνι τῶι ἀδελφῶι χαίριν. ἐροτῶ σε ἀπελθῖν πρὸς ἄρχοντας καὶ ὑποδῖζε αὐτοῖς ὅτι [[]] Πατεῖ χάριν τοῦ ἀρχιμ[α]χεροφόρου ἀνάστατόν με ποιεῖ ἐφ[όδ]οις μνη-

283 Z. 5: Melankomas Ischyron, Z. 6/68: Platon Pachnoubis (bezahlt Abgaben in Z. 220), Z. 11: Herakles Petesouchos, Z. 16: Achillas, Z. 17: Dionytas Pe-, Z. 26: Didymas Antiphilios, Z. 47: Adrastos, Z. 51: Dionytas, Z. 52: Hermes, Z. 54/64/85: Petesouchos Hegemon, Z. 60: Rufus, Z. 73: Petesouchos Isoun, Z. 74: Kephalon, Petesouchos der Partner von Achillas; Z. 519: Petesouchos; Z. 524: Horion Stoutouetis.

284 Vgl. Hanson, P.Princenton, 262.

285 Hanson, Village Officials, 436 merkt an, dass eine Identifizierung mit dem in P.Mich. 12,656 genannten Wächter Papei, der Nemesion bedrängt, nicht unmöglich ist.

286 Die anonymen Nennungen könnten auch dieselben Wächter meinen, da der Wächter Heron zweimal genannt wird, wodurch weitere nicht gekennzeichnete Doppelnennungen möglich sind.

287 Hanson, Topographical Arrangement, 218 geht davon aus, dass Nemesion die Wächter zum einen für den Geldtransport und zum anderen für eine reibungslose Abgabeneinsammlung einsetzte.

σθῆναι. οὐδὲν ὀφίλωι οὔτε ἔκθεσιν οὔτε ὑποκείμενο(ν). ἐὰν αὐτὸν μὴ ποιςῃς κρουσθῆναι, οὐ μέλλωι εὐσταθεῖν. ἔρρω(σο). (P.Mich. 12,656)
Nemesion an Tryphon, den Bruder, Grüße. Ich bitte dich, zu den Obrigkeiten zu gehen und sie zu informieren, dass Papei mich auf Geheiß des Chefs der bewaffneten Wächter wegen des Reisegeldes aufscheucht und mich auslaugt. Es ist nötig den Strategen an sie zu erinnern. Ich schulde nichts, weder im Zurückliegenden noch im Vorliegenden. Wenn du es nicht schaffst, sie zu verscheuchen, werde ich keine Ruhe finden. Lebewohl. (P.Mich. 12,656)

Papei, vermutlich auch einer der Wächter, wurde von seinem Chef beauftragt, vom Nemesion ausstehende Geldzahlungen einzufordern. Die genauen Hintergründe werden nicht klar, die englische Übersetzung geht davon aus, dass sie Reisegeld wollen. Nemesion sieht sich jedenfalls nicht in der Schuld und möchte, dass sie sich an den Strategen wenden. Das weist darauf hin, dass ihre Tätigkeit im Rahmen der Abgabenadministration stattfand. In Nemesions Buchhaltung findet sich ein Posten für Reisekosten an einen Wächter, so dass er wohl in manchen Fällen für die Zahlungen zuständig war. Hanson stellt die Überlegung an, ob der hier genannte Tryphon identisch sein könnte mit dem Komogrammateus Tryphon aus P.Mich. Inv. 888.[288]

Nemesion archivierte auch eine eidliche Verpflichtung, in dem ein Sohn für seine Eltern um 46 n. Chr. eine Sicherheit stellte. Hanson vermutet, dass es sich um private Schulden handelt, weil auch die Mutter genannt wird.[289]

Psonsneus, ungefähr 38 Jahre, mittelgross, honigfarben, langgesichtig, gerade-nasig, mit einer Narbe unter dem rechten Knie. (2. Hand) Psonsneus, [Sohn] des Praxias von denen aus Philadelphia aus dem Bezirk Herakleides des Nomes Arsinoite, gegenüber denen des Cattius Catullus, Centurion. Ich schwöre bei Tiberius Claudius Cäsar Augustus Germanicus Imperator, dass ich freiwillig die Sicherheit stellt für Praxias, [Sohn] des Diodorus, meinen Vater, und für Thäsis, [Tochter] des Anubion, meine Mutter, die ich auch vor Nemesion, dem Praktor desselben Dorfes, in dem öffentlichen Logisterion von Herakleides vertrete in 25 Tagen vom heutigen Tag, wenn ich nicht vertrete, werde ich voll zurückzahlen mit Zinsen die Schulden in die öffentliche Kasse. Ich schwöre aufrichtig, sei es gut für mich, aber das Gegenteil, wenn ich falsch schwöre. Ich, Nikanor [Sohn] des Nikanor, habe für ihn geschrieben, weil ich für würdig erachtet wurde für ihn zu bestätigen, weil er keine Buchstaben kennt. Jahr 6 des Tiberius Claudius Cäsar Augustus Germanicus Imperator, Epeiph 30. (3. Hand) Ich, Dositheos, habe unterschrieben. Jahr 6 des Tiberius Claudius Cäsar Augustus Germanicus Imperator, Epeiph 30. (P.Thomas 5)

---

288 Hanson, Ancient Illiteracy, 195.

289 Vgl. Hanson, Village Officials, 434.

Die Verpflichtungserklärung mit gleichzeitiger Gestellungsbürgschaft hat die typischen Merkmale eines Schwurs. Körperliche Erkennungszeichen werden festgehalten, der Inhalt der Verpflichtung und die exakten Namen aller Beteiligten. Psonsneus, Praxias und Thäsis werden auch in der Abgabenliste P.Princ. 1,8 von 46/47 n. Chr. erwähnt. Der Sohn Psonsneus findet sich in vier weiteren Abgabenlisten aus Philadelphia aus den Jahren 48/49 und 51 n. Chr.[290] Da Psonsneus illiterat ist, übernimmt ein gewisser Nikanor das Schreiben für ihn. Bezeugt wird der Vorgang von einem Dositheos, bei dem es sich um einen der vorher erwähnten Angestellten des Centurion Cattius Cattulus handeln könnte. Da der Centurio dafür sorgt, dass Personen vor Behörden erscheinen, nimmt er auch Gestellungsbürgschaften entgegen.[291] Die Eltern Praxias und Thäsis schulden offensichtlich Geld. Wofür wird nicht gesagt. Die Schulden sollen in die öffentliche Kasse eingezahlt werden. Sie müssen zudem vor dem Logisterion, dem Rechnungshof erscheinen. In 25 Tagen soll Psosneus die Eltern dort vor Nemesion vertreten.

Der Einsatz von Soldaten ist nicht nur in amtlichen Zusammenhängen möglich, sondern auch bei der Eintreibung von Schulden auf ziviler Eben belegt.[292] Die Involvierung eines Centurios ist also kein hinreichender Beleg dafür, dass es um Abgabenschulden geht. Warum muss Psosneus vor dem Logisterion erscheinen? Strafzahlungen in die öffentliche Kasse sind sowohl bei Abgabenschulden als auch anderen Schulden möglich. Es bleibt daher leider unklar, ob diese Bürgschaft fiskalischen oder zivilen Hintergrund hat.

Anhand von Nemesion gewinnen wir vor allem in das fiskalische und ziviele Arbeitsleben eines gut situierten Abgabeneinsammlers Einblicke. Nemesion unterhält dichte Beziehungen innerhalb der Abgabenadministration. Sowohl zu den höhergestellten Personen als auch seinen eigenen Angestellten. Das Machtgefüge spiegelt sich in den fiskalischen Abläufen und dem Einhalten bestimmter Dienstwege. Die verschiedenen Praktoren sind aufeinander angewiesen und voneinander abhängig. Das Abgabenpersonal ist weit verstreut und spiegelt damit die geographische Verteilung der Abgabenpflichtigen. Das Netz erstreckt sich über alle Bezirke des Fayums, in das benachbarte Nome Herakleopolites, im Süden bis nach Oxyrhynchos und im Norden über die Dörfer nach Memphis, Kairo bis hin nach Alexandria und den daneben liegenden Küstenort Nikopolis.

Nemesion lebte nicht allein von seiner Tätigkeit als Abgabeneinsammler, sondern betätigte sich auch in der Landwirtschaft und Viehzucht. Es kann davon ausgegangen werden, dass ein Teil der Abgabenzahlenden in Philadelphia zugleich

290 SB 14,11481; P.Princ. 1,14; P.Mich. 12,642; P.Princ. 1.

291 Vgl. mit weiteren Beispielen Palme, Zivile Aufgaben, 323.

292 Vgl. ebd., 324–325.

auch geschäftlich mit ihm verbunden waren. Nemesion brauchte ebenso Dienstleistungen und Produkte von ihnen, wie sie vielleicht von ihm Produkte kauften. Nemesion war familiär und freundschaftlich so gut aufgestellt, dass er durch dieses Netz Luxusgüter bekam und ebenso um Gefallen bitten konnte oder welche für andere erledigte. An vielen Stellen wurde deutlich, wie sich seine verschiedenen Tätigkeiten überschneideten und die Lebensbereiche durch bestimmte Personen miteinander verbunden waren. Nemesion zeigt beispielhaft, wie gut ein Abgabeneinnehmer eingebettet sein konnte und dass „Praktor" nicht seine einzige Identiät war. Die fiskalische Tätigkeit verhalf ihm ohne Zweifel zu mehr Kontakten – vor allem zu wichtigen Personen der römischen Provinzadministration vor Ort, im Nome und auch auf der höheren Ebene der Provinz.

3.3.2 Der Praktor Sokrates (142–172 n. Chr.)

In Karanis wurde das Familienarchiv von Sokrates, Sohn des Sarapions, dessen Familie im Abgabenwesen tätig war, gefunden.[293] Das Archiv illustriert, wie die Tätigkeit im Abgabenwesen Familien miteinander verband und die Fertigkeiten über Generationen weitergegeben wurden. Eine Besonderheit dieser Familie ist, dass sie private Kontakte zu römischen Familien hatte und einen gewissen Einfluss gehabt zu haben scheint. Karanis war ein besonderer Ort im Fayum. In nord-westliche Richtung von Philadelphia, unweit von Bakchias gelegen, scheint es einen eigenen und weniger landwirtschaftlichen Charakter gehabt zu haben. Im Dorf lebten viele Veteranen mit römischem Bürgerrecht und Familien mit Bezug zum Militär.[294] Peter Van Minnen resümiert, dass es mehr eine römische Stadt als ein ägyptisches Bauerndorf gewesen sei. Die Familien waren wohlhabender, was anhand der Häuser, Archive und anderer materieller Zeugnisse sichtbar wird. Schätzungen ergeben, dass in einem Haus ca. vier bis fünf Personen lebten, in Theadelphia waren es mit neun fast doppelt so viel. Viele der Häuser sind großzügig gebaut. In dem Familienarchiv des Sokrates sind auch Teile seiner Bibliothek erhalten, die griechische Literatur umfasst.[295] Sokrates, seine Söhne und ein Schwiegersohn können schreiben. Sokrates war mehrfach als Praktor und als Laograph, d. h. bei der Zensuserhebung, tätig.[296] Dabei umfassten die Amtszeiten – so weit nachverfolgbar – zwei Jahre und es handelte sich um eine Liturgie. Die Belege für diese

---

293 Die Dokumente aus dem Archiv des Sokrates und anderer Häuser in Karanis sind gesammelt und aufbereitet bei El-Maghrabi/Römer, Texts und dies., More Texts.

294 Vgl. zu den folgenden Informationen über Karanis van Minnen, Enquiries, 234–237.

295 Eine Grammatik, Epitrepontes von Menander, Acta Alexandrinorum, Aitia von Kallimachos sowie die Ilias von Homer. Vgl. Geens, Sokrates, 3.

296 Als Praktor 144 (SB 6,9428), 145 (SB 16,12798), 153 (BGU 1,330) und 154 n. Chr. (BGU 2,391). Als Laograph 145/146 n. Chr. und 159/160 n. Chr.

Tätigkeiten liegen in den Jahren 144–160 n. Chr. und wahrscheinlich war er auch der Verfasser einer Abgabenrolle von 172 n. Chr. (P.Mich. 4,223). Sein Bruder Sarapion II war evtl. als Sitologos, d. h. er war für den Kornspeicher zuständig, tätig (P.Mich. 6,392.393). Es ist umstritten, ob ihr Vater ebenso im Abgabenwesen tätig war.[297] Sokrates Söhne Sarapion III und Sokrates II scheinen jeweils als Praktor (BGU 3,819, P.Mich. 4.1,224) und Laograph (BGU 2,577) tätig gewesen zu sein. Durch den Handschriftenvergleich ist sehr wahrscheinlich, dass Sokrates und sein Sohn Sarapion jeweils eine der berühmten Abgabenrollen aus Karanis geschrieben haben (P.Mich. 223 und 224).[298] Vater und Söhne waren im Abgabenwesen tätig und vielleicht auch Sokrates Vater und Bruder. An der Familie des Sokrates sind besonders ihre sozialen Netzwerke interessant.

In dem Archiv wurden auch Dokumente der Familie des Kastors gefunden. Karolien Geens vermutet, dass Kastor entweder ein Cousin oder Halbbruder sein könnte.[299] Relevant ist, dass Kastor Komogrammateus von Ptolemais Nea war und unabhängig davon, ob eine verwandtschaftliche Beziehung bestand, gab es in irgendeiner Form eine Beziehung zwischen den beiden Familien. Sokrates selbst war mit Gemella aus der Familie des Semproius Gemella, der 149 n. Chr. Gymnasiarch war, liiert. Das lateinisch-griechische Geburtszertifikat der Zwillinge (Marcus Sempronius) Sarapion III und (Marcus Sempronius) Sokrates II legt nahe, dass Gemella nicht offiziell mit Sokrates verheiratet war, weil sie ihn nicht als Vater angab (P.Mich. 3,169). Hätte sie dies getan, hätten ihre gemeinsamen Kinder nicht das römische Bürgerrecht erhalten. Da dieses Dokument in einem anderen Haus gefunden wurde, schienen sie auch mindestens noch ein weiteres Haus zu haben, in dem Gemella ihre Dokumente verwahrte. Als ihr Vormund tritt ein Gaius Julius Saturnius auf, der auch für sie das Schreiben auf Griechisch übernimmt, dessen sie nicht mächtig ist. Die gemeinsame Tochter Tsoucharion ist mit Valerianus verheiratet. Es handelt sich um ein Beispiel einer ägyptisch-römischen Familie im Fayum.

297 Vgl. Geens, Sokrates, 2 Fn. 5. Dort stellt sie die verschiedenen Lesarten von P.Mich. 419 vor. Nach der von Willy Clarysse wäre Sokrates Vater Sarapion ἐκλήμπτωρ in Ptolemais gewesen. Der mehrdeutige Begriff könnte sich auf Abgabenpacht beziehen, ebenso möglich wäre es, dass es sich um einen Kontraktor oder Verwalter von einem Monopol handelt (vgl. Aphrodisios für die Papyruskonfiszionen im Meris Themistos [P.Mil. 1,6]).

298 Vgl. Geens, Sokrates, 2 und van Minnen, Enquiries, 244–245.

299 Geens, Sokrates, 4.

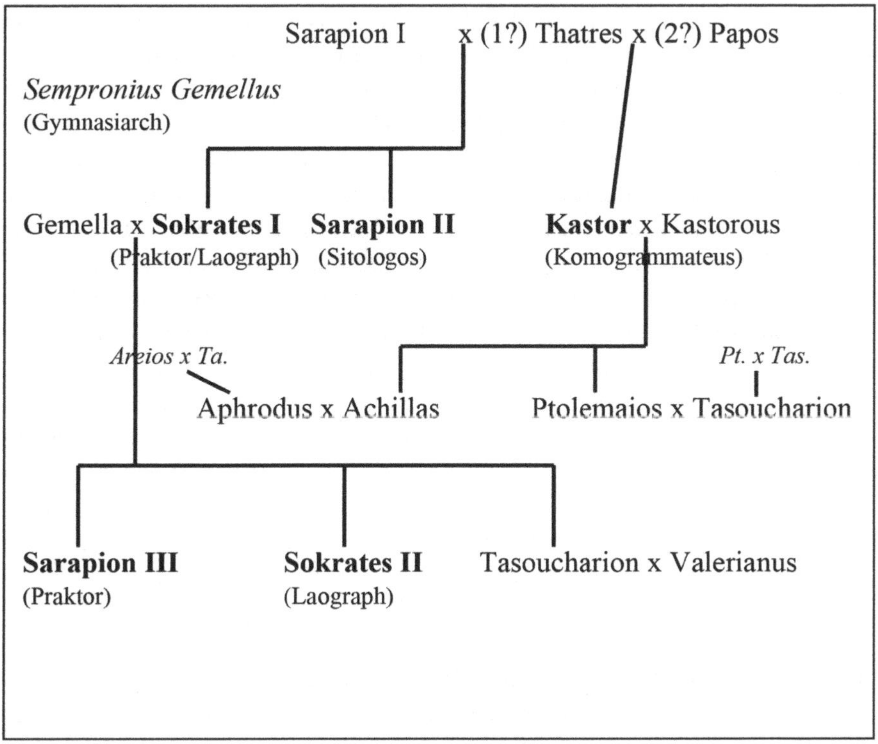

(erweiterte?) Familie des Sokrates I

Auch Sokrates war nicht nur im Abgabenwesen tätig. Ein gewisser Petheus Kollouthos wollte für 3 Jahre eine kaiserliche Dattelplanatage um 150 n. Chr. von Sokrates pachten (P.Mich. 9,564). In einer Eingabe, die er an den Komogrammateus von Karanis richtete, beschwerte er sich 154 n. Chr. wegen Verletzungen der Grenzen seiner Felder (SB 18,13306). In einem Brief werden Olivenhaine erwähnt, die evtl. Sokrates oder jemand anderen in der Familie gehörten (P.Mich. 8,488). Empfänger und Absender sind leider verloren. Da die Handschrift einer Abgabenrolle mit der des Sarapions, Sohn des Sokrates, identifiziert wurde, kann sich auch ein Eindruck davon gemacht werden, wie viel ein Abgabeneinnehmer 172/173 n. Chr. beim Einsammeln verdiente. P.Mich. 4,1,224 enthält die fiskalische Buchführung für ein ganzes Jahr. Neben den verschiedenen Abgaben sind auch die Gebühren vermerkt. Darunter das Symbolikon, das bereits begegnet ist. Damit wurden der Materialverbrauch und der (Schreib-)Aufwand, um eine Quittung auszustellen, in Rechnung gestellt.[300] In P.Tebt. 2,542 sind 9 Drachmen für Papyruskosten in einem Monat vermerkt.[301] In P.Mich. 4.1,224 ist neben dem Symbolikon auch ein χειριστικόν erwähnt, vermutlich eine Gebühr, um die Arbeit der Assistenten zu bezahlen.[302] Unter dem Vorbehalt, dass Löhne nicht zwingend aussagekräftig sind, weil auch in Naturalien bezahlt werden konnte und Preise Schwankungen ausgesetzt waren, soll dennoch ein Blick auf Entlohnungen geworfen werden. In P.Fay. 35 wird das Gehalt eines Assistenten in Theadelphia um 150/151 n. Chr. mit 200 Drachmen pro Jahr angegeben und in P.Lond. 2,306 aus Herakleia, östlich von Theadelphia, um 145 n. Chr. mit 252 Drachmen. In Tebtynis im Süden des Fayums werden im 2. Jh. für den Wächter Paktas 240 Drachmen jährlich gerechnet und für den Quittungsaussteller Sotas 336 Drachmen (P.Tebt. 2,542). Leider ist in diesem Fall nicht erkennbar, welche Position Sotas bekleidet. In Bakchias und Soknopaiu Nesos verdienten die an den Zollstationen tätigen Bogenschützen pro Jahr 192 Drachmen, wie wir bereits gesehen haben.[303] Es ergeben sich damit Gehälter zwischen knapp 200 und 340 Drachmen für die wahrscheinlich untere Hierarchieebene, die in verschiedener Form bei der Abgabeneinnahme half. Ein ungelernter Arbeiter im 2. Jh. in Ägypten verdiente ca. 360–480 Drachmen pro Jahr.[304] Im Vergleich scheinen die oben genannten Gehälter des Abgabenpersonals niedrig. Zusammengerechnet ergibt das χειριστικόν in der Abgabenrolle 8.936 Drachmen und 6 Obolen, also 8.937 Drachmen (P.Mich. 4.1,224).[305] Davon könnten also je nach Gehalt 45 (á 200 Drachmen), 36 (à 250 Drachmen), 26 (à 340 Drachmen) oder 19 (à 480 Drachmen) Assistenten bezahlt werden. In Erinnerung sei gerufen, dass der Praktor Nemesion ein Jahrhundert früher mindestens 12 Assistenten einsetzte.[306] Nimmt man an, dass das χειριστικόν tatsächlich nur an die Assistenten ging und der Praktor nichts davon behielt, blieben laut der Buchführung dieser Rolle immerhin noch 530 Drachmen und 8 Obolen übrig. Das würde also knapp

300 Vgl. die ausführliche Studie von Schuman, Income, 29.32. Schuman analysiert in dem Aufsatz, wie viel Obolen Symbolikon für verschiedene Abgaben und verschiedene Quittungen berechnet wurden.

301 In SB 20, 14576 aus Nemesions Archiv von 43 n. Chr. sind die Kosten einer Papyrusrolle mit 1 Drachme angegeben.

302 Vgl. Schuman, Income, 56.

303 Vgl. P.Wisc. 2,80 von 114 n. Chr. aus Bakchias und P.Lond. 3,1169 von 150 n. Chr. aus Soknopaiu Nesos.

304 So Huebner, Papyri, 100.

305 Vgl. zu den Berechnungen Schuman, Income, 56–58.

306 In Nemesions Buchhaltung (SB 20,14576) ist eine Zahlung über 3 Obolen an einen Assistenten aufgeführt. Dabei kann es sich eigentlich nur um einen Tageslohn handeln, was 15 Drachmen im Monat machen würde, sollte die Person 30 Tage arbeiten. Das wäre ein Jahreslohn von 180 Drachmen.

unter dem Minimum liegen, was man an Eigentum besitzen musste, um die Liturgie auszuführen (vgl. P.Mich. 9,536) bzw. den doppelten bis fünfachen Lohn im Vergleich zu den Angestellten bedeuten.

Die gute Vernetzung von Sokrates scheint offenkundig zu sein, denn es gibt mehrere Briefe und Dokumente, in denen er als Mittler auftaucht. Eine Problematik der Briefe ist, dass sie nicht datierbar sind. Dies führt dazu, dass bisher nicht eindeutig geklärt ist, ob der Sokrates Sarapion aus den frühen Dokumenten mit dem in den späteren Genannten identisch ist.[307]

Im Familienarchiv des Julius Sabinus taucht auch ein Sokrates Sarapion auf, der die Familie in fiskalischen Angelegenheiten unterstützt.[308] Unabhängig davon, ob es sich um den Sarapion aus dem Archiv handelt, kann festgehalten werden, dass ein im Abgabenwesen tätiger Sokrates Sarapion die Familie des Julius Sabinus unterstützt. Deswegen möchte ich kurz einen Blick auf diese Dokumente werfe, ohne dass ich damit behaupte, dass diese Person identisch sei mit Sokrates Sarapion. Die griechisch-ägyptische Familie des Gaius Julius Sabinus gehörte zur lokalen Elite

---

307 Die fiskalischen Dokumente stammen alle vom Anfang des 2. Jh. Van Minnen nimmt an, dass der Sokrates (Sarapion) aus diesen frühen Dokumenten identisch ist mit dem des Archivs (vgl. van Minnen, Enquiries, 242 und im Anschluss Geens, Sokrates, 5). Hagedorn hat dem in Bezug auf zwei Abgabenquittungen, in denen ein Sokrates als Praktor erwähnt wird, widersprochen (Vg. Hagedorn, Praktoren, 150 in Bezug auf BGU 15,2534 von 107–116 n. Chr. Van Minnen führt noch P.Mich. 6,383 an, eine Abgabenquittung, die in Haus B2 in Karanis gefunden wurde, datiert auf 107–109 n. Chr. Dort ist allerdings nur ein Teil des Namens erhalten (Sokr[]) und kein Patronym.). Tatsächlich ergeben sich einige zu erklärende Probleme, wenn man der Annahme van Minnens folgt, dass es sich um ein und dieselbe Person handele. Durch die frühe Tätigkeit Anfang des 2. Jh. und die am spätestens belegte um 172 n. Chr., muss van Minnen annehmen, dass Sokrates Sarapion im letzten Jahrzehnt des 1. Jh. geboren ist, um überhaupt alt genug zu sein, um als Praktor tätig zu sein. Die beiden Abgabenquittungen (BGU 15,2534 und P.Mich. 6,383) enthalten lediglich den Namen Sokrates, der so verbreitet ist, dass ohne ein Patronym keine sichere Aussage über die Identität dieses Sokrates getroffen werden kann. Die Dokumente aus dem Archiv der Familie des Julius Sabinus aus Karanis nennen einen Sokrates Sarapion einmal 109/110 n. Chr. (P.Mich. inv. 5882) und 117/118 n. Chr. (P.Mich. 9,549). Wenn Sokrates Sarapion tatsächlich in den 90er Jahren des 1. Jh. geboren wäre, könnte es sich durchaus um dieselbe Person handeln. Das würde bedeuten, dass der Sokrates Sarapion aus dem Archiv des Julius Sabinus und der aus seinem eigenen Archiv identisch sein könnten. Ein Dokument aus dem Familienarchiv birgt Probleme ins sich. In P.Mich. inv. 5894 wird eine Zensuserklärung für die Familie durch einen Sohn des Sokrates Sarapion im Jahr 132/133 n. Chr. eingereicht. Wenn angenommen wird, dass es sich um dieselbe Person handelt, dann hätte der in den 90ern geborene Sokrates Sarapion in seinen 40ern einen Sohn gehabt, der bereits in der Lage war, diese administrative Aufgabe zu erfüllen. Dieser Sohn könnte aus der Verbindung von Sokrates Sarapion mit Gemella enstammen oder aus einer früheren Ehe. Jedenfalls wäre Sokrates Sarapion Anfang 20 gewesen bei der Geburt dieses hypothetischen Sohnes. In seinen 50ern hätte Sokrates dann noch das Zwillingspaar bekommen. Bei diesen Dokumenten fehlen uns letztendlich weitere Informationen, um hier zu einer eindeutigen Aussage zu kommen.

308 Vgl. zu dem Archiv und den darin enthaltenen Dokumenten Claytor/Feucht, (Gaii) Iulii Sabinus.

in Karanis und hatte durch ihren Militärdienst das römische Bürgerrecht erworben. 109–110 n. Chr. bezahlt ein Sokrates Sarapion Abgaben für die Familie (P.Mich. inv. 5882). In dem Testament von Sambathion, Tochter des Neilos und Tante des Archivinhabers Sabinus, aus dem Jahr 117 n. Chr. scheint Sokrates eine leider nicht näher zu bestimmende Mittlerfunktion zu übernehmen (P.Mich. 9,549). Ebenso übernimmt ein Sohn des Sokrates Sarapion eine Zensusdeklaration in 132 n. Chr. für die Familie (P.Mich. inv. 5894). Sokrates Sarapion bzw. sein Sohn unterstützte die Familie bei fiskalischen Angelegenheiten.

Im Archiv des Sokrates sind mehrere Briefe des Schwiegersohnes Valerianus an seinen Schwiegervater erhalten. In einem undatierbaren Brief werden wahrscheinlich fiskalische Angelegenheiten besprochen (P.Mich. 8,505): Eine Geldsumme wurde bei einem Assistenten (ὑπηρέτης) deponiert, der sie an einen Praktor gegeben hat, der das Geld dann an Sokrates übergeben soll. In einem anderen Brief bittet Valerianus, dass Sokrates schnell kommen möge, weil sein Freund Auliatus eine Angelegenheit für Sokrates erledigen wird (P.Mich. 8,506). Er erinnert ihn auch daran, dass er etwas für (J)ulius (= Aulius?) tun könne, weil dieser ein Fremder sei. Weiterhin scheint Sokrates auch Brieftransporte organisiert zu haben. Apollinarius, der Sohn der Nachbarin Thäsion, rät seiner Mutter, ihren Brief an ihn notfalls Sokrates zu geben, der ihn weiterleiten würde (P.Mich. 8,490). Apollinarius ist in der Armee und wurde nach Ostia/Rom und dann zu seinem Einsatzort in Misenum geschickt. Schließlich gibt es einen weiteren Brief, in dem eine Frau namens Artemis Sokrates um juristischen Beistand in einem Gerichtsprozess bittet (P.Mich. 8,507). Sie möchte, dass Sokrates jemanden aus seinem Haus schickt. Sie weist darauf hin, dass ihre Schicksale irgendwie zusammenhängen, denn wenn es ihr schlecht ginge, würde es ihm auch schlecht gehen. Wenn sie jedoch den Prozess gewinne, würde er auch profitieren. Sie sendet dezidiert auch noch Grüße an Familienmitglieder und an die Familie des Kastors, so dass sie enger mit den Familien bekannt zu sein scheint. Wahrscheinlich waren sie Geschäftspartner:innen.[309]

Der Praktor Sokrates ist ein Repräsentant einer ägyptisch-römischen wohlhabenden und gebildeten Familie, die hervorragende Beziehungen hat. Seine Frau Gemella hatte das römische Bürgerrecht, konnte jedoch kein Griechisch schreiben im Unterschied zu Nemesions Frau Thermutis. Die größere Familie war in verschiedenen Bereichen des Abgabenwesens oder der Administration tätig. Sokrates ist in der Lage, anderen Gefallen zu tun und sein Wissen und seine Beziehungen einzusetzen. Das Archiv zeigt zudem, wie hoch das finanzielle Polster sein musste, wenn man zu einer Liturgie eingeteilt wurde. Die Abgabenrolle aus Karanis hat einen Eindruck davon gegeben, wie viel ein Praktor als Gebühren einzog und dass davon

309 So vermutet Calpino, Women, 89–90.

auch die Assistenten finanziert wurden. Deren Gehälter schienen eher im unteren Bereich zu liegen, jedoch über dem von Sicherheitspersonal im Abgabenwesen.

3.4 Zusammenfassung

Die inschriftlichen und papyrologischen Zeugnisse zeigen die verschiedenen Facetten des Abgabenpersonals. Durch die Selbstrepräsentation wurde Berufsstolz erkennbar. Abgabenpersonal nahm an der Gesellschaft aktiv teil und präsentierte ihr soziales Kapital. Immer wieder sind ganze Familien im Abgabenwesen tätig, besonders im Zusammenhang im Zoll über mehrere Jahrzehnte und Generationen. Im westlichen Teil des Römischen Reiches finden sich vor allem Belege für Versklavte im Zollwesen. Die Tätigkeiten von Abgabenpersonal waren komplex und vielfältig. Sie waren selten alleine tätig, sondern hatten Angestellte oder arbeiteten mit Schreibern, Sicherheitskräften und anderem Personal aus der Administration. Sie mussten sehr genau Buch führen und waren vor allem mit der Ausstellung von Quittungen, Erstellung und Weitergabe von Listen beschäftigt. Auch wenn sich die Bezeichnungen für Abgabenpersonal ändern konnte und die Zuständigkeiten, so ist doch insgesamt eine gewisse personelle Kontinuität zu beobachten. Wichtig ist, dass auch Frauen im Abgabenwesen tätig waren.

Abgabenpersonal hatte sehr viele Kontakte und einen guten Überblick über die wirtschaftliche und familiäre Situation vor Ort. Ihre Listen erfassen zumindest den abgabenpflichtigen Teil der Bevölkerung. Ihre Kontakte zur Administration wurden auch durch andere genutzt, indem sie um Gefallen gebeten wurden in fiskalischen, juristischen oder privaten Angelegenheiten. Ihr Zuständigkeitsgebiet konnte weitläufig sein, was die Notwendigkeit der Zusammenarbeit oder Aufgabendelegation erklärt. Trotz der zur Verfügung stehenden Druckmittel konnten oder wollten die Abgabeneinnehmer nicht immer die Abgabenpflichtigen zum Zahlen bewegen. Die Beschwerden und Bitten um Zahlungserlass in diesem Zusammenhang illustrieren, dass es im Abgabensystem Verhandlungsspielraum gab. Alle sind aufeinander angewiesen – auch das Abgabenpersonal untereinander. Vor allem dann, wenn es sich um Liturgien handelte, d. h. die Abgabeneinnehmer kamen der Aufgabe nicht unbedingt freiwillig nach, sondern weil der Staat sie aufgrund ihres Vermögens dazu zwang. Es wurden Verträge untereinander geschlossen oder Versäumnisse anderer angezeigt, um sicherzugehen, dass alle Abgabeneinnehmer ihren Aufgaben nachkamen. Sollte dies nämlich nicht geschehen, so hafteten die anderen mit ihrem Geld für die ausbleibenden Abgaben. Abgabenpersonal konnte auch Opfer von Erpressungen durch andere administrative Kräfte werden.

Das Bild, das aus den inschriftlichen und payporologischen Quellen gewonnen werden kann, zeigt, dass Abgabenpersonal eingebettet war in die lokale Gesellschaft. Sie waren an Schnittstellen tätig und glichen einem Scharnier zwischen römischer Administration und Provinzgesellschaft. Sie waren keine Außenseiter. Nicht immer waren sie zudem freiwillig im Abgabenweisen tätig. Abgabenpersonal war nicht unbedingt ungebildet, wie das Vorhandensein klassischer Literatur in ihren Archiven zeigt. Der Oberbegriff Abgabenpersonal fasst eine diverse Gruppe zusammen: Von Abgabenpächtern, Liturgen, über Zollsklaven bis hin zu kleinen Hilfsangestellten. Sie konnten ortsfremd oder alteingesessen sein. Sie waren unterschiedlich vermögend, manche waren korrupt, andere nicht. Diese Aufzählung könnte fortgesetzt werden. Die zentrale Einsicht lautet, dass das literarische Stereotyp tatsächlich nur für einen geringen Prozentsatz des Abgabenpersonals repräsentativ ist. Damit funktioniert auch das Stereotyp Abgabeneinnehmer wie so viele andere als Konzentrat negativer Erfahrungen, die im Stereotyp verallgemeinert werden.

4. Ertrag

Die griechisch-römische Literatur interessiert sich nur am Rande für Abgabenpersonal. Meistens werden sie nebenbei erwähnt und nur pauschal beschrieben. Besonders negativ wird über die Publikanen der republikanischen Zeit berichtet – ein Hinweis auf eine mögliche politische Konkurrenzsituation wegen ihres Einflusses. Einzelfiguren werden positiv herausgehoben wie Kaiser Vespasians Vater, doch bleibt dies die Ausnahme. Insgesamt vermittelt die Literatur, dass die Elite auf Abgabenpersonal herabschaut. Differenziertere Aussagen wie bei Quintilian oder Plutarch finden sich im Kontext einer Reflexion von Stereotypen und Heuchelei – sie halten Angehörigen der Elite ihre Abneigung von Abgabenpersonal als Spiegel ihrer eigenen Verfehlungen vor Augen. Sie bedenken die Rolle, die Abgabenpersonal im gesamten Finanzadministration einnahm, und halten es für fragwürdig, ihnen ihre Tätigkeit vorzuwerfen, die sie im Auftrag des Römischen Reiches ausführen. Deutlich ist zudem geworden, dass Personen verschiedenster Herkunft im Zusammenhang mit Abgaben auftauchen. Je niedriger ihr Status und je unwichtiger ihre Rolle, desto pauschaler und negativer wird über sie berichtet. Bei Historikern wie Tacitus wir ihnen sogar zum Teil die Schuld gegeben an Aufständen.

Philo hat eine der gewalttätigsten Darstellungen eines Abgabeneinnehmers entworfen. Es ist ein düsteres Bild, das er von Praktiken des Abgabenpersonals in Ägypten zeichnet. Sie nehmen Familien in Sippenhaft, foltern und morden. Wie gesehen ist diese Darstellung nicht in Einklang mit den anderen Quellen über Abgabeneinnehmenden in Ägypten zu bringen. Die Darstellung des Abgabeneinnehmers Capito in Philos Schrift Legatio passt eher in das historische Bild, dass sich einige in ihrem Amt als Abgabeneinnehmer bereicherten. Capito wird als besonders perfide dargestellt, da er in Jamnia die nicht-jüdische Bevölkerung gegen die Juden und Jüdinnen aufhetzte, um einer Anklage wegen Amtsmissbrauch zu entgehen. Auch dieser Abgabeneinnehmer wirkte gemeinschaftszerstörend.

Josephus präsentiert fast ausschließlich Abgabeneinnehmer, die gleichzeitig wichtige Positionen innerhalb des jüdischen Volkes bekleiden und sich in dieser Position für dessen Anliegen gegenüber den Fremdherrschern einsetzen. Es handelt sich um Männer mit Einfluss und Ansehen. Sie sind ein Bindeglied zur ptolemäischen oder römischen Verwaltung. Ansonsten werden unrechtmäßige bzw. zu hohe Abgabensammlungen durch Herodianer und Angestellte des Hohenpriesters erwähnt. Die genannten Personen werden jedoch nicht weiter beschrieben und sie dienen eher als Zeichen unrechtmäßigen Handelns der dahinterstehenden Akteure.

Aus Kleinasien sind vor allem Zölle gut belegt. Die Zollgesetze bestätigen den komplexen fiskalischen Apparat mit den verschiedenen Aufgaben. Am Zoll zu arbeiten, umfasste verschiedene Tätigkeiten und erfordert unterschiedliches Personal. Besonders die Zeugnisse aus den Hafenstädten belegen eine Struktur von (römischen) Großpächtern und Angestellten, die auch Versklavte oder Freigelassene sein konnten. Letztere waren vor allem aus Grabinschriften oder in Noricum und Dalmatien auch in Votivinschriften zu ermitteln. Die Gräber zeigen, dass die Personen entweder aus dem Ort kamen oder sich dort ansiedelten. Es ist also nicht immer klar, ob die beim Zoll eingesetzten Personen lokal sind. Mindestens kann jedoch davon ausgegangen werden, dass sie Griechisch oder eine andere Landessprache der nicht-hellenistischen Gebiete sprechen konnten. Die Inschrift vom Fischabgabenhaus in Ephesus zeigte die Vernetzung von Abgabenpersonal und weiteren Berufsgruppen wie des Fischereigewerbes. In Kleinasien und Syrien übernahm die lokale Administration die fiskalische Verwaltung. Es ist wahrscheinlich, dass sie lokales Abgabenpersonal beschäftigten. Überall wurde von Betrug im Bereich des Abgabeneinnehmens berichtet, doch ebenso von aufrichtiger Ausführung.

Die greifbare Selbstrepräsentation des Abgabenpersonals war selbstbewusst. Auf der höheren Ebene der Administration entsprach sie der üblichen Selbstdarstellung der römischen und provinzialen Elite. Das Abgabenpersonal auf den unteren Ebenen fand Wege, ihre Loyalität gegenüber der Stadt, ihren Vorgesetzten, dem Staat oder ihren Berufsgenossen auszudrücken. Es gab Stiftungen, die im direkten Zusammenhang mit dem Zoll standen. Grabinschriften zeugen von einem Berufs- oder Amtsbewusstsein. Votivinschriften von einem gewissen Wohlstand. Soweit feststellbar, entsprechen dabei die bevorzugten Gottheiten ganz dem römischen Mainstream bzw. den lokalen Vorlieben. Es wurde nicht versteckt, dass man Teil des Abgabenapparates war. Abgabenpersonal war eingebettet in einen größeren Verwaltungsapparat. Dies konnte sich auch in Beziehungen untereinander ausdrücken. Sei es in der Aufteilung von geographischen Zuständigkeiten, sei es im Zusammenschluss, um Ziele durchzusetzen. Auch Stiftungen wurden manchmal gemeinsam finanziert. Für den westlichen Teil des römischen Reiches gibt es Beispiele regelrechter Karrierewege von niedrigerem Zollpersonal. Das Wissen und die Erfahrung von Abgabenpersonal waren für die Administration von hohem Wert und erklärt auch die personelle Kontinuität in diesem Bereich.

Anhand des Praktors Nemesion wurde deutlich, wie gut vernetzt ein Abgabeneinnehmer sein konnte. Er war Teil der Dorfstruktur und sowohl privat als auch geschäftlich mit verschiedenen Personen verbunden. Seine Kontakte zu den verschiedenen Ebenen der Provinzadministration stellten einen Vorteil dar. Nicht nur für ihn, sondern unter Umständen auch für Bekannte oder Dorfbewohner:innen, für die der Abgabeneinnehmer wie andere administrative Funktionäre eine Verbindung zur Provinzadministration bot.[310] Zugleich waren Abgabeneinnehmende nicht unantastbar und durchaus in Konflikte verstrickt. Daneben übte Abgabenpersonal häufig auch andere Tätigkeiten aus, so dass ein Teil des Wohlstandes auch in anderen Berufszweigen erwirtschaftet worden sein konnte. In Ephesus ist ein Zollaufseher begegnet, der gleichzeitig für die Marktaufsicht zuständig war. Im Fayum waren einige Praktoren in der Landwirtschaft und Tierzucht tätig.

Der Praktor Sokrates aus Karanis bestätigt die gute Vernetzung des höheren Abgabenpersonals. Doch anders als Nemesion ein Jahrhundert vor ihm, ist er zudem ein Repräsentant der ägyptisch-römischen Schicht. Er ist in griechischer Literatur bewandert. Verschiedene Personen des Ortes wenden sich an ihn in privaten und fiskalischen Angelegenheiten. Er spielt eine Schlüsselrolle in der Übermittlung von Briefen. Vor allem aber scheint ein großer Teil seiner Familie im Abgabenwesen tätig gewesen zu sein, was auf die Weitergabe fiskalischen Wissens und eine Professionalisierung oder auch Dominanz einiger Familien hinweist.

Der administrative Überbau ist störungsanfällig und steht und fällt mit moderaten Beamten und geschultem Personal. Es war einfach innerhalb des Abgabensystems Geld abzuschöpfen und schwer, die Verantwortlichen zu überführen. Selbst die Abgabeneinnehmenden konnten Opfer von Betrug durch andere administrative Kräfte werden, wie anhand der Klage gegen einen Schreiber aus dem Nemesion Archiv sichtbar wurde. Besonders die Verzollung war ein komplexer Prozess, der geschultes Personal erforderte. An der Zoll- und Abgabenerhebung war ein ganzer Apparat an verschiedenen Spezialist:innen beteiligt und in den Provinzen waren dies häufig die Provinzbewohner:innen selbst. Hier ergaben sich demnach viele Überschneidungen mit der gebildeten Elite. Es wäre jedoch verkürzt zu glauben, dass nur die Provinzelite an der Abgabenerhebung beteiligt war. Die Tätigkeit als Wächter oder Angestellter erforderte keine Zugehörigkeit zur Elite. Es begegnen auch Freigelassene und Versklavte. Weitaus wichtiger war für alle Personen, die direkt mit den Provinzbewohner:innen in Kontakt kamen, dass sie die lokale(n) Sprache(n) beherrschten.

---

310 Diese Scharnierfunktion arbeitet van Nijf, Social World heraus. Ähnlich für den Dorfschreiber: Dijkman, Dorpsschrijver und Bazzana, Kingdom, 34. Meines Erachtens gilt dies in Abstufungen je nach Position in der administrativen Hierarchie für die meisten Personen, die für die römische Administration tätig sind.

Das Kapitel hat deutlich gemacht, dass die τελῶναι in den Evangelien nicht einfach gleichgesetzt werden können mit „hellenistischen Kleinpächtern".[311] Die Situation war in zweierlei Hinsicht komplexer: Zum einen gab es nicht „den hellenistischen Kleinpächter" und es liegt nahe, dass die Verfassenden und Adressierten Ende des 1. Jh. verschiedene Assoziationen mit dem Begriff τελῶναι verknüpften. Das Material aus Ägypten macht deutlich, dass bereits ab der Mitte des 1. Jh. ein „Liturgiesierungsprozess" im Bereich des Abgabeneinsammelns begann.[312] Es kann also nicht automatisch davon ausgegangen werden, dass das Einziehen von Abgaben immer freiwillig war. Egal ob Abgaben gepachtet oder als Liturgie zugeteilt wurden, die Voraussetzung war immer, dass die jeweiligen Personen genug Sicherheiten geben konnten, um für den Betrag im Notfall aufzukommen. Dieser Aspekt konnte durchaus eine Bürde sein und dazu führen, dass niemand bereit war, die Aufgabe zu übernehmen.[313] Die Tätigkeit im Abgabenwesen schien in Ägypten sowohl hauptberuflich als auch nebenberuflich ausgeübt worden zu sein. Doch gerade eine hauptberufliche Tätigkeit war nicht immer eindeutig belegbar wegen mangelnder Informationen. Relevant ist außerdem, dass sowohl an den klassischen Zollstationen wie auch bei der übrigen Abgabeneinnahme eine Vielzahl von Personen mit verschiedenen Aufgaben involviert war. Die Abgrenzung zwischen Zuständigkeiten für die sogenannten „direkten" und „indirekten" Abgaben waren nicht immer trennbar.

Van Nijf attestiert den Abgabeneinnehmern sicherlich zu Recht einen ambivalenten Status in der Gesellschaft.[314] Sie unterscheiden sich darin aber nicht von anderen Provinzialen, Freigelassenen und/oder Versklavten, die für die römische Administration Aufgaben ausführten. Wie vielfältig diese waren, konnten wir eindrücklich sowohl an den Zollstationen als auch bei der Abgabenerhebung sehen. Sie hatten in einem gewissen Rahmen Macht und Einfluss. Dieser hing von ihren Status innerhalb der Abgabenhierarchie ab. Was alle Personen vereint ist, dass sie Teil des Abgabensystems des römischen Reiches in den Provinzen sind. Es gibt jedoch einen Unterschied zwischen M. Aurelius Mindius Matidianus Pollio dem Pächter des Hafenzolls, Heraklides dem Dorfschreiber, Paulinos dem Epiteret, Colluthus dem Pragmateus, Nemesion dem Praktor, Ision dem Bogenschützen, Theon dem Bankangestellten oder Kleon dem Abgabenassistenten. Manche davon sind sichtbar: Ein Dorfschreiber war außerhalb seines eigenen Dorfes tätig, die Tätigkeit war keine Liturgie und er stand ganz oben in der Dorfhierarchie. Die Praktoren waren in ihren eigenen und benachbarten Dörfern tätig und hatten die

311 Gegen die These bei Herrenbrück, Jesus und die Zöllner und Stenger, Besteuerung, der sich Herrenbrück anschließt.

312 P.Gen. 2,91; P.Mich. 10,582; P.Oxy. 1,44; OGIS 669.

313 P.Graux 2 und P.Oxy. 1,44.

314 Van Nijf, Social World, 301.

Aufgabe teilweise als Liturgie inne. Angestellte wurden für eine klar umrissene Aufgabe bezahlt. Versklavte wurden von ihren Besitzenden eingesetzt. Darüber hinaus mag es für uns kaum wahrnehmbare Unterschiede geben – die damalige Gesellschaft konnte sie sicherlich wahrnehmen. Das Abgabenpersonal war familiär, geschäftlich und privat mit anderen Personen und Netzwerken verbunden. Sie sind keine Außenstehenden, sondern ein Teil der lokalen Struktur und des Netzwerks vor Ort. Außerhalb von Ägypten galt das besonders, wie anhand der Beispiele aus Kleinasien gesehen werden konnte, wo die Stadtverwaltung mehr in die administrativen Abläufe eingebunden war und der römische Staat mehr in den Hintergrund rückte.

Alle hier betrachteten Quellen zeichnen ein weitaus differenzierteres Bild von Abgabenpersonal, als es das vor allem literarische Stereotyp einiger Quellen vermuten lässt. In den Inschriften spiegeln sich der Gattung entsprechend der Wohlstand und die gute Vernetzung und Einbindung in die Gesellschaft von Abgabenpersonal. Diese Aspekte finden sich auch in den Papyri und bei Josephus wieder. Auch teilen diese Quellen, dass das Abgabeneinnehmen eine Familientätigkeit sein konnte und über Generationen weitergegeben wurde. Gewalttätigkeit, Erpressung und Unehrlichkeit sind weitere Aspekte, die einige der Quellen teilen. Bei Philo fällt ins Auge, dass er nur negative Assoziationen bietet. Die griechisch-römische Literatur teilt zwar einiges davon, benennt aber auch Aspekte wie Verschuldung des Abgabenpersonals und Zwang zur Tätigkeit. Die Themen der rabbinischen Literatur rund um Unreinheit, Sündhaftigkeit und Zugehörigkeit spielen in den anderen Quellen gar keine bzw. höchstens implizit eine Rolle wie die Frage, ob Kontakt zu Abgabenpersonal wünschenswert ist.[315] Die Papyri zeigen auf jeden Fall das vielfältigste Bild.

315 Vgl. zu den rabbinischen Quellen Herrenbrück, Zöllner, 194–216.

IV. Abgabenleistende

1. Griechisch-Römische Literatur

Auch die Personen, von denen Abgaben und Zölle eingezogen werden, sind Akteur:innen. Besonders häufig werden ihre Reaktionen auf Abgaben geschildert – von den Versuchen, Abgaben zu umgehen über ihre Abneigung gegenüber den Repräsentant:innen des Abgabensystems bis hin zu ihrem Widerstand gegen die Abgabenzahlungen.

1.1 Römer:innen als Abgabenleistende

Das Römische Imperium, wie es uns meistens in den Quellen begegnet, ist eine Macht, die Abgaben von Eroberten einzog und seine Bürger:innen von den (meisten) Zahlungen ausnahm. Diese „Selbstverständlichkeiten" spiegeln sich in den Quellen wider – zum einem in der unhinterfragten Annahme, dass besiegte Völker abgabenpflichtig seien. Zum anderen in der Empörung, sollten von den Römer:innen selbst Abgaben verlangt werden. Anekdotisch ist ein solcher Fall bei Plutarch festgehalten. Der pragmatische Feldherr Sertorius, der auch als Spion unter den gallischen Stämmen tätig gewesen war, unterläuft diese Überzeugung der Schmach von Abgabenzahlungen zugunsten höher gesteckter Ziele:

> Nachdem er schwere Winterstürme in einer gebirgigen Gegend erlebte, wurden von ihm von den Barbaren Abgaben [τέλος] und Gebühren [μισθός] fürs Passieren des Wegs gefordert. Die, die mit ihm waren, regten sich auf und beschwerten sich laut, dass ein römischer Prokonsul Abgaben [τέλος] an schädliche Barbaren gebe, er aber erachtete die scheinbare Schande gering, und er sagte, er kaufe Zeit, nichts sei seltener für einen Mann, der zu Großem bestimmt sei, er erfüllte die Geldforderungen der Barbaren eilte weiter und nahm Spanien ein. (Plutarch, Sert. 6,3)

Eine schreckliche Sache, eine Schande – Plutarch skizziert scharfsinnig, wie die Römer:innen um die symbolische Bedeutung von Abgaben wissen. Gleichzeitig deutet sich hier eine Tatsache an, über die die zeitgenössischen Quellen wenig berichten: Die Tributzahlungen oder Hilfsmittel, sogenannte Subsidien, des Römischen Reiches, die an andere Länder bzw. Herrschende flossen. Es gibt wenige Belege dafür, aber bereits in der Republik sowie unter Kaiser Augustus, Caligula und Hadrian wurden Geldzuwendungen gezahlt, damit die so entlohnten Völker die römische Grenze nicht angriffen.[1] Plinius d. J. berichtet über Kaiser Trajan, dass er es nicht nötig gehabt habe, mit „gewaltigen finanziellen Opfern und üppigen Geschenken einen ‚Sieg auszuhandeln'" (Plinius d. J., pan. 12,2). THOMAS PEKÁRY deutet dies als einen Hinweis auf eine sonst übliche Praxis, sich den Frieden zu erkaufen.[2]

Über einen besonderen Fall berichtet Appian während der Zeit des Bürgerkrieges. Die Triumvir verlangten von den 1.400 reichsten römischen Frauen Abgaben. Nachdem die Frauen sich vergeblich informell an Oktavians Schwester, Antonius Mutter und seine Ehefrau Fulvia gewandt hatten, mussten sie sich direkt an die Triumvirn auf dem Forum wenden (Appian, bell. civ. 4,32).[3] Hortensia wurde zu ihrer Fürsprecherin gewählt. Sie erinnerte zunächst daran, dass ihnen bereits ihre männlichen Verwandten unter einem Vorwand genommen wurden und dass es eine Erniedrigung wäre, ihnen auch noch das Eigentum zu nehmen. Dadurch würden sie in eine finanzielle Situation gebracht, die weder ihrer Herkunft, ihrer Lebensweise noch ihrem Geschlecht entsprechen würde. Hortensia argumentierte weiter:

> Was sollen wir nun Steuern [εἰσφέρω] entrichten, wo wir weder an Ämtern, Ehren, Kommandostellen oder überhaupt an der Staatsleitung beteiligt sind, um die ihr euch nunmehr mit solch verhängnisvollem Ergebnis streitet? Ihr sagt: <Es ist eben Krieg.> Wann hat es nicht schon Kriege gegeben, und wann haben je Frauen Steuern [συνεισφέρω] bezahlen müssen, welche doch von Natur aus bei allen Menschen davon ausgenommen sind? Unsere Mütter haben sich nur ein einziges Mal über ihr Geschlecht hinweggesetzt, in jenen Tagen, da ihr unter dem Ansturm der Karthager um euer ganzes Reich und um die Stadt selbst bangen musstet. Damals aber gaben sie freiwillig ihre Beisteuern [εἰσφέρω], nicht indessen von ihrem Landbesitz, ihren Feldern, Aussteuern oder Häusern, ohne die freie Frauen nicht leben können, sondern einzig und allein von ihrem häuslichen Schmuck, und auch diesen nicht auf Grund einer bestimmten Schätzung und unter dem Druck von Denunzianten und Anklägern, nicht unter Zwang und Gewalt , dabei nur so viel, als sie selbst bereit warn zu spenden. […] Für Bürgerkriege hingegen möchten wir nie und nimmer Beisteuern [εἰσφέρω] leisten, auch nicht euch gegeneinander zu unterstützen. Denn wir haben weder unter Caesar noch unter Pompeius Steuern [συνεισφέρω] bezahlt. Auch Marius und Cinna haben uns nicht dazu genötigt, ja selbst Sulla, der im Staate eine

---

1 Vgl. Pekáry, Wirtschaft, 105. Er verweist darauf, dass Kaiser Caligula 100 Millionen Sesterzen an den Herrscher von Commagene gezahlt haben soll. Vgl. Rostovtzeff, Gesellschaft, 77 über Trajan (Bosporus) und Hadrian (Sarmaten). Häufig steckte dahinter die Erkenntnis, dass nicht genügend finanzielle Mittel und personelle Ressourcen vorhanden waren, um die Gebiete ins Imperium einzugliedern und dauerhaft (militärisch) zu halten.

2 Vgl. Pekáry, Wirtschaft, 105.

3 Fulvia wird generell negativ bei Appian dargestellt. Vg. Schnegg, Geschlechterdebatten, 50.

Gewaltherrschaft ausübt, hat darauf verzichtet. Ihr aber behauptet, die Staatsordnung wiederherstellen zu wollen. (Appian, bell. civ. 4,33)[4]

Nach dieser Rede sind die Triumvirn verärgert, dass die Frauen ohne ihre Männer gesprochen haben, eine Versammlung abhielten und Rechenschaft von den Behörden über die angeordneten Maßnahmen der Abgabenleistung forderten (Appian, bell. civ. 4,34). Sie betraten auf diese Weise männlichen Raum, von dem sie eigentlich ausgeschlossen waren.[5] Schließlich gaben die Männer nach und entschieden, dass nur 400 Frauen ihren Besitz schätzen lassen mussten. Jedoch sollten stattdessen alle Männer mit einem Einkommen ab 100.000 Drachmen 1/50 plus ein Jahreseinkommen abgeben (Appian, bell. civ. 4,34).

Appian lässt Hortensia verschiedene Argumente anführen, die vor allem auf Genderrollen und die daraus entstehenden sozialen Konsequenzen verweisen. Abgabenzahlen ginge mit politischer Teilhabe einher, von der Frauen ausgeschlossen seien. Kriege habe es schon immer gegeben und nie hätten Frauen Abgaben bezahlt. Frauen seien von Natur aus von der Abgabenzahlung ausgenommen. Dann erinnert sie in einem historischen Rückblick: die Vorfahrinnen hätten den Staat finanziell unterstützt, als die Karthager angriffen. Zentral sei jedoch, dass dieses Geld nicht aus ihrem Vermögen und besonders nicht vom Land-, Hausbesitz oder anderem Grundvermögen genommen worden sei. Diesen bräuchten die Frauen nämlich, um ihren Status aufrecht zu erhalten und abgesichert zu sein. Stattdessen gaben sie freiwillig so viel von ihrem Schmuck, wie sie es sich leisten konnten. Der Besitz der Frauen sicherte ihre Stellung in der römischen Gesellschaft. Zum Schluss führt Hortensia an, dass sie den Bürgerkrieg grundsätzlich nicht unterstützen, weil hier Römer gegen Römer kämpfen. Sie bezieht damit politisch Stellung und kritisiert den Bürgerkrieg. Die Nennung der berühmten Diktatoren und Staatsmänner unterstreicht die Ungeheuerlichkeit der Forderung. Die Argumentation bezieht sich vor allem auf Genderaspekte. Die Rolle der freien wohlhabenden Frau in der Gesellschaft und ihre daraus abgeleiteten Pflichten und Rechte werden hier verteidigt. Der Zugriff des Staates auf das weibliche Vermögen wird abgewehrt. Die Frauen machen klar, dass sie politisch eine Position haben, jedoch von den politischen Entscheidungen qua Geschlecht ausgeschlossen werden. Sie setzen den Staatsmännern eine Grenze, indem sie aufzeigen, dass sie kein Recht haben, ihr Vermögen wegzunehmen. Selbst in einer Ausnahmesituation wie einem Krieg. Vor allem dann nicht, wenn sie es selbst verursacht haben, dass die männlichen

4 Übersetzung Otto Veh.
5 Vgl. Schnegg, Geschlechterdebatten, 50.

Verwandten, die ansonsten mit der Verwaltung des weiblichen Besitzes als *tutores* beauftragt waren, nun auf dem Schlachtfeld starben.[6]

Sueton überliefert eine eher skurrile Anekdote. Einer von Vespasians Freigelassenen, Kerylos, wollte sein Vermögen dem Fiskus entziehen und behauptete deswegen, dass er ein Freigeborener sei und änderte sogar seinen Namen in Laches (Sueton, Vesp. 23). Solche Schilderungen über Einzelpersonen sind selten in den literarischen Quellen.

1.2 Provinziale als Abgabenleistende

Aufgrund der rudimentären Quellenlage und einem gewissen Desinteresse römischer Historiker an Unruhen in den Provinzen, ist schwer festzustellen, welche Aufstände und Unruhen mit Abgaben zu tun haben.[7] Thomas Pekáry kommt in seiner nach eigener Aussage nicht vollständigen Aufzählung von Unruhen und Aufständen in der frühen Kaiserzeit in 200 Jahren auf mehr als 100 Aufstände. Die bekannten Unruhen wegen Abgaben fallen vor allem ins 1. Jh: 26–24 v. Chr. in Theben, 6 n. Chr. in Galiläa, 21 n. Chr. in Gallien, 25 n. Chr. in Hispania citerior, evtl. 52/66–70 n. Chr. in Judäa, 69–70 n. Chr. bei den Batavern, 81–96 n. Chr. in mehreren Provinzen, 86–87 n. Chr. in Numidien.[8]

Die Reaktionen auf Abgaben fallen unterschiedlich aus und sind, wie zu erwarten, den jeweiligen Interessen und Perspektiven geschuldet. Es kommt zu Aufständen, zu Flucht oder zu Bitten um Verminderung der Abgabenlast. Nicht nur Josephus berichtet über den Unmut über Abgaben in Judäa, auch Tacitus hat dazu eine Notiz. Um das Jahr 17 n. Chr. war durch den Tod der Herrscher von Kappadokien, Kommagene und Kilikien die Region in Unruhe und Umbruch. Kommagene wurde der Provinz Syria angegliedert. Kaiser Tiberius Aufmerksamkeit galt also schon der Region. „[D]ie Provinzen Syrien und Judäa, zerbrochen unter der Last, baten um Verringerung des Tributs [*tributum*].“ (Tacitus, ann. 2,42,5) Bei der Umwandlung von Kappadokien zu einer Provinz wurden gezielt Tribute verringert, um die Menschen der römischen Herrschaft gegenüber positiv zu stimmen. Im dritten Buch der Annalen berichtet Tacitus über gallische Stämme, die so hoch verschuldet waren, dass sie in der Regierungszeit Tiberius einen Aufstand begannen (Tacitus, ann. 3,40,1).[9] Die beiden Anführer Florus und Sacrovir verabredeten, dass sie weitere Stämme für ihre Revolte gewinnen wollten: „Dann säten sie bei öffentlichen Versammlungen und Zusammenkünften Aufruhr wegen der fortbestehenden

6 Vgl. ebd., 53–54.

7 Vgl. Pekáry, Seditio, 146.

8 Vgl. ebd., 136–141 mit eigenen Ergänzungen.

9 Hingewiesen sei auf Cassius Dio 57,10,5, wo Kaiser Tiberius in den Mund gelegt wird, dass Provinzbevölkerungen nicht zu hoch belastet werden sollten.

Tribute [*tributum*], die schweren Wucherzinsen, die Härte und den Hochmut der Statthalter" (Tacitus, ann. 3,40,3). Im Jahr 28 n. Chr. erhoben sich die Friesen. Sie hatten wegen ihrer ärmlichen Verhältnisse einen laut Tacitus mäßigen Tribut von Drusus auferlegt bekommen. Sie mussten Ochsenhäute für militärische Zwecke liefern. Als ein neuer Verwalter kam, führte er strenge Mindestmaß Vorgaben für die Ochsenhäute ein, die die Friesen laut Tacitus in den Ruin trieben. Nach und nach mussten sie ihren Besitz verkaufen und schließlich ihre Frauen und Kinder in die Sklaverei. Ihre Beschwerden führten zu keiner Anpassung der Tributforderungen. Daraufhin kreuzigten sie zunächst die den Tribut einsammelnde Soldaten und belagerten dann das Kastell (Tacitus, ann. 5,72,1-3). Tacitus selbst stellt fest, dass die Habsucht einiger Römer zu diesem Aufstand geführt habe. Er ist ein Beispiel dafür, wie einige Kreise der Oberschicht sich diese Aufstände erklärten. Schuld war vor allem das ausbeuterische und unterdrückerische Verhalten einiger Repräsentanten Roms, nicht das System allgemein.[10]

Festgehalten werden kann, dass mindestens im Westen des Römischen Imperiums die Aufstände meistens in Randregionen stattfanden und deren Anführer häufig ehemalige Kommandeure der römischen Hilfstruppen waren.[11] Greg Woolf fasst zusammen: „The conduct of centurions given administrative and fiscal responsibility seems to us to be a recurrent feature of revolts in the west"[12]. Statt das Abgabensystem strukturell zu hinterfragen, werden von der Elite Einzelne für Missstände verantwortlich gemacht: „The stability of the Augustan administrative system for nearly three centuries is a testament to Roman analytical weakness and institutional sclerosis as well as to political strength."[13] Für Rom waren Aufstände ebenso unvermeidbar wie Naturkatastrophen und bedurften daher keiner tiefergehenden Analyse.[14]

Dass die Abgabeneinnehmenden als Vollstrecker des Abgabensystems die ersten Betroffenen von gewaltsamem Widerstand waren, verwundert nicht. Cassius Dio berichtet beim Antritt des Konsulats von Appius Claudius und Gaius Norbanus (38 v. Chr.), dass die Bevölkerung sich gegen die Abgabeneinnehmer (τελῶναι) erhob und mit ihnen, ihren Mitarbeitern und den sie begleitenden Soldaten in ein Handgemenge geriet (Cassius Dio 48,43,1). Über hundert Jahre danach, in den Anfangsjahren der Regierung Kaiser Domitians (ca. 85-86 n. Chr.), kam es zu Revolten wegen des Abgabeneinzugs. In Numidia war die Situation besonders schlimm:

10 Vgl. Woolf, Provincial Revolts, 35-38.
11 Vg. ebd., 32.
12 Ebd., 43.
13 Ebd., 43.
14 Vgl. ebd., 42.

> Viele den Römern Tributpflichtige [ὑποτελής] empörten sich [85/86 n. Chr.], als ihnen gewaltsam Geldleistungen abverlangt wurden, wie auch die Nasamonen. Sie töteten nämlich die Abgabeneinnehmer [πράκτωρ] der Geldleistungen und schlugen Flaccus, den Statthalter von Numidien, der gegen sie zog, so sehr, dass sie auch das Lager plünderten. (Cassius Dio 67,5,6)

Die Nasamonen setzten sich gewaltsam zur Wehr und töteten die Abgabeneinnehmer. Eine Strategie, die öfter berichtet wird. Hier wird jedoch betont, dass die Abgaben gewaltsam verlangt wurden. Dies erzeugt Widerstand und selbst der Statthalter kann die Nasamon:innen nicht aufhalten. Die Abgabenverweigerung und vor allem gewaltsamer Widerstand wurden nicht geduldet. Dies illustriert auch gut, warum in den Provinzen Militäreinheiten stationiert waren. So konnte zumindest versucht werden, aufkeimende Gewalt oder andere Vorkommnisse militärisch zu unterbinden.

Ein anderer Weg, den Abgaben zu entkommen, bestand im Verlassen des betroffenen Gebietes. Wenn man so will, handelt es sich dabei um eine Art Abgabenflucht, die in der literarischen Darstellung durch existentielle Not erklärt wird. Im Provinzgebiet Syriens verweigert der Stamm der Klitae um 35 n. Chr. unter Lucius Vitellius, dem Statthalter Syriens und Vater des Kaisers Aulus Vitellius, die Abgabenschätzung.

> Um dieselbe Zeit zogen die Klitae, ein vom Kappadokierkönig Archelaos abhängiger Stamm, weil man sie zwingen wollte, nach unserer Art einen Zensus [*census*] durchzuführen und Abgaben [*tributum*] auf sich zu nehmen, auf die Höhen des Taurosgebirges und dort verteidigten sie sich mit Hilfe der Natur gegen die unkriegerischen Truppen des Königs. (Tacitus, ann. 6,41,1)

Eigentlich war König Archelaos zuständig, den Stamm dazu zu bringen, die römischen Befehle zu befolgen. Als dies aber nicht klappte, schickte Vitellius einen Legaten mit 400 Legionssoldaten und Hilfstruppen, die die Klitae aushungerten. Die Klitae versuchten sich durch Ortswechsel der Besteuerung zu entziehen, waren jedoch nicht erfolgreich.

1.3 Begegnungen mit Abgabenpersonal

Begegnungen mit Abgabenpersonal werden in der Literatur vor allem vom Zoll berichtet. In der Schrift *De curiositate* schildert Plutarch die Tätigkeit von Zollpersonal in Vergleich zu Neugierigen, die nachforschen, um Geheimnisse aufzudecken und deswegen von allen gehasst würden:

Und wir sind verärgert und können die Zöllner [τελώνης] nicht ertragen, nicht wenn sie Zoll erheben [ἐκλέγω] auf offene Einfuhrgüter, sondern wenn sie nach Verstecktem suchen in fremden Gepäckstücken und Waren auf den Kopf stellen; und tatsächlich erlaubt ihnen das Gesetz dieses zu machen und sie würden Schaden erleiden, wenn sie es nicht täten. (Plutarch, curios., mor. 518e)

Plutarch knüpft an ein vorausgesetztes allgemeines Ressentiment gegen die Praxis der Waren- und Gepäckdurchsuchung an. Geschildert wird das Vorgehen an Zollstationen, wie es sie verteilt auf dem Wegenetz im Imperium Romanum gab. Plutarch moniert, dass persönliche Gegenstände zusätzlich durchsucht wurden und man so unter Generalverdacht stand, Waren vor dem Zoll verstecken zu wollen. Zum Schluss fügt er hinzu, dass ihm wohl bewusst sei, dass das Gesetz das Durchsuchen erlaube und ansonsten unter Umständen auch Einkünfte verloren gingen. Dafür könne also im Gegensatz zur Neugierde eigentlich sogar noch Verständnis aufgebracht werden. Hier wird die Empörung über übergriffiges Verhalten bei gleichzeitigem Zugeständnis, dass solche Gesetze aus fiskalischer Sicht sinnvoll waren, deutlich. Nebenbei präsentiert Plutarch durch diesen Vergleich ein Bespiel eines typischen Dilemmas: Der Staat greift in den persönlichen Bereich ein, um Geld abzuschöpfen, das er braucht. Gleichzeitig wird dabei angesprochen, dass Abgabeneinnehmende und Zöllner mit Gegenwehr in Form von Abgabenhinterziehung und Schmuggel konfrontiert waren.

Bereits der römische Komödiendichters Plautus (254–184 v. Chr.) hat auf die Spannung zwischen Abgabenpflichtigen und Abgabeneinnehmenden hingewiesen: „Wie du, so machen es die meisten, denen es an Vermögen fehlt: Kann man die Pachtsumme nicht bezahlen, klagt man gleich die Publicani an.“[15] Falls die Legenden über Plautus stimmen, so wusste er selbst, wie es war, mittellos zu sein, da er sein ganzes erarbeitetes Vermögen im Handel verloren hatte. Ähnlich zeigt Plutarch die Doppelmoral und Hybris der Leute bezüglich ihrer Abwertung von Abgabeneinnehmenden in der Abhandlung *Über das Vermeiden von Schulden.*

[U]nd das Abgabeneinnehmen [τὸ τελωνεῖν] halten sie für tadelnswert, obwohl das Gesetz es vorgibt. Sie selbst aber verleihen ungesetzlich Geld, indem sie wie Abgabeneinnehmer sind [τελωνέω] oder eher, wenn man die Wahrheit sagen muss, betrügen sie beim Geldverleihen, wer nämlich weniger erhält als geschrieben ist, wird betrogen. (Plutarch, vit. aere al, mor. 829c)

---

15 Herrenbrück, Zöllner, 66.72–81 weist auf dieses Zitat hin. Er geht eigens auf diese Thematik ein, um zu zeigen, dass in der griechisch-römischen Literatur auch kritisch auf die Klagen über Abgaben und Abgabeneinnehmende eingegangen wird.

Plutarch hält denen, die beim Geldverleihen betrügen, indem sie den Schuldnern weniger geben als vereinbart worden ist, entgegen, dass sie auf Abgabeneinnehmende herabschauten, obwohl diese in ihrer Tätigkeit durch das Gesetz legitimiert werden. Sie seien also weniger Abgabeneinnehmern ähnlich beim Schuldeneintreiben, sondern vielmehr Betrügern. Andererseits stellt Plutarch in einer Anekdote ein wahrscheinlich rechtlich korrektes Vorgehen gegen den Philosophen Xenokrates (ca. 396–314 v. Chr.) als Unding dar:

> Der Philosoph Xenokrates wurde von Abgabeneinnehmern [τελώνης] abgeführt wegen der Metoikenabgabe [τὸ μετοίκιον][16] und der Redner Lykurg rettete ihn und legte den Wegführenden wegen mutwilliger Gewalt eine Strafe auf." (Plutarch, Comp. Phil. Flam. 12,4)

Xenokrates stammte aus Chalcedon und galt in Athen als Metöke, als ein ortsansässiger Fremder. In Plutarch, mor. 842 b/c erzählt Plutarch die Geschichte ähnlich, nur malt er noch aus, dass Lykurg den Abgabeneinnehmer zur Strafe mit dem Gehstock auf den Kopf schlug. Hier deuten sich verschiedene Gruppenzugehörigkeiten an, die ein Herantreten der einen an die anderen als Zumutung verstehen. Für den Redner Lykurg ist es eine Unverschämtheit, dass der Philosoph Xenokrates auf diese Weise behelligt wird von Abgabeneinnehmern. Er selbst bestraft diese dann auch. Wahrscheinlich denkt Plutarch daran, dass Lykurg in seiner Funktion als Zuständiger für die athenischen öffentlichen Abgaben und weniger als Redner handelt. Lykurg bekleidete dieses Amt über ein Jahrzehnt lang.[17] Auch Philostrat berichtet, wie der Sophist Niketes sich gegen einen Abgabeneinnehmer zur Wehr setzt:

> Obwohl er [Niketes] aber in Smyrna der größten Ehre für wert erachtet wurde, nichts wurde im lauten Lob über ihn ausgelassen als ein wunderbarer Mann und Redner, trat er selten vor der Öffentlichkeit auf, aber von vielen wurde als Grund [genannt], dass er Angst habe. Er sagte: „Ich fürchte die Öffentlichkeit mehr, wenn sie lobt als wenn sie tadelt." Aber als ein Abgabeneinnehmer [τελώνης] ihm gegenüber vor Gericht übermäßig dreist war und sagte: „Hör auf mich anzubellen!", Niketes antwortete sehr gewitzt: „Das mache ich, wenn du aufhörst mich zu beißen!" (Philostrat, vit. soph. 1,511 [19])

In dieser kurzen Episode wird der Abgabeneinnehmer als eine Person mit übermäßigem Selbstbewusstsein vorgestellt. Nicht erläutert wird, warum der Redner und der Abgabeneinnehmer überhaupt vor Gericht sind. Deutlich wird jedoch,

16 Metoiken-Abgabe mussten Fremde bezahlen.

17 Vgl. Smith, Dictionary, 858.

dass Niketes rhetorisch überlegen ist und sich den Angriff des Abgabeneinnehmers nicht gefallen lässt, obwohl er davor als eher zurückhaltend in der Öffentlichkeit beschrieben wird. Erkennbar wird erneut die Perspektive der geistigen Elite. Zwar liegt in dieser Anekdote kein Augenmerk darauf, doch wird impliziert, dass Abgabenpersonal z. B. vor Gericht oder in Plutarchs Erzählung bei der Durchsetzung des Abgabengesetzes nicht immer erfolgreich war, wenn sie auf Personen höherer Schichten oder Bildung trafen.

1.4 Soziale Dimension von Abgaben

Plinius d. J. stellt in den Kapiteln 37–40 des Panegyrikus die sozialen Auswirkungen von Abgaben anhand der Erbschaftsabgabe dar. Zunächst beschreibt er die Spannung, dass Abgaben zu Lasten des/der Einzelnen gehen und gleichzeitig dem Allgemeinwohl dienen:

> Die Schulden [*onus*] des Reiches haben die Einführung zahlreicher Abgaben [*vectigal*] nötig gemacht, zum Nutzen der Allgemeinheit, doch zum Leid der Einzelnen. Darunter auch die Fünfprozentige [= Erbschaftsabgabe]. (Plinius d. J., pan. 37,1)

Kaiser Augustus hatte die 5 % Erbschaftsabgabe 6 n. Chr. eingeführt, um so die Veteranenversorgung zu finanzieren. Die Besonderheit dieser Abgabe war, dass auch römische Bürger:innen sie bezahlen mussten. Ausgenommen waren lediglich kleine Vermögen und Erbschaften von nahen Verwandten. Schwierig war es in den Fällen, in denen das römische Bürgerrecht nicht einherging mit der Verleihung von Verwandtschaftsrechten. Das konnte dazu führen, dass z. B. ein Sohn, der das römische Bürgerrecht erhielt, nicht mehr juristisch verwandt war mit seinen Eltern, die nicht das römische Bürgerrecht hatten. Im Falle des Versterbens der Eltern musste dieser Sohn also die Erbschaftsabgabe bezahlen. In Plinius Darstellung führte diese Folge des Erwerbs des römischen Bürgerrechts zu „Hass [*odium*] und Zwietracht [*discordia*] und Vereinsamung [*orbitas*: Kinderlosigkeit]“ (Plinius d. J., pan. 37,4). Kaiser Nerva begegnete dem, indem er das Erbe zwischen Eltern und Kindern für abgabenfrei erklärte. Laut Plinius ist diese Maßnahme durch die sozialen Konsequenzen motiviert:

> [E]r hielt es für übertrieben, unerhört und fast gottlos, wenn der Name eines Abgabeneinnehmers [*publicanus*] dazwischen [AEM: d. h. zwischen Vater und Sohn] gepflanzt würde und nicht ohne Sühne würden die heiligste Verwandtschaft gleichsam durch das Dazwischentreten der Fünfprozentigen zerrissen. Keine Abgabe [*vectigal*] sei so viel wert, dass Kinder und Eltern entfremdet werden. (Plinius d. J., pan. 36,7)

Der soziale und familiäre Zusammenhalt wird hier über eine Abgabe gestellt. In der Beschreibung wird auf eine mögliche gemeinschaftszerstörende Konsequenz von Abgaben verwiesen. Dies ähnelt der Position, die auch Philo einnimmt. Plinius ist einer der wenigen Schriftsteller, die nebenbei die sozialen Folgen einer Abgabe skizziert. Kaiser Trajan geht über die Maßnahmen seines Vaters noch hinaus und erweitert den Kreis der Abgabenbefreiten. Plinius malt zum Schluss die kaiserliche Wohltat blumig aus:

> Es ist außergewöhnlich, Caesar, dass du die Besteuerung [*vectigalis*] der Tränen der Eltern nicht duldest. Ein Vater soll das Vermögen des Sohnes ohne Verminderung erhalten und nicht soll jemand die Erbschaft wegnehmen, der nicht die Trauer teilt, niemand soll einen Vermögensbericht [*computatio*] von jemanden verlangen, der unter frischem Verlust erstarrt ist noch einen Vater zwingen, die Hinterlassenschaft des Sohnes zu wissen. (Plinius d. J., pan. 38,3)

Natürlich stellt Plinius Kaiser Trajan in den besten Farben dar. Interessant ist, welche Aspekte er hervorhebt: Trajan nutzt einen Trauerfall nicht aus, um davon finanziell zu profitieren. Er respektiert die Trauer, indem keine Abgabenerklärung verlangt wird. Hier scheint durch, dass diese administrativen Vorgänge Stress bzw. Überforderung verursachen können. Erinnert sei an die Todesanzeigen, die möglichst schnell gemacht werden mussten, damit die Personen aus dem Abgabenregister entfernt wurden. Plinius illustriert anhand der Erbschaftsabgabe, dass Kaiser Nerva und Trajan eben nicht den Einzelnen außer Acht lassen zum Wohle der Allgemeinheit, wie es noch anfangs als übliches Kennzeichen der Abgaben behauptet wurde. Beide Kaiser geben der Familie mehr Gewicht und so präsentiert sie Plinius als vorbildliche Staatsmänner. Darüber hinaus wird in dieser Passage sichtbar, wie Finanzadministration und Abgabenleistende auch indirekt miteinander kommunizieren. Die sozialen Konsequenzen einer Abgabe veranlassen die Administration zu Änderungen. Selbst wenn es sich dabei um Symbolpolitik handeln sollte, so zeigt sich gleichzeitig, dass diese nötig ist, um die Unzufriedenheit mindestens der Neubürger:innen einzudämmen und in den Provinzen Konflikte innerhalb der Familien, die Rom zu Lasten gelegt werden könnten, zu vermeiden. Vor allem weil es hier um eine privilegierte Schicht geht, die überhaupt in der Lage war, das römische Bürgerrecht, häufig für Staatsdienste, zu erlangen.

1.5 Zusammenfassung

Insgesamt werden Personen selten als Abgabenleistende und kaum als von Abgaben betroffene Einzelpersonen in den griechisch-römischen Quellen dargestellt. Die Provinzelite genießt fiskalische Privilegien. Widerstand gegen Abgaben und Abgabenpersonal reichten von Flucht, Beschwerden gegen die Provinzadministration bis hin zu gewaltsamen Aufständen. Die Opfer der gewaltsamen Auseinandersetzungen waren in erster Linie das Abgabenpersonal, da sie vor Ort greifbar waren. Plutarch zeigt eine Doppelmoral auf: einerseits war vor allem Zollpersonal verhasst und die Tätigkeit galt als Schande, andererseits verhielten sich Kreditgeber auch nicht moralischer. Weiterhin setze Abgabenpersonal lediglich die Gesetze um und generiere damit die für den Staat nötigen Einnahmen. Deutlich wird auch, dass dem Abgabenpersonal gegenüber höher gestellten Personen Grenzen gesetzt waren, weil diese sich über Abgabengesetze hinwegsetzen konnten. Schließlich wurde ebenso bei Plutarch anekdotisch illustriert, dass selbst Römer:innen unter gewissen Umständen Abgaben an andere Völker bezahlten, auch wenn sie dies als Ehrverlust betrachteten. Abgabenzahlen wird hier mit Ansehen und Macht verknüpft. Plinius hat soziale Konsequenzen einer Abgabe vor Augen geführt. Abgaben konnten direkte Auswirkungen auf das Zusammenleben haben. Wenn dies zu Unzufriedenheit und Unfrieden führte, beseitigte die Administration im besten Fall diese Missstände. Vor allem dann, wenn es in ihrem eigenen Interesse war. Die Situation der Abgabenleistenden hing von ihrer gesellschaftlichen Position ab, wie selbst die wenigen literarischen Quellen zeigen. Die griechisch-römischen Quellen berichten von Widerstand gegen Abgaben und Abgabenpersonal auf verschiedenen Ebenen und mit verschiedenen Mitteln. Jedoch nicht auf die Art, wie es die papyrologischen Quellen vor allem spiegeln – durch Beschwerden auf Verwaltungsebene.

2. Frühjüdische Literatur

2.1 Philo von Alexandria

Philo hatte über Abgabenflucht in Ägypten behauptet, dass dadurch ganze Dörfer entvölkert würden (Philo, spec. 3,162). Er berichtete von Folter von Personen, die keine Abgaben bezahlt hatten. Abgabenleistende waren laut ihm der Willkür und Brutalität von Abgabenpersonal schutzlos ausgeliefert. Selbst diejenigen, die nicht selbst betroffen waren, sondern Zeug:innen wurden, konnten die Grausamkeiten nicht aushalten und nahmen sich aus Angst ihr eigenes Leben. Das Foltern einiger hat somit Auswirkungen auf die ganze Gemeinschaft. Philo betont die physische Gefahr und Gewalt, der Abgabenpflichtige ausgesetzt waren. Er präsentiert das Fiskalsystem als Regime des Terrors und Schreckens.

2.2 Flavius Josephus

Auch unter dem Statthalter Albinus (62–64 n. Chr.) floh ein Teil der Bevölkerung Judäas wegen Ausbeutung in andere Provinzen (Josephus, bell. 2,279). Neben seinen anderen kriminellen Taten, heißt es, dass er das ganze Volk mit Abgaben [εἰσφορά] belastete (Josephus, bell. 2,273). Eine Zufluchtsstätte konnte auch der Tempel sein, wie Josephus König Demetrius I (gest. 150 v. Chr.) in einem Brief erwähnen lässt: „Jeder, der in den Tempel in Jerusalem und dorthin, was zu ihm gehört flüchtet, oder schulde er dem König Geld oder aus einem anderen Grund, sie sollen freigelassen werden und das, was ihnen gehört, soll sicher sein." (Josephus, ant. 13,56) Wörtlich ist im Text nicht explizit von Abgaben die Rede, sondern von Dingen, die der königlichen Verwaltung geschuldet werden, wobei es sich wahrscheinlich um Abgaben handelt. Es wurden bereits Stellen aus Josephus analysiert, in denen das Volk um Abgabenerlass bat oder im Fall von Judas Galiläus zum Abgabenboykott aufgerufen wurde. Bei Josephus wird das komplizierte Gefüge zwischen den Abgabenforderungen der eigenen Herrschenden, der römischen Fremdherrschaft, den Reaktionen der Abgabenleistenden in Form von Bitten um Abgabennachlass, Flucht bis hin zum Abgabenboykott deutlich.

2.3 Zusammenfassung

Philo stellt Abgabenleistende vor allem als Opfer der Abgabeneinehmenden dar. Josephus bemüht sich, die verschiedenen Interessen der Provinzbevölkerung darzustellen. Die Klientelkönige sind von der Sorge getrieben, dass sie die Abgaben nicht eintreiben können, die die Fremdherren ihnen auferlegt haben. Klientelkönige mit mehr Eigenständigkeit lassen für die Finanzierung ihres eigenen Hofes Abgaben einziehen. Die Fremdherrscher wollen einerseits die Abgaben haben, können in Notsituationen jedoch auch Abgaben erlassen oder sie ganz abschaffen. Die Bevölkerung lebte unter dem Druck, die geforderten Summen aufzubringen. Diese müssen auch teilweise von ihren Ältesten eingezogen werden, so dass unter Umständen Abgabenleistende selbst in das Abgabeneinnehmen einbezogen wurden. Den Abgabenleistenden bleibt das Bitten um Abgabenerlass, die Flucht oder das Verweigern der Abgaben.

3. Epigraphische und Papyrologische Quellen

3.1 Fiskalischer Euergetismus

Eine besondere Form von Abgabenleistungen sind Einzelpersonen oder Gruppen, die zugunsten ganzer Gemeinschaften Abgaben übernahmen. Solcher fiskalischer Euergetismus begegnet bspw. in Stiftungen oder Grabflüchen. Aus Beroia in Makedonien ist eine Ehreninschrift bekannt, die den Hohenpriester Q. Popilius Python für verschiedene Verdienste bezüglich der Stadt und Provinz würdigt.[18] Neben anderen Verdiensten heißt es dort, dass „er während der Zeit des Hohenpriestertums die Kopfabgaben [ἐπικεφάλιον] für die Provinz gegeben hat" (I.Beroia 117 = SEG 17,315 Zeilen 8–10). Diese Art des fiskalischen Euergetismus ist mehrfach inschriftlich belegt und auch in literarischen Zeugnissen festgehalten. In Lampsakos erreicht ein Phylarch die Halbierung der Kopfabgaben, wobei eigens betont wird, dass dies und anderes aus den eigenen Mitteln bezahlt wurde (I.Lampsakos Nr. 10 Zeile 3–5): „und der neben vielen (anderen) Erfolgen erreicht hat, dass die Hälfte der Kopfabgaben der Stadt erlassen wurde; die Phyle der Perikleidai hat das Standbild ihres Phylarchen aufgestellt."[19] Diese nicht sicher datierbare Ehreninschrift wurde auf dem unteren Teil einer Säulenbasis gefunden und es lässt sich vermuten, dass auf der Säule das besagte Standbild des Geehrten stand.[20] Es ist aus der Formulierung nicht eindeutig zu erschließen, ob die Abgaben um die Hälfte reduziert wurden oder ob der Phylarch eine Hälfte aus eigenen Mitteln aufgebracht hat.[21]

3.2 Kommunikation mit der Finanzadministration

Die Bearbeitung des Nemesion Archivs hat bereits einige Auskünfte über Abgabenpflichtige ergeben hinsichtlich des Alters, der Berufe, der Wohnorte und der Abgabenzahlungen. Abgabenzahlende waren nicht passiv. Sie mussten mit der Abgabenadministration kommunizieren, wie bereits bei den Todesanzeigen gesehen. Abgabenzahlende konnten Beschwerde einlegen und machten davon auch Gebrauch. Im Folgenden werden diese Aspekte durch Beispiele illustriert. In den Zeugnissen aus dem römischen Ägypten ist auffällig, dass Frauen selten als Abgabenzahlende vorkommen. Das liegt zum Teil daran, dass Frauen keine Kopfabgaben (Laographia, syntaximon) bezahlen mussten.[22] Darin unterscheidet sich Ägypten von anderen Provinzen. Die Kopfabgabe musste von Männern zwischen 14 und 62 Jahren und auch Versklavten bezahlt werden. Dabei waren die Raten unterschiedlich hoch in den verschiedenen Nome. Ausgenommen waren Personen mit römischem oder alexandrinischem Bürgerrecht und einige Priester.[23] Davon abge-

---

18 Vgl. Die Besprechung und eine englische Übersetzung des gesamten Textes bei Schuler, Local Elites, 262–264.

19 Übersetzung Frisch, Inschriften.

20 Ebd., 72.

21 Vgl. ebd., 73.

22 Vgl. z. B. Rathbone, Poverty, 102–103. Anders z. B. in der Provinz Syrien, wo Frauen ab 12 Jahren die Kopfabgabe bezahlen mussten. Vgl. Rathbone, Age, 353.

23 Vgl. z. B. Monson, Ptolemies, 266; Rathbone, Age, 353 entnimmt den Zeugnissen, dass Dorfbewohner meistens 16 Drachmen und Städter 8 Drachmen jährlich bezahlten mussten. Im Fayum waren die

sehen mussten Grundbesitzerinnen oder Pächterinnen ganz normal die Abgaben bezahlen, wie wir sehen werden. Dies gilt auch für andere Berufe und den Handel.[24] Wie die ägyptischen Zeugnisse zeigen, bekleideten auch Frauen öffentliche Ämter.[25] Dies gilt ebenso fürs Abgabenwesen.

Wie bereits gesehen war die Laographia nur für einen bestimmten Lebensabschnitt vorgesehen (14–62 Jahre). Dies betrifft auch andere Abgaben, die an die körperliche Leistungsfähigkeit geknüpft wurden. In Karanis, im Bezirk Herakleides im Nome Arsinoite westlich von Bakchias, bittet ein Weber aufgrund seines Alters um die Befreiung von der Weberabgabe. Der Papyrus wird auf 82–99 n. Chr. datiert.[26]

> An Menucius Celer und Eirenaios, die Nomarchen von Theabennis, [Sohn] des Hieranuphis, [Enkel] des Theabennis, die Mutter ist Thäsis, aus dem Dorf Karanis, über das Alter [der Kopfabgaben] hinaus alt. Deswegen habe ich nicht mehr die Kraft das Weberhandwerk auszuführen wegen der Schwäche in meinem Sehvermögen und unter dem Alter breche ich zusammen; ich bin an Jahren 8[0?]; deswegen halte ich es für angemessen, dass du als Herr mich befreist von der Weberabgabe von […]. (P.Osl. 3,124)

Theabennis richtet seine Bitte an die Nomarchen Menucius Celer und Eirenaios. Er beschreibt die altersbedingten Abnutzungserscheinungen seines Körpers und dass er deswegen sein Handwerk nicht mehr ausführen kann. Wir haben hiermit gleichzeitig ein Zeugnis dafür, dass Handwerker unter Umständen bis ins hohe Alter tätig waren. Die Nomarchen waren vor allem für die Verwaltung der staatlichen Einkünfte in Ägypten zuständig. Sie gehörten zur Oberschicht der städtischen Eliten Ägyptens und einige besaßen das römische Bürgerrecht.[27] Erst im 3. Jh. wurde aus dem Amt eine Liturgie, vorher pachteten Personen die diversen zum Amt gehörigen fiskalischen Bereiche und konnten diese unterverpachten.[28] Offensichtlich verwalteten die Nomarchen auch Abgabenlisten wie hier die für die Weberabgaben und konnten Personen aus diesen austragen. Ein Grund war dafür altersbedingte Berufsunfähigkeit, ein anderer das Versterben. Folgende Todesnachricht wird an den Pächter der Weberabgaben in Oxyrhynchos 61 n. Chr. übermittelt:

Sätze höher, dort bezahlten Dorfbewohner 40 Drachmen (mit anderen Abgaben kamen sie im Jahr auf 44 Drachmen und 6 Chalkoi) und Städter 20 Drachmen.

24 Vgl. Johnson, Roman Egypt, 537.

25 Eine Gymnasiarchin ist in P.Amh. 64 in Hermopolis in 107 n. Chr. bezeugt.

26 Vgl. Reiter, Nomarchen, 22 Fn. 4.

27 Vgl. ebd., 301.

28 Ebd., 92.

> An Philiskos, den Empfänger[29] der Weberabgaben, von Sarapion, [Sohn] des Sarapions. Mein Sklave Apollophanes, ein Weber, registriert für die Straße Tegmuthis, ist gestorben in der Fremde im gegenwärtigen Jahr 7 des Nero Claudius Cäsar Augustus Germanicus Imperator. Deswegen halte ich es für angemessen, diesen einzutragen in die Liste der Verstorbenen und ich schwöre bei Nero Claudius Cäsar Augustus Germanicus Imperator, dass es wahr ist. Jahr 7 des Nero Claudius Cäsar Augustus Germanicus Imperator, Mecheir 27, August. (Handschrift 2) Ich, Philiskos, habe gegengezeichnet. Jahr 7 des Nero Claudius Cäsar Augustus Germanicus Imperator, Mecheir 27, August. (P.Oxy. 2,262/C.Pap. gr.2,1,9)

Sarapion unterrichtet den für die Abgaben zuständigen Philiskos, dass sein Sklave Allophanes in der Fremde verstorben sei. Dieser war einer der Weber der Straße Tegmuthis. Es ist häufig belegt, dass Weber sich anhand ihrer Straße identifizieren. Wahrscheinlich, weil die dort ansässigen Weber einen Zusammenschluss bzw. einen Verein bildeten und auch fiskalisch gemeinsam veranschlagt wurden. Starb einer der Weber, führte das zum Ausfall von dessen Einkünften und konnte damit die gesamte Gruppe schädigen, wenn die Abgaben des Verstorbenen von ihnen mitbezahlt werden mussten. Hier handelt es sich um einen besonderen Fall, weil der Weber Allophanes der Sklave von Sarapion ist. Ist Sarapion auch ein Weber, der vielleicht ein oder mehrere Versklavte im Weberhandwerk einsetzte? Oder besaß er die Versklavten und hatte selbst mit dem Handwerk nichts zu tun? Es ist Sarapion jedenfalls wichtig, dass Allophanes nicht in der Heimat gestorben ist und er legt sogar einen Schwur auf den Kaiser über dessen Versterben ab. Es bleibt im Dunkeln, ob diese Geschichte wirklich wahr ist. Feststellen können wir nur, dass es für Sarapion wichtig war, dass Allophanes als verstorben registriert wird. Philiskos sammelt demnach also nicht nur die Weberabgaben ein, sondern ist auch für die Pflege der Abgabenlisten zuständig. Seine Bezeichnung macht es wahrscheinlich, dass in Oxyrhynchos zu dieser Zeit die Weberabgaben als indirekte Abgaben verpachtet wurde.[30]

In Tebtynis im Süden des Fayums halten die Salzhändler 47 n. Chr. eine Vereinbarung fest (P.Mich. 5,245). Sie sind offenbar als Verein organisiert und beschließen, dass einer von ihnen, Apynchis Orseus, alle öffentlichen Abgaben der Salzhändler einsammeln soll. Er wird als ἐπιμελιτής und εἰσάκτης bezeichnet. Er bekommt weitreichende Befugnisse: Sollte eines der Vereinsmitglieder seinen Pflichten, sei es hinsichtlich der Abgaben, sei es gegenüber dem Verein, nicht nachkommen, so ist Apynchis befugt, die Person festzunehmen – egal ob sie auf der Straße, im

---

29 Dort steht: ἐγλή(μπτορι) γερδ(ίων). Ich halte es für wahrscheinlich, dass es sich um ein Derivat von ἐκλαμβάνω, etwas empfangen, handelt.

30 Vgl. Reiter, Nomarchen, 118–119.

Haus oder auf den Feldern ist – und auszuliefern. An wen ist leider nicht deutlich. Es ist zu vermuten, dass alle Mitglieder eine Abschrift dieser Vereinbarung bekommen. Es erscheint plausibel, dass auch das offizielle Abgabenpersonal bzw. die Finanzadministration darüber informiert war.[31]

Als eine besondere Art der Kommunikation kann folgendes Bauprojekt betrachtet werden. Eine Inschrift aus Ephesus überliefert die Widmung und Danksagung für den Bau eines Zollhauses aus dem Zeitraum 54–59 n. Chr.[32] Hier der Anfang der mittleren Spalte:

> [Für Artemis] Ephesi[a und] für Nero Claudius Cäsar Augustus Germanicus, den Alleinherrscher und Julia Agrippina Augusta, seine Mutter, und Oktavia, die Frau des Alleinherrschers, und dem Volk der Römer und dem Volk der Epheser, die Fischer und Fischhändler haben den Ort erhalten durch Beschluss der Stadt und haben ein Zollhaus [τελώνιον] für die Fischabgabe gebaut aus ihren eigenen Mitteln. Diese haben beigetragen zum Projekt, gemäß der Summe. (I.Eph. 20, Zeilen 1–11 Spalte A)

Der Aufbau der Widmung geht von der Kaiserfamilie vom römischen zum ephesischen Volk über, um dann näher zu erläutern, worum es geht. So werden gleich eingangs Beziehungen hergestellt zur Kaiserfamilie, zum römischen Volk und den Epheser:innen vor Ort. Das Zollhaus verbindet alle wichtigen Akteur:innen. Die Fischer und Fischhändler haben die Stadt um ein Stück Land gebeten und es auch bekommen. Darauf haben sie ein Zollhaus zum Einzug der Fischabgabe gebaut. Finanziert wurde das Projekt von ihnen und weiteren ca. 100 Personen, die in der Inschrift aufgelistet werden. Sie haben Geld und/oder Baumaterial beigesteuert. Es gibt Einzelspender sowie Männer, die mit ihren Ehefrauen und/oder Kindern oder anderen Verwandten genannt werden. Danach wird die Spendensumme beziffert. Zwei Wachmänner (παραφύλαξ) werden erwähnt (rechte Spalte Zeile 32 und 34). Am Schluss wird L. Fabricius Vitalis mit seiner Frau und seinen Versklavten genannt, der den Bau beaufsichtigte und der zwei Säulen und einen Altar neben dem Heiligtum der samothrakischen Gottheiten spendete (mittlere Spalte Zeilen 67–71). Ephraim Lytle fasst zusammen, dass es ein kleines Zollhaus mit Zugang zu einer Säulenhalle, die einen mit phokäischen Steinen gepflasterten Hof mit überdachten Säulengängen an mindestens zwei Seiten umfasste, handelte.[33] Es befand sich laut dem Schluss der Inschrift neben einem Heiligtum für samothrakische Gottheiten

31 Langellotti, Professional Association, 128 weist darauf hin, dass es erst am Ende des 1. Jh. zur Norm wurde, dass Berufsvereine Abgaben ihrer Mitglieder einsammelten. Eine Übersetzung des Textes ins Englische findet sich z. B. bei Ascough u. a., Associations, 187–188.

32 Lytle, Custom House, 214.

33 Ebd., 219.

und dort wurde auch ein Altar aufgestellt. Bemerkenswert an dieser Inschrift ist, dass hier Abgabenpflichtige selbst die Struktur zur Verzollung des Fisches schafften.

Nachdem wir die Regelungen zum Bau von Zollhäusern in der Zollinschrift von Ephesus in der vorherigen Inschrift gesehen haben, irritiert es zunächst, warum sich Fischer:innen, Fischhändler:innen, und weitere Personen zusammentun, um ein Zollhaus für die Fischabgabe zu bauen. LYTLE vermutet, dass sich die Fischer:innen und Fischhändler:innen einen Vorteil verschaffen wollten. Die Zusammenlegung von Entladung, Besteuerung und Verkauf des Fisches an einem Ort bot Vorteile: Einen schnelleren und von anderen Händlern ungestörten Ablauf.[34] Vielleicht auch mehr Platz und Komfort für alle Beteiligten bis hin zu den Kundinn:en. JOHN S. KLOPPENBORG erläutert anschaulich die Schwierigkeiten bei der Besteuerung von Fisch aufgrund seiner schnellen Verderblichkeit und Unvorhersehbarkeit der Menge des Tagesfangs. Das Vorhandensein mehrerer Zollhäuser in Häfen ist auch aus Aquileia belegt.[35] Es ist unklar, warum gerade die genannten Personen Spenden beisteuern. Anhand der Namen kann lediglich eruiert werden, dass ungefähr die Hälfte römische Bürger sind, der nächst größere Anteil sind Griechen und der Rest setzt sich zusammen aus Freigelassenen, Versklavten und nicht näher bestimmbaren Personen.[36] Die Spendenliste verweist auf ein Netzwerk, in das die Fischer:innen und/oder Fischhändler:innen eingebettet waren. Leider erfahren wir nicht, ob und inwiefern der Pächter der Fischabgabe in dieses Projekt eingebunden war. Außerdem wird ein Altar errichtet, auch wenn nicht gesagt wird, für welche Gottheit. Das benachbarte samothrakische Heiligtum ist vielleicht zur Lokalisierung genannt oder um zu signalisieren, dass hier aus Respekt vor der Gottheit ein weiterer Altar und nichts anderes hingebaut wird. Dies macht die kultische Dimension sichtbar und vielleicht verweist es zugleich darauf hin, dass man um gute Nachbarschaft bemüht war. Eine Inschrift aus dem Zeitraum 138-161 n. Chr. erwähnt für dasselbe Zollhaus eine Isis Statue gespendet von Cominia Junia (I.Eph. 1503).[37]

3.3 Beschwerden gegen Abgabenpersonal

Beschwerden und Petitionen sind eine eigene Gattung unter den ägyptischen Papyri. Sie ähneln sich in der äußeren Gestaltung sowie formelhaften Wendungen, in die die individuellen Beschwerden eingebettet werden.[38] Dies liegt vor allem daran, dass sie sowohl dem Anliegen des geschädigten Auftraggebers als auch der

34 Ebd., 220. Kloppenborg, Fishermen, 592.
35 Lytle, Custom House, 220–221 Fn. 33.
36 Vgl. Harland, Greco-Roman Associations, 256.
37 Hinweis ebd., 259.
38 Vgl. Bryen, Violence, 57-65.

administrativen Sprache Rechnung tragen mussten.[39] Petitionen und Beschwerden waren ein Weg für die Bevölkerung, sich Gehör und (subjektiv) Recht zu verschaffen: „Petitions were not only narratives about the past. They were future-oriented as well. They sought to produce judgments and rearrange social relationships as a result of a past violent act."[40] Es handelt sich um Narrationen von Personen, die ein Ziel verfolgen und dieses mit Hilfe der Administration durchsetzen wollen. Es ist nicht immer einfach, aus diesen Zeugnissen einen Tathergang zu rekonstruieren geschweige denn festzustellen, was tatsächlich passiert ist. Meistens haben wir nur eine Darstellung des Vorfalls und die andere Perspektive bleibt verborgen.

Wenn Abgabenforderungen durchgesetzt werden sollten, waren normalerweise Praktoren und Phylakten zuständig, wie wir an einem Beispiel aus dem Archiv des Harthotes später sehen werden. Es gibt nur wenige Belege für einen Einsatz von Soldaten. Eine Beschwerde eines Gymnasiarchen und anderer zugunsten eines Fährmanns schildert einen solchen Vorfall. Die Geschehnisse ereigneten sich in Koma, einem kleinen Dorf südlich von Aphroditopolis im Nome Herakleopolites zwischen 14 v. Chr. bis 14 n. Chr.

> An Heraklides, den Strategen und vorstehend den Einnahmen, von Kastor, den Gymnasiarchen aus Koma und von den anderen Bewohnern in dem Dorf und den anderen Landwirten und den kaiserlichen Landwirten, die in dem Dorf leben. Aus dem Jahr 16 des Kaisers als der öffentliche Kanal durch das Dorf geführt wurde, wegen dieses Durchbruchs, der entstanden ist, gibt es für uns in dem Dorf eine Fähre, durch die wir übergefahren werden, um unsere ganze sommerliche Arbeit und das ganze andere Säen auszuführen. Obwohl aber der Fährmann Patuontes die Abgaben von 300 lupenreinen Silberdrachmen in die Staatskasse bezahlt hat […], Apollos [Sohn] des [—]tagenos, nachdem er Gebrauch machte von den Kassen[41], kam er in das Dorf mit einem Soldaten, betrat sein Haus und fand dort 2 neue Gewänder, hob sie hoch und trug sie fort, obwohl er nichts schuldete. Er ist zu uns gekommen, nachdem er von den Abgabeneinnehmern [τελώνης] geschädigt wurde. (BGU 4,1188)

Die Antagonisten in diesem Vorfall sind identifizierbar: auf der einen Seite der geschädigte Fährmann Patuontes und das gesamte Dorf, das sich hinter ihn stellt, auf der anderen Seite der Abgabeneinnehmer Apollos mit einem Soldaten. Vom

39 Ebd., 56.63–65.

40 Ebd., 57.

41 Leider sind die Worte genau vor diesem Ausdruck nicht lesbar. Somit bleibt unklar, was genau Apollon hier macht. Wird ihm vorgeworfen, die Kassen zu gebrauchen, d. h. Geld zu veruntreuen? Soll lediglich ausgedrückt werden, dass er für die Kassen zuständig wird, d. h. er der neue Abgabeneinnehmer ist? Johnson, Roman Egypt, 381 übersetzt: „Apollos son of Tagenes, using (the pretext of an examination) of the accounts".

Aufbau der Beschwerde her wird zunächst deutlich gemacht, wie wichtig die Fähre und damit der Fährmann für das gesamte Dorf, das offensichtlich von der Landwirtschaft lebt, sind. Der Fährbetrieb wird besteuert und der Gymnasiarch betont, dass Patuontes diese Abgaben auch bezahlt hat. Hier sehen wir im Kleinen, wie die verschiedenen Tätigkeiten im Dorfgefüge ineinandergreifen. Der Fährmann nimmt dabei eine zentrale Rolle ein, weil er es ermöglicht, dass die Felder erreicht werden können. Hierin liegt wahrscheinlich auch der Grund, warum sich der Gymnasiarch, die Dorfbewohner:innen und dezidiert alle Landwirte für ihn einsetzen. Patuontes trägt einen ägyptischen Namen, der Gymnasiarch Kastor einen klassischen Namen der griechisch-römischen Mythologie ebenso wie Apollos. Obwohl Patuontes die Abgaben bezahlt hat, verschafft sich Apollos Zugang zum Haus und nimmt neue Kleidungsstücke mit. Die Erwähnung des Soldaten, ohne dass konkret gesagt wird, was dieser tut, erweckt stark den Eindruck, dass Apollos ihn zur Einschüchterung mitgenommen hat. Dass dieses Vorgehen illegal war, wird durch einen Papyrus aus Hermapolites im gleichnamigen Nome südlich vom Fayum von 42 n. Chr. bestärkt, der ein Edikt des Präfekten von Ägypten, Lucius Aemilius Rectus, überliefert. Darin wird festgehalten, dass ein nicht angeordnetes Vorgehen gegen Personen, um sie zu Abgaben oder Frondiensten zu zwingen, untersagt ist.[42]

> Lucius Aemilius Rectus sagt: „Niemanden sei es gestattet, die Leute in der Chora zu Frondiensten beim Transport heranzuziehen oder Marschgelder oder etwas anderes gratis einzufordern ohne meinen Berechtigungsschein, so dass jeder, der einen Schein von mir hat und den hinreichenden Lebensunterhalt bekommt, auch den Preis dafür bezahlt. Wenn aber einer der Soldaten oder der Waffenträger oder sonst irgendwer, der im öffentlichen Dienst steht, angezeigt wird, dass er dies entgegen meinem Dekret getan hat oder dass er Zwang ausgeübt hat auf jemanden aus der Chora oder Geld erpresst hat, gegen diesen werde ich die Höchststrafe anwenden."[43] Jahr 2 des Tiberius Claudius Caesar Augustus Alleinherrscher, 4. Germanikeios. (P.Lond. 3,1171/ Chr.Wilck 439)

Bernhard Palme schließt mit aller Vorsicht aus der fehlenden dokumentarischen Überlieferung, dass „von einem regelmäßigen Helfen oder Einschreiten des Militärs beim Erheben der normalen Grund-, Erwerbs-, Handels- und Kopfabgaben keine Rede sein kann."[44] Trotz aller gebotenen Bedenken bezüglich der Quellenlage denke ich, dass Palmes Schlussfolgerungen aus dem vorhandenen Material überzeugend

42 Palme, Zivile Aufgaben, 309.
43 Übersetzung ebd, 309.
44 Ebd., 308.

sind.[45] Auch die bisher betrachteten Papyri haben nie von Soldaten gesprochen, die grundsätzlich zur Unterstützung von Abgabeneinnehmer eingesetzt wurden. Es wurden Torwächter und Personen mit polizeilicher Gewalt erwähnt. Lediglich bei der Begleitung des Transports des Korns, das als Abgaben abgegeben werden musste, war die Begleitung und Abwicklung der Transporte durch Soldaten vorgesehen.[46] Das Korn war meistens für die Versorgung des Militärs bestimmt, so dass hier auch ein Zusammenhang bestehen kann. Systematisch wurden Soldaten höheren Rangs lediglich beim Zensus und der Epikrisis, der Erfassung des bürgerrechtlichen Status, eingesetzt.[47]

Üblich schienen jedoch Beschwerden wegen zu hoher Geldforderungen seitens der Praktoren gewesen zu sein. Auffällig ist, dass die Mehrzahl dieser schriftlichen Eingaben erst nach Ende der Amtszeit des beschuldigten Praktors gemacht werden. Aus Oxyrhynchus werden Beschwerden von Webern überliefert. Die erste stammt aus dem Jahr 48 n. Chr. wegen zu hoher Zahlungen in den Jahren 46 und 47 n. Chr. und richtet sich an den Strategen des Nomes.

> An Tiberius Claudius Pasion, den Strategen, von Dios [Sohn] des Peteuris, von den Webern aus der Stadt Oxyrhynchos aus der Gasse Poimenike. Ich wurde ausgequetscht von Ammonius, der Praktor gewesen ist, im Jahr 6 des Tiberius Claudius Cäsar Augustus Germanicus Imperator 40 Silberdrachmen und im Jahr 7 erneut 40 Silberdrachmen gemäß dem Anteil. Deswegen bin ich in Verzug durch die Erpressung mit der Gewerbeabgabe für Jahr 7. Deshalb halte ich es für angemessen, dass du dich dieser Sache annimmst, wie es dir gut erscheint. Lebe wohl. (P.Oxy. 73,4953)

Dios gibt durch die Nennung der Gasse an, zu welchen Webern er gehört. Der Weber meint, dass die verlangten 40 Silberdrachmen zu viel waren und bezeichnet den Vorgang sogar als Erpressung und Ausquetschung durch den Praktor Ammonius. Im Hintergrund steht wahrscheinlich die Besteuerung von Berufsvereinen, die anteilig die Abgaben bezahlten (κατὰ μέρος).[48] Kritisiert wird also die Höhe der Anteile. Ein ähnlicher Fall ein bis zwei Jahre später (49/50 n. Chr.) eines anderen

---

45 Vgl. ebd., 328. Palme betont, dass die fehlenden Zeugnisse natürlich auch so gedeutet werden können, dass kein dokumentarisches Interesse an solchen Vorfällen bestand oder die Zeugnisse schlicht verloren gegangen sind.

46 Ebd., 310.

47 Vgl. ebd., 312–316. Dagegen meint Ott, Beneficarier, 1995, 130, dass Soldaten direkt an der Erhebung von Zöllen und Abgaben beteiligt waren, obwohl er auf S. 133 dann auf das tiberianische Verbot, militärisches Personal bei der Abgabenerhebung einzusetzen, verweist.

48 Vgl. zur gemeinsamen Abgabenzahlung von Berufsverbänden Gibbs, Trade Associations, 292.299; für Fischer Kloppenborg, Fishermen, 589.

Webers aus einer anderen Gasse nennt niedrigere Zahlungen, doch hält diese Forderungen des Praktors ebenso für unrechtmäßig (SB 14,11902). Die erzwungenen Zahlungen fanden 48 und 49 n. Chr. statt. Der Kläger Aristas, Sohn des Plutos, richtete seine Beschwerde an den immer noch amtierenden Strategen Tiberius Claudius Pasion. Er spezifiziert wiederum die Gasse, um deutlich zu machen, zu welchen Webern er gehört. Er beschuldigt den Praktor Damis, in zwei aufeinanderfolgenden Jahren zu hohe Geldsummen gefordert zu haben, einmal 16 und einmal 24, was zusammen für die zwei Jahre 40 Drachmen macht.[49] LLEWELYN erklärt den Vorfall so, dass es hier um die Gewerbeabgaben geht, die die Weber dieser Gasse, wahrscheinlich ein Verein, aufbringen mussten. Er gibt zu bedenken, dass das Vorgehen des Praktors vielleicht sogar legal gewesen sein könnte.[50] Dennoch weisen die Beschwerden darauf hin, dass die Weber meinten, dass diese Geldforderungen nicht legitim gewesen waren.

Die Höhe von Weberabgaben ist verschieden von Nome zu Nome und manchmal sogar in ein und derselben Stadt, wie FABIAN REITER ausführt. In Philadelphia und Bakchias bezahlen Weber jährlich 76 Drachmen, in Soknopaiu Nesos 76 oder nach manchen Belegen 36 Drachmen und in Tebtynis 38 Drachmen und 2 Obolen.[51] Die niedrigere Summe von 38 Drachmen neben der höheren in Soknopaiu Nesos erklärt REITER mit der Beobachtung, dass diese Quittungen wahrscheinlich für Weberinnen und alle anderen gefundenen Quittungen mit 76 Drachmen für Weber ausgestellt worden waren.[52] Für Tebtynis mutmaßt REITER, dass es sich um ein altes Privileg der Priester handelt, die möglicherweise auch das Monopol auf Weberei besaßen.[53] In Tekmi, zugehörig zu Herakleopolis, mussten nur 6 Drachmen bezahlt werden, in Oxyrhynchus 38 Drachmen und 2 Obolen und Hermupolis 24 Drachmen und 5 Obolen.[54] Es sind besonders viele fiskalische Zeugnisse von Weber:innen überliefert, weil die Weberei der wichtigste Wirtschaftszweig Ägyptens nach der Landwirtschaft war.[55] Für Arsinoite stellt REITER zwei Arten des Einzuges der Weberabgabe heraus: die Weber selbst erheben die Abgaben und

49 Vgl. Keenan/Shelton, Four Papyri, 175-183. Die Papyri aus Tebtynis im Fayum belegen im 2. Jh. eine Abgabe für Weber in der Höhe von 38 Drachmen und 2 Obolen pro Jahr. Hier werden die Abgaben nicht von einem Praktor, sondern von einer Epiteretengemeinschaft (ἐπιτηρηταῖς ἱερατικῶν ὠνῶν: Überwacher der Verträge zur Einnahme der Tempelabgaben) eingezogen, die für Tebtynis und umliegende Dörfer zuständig sind (P.Tebt. 604 descr. aus 154-156 n. Chr.; P.Tebt. 602 descr. aus 161-162 n. Chr.; P.Tebt. 603 descr. aus 171-172 n. Chr.).

50 Vgl. Llewelyn, Tax Collection, 69.

51 Vgl. Reiter, Nomarchen, 127-129.

52 Ebd., 130 verweist auch auf weitere niedrigere Abgabensätze oder Abgabenbefreiungen für Frauen.

53 Ebd., 130-131.

54 Vgl. ebd., 131-132.

55 Vgl. ebd., 111.

überweisen das Geld gesammelt an Abgabenpächter in Philadelphia,[56] Bakchias (P.Stras. 5,402–410) und Euhemeira (P.Fay. 48).[57] Abgabenpächter oder (liturgische) Epitereten nahmen die Weberabgaben in Tebtynis (SB 14,11627), Soknopaiu Nesos und Theadelphia ein.[58] Diese unterschiedlichen Systeme waren nicht von den jeweiligen Bezirken abhängig, da z. B. Euhemeira und Theadelphia beide im Bezirk Themistos und nicht weit voneinander entfernt lagen.

Erneut unter Kaiser Claudius ging in Oxyrhynchos die Beschwerde eines anderen Webers ein. Er zeigt den Praktor der Weberabgaben Apollophanes wegen seines aus seiner Sicht unrechtmäßigen Vorgehens gegen ihn im Jahr 49 n. Chr. an. Hier scheint der Fall der Erpressung klarer als in den Beispielen vorher.

> An Tiberius Claudius Pasion, den Strategen, von Sarapio [Sohn] des Theon, von den Webern aus der Stadt Oxyrhynchos aus der Gasse der Rennstrecke des Gymnasions. Apollophanes ist Praktor der Gewerbeabgaben für Weber geworden im Jahr 1 des Tiberius Claudius Cäsar Augustus Germanikus Imperator, indem er viel Gewalt benutzt hat, hat er ein Leinengewand, das ich trug, weggerissen, der Wert war 8 Drachmen; und er hat mich gewalttätig geschüttelt für weitere 4 Drachmen; und vom Monat Neo Sebastos im Jahr 9 des Tiberius Claudius Cäsar Augustus Germanikus bis Pharmuthi, das macht 6 [Monate], pro Monat 2 Drachmen, das macht 24 Drachmen. Ich bitte dich etwas gegen ihn zu unternehmen, wenn es dir richtig erscheint. Lebe wohl. (P.Oxy. 2,285)

Im Vergleich zu den anderen Beschwerden von Webern in Oxyrhynchos, spielen in diesem Fall Gewalt und Konfiskation eine Rolle. Der Weber Sarapio erklärt im Detail, wie Apollophanes ein Gewand und Zahlungen von ihm erpresst hat. Er benutzt Verben, die den gewaltvollen Charakter der Handlungen ausdrücken. Der Praktor reißt ihm ein Gewand vom Leib. Er „schüttelt“ ihn, um jeden Monat 2 Drachmen zu bekommen. Apollophanes ist im selben Jahr wie der Praktor Damis tätig, was deutlich macht, dass in größeren Städten mehrere Praktoren tätig waren. Statt Sarapio zu inhaftieren, konfisziert Apollophanes ein Gewand von ihm. Dies erinnert an den Fährmann, dessen Gewand weggenommen wurde. Vielleicht weil der Wert von Kleidung einfach zu schätzen war, man sie leicht mitnehmen und schließlich weiterverkaufen konnte. Festzuhalten ist, dass Apollophanes mindestens 9 Jahre lang Praktor war.

Aus dem Archiv des Harthotes stammt das folgende Beschwerdeschreiben vom 11. Oktober 3 n. Chr. aus dem Süden des Fayums. Harthotes Bruder Marsisuchos, beide waren in der Landwirtschaft tätig, legte Beschwerde gegen das Vorgehen

56 SB 22, 15714,1–3; BGU VII 1591; P.Phil. 24.

57 Vgl. Reiter, Nomarchen, 112–115.

58 Vgl. ebd., 115–118.

des Schreibers Soterichos in Theadelphia ein. Dieser Beschwerdebrief ist ein gutes Beispiel dafür, wie schwierig es ist, derartige Sachverhalte zu rekonstruieren.

> An Asklepiades den königlichen Grammateus von Marsisuchos [Sohn] des Marreies aus Theadelphia aus dem Bezirk Themistos dem Landwirt staatlichen [Ackers]. Im gegenwärtigen Jahr 33 des Kaisers übernahm ich von Pnepherotos [Sohn] des Tithougeos, den Landwirt staatlichen [Ackers], die 24 Äcker in seinem Namen rund um das Dorf des staatlichen Bodens, die ich stattdessen bewirtschaftet und mit Erdwällen befestigt und einen Teil bewässert habe für die Aussaat im selben Jahr, als an irgendeinem Tag wegen irgendwelcher Dinge bezüglich der Kassen [?][59] schickte Soterichos, der Grammateus des Dorfgrammateus des Dorfes, mit Befehl den Praktor und den Polizisten zu den Feldern, sie zogen mich weg und übergaben mich in gemäß des Befehls des Soterichos, einfach [so] obwohl ich nichts schuldete, und ich wäre nicht freigelassen worden, wenn [ich nicht mit einer] ausreichenden [Menge gebürgt hätte].[60] Soterichos selbst aber hat mir meinen Mantel weggenommen und mich gefesselt, während [der Zeit] der Aussaat, obwohl ich ein Landwirt der staatlichen Böden bin, die Saison ist schlecht, insofern mir kein geringer Schaden entstanden ist, nachdem nun Soterichos mein Symbolon der Kopfabgaben für 6 Jahre bei sich hat, halte ich es für angemessen, das in Ordnung zu bringen und Soterichos festzusetzen durch dich, weil er eine Zahlung genommen hat, um es von mir wegzunehmen, er sollte aber gezwungen werden, mir wiederzugeben, was er von mir genommen hat, damit keiner der Abgabeneinnehmer mit so etwas durchkommt. Lebe wohl. (Jahr?) 33 des Kaisers, 13. Phaophi. (P.Col. 8,209)

Der geschädigte Landwirt Marsisuchos richtet sein Schreiben an den königlichen Grammateus. Der königliche Grammateus war vor allem für die fiskalische Buchhaltung zuständig.[61] Marsisuchos beschreibt wie üblich zunächst genau, welcher Familie und welchem Ort er zuzuordnen ist. Er macht deutlich, dass er öffentliche Äcker bewirtschaftet und schildert, wie sorgfältig er dieser Arbeit nachgeht. Er hat Erdwälle zum Schutz angelegt und Teile bewässert und somit für die Aussaat vorbereitet. In dem Jahr, in dem ausgesät werden soll, ereignet sich der Vorfall. Aus der Darstellung des Marsisuchos lassen sich folgende Akteure rekonstruieren. Es gibt einen Dorfgrammateus. Dieser kümmert sich um die Zensuserklärungen und die Erstellung von Abgabenlisten.[62] Ihm unterstellt ist der Grammateus So-

---

59 Die Formulierung ist vage und mehrdeutig. Kruse, Schreiber, 182 Fn. 182 hat die verschiedenen Übersetzungsvorschläge gesammelt: Der Erstherausgeber Keyes, Petition übersetzt: „because of some matter connected with the accounts"; die Herausgeber des Paralleltextes P.Mert. 1,8: „Soterichos, the Secretary, on some pretext or other"; Wilckens: „mit welchem Rechtsgrund in aller Welt?".

60 Zur Übersetzung des verkürzten Ausdrucks μὴ μεθ' ἱκανοῦ vgl. Little/Scott/Jones ἱκανός A II 2.

61 Kruse, Schreiber, 872.

62 Vgl. Hanson, Egyptians, 135.

terichos. Es ist nicht unüblich, dass der Dorfschreiber einen eigenen Schreiber hat.[63] Soterichos hat die Befugnis, einen Praktor und einen Polizisten mit dem Auftrag loszuschicken, Marsisuchos wegen einer angeblich offenen Abgabenschuld zu ihm zu bringen. Über ihnen steht der königliche Grammateus, an den sich der Landwirt mit seiner Beschwerde richtet und ihn auffordert, das Unrecht wieder gut zu machen. Soterichos hat Marsisuchos nämlich den Mantel weggenommen und ihn gefesselt. Es ist unklar, ob er für längere Zeit inhaftiert war. Er wurde nach der Hinterlegung einer Kaution freigelassen. Marsisuchos deutet einen großen Schaden an, was sich vielleicht auf das Nichtbestellen seiner Felder beziehen könnte, sollte er länger inhaftiert worden sein. Es ist natürlich genauso gut denkbar, dass er das Geschehen besonders dramatisch darstellen will. Soterichos hat Marsisuchos Symbolon der Kopfabgaben für 6 Jahre, womit die Quittung gemeint ist, mitgenommen. Diese Stelle ist schwer verständlich. Genauso wenig geht aus der Darstellung hervor, warum Marsisuchos überhaupt inhaftiert wird. Die gewählten Formulierungen sind sehr vage. Kruse vermutet im Anschluss an den Erstherausgeber des Papyrus, dass Marsisuchos wahrscheinlich Abgabenschulden hatte. Er verschleiert seinen Abgabenrückstand und betont dafür, dass er mehr Wert hat, wenn er das Land bewirtschaftet und so Einkünfte für den Fiskus generieren kann als wenn er von der Arbeit abgehalten wird.[64] „Bei den Vorwürfen gegen Marsisuchos haben deshalb wohl ziemlich sicher Abgabenschulden und nicht etwa das Staatsland die Hauptrolle gespielt, denn darauf deutet bereits die Tatsache, dass Soterichos den Praktor zu ihm schickt und offenbar die Kopfabgabenunterlagen des Marsisuchos aus den letzten sechs Jahren beschlagnahmt [hin].“[65]

Viele Fragen bleiben offen. Warum wird der Dorfgrammateus als Vorgesetzter von Soterichos zwar erwähnt, scheint aber sonst keine Rolle zu spielen? Hat sich Marsisuchos schon vergeblich an ihn gewandt? Übergeht Marsisuchos ihn bewusst, weil er weiß, dass er sein Spiel durchschaut oder weil er seinen Angestellten Soterichos schützen wird? Je nachdem wie man die Leerstellen interpretiert, haben wir es entweder mit einem unschuldigen Landwirt oder einem säumigen Abgabenzahler zu tun. Mit Abgabenpersonal, das seinen Job macht oder die gesetzlichen Vorgaben überschreitet. Wir wissen nicht, wie die Geschichte ausgegangen ist. Sichtbar wird das Zusammenspiel verschiedener administrativer Kräfte und wie es im Nachhinein möglich war, dagegen vorzugehen, um eine Entschädigung zu bekommen. Interessant ist, dass es Marsisuchos nicht nur um seine eigene finanzielle Entschädigung geht. Er betont, dass ein weiterer Aspekt ist, dass deutlich gemacht werden soll,

63 Vgl. Derda, Fayum, 151–152 und z. B. P.Strasb. 5,312; P.Oslo 3,97.

64 Vgl. Kruse, Schreiber, 873.

65 Ebd., 873.

dass Abgabenpersonal nicht ungestraft unrechtmäßig handeln kann. Er verleiht seinem Vorgehen somit einen symbolischen bzw. pädagogischen Charakter.

Aus Karanis ist eine Petition von 179 n. Chr. erhalten, in der sich Julia Herais zunächst an den Präfekten Titus Pactumeius und danach an den Epistrategen Tiberius Claudius Xenophon wendet, weil der Abgabeneinnehmer Herakleides Ammonius unrechtmäßige Abgaben von ihr fordern würde (SB 16,12678). Ihr Sohn Gaius Julius Priscus schreibt die Petition für sie. Es handelt sich um eine der römischen Familien aus Karanis, die bereits im Archiv des Sokrates begegnet sind. Herakleides Ammonius ist zuständig für die Abgaben für Landregistrierungen (μισθωτής καταλοχισμῶν). Julia Herais ist der Ansicht, dass sie für ein Stück unfruchtbares königliches Land noch nie Abgaben gezahlt hat und auch keine bezahlen muss. Der Abgabeneinsammler Herakleides sieht dies offenbar anders. Interessant ist die Beschreibung des Herakleides in dem Schriftstück: Er würde Julia Herais mit Gewalt behandeln (ἐξυβρίαζω) und illegal Geld fordern (παραπράσσω), er sei αὐθάδης (hartnäckig, stur, unbarmherzig) und würde mit Gewalt agieren (βιάζω), so dass Julia vor möglichen gewalttätigen (βίαιος) Akten geschützt werden müsse. Es ist auffällig, dass die Rhetorik davon geprägt ist, den Abgabeneinnehmer mit einerseits gewalttätigem Handeln in Verbindung zu bringen und andererseits seine Uneinsichtigkeit und Hartnäckigkeit zu betonen. Unabhängig davon, ob Herakleides Julia wirklich bedroht und eingeschüchtert hat, was durchaus denkbar ist, so werden hier die Machtbefugnisse von Abgabeneinnehmenden deutlich und dass damit auch Gewalt gegen die säumige Zahlende verbunden sein konnte.[66] Weiterhin, dass es zu Konflikten zwischen Abgabenleistenden und Abgabenpersonal darüber kommen konnte, welche Abgaben legal und welche illegal waren. In der Darstellung dieser Petition ist der Abgabeneinnehmer Herakleides eine Person, die andere bedroht und vor allem nicht lockerlässt. Dies erinnert an die literarischen Stereotype.

3.4 Archive mit Abgabenbezug

In Ägypten wurden einige Archive gefunden, die Ostraka oder Papyri Quittungen über geleistete Abgaben enthalten. Anhand des Archivs der Brüder Harthotes und Marsisuchos (20 v. Chr.-60 n. Chr.) kann ein Eindruck von den wirtschaftlichen Tätigkeiten zweier Kleinbauern gewonnen werden. Wir haben Marsisuchos durch das Beschwerdeschreiben, das im vorherigen Abschnitt besprochen wurde, bereits kennengelernt. Das Archiv der Senkametis (106-193 n. Chr.) zeigt eine deutlich

66 Eine andere Beschwerde von Juni 193 klagt zwei Praktoren der Kornabgabe, ihren Schreiber und Assistenten der Gewalt an. Wegen einer fehlenden Artaba Korn seien sie in das Haus eingedrungen und hätten der Mutter des Klägers das Gewand weggenommen und sie mit Fußtritten aus dem Haus getrieben. Die Mutter sei nach diesem Angriff so schwer verletzt, dass sie bettlägerig sei (BGU 2,268).

besser gestellte Bauernfamilie in der Nähe von Theben. Aus dem Archiv des Apathos aus Eponychos (112–150 n. Chr.) und des Psais (129–168 n. Chr.) können die verschiedenen Abgabenarten und das Abgabenpersonal rekonstruiert werden. Insgesamt zeigen die Dokumente aus diesen Archiven, mit wie viel verschiedenem Abgabenpersonal Abgabenleistenden konfrontiert waren. Wie Abgabenleistende mit administrativen Repräsentanten kommunizierten und sich bei Problemen mit Abgabenpersonal verhalten konnten. Außerdem, in welche wirtschaftlichen Tätigkeiten Abgabenleistende involviert waren. Es wird sichtbar, wann und wie Abgabenpersonal eine Rolle im Leben von Abgabenleistenden spielte. Diese Perspektive ist ein wichtiger Baustein, um später besser beleuchten zu können, was Abgabenleistende unter Umständen mit Abgabenpersonal assoziierten.

3.4.1 Archiv des Harthotes aus Theadelphia (20 v. Chr.–60 n. Chr.)

Die Familie des Harthotes lebte in Theadelphia im selben Zeitraum, in dem der Kleinbauer Soterichos mit seiner Familie (45–90 n. Chr.) in dem Ort nachweisbar ist und der Praktor Nemesion in Philadelphia im nord-westlichen Teil des Arsinoites tätig war (30–61 n. Chr.). Das Archiv umfasst 31 fiskalische Dokumente, Verträge und administrative Eingaben.[67] Eine Besonderheit sind die Paramone Verträge, in denen Familienmitglieder, häufig Kinder, als Arbeitskräfte vermietet werden.

Die gesamte Familie ist ihrer Herkunft nach persisch, dies wird öfter in den Dokumenten vermerkt. Harthotes ist 44/43 v. Chr. geboren und wird mindestens 55 Jahre alt und ist wahrscheinlich 3 v. Chr. im Alter von 41 Jahren mit Taanchoriphis, 33 Jahre alt, verheiratet (P.Mich. inv. 4406a).[68] Um die Jahrhundertwende wird die Tochter Taphaunes geboren (P.Mil. 1.1 6) und 3 Jahre später Harpatothoes I 12 n. Chr. gibt Harthotes an, mit seiner 70-jährigen Mutter Eserythis und seinem 9-jährigen Sohn in einem Haus zu wohnen (SB 20,14440):

> An Isiodoros, den Komogrammateus von Theadelphia durch Harthotes, Sohn des Marres, Bauer öffentlicher [Äcker] und Priester des Gottes Tutu. Ich habe in Theadelphia ein Haus innerhalb des Tempelgeländes, in dem ich selbst, Harthotes von der Mutter Esersythis, 55 Jahre, der Sohn Harpatothoes von der Mutter Taanchoriphis, 9 Jahre und meine Mutter Esersythis, Tochter des Pasion, 70 Jahre, leben. (SB 20,14440)

Die Deklaration wird mit Schwurfomel und Datumsangabe beendet. Taanchoriphis wird in der Deklaration nicht mehr eigenständig erwähnt – entweder ist

67 Die Duplikate sind nicht mitgezählt.

68 Vgl. Informationen, Text und Übersetzung zu dieser Zensusdeklaration Claytor/Bagnall, Provincial Census.

sie inzwischen verstorben oder sie sind geschieden. Harthotes wird in Verträgen anhand eines Muttermals auf der linken Brustseite identifiziert (P.Oslo 2,32). Spätestens zwischen 1-11 n. Chr. ist Harthotes als Priester des Tutu, einer Sonnen-, Schöpfungs- und Schutzgottheit, tätig (SB 20,14098). Mit seinem Kollegen Psais legt er in einem Brief an den Strategen dar, dass beide immer noch ihren priesterlichen Aufgaben nachkommen (SB 20,14099) und sein Haus, das er 12 n. Chr. in der Zensusdeklaration erwähnt, gehört zum Tempel (SB 20,14440). Harthotes hat demnach also auch Verbindungen zum Tempel und Kult des Tutu in Theadelphia. Er scheint zu wissen, wie er zu seinem Recht kommt. Zweimal lassen Hirten des Dorfes Schafe unrechtmäßig auf seiner Weide grasen und darüber beschwert er sich einmal beim Strategen Gaius Julius Gratus (SB 20,14098) und das andere Mal beim Polizeichef Quintus Pacillius Euxeinos. Ansonsten scheint er tüchtig und bemüht zu sein, Einkommensquellen für die Familie zu erschließen. Er arbeitet in seinen 30ern für einen Herakleides Herakleides als Vorarbeiter von 10 Erntearbeitern (P.Mich. inv. 4436g+4344). 26 n. Chr. plant er in den Papyrushandel einzusteigen und beantragt eine Papyrus Konzession, die es ihm ermöglichen würde, Papyrus und Ried zu ernten sowie Schilfmatten herzustellen und zu verkaufen (P.Med. 1,6). In diesen Kontext gehört auch die für uns heute eher irritierende Entscheidung, seine Tochter mit nur sieben Jahren als Leiharbeiterin in einer kaiserlichen Ölpresse zu verdingen und für diese 2,5 Jahre Dienst 80 Drachmen zu erhalten (P.Mich. inv. 4364+4446f und 2,5 weiter Jahre in P.Mich. inv. 931+P.Col. 10,249).

Von seinem Bruder Marsisuchos wissen wir deutlich weniger. Er ist jünger als Harthotes und ist ca. 34 v. Chr. geboren. Er verstirbt bereits 12 n. Chr. mit 47 Jahren, wie aus der Todesanzeige hervorgeht, die seine Frau Tephersais an den Basilikogrammateus schickt (P.Merton 1,9). Er wurde durch eine Narbe zwischen den Augenbrauen identifiziert (P.Oslo 2,32). Als 14- oder 15-jähriger wurde Marsisuchos von seiner Mutter und seinem Bruder in der Rolle seines Vormunds als Leiharbeiter bei dem Dorfbewohner Soterichos Dionysios für 4 Jahre verdingt (P.Mich. inv. 4299). Die Familie bekam dafür 48 Drachmen Darlehen. Er hatte mit seiner Ehefrau Tephersais, die auch als Perserin bezeichnet wird (P.Med. 1,5), mindestens einen Sohn, den er nach seinem Bruder Harthotes nannte und der dessen Tochter Taphaunes später heiratete. Marsisuchos und Harthotes tauchen gemeinsam in einem Vertrag auf, was darauf hindeutet, dass sie mindestens teilweise gemeinsam wirtschafteten (P.Oslo 2,32). Er hat einen von Harthotes unabhängigen Geschäftskontakt und einen gemeinsam mit seiner Frau (P.Col. 8,209; P.Med. 1,5). Marsisuchos scheint mit seinem Bruder eine gewisse kämpferische Natur zu teilen. Er beschwert sich beim Basilikogrammateus wegen des Vorgehens eines Schreibers des Komogrammateus gegen ihn. Wir haben dieses Beschwerdeschreiben bereits genauer betrachtet (P.Col. 8,209). Marsisuchos zeigt in diesem Schreiben, dass er seine Interessen vertreten kann und auch in seiner Position als Bauer öffentlichen

Landes Druck ausübt. Wie gesehen scheint anzuklingen, dass Marsisuchos auch ins Gefängnis gesteckt wurde.

Taphaunes wurde um die Jahrhundertwende geboren und lebte bis mindestens 38 n. Chr. (P.Mil. 1.1 6). Sie hatte eine Narbe an der rechten Stirnseite (P.Mil. 1.1 6). Als Kind musste sie für fünf Jahre in einer Ölpresse arbeiten (P.Mich. inv. 4364+4446f; P.Mich. inv. 931+P.Col. 10,249). Dort musste sie Oliven in die Presse füllen und für den Betreiber der Ölpresse Theon Petermouthis Dienstleistungen übernehmen und ihn überall hinbegleiten. Theon ist für Kost, Logis und Kleidung zuständig. Kosten, die ihre Familie in der Zeit sparte. Das Arrangement war für die Erwachsenen offenbar so zufriedenstellend, dass der Vertrag 10 n. Chr. erneuert wurde. Sie heiratete ihren Cousin Harthotes irgendwann vor 20 n. Chr. und hatte mit ihm einen Sohn namens Aunes und evtl. noch einen weiteren Sohn namens Tithoes.[69] Taphaunes bezahlt einen Kredit zurück, den sie mit ihrem Bruder Harpatothoes I aufgenommen hatte (P.Med. 1,7). Es handelt sich auch um einen Paramone Vertrag, so dass anzunehmen ist, dass Taphaunes ein Kind als Arbeitskraft verlieh.[70] Aunes agiert dort als ihr Vormund, was darauf hinweist, dass sein Vater ebenso wie sein Onkel 38 n. Chr. bereits verstorben waren.

Aunes lebte von 20 n. Chr. bis mindestens 60 n. Chr. (SB 22,15759). In Verträgen wird er durch eine Narbe über seiner linken Augenbraue identifiziert. Er war mit Heras verheiratet und hatte mindestens einen Sohn, Harpathotoes II, der 57 n. Chr. bei den Deicharbeiten tätig ist (P.Mich. 12,654). Aunes ist wie der Rest seiner Familie in der Landwirtschaft tätig. Er pachtet 44 n. Chr. Land von Herakleia, Tochter des Charetos, die mit ihrem Mann Apollonius, Sohn des Isiodoros, als ihren Vormund den Vertrag schließt (SB 14,11279). An ihren Namen ist erkennbar, dass es sich um Personen griechischer Abstammung handelt. Aunes muss sich 48 n. Chr. Geld von Sotes, Sohn des Psenesis, leihen (P.Med. 1,8). In einer Deicharbeitsquittung von 49 n. Chr. wird Aunes als Dekanos bezeichnet (P.Princ. 2,40). Wir werden in einem anderen Archiv noch eine Dekania Liste sehen.[71] Es lässt sich folgender Familienstammbaum rekonstruieren:[72]

69 P.Mich. inv. 4415c vgl. Claytor/Litinas/Nabney, Labor Contracts, 86.

70 Vgl. ebd., 80.85.

71 Zu der Bezeichnung Dekanos und den sogenannten Dekania-Listen s. das Archiv der Senkametis.

72 Vgl. auch Geens, Harthotes, 3.

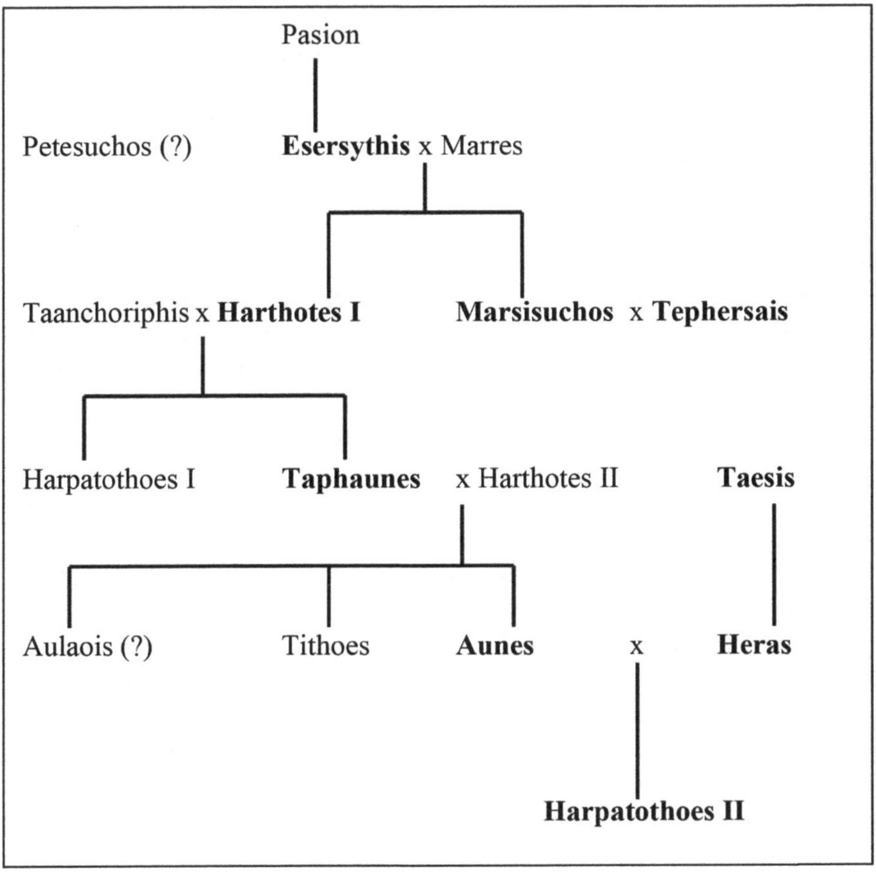

Familie des Harthotes I und des Marsisuchos; Fettdruck: Dokumente überliefert.

Die Familie war vor allem in der Landwirtschaft tätig. Es handelt sich um Kleinbauern. Es werden verschiedene Einnahmequellen unterschiedlicher Familienmitglieder sichtbar: Marsisuchos, Harthotes und Aunes sind im Getreideanbau sowie Heuanbau/Weideland tätig. Harthotes hat zumindest einen Antrag gestellt, um ins Papyrus Geschäft zu kommen (P.Med. 1,6). Aunes ist vielleicht noch Besitzer einer Ochsengespann-Lizenz (P.Med. 1,11.12), falls es sich bei παραζυγή ζύγνη um eine solche Abgabe handelt.[73] Da Aunes in der Landwirtschaft tätig ist, scheint es plausibel, dass er auch Ochsen einsetzt. Vier Dokumente beinhalten Vereinbarungen, Getreide auf Kredit zu bekommen und die Schulden mit Interesse später zurückzuzahlen. Harthotes griff auf diese Möglichkeit 5 v. Chr. (P.Gen. 2,89) und

73 So vermutet Johnson, Roman Egypt, 229. Die andere von ihm genannte Möglichkeit ist, dass es sich um eine Miete handelt, die auf Benutzung von Staatseigentum erhoben wird.

2 v. Chr. (P.Med. 1,4) zurück, sein Bruder Marsisuchos und seine Frau Tephersais 8/9 n. Chr. (P.Med. 1,5) und ihr Enkel Aunes 48 n. Chr. (P.Med. 1,8). Taphaunes zahlt 38 n. Chr. ein Darlehen über 80 Drachmen zurück, das sie mit ihrem da bereits verstorbenen Bruder Harpatothoes aufgenommen hatte (P.Med. 1,7). Insgesamt scheint die Familie des Öfteren in finanziellen Nöten zu sein. Darauf weist auch ein spezielles Darlehen hin, in dem Harthotes und Marsisuchos einem gewissen Batrachus ein Stück Land überlassen, was sie zwar weiter bewirtschaften und ihm das Heu geben, sie bekommen aber dafür im Voraus 200 Drachmen (P.Oslo 2,32). Zweimal und evtl. sogar ein drittes Mal ist belegt, dass Kinder der Familie gegen Geld als Arbeitskräfte verliehen werden. Aunes pachtet 44 n. Chr. Land für ca. 4-5 Jahre von Herakleia, Tochter des Charetos und verpflichtet sich, dieses zu bewirtschaften und auch alle anfallenden Arbeiten an den Bewässerungssystemen zu übernehmen (SB 14,11279). Die meisten Geschäftskontakte sind von Harthotes erhalten. Es ist hervorzuheben, wie wir es bei einem der anderen Archive sehen werden, dass auch Frauen wirtschaftlich tätig sind und vor allem Land besitzen. In diesem Archiv agieren sie immer mit ihrem Ehemann oder einem männlichen Verwandten als Vormund, außer wenn sie den Behörden das Versterben eines Familienmitgliedes mitteilen, so Tephersais beim Tod ihre Ehemanns Marsisuchos (P.Merton 1,9).

Insgesamt zeigen die verschiedenen Verträge, dass die Familie eingebunden ist in ein Netz von Geschäftsbeziehungen, das durch finanzielle Verpflichtungen geprägt ist. Die Geschäftspartner:innen scheinen finanziell besser gestellt zu sein. Laut einer Abgabenquittung von 54 n. Chr. bezahlen Heras, Aunes Ehefrau, und ihrer Mutter 6 Obolen Schweineabgaben (SB 22,15761). Dabei handelt es sich um eine Ratenzahlung, denn wie gesehen lag die Schweineabgaben bei 1 Drachme und 1 Obole.[74] Der Zweck diese Abgaben ist immer noch unbekannt.[75] Normalerweise leisteten diese Abgaben alle Personen, die auch die Kopfabgaben bezahlten. Wir hatten bereits gesehen, dass sie oft gemeinsam eingezogen werden. Frauen bezahlten keine Kopfabgaben, sondern Abgaben auf Grundbesitz und Handwerk. Vielleicht bezahlten die Frauen statt Aunes, weil er nicht anwesend war. Dass es nicht unüblich ist, dass Frauen Abgabenquittungen ausgestellt bekommen und als Stellvertreterinnen für andere Abgaben bezahlen, zeigt das Archiv von Esueris und Senchonsis, die Töchter des Kametis (117-146 n. Chr.).

Alle in der Familie scheinen illiterat im Griechischen zu sein, da in den meisten Dokumenten andere Personen an ihrer Stelle schreiben.[76] Dabei handelt es sich wahrscheinlich um professionelle Schreiber, die entweder privat bezahlt wurden

74 Vgl. Sijpesteijn, Three Tax-Receipts, 97.

75 Vgl. Johnson, Roman Egypt, 229-230.

76 Zum Ausdruck „er weiß keine Buchstaben" in Dokumenten aus Ägypten vgl. Youtie, Letters. Sie legt dar, dass sich dieser Ausdruck mit Sicherheit nur auf die griechische Sprache beziehen lässt, jedoch keine Aussage abgeleitet werden kann, ob die Personen auch des Demotischen unkundig waren.

oder im Grapheion angestellt waren.[77] Eulogios, der einen Vertrag für Harthotes bezüglich einer Getreidevorauszahlung verschriftlicht, wird dezidiert mit dem Schreibbüro bzw. Notariat in Verbindung gebracht (P.Gen. 2,89). Analog könnte Hatres, der einen ähnlichen Vertrag für Marsisuchos und Tephersais aufsetzt, für das Schreibbüro arbeiten (P.Med. 1,43). Der Papyrus ist an dieser Stelle leider unleserlich. Areios Mystharion, der für Taphaunes eine Darlehensrückzahlung festhält, wird als Hypographeus bezeichnet, was auch eine offizielle Tätigkeit in einem Schreibbüro meint (P.Med. 1,7). Ansonsten wird von Posidonios Sohn des Petechontos (Getreidevertrag P.Med. 1,4), Petermouthis Sohn des Nekthnibis (Getreidevertrag P.Mil. 1.1.5), Horion Sohn des Alkimos (Darlehensrückzahlung P.Med. 1,7), Sarapion Sohn des Zenon und Dorion Sohn des Aphrodisios (Gerstenvertrag P.Med. 1,8) lediglich gesagt, dass sie jeweils für eine andere Person schreiben und Harpaesis unterschreibt eine Penthemerosquittung für Aunes (SB 22, 15759). Bis auf das letzte Dokument erscheinen (professionelle) Schreiber vor allem in Verträgen. Lediglich in einem Bodenpachtvertrag zwischen Aunes und Herakleia Tochter des Charetos ist kein Schreiber genannt, weil ihr Ehemann Apollonios Sohn des Isiodoros anstelle seiner Frau (unter-)schreibt (SB 14, 11279 Zeile 41–42) und das Ende des Dokuments mit der zu erwartenden Unterschrift durch einen Stellvertreter für Aunes nicht erhalten ist.

Das im Archiv sichtbare Personal der Finanzadministration setzt sich klassisch zusammen: Vom Strategen über den Basilikogrammateus bis zum Komogrammateus. Es finden sich Laographen, ein Praktor und häufiger in den Abgabenquittungen die Angestellten von Praktoren, die χειριστής. Die Tätigkeitsfelder des χειριστής Heraklas können für fast 20 Jahre nachverfolgt werden – eingedenk des Vorbehalts, dass nicht mit absoluter Sicherheit gesagt werden kann, ob es sich immer um dieselbe Person handelt: 7 n. Chr. arbeitete er für den Bänker Ptolemais im Dorf Apias (P.Mich inv. 1986).[78] Um 11 n. Chr. bezahlt Marsisuchos bei ihm die Syntaximon in Theadelphia, die der Bänker Syrion verwaltet (P.Mich. inv. 4187). Vielleicht ist er auch identisch mit dem Heraklas, der Harthotes 14 n. Chr. die Syntaximon Zahlungen quittiert und für einen Gaius Julius Alexander[79] arbeitet (P.Mil. 1,9). Harthotes bezahlt erneut 25 n. Chr. bei Heraklas Syntaximon (P.CtYBR inv. 340).

---

77 Ein Beispiel für einen solchen Schreiber ist Heron, Sohn des Satyros, aus Karanis (99–129 n. Chr.), von dem ein Archiv überliefert ist. Vgl. Claytor, Heron.

78 Vgl. auch Claytor/Warga/Smith, Poll Tax, 129.

79 Es scheint sich hier um eine Person zu handeln, die lokaler Herkunft ist, jedoch das römische Bürgerrecht erhalten hat, weil sein Vater einen griechischen oder ägyptischen Namen zu tragen scheint. Vgl. zur (neuen) Rekonstruktion dieser Zeile Claytor/Warga/Smith, Poll Tax, 142–144.

Zwei der fünf Kopfabgabenquittungen aus dem Archiv belegen Anfang des 1. Jh. eine Gesamtabgabe von 44 Drachmen ½ Obole und 1-2 Chalkoi.[80] Die anderen Quittungen sind zum Teil zerstört. Die Sammelquittung P.Mil. 1,11 belegt für die Jahre 53/54 n. Chr. 44 Drachmen. Dies entspricht ungefähr der bekannten Höhe der Syntaximon im Arsinoite von 44 Drachmen und 6 Chalkoi – der höchste Betrag an Kopfabgaben in Ägypten.[81] Dominic Rathbone kalkuliert für das 2. Jh. n. Chr., dass ein Bauer 45 Tage Feldarbeit leisten musste, um die grundsätzlichen Abgaben in Höhe von 51 Drachmen 5 Obolen und 6 Chalkoi bestehend aus Kopfabgaben, Schweineabgaben (1 Drachme 1 Obole) sowie Deichabgaben (6 Drachmen 4 Obolen) zu bezahlen.[82] Im Vergleich waren 7 Tage Feldarbeit nötig, um die Getreidemenge zu erwirtschaften, die einen erwachsenen Mann für einen Monat ernährte.[83] Ein Besonderheit stellt der Antigrapheus dar, der die Deicharbeiten quittierte (P.Mich. 12,654.655; SB 22,15759). Hier werden erneut die komplexen Zuständigkeiten sichtbar. Die Arbeitstage an den Wasseranlagen werden sowohl durch den Antigrapheus des Basilikogrammateus als auch den des Strategen bestätigt. Die folgende Quittung stammt aus dem Jahr 57 n. Chr.:

> 4. Jahr des Nero Claudius Caesar Augustus Germanikus Imperator. Es hat gearbeitet die 5 Tage für die Deiche desselben Jahres (2. Hand) im Kanal von Polemos für Theadelphia, Aunes, Sohn des Harthotes, (3. Hand) Ich, Souchion Antigrapheus für die Deiche [im Auftrag] des Basilokogrammateus, habe gegengezeichnet, (4. Hand) Ich, Philotas, Antigrapheus für die Deiche [im Auftrag] des Strategen, habe gegengezeichnet. (P.Mich. 12,655)

Für grundsätzliche regelmäßige Abgaben und die Deicharbeit musste ein Landwirt also ungefähr 50 Tage Arbeit im Jahr aufbringen. Das heißt also mindestens 4 Tage im Monat wurde für staatliche Forderungen gearbeitet. Die kleinen unregelmäßigen Abgaben und alles andere, was für den Lebensunterhalt (außer Korn) nötig war, müssen dann noch zusätzlich erwirtschaftet werden. Dabei handelt es sich natürlich um ideale Berechnungen, die lediglich eine ungefähre Vorstellung geben können.

Wirft man einen Blick auf die Namen im Archiv, so spiegelt sich hier im Kleinen die Organisation des Fayums. Lediglich der Stratege Gaius Julius Gratus und der Polizeichef Quintus Pacillius Euxinus haben römische Namen. Der Stratege Philoxenus hat einen griechischen Namen. Das Abgabenpersonal trägt am häufigsten graeco-phone Namen, die ägyptischen und graeco-ägyptischen sind hier jedoch

80 10/11 n. Chr.: P.Mich. inv. 4187; 14 n. Chr: P.Mil. 1,10.

81 Vgl. Rathbone, Poverty, 107. In Theben lag die Kopfabgabe bei 10 bis 24 Drachmen und in Koptos und Apollonopolis Magna bei 16 Drachmen jährlich. Vgl. dazu Homoth-Kuhs, Phylakes, 160.

82 Vgl. Rathbone, Poverty, 107.

83 Ebd., 111 geht von einem relativ stabilen Getreidepreis vom 1.-3. Jh. aus: 1 Artaba (= 30 kg) Getreide kostete ungefähr 4 Drachmen.

fast genauso häufig vertreten. Gleiches gilt für das Schreibpersonal. Die Geschäftskontakte wie Herakleia Tochter des Chares und ihr Mann Apollonius Sohn des Isiodoros, Batrachus Sohn des Artemidoros sowie Areios Sohn des Dydimos sind wahrscheinlich griechischer Herkunft. Daneben finden sich jedoch auch ebenso viele ägyptische Geschäftskontakte. Die Familie selbst trägt ägyptische Namen und ist persischer Herkunft. Vielleicht ist ihre Familie unter den Achämeniden nach Ägypten gekommen.

Anhand des Praktors Nemesion haben wir das Abgabeneinziehen aus der Perspektive des Abgabenpersonals betrachten können. Mit der Familie des Harthotes und des Marsisuchos sind wir auf die andere Seite gewechselt. Die Familie war vor allem landwirtschaftlich tätig, sie beackerten Staatsland. Ihre soziale Position im Dorfgefüge war unter der von Nemesion und sie schienen häufiger in finanziellen Engpässen zu sein. Insgesamt hatten auch sie viele Kontakte. Die meisten ihrer Beziehungen waren Geschäftsbeziehungen auf der lokalen Dorfebene. Dort besonders zu Personen, von denen sie Land pachteten, bewirtschafteten oder Geld liehen. Eheschließungen wurden innerhalb der Familie oder mit Personen ähnlicher Herkunft geschlossen. Harthotes und Marsisuchos werden als Perser bezeichnet und Marsisuchos Frau Tephesais ebenso. Taphaunes und Harthotes II gingen eine Vetternehe ein. Die Familie bevorzugt endogame Ehe innerhalb einer ethnischen Gruppe. Die beiden Brüder zeigten eindrücklich, wie sie innerhalb der administrativen Kommunikationsstruktur ihre Rechte einforderten. Bei jedem ihrer Verträge bzw. wirtschaftlicher Aktivitäten waren administrative Personen eingebunden, sei es in Form von Schreibern des Archivs bzw. evtl. unabhängigen Schreibern, dem Nomographeus oder Monopolmanager. Dabei nehmen die Schreiber sicherlich eine zentrale Stellung ein, da ohne sie der ganze schriftliche Verkehr nicht möglich gewesen wäre.[84] Die häufigsten Kontakte spielten sich auf der Ebene des χειριστής ab. Der größte Unterschied zum Praktor Nemesion besteht in der Qualität der Kontakte. Der Komogrammateus war nicht nur Nemesions Vorgesetzter, sondern auch geschäftlich mit ihm verbandelt. Die Familie hatte auch Kontakt zum Komogrammateus, jedoch lediglich auf der administrativen Ebene. Gleiches gilt für den Polizeichef: Nemesion war beruflich mit ihm verbunden und er war gleichzeitig sein Geschäftspartner. Harthotes wendete sich auch an den Polizeichef, doch aufgrund einer Schädigung seines Landes. Es zeigt sich deutlich, dass die Qualität der Beziehungen und der Nutzen, der aus ihnen gezogen werden konnte, von der gesellschaftlichen Position abhingen. Deutlich wird, dass auch eine einfachere Fa-

84 Leider ist weder in der Stellungnahme zu den priesterlichen Aufgaben (SB 20,14099) noch in dem Antrag auf Erlaubnis für Papyrushandel (P.Med. 1,6) ersichtlich, wer diese Dokumente geschrieben hat.

milie zahlreiche Kontakte und einen weiten ökonomisch-geographischen Radius haben konnte.

3.4.2 Archiv der Senkametis aus Theben (106–193 n. Chr.)

Das Archiv des Ehepaares Herakles und Senkametis umfasst 76 Ostraka und deckt den Zeitraum von 106–193 n. Chr. ab. Es erstreckt sich über fast ein Jahrhundert, weil es nach Herakles Tod erst von einem Sohn Pebrichis II und dann vom Enkel Pebrichis III weitergeführt wurde. Elien Zoete hat die Informationen über die Familie aufgearbeitet.[85] Die Familie lebte in Diospolis Magna bei Theben. Anhand von O.Heid 58 lässt sich rekonstruieren, dass Herakles Vater Pebrichis I mit Thatres verheiratet war und sein Großvater Moschion hieß. Es werden zwei Brüder namentlich genannt, Pakoibis und Horos. Es ist möglich, dass der Sohn des Horos, Pebrichis IV, ebenso zur Familie gehörte (O.Heid. 121). Senkametis war die Tochter von Abos und Enkelin von Inaros (O.Heid. 65). Herakles und Senkametis hatten einen Sohn namens Pebrichis II und evtl. eine Tochter namens Thatres (O.Heid. 130). Pebrichis II wiederum hatte einen Sohn, Pebrichis III, und eine Tochter, Tkroris, die mit Labais verheiratet war. Tkrorkis bezahlte die Begräbnisabgaben für ihren Mann im April 192 n. Chr. und für ihren Bruder Pebrichis III im Mai 193 n. Chr. (O.Heid. 118).

Herakles schien im Getreideanbau tätig gewesen zu sein, wie die Quittungen für Ernteabgaben zeigen.[86] Senkametis bezahlte auch eine Ernteabgabe in Gemüse (O.Heid. 61). Herakles und sein Sohn Pebrichis II bezahlten Ernteabgaben für ein Stück Land, das sie von einer gewissen Kleopatra pachteten.[87] Das Stück Land wurde mindestens zwischen 128–145 n. Chr. von der Familie gepachtet. Pebrichis pachtete zudem Land von Paniskos, Sohn des Pikos (O.Heid. 71). Die Familie besaß auch eigenes Land, das sie zum Teil verpachtete. Spätestens der Enkel Pebrichis III verdiente ab 185 n. Chr. Geld mit Dattelpalmen. Die Abgaben auf Dattelpalmen waren eine Geldabgabe.[88] Eine Verpachtung ist evtl. 179 und 180 n. Chr. an den Pächter Pikos belegt (O.Heid. 78, 82). Aus den Abgabenquittungen für die Geometria lässt sich rekonstruieren, dass es sich dabei nur um ein kleines Stück Land handelte für Obst- und Gemüse bzw. evtl. Weinanbau.[89]

---

85 Vgl. Zoete, Herakles.

86 O.Heid. 61, 64, 66.

87 O.Heid. 66, 69, 72, 73, 75.

88 O.Heid. 91.

89 O.Heid. 74 (3,5 Obolen), 77 (3 Obolen) durch Pebrichis II, 79, 85, 89, 90, 92, 93, 110 je 1 Drachme und 2 Obolen durch Senkametis. Vgl. Wallace, Taxation, 49–53. Er schätzt, dass pro Arura Gartenland ca. 20 Drachmen und 40 Drachmen für Weinbergland in dieser Gegend bezahlt wurden.

Wir haben es mit einer Familie zu tun, deren Einkommen aus der Landwirtschaft stammte. Dabei wirtschafteten sie in einer Mischform vor allem im Getreide- und Gemüseanbau und zugleich verpachteten sie Land. Dies kann aus den Geometria-Quittungen[90] und der Ernteabgabe (Getreide;[91] Gemüse: O. Heid. 61) geschlossen werden. Die Abgaben auf die Datteln lassen vermuten, dass der Anbau dieser eine weitere Einnahmequelle darstellte.[92] Zwei Ostraka quittieren eine Lieferung Spreu und Getreide, die auch unter Abgaben fallen (O.Heid. 68, 70). Abgesehen von diesen Agrarabgaben sind auch Zahlungen der Laographia (O.Heid. 62), Badabgaben (O.Heid. 60, 63, 67, 107) sowie Begräbnisabgaben (O.Heid. 113, 114, 118) quittiert. Eine anteilige Zahlung über eine Drachme ist vermutlich für den Bau eines Präsidiums gedacht (O.Heid. 76). Das Archiv belegt die verschiedenen Abgaben, mit denen eine in der Landwirtschaft tätige Familie konfrontiert war. Aussagen über die fiskalische Belastung können nicht getroffen werden. Dafür ist das Archiv zu fragmentarisch. Die Geometria Abgaben ist Ende des 2. Jh. über 11 Jahre stabil bei 1 Drachme und 2 Obolen. Auch die Dattelpalmenabgabe liegt über sieben Jahre konstant bei 11 Drachmen 2 Obolen.[93] Die Ernteabgaben sind erwartungsgemäß sehr unterschiedlich. Da wir für Senkametis die meisten Quittungen haben, soll auf zwei Jahre ein Blick geworfen werden. Im Jahr 180 n. Chr. bezahlte sie mindestens gerundet 43,5l Getreide und 182 n. Chr. 25,82l Getreide. Ihr Enkel Pebrichis III bezalt über sieben Jahre mindestens 65 Drachmen und 13 Obolen für die Dattelpalmen.

Das Besondere an diesem Archiv ist, dass die verschiedenen Abgaben differenziert verschiedenen Abgabeneinnehmern zugeordnet werden können. Die Ernteabgaben wurde in 18 von 26 Belegen in den θησαυρός μητρόπολις, in sieben Fällen in den θησαυρός κώμη und einmal in den θησαυρός ἱερόν eingezahlt. Die Geometria wurde immer von einem πράκτωρ ἀργυρικόν eingesammelt und nur manchmal von mehreren. Eine Quittung ist auch von einem Schreiber unterzeichnet (O.Heid. 77). Auch dieses Archiv bestätigt, dass die Badabgaben in den θησαυρός ἱερόν flossen. Manchmal werden zusätzlich τελῶναι (O.Heid. 60, 63, 67) oder ἐπιτηρηταί (O.Heid. 99, 107) genannt. Auch die Begräbnisabgabe ging an die τελῶναι des θησαυρός ἱερόν (O.Heid. 113, 118). Eine Abgabe bezahlte Tkroris beim Versterben ihres Mannes zusätzlich an τελῶναι ἱματιοπωλῶν, die Abgabeneinnehmenden der Kleidungshändler (O.Heid. 114). Die einmalige Abgabe für

90 S. O.Heid. 71, 74, 77, 79, 85, 89, 90, 92, 93, 98, 103, 110.

91 O.Heid. 64, 65, 66, 69, 72, 73, 75, 78, 80, 81, 82, 83, 84, 86, 87, 88, 95, 96, 101, 104, 105, 111, 112, 116, 119.

92 S. O.Heid. 91, 94, 100, 106, 109.

93 Nur im Jahr 187 bezahlt Pebrichis III eine Obole weniger und 188 nur 10 Drachmen 4 Obolen (O.Heid. 100).

das Präsidium 144/145 n. Chr. wurde von ἀπαιτῆται μερισμοῦ πραισιδιοῦ eingezogen (O.Heid. 76). Die Dattelpalmenabgabe wurde von ἐπιτηρηταί eingenommen und in den δημοσίαν τράπεζαν eingezahlt. Auch dieses Archiv zeigt eine gewisse Kontinuität auf Seiten des Abgabenpersonals. Pebrichis II zahlte die Ernteabgaben, die Geometria und eine Heulieferung an einen Horos in den Jahren 139 und 141 n. Chr. Erneut kann natürlich nicht mit hundertprozentiger Sicherheit gesagt werden, dass es sich dabei um dieselbe Person handelt. Senkametis und Pebrichis III zahlten die Ernteabgaben zwischen 179–182 n. Chr. an Amonios. In den Jahren 187–188 n. Chr. mit hoher Wahrscheinlichkeit dann an Horos. Über den Zeitraum von 185–192 n. Chr. bezahlt Pebrichis III die Dattelpalmenabgaben an Misys und seine Kollegen, die als ἐπιτηρηταί τίμης οἴνου καὶ φοίνικον bezeichnet werden.

In dem Archiv befinden sich auch vier Dekania Listen, die vor allem aus der Region Theben bekannt sind. Die Listen sind leider fragmentarisch, in dreien ist der Name Pebrechis, Sohn des Herakles, Enkel des Pebrichis enthalten. Pebrichis II gehörte demnach diesem „Zehnmännerkollegium" an. Ob es sich hierbei um eine administrativ festgelegte Einheit für die Liturgien oder Polizeiaufgaben oder einen privaten Verein handelt, ist umstritten.[94] Die Zugehörigkeit zu einer Dekania bedeutete auf jeden Fall, dass die Person in weitere Netzwerke eingebettet war.

Insgesamt ergibt sich das Bild einer in der Landwirtschaft tätigen Familie, die in verschiedene Strukturen eingebettet ist. Herakles wirtschaftete evtl. mit seinen Brüdern Pakoibis und Horos sowie einem Mann namens Petemenophis mindestens teilweise zusammen. Vater Herakles und Sohn Pebrichis II hatten Verbindungen zur selben Verpächterin über mindestens 17 Jahre. Pebrichis II pachtete von einer weiteren Person Land. Er hatte mit verschiedenem Abgabenpersonal Kontakt. Horos konnte als ein Abgabeneinnehmender identifiziert werden, der häufiger in den Erntequittungen genannt wurde. Pebrichis II war darüber hinaus Mitglied bzw. Dekanos einer Dekania-Gruppe, in der auch sein Cousin Pebrichis IV evtl. Mitglied war. Die Mutter Senkametis verpachtete Land an einen Mann namens Piktos. Auch sie bezahlte Abgaben an verschiedene Instanzen. Für die Ernteabgaben waren ein Amonios und ein Horos zuständig, die über einen längeren Zeitraum tätig waren. Ihr Enkel Pebrichis ist mit denselben Abgabeneinnehmenden in Kontakt. Da er noch im Dattelanbau tätig ist, hat er regelmäßig Kontakt mit dem Wein- und Dattelpalmenabgabeneinnehmer Miysis. Der Zeitpunkt der Abgabenzahlungen spiegelt den Arbeitsrhythmus der Familie wider: Die Ernteabgaben werden vornehmlich in den Monaten Juli und Juni und manchmal August und September bezahlt, die

94 Vgl. Bagnall, Army, 73–76, der zeigt, dass es sich um eine administrative Bezeichnung zur Einteilung von Männern für staatliche Aufgaben handelt bzw. im Kontext für Wachpersonal, das in den Orten selbst gestellt wurde, handelt. Hagedorn, Κυνηγίδες, 188–189 widerspricht dem und illustriert, dass es sich um private Zusammenschlüsse Personen eines Gewerbes handeln müsste.

Geometria von August bis November und die Dattelpalmenabgabe im Frühjahr (April und Mai).

3.4.3 Archiv des Eponychos aus Theben (112–150 n. Chr.)

Eponychos alias Apathes Sohn des Herakleios lebte in Diospolis, das zu Theben gehörte und am östlichen Nilufer lag. Das Archiv besteht aus 32 Texten, hauptsächlich Ostraka, in griechischer Sprache.[95] Es handelt sich dabei um Quittungen, die meisten für Abgaben. Darunter die übliche Laographia,[96] die Badabgaben[97] und Deichabgaben.[98] Hinzu kamen Flusswächterabgaben[99] sowie eine Wächterabgabe[100] und Wachturmabgaben,[101] die für Orte an Flüssen typisch ist.[102] Eine Besonderheit stellen die Abgaben fürs Eselbesitz oder -treiber und die Mühle dar.[103] Außerdem sind Ernteabgaben bezeugt.[104] Auf drei Ostraka ist eine Abgabe genannt, deren genauer Name leider nicht rekonstruiert werden kann.[105] Eine Quittung bestätigt darüber hinaus die Zahlung einer Hausmiete (O.Strasb. 1,213). Da Eponychos als Vermittler für Kephalos Gymnikos und dessen Erben fungierte, scheinen sie in irgendeiner Verbindung gestanden zu haben.[106]

In allen Quittungen wird das Abgabenpersonal genannt, mit dem Eponychos in Kontakt kommt. Meistens werden sie als πράκτωρ oder πράκτωρ ἀργυρικῶν bezeichnet. 112 und 115 n. Chr. nennen die Quittungen Praktoren namentlich – Phaeris und Imouthes – und sprechen weiter unbestimmt von Kollegen (μέτοχος) (O.Bodl. 2,625; 834). In einer Quittung von 129 n. Chr. wird sehr spezifisch von „Ἰμούθ(ης) κὲ(*) μ(έτο)χ(οι) μισθ(ωταὶ) τέλ(ους) ὀνηλ(ασίας)" (O.Bodl. 2,1078), d. h. „Imouthes und Kollegen, die Käufer der Eselabgabe" gesprochen. Diese Abgaben wurde, wie der Ausdruck μισθωταὶ verdeutlicht, gekauft. Eine Quittung über die Laographia und Badabgabe 129 n. Chr. nennt die Abgabeneinnehmer ἀπαιτητής (P.Rein. 2,135). Aus den 30er Jahren gibt es dann mehrere Quittungen von

95 Eine Übersicht über das Archiv gibt Lore van Melkebeke, Eponychos.

96 P.Rein. Gr. 2,135; O.Strasb. 1,210.218.223.228.

97 P.Rein. Gr. 2,135; O.Strasb. 1,199.208.218.220.223.228.

98 O.Bodl. 2,625, O.Strasb. 1,208.220.225.

99 O.Strasb. 1,222.

100 O.Strasb. 1,221.

101 O.Bodl. 2,834.856, O.Strasb. 1,221.

102 Wachabgaben sind erst kurz nach dem Beginn des Regierungsantritts Neros belegt. Die Abgabenleistenden wurden damit an der Finanzierung der Sicherheitsdienste beteiligt. Vgl. Homoth-Kuhs, Phylakes, 149.173–174.

103 O.Bodl. 2,1078; O.Lips. Inv. (Gr.) 703.

104 SB 12,10897, O.Strasb. 1,353; P.Lips. Inv. Gr. 1,71.

105 P.Rein. 2,137, O.Strasb. 1,224.226.

106 O.Strasb. 1,208.213.

denselben Abgabeneinnehmern, die ca. 2 Jahre im Amt waren. 129–131 n. Chr. werden die Laographia, Deichabgaben und Badabgaben von dem πράκτωρ ἀργυρικῶν Heriophmois quittiert.[107] Ebenso scheint dieser die Miete von sieben Pentobolen einzuziehen für einen Kephalos Gymnikos (O.Stras. 1,213). Eponychos ist daher also mit diesem und vielleicht auch anderen Praktoren nicht nur für Abgaben, sondern auch für Mietzahlungen in Kontakt. Von 133 bis 135 n. Chr. ist Kametis der Praktor und zieht die Deich-, Bad-, Wachturm-, Wächter-, Flusswächterabgaben und die Laographia ein.[108] Ab 135 n. Chr. bis 137 n. Chr. werden zwei Praktoren genannt: Asklas und Soter.[109] Ihre Quittungen enden, soweit erhalten, jeweils mit einer namentlichen Bestätigung.

Eponychos alias Apathes Sohn des Herakleios war vielleicht ein Mühlenbetreiber, der einen Esel besaß und Getreideanbau betrieb, zur Miete in einem Haus oder einer Wohnung im östlichen Theben lebte und mit der Familie des Kephalos Gymnikos bekannt war. Er zahlte mindestens 10 verschiedene Abgaben an unterschiedlich betiteltes Abgabenpersonal. Dabei ist jedoch der πράκτωρ ἀργυρικῶν eine konstante Größe. Teilweise handelt es sich für mindestens zwei Jahre um dieselben Personen.

3.4.4 Archiv des Psais aus Theben (129–145/168 n. Chr.)

Beim Archiv des Psais, Sohn der Senphthoumonthes möchte ich nur auf die Besonderheiten eingehen.[110] Das Archiv belegt verschiedene Fälle der Kostenbeteiligung und Abgabenumverteilung. Zunächst wird Psais über das Matronym identifiziert. Das weist darauf hin, dass er offiziell keinen Vater hatte. Erklärungen könnten dafür sein, dass sein Vater unbekannt war bzw. bleiben sollte oder nicht mit seiner Mutter verheiratet war, weil er z. B. römischer Bürger oder Soldat war. Psais baute Getreide auf seinem Ackerland in verschiedenen Distrikten an. Er bezahlte die klassischen Abgaben wie Laographia, Badabgaben, Wächter- und Wachturmabgaben und Ernteabgaben. Besonders ist die Abgabenzahlung für die, die geflohen sind. D.h. Psais und andere Abgabenleistende müssen hier eine Abgabe bezahlen, weil es ein Defizit durch Abgabenflüchtige gibt. Im Jahr 134 n. Chr. beträgt die Summe 1 Drachme und 4 Obolen (O.Strasb. 2,842), 141 n. Chr. 1 Drachme Anfang Juli (O.Strasb. 2, 850), Ende Juli 4 Drachmen und Anfang Oktober 2 Drachmen. In diesem Jahr bezahlt Psais demnach 7 Drachmen extra für die Personen, die ihre Abgaben nicht bezahlt haben.

Umstritten sind zwei Ostraka, die einen Abgabenanteil für ἐνλείμματος τελωνικῶν quittieren (O.Strasb. 2,854, 856). Evtl. gehört in diesen Kontext auch

107 O.Stras. 1,210.208.

108 O.Stras. 1,218.220–224.228.

109 P.Rein. 2,137; O.Strasb. 1,225–226, O.Bodl. 2,851.

110 Vgl. zu den allgemeinen Informationen Zoete, Psais.

O.Strasb. 2,849, wo ein Anteil für τελ() ὠν[ίων] verlangt wird. Es scheint sich um Abgaben für Verluste oder Ausfälle in der Abgabeneinsammlung zu handeln. Für April und Juni 141 werden je 4 Drachmen und 1 Drachme verlangt (O.Strasb. 2, 849). 142 n. Chr. 3 Drachmen und 4 Obolen sowie 145 n. Chr. 1 Drachme und 5 ½ Obolen. Das macht zusammen 9 Drachmen und 9 ½ Obolen. Im Jahr 141 n. Chr. kommen Ausfallszahlungen von 12 Drachmen zusammen.

Ein letzter Blick soll auf je einen πράκτωρ ἀργυρικῶν geworfen werden, der einen römischen *tri nomina* führte. Das ist zum einen Gaius Longinus Valerianus, der die Deichabgaben und eine Gazellenjagdabgabe (?) einsammelte (O.Strasb. 2,845). Zum anderen evtl. Quintus Nemonius Dioskoros, der die Deichabgaben einzog (O.Strasb. 2,860).[111]

4. Ertrag

Abgabenleistenden waren nicht nur „passive Opfer" des Fiskalsystems. Es handelt sich hierbei um ein Stereotyp. Es ist unbestritten, dass sie in einer generell vulnerablen Position waren und auch Opfer des Fiskalsystems wurden. Theoretisch gab es Beschwerdewege und praktisch wurden diese auch, soweit wir einigen Zeugnissen entnehmen können, benutzt. Temporäre oder dauerhafte Flucht wurde von einigen als Ausweg genommen. Teilweise aus ökonomischer Not, teilweise um das Vermögen zu schützen. Manchmal wehrten sich Abgabenpflichtige auch mit Gewalt gegen das Abgabenpersonal. Manche Personen hatten das Glück, dass sie an Orten mit niedrigeren Abgabensätzen lebten oder registriert bleiben konnten wie im Falle des Soterichos in Theadelphia.[112] Die Quellen legen außerdem nahe, dass es zu Schmuggel, Zollbetrug und Zahlungssäumigkeiten kam. Gleichzeitig bot das Abgabensystem, wie Inschriften zeigen, auch die Gelegenheit, sich als Wohltäter:in zu betätigen. Abgaben oder Zölle konnten für ganze Städte übernommen werden.

Einige römische Bürger:innen nahmen Abgaben als Zumutung wahr. Die Abwehr von wohlhabenden römischen Frauen, zu Abgabenzahlungen verpflichtet zu werden, offenbarte einen Genderaspekt. Römische Frauen waren von Abgabenzahlungen ausgenommen, aber gleichzeitig wurden ihnen auch Mitbestimmungsrechte verwehrt. Dennoch waren sie immer noch bessergestellt als Provinziale, die zwar Abgaben bezahlten, politisch jedoch nichts mitentscheiden konnten. Plutarch bezichtigte (wohlhabende) Abgabenleistende der Heuchelei, wenn sie sich einerseits über Abgabenpersonal aufregen würden, die letztendlich ihren Tätigkeiten für den Staat nachkämen, aber selbst in betrügerische Geschäfte verwickelt

111 Es ist unsicher, ob dieses Ostrakon zum Archiv gehört.

112 Vgl. den Abschnitt zum Archiv des Soterichos bzw. SB 20,15106.

seien. Plinius d. J. thematisierte das Dilemma, dass Abgaben der Gemeinschaft nützen, aber dem Einzelnen finanziell schaden. In seinen Bemerkungen über die Erbschaftsabgabe stellte er heraus, welche konkreten sozialen Auswirkungen fiskalische Regelungen haben können.

Josephus berichtet sowohl von Bitten um Abgabennachlässen als auch Abgabenboykotten. Es wird das Zusammenspiel von Administration und Abgabenleistenden deutlich, oft in Form von Verhandlungen, weil beide Seiten etwas voneinander wollen. Es kann von keiner Ebenbürtigkeit gesprochen werden, jedoch zeigt sich ein gewisser Spielraum. Besonders bei Hungersnöten, zur Belohnung von Loyalität oder als fiskalischer Anreiz zum Ansiedeln in spezifischen Regionen. Philo stellte Abgabenleistende als Opfer dar. Sie haben dem Abgabensystem lediglich Flucht entgegenzusetzen und selbst damit gefährden sie Angehörige wegen Kollektivhaftung.

Für die Abgabenleistenden kann es nicht immer einfach gewesen sein, den komplexen fiskalischen Apparat zu durchschauen. Die Archive von Abgabenleistenden zeigten eine Vielzahl an verschiedenen Abgaben und Abgabenpersonal. Einerseits ist eine gewisse personelle Kontinuität zu beobachten, gerade auf der Ebene der fiskalischen Alltagsgeschäfte. Die Pächter der Kopfabgaben in Elephantine übernahmen z. B. die Assistenten voneinander. Andererseits war verschiedenes Abgabenpersonal zeitgleich tätig, besonders in Form von Kontrolleuren, die auch die Befugnis hatten, Abgaben einzuziehen. Den Abgabenzahlenden standen verschiedene Wege der Kommunikation mit der Finanzadministration offen, wie aus den Beschwerden oder den Bitten um Streichung aus Abgabenlisten ersichtlich wird. Sie mussten mit der Abgabenadministration kommunizieren und erhofften sich von ihr auch Entschädigungen, wenn sie übervorteilt worden waren. Einige Vorfälle zeigten, dass die Abgabenleistenden teilweise hart angegangen wurden und es zu Ungerechtigkeiten kam, die oft erst später angezeigt wurden. Diese Zeugnisse bestätigen negative literarische Darstellungen von Abgabenpersonal. Die ökonomische und fiskalische Situation lässt sich nicht trennen, so dass einige Personen und Familien durch das Zusammenspiel beider existentiell bedroht waren. Das System bot einigen Personen Gelegenheit, sich fiskalische Vorteile zu sichern. Die Verwaltung arbeitete effektiv auch Nome übergreifend zusammen. Die Dokumentation war akribisch und diente vor allem der Absicherung des Abgabenpersonals gegenüber Forderungen seitens der Administration, Abgabenausfälle aus eigener Tasche zu begleichen.

V. Tempel

1. Griechisch-Römische Literatur

Abgaben im Bereich des Kultes waren in der Antike üblich, besonders in Form von Opfern und Gaben.[1] Religiöse Abgaben umfassten alle Sach-, Natural- und Geldleistungen, die entweder einmalig als Spende oder regelmäßig als Abgabe einer kultischen Einrichtung zu Gute kamen. Diese konnten aus Eigeninitiative oder als kultische Forderung geleistet werden. Insbesondere Herrschende oder wohlhabende Personen tätigten Stiftungen für Tempel oder stellten große Geldsummen zur Verfügung wie Inschriften für verschiedene Kulte bezeugen. Tempel waren mit der Wirtschaft verknüpft. Sie dienten als Verwahrungsort von Geld und Wertgegenständen und fungierten auch als Banken.[2] Das Opfer(tier)wesen, die Herstellung von Ritualgegenständen oder Devotionalien, Baumaßnahmen, Landbesitz, Verpachtung von Land oder Fischereirechten, Verkauf von Priesterämtern, das Pilgerwesen und damit zusammenhängend Beherbergung und Versorgung waren zentrale Faktoren der lokalen Wirtschaft.[3] Daneben übernahmen Tempel auch teilweise soziale Aufgaben wie Krankenversorgung. Es überrascht, dass kaum Informationen über eine Finanzierung durch regelmäßige Abgaben zu finden sind. Plinius d. Ä. berichtet an zwei Stellen von der Verpachtung von religiösen Dienstleistungen: das Bestreichen des Gesichts der Jupiterstatue mit Zinnober an Festtagen (Plinius d. Ä., nat. 33,36,111f) und die Fütterung der Gänse auf dem Kapitol (Plinius d. Ä., nat. 10,16,51).[4] Die Verpachtung dieser religiösen Rituale bildete den Auftakt der anschließenden Verpachtung weiterer Dienstleistungen für den Staat.

Ein typisches Beispiel der Verteilung von Abgabengeld durch Herrschende an Tempel gibt Plutarch in seiner Schrift *Über das Glück oder die Tugend Alexander des Großen*. Alexander der Große verwendete laut Plutarch Abgaben der eroberten Völker dazu, in ganz Griechenland den Gottheiten Tempel zu bauen, wohingegen Pericles lediglich die Akropolis mit ihrer Hilfe ausbauen ließ:

> Alexander aber bezahlte den Gläubigern die Schulden seiner Verschuldeten komplett. Pericles, nachdem er den Griechen Abgaben auferlegt hatte [φορολογέω], schmückte

1 Gegen Stenger, der religiöse Abgaben für ein Proprium der Juden/Jüdinnen, die die Eigenständigkeit im Gegenüber zum römischen Imperium bewahrten, hält. Vgl. Stenger, Besteuerung, 149.

2 Beispiele für Banken von Tempeln gibt Dignas, Economy, 21–24.

3 Vgl. dazu Drexhage, Wirtschaft, 19–26; Keddie, Class, 156–157.

4 Beide Hinweise bei Malmendier, Societas, 34.

> von dem Geld die Burg mit Tempeln. Alexander aber nahm das Geld der Barbaren und schickte es nach Griechenland, um von den zehntausend Talenten Tempel für die Gottheiten bauen zu lassen. (Plutarch, Alex. fort., mor. 343d)

Hier zeigt sich eine direkte Verbindung zwischen Abgaben und Kulten in Form von Tempelbauten. Werden Tempel jedoch gebaut, so müssen sie auch im Folgenden instandgehalten und betrieben werden, was wiederum Personal und Geld erfordert. Die kultische Ökonomie war eng verknüpft mit dem imperialen Fiskalsystem, wenn auf diese Weise die eingezogenen Abgaben verwendet wurden. Die meisten Belege finden sich dafür in Inschriften und Papyri.

2. Frühjüdische Literatur

2.1 Überblick über jüdische Tempel und Abgaben

In der Tora gibt es ein ganzes System verschiedener Abgaben, die vor allem zur Aufrechterhaltung und Finanzierung des Tempelbetriebes gedacht sind.[5] Nebeneinander stehen ein deuteronomisches Abgabenkonzept und das des Heiligkeitgesetzes.[6] Im Heiligkeitsgesetz ist der Zehnte für die Leviten gedacht (Num 18,21.24), von dem diese 1/10 an Gott (Num 18,26) sowie evtl. 1/10 von Getreide und Wein (Num 18,27) abgeben.[7] Im Deuteronomium werden Abgaben der Erstlingsfrüchte oder Erstgeburten der Herden gefordert, jedoch sollen die von den Personen selbst verzehrt werden in Jerusalem (Dtn 12,6-7.17; 14,22-26). Den Leviten – sowie Witwen und Waisen – kommt lediglich ein Zehnter des Gesamtertrages jeden dritten Jahres zu (Dtn 14,27-29). Der Zehnte wird von Korn, Most, Öl und der Erstgeburt des Viehs gegeben (Dtn 14,23). Wenn der Weg für den Transport zu lang ist, dann ist es auch möglich, die Zehntabgaben vorher zu verkaufen und dann das Geld zum Tempel zu bringen, wobei dann nicht mehr gesagt wird, was mit dem Geld gemacht werden soll (Dtn 14,24-25).

Levitikus spricht allgemein von einem Zehnten für Gott (Lev 27,30), d. h. wahrscheinlich für die Priester.[8] In der Perserzeit verschiebt sich der Zweck des Zehnten, er dient jetzt zur Versorgung des Jerusalemer Tempelpersonals (Num 18,21.24). Der Zehnte wird von den Felderträgen, Baumfrüchten und vom Viehbesitz genommen (Lev 27,30.32) bzw. von Getreide und Wein (Num 18,27). Im Buch Nehemia

---

5 Vgl. die ausführliche Analyse zum Zehnten bei Sanders, Judaism, 146-169.

6 Vgl. Keddie, Class, 177-178.

7 Stemberger, Pharisäer, 78 weist darauf hin, dass in Jub 13,26f; 11QT 60,6 der Zehnte von Getreide, Öl und Wein genannt wird. In 11QT 60,9 der Zehnte von wildem Honig.

8 Vgl. Sanders, Judaism, 148.

werden folgende Abgaben aufgelistet: jährlich 1/3 Schekel, eine Holzlieferung, Erstlingsfrüchte und -geburten, Naturalabgaben für Priester und der Zehnte für Leviten (Neh 10,33–38). Diese Abgaben werden von den Leviten eingenommen (Neh 10,38–39). Neh 12,44 listet Hebegaben, Erstlingsgaben und den Zehnten als Abgaben, die im Tempel gelagert und dann an Priester und Leviten verteilt werden. In Neh 13,6 werden die Leviten, Sänger:innen, die Tempelwache und Priester als Empfänger:innen der Abgaben genannt. Es ist nicht eindeutig rekonstruierbar, welche Gruppen und Personen sich an welchem Zehntsystem orientierten.

Greifbar ist eine Veränderung unter den Hasmonäer:innen. Sie etablierten ein 14-Zehnt System.[9] Die Priester bekamen nun den levitischen Zehnten und die Einnahmen wurden sowohl für den Tempel als auch den Staat benutzt.[10] Die Entwicklung ist nicht überraschend, da die Hasmonäer Priestertum und Königtum personell verschmolzen. Eyal Regev vertritt die These, dass erst unter den Hasmonäern eine jährliche Tempelabgabe eingeführt worden sei.[11] Regev skizziert die Entwicklung folgendermaßen: Ex 30,13–15 berichtet von einer eimaligen Abgabe aller Männer ab 14 Jahren unter Mose, damit das Tabernakel errichtet werden konnte. Auf Nehemia wird eine jährliche 1/3 Schekel Abgabe für den Tempelkult zurückgeführt (Neh 10,33), die entweder nicht ausreichte oder nicht durchgehalten wurde, denn unter den Achämeniden und Diadochen musste der Tempel in Jerusalem auch durch ihre Zuwendungen finanziert werden. Da Tyros 127 v. Chr. das Recht zur eigenen Münzprägung bekommen habe, sei wahrscheinlich auch in dieser Zeit die Tempelabgabe, die in der tyrischen Drachme bezahlt wurde, eingeführt worden. Bei Philo fände sich der erste Beleg für eine jährliche Halbschekel-Abgabe an den Tempel.[12] Regev führt verschiedene Quellen an, die nahelegen, dass es unter den Hasmonäern üblich war, dass jüdische Gemeinden aus der Diaspora eine Tempelabgabe nach Jerusalem schickten.[13] Es habe jedoch Strömungen gegeben, die eine jährliche Abgabe als nicht schriftgemäß ablehnten. Dies scheint in Qumran der Fall gewesen zu sein, da 4Q 159 betone, dass jeder Israelit laut Mose nur einmal im Leben eine Abgabe zu zahlen habe. Rabbinische Tradition schreibe die jährliche Abgabe den Pharisäer:innen zu, die so dem Volk eine symbolische Teilhabe am Tempel gewährten im Gegensatz zu den Sadduzäer:innen, die einer individuellen

9 Das bedeutet in einem sieben Jahreszyklus wurde 14-mal eine Zehntabgabe bezahlt. Der erste Zehnt für Priester/Leviten, ein zweiter Zehnt zum eigenen Verzehr in Jerusalem und zweimal ein dritter Zehnt für Bedürftige. Vgl. Keddie, Class, 179.

10 Vgl. ebd., 178.

11 Vgl. Regev, Hasmoneans, 71–75. Vgl. z. B. auch Broshi, Temple, 34.

12 Philo Leg. 156–167; 216; 291; 313–316.

13 Vgl. Regev, Hasmoneans, 75–76: Aristeas 42 berichtet von Sach- und Geldspenden für den Tempel; Cicero, Flac. 28,67 hält (positiv) fest, wie Flaccus Goldexport aus der Provinz Asia verbietet, um die Geldsammlungen der Juden/Jüdinnen zu unterbinden; Josephus, ant. 14,105–118.

Finanzierung der Opfer statt einer kollektiven den Vorzug gegeben hätten.[14] Da die Pharisäer:innen jedoch nicht einflussreich genug gewesen seien, hätten nur die Hasmonäer:innen eine solche fiskalische Änderung durchsetzen können.[15] Wenn man die Auseinandersetzungen in vor-hasmonäischer und hasmonäischer Zeit um die verschiedenen Lager innerhalb der Juden/Jüdinnen auch in der Diaspora betrachtet, so war die Einführung einer jährlichen Abgabe sicherlich eine geeignete Methode, die ägyptische, kleinasiatische, griechische und mesopotamische Diaspora auf den Jerusalemer Tempel auszurichten.

Die Verknüpfung von Kultzugehörigkeit und Zehnter (sowie kultische Reinheit) sei laut Alan J. Avery-Peck erst nach dem Bar Kokhba Aufstand entstanden und in die Mischna eingeflossen sein. Obwohl die pharisäische Strömung diese Verbindung schon ein paar hundert Jahre vorher in ihrer Gruppe etablierte. Dies sei aber in die Mishna nicht aus den pharisäischen, sondern späteren Traditionen übernommen worden.[16] Somit stellt Avery-Peck in Frage, wie groß der Einfluss der pharisäischen Bewegung in der Zehntfrage auf die gesamte Bevölkerung gewesen sei. Es kann nicht automatisch davon ausgegangen werden, dass alle jüdischen Personen den Zehnten bezahlten.

Es ist wichtig, sich in Erinnerung zu rufen, dass es mehr als einen jüdischen Tempel im Laufe der Geschichte gegeben hat. Die Militärkolonie in Elephantine hatte unter den Achämeniden einen Tempel, der um 410–407 v. Chr. zerstört und wieder aufgebaut wurde.[17] Um 350 v. Chr. scheint der jüdische Tempelbetrieb eingestellt worden zu sein. Ebenso gab es einen samaritanischen Tempel auf dem Berg Garizim seit ca. 450 v. Chr. bis er in der zweiten Hälfte des 2. Jh. v. Chr. laut Josephus durch Johannes Hyrkanos (Josephus, ant. 13,255) zerstört wurde. Etwas früher, in der Mitte des 2. Jh. v. Chr., siedelte sich Onias III. oder Onias IV. mit Gefolgsleuten mit Erlaubnis der Ptolemäer in Heliopolis an, im Grunde eine Militärkolonie, und errichtete dort einen weiteren Tempel.[18] Dieser wurde 71 n. Chr. durch den römischen Präfekten geschlossen. Zeitweise gab es also zwei jüdische und einen samaritanischen Tempel gleichzeitig. Wir wissen leider nicht, wie sich die Tempel in Elephantine und Heliopolis finanzierten. Wahrscheinlich steuerten die Oniaden etwas bei. Gideon Bohak meint, dass alle Juden in Ägypten die Tempelabgabe

---

14 Vgl. Regev, Hasmoneans, 76 mit Verweis , auf das Scholion zu Megillat Taanit, bMenahot 65a und mShekalim 3,3.

15 So Regev, Hasmoneans, 77.

16 Avery-Peck, Division, 84.105f. 360f.

17 Die genauen Daten der Erbauung des Tempels und seines Endes sind unklar. Vgl. Rosenberg, Elephantine.

18 Vgl. Bohak, Onia's Temple, 35–37. Ausführlich zur Geschichte des Tempels Bohak, Joseph and Aseneth, 19–40.

an den Jerusalemer Tempel bezahlten.[19] Meines Erachtens ist es plausibler, dass die Juden, die die Oniaden und den Tempel in Heliopolis unterstützten, auch ihre Abgaben an diesen Tempel gaben. Es erscheint unwahrscheinlich, dass z. B. Juden in Alexandria, den Tempel in Heliopolis unterstützten, nicht zuletzt deshalb, weil Philo ihn vollkommen ignoriert. Falls die Gemeinde in Heliopolis die Tempelabgabe tatsächlich an den Jerusalemer Tempel zahlte, dann könnten dahinter religiös-politische Gründe gestanden haben. Die Tempelabgabe signalisierte Unterstützung des Jerusalemer Tempels, Einheit und Loyalität. Doch sind das tatsächlich nur Vermutungen und es wurden bisher noch keine Belege gefunden, die in dieser Frage weiterführen.

Der Tempel der Samaritaner:innen auf dem Garizim schien wenigstens zum Teil durch Spenden finanziert worden zu sein.[20] Auf Delos wurden zwei Inschriften entdeckt, in denen von den Israeliten in Delos, die Erstlingsfrüchte an den heiligen Garizim spenden (ἀπάρχομαι), gesprochen wird.[21] Magnar Kartveit legt dar, dass ἀπάρχομαι hier als Geldspende verstanden werden kann.[22] Es handelt sich aller Wahrscheinlichkeit nach um Samaritaner:innen. Auch Josephus berichtet in Ant. 12,10 von den durch Ptolemäus angesiedelten Juden/Jüdinnen und Samaritaner:innen in Alexandria, dass die einen ihre Opfer nach Jerusalem und die anderen zum Garizim schickten.

2.2 Philo von Alexandria

In der Legatio ad Gaium von Philo werden die Erstlingsopfer (ἀπαρχή) thematisiert, die von jüdischen Diasporagemeinden in Rom (Philo, legat. 156), Babylon und weiteren östlichen Ländern durch heilige Gesandte (ἱεροπομποί) nach Jerusalem zum Tempel geschickt wurden (Philo, legat. 216). Kaiser Augustus habe diese Abgaben explizit erlaubt, wie Philo betont (Philo, legat. 291; 311–316). Die Möglichkeit, religiöse Abgaben einzuziehen und an einen anderen Ort zu schicken, vor allem über Reichsgrenzen hinaus, bedarf einer besonderen Logistik sowie der Erlaubnis der Herrschenden.

In seinen Überlegungen zu kultischen Abgaben referiert Philo auch über ihren Zweck. So stellt er beim Priesterzehnt bzw. Erstlingsfrüchten heraus, dass er auch dazu diene, in den Menschen Gottesfurcht (εὐσέβεια) und Menschenfreundlichkeit (φιλανθρωπία) zu stärken, indem sie daran gewöhnt würden, nicht jeden Besitz als ihr Eigentum zu betrachten, sondern mit einem Teil Gott zu ehren und nicht auf

19 So Bohak, Joseph and Aseneth, 38–39.

20 Vgl. Regev, Hasmonaeans, 75.

21 Edition der Inschriften Bruneau, Israélites. Vgl. auch auf Englisch mit Text und Bild Kraabel, New Evidence.

22 Kartveit, Origin, 222–223.

maximalen Gewinn aus zu sein (Philo, virt. 95). An anderer Stelle erklärt er, dass die Abgabe der Erstlingsfrüchte als Lösegeld (λύτρον [Pl]) betrachtet würde, das von Sklaverei befreie, von Krankheit heile sowie Freiheit und Rettung erwerbe (Philo, spec. 1,77–78). Hier wird die heilsbedeutende Relevanz kultischer Abgaben deutlich. Ähnlich deutet Philo auch die Doppeldrachme der Tempelsteuer in Auslegung von Ex 30,12–16. Die Abgabe wird in Exodus eingeführt als Lösegeld (כפר, LXX: λύτρον [Pl]) und in Vers 13 in zwei Hälften unterteilt. Die eine Hälfte ist für das Heiligtum (שקל הקדש, LXX: δίδραχμον τὸ ἅγιον) und die andere eine Abgabe (תרומה, LXX: εἰσφορά) für Gott. Philo erklärt, die eine Hälfte sei das Lösegeld (λύτρον [Pl]) für die Seele und die andere Hälfte für den Verstand, die Leidenschaften und daraus entstehende Übel (Philo, her. 186). Der Doppeldrachme sei zudem nichts hinzuzufügen noch wegzunehmen, sei man reich oder arm, denn wie Gott einer sei, sei auch sie eine Einheit (Philo, her. 188–189).

Bezüglich der Abgaben für Priester stellt Philo fest, dass das Gesetz ihnen die Ehre und Würde von Königen gäbe, da an sie verschiedene Abgaben (φόρος) abgeführt werden müssen (Philo, spec. 1,142). Jedoch würden die Abgaben an Priester mit einer anderen Haltung gegeben als üblicherweise von den Städten an ihre Herrschenden (Philo, spec. 1,142f). Normalerweise würden sie aus Zwang (ἀνάγκη) und mit Widerwillen (μόλις) bezahlt. Die Abgabeneinnehmenden (ἐκλογεῖς εἷς τῶν χραμάτων) würden als gemeinschaftliche oder öffentliche Zerstörer (λυμεών) angesehen werden. Die Leute würden alle möglichen Vorwände vorschützen, festgesetzte Fristen verstreichen lassen bezüglich der ihnen aufgelegten Abgaben (τέλος) und Abgaben (δασμός).[23] Im Gegensatz dazu würde das jüdische Volk das Erbetene sogar früher abgeben, die Fristen verkürzen, meinen, dass sie etwas bekommen statt geben würden. Daher würden alle, Männer und Frauen, unaufgefordert mit Freude, Dankbarkeit, Eifer, Bereitschaft und Eile die Abgaben (εἰσφορά) abliefern (Philo, spec. 1,144).

Philo stellt zwei unterschiedliche Weisen, Abgaben zu bezahlen, gegenüber. Er beschreibt die Motivation und Abgabenmoral, die je nach Zweck der Abgabe unterschiedlich ausfielen. Das Bild des Zerstörens der Gemeinschaft, mit dem Philo staatliche Abgabeneinnehmende charakterisiert, passt zu seinen zwei Schilderungen von Abgabenpersonal, die wir bereits betrachtet haben. In beiden Fällen hatten sie destruktive Auswirkungen auf die Gemeinschaft in Alexandria und Jamnia. Im Gegensatz dazu hätten religiöse Abgaben versöhnenden und damit gemeinschaftsstiftenden Charakter. Ihnen sei zudem ein pädagogischer Sinn zu eigen, indem sie Gottesfurcht, Menschenliebe und Teilen förderten. Man kann daraus ableiten, dass die staatlichen Abgaben aus Philos Perspektive die Herrscherfurcht, Misanthropie und Gier befeuern. Dies führt Philo nicht aus, es lässt sich aber anhand seiner

---

23 Alle vorhergehenden Paraphrasen s. Philo, spec. 1,143.

vorher besprochenen Beispiele erkennen. Im Kern bringen die staatlichen Abgaben das Schlechtestes sowohl bei Abgabenpflichtigen als auch Abgabeneinnehmenden hervor, religiöse Abgaben dagegen das Beste. Philo entwirft damit eine Begründung und Legitimation religiöser Abgaben. Sie verbessern für ihn die Beziehung zu Gott und die der Menschen untereinander.

2.3 Flavius Josephus

Josephus beschäftigt sich vor allem mit der Tempelabgabe. Für ihn scheint sie ein Fakt zu sein (Josephus, ant. 3,194f), über deren Sinn und Zweck nicht spekuliert wird. Stattdessen beschäftigen ihn die praktischen Fragen wie das ungestörte Einsammeln und der Transport, d. h. die logistischen und politischen Rahmenbedingungen. Zum einen betont er, dass die Möglichkeit, die Tempelabgabe einzusammeln und nach Jerusalem zu transportieren, ein von den Römern zugestandenes Privileg sei. So legt er Titus in den Mund, dass das Abgabeneinnehmen (δασμολογέω) für den Gott Israels das größte Zugeständnis sei (Josephus, bell. 6,335). Besonders häufig berichtet Josephus über Probleme in der Diaspora. So erzählt er von den ungeheuren Summen, die jüdische Gemeinden überall auf der bewohnten Welt – sogar in Asien und Europa – geben würden (Josephus, ant. 14,110).[24] Die Juden und Jüdinnen hätten nämlich keine öffentliche (Staats-)Gelder (δημόσιος), sondern nur das für Gott, was sie selbst sammelten (Josephus, ant. 14,113). Dieses Geld sei aber auch in Gefahr durch gierige Herrscher. So habe Mithridates das auf Kos deponierte Geld genommen, so dass die Juden und Jüdinnen Asias ihr Geld dort nicht mehr lagerten (Josephus, ant. 14,112.114). Ähnlich sind die Ängste der Juden/Jüdinnen in Babylonien, die das Geld aus Furcht vor dem Zugriff der Parther:innen in der gut geschützten Stadt Nisibis deponierten (Josephus, ant. 18,312f). In Ionien beschwerten sich die dort lebenden Juden und Jüdinnen bei Agrippa und Herodes über die Wegnahme des Abgabengeldes für Jerusalem und dass sie gezwungen seien, dieses Geld für Abgaben aufzuwenden, von denen sie unter den Römern befreit gewesen waren (Josephus, ant. 16,28). Die Feinde würden das Geld für die Abgaben für Gott gewaltsam wegnehmen und ihnen andere Abgaben (τέλος) auferlegen (Josephus, ant. 16,45). Josephus nennt Städte in Asia, Libya und Kyrene, in denen Griech:innen das geweihte Geld entwenden würden (Josephus, ant. 16,160). Nicht nur Kaiser Augustus schrieb Briefe an die entsprechenden Städte, sondern auch König Agrippa forderte von den Epheser:innen und Bewohner:innen von Kyrene, dass sie die jüdische Tempelabgabe nicht mehr behinderten (Josephus,

24 Auch Cicero, Flac. 28,68 spricht von größeren Goldsummen in Apameia, Laodicea und Adramyttum sowie einer kleineren Summe in Pergamus. Dieses Geld wurde jedoch jeweils von römischer Seite konfisziert. Da dies durch hochstehende römische Persönlichkeiten geschah, zieht Cicero als Verteidigungsargument für Lucius Valerius Flaccus heran, der eben dieser Tat bezichtigt wurde.

ant. 16,167–170). Es werden auch Tricks geschildert, die verhindern sollten, dass das Geld an den Tempel in Jerusalem geschickt wurde. Die Darstellung des Josephus illustriert, wie um das Geld gerungen wurde und der Abfluss in einen anderen Wirtschaftskreislauf verhindert werden sollte. Dabei wurden Abgaben als Mittel eingesetzt, um dies zu unterbinden. Josephus hebt besonders die materielle Unterstützung durch das Königshaus von Adiabene hervor (Josephus, ant. 20,49–53). Im Kontext des Römischen Reiches ist die Konversion des Könighauses und die finanzielle Unterstützung hochpolitisch, weil Adiabene ein Klientelkönigtum der Parther:innen war. Das Königshaus unterstützte dann auch den jüdischen Aufstand gegen Rom sowohl finanziell als auch mit Truppen.

Josephus berichtet über eine Befreiung von Abgaben für Tempelpersonal und andere Personen im Rahmen des Konjunkturprogramms Königs Antiochus des Großen. Dieser schrieb laut Josephus folgende Zeilen an Ptolemäus:

> (142) […] und es sollen die Ältesten, die Priester, die Tempelschreiber und Sänger von der Kopfabgabe [τῆς κεφαλῆς τελοῦσιν], der Abgabe für die Krone [τοῦ στεφανιτικοῦ φόρου] und von Abgaben der übrigen [Dinge] befreit sein. (143) Damit die Stadt schneller wieder besiedelt werde, gebe ich jetzt den Bewohnern und allen, die bis zum Monat Hyperberetaios dort hinziehen, Abgabenfreiheit [ἀτελής] für drei Jahre. (144) Auch will ich ihnen den Rest des dritten Teils aller Abgaben [φόρος] erlassen, damit sie sich von dem Schaden erholen. (Josephus, ant. 12,142–144)

Es wird eigens hervorgehoben, dass Kultpersonal und die Ältesten von Abgaben befreit wurden. Die übrigen Bewohner:innen wurde Abgabenfreiheit gewährt, wenn sie bis zu einem bestimmten Zeitpunkt wieder in die Stadt zurückkehrten. Abgabenfreiheit als Anreiz zur Ansiedelung ist eine gängige ökonomische Maßnahme.

3. Epigraphische und Papyrologische Quellen

Belege für die Verbindung von Tempeln und verschiedenen Abgaben findet sich durch die Jahrhunderte hindurch und an verschiedenen Orten.[25] Tempel waren Wirtschaftseinheiten, die mal mehr oder weniger unabhängig vom Staat wirtschafteten. Die Priester fungierten dabei häufig als Mittlerpersonen zwischen Staat und Tempel.[26] Priester und Tempel waren Abgabensubjekte, häufig privilegiert, d. h. von einigen oder allen Abgaben befreit. Wenn Priester mit Abgaben belegt wurden, wie

---

25 Für die klassische Zeit in Griechenland vgl. z. B. die Auswertung von Inschriften bei Pafford, Priestly Portion; für das attalidische und seleukidische Königreich s. Kaye, Taxation.

26 Vgl. Kaye, Taxation, 12.

es bei der Übernahme der Macht in Ägypten durch die Römer:innen geschah, dann hatte dies auch machtpolitische Gründe. Bereits König Antiochos III. nutzte seine Macht, um Nikanor als Oberpriester für Kleinasien einzusetzen und zu seinen Aufgaben gehörte es, die Tempeleinnahmen zu beaufsichtigen.[27] In Pergamon wurde laut einer Inschrift vermutlich ein Schatzmeister für die Heiligen Einnahmen eingesetzt, was mehr Kontrolle für das attalidische Herrscherhaus bedeutete.[28] Ebenso wurde in Marisa/Maresha in Idumäa verfahren.[29] Unter den Ptolemäern hatten die Tempelverwaltungen viel Einfluss und Macht, weil sie auch einen Teil der zivilen Administration übernahmen und vor allem über großen Landbesitz verfügten. Die verschiedenen Eingriffe der Römer in die Tempelverwaltung sowie Beschlagnahmung von Tempelländereien, beschnitten diese politische und finanzielle Macht der Tempel.[30] Ein wichtiger Faktor war, dass das Tempelpersonal zum Teil Lesen, Schreiben und Rechnen konnte, was zentrale Voraussetzungen für Aufgaben in ziviler oder sakraler Finanzverwaltung waren. Livia Capponi meint in Bezug auf Ägypten: „Priests and temples were often involved in the collection of taxes, both in grain and in money."[31] Im Folgenden möchte ich der Frage nachgehen, inwiefern Tempel vom Abgabensystem profitierten bzw. selbst in die Abgabeneinnahme involviert waren.[32] Dabei ist zu unterscheiden zwischen Gebühren, die für konkrete Dienstleistungen für eine Einzelperson bzw. Gruppe genommen wurden, und Abgaben, die keine konkrete Gegenleistung für eine Einzelperson bzw. Gruppe nach sich zogen.

---

27 Vgl. ebd., 12 mit Verweis auf SEG 37,1010.

28 Vgl. ebd., 12 mit Verweis auf SEG 32,1237.

29 Vgl. ebd., 12 mit Verweis auf SEG 57,1838.

30 Unter dem Präfekten Petronius (24–21 v. Chr.) wurden die meisten Tempelländereien in öffentlichen und privaten Landbesitz umgewandelt. Vgl. Monson, Ptolemies, 260. Vgl. zur administrativen und finanziellen Abhängigkeit ägyptischer Tempel unter den Römern Frankfurter, Religion, 530. Tempel waren auch abgabenpflichtig. So hatte der Soknopaius Tempel in Soknopaiu Nesos 166 n. Chr. für die Priester, den Dorfschreiber, eine Ölmörsersteuer sowie für Walker, Pökler, Gemüsehändler sowie Boote und Biersteuer zu entrichten (P.Louvre 1,4). Unklar ist, ob diese Abgaben vom Tempel für den Staat eingezogen wurden oder von ihm aufgrund von Involvierung in die Gewerbe bezahlt wurden. Vgl. Ruffing, Kult, 100–101.

31 Capponi, Egypt, 133. Capponi meint z. B., dass Tempelpersonal den Abgabeneinzug in der Nachbarschaft organisierte und verweist auf P. Oxy. 12,1480. In diesem Schreiben eines Hermogenes an den Propheten Haruotes geht aber gar nicht hervor, um was genau es geht. Lediglich, dass es um einen Aufschub handelt in den der Komogrammateus und Eklogistes involviert waren.

32 Es soll dezidiert nicht um die Abgaben gehen, die die Priester selbst bezahlten, um Ämter zu erhalten, Vorsteher zu finanzieren oder in der Hierarchie aufzusteigen. Vgl. dazu Capponi, Egypt, 153 und Monson, Receipts.

3.1 Einnahmequellen von Tempeln

Es gab unterschiedliche Modelle in der Antike, um Tempelpersonal und Gebäude zu finanzieren. Die Einnahmequellen waren vielseitig: Ämter wurden verkauft, Stiftungen von wohlhabenden Priester:innen oder Personen erwartet, staatliche Subventionen entgegengenommen, Dienstleistungen gegen Bezahlung durchgeführt, Tempelländereien, Gebrauchsgegenstände wie Boote oder Fischereirechte verpachtet.[33] Das Fordern von Geld für Gottheiten bei der Verzollung ist bereits in der Zollinschrift von Andriake begegnet. In der folgenden Stiftungsurkunde aus Kaunos, die Marek auf hadrianische Zeit datiert, wird auch auf dieses Vorgehen hingewiesen.[34] Die Inschrift informiert über die Stiftung zweier Kaunier, mit der sie den Importzoll übernehmen (d. h. den Teil, der an den Bund abgeführt werden musste), so dass die eingeführte Ware nicht mehr verzollt werden musste.

> μὴ ἐχόντων ἐξουσίαν τῶν τὸ ἐλλιμένιον μεμισθωμένων μήτε ἀργύριον πράσσε[ι]ν ὑπὲρ τῶν ἰσαγομένων καθὼς ἐπ' εἴδους δεδήλωται, μήτε ἀπ' αὐτῶν τῶν ἰσαγομένων λαβεῖν τι τέλους ἢ φιλανθρώπου ὀνόματ εἰς Ἀφροδειτείν μηδ' εἰς ἡντινανοῦν ἀπογραφήν. *Vacat* (SEG 14,639, C, Z. 4-7)
>
> Die Pächter des Hafenzolls dürfen weder Geld auf die Einfuhrgüter nehmen, selbst wenn sie sichtbar gemacht wurden, noch von den eingeführten Gütern etwas nehmen, sei es als Zoll, sei es im Namen einer Spende an Aphrodite, sei es als irgendeine sonstige Gebühr. (SEG 14,639, C, Z. 4-7)

In den wenigen Zeilen werden gleich vier Verstöße genannt: Das Nehmen von Importzoll ist untersagt, weil die beiden Stifter eben diesen bezahlen, um Güter von Importzoll zu befreien. Die Stiftung ist durchaus konfliktträchtig, wie deutlich zu sehen ist. Das Zollpersonal verliert durch die Stiftung einen Teil der möglichen Einnahmen. Es wird zudem untersagt, von den Waren etwas als Zoll, Spende an Aphrodite oder Gebühr zu nehmen. Gebühren und die Spende an Aphrodite wurden auch in Andriake untersagt. Die Stiftung von Kaunos erwähnt noch zweimal das Verbot, eine Spende an Aphrodite anzunehmen (SEG 14,639, C, Z. 14-15; D, Z. 10). Es lässt sich leider nicht sagen, ob dieses Geld tatsächlich an den Tempel weitergeleitet wurde oder ob es sich lediglich um einen Trick handelt, Geld in die eigene Tasche zu stecken. Ebenso wenig, wie verbreitet eine solche Praxis war. Es kann lediglich zur Kenntnis genommen wurde, dass den Verfassenden ein solches Verbot notwendig erschien.

---

33 Vgl. zu den ökonomischen Aktivitäten der ägyptischen Tempel in römischer Zeit Clarysse, Egyptian Temple, 279-283.

34 Marek, Stadt, 207-121.

Je nach Größe der Gebäude und Anzahl des Personals variierten die Ausgaben von Kultstätten. P.Tebt. 2,298 listet Priester auf, die von Abgaben befreit waren und Geld für ihre Ämter bezahlt hatten. Dort wird von insgesamt 50 Priestern, die das Amt erbten, gesprochen, von denen vier Personen von Abgaben befreit waren. Mussten in Tebtynis also 50 Priester des Tempels von Soknebtunis versorgt werden? In Bakchias schätzt Erik Knudtzon die Anzahl der Priester auf Grundlage von P.Lund 4,7 aus dem 2. Jh. n. Chr. auf 109 Priester.[35] Aus ptolemäischer Zeit gibt es demotische Abgabenquittungen, die in Theben einen Zehnten, eine Obstabgabe und eine Beerdigungsabgabe belegen, die von Tempelpersonal quittiert wurden.[36] Zwei Quittungen wurden gefunden, die eine Sammlung für Horus nennen und eine, die von dem jährlichen Schekel für Horus spricht.[37]

In Ägypten bekamen die Tempel eine Unterstützung, die Syntaxis – derselbe Ausdruck wie für die Kopfabgabe – genannt wurde. In einem Schreiben von 5–4 v. Chr. beschwerten sich der Priester Stotoetis und der Prophet Harpensis, die im Tempel des Sarapis in Busiris (Herakleopolites) dienten, bei Asklepiades darüber, dass die ihnen zustehenden 150 Artaba Weizen nicht abgeliefert worden waren und auch die Priester der Orte Line und Kome nichts erhalten hätten (BGU 4,1197). Asklepiades ist mit keinem Amtstitel bezeichnet, so dass unklar ist, wer er ist. Deutlich ist jedenfalls, dass die Priester in seiner Abwesenheit nicht die ihnen zustehenden Naturalien bekommen hatten. Dass die Syntaxis für Tempel aus Naturalien bestand, bestätigt eine Beschwerde von 17 n. Chr., die evtl. die Qualität der erhaltenen Lebensmittel beklagt (CPR 15,17). Quittungen über die Bezahlung der Syntaxis sind hauptsächlich aus Karanis in Arsinoites erhalten. Damit muss allerdings nicht zwingend eine Abgabe für den Tempel gemeint sein, weil so auch die übliche Kopfabgabe bezeichnet werden konnte.[38] Sie folgen dem üblichen Formular und nennen Namen, Abgaben und Geldsumme. Das Datum ist nicht immer erhalten. Auf einer Syntaxis Quittung aus Bakchias um 1–25 n. Chr. wird der Priester Apollonius als Abgabenleistender genannt (SB 26,16544). Festgehalten werden kann, dass die Syntaxis in Form von Naturalien sehr wahrscheinlich aus den Naturalabgaben der Bevölkerung kam und von den Römern an die Tempel umverteilt wurde. Damit finanzierten die Abgabenleistenden also indirekt die Tempel.

Aus Bakchias ist aus dem 2. Jh. (116–199 n. Chr.) ein Auszug über Abgabenleistungen überliefert, die die Priester des Krokodilgottes Soknobraisis bezahlen müssen (P.Lund 4,7). Am Ende des Dokuments merkte der Komogrammateus an,

---

35 Vgl. Knudtzon, Bakchiastexte, 83–93.

36 Vgl. Muhs, Tax Receipts, 67.87–95.

37 Ebd., 98–99.

38 Es handelt sich um neun Ostraka aus Karanis aus einem Zeitraum von 100 v. Chr. bis 100 n. Chr. O.Mich. 2,712–714 können eindeutig auf die Kaiserzeit datiert werden. Die Datierung von O.Mich. 2,709–711 und O.Mich. 3,979–980 kann nicht genauer angegeben werden.

dass die Priester weniger geworden seien und sie deswegen die Summe nicht aufbringen könnten, weswegen sie auf die ganze Dorfgemeinschaft umgelegt werden müsse. Wie wir anhand anderer Beispiele bereits gesehen haben, wurden auch hier die ausstehenden Abgaben auf alle umverteilt, damit sie bezahlt wurden.

In dem Familienarchiv des Pompeius ist ein Brief seiner Tochter Helenia erhalten, den sie wahrscheinlich selbst verfasst hat. Die Familie lebte vermutlich im Nome Arsinoite im Dorf Oxyrhyncha. In dem Brief aus dem Jahr 57 n. Chr. geht es um eine Abgabe an den Tempel des Krokodilgottes Sobek.

> [Ἑ]λενίαΠομπηγίωι(:) τῶι πατρὶ [π]λεῖστα χαίριν(:) καὶ διὰ παντὸς [ὑ]γιαίνιν(:). ἠγόρακά συ(:) [τ]ὰς ἐλέας(:). αἰτοῦσι παν[τ]αχόθην(:) εἰς τὴν εὐσέβιαν(:) τ[ο]ῦ ναοῦ Σούχου, πάντος(:) ἀνθτρώπους, καὶ Ῥωμαίους καὶ Ἀλεξανδρεῖς καὶ κατυκοῦτοσ(:) ἐν τῶι Ἀρ[σ]ενοείτηι(:). αἰτοῦσι Πονπ[η]γιν(:). οὐ δέδωκα δὴ ὡς σήμερον προσ[δ]εχωμένυ(:) ὥτι(:) ἐλεύσῃ(:) ἢ σὺ φροντίσας πείησον(:), ἂν δὲ μή, [αὐτὴ]ν δ[ί]δομεν. (P.Mert. 2,63)
>
> Helenia an [ihren] Vater Pompeius, viele Grüße und durchgehend Gesundheit. Ich habe für dich Oliven gekauft. Sie bitten von überall für die Gottesfurcht [Abgabe] für den Tempel des Souchos von allen Menschen auch Römern, Alexandrinern und Angesiedelten im Arsinoite. Sie bitten [auch] von Pompeius. Ich habe nichts gegeben, weil ich annahm, du kommst heute zurück. Entweder du kümmerst dich und machst [d. h. zahlst] es, oder wenn nicht, geben wir es. (P.Mert. 2,63)

Es folgen noch Grüße und gute Wünsche von weiteren Familienmitgliedern sowie die Datumsangabe und die Adresse. Helenia kümmerte sich um die Angelegenheiten ihres Vaters in seiner Abwesenheit.[39] In diesem Jahr sammelten wahrscheinlich Priester des Sobeks eine Abgabe ein. Es schien sich dabei um keine reguläre Abgabe zu handeln, wie die Wortwahl von Helenia (αἰτέω: bitten, betteln) andeutet. Außerdem betonte sie eigens, dass sogar Römer:innen, Alexandriner:innen und Siedler:innen gefragt wurden. Wahrscheinlich, weil diese Gruppen sonst diese Abgabe nicht bezahlten.[40] Helenia bezahlte zwar keine Abgabe für ihren Vater, aber nur, weil sie dachte, dass er bald wieder da sein würde. Sie bot sogar an, dass sie sie bezahlt, sollte ihr Vater das bevorzugen. Sie stellte nicht in Frage, ob die Familie diese Abgabe bezahlen sollte, obwohl es eine außerplanmäßige Abgabe gewesen zu sein schien. Üblicherweise wurde in Weizen bezahlt.[41]

---

39 Dazu mehr bei Bagnall/Cribiore, Women's Letters, 126.

40 Vgl. ebd., 127–128.

41 Vgl. Sippel, Gottesdiener, 102–103.

3.2 Abgaben auf Dienstleistungen

Tempel boten verschiedene Dienstleistungen wie rituelle Vollzüge, Opfer, Bäder oder auch Begräbnisse an.[42] Aus Soknopaiu Nesos sind Quittungen erhalten, die eine Abgaben auf Opferkälber belegen.[43] Die Abgaben gingen allerdings nicht an den Tempel, sondern der Staat schöpfte sie ab. Daher handelt es sich um einen Graubereich – Geldzahlungen für Opfer oder ein Begräbnis sind strenggenommen Gebühren. Da der Staat sie jedoch ohne konkrete Gegenleistung, die der Tempel übernahm, einnnahm, hat die Zahlung Aspekte einer Abgabe. In Theben sammelten τελώνης und ἐπιτηρητής τέλους Badabgaben und Begräbnisabgaben für den Getreidespeicher des Tempels ein.[44] Es handelt sich um kein Tempelpersonal, das die Abgaben einnahm, sondern die Abgabe lag in staatlicher Hand. Hier ein Beispiel von 78 n. Chr.:

> Theon und die beteiligten Abgabeneinnehmer des Schatzes des Tempels dem Maieuris [Sohn] des Arphmois und dem Psenamounis, dem Bruder, Grüße. Wir haben erhalten die Badabgabe des Jahres 10 des Vespasians des Herrn, 1. Pachon. (O.Theb. 44)

Die Abgaben wurde für den Tempelschatz eingesammelt, womit der Tempelspeicher gemeint ist. Dieser wurde durch den Staat verwaltet, auch wenn Priester dort als σιτολόγοι (Getreideeinnehmer) tätig sein konnten.[45] Die Belege, nach denen die Badabgabe von τελῶναι θησαυροῦ ἱερῶν eingezogen wurde, stammen alle aus Theben.[46] Auf dies Weise wurde der Unterhalt der Tempelbäder finanziert.[47]

3.3 Sonderabgaben von Individuen und Berufsgruppen

Bereits im 5. Jh. v. Chr. gab es in der Stadt Lindos auf Rhodos eine 1/60 Abgaben vom Gehalt der Soldaten, die an militärischen Unternehmungen teilnahmen, für den Kult des Enyalios.[48] In einer Inschrift aus Lindos des 1. Jh. v. Chr., die Gaben an Athena festhält, wird über den Zehnten der Arbeit und den Zehnten

42 Eine Abgabe für Begräbnisse wurde erst ab dem 2. Jh. eingezogen. Vgl. Wallace, Taxation, 240.

43 BGU 3,718 von 102 n. Chr. und BGU 2,463 von 148 n. Chr. Vgl. Sippel, Gottesdiener, 104–105. Auch in Palmyra gab es eine Abgabe auf Opfertiere. Vgl. Kaizer, Religious Life, 183–185.

44 Eine Liste der Namen der Einnehmer von 69–180 n. Chr. bieten Keenon/Shelton, Four Papyri.

45 Preisigke, Girowesen, 41–42 und Capponi, Egypt, 133.

46 O.Heid. inv. 252 (77/78 n. Chr.); O.Heid. inv. 653 (110 n. Chr.); O.Heid. inv. 654 (106 oder 125 n. Chr.); O.Heid. inv. 236 (137 n. Chr.); O.Heid. inv. 436 (69–79 n. Chr.); O.Heid. inv. 288 + 337 (73 n. Chr.); O.Heid. inv. 574 (179/180 n. Chr.).

47 Vgl. Bemerkung bei Armoni u. a., Ostraka, 207.

48 Vgl. Gonzales, Lindian Cult-Tax.

eines Schiffes gesprochen (I.Lindos 2 [II und XVI]).[49] In Pergamon wurden von Händlern Abgaben für Hermes genommen und in Athen wurden Abgaben von Schiffbesitzern wahrscheinlich für einen Zeustempel eingezogen.[50] Die Stadt Ephesus legte im 1. Jh. v. Chr. fest, dass für Geburten (1 Drachme), illegale Geburten (100 Drachmen), Ehrenauszeichnungen (1 Denar), Verpachtungen (60 Drachmen) und Regress (1 Chalkos) Geld an Artemis gezahlt werden musste.[51] Ähnlich sind verschiedene Zeugnisse von Kultvereinen überliefert, die belegen, dass es Abgaben auf spezielle Lebensereignisse wie Hochzeiten, Geburten, Todesfälle, aber auch auf den Kauf von Vieh oder Land gab.[52] Ohne finanzielle Ressourcen war es nicht möglich, den Kultbetrieb aufrecht zu erhalten. Franciszek Sokolowski kommt zu der Einschätzung, dass besonders dann Sonderabgaben für Kultstätten erhoben wurden, wenn diese in finanziellen Nöten waren und der Staat nicht in der Lage war, die Tempel zu unterstützen.[53] Isabelle Pafford widerlegt dies in ihrer Untersuchung von Münzabgaben in Opferstöcken griechischer Tempel. Diese Abgaben seien meistens für sehr spezifische Zwecke wie die Tempelausbesserung oder -verschönerung reserviert gewesen und teilweise sei über ihre Verwendung durch den Stadtrat entschieden worden.[54] Auf diese Weise gelangten religiöse Abgaben in den Wirtschaftskreislauf in Form von Bezahlung der Arbeiter:innen oder Handwerker:innen und dann wieder in den Tempel. Besondern bei den Tempeln, bei denen die Stadtadministration bestimmte, wie das Geld verwendet wurde, wird die Verquickung von Tempel und Stadt/Staat besonders deutlich.[55]

3.4 Tempelpersonal als Abgabenpersonal

Am Beispiel Ägyptens kann besonders gut nachvollzogen werden, welche Rolle Priester:innen im Abgabenwesen spielten. Im Laufe der Ptolemäerzeit verschob sich die Administration von einer Tempeladministration hin zu einer zivilen Administration.[56] Dieser Prozess war erst zu Beginn der Römerherrschaft abgeschlossen. Dass Tempelpersonal als Abgabenpersonal fungierte, war vor dieser Zeit die Regel.

---

49 Vgl. zu der Inschrift Dignas, Economy, 19 und dies., Inventories, 240–241. Eine Übersetzung, Kommentar und Analyse der Inschrift findet sich bei Higbie, Lindian.

50 Vgl. Sokolowski, Fees, 161–162.

51 Vgl. ebd., 162–163.

52 Vgl. ebd., 161.

53 Vgl. ebd., 164.

54 Vgl. Pafford, Priestly Portion, 49–56.

55 Dignas, Economy, 14–16 sieht das besonders in Athen illustriert.

56 Vgl. Clarysse, Egyptian Temple, 283. Auch in der mykenischen Kultur (1600–1100 v. Chr.) gibt es analog zur pharaonischen Zeit Belege dafür, dass Tempelpersonal Abgaben einsammelte im Rahmen der Schafwirtschaft, Kleidungsherstellung und Metallverarbeitung und damit Teil des lokalen Wirtschafts- und Abgabensystems war. Vgl. Lupack, Deities, 103–104. Ein Grund dafür ist

Inschriften und archäologische Funde belegen in Griechenland das Vorhandensein von Kultgebühren und Abgabenboxen, die vor allem in Münzen gezahlt wurden (vgl. Mk 12,41–44).[57] Das Tempelpersonal musste in der Lage sein, dieses Geld zu verwalten, da sie auch der Stadtverwaltung gegenüber rechenschaftspflichtig sein konnten.[58] Die Verbindung von Tempelpersonal und Abgabenverwaltung war in manchen Tempeln daher Standard. Auch unter den Römern konnte Tempelpersonal beim Abgabeneinzug eine Rolle spielen, doch haben wir nur wenige Belege, die zudem teilweise mehrdeutig sind.[59] Bereits begegnet ist der arabische Bogenschütze Pabus, der zugleich in Soknopaiu Nesos Priester war. In Tebtynis und den umliegenden Dörfern begegnet Mitte des 2. Jh. eine Epiteretengemeinschaft, die als ἐπιτηρηταῖς ἱερατικῶν ὠνῶν bezeichnet wird, als „Kontrolleure der tempelbezogenen Einnahmen“ oder nach James G. Keenan und John C. Shelton „supervisors of the contract for farming temple tax“.[60] Es ist umstritten, was diese Bezeichnung bedeuten könnte. Klar scheint lediglich, dass sie für die Abgaben zuständig waren, die der Tempel aufgrund verpachteten Landes oder Gewerbes wie Webereien aufbringen musste. Ein Beispiel bietet diese Quittung für einen Weber aus Tebtynis von 135 n. Chr.

> Jahr 20 des Imperators Cäsar Trajan Hadrian Augustus, Hathyr 26. Bestätigt für Lysas Sohn des Mustharion des Sohnes des Lysion durch Sabinus, auch genannt Ninnos und die assoziierten Kontrolleure der Abgabenverträge betreffend den Tempel in Tebtynis und den umliegenden Dörfern für öffentliche Abgaben des vergangenen 19. Jahres, 13 Drachmen, das macht 13 Drachmen, Symbolikon 3 Obolen. (2te Hand) 21. Jahr, Hathyr 28. Derselbe für das vergangene 20. Jahr 13 Silberdrachmen, das macht 13 Drachmen, Symbolikon 3 Obolen. Epeiph 15, derselbe Lysas für dasselbe 21. Jahr für das Konto 4 Silberdrachmen, das macht 4 Silberdrachmen. 22. Jahr, Monat Hadrianus 7, aber für das restliche 21. Jahr 9 Silberdrachmen, das macht 9 Silberdrachmen. (P.Tebt. 2,305)

Aus dieser Quittung geht allerdings nicht eindeutig hervor, ob die Kontrolleure zum Tempelpersonal gehörten, sondern lediglich, dass sie auch für die Abgaben, die der Tempel bezahlen musste, zuständig waren.

---

auch die Literalität von einigen Tempelangestellten. Vgl. zum Abgabeneinzug in ptolemäischer Zeit von Kultmitgliedern Klotz, λογεία-Receipts, 251 und Fn. 21 weitere Literaturhinweise.

57 Vgl. den Aufsatz von Pafford, Priestly Portion, der verschieden Inschriften aus hellenistischer Zeit vom 4.–1. Jh. v. Chr. vorstellt.

58 Vgl. das Beispiel aus Thasos aus dem 1. Jh. v. Chr. von Aphroditetempel (SEG 41,182) bei Pafford, Priestly Portion, 50–51.

59 Capponi, Egypt, 133.

60 Keenan/Shelton, Four Papyri, 175. P.Tebt. 604 descr. (154–156 n. Chr.); P.Tebt. 602 descr. (161–162 n. Chr.); P.Tebt. 603 descr. (171–172 n. Chr.).

Ein Ostrakon von 113 n. Chr., evtl. aus Memnoneia im thebanischen Bezirk nördlich von Hermonthes, belegt, dass Aufseher des Tempels der Artemis eine Quittung (mit-)ausgestellt haben, die formal Ähnlichkeiten zu zivilen Abgabenquittungen aufweist.

> [-ca.?-]. . . ios E. . . . . und die beteiligten Aufseher des Tempels und der Riten des Tempels der Artemis [-ca.?-]nioosp . . . n . . . Psansnos [Sohn] des Phthomonthos [und Enkel] des Phthomonthos [-ca.?- A]ufseher( ) . . ( ) von Memnoneia 2 Drachmen und ein Obolos. Jahr 16 des Trajans Cäsars des Herrn, 8. Epeiph. (O.Heid. 188)

Leider sagt uns das Ostrakon nicht, wofür das Geld bezahlt wurde. So bleibt hier nur die Information, dass es einen Bezug zum Artemis Tempel gab. Aus demotischen Quittungen des Tempels in Soknopaiu Nesos ist erkennbar, dass der Tempel (mindestens) zwei Priester hatte, die für die Abgabeneinnahmen zuständig waren. Dazu zählte z. B. eine Ölmühlenabgabe. Einbalsamierer, Gemüsehändler, Walker und Weber zahlten Abgaben beim Tempel (P.Louvre 1,4,21-22). Der Tempel leitete diese Abgaben allerdings weiter.[61] Die Weber waren in einer speziellen Form organisiert und hatten selbst Abgabeneinnehmer, die die Abgaben wiederum zum einen beim Tempel einzahlten und zum anderen an die priesterlichen Abgabeneinnehmer, die davon einen Teil an die Staatskasse weiterleiteten und den Überschuss als Gewinn für den Tempel behielten.[62]

Aus Hermonthis ist eine Anzahl von (wenigen) demotischen und (mehr) griechischen sogenannten λογεία-Quittungen überliefert. Die Quittungen nennen als Abgaben eine λογεία für die Gottheit oder Isis. Bei manchen fehlt auch diese Zweckbestimmung. Ausgestellt wurden die Quittungen von Priestern in den Jahren 47-93 n. Chr.[63] Insgesamt listet Klaas Worp 26 Quittungen auf, von denen zwei keine nähere Zweckbestimmung haben, 13 Isis nennen, 10 unbestimmt von Gottheit sprechen und eine, die ἐνφίλας vermerkt.[64] Aus Tebtynis gibt es eine Liste aus dem späten 1. Jh. n. Chr., die Personen nennt (lediglich drei Namen sind erhalten), die als οἱ τελοῦντες τὴν λογείαν bezeichnet werden, d. h. als Personen, die die λογεία bezahlen (P.Tebt. 2,554). In einer Abrechnung, die die verschiedenen Einnahmen des Tempels in Tebtynis festhält, wird in Zeile 34 eine Kornsammlung (λογεία) aufgelistet (P.Tebt. 2,298). Es wird in der Forschung diskutiert, wer diese

61 Vgl. Lippert/Schentuleit, Tempelökonomie, 73.

62 Vgl. ebd., 74-55.

63 Worp, Demotic Tax Receipts, 245-246 hat sich die Mühe gemacht, eine Liste über diese Quittungen zu erstellen.

64 Ebd., 247 schlägt vorsichtig vor, dass hier der Hauptkultort der Isis in Philae gemeint sein könnte. Laut Klotz, Caesar, 296 ist diese These nicht haltbar und es sei wahrscheinlich Mantu oder der Buchis Stier gemeint.

Abgaben bezahlt hat und wofür sie gedacht war. EDDY LANCIER stellt die These auf, dass es sich hierbei um eine jährliche Abgabe analog zur Gewerbeabgabe der Weber handelt, die die Priester bezahlen müssen.[65] Die Priester würden diese Sammlung in ihren eigenen Reihen selbst organisieren. Damit wären die λογεία -Quittungen kein Beleg für eine Tempelabgaben, sondern für priesterliche Abgaben an den Staat.

Aus Soknopaiu Nesos ist eine Anklage erhalten, in der der Priester Harpagathes andere Priester beschuldigte, sie hätten Sammlungen durchgeführt, um die öffentlichen Abgaben, eine Kopfabgabe und die Ämterabgaben der Erbpriester zu bezahlen (SB 6,9006). Pikant scheint daran zu sein, dass von „jeder Person" und von den Laien alle zwei Jahre 5 Talente und 96 Drachmen gefordert wurden.[66] Es ist unklar, ob die Klage sich gegen die Höhe der Forderungen oder gegen die Erhebung generell richtet.[67]

4. Ertrag

Griechisch-römische Literatur thematisiert eher selten Abgabensysteme in Tempeln. Selbstverständlich waren der Bau, die Renovierung oder Instandhaltung durch Tribute und Beutegut. Kultische Aufgaben konnten verpachtet werden.

Philo liefert einen ethisch-theologischen Hintergrund für die Bereitschaft, religiöse Abgaben zu zahlen, und den Unwillen, staatliche Abgaben zu bezahlen. Religiöse Abgaben haben in seiner Darstellung einen pädagogischen und spirituellen Zweck, der den staatlichen Abgaben fehle. Sie haben moralisch-ethische und spirituell-soteriologische Qualitäten. Wenn Philo über staatliche Abgaben spricht oder über Abgabeneinnehmer, dann ist dies immer negativ. Ihnen fehlt grundsätzlich die spirituelle Dimension, die diese nützlich bzw. akzeptabel macht für die spirituelle Entwicklung des Menschen. Im Gegenteil scheinen die staatlichen Abgaben sogar gemeinschaftszerstörend zu wirken. Philo hebt vor allem den spirituellen, soteriologischen, moralischen und ethischen Charakter religiöser Abgaben hervor. Sie erziehen den Menschen zum Besseren, indem sie Menschenfreundlichkeit und Gottesfurcht stärken. Sie bringen Erlösung und befreien von Gewinnsucht.

Für Josephus scheinen die Tempelabgaben vor allem eine sozial-politische Komponente gehabt zu haben. Sie zeigen die Verbundenheit der jüdischen Diaspora mit dem Jerusalemer Tempel. Sie sind sowohl ein Zeichen für die Prosperität jüdischer Gemeinden als auch für ihre Vulnerabilität. Bezüglich der religiösen Abgaben scheint bei Josephus weniger eine theologische Reflexion wichtig zu sein, als dass

65 Vgl. Lancier, Isis Cult, 383-388 gegen die Annahme von Klotz, λογεία-Receipts, 254, dass es sich hier um freiwillige Spenden von Kultanhängern handelt, die damit den Tempelbau finanzierten.

66 Eine Übersetzung mit Kommentar zum Text bei Metzger, Tempelverwaltung, 246-251.

67 Vgl. Lancier, Isis Cult, 381-382.

diese den Beweis liefern für die Verbundenheit und das religiöse Pflichtbewusstsein eines weit verstreuten Volkes. Besonders deutlich wird das beim Königshaus von Adiabene, das auch durch finanzielle Zuwendungen seine Zugehörigkeit zum Judentum ausdrückte. Interessant ist, dass bei ihm anklingt, dass es innerhalb der jüdischen Gemeinde Auseinandersetzungen um die Abgaben für die Leviten gab. Er selbst grenzt sich von denen ab, die sich durch die Forderung des Priesteranteils bereicherten. Auch die Konflikte zwischen Hohenpriestern und Leviten wurden zum Teil über die Abgaben ausgefochten, indem die Hohenpriester diese mit Gewalt den Leviten wegnahmen. Es wird hier ein spezifisches Problem erkennbar: Das jüdische Abgabensystem ist ein kultisches und muss unweigerlich in Konkurrenz mit einem staatlichen Abgabensystem treten. Die Ressourcen, aus denen Abgaben erhoben werden konnten, sind nicht unendlich. Besonders deutlich wird das im Vergleich zwischen den Hasmonäern und Herodes. Die Hasmonäer:innen waren mit dem ptolemäischen Tributsystem konfrontiert – wie Herodes mit dem römischen, doch Staat und Tempel waren durch die Personalunion von Regent und Hoherpriester schwer zu unterscheiden.[68] Zudem wurden die hasmonäischen Regenten weitestgehend als legitime Herrschenden aus den eigenen Reihen betrachtet. Die Einführung der jährlichen ½ Schekel-Tempel-Abgabe war ein kluger Schachzug, da es sich um eine kultische Abgabe handelt. Wie am Beispiel der Qumran- oder Diasporagemeinden gesehen, war diese nicht unumstritten.[69]

Kultabgaben sind ein weiteres komplexes Feld und im Vergleich zwischen Kleinasien und Ägypten unterschiedlich organisiert. Tempel erwirtschafteten durch Landbesitz und Ernteerträge sowie vor allem durch Verpachtungen Einkommen. Auch Dienstleistungen wurden vergütet. Darüber hinaus gab es weitere finanzielle Unterstützung durch den Verkauf von Priesterämtern und Spenden. Stiftungen und Spenden waren vor allem in Kleinasien relevant. In Ägypten gab es unter den Ptolemäer:innen eine besondere Kultsteuer, die ἀπόμοιρα und schließlich den συντάξιμον, die auch von Rom übernommen wurde.

Auch Tempel waren in das römische Abgabensystem eingebunden. Zum einen bezahlten sie selbst Abgaben und zum anderen zogen sie Abgaben ein für die Waren und Gewerbe, die im Zusammenhang mit dem Tempel standen. Wie in Soknopaiu Nesos gesehen, gab es Priester, die im Abgabenwesen arbeiteten. Tempel sind damit auch als Akteure des Abgabensystems zu bedenken. Sie übernahmen administrative Aufgaben im Fiskalbereich. Die Anzeige eines Priesters in Soknopaiu Nesos

---

68 Applebaum, Judea, 22 nimmt an, dass die staatliche und religiöse Zehntabgabe kaum zu unterscheiden gewesen seien. Ich denke, dass an dieser Stelle Vorsicht geboten ist, weil die Abgaben vielleicht in unterschiedliche Kassen flossen. Die Frage ist, wer diesen Unterschied wahrnehmen konnte und für wen er nicht erkennbar war.

69 4Q159 bestimmt, dass analog zu Ex 30,12–16 jeder Israelit ab 20 Jahren nur einmal im Leben die Schekelabgabe bezahlen muss.

beschuldigte andere Priester, unrechtmäßige Geldsammlungen vorzunehmen, um die eigenen Abgaben zu bezahlen. Zugleich konnte es vorkommen, dass die Dorfbevölkerung für ausstehende Abgaben der Priester aufkommen musste. Mitte des 2. Jh. beliefen sich die Abgaben der Priester in Backchias auf 1826 Drachmen und 3 Obolen, die sie nicht allein bezahlen konnten (P.Lund 4,7).[70] Aus dem ptolemäischen Theben gab es eine Quittung, auf der von einer jährlichen Schekelzahlung an Horus die Rede ist. Ohne davon eine generelle Verbreitung einer jährlichen Abgabe in Kulten ableiten zu können, scheint es zumindest Indizien zu geben, dass das Konzept auch außerhalb des Judentums bekannt war.

70 Vgl. Sippel, Gottesdiener, 64–65. Sippel vermutet als Ursache für den Priesterschwund Migrationsbewegungen oder in späterer Zeit die antoninische Pest.

VI. Neues Testament

1. Rückblick auf die bisherigen Ergebnisse

Die literarischen Quellen gaben eher schablonenhaft Teilaspekte des Abgabenwesens und des Abgabenpersonals wieder. Sie konzentrierten sich vor allem auf drei Themen: Abgaben als Herrschaftsinstrument, Missbrauch durch Abgabenpersonal und negative Reaktionen der Abgabenleistenden. An wenigen Stellen schien durch, was vor allem die epigraphischen und papyrologischen Quellen zeigten: die gegenseitigen Abhängigkeiten im Abgabensystem und die Verankerung des Abgabenpersonals in der Gesellschaft. Die zentralen Erkenntnisse, die aus dem Material gewonnen werden konnten, sind folgende: die fiskalische Tätigkeit eines τελώνης war nicht auf den Zoll beschränkt, sondern konnte andere Abgaben umfassen. Der Status und die gesellschaftliche Stellung des τελώνης hingen von der jeweiligen Provinz, seinem vorherigen Status (frei, versklavt, freigelassen, männlich, weiblich) und seiner Position im Abgabenwesen ab.

Abgabenpersonal und Abgaben waren sowohl für die Stadt- als auch Landbevölkerung wichtig, wie wir anhand des Fayums sehen konnten. Selbst kleinste Weiler wurden von Abgabenpersonal aufgesucht. Bei den bisherigen Untersuchungen wurde sichtbar, dass das Abgabenwesen in den Provinzen flächendeckend und omnipräsent war. Die fiskalischen Strukturen waren in Städten und auf dem Land teilweise unterschiedlich. Beim Zollwesen sah die Situation etwas anders aus. Neben den Städten, in denen das Zollwesen fast immer eine Rolle spielte, konnte anhand des Fayums und westlicher Provinzen gezeigt werden, dass auch kleine Orte an Pässen, Brücken, Wüsten, Provinzgrenzen und entlang der großen Handelsrouten eigene Zollstationen haben konnten oder diese auch unabhängig von Ortschaften eingerichtet waren. Zoll- und Abgabenwesen hatten in den Provinzen immer eine gewisse (Omni-)Präsenz.

Abgabenpersonal gehörte zum Alltag der meisten Menschen, die in der Antike lebten. Sie hatten in regelmäßigen Abständen mit Abgabenpersonal zu tun, teilweise eher häufiger als selten, da die Abgaben meistens in kleinen Raten monatlich bezahlt wurden. Je nach Beruf oder Tätigkeit in der Landwirtschaft, im Handel oder im Handwerk kamen zudem spezifische Abgaben hinzu, die an weiteres Abgabenpersonal bezahlt wurden. Zollabgaben spielten besonders an Grenzorten – seien es Land-, Stadt- oder Wassergrenzen – eine Rolle. Es ist sehr unwahrscheinlich, dass Personen nur mit einer Art von Abgabeneinnehmenden konfrontiert war. Die Regel war, dass es verschiedene Abgabeneinnehmende mit verschiedenen Bezeichnungen für verschiedene Abgaben gab. Es wurde deutlich, dass Abgabenpächter, Abgabenkäufer, Abgabenangestellte, Abgabenüberprüfer und Abgabenliturgen teilweise zeitgleich über mehrere Jahrzehnte oder sogar Jahrhunderte nebeneinander existierten. Dies spiegelt sich auch in der Bandbreite der griechischen Bezeichnungen wider. Es gab eine gewisse personelle Kontinuität in diesem hoch spezialisierten Bereich, besonders im Zollwesen, auch wenn bei den Liturgien, d. h. (erzwungene) Dienstleistungen, die Amtszeiten mindestens theoretisch begrenzt waren.

Das Abgabenpersonal setzte sich aus einem Querschnitt der antiken Gesellschaft zusammen: Versklavte, Freigelassene, freigeborene Provinziale und römische Bürger:innen. Nicht nur Männer werden in dieser Tätigkeit bezeugt, sondern vereinzelt auch Frauen. Meistens mussten gerade beim Abgabeneinnehmen Personen eingesetzt werden, die die Landessprache und im hellenistischen Bereich auch Griechisch bzw. im Westen des Reiches Lateinisch beherrschten. Besonders in kleinen Dörfern und auf Gehöften waren die Menschen mit Angestellten oder Versklavten konfrontiert, die von ihren Vorgesetzten losgeschickt wurden, um in den weiter entfernten Gebieten die Abgaben einzusammeln. Teilweise wurden die Einzahlungen auch eigenständig bei einer Bank gemacht oder einige Berufsvereine organisierten die Abgabensammlungen selbst.

Das Abgabenpersonal bestand nicht nur aus den Abgabeneinnehmenden, sondern aus einem Apparat an Angestellten, Schreibern, Sicherheitspersonal und Kontrolleuren. Dies führte zu einer hohen und guten Vernetzung. Gleichzeitig macht es deutlich, dass theoretisch noch viel mehr administratives Personal ein negatives Image haben könnte – besonders die Schreiber auf den verschiedenen administrativen Ebenen. Wir hatten gesehen, wie in einer Petition die Erpressung durch Schreiber angezeigt wurde und dass die meisten Personen auf professionelle Schreiber angewiesen waren. Es gibt jedoch keinen breiteren literarischen negativen Diskurs über sie. Auffällig ist die enge Verzahnung mit Sicherheitspersonal. Dies gilt insbesondere an den Zollstationen, aber auch für andere Abgabeneinnehmende.

Wichtig ist zudem, dass Abgabenpersonal noch anderen Tätigkeiten nachkam. In Ägypten betätigte sich – soweit nachvollziehbar – Abgabenpersonal häufig in der Landwirtschaft oder verpachtete Grundbesitz. Das weit verzweigte Netzwerk von Abgabenpersonal wurde auch für persönliche Gefallen wie postalische Dienste, Lieferaufträge, Gastfreundschaft, Steuererklärungen oder juristischen Beistand genutzt, wie verschiedene Beispiele deutlich gemacht haben.

Wen Personen sich in der frühen Kaiserzeit unter Abgabenpersonal vorstellten und welche Erfahrungen sie machten, variierte demnach je nach Wohnort, rechtlichem Status, ethnischer Zugehörigkeit, persönlichen Verbindungen und wie der Lebensunterhalt verdient wurde. Nichtsdestotrotz muss davon ausgegangen werden, dass das literarisch Stereotyp über Abgabenpersonal auch im Alltag in den Köpfen der Menschen wirksam war. Wie eingangs bereits besprochen, sind Stereotype so hartnäckig, dass sie selbst durch gegenteilige Erfahrungen nur sehr langsam verändert werden.

Die Bezeichnungen für Abgabenpersonal sind von verschiedenen Faktoren wie Gattung, Sprache und Provinz abhängig. So bevorzugen vor allem literarische Quellen den Begriff τελώνης und zwar eher in einer allgemeinen Bedeutung als Abgabeneinnehmer und nur vereinzelt als Zolleinnehmer. Dies liegt auch daran, dass es nicht so viele Texte gibt, in denen eindeutig identifizierbar von Zollpersonal gesprochen wird. Wo dies jedoch der Fall ist, wird τελώνης gebraucht. Eine Ausnahme bildet wie bereits besprochen das Periplus Maris 19. Der Reisebericht bezeichnet das Zollpersonal in Leuke Kome in Nabatäa als παραλημπτής/παραφυλακή. Hier spielt auf andere Weise die Gattung eine Rolle: Der Reisebericht ist dafür gedacht, anderen Handelsreisenden Informationen über Reiserouten und auch Zollstationen zu geben. Die Details legen nahe, dass der Verfasser selbst mit den tatsächlichen Gegebenheiten bestens vertraut war. Die Quelle untermauert daher, dass andere literarische Quellen, wie beispielsweise Geschichtswerke, moralische und philosophische Schriften oder Traumdeutung diesen Begriff eher generisch verwenden.

Besonders griechische Zollinschriften aus dem Osten verwenden τελώνης, allerdings meistens neben einer Reihe von anderen Begriffen für weiteres Zollpersonal. Häufig gebraucht wird δημοσιοώνης für Zolleinnehmer.[1] Es ist auffällig, dass in Ägypten τελώνης selten im Kontext von Zoll belegt ist.[2] In der allgemeinen Bedeutung als Abgabeneinnehmender findet sich τελώνης lediglich in wenigen Quittungen aus Theben und Elephantine für Bad- und Begräbnisabgabe sowie Prostitutionsabgabe und in einem Brief aus Oxyrhynchos bezüglich der Mehrwert- und Marktabgaben. Ebenso in einer Petition aus Koma, wo der τελώνης für die Fährabgabe zuständig ist. Besonders in Ägypten werden ansonsten für Zollpersonal wie für Abgabeneinnehmer meistens andere Begriffe verwendet.[3]

Vergleicht man die verwendeten Begriffe in den literarischen Quellen mit den epigraphischen und papyrologischen, dann sticht hervor, wie generisch und allgemein die verschiedenen Autoren Abgabenpersonal und Abgaben bezeichnen. Plutarch, Cassius Dio und Philostrat bevorzugen τελώνης, um Abgabenpersonal zu bezeichnen. Die Schriftsteller decken dabei einen Zeitraum von ca. 45–249 n. Chr. ab und stammen alle aus dem Osten des Reiches. Besonders Cassius Dio durch

1 I.Eph. 20 [Stiftung], Ephesus: πραγματευτής, ἀρχώνης, ἐπίτροπος; Zollgesetz, Ephesus: ἐπιμελητής, ἐπίτροπος, δημοσίωνης, αὐθέντης; Zollgesetz, Andriake: παραφύλαξ, ἀρχώνης, δημόσιος δοῦλος, δημοσίωνης; Brief, Myra: δημοσίωνης (Zolleinnehmer); IK 28,2 [Grab], Pisidien: ἐπίτροπος (Zollpächter); IK 28,2,416 [Grab], Iasos: οἰκονόμος (Zollstationsleiter).

2 Eine Ausnahme stellte P.Princ. 2,20 dar, ein Edikt von Anfang des 2. Jahrhunderts aus Ägypten, das Zollpersonal mit τελώνης bezeichnet.

3 P.Wisc. 2,80 [Abrechnung], Bakchias: πραγματευτής (Zollpächter? Zolleinnehmer?); SB 20,15022 [Quittung], Tebtynis: ἐπιτηρητὴς πύλης (Zolleinnehmer); P.Amh. 2,77 [Petition], Soknopaiu Nesos: ἐπιτηρητής; O.Wilck. 237 [Quittung], Syene: μισθωής (Zollkäufer), βοηθός (Assistent); SB 16,12678 [Quittung], Karanis: μισθωής.

seine Beamtenkarriere und Philostrat mit seinen Verbindungen zum kaiserlichen Hof waren mit verschiedenen Provinzen im Römischen Imperium vertraut.[4] Cassius Dio kannte in seiner Position als Statthalter in Africa und Pannonia/Dalmatia auch die Verwaltung. So ist er einer der wenigen, der zu differenzieren scheint und sich regionaler Nomenklatur bedient. Für die Provinzen Syria, Asia und Hispania spricht er vom τελώνης, in Numidien vom πράκτωρ.[5]

In den lateinischen Quellen dominiert der Begriff *publicanus* und meint hier auch meistens eine Person, die allgemein Abgaben einnimmt und manchmal dezidiert Zollpersonal. In den Inschriften werden vorwiegend die Zollpächter oder Zollpachtgesellschaften mit *publicanus* bzw. *societas publicanorum* bezeichnet. Lediglich auf Grabinschriften oder Weihungen und Stiftungen wird vor allem der *servus vilicus* oder anderes Zollpersonal sichtbar. Entgegen möglicher Erwartungen wird *portitor*, also Zöllner, von nur sehr wenigen Autoren verwendet.

Die Synoptiker benutzen lediglich τελώνης und ähneln darin Verfassern anderer literarischer Geschichtswerke oder Biographien. Diese Bezeichnung ist wie gesehen nicht allein auf den Zoll beschränkt, sondern bezeichnet auch Einnehmende anderer Abgaben, die ersteigert werden. Sowohl die Itala als auch die Vulgata übertragen den Begriff als *publicanus*. Es lässt sich hier schon anmerken, was sich bei der Untersuchung vom Matthäus- und Lukasevangelium noch verdichten wird: Die Evangelien scheinen ein eher generisches als konkretes Verständnis vom τελώνης zu haben.

2. Logienquelle

2.1 Vorbemerkungen zur Logienquelle

Gemäß der Zweiquellentheorie haben Matthäus und Lukas neben dem Markusevangelium noch eine zweite Quelle benutzt, die Logienquelle/Spruchquelle (Q) genannt wird. Damit werden die wörtlichen Übereinstimmungen zwischen Matthäus und Lukas erfasst. Es gibt wahrscheinlich keine direkte literarische Verbindung zwischen Markus und Q.[6] Die Logienquelle ist eine Sammlung aus Material über

---

4 Cassius Dio war nach 211 Curator in Smyrna und Pergamon sowie Statthalter 221 in Africa und 226–228 n. Chr. in Pannonia und Dalmatia. Philostrat lebte in Athen und Rom, zudem war er wahrscheinlich bei Reisen der Kaiserin Julia Domna, die Ehefrau Kaisers Septimius Severus, nach Gallien und Antiochien dabei.

5 Auch in Cassius Dio 60,10,3–4 spricht er in Rom vom πράκτωρ, womit hier ein Prätor gemeint ist.

6 Vgl. zur Zweiquellentheorie und Q z. B. Tiwald, Logienquelle, 17–21.

Jesus bzw. besteht vor allem aus Aussprüchen.[7] Lokalisiert wird sie in Galiläa bzw. galiläisch-syrischem Grenzgebiet und wird heute als ein Zeugnis des Frühjudentums betrachtet.[8] Die Gliederung der Logienquelle folgt Lukas, da der Evangelist ihr Material in Blöcken übernommen hat und nicht wie Matthäus verstreut einarbeitet.[9] Die Endredaktion der Logienquelle wird um 70 n. Chr. vermutet, entweder während oder kurz nach dem jüdischen Krieg.[10]

Es finden sich bei Matthäus und Lukas drei Stellen mit Bezug zu Abgaben und -personal, die eindeutig auf die Logienquelle zurückgeführt werden können. Das ist zum einen der Hinweis in der Rede zur Feindesliebe, dass Abgabenpersonal nur ihresgleichen lieben würden (Q 6,32.34). Zum anderen der Vorwurf, dass Jesus ein Freund der Zöllner und Sünder sei (Q 7,34) sowie die Notiz zur Zehntabgabe in der Rede gegen die Pharisäer (Q 11,42). Es ist umstritten, ob die Notiz, dass Abgabenpersonal zu Johannes dem Täufer kam, wirklich zum Q-Material gehört (Q 7,29).[11]

Die Identität der Trägergruppe und Verfassenden der Logienquelle wird kontrovers diskutiert. Zum Verständnis der Darstellung der Abgabeneinnehmenden ist sie zentral. Grob beschrieben gibt es zwei entgegengesetzte Positionen: Gerd Theißen etablierte 1972 vor allem im deutschsprachigen Raum die These von Wanderradikalen, die durch Galiläa als Propheten zogen und ihre Ethik von Besitzverzicht und Gewaltverzicht verbreiten würden.[12] Die andere Position von Kloppenborg 1991 dargelegt, geht davon aus, dass die Logienquelle von Dorfschreibern (κωμογραμματεύς) verfasst wurde und in einer Weisheitstradition stünde.[13] Die These ist eher in Nordamerika verbreitet. Als Mittelposition können die Ansätze gelten, die davon ausgehen, dass Wanderradikale den Ursprung der mündlichen Traditionen

7 Die Q-Forschung geht von einer Wachstumsgeschichte der Quelle aus. Nach dem von Kloppenborg entwickelten literarischen Schichtenmodell für die Logienquelle kann Q 6,23.34 der ältesten Schicht (formative stratum) zugeordnet werden, die aus sechs paränetischen Instruktions-Reden besteht. Die übrigen Stellen gehören zur zweiten Redaktionsschicht (redactional stratum), die von einem deuteronomistischen Geschichtsverständnis und Polemik gegen die gegenwärtige Generation geprägt ist. Q 11,42c schließlich wird einer dritten, eher späten Redaktionsstufe (late addition and glosses) zugeordnet. Vgl. Kloppenborg, Excavating Q, 143–153; komprimiert bei Hoffmann/Heil, Spruchquelle, 16 oder Arnal, Village Scribes, 7.

8 Vgl. Tiwald, Logienquelle, 23–24.27. Eine ausführliche Diskussion der geographischen Verortung bietet Kloppenborg, Excavating Q, 171–175. Er selbst plädiert für einen Ort mit einer gewissen Infrastruktur wie Kaphernaum.

9 Eine Übersicht bietet Tiewald, Logienquelle, 34 oder Hoffmann/Heil, Spruchquelle, 14–15.

10 Vgl. Hoffmann/Heil, Spruchquelle, 21.

11 Zugehörigkeit zur Logienquelle wird in der Q-Forschung bezweifelt. Vgl. Hoffmann/Heil, Spruchquelle, 124–125.

12 Vgl. Theissen/Merz, Jesus, 44; Tiwald, Logienquelle, 117–118.

13 Kloppenborg, Convention, 100; ders., Excavating Q, 200.

der Logienquelle darstellen, die dann aber entweder angedockt waren an sesshafte Gruppen oder von Schreibern verschriftlicht wurden. Bereits 1988 hatte Migaku Sato vorgeschlagen, dass Q von Personen verfasst worden sei, die ehemalige Wanderpropheten gewesen und dann in den aussendenden lokalen Gruppen aufgrund von Alter oder Krankheit sesshaft geworden seien.[14] Etwas anders akzentuiert, nimmt Markus Tiwald in seinen neueren Publikationen an, dass die Wanderradikalen als spirituelle Autoritäten und die Dorfschreiber als Autoren fungierten.[15] Die beiden Positionen stehen also nicht unüberbrückbar nebeneinander. Wo jedoch ein Unterschied bleibt, ist die Verortung. Die Logienquelle wird entweder als Schrift in prophetischer (Migaku Sato/Gerd Theißen) oder weisheitlicher (James Robinson/John Kloppenborg) Tradition wurzelnd verstanden.[16] Manche sprechen sich für eine Mischform aus (Marco Frenschkowski).[17]

Die Stellen zu Abgabenpersonal passen eher zu weisheitlichen Traditionen und Sesshaftigkeit, wie wir in der Analyse sehen werden. Die Diskussion der Zehntabgabe weist auf einen Austausch mit pharisäischen Gruppierungen hin. Wir haben bereits gesehen, dass es Konflikte zwischen Dorfschreibern und Abgabenpersonal geben konnte, besonders an kleinen Orten, wo sie in ökonomischer Konkurrenz standen. Kloppenborg hält es für wahrscheinlich, dass die Dorfschreiber, die hinter Q stehen könnten, eher aus den unteren Schichten stammten, und in der Logienquelle weisheitliche Unterweisungen geben.[18] In dieses Kolorit fügen sich die Stellen über Abgaben und Abgabenpersonal gut ein.

2.2 Aussagen der Logienquelle über Abgabenpersonal und Abgaben

2.2.1 Abgabenpersonal (Q 6,32.34; 7,34)

> 32 .. **Wenn ihr die liebt, die euch lieben**, welchen Lohn habt ihr? Tun dasselbe nicht **auch die** Zöllner? 34 **Und wenn ihr** *denen leiht, von denen ihr hofft, es (wieder) zurückzubekommen, welchen <Lohn habt> ihr (davon)?* Tun dasselbe nicht **auch** die *Heiden*? (Q 6,32.34)[19]

---

14 Vgl. Sato, Q, 379-381.

15 Vgl. Tiwald, Logienquelle, 119-126.129-130. Er verweist darauf, dass auch Theißen, Entstehung, 64 sich zu dieser Position hinbewegte.

16 Vgl. Theißen, Entstehung, 67-71; Robinson, LOGOI, 104-105.

17 Vgl. Frenschkowski, Kenntnisse, 4-9.

18 Vgl. Kloppenborg, Excavating Q, 197-200.

19 Griechischer Text vgl. Hoffmann/Heil, Spruchquelle. Deutsche Übersetzung vgl. Tiwald, Logienquelle. Tiwald markiert wörtliche Übereinstimmungen zwischen Lk und Mt mit Fettdruck; Abweichungen zwischen Lk und Mt mit Normaldruck (Entscheidung für lk oder mt Variante); unsichere Rekonstruktionen sind kursiv gesetzt; Spitzklammern beinhalten Text, der weder bei Lk noch Mt

Es kam der Menschensohn, er aß und trank, und ihr **sagt: Siehe, ein Fresser und Weinsäufer, ein Freund der Zöllner und Sünder.** (Q 7,34)

Die Verse gehören in den ersten Teil der Logienquelle, der sich mit Johannes dem Täufer und Jesus beschäftigt (Q 3,2-7,35).[20] In Kapitel 6 hält Jesus eine Rede. Q 7,17-35 berichtet über den Täufer und Jesus.

Die Abgabeneinnehmenden sind im ersten Fall ein negatives Beispiel. Ihnen wird unterstellt, den leichten Weg der reziproken Zuneigung zu gehen. Ich werde mich damit noch ausführlicher im Matthäusevangelium beschäftigen. Es wird auf verallgemeinernde Zuschreibungen zurückgegriffen, die nicht weiter begründet werden. Damit liegt der Verdacht nahe, dass es sich um einen Teil eines Stereotyps handelt. In dem Kontext des Verses hat es die Funktion, eine Identität zu konstruieren, die sich von anderen unterscheidet. Der ethische Appell richtet sich an die Adressierten, diesem Beispiel nicht zu folgen, weil sie eben nicht wie Abgabeneinnehmer:innen oder nicht-jüdische Personen sein möchten.

Auch in dem Vorwurf an Jesus, ein Freund der Abgabeneinnehmer:innen zu sein, schwingt dieses negative Bild mit. Das Abgabenpersonal wird dazu benutzt, um Jesus zu diskreditieren und zu beschämen. Wir werden später sehen, dass vor allem das Matthäusevangelium diese Tradition aufnimmt und zuspitzt. Lukas dagegen entschärft sie, indem er z. B. in Lk 6,32-33 jeweils Abgabeneinnehmer:innen und nicht-jüdische Personen durch Sünder:innen ersetzt. Die Wendung „ein Freund der Zöllner und Sünder" ist im Zusammenhang negativ konnotiert und dient der Zuschreibung negativer Eigenschaften. Der Menschensohn bzw. Jesus wird stigmatisiert, indem generalisierend einprägsame Zuschreibungen benutzt werden.[21] Die Logienquelle wehrt sich gegen diese Zuschreibung und macht klar, dass weder sie noch Jesus etwas mit Abgabenpersonal zu tun hat.

2.2.2 Der Zehnte (Q 11,42)

Wehe euch, *den* **Pharisäern, denn ihr gebt den Zehnten von der Minze und dem** Dill **und dem** Kümmel, **und** *ihr übergeht* **das Recht und** die Barmherzigkeit und die Treue! **Dieses aber sollte man tun und jenes nicht** *lassen.* (Q 11,42)

---

steht und vermutet wird und in runden Klammern sind Hinzufügungen zum besseren Verständnis der deutschen Übersetzung. Vgl. Tiwald, Logienquelle, 41-42.

20 Gliederung bei Hoffmann/Heil, Spruchquelle, 14 und Tiewald, Logienquelle, 34.

21 Vgl. zu Stigmatisierungsprozessen Brusten, Stigmatisierung, 7-9.

Dieser Vers gehört in den Teil der Logienquelle, in dem es um Konflikte mit „dieser Generation" geht. Vorher hat Jesus bereits den Beelzebub-Vorwurf (Q 11,14-16) und die Zeichenforderung (Q 11,16.29-35) zurückgewiesen.

Die Logienquelle verbindet die pharisäische Bewegung mit einer genauen Verzehntung. Hieran wird deutlich, dass eine Zuschreibung, die Teil eines Stereotyps sein kann, nicht negativ sein muss. Negativ wird die Aussage lediglich durch die Gestaltung als Weheruf sowie den Hinweis, dass Recht, Barmherzigkeit und Treue nicht vernachlässigt werden sollen. Diese Tradition wird von Matthäus und Lukas aufgenommen.

2.3 Zusammenfassung

Insgesamt ist es auffällig, dass staatliche Abgaben sowie Nachfolgeaufforderungen an Abgabenpersonal keine Rolle in Q spielen. Ebenso wenig wird das Abgabenpersonal mit Umkehr oder überhaupt mit Interesse an der Botschaft des Täufers und Jesus gezeigt. Ein Grund dafür kann in der Trägergruppe der Logienquelle liegen. Diese Dorfschreiber waren laut Kloppenborg über verschiedene Dörfer in Galiläa hinweg miteinander locker verbunden und wandten sich an eine Dorf-„Bourgeoisie" und Marginalisierte.[22] Gegen pharisäische Strömungen und eine strikt ausgelegte Halakha grenzen sie sich ab.

Dorfschreiber hatten verschiedene administrative Aufgaben inne und führten die Oberaufsicht über administrative Vorgänge.[23] In den Dörfern Galiläas waren sie wahrscheinlich häufig die einzigen administrativen Kräfte. Sie versorgten mehrere Dörfer und standen mit ihren Aufgaben und Dienstleistungen zwischen den wohlhabenderen Landbesitzer:innen und den restlichen Dorfbewohner:innen. Es ist möglich, dass sie auch für den Abgabeneinzug zuständig waren.[24] Das ägyptische Material belegt eine enge Zusammenarbeit bis hin zu persönlichen Kontakten zwischen Dorfschreibern und Abgabeneinnehmern. Der Praktor Nemesion erledigte Gefallen für den Dorfschreiber, wie wir gesehen haben. Was ist anders in Galiläa?

Das Fayum war eine vernetzte und topographisch gut zugängiche Region. Galiläa war besonders im Norden hügelig, unwegsam und nicht alle Dörfer mit den Städten oder untereinander verbunden. Die Gründung von Tiberias (17-23 n. Chr.) begünstigte die Verbindung von Dörfern untereinander.[25] Erst nach dem jüdi-

---

22 Kloppenborg, Excavating Q, 200-201.204.210-211; Arnal, Village Scribes, 168-172 widmet ein ganzes Buch der These seines Lehrers. Beschreibungen von Dorfschreibern z. B. Verhoogt, Menches; Claytor, Heron; Dijkman, Dorpsschrijver.

23 Zu den folgenden Ausführungen vgl. Arnal, Village Scribes, 151-152.

24 Arnal, Village Scribes, 244 Endnote 120.

25 Vgl. McCollough, City, 71.

schem Aufstand bauten die Römer das Straßennetz nennenswert aus.[26] Es kann also davon ausgegangen werden, dass lokale Dorfschreiber in ihrem Radius relativ eigenständig ihren Aufgaben nachkamen. Entweder sie nahmen Abgaben im Auftrag der Verwaltung ein oder es gab designierte Abgabeneinnehmer unter den Dorfbewohner:innen. Denkbar ist, dass Abgabenpersonal der herodianischen Verwaltung ins Hinterland geschickt wurde. War dies der Fall nach dem Bau von Tiberias? Laut Josephus Ant. 18,36–37 wurden in Tiberias Galiläer:innen freiwillig und unfreiwillig angesiedelt. Zog die Stadt die wohlhabenderen Leute aus den Dörfern an, wie ARNAL vermutet?[27] Beauftragten sie andere Personen mit ihren Geschäften und den Abgabeneinzug? Warum sollte auf die Expertise und vor allem lokalen Kenntnisse der Dorschreiber nicht mehr zurückgegriffen werden? Wie wir bei Nemesion gesehen haben, stellte er auch Leute an, die für ihn die entlegenen Dörfer aufsuchten. Richten sich die Aussagen gegen Abgabenpersonal in der Logienquelle gegen solches, das möglicherweise aus den Städten geschickt wurde? Das eine Konkurrenz zu den Dorfschreibern darstellte? Oder wurden die Dorfschreiber von anderen als Abgabenpersonal diskreditiert, weil der Abgabeneinzug auch zu ihren Aufgaben gehören konnte? Leider fehlen uns bisher die nötigen historischen Daten, um diese Fragen zu klären.

Auch in Ägypten gab es Hinweise auf Konflikte in dieser administrativen Hierarchie. Bekannt ist z. B. eine Art Streik von 12 Dorfschreibern 117 v. Chr. (P. Tebt. 1,24), der Probleme in der Abgabenerhebung versursachte.[28] Auch Veränderungsprozesse wie der Wandel vom Lohn-System hin zum Liturgien-System in der Administration über die Zeit konnte schwierig ablaufen.[29] Dies zeigt ein Beispiel Ende des 2. Jh. n. Chr., als sich die Liturgie des Dorfschreibers erschlichen wurde, ohne vorher andere Ämter wie Praktor bekleidet zu haben (P.Lips. 2,145).[30] Denkbar sind auch Betrug zwischen Schreibern und Abgabeneinnehmern oder Konkurrenz um lokalen Einfluss. Dies alles und anderes könnte für Spannungen zwischen verschiedenen administrativen Akteuren gesorgt haben. Konfliktpotential ist genug vorhanden, ebenso aber auch die Möglichkeit einer guten Zusammenarbeit.

Der Kontakt zu Abgabenpersonal in galiläischen Dörfern sah wahrscheinlich recht verschieden aus. Unter herodianischer Verwaltung (4 v. Chr. – 44 n. Chr.) finden sich bei Josephus Hinweise auf königliches Abgabenpersonal. Unter Herodes dem Großen und unter Agrippa I wurden Ratsmitglieder herangezogen. In entlegenen Dörfern mögen aber wie gesehen Personen aus dem Dorf selbst

26 Vgl. ebd., 57.65–67.

27 So Arnal, Village Scribes, 153.

28 Vgl. Verhoogt, Menches, 149–166; Bazzana, Kingdom, 50–51.

29 Vgl. Bazzana, Kingdom, 163.

30 Besprochen ebd., 52–53.

Abgaben eingezogen haben. Abgaben konnten vor allem auf agrarische Produkte und handwerkliche Erzeugnisse erhoben werden. Galiläische Dörfer waren z. B. im Kornanbau, der Olivenölherstellung, Töpferei, Stoff- und Kleidungsproduktion, Obstanbau und Fischerei tätig. Alles Bereiche, in denen Abgaben genommen wurden. Die Umwandlung in eine römische Provinz 44 n. Chr. hatte auch fiskalische Folgen wie die Einführung einer Kopfabgabe. Möglicherweise waren die Menschen in Städten und größeren Dörfern wie im Fayum mit verschiedenen Abgabeneinnehmer:innen konfrontiert. Es erscheint jedenfalls plausibel, dass diese vor allem aus der lokalen Bevölkerung selbst stammten.

Vielleicht spiegelt sich in der Logienquelle ein Konflikt oder eine Konkurrenz zwischen Dorfschreibern und Abgabeneinnehmern. Die Aufgabenbereiche und Kompetenzen waren schwer voneinander abzugrenzen und wurden von den jeweils Herrschenden entschieden. Sie bestimmten, wer die Abgaben einnahm. Hinzu mag gekommen sein, dass Dorfschreiber mit Abgabenpersonal von anderen in einen Topf geworfen wurden. Da sie aber selbst pharisäischen Strömungen und der Halakha nahe standen, war der Druck besonders hoch, sich gegen diesen Vorwurf zur Wehr zu setzen. Stereotype Zuschreibungen können als Mittel eingesetzt werden, um Gruppen zu diskreditieren, von Ressourcen oder Machtpositionen auszuschließen. Letztendlich bleiben solche Überlegungen jedoch spekulativ. Festgehalten werden kann, dass die Logienquelle sich gegen eine tatsächliche oder unterstellte Nähe zu Abgabenpersonal wehrt.

Auf der Seite der Adressierten kann man davon ausgehen, dass ihnen lokale Abgabeneinnehmenden zum Teil persönlich bekannt waren oder sogar Verwandtschaftsverhältnisse bestanden. Es ist durchaus möglich, dass ökonomische Verbindungen bestanden, weil die Abgabeneinnehmer in einer Dorfstruktur wahrscheinlich auch noch in anderen Bereichen arbeiteten.

3. Markusevangelium

3.1 Vorbemerkungen zum Markusevangelium

Das Markusevangelium wird meistens in die Zeit des jüdischen Krieges 66–74 n. Chr. entweder kurz vor oder nach der Tempelzerstörung (70 n. Chr.) datiert.[31] Die Entscheidung hängt zum einen von der Interpretation von Mk 13,2 ab, wo Jesus auf „die großen Bauten" verweist und prophezeit, dass „nicht Stein

31 Dschulnigg, Markusevangelium, 55. Dschulnigg selbst plädiert für Zeitpunkt vor der Tempelzerstörung zwischen 64–66 n. Chr. Vgl. ebd., 56. Yarbro Collins, Mark, 14 datiert das Evangelium auf die Jahre kurz vor der Tempelzerstörung. Lührmann, Markusevangelium, 6 und Bedenbender, Messias, 1–2 nehmen 70 n. Chr. an. Gnilka, Markus (1), 34 nimmt eine Entstehung nach der Tempelzerstö-

auf Stein zurückgelassen" werde, der „nicht sicher niedergerissen" werde. Einige halten dies für eine rückblickende Beschreibung der Tempelzerstörung, die der bei Josephus nahekäme (Josephus, bell. 6,254-260.281).[32] Allerdings stimmt die Beschreibung in Mk 13,2 eben nicht genau mit Josephus Darstellung der zerstörten und erhaltenen Gebäude überein.[33] Mk 13,14 kündigt die Errichtung eines „Gräuels der Verwüstung" an, was eine Anlehnung an Dan 11,31 ist. Jedoch hat der siegreiche Titus nach unserer Kenntnis gerade kein Opfer im zerstörten Tempel dargebracht oder irgendein „Gräuel" aufgestellt, wie es vor ihm Kaiser versucht hatten. Vor diesem Hintergrund kann davon ausgegangen werden, dass Markus vor der Tempelzerstörung verfasst wurde.[34] Der Abfassungsortes wird sowohl im Westen (Rom)[35] als auch Osten (Antiochien)[36] vermutet. ADELA YARBRO COLLINS hält fest: „The evidence is not strong enough to point definitively to either Rome or Antioch, but it is compatible with both locations (and others)."[37]

Das gesamte Material, das Markus über Abgabenpersonal und Abgaben bietet, wurde von Matthäus und Lukas aufgenommen. Es ist auffällig, dass bei Markus

---

rung an, ebenso wie Ebner/Schreiber, Einleitung, 171 und Broer, Einleitung, 92, Lau, Triumphator, 114.

32 So Lau, Triumphator, 110-114.

33 Vgl. die ausführliche Darstellung dieser Diskussion bei Yarbro Collins, Mark, 11.

34 Vgl. Yarbro Collins, Mark, 11-14.

35 Ebner/Schreiber, Einleitung, 171 plädieren für Rom. Ebenso wie Lau, Triumphator, 117; Gnilka, Markus (1), 34; Dschulnigg, Markusevangelium, 55. Dschulnigg schließt sich Gnilka an, der, ohne sich auf einen Ort festzulegen, vorsichtig formuliert, dass die Adressierten „Heidenchristen im Westen" seien. Die Rom-These geht auf Irenäus – und dieser rezipiert wahrscheinlich Papias – zurück, der schreibt, dass Markus der Dolmetscher von Petrus in Rom gewesen sei. Euseb zitiert Klemens von Alexandria mit der Aussage, dass das Markusevangelium in Rom entstanden sei. Johannes Chrysostomos verortet das Markusevangelium in Ägypten. Vgl. Yarbro Collins, Mark, 7-8. Traditionsgeschichtliche Argumente sind weiterhin, dass Latinismen im Evangelium vorkommen, Mk 7,26 von einer Syrophönizierin spricht, und das Motiv der Himmelsspaltung in Mk 1,10, das sich im Zerreißen des Tempelvorhanges Mk 15,38 widerspiegelt, da auf dem Tempelvorhang das Firmament abgebildet war und der Tempelvorhang im Triumphzug 71 n. Chr. zur Schau gestellt wurde in Rom. Vgl. Lau, Triumphator, 115-117. Ausführlich geht ders., 117-122 auf die Nennung römischer Münzen, die eher in der Westhälfte verbreitet waren (Quadrans), bei Markus ein. Dagegen wendet Yarbro Collins, Mark, 9-10 allerdings ein, dass ein Quadrans sprichwörtlich gebraucht wurde für sehr wenig Geld und auch üblich in den östlichen Provinzen war, die mit dem römischen Münzsystem vertraut waren.

36 Yarbro Collins, Mark, 96-102.589 sieht sowohl Rom als auch Antiochien sowie weitere Städte als möglichen Heimatort der Adressierten, wobei sie eher zu den östlichen Provinzen tendiert aufgrund der hebraisierenden und aramaisierenden Formulierungen im Evangelium. Broer, Einleitung, 94 plädiert für Syrien. Für Syrien sprechen traditionsgeschichtliche Argumente, da Markus mündliche Jesustraditionen rezipiert, jüdische Bräuche erklärt und Mk 13 zeige eine Kriegsnähe. Vgl. Lau, Triumphator, 115.

37 Yarbro Collins, Mark, 101.

weder der Zehnte noch die Tempelabgabe diskutiert werden, d. h. Abgaben, die mit dem Judentum eng verbunden sind. Markus erzählt von der Berufung Levis (Mk 2,14) und der Tischgemeinschaft mit Abgabenpersonal (Mk 2,15–17). Das Evangelium überliefert die Perikope von der Diskussion über die Kaisersteuer (Mk 12,13–17) sowie der Abgabe der Witwe an den Tempel (Mk 12,41–44).

3.2 Markinische Aussagen über Abgabenpersonal und Abgaben

3.2.1 Die Berufung des Levi und die Tischgemeinschaft mit Abgabenpersonal (Mk 2,13–17)

> 13 Und er ging wieder hinaus zum See. Und die ganze Menge kam zu ihm und er lehrte sie. 14 Und als er vorbeiging, sah er Levi, den Sohn des Alphäus, im Abgabenhaus sitzen und sagte zu ihm: „Folge mir." Und er stand auf und folgte ihm. 15 Und es geschah, dass er in seinem Haus zu Tisch lag und viele Abgabeneinnehmer:innen [τελώνης] und Sünder:innen lagen mit Jesus zu Tisch und mit seinen Jünger:innen. Es waren also viele. Und sie folgten ihm. 16 Und weil die Schreiber:innen/Schriftgelehrt:innen der Pharisäer:innen sahen, dass er mit Sünder:innen und Abgabeneinnehmer:innen [τελώνης] aß, sagten sie zu seinen Jünger:innen: „Weshalb isst er mit Abgabeneinnehmer:innen [τελώνης] und Sünder:innen?" 17 Und nachdem Jesus sie gehört hatte, sagte er zu ihnen: „Nicht die Starken haben Bedarf nach einem Arzt, sondern die Kranken. Ich bin nicht gekommen, die Gerechten zu rufen, sondern die Sünder:innen." (Mk 2,13–17)

Das zweite Kapitel im Markusevangelium spielt sich in und um Kaphernaum ab. Die ersten Jünger wurden bereits in Mk 1,16–20 in die Nachfolge gerufen. Danach folgten vor allem Heilungen. Die Berufung des Levi steht zwischen diesen Heilungen und den Fragen nach dem Verhalten der Jesusgruppe (Fasten und Sabbat).

Vers 13 fungiert als Überleitungssatz: Jesus geht an den See, um eine Menge zu lehren. Es folgt die Begegnung mit Levi. Formkritisch ist Vers 14 eine Einheit und es handelt sich um eine Berufungserzählung. Die Verse 15–16 bilden eine Einheit und können der Gattung der sogenannten Streitgespräche zugeordnet werden.[38] Markus hat hier wahrscheinlich zwei voneinander unabhängige Traditionen verbunden, weswegen auch die Angabe, um wessen Haus es sich handelt, unbestimmt bleibt.[39] Die Verse 13 bis 14 kreieren so einen Anschluss für Vers 15 und das Streitgespräch.

---

38 Vgl. auch Dschulnigg, Markusevangelium, 96–97. Für weitere Gattungsvorschläge vgl. Yarbro Collins, Mark, 191.

39 Vgl. Gnilka, Markus (1), 104. Yarbro Collins, Mark, 191 Fn. 64 verweist auf Dibelius, der annimmt, dass das Arzt-Wort in Vers 17 ursprünglich zur Levi Geschichte gehörte.

Dadurch ähnelt die Geschichte den vorherigen Berufungserzählungen. Daher kann davon ausgegangen werden, dass Markus sie redaktionell verfasste.[40]

Da die Perikopen später noch ausführlich besprochen werden, möchte ich mich auf das markinische Sondergut konzentrieren. In Vers 13 wird Levi als Sohn des Alphäus vorgestellt.[41] Markus ist der einzige der Evangelisten, der Levi durch die Nennung des Vaternamens in eine Familie einordnet. Beide Namen sind hebräisch/aramäisch, wobei es sich bei Alphäus um eine gräzisierte Form handelt.[42] Damit macht Markus von Anfang an deutlich, dass es sich um eine Person lokaler Herkunft handelt, deren Familie zurückverfolgt werden kann. Auffällig ist, dass in der Jüngerliste in Mk 3,18 ein Jakobus, Sohn des Alphäus, genannt wird. Markus vermeidet bewusst, dass der Abgabeneinnehmer Levi zum 12er-Kreis gehört.[43] Matthäus ändert dies, wie wir später sehen werden. Durch das Zollhaus wird mindestens angedeutet, dass Levi ein Zöllner sein könnte.[44] Möglich ist aber ebenso, dass er in einem Abgabenhaus sitzt, das für Abgaben mit Bezug zur Fischerei gedacht ist. Der Bau eines solchen Fischabgabenhauses ist in Ephesus nachgewiesen.[45] In der Mahlszene werden weitere Abgabeneinehmende erwähnt. Auch dies passt dazu, dass Abgabenpersonal selten alleine tätig war bzw. in Kontakt zu anderem Abgabenpersonal stand.

Im gesamten Abgabenwesen sind die korrekten Namen und Identifizierungen wichtig, wie wir bei den Abgabenquittungen sehen konnten. Das Abgabenpersonal unterschrieb mal mit oder ohne Tätigkeitsbezeichnung, mal mit dem Rufnamen und Vaternamen, mal lediglich mit dem Rufnamen. Auf der rhetorischen Ebene nimmt Markus eine Personalisierung vor – der Abgabeneinnehmer bleibt nicht anonym, sondern bekommt einen Namen und eine Familienzugehörigkeit. In der Stereotypenfoschung bezeichnet man dies als Dekategorisierung. Levi wird nicht als Repräsentant einer Gruppe, hier Abgabenpersonal, vorgestellt, sondern als einzigartiges Individuum. Er wird auch in keinerlei Weise negativ bewertet. Jesus ruft ihn bei der Arbeit in die Nachfolge wie schon vorher Mk 1,16–20 die Fischer Simon, Andreas, Jakobus und Johannes. Es verwundert eigentlich, dass

---

40 Vgl. Scornaienchi, Streitgespräche, 207.

41 Wenige Majuskeln (D, Θ) und Minuskeln (f^{13}, 565) sowie die Mehrheit der altlateinischen Handschriften bieten hier den Namen Jakobus, wahrscheinlich analog zu Mk 3,18 (Jüngerliste). Nach dieser Lesart wäre dann wie bei Mt 10,3 ein Abgabeneinnehmer in der 12er-Jüngerliste.

42 Vgl. Bauer Wörterbuch.

43 Nur wenige Handschriften bieten eine Lesart mit Jakobus, Sohn des Alphäus: Codex Bezae Cantabrigiensis, Codex Coridethianus, Minsukelsfamilie 1, die Minuskel 565 sowie die Mehrheit der altlateinischen Zeugen.

44 Fiedler, Jesus, 125 gibt zu bedenken, dass nicht angenommen werden könnte, dass Levi ein Zöllner ist, nur weil er am Zollhaus sitzt. Zu den Abgaben rund um Fischerei wie eine Bootabgabe und Fangabgabe vgl. Kloppenborg, Fishermen, 584–594.

45 Vgl. I.Eph. 20.

Levi dann später nicht zum 12er-Kreis gehört (Mk 3,16–19). Vielleicht hat das Matthäusevangelium ihn auch deswegen zu einem der 12 Jünger gemacht.

Joachim Gnilka nimmt an, dass Levi ein „Unterbeamter" eines *publicanus* sei.[46] Herrenbrück hat dargelegt, dass dies unwahrscheinlich sei und Levi selbst ein Kleinpächter gewesen sein könnte.[47] Unabhängig davon, welche Position Levi zur Zeit des historischen Jesus bekleidete, so kann für die Leserschaft des Evangeliums angenommen werden, dass sie keine einheitliche Vorstellung hatten, ob Levi der τελώνης ein Pächter, ein Angestellter oder ein Liturg war. Hätte ein Interesse an einer solchen Differenzierung seitens des Verfassers bestanden, so wäre sie sprachlich möglich gewesen wie dokumentarische Zeugnisse zeigen. Relevant scheint lediglich zu sein, dass er im Abgabenwesen arbeitet. Die Lokalisierung am See macht einen Zusammenhang zur Fischerei und evtl. Fischabgaben wahrscheinlich wie bereits erwähnt.[48] Markus eröffnet somit einen Assoziationsraum bzw. ruft stereotype Vorstellungen ab. Die Information, dass Levi als Abgabeneinnehmer seinen Posten verlässt, widerspricht jedoch den Erwartungen. Es ist eine überraschende Wendung. Ein Abgabeneinnehmer sollte nicht einfach seinen Posten verlassen. Dies konnte ernsthafte Repressalien nach sich ziehen. Literarisch wird diese zum Stereotyp und zur Realität inkonsistente Information im Folgenden aufgelöst.

Peter Dschulnigg sieht die Berufung eines Abgabeneinnehmers in die Nachfolge als eine Zeichenhandlung Jesu, die „verständlicherweise auf Einspruch und Ablehnung in frommen Kreisen stößt".[49] Die Anfrage von den Pharisäer:innen im Folgenden würde dies illustrieren. Er pauschalisiert, dass alle „Frommen" Abgabenpersonal ablehnen würden, ohne dies zu begründen. Solche Thesen verweisen meistens auf Listen negativ konnotierter Berufe, die sich in rabbinischer Literatur finden. In den Auflistungen werden auch Abgabeneinnehmer genannt. Jeremias hat als einer der ersten diese Listen vorgestellt, doch Herrenbrück hat zu Recht auf die Schwierigkeit ihrer Einordnung und Interpretation hingewiesen.[50] Es gibt Stellen, die eine Umkehr von Angehörigen solcher Berufsgruppen für schwierig, aber nach einer Wiedergutmachung für möglich halten (bSan 25b Bar[51]; bBQ 94b[52]). Dieses Motiv wird uns auch in der Zachäus Geschichte des Lukas begegnen. Andere Listen wiederum halten dies nicht für möglich, weil Abgabenbetrug mit Todsünden

46 Vgl. Gnilka, Markus (1), 105–106.

47 Vgl. Herrenbrück, Zöllner, 189.

48 Vgl. Kloppenborg, Fishermen, 586–590.594–598; Carter, Mark, 48–49. Donahue/Harrington, Mark, 101 weisen darauf hin, dass die Handelsroute auf der *Via Maris* durch dieses Gebiet führt.

49 Dschulnigg, Markusevangelium, 97.

50 Vgl. den Aufsatz Jeremias, Zöllner und dazu Herrenbrück, Zöllner, 205–208.

51 Räuber, Gewalttäter, Hirten, Steuereinnehmer und Abgabenpächter. Vgl. Herrenbrück, Zöllner, 206.

52 Räuber, Wucherer, Hirten, Steuereinehmer, Abgabenpächter. Vgl. ebd., 206.

in eine Reihe gestellt wird (mNed 3,4[53]). Schließlich findet sich noch die Position, dass Abgabeneinnehmende keine Mitglieder der Pharisäer:innen sein können, es sei denn, sie geben ihren Beruf auf (tDem 2,17). Es gibt also sehr verschiedene Haltungen und Aussagen in rabbinischer Literatur über die Jahrhunderte. HERRENBRÜCK stellt klar, dass es bestimmte pharisäische Kreise sind, die ablehnten, dass Abgabeneinnehmende als Schüler:innen berufen würden.[54] Er führt auch auf diese Gruppe den Ausdruck „Zöllner und Sünder" – explikativ zu verstehen als „die sündigen Zöllner" – zurück.[55] Dagegen vertritt z. B. LORENZO SCORNAIENCHI die These, dass Sünder kein Synonym oder Adjektiv sei, sondern eine Generalisierung und Pauschalisierung.[56] Die Tischgemeinschaft mit stigmatisierten Personen ist auf jeden Fall sowohl im Judentum als auch in der griechisch-römischen Gesellschaft ambivalent. Sie provoziert die Anfrage, ob die Person dazugehört oder mindestens ihr Verhalten akzeptiert wird.[57] Tischgemeinschaft hat nicht nur eine moralische, sondern vor allem auch eine sozial-politische Dimension.

Wir haben bereits bei Josephus gesehen, dass Abgabenpersonal nicht zwangsläufig abgelehnt wurde. Diese Problematik konstruiert der Evangelist durch die Anfrage der pharisäischen Schriftgelehrten und die Antwort Jesu. Markus scheint mit derartigen Stereotypen vertraut zu sein und selbst an ihnen zu partizipieren, wie Jesu Antwort zeigt. Die Anfrage muss nicht automatisch negativ mit Streit verknüpft werden, wie die Gattung Streitgespräch nahelegt. Es ist eher eine Irritation. Die Nachfrage kann dem Verständnis und der Klärung dienen. Denn Jesu Antwort ist eben dies: eine Erklärung. Diese Erklärung ist es auch, die die endgültige Gleichsetzung von Abgabeneinnehmer:innen mit Kranken und Sünder:innen vornimmt. Der Vergleich von Kranken mit Sünder:innen und die eigene Tätigkeit als Arzt zu beschreiben, findet sich auch außerhalb des Neuen Testaments.[58] Die Tischgemeinschaft hat somit einen theologischen und christologischen Grund: Jesus ist der Arzt, der sich den Kranken zuwendet, um sie zu heilen. Dass sie Heilung bedürfen, wird gar nicht in Frage gestellt. SCHOTTROFF und STEGEMANN weisen darauf hin, dass die Pharisäer hier auf ihre eigene Theologie angesprochen werden, nach der alle vor Gott Sünder:innen sind.[59] PETER FIEDLER erklärt, dass Jesu Gemeinschaft

53 Mörder, Räuber, Abgabenpächter (die Abgaben hinterziehen). Vgl. ebd., 206.

54 Vgl. Herrenbrück, Zöllner, 242–243.

55 So ebd., 242.

56 Vgl. Scornaienchi, Streitgespräche, 210.

57 Vgl. ebd., 212.

58 Vgl. Yarbro Collins, Mark, 195 mit Hinweisen auf griechische philosophische Schriften, in denen der Philosoph als Arzt dargestellt wird, der andere heilt.

59 Vgl, zu dieser Auslegung Schottroff/Stegemann, Jesus, 50.

mit Zöllner:innen und Sünder:innen zeige, dass er offen für alle gewesen sei und sie durch den Kontakt zur Umkehr bewegen wolle.[60]

Es ist immer wieder versucht worden zu klären, wer die Sünder:innen seien. Die Gegenüberstellung mit einer Berufsgruppe wie Zöllner:innen hat zur Vermutung geführt, dass damit andere verachtete Berufe gemeint sein könnten.[61] Eine andere These lautet, dass es um nicht-pharisäische Juden und Jüdinnen ginge (עם הארץ), die jedoch Jeremias bereits wiederlegte.[62] Schottroff und Stegemann schlagen vor, unter den Sünder:innen Personen verachteter Berufe zu verstehen, die sich tatsächlich einer Straftat schuldig gemacht haben wie z. B. Hirt:innen.[63] Erst Lukas weite das Verständnis von Sünder:innen allgemein auf Personen unabhängig von ihrem Beruf oder einer Straftat aus. Problematisch ist, dass Schottroff und Stegemann ihre These nicht belegen können. Hans Klein schlägt vor, dass „Zöllner und Sünder" Personen seien, die den Tora Weisungen nicht folgen und daher von Frommen verachtet würden.[64]

Es führt weiter, zu schauen, welche Taten das Markusevangelium als Sünden wertet. Mk 7,20–23 erläutert, dass das, was aus Menschen herauskommt, sie verunreinige (Mk 7,20). Der religionsgeschichtliche Kontext dieser Erläuterungen sind jüdische Debatten über das, was Menschen auf welche Weise verunreinigt.[65] In Markus heißt es dann: „21 Denn aus dem Inneren, aus dem Herzen der Menschen, kommen die böse Gedanken, illegitime Sexualität, Diebstahl, Mord, 22 Ehebruch, Habsucht, Bosheit, Arglist, Ausschweifung, Neid, Blasphemie, Hochmut, Torheit. 23 All dies Böse kommt aus dem Inneren heraus und macht den Menschen unrein." (Mk 7,21–23). Jonathan Klawans findet all die hier aufgelisteten bösen Taten mit Ausnahme von bösen Gedanken und Diebstahl teils in Qumranliteratur teils in tannaitischer Literatur als Sünden, die moralische Verunreinigung bewirken.[66] Das

60 Vgl. Fiedler, Jesus, 151.153.

61 Vgl. Jeremias, Zöllner, 295.300.

62 Vgl. dazu Schottroff/Stegemann, Jesus, 24–25. Herrenbrück, Zöllner, 243.244 denkt z. B., dass hier vom עם הארץ gesprochen wir und die Zöllner dazugezählt werden.

63 Vgl. Schottroff/Stegemann, Jesus, 25.

64 Vgl. Klein, Lukasevangelium, 522.

65 Vgl. die einschlägige Studie von Klawans, Impurity. Ebd., 22–31 arbeitet heraus, dass im Judentum unterschieden wird zwischen Taten, die rituelle Verunreinigung bewirken (Geburt, Tod, Sex, Krankheit, Körperflüssigkeiten) und solche, die moralische Unreinheit bewirken (schwere Sünden: Idolatrie, Inzest, Mord). Dabei ist ritueller Verunreinigung zu eigen, dass sie unvermeidbar, nicht permanent ist (Reinigungsriten) und keine Sünde darstellen. Moralische Unreinheit dagegen kann nur mit Buße, Bestrafung oder Ausschluss begegnet werden, da sie nicht nur die Person, sondern das Land, die Gemeinschaft und das Heiligtum verunreinigt. Schließlich gibt es dann noch Sünde in Form schlechter Taten. Klawans zeigt in seiner Studie, dass vor allem über Taten, die moralische Verunreinigung bewirkten, diskutiert wurde.

66 Vgl. Klawans, Impurity, 148–149.

in Mk 7 dargelegte Verständnis böser Taten, bezieht sich demnach speziell auf Taten, die moralische Verunreinigung bewirken. Lediglich mit „Diebstahl" und „böse Gedanken" fügt Markus weitere Taten hinzu. Es handelt sich bei den aufgelisteten Verhaltensweisen, um Taten, die zudem die Gemeinschaft beschädigen. Wenn im Markusevangelium von Sünder:innen die Rede ist, können mit Mk 7,20–23 darunter also genauer Personen verstanden werden, die etwas von dieser Liste getan haben plus weiterer als Sünden betrachtete Taten, die nicht extra genannt werden. Es geht nicht nur um moralisch fragwürdige Verhaltensweisen, sondern auch um solche, die soziale Dimensionen haben. „Zöllner und Sünder" kombiniert demnach Personen, die moralisch und sozial nicht den Werten der Gruppe entsprechen.

In Vers 15 beschreibt Markus, dass viele Abgabeneinnehmer:innen, Sünder:innen und die Jünger:innen gemeinsam am Tisch liegen und stellt dann summierend fest, dass es viele waren und sie ihm folgten. Weder Matthäus noch Lukas greifen dies auf. Es ist unklar, ob Markus hier eine allgemeine Feststellung über die Anzahl der Personen macht, die Jesus folgen, oder ob er spezifisch sagen will, dass es viele Abgabeneinnehmer:innen und Sünder:innen sind, die Jesus folgen.[67] Wenn hier ausgedrückt werden soll, dass unter den Jesus Nachfolgenden viel Abgabenpersonal war, so wäre das singulär. Ähnlich lesen wir nur bei Lukas, dass besonders Abgabeneinnehmer:innen und Sünder:innen zu Jesu zum Zuhören kommen (Lk 15,1).[68] Löst man sich von einer negativen Verengung und führt man sich vor Augen, welche Position Abgabenpersonal in einer Gemeinschaft hatte, so lassen sich andere Aspekte beleuchten. Jesus und seine Nachfolgenden haben Kontakt mit einflussreichen, gut vernetzen und informierten Personen. Unabhängig davon, ob man sich nun angestellte Abgabeneinnehmer:innen oder die für einen ganzen Bezirk verantwortlichen vorstellt – sie kennen viele Leute und haben Zugang zu ihnen. Aus dieser sozial-politischen Perspektive vernetzen sich Jesus und seine Gemeinschaft mit Personen der Gemeinschaft, die Scharnierfunktion haben. Die von anderen als Fürsprecher in Gerichtsprozessen oder für andere Gefallen herangezogen werden, wie wir gesehen haben. Ich behaupte damit nicht, dass das die Intention war, sondern ich möchte lediglich auf diese Dimension in der Erzählung hinweisen. Abgabenpersonal brachte viele Ressourcen mit an den Tisch, die durch ein Stereotyp der Sündhaftigkeit verschleiert werden.

Vers 17 markiert einen argumentativen Wendepunkt. Mit der Aussage, dass die Kranken des Arztes bedürfen, werden die vorher genannten Gruppen zum einen stigmatisiert: sie sind krank oder wie Kranke.[69] Ein Zusammenhang zwischen

---

67 Gnilka, Markus (1), 106 und Dschulnigg, Markusevangelium, 97–98 denken, dass dies eine allgemeine Aussage über die Menge der Jesus Nachfolgenden sei. Yarbro Collins, Mark, 191 nimmt an, dass die Abgabeneinnehmer:innen und Sünder:innen gemeint sind.

68 Schottroff/Stegemann, Jesus, 16 nehmen an, dass viele Zöllner sich der Jesusbewegung anschlossen.

69 Auch an anderen Stellen benutzt Markus κακῶς, um Kranke zu bezeichnen: Mk 1,32.34; 6,55.

Sünde und Krankheit wird konstruiert, der in der Antike nicht unüblich war.[70] Der Vergleich von unmoralischen Personen mit Kranken findet sich auch in antiker philosophischer Literatur.[71] HERRENBRÜCKS Schlussfolgerung, dass Jesus durch das Arzt-Wort zeigen würde, dass er die Zöllner eben nicht als sündig betrachtet,[72] kann ich nur insofern folgen, wenn HERRENBRÜCK damit ausdrücken will, dass sie nicht „Sünder" bleiben müssen. Denn der Arzt-Vergleich setzt voraus, dass dieser aus einem Kranken einen Gesunden macht und dementsprechend, dass Jesus aus Sünder:innen Gerechte macht, wie das zweite Logion im Vers ausdrückt. Die jesuanische Tischgemeinschaft mit Abgabenpersonal und Sünder:innen muss nicht als Apologie bzw. christologische Legitimierung der Gemeinschaft von beschnittenen und unbeschnittenen Christen interpretiert werden.[73] Einen ähnlichen Vorwurf gegen Jesus selbst findet sich wie gesehen auch in der Logienquelle, wo Jesus als „Freund der Zöllner und Sünder" bezeichnet wird. Das Arzt-Wort legitimiert christologisch, wieso Jesus diese Gemeinschaft pflegt – nicht, weil er selbst zu dieser Gruppe gehört, sondern weil er dieser Gruppe hilft.

Das Motiv des heilenden Arztes als Analogie dafür, dass Unmoralisches oder Böses nicht ansteckend sei, ist in der Antike verbreitet.[74] Der Arzt ist unter Kranken, ohne deswegen selbst krank zu sein oder zwingend zu erkranken. SCORNAIENCHI hält das Logion daher für nicht-jesuanisch, sondern es sei aus dem antiken Moraldiskurs aufgenommen und eben nicht aus einer jüdischen rituellen Reinheitsdebatte oder einem frühchristlichen Gemeinschaftsdiskurs.[75] Markus erkläre vielmehr, dass dieser Vorwurf an Jesus absurd sei. Das Arzt-Wort erzeugt zugleich Empathie, denn wer würde abstreiten, dass Kranke einen Arzt und Hilfe brauchen? Dadurch kann Solidarität mit diesen Gruppen erzeugt werden und die vorher formulierte Abwehr und der Ausschluss überwunden werden. Die letzte Feststellung, dass Jesu gekommen sei, die Sünder:innen und nicht Gerechte zu rufen, kann auch als Rekategorisierung verstanden werden. Die Abgabeneinnehmer:innen werden nun in erster Linie der Gruppe der Sünder:innen zugerechnet, was sie damit zu einer Untergruppe in einer übergeordneten Gruppe macht. Sünder:innen, die die Gemeinschaft mit Jesus suchen und ihm nachfolgen, haben einen festen Platz in der Jesusgruppe und gehören zu ihr. Markus schafft es durch die Integration des

---

70 Vgl. Yarbro Collins, Mark, 192.

71 Vgl. ebd., 195196 (sie führt an: Diogenes, ep. 38,4; Lukian, Demonax 7; Dioegenes Laertius 2,70; 6,6; Plutarch, apoph. Lac. 230F; Dion Chrysostomos, or. 8,5).

72 Vgl. Herrenbrück, Zöllner, 242.

73 Vgl. Scornaienchi, Streitgespräche, 214–215.

74 Vgl. ebd., 216–218 nennt Antisthenes D.L. 6,6; Plutarch, apoph. Lac. 230–231; Philo, prov. 2,7; Dion Chrysostomos, or. 8,5 [Virt.]; Tacitus, dial. 41.

75 Vgl. Scornaienchi, Streitgespräche, 218–219.

Abgabenpersonals in die Gruppe der Sünder:innen, dass ein Stereotyp verändert wird.

3.2.2 Die Frage nach der Abgabe für den Kaiser (Mk 12,13–17)

> 13 Und sie schickten zu ihm gewisse [Leute] der Pharisäer:innen und der Herodesanhänger:innen, um ihn durch ein Wort zu fangen. 14 Und nachdem sie gekommen waren, sagten sie zu ihm: „Lehrer, wir wissen, dass du wahrhaftig bist und du richtest dich nach niemanden. Du siehst nicht das Angesicht der Menschen, sondern du lehrst in Wahrhaftigkeit den Weg Gottes. Ist es erlaubt dem Kaiser den Zensus [κῆνσος] zu geben oder nicht? Sollen wir sie geben oder nicht geben?“ 15 Weil er aber ihre Heuchelei kannte, sagte er ihnen: „Warum prüft ihr mich? Bringt mir einen Denar, damit ich ihn sehe.“ 16 Sie aber brachten. Und er sagte ihnen: „Wessen Bild und Inschrift ist diese?“ Sie aber antworteten ihm: „Des Kaisers.“ 17 Aber Jesus sagte ihnen: „Das, was des Kaisers ist, gebt dem Kaiser und das, was Gottes ist, Gott.“ Und sie staunten über ihn. (Mk 12,13-17)

Markus bietet eine Perikope über staatliche Abgaben, die auch Matthäus und Lukas aufnehmen. Wie auch bei den anderen Evangelisten ist sie in Jerusalem lokalisiert, zeitlich nah an der Gefangennahme Jesu. In Mk 11,27-12,37 werden verschiedene Fragen an Jesus gestellt, lediglich unterbrochen von dem Gleichnis von den Weingärtnern (Mk 12,1-12). Bei Mk folgt die Frage nach der Kaiserabgabe dem Gleichnis von den Weingärtnern und steht am Beginn einer Reihe weiterer Fragen (Auferstehung, höchstes Gebot, Christus). In Vers 14 und 15 bietet Markus Text, den die anderen beiden Synoptiker nicht aufgenommen haben. Die Perikope wird der Gattung Schulgespräch, Apophthegma oder Chrie zugeordnet, wobei der letzte Admirations-Zusatz untypisch für die Gattung ist.[76]

Personen aus der pharisäischen und herodianischen Bewegung nähern sich Jesus, um ihn durch eine Frage zu kompromittieren. Sie waren bereits in Mk 3,6 gemeinsam zusammengekommen, um zu beraten, wie man Jesus töten könnte. Durch die Erwähnung der Anhänger des Herodes, kommt von Beginn eine politische Dimension in die Szene.[77] In Vers 14 nehmen die Fragenden dann einen langen Anlauf, indem sie Jesus zunächst schmeicheln. Rhetorisch wird Jesus hier in eine Ecke gedrängt, da er daran erinnert wird, dass er die Wahrheit sagt und niemanden nach dem Mund redet. Dann kommen sie zur Kernfrage, ob der Zensus gegeben werden soll: „Sollen wir die Abgabe geben oder nicht geben?“ Die Frage wirkt durch die 1. Person Plural weniger abstrakt und direkter. Außerdem wird Jesus so

76 Vgl. zum Schulgespräch Dschulnigg, Markusevangelium, 314.316; Apophthegma und Chrie: Schreiber, Caesar, 102.

77 So Schreiber, Caesar, 103.

gedrängt, eine allgemeingültige Aussage für alle zu treffen und nicht nur für sich, wie in Mt 17,24–27 bei der Frage nach der Didrachmen-Abgabe. Jesus lässt in seiner Antwort erkennen, dass er die Absicht hinter dieser Frage, die jedoch bei Mk nicht näher ausgeführt wird, versteht. Den Pharisäer:innen und Herodianer:innen wird Heuchelei (ὑπόκρισις) unterstellt. Sowohl Mt (πονηρία) als auch Lk (πανουργία) ändern den Begriff an dieser Stelle. Egal in welcher Provinz man im Römischen Reich lebte, die finanzielle und symbolische Bedeutung der Zensusabgaben war bekannt. Ebenso wie die Bildprogramme auf den Münzen, die zur Bezahlung dienten. Die verschiedenen Aufstände, die sich gegen die römischen Tributzahlungen auflehnten und rigide niedergeschlagen wurden, sind ein Zeugnis für das Konfliktpotential der Zensusabgaben. Es war klar, dass so eine Frage eine Falle war. Für die Adressierten findet hier eine politisch-religiöse Positionierung statt.

Diese hoch politische Frage ist geradezu unmöglich zu beantworten, ohne im Verdacht zu stehen, es jemanden Recht machen zu wollen: befürwortet man Abgaben, wird man als Fürsprecher des Römischen Reiches verdächtigt. Lehnt man Abgabenzahlungen ab, dann wird man Aufstandsbewegungen zugerechnet. Ein Dilemma. Was ist in so einer Situation eine „Lehre in Wahrhaftigkeit über den Weg Gottes“? Scornaienchi geht davon aus, dass das Setting eines Streitgespräches eine markinische Schöpfung ist, da ein ähnliches Logion in EvThom 100 ohne Konfliktsituation als Frage der Jünger geschildert sei.[78] Stefan Schreiber weist darauf hin, dass die Steuerfrage ein existentielles Problem sei, dass in verschiedenen Varianten diskutiert wird und mit dem Jesus-Ausspruch kombiniert werden.[79] In dieser grundsätzlichen Konfliktsituation werde ein Dilemma kreiert, das als solches zu analysieren sei.[80] Jesus handhabt dieses Dilemma so, dass er sich weder zu der einen noch der anderen Antwort drängen lässt, sondern stattdessen eine theologische Perspektive daneben stellt: „Jesus scheint für das Bezahlen der Steuer zu stimmen, aber es bleibt offen, was konkret τὰ τοῦ θεοῦ bedeutet.“[81] Die Antwort Jesu spielt den Ball geschickt zurück, indem er auf die Münze selbst und auf andere Begrifflichkeiten ausweicht: Wessen Bild ist auf der Münze? Dem Kaiser soll gegeben werden, was ihm gehört und Gott, was Gott gehört. Von Abgaben ist nicht die Rede. Einem solchen Satz kann wohl jeder in der Antike zustimmen. Schreiber schlägt vor, Jesu Satz als „public/hidden transcript“ zu verstehen.[82] Öffentlich spricht sich Jesus nicht gegen die Abgabenzahlung aus. Die Doppeldeutigkeit seiner Worte transportiert jedoch zugleich eine versteckte Botschaft. Die

---

78 Vgl. Scornaienchi, Streitgespräche, 384.

79 Vgl. Schreiber, Caesar, 104–105. A.a.O., 105–107 auch noch verschiedene Interpretationen.

80 Vgl. die Ausführungen zum rhetorischen Mittel des Dilemmas in der Antike bei Scornaienchi, Streitgespräche, 352–357.

81 Ebd., 357.

82 Vgl. Schreiber, Caesar, 107–110.

Adressierten des Markusevangeliums lebten in den Spannungen zum Römischen Reich. Lokale Verfolgungen der Christusgruppen hatten bereits in Jerusalem oder Rom stattgefunden und glaubt man der Apostelgeschichte so auch in Kleinasien und Griechenland. Abgabenboykott wie die Verweigerung der Verehrung des Kaisers waren konkrete Gründe, Personen staatlich zu verfolgen. Das hidden transcript ruft laut SCHREIBER das Reich Gottes in Erinnerung: „Der Kaiser, der Staat ist nicht mehr als ein notwendiges Übel, das hinter die Priorität des Anspruchs Gottes weit zurücktritt.“[83] Das public transcript des Abgabenzahlens ermöglicht ein Leben im Reich Gottes nach seinen eigenen Maßstäben statt der römischen: „Man könnte von einer symbolischen Auflehnung sprechen, die nicht auf dem Feld der Gewalt ausgetragen wird, sondern bei der eigenen Überzeugung ansetzt: Die Entscheidung für *Gottes* Macht schafft eine innere Freiheit gegenüber dem Staat, die sich in der konkreten Lebensgestaltung auswirkt.“[84] Die Adressierten des Markusevangeliums konnten diese doppeldeutige Rede entschlüsseln. Die Gemeinschaft ist aufgefordert, im Horizont des Reiches Gottes zu beantworten, was dem Kaiser und was Gott gehört. Weder soll mit dem römischen Reich kollaboriert werden noch in den offenen Widerstand gegangen werden.[85] Und Markus zeigt, dass Jesus der Falle, die ihm gestellt wurde, entgeht und damit auch einer Anklage.[86]

3.2.3 Die Gabe der armen Witwe (Mk 12,41–44)

> 41 Und nachdem er sich gegenüber des γαζοφυλάκιον gesetzt hatte, beobachtete er, wie die Menge Kupfermünzen [χαλκός] in das γαζοφυλάκιον warf. Und viele der Wohlhabenden warfen viel ein. 42 Und es kam eine arme Witwe und warf zwei Lepta [λεπτόν] ein, das ist ein Quadrans [κορδάντης]. 43 Und nachdem er seine Jünger:innen zu sich gerufen hatte, sagte er ihnen: „Amen, ich sage euch, dass diese arme Witwe mehr als alle gegeben hat vom Eingeworfenen in das γαζοφυλάκιον. 44 Viele nämlich haben aus ihrem Überfluss eingeworfen, diese aber hat aus ihrer Bedürftigkeit alles, was sie hat, eingeworfen - ihr ganzes Leben/Vermögen.“ (Mk 12,41-44)

Die Perikope folgt der sogenannten „Warnung vor den Schriftgelehrten“ (Mk 12,38-40) und knüpft an das Stichwort „Witwe“ in Vers 40 an. Nachdem Jesus die Witwe beobachtet hat, geht die Erzählung so weiter, dass Jesus den Tempel verlässt und prophezeit, dass kein Stein auf den anderen bleiben wird (Mk 13,1-2). Die Szene, wie Menschen im Tempel Abgaben in das γαζοφυλάκιον

---

83 Ebd., 121.

84 Ebd., 122.

85 Vgl. ebd., 123-124.

86 Vgl. Yarbro Collins, Mark, 557.

einwerfen, findet sich nur noch bei Lukas, Matthäus greift sie nicht auf. Es handelt sich um ein Apophthegma mit Rahmenerzählung.[87] Der Topos, dass jede Person nach ihren Möglichkeiten geben soll, findet sich auch in anderen antiken Traditionen z. B. über Sokrates.[88]

Markus stellt die Begebenheit so dar, dass Jesus sich absichtlich gegenüber des γαζοφυλάκιον hinsetzt und die Leute beobachtet.[89] Er scheint also schon zu wissen oder mindestens zu vermuten, dass sich hier etwas illustrieren lässt. Besonders auffällig im Vergleich zu Lukas ist, dass verschiedene Geldbegriffe fallen: χαλκός, λεπτόν und κορδάντης. Markus macht dadurch deutlich, dass es sich um wenig Geld handelt. Ersteres sind Kupfermünzen und letzter ¼ As, was die Münze mit dem geringsten Wert ist. Markus scheint dies sowohl für Menschen, die mit der griechischen Währung als auch für die, die mit den lateinischen Begriffen vertraut sind, deutlich machen zu wollen. Jesus ruft seine Jünger:innen gezielt zu sich, damit er ihnen seine Gedanken zu dieser Szene mitteilen kann. Gnilka sieht in dieser Perikope die Gemeinde dazu aufgerufen, sich den Armen anzunehmen.[90]

In der Forschung wird vor allem diskutiert, wobei es sich bei dem Geld handelt, das in das γαζοφυλάκιον eingeworfen wird. Relativ einig ist man sich, dass es sich um eine Spende handelt und es daher um das Verhältnis zwischen ökonomischer Situation und Spendenhöhe gehe.[91] Michael Farris meint, dass es sich um die Tempelabgabe handele,[92] jedoch scheint das nicht plausibel, da offensichtlich verschiedene Beträge eingeworfen werden und zum anderen Frauen die Tempelabgabe nicht bezahlen mussten. Markus Lau versucht für die markinische Fassung, diese Frage zu beantworten, indem er dem Begriff γαζοφυλάκιον nachgeht. Üblicherweise wird das γαζοφυλάκιον als Opferstock oder Spendenbox gedeutet, also ein Kasten, in den Spenden eingeworfen werden.[93] Zurückgeführt würde dieses auf Josephus, ant. 9, 163-164, wo von einer Holzbox die Rede ist, in der Leute Spenden für die Renovierung des Tempels einwerfen können und in mSheq 6,5 13 Spendenboxen erwähnt werden.[94] Allerdings wird bei Josephus nicht der Begriff

---

87 Vgl. Dschulnigg, Markusevangelium, 330.

88 Vgl. Yarbro Collins, Mark, 587 (Xenophon, mem. 1,3,3). Bedenbender, Messias, 85 weist auf die weit verbreitete antike Vorstellung hin, dass Tempelabgaben durch arme Personen besonders zu schätzen seien.

89 Das γαζοφυλάκιον ist eine Schatzkammer, die jedoch in den meisten Übersetzungen als *Opferkasten* übersetzt wird. Auch Dschulnigg, 331 setzt die Schatzkammer und die Opferkästen gleich. Dazu mehr unter Lk 21,1-4.

90 Gnilka, Markus (2), 178.

91 Vgl. den Überblick bei Lau, Witwe, 186-189 und für die anglo-amerikanische Forschung Wright, Widow's Mites, 257-258.

92 Vgl. Farris, Two Taxations, 31-32.

93 Vgl. Lau, Witwe, 190.

94 Vgl. ebd., 190.

γαζοφυλάκιον benutzt, sondern θησαυρός.[95] Was das γαζοφυλάκιον ist, erklären diese Stellen damit nicht, sondern bestätigen lediglich, dass es Boxen gab, wo Geld eingeworfen werden konnte, das dem Tempel zugute kam.

LAU kommt zu dem Ergebnis, dass γαζοφυλάκιον die Schatzkammer des Tempels bezeichnet, in der Geldüberschüsse lagerten und Juden und Jüdinnen Teile ihres Vermögens verwahren konnten.[96] Der Tempel übernahm die Funktion einer Bank, wie es bei den Tempeln in der Antike üblich war. Demnach würde das in das γαζοφυλάκιον eingelegte Geld im Besitz der Personen, hier der Witwe verbleiben.[97] LAU interpretiert die Perikope im Kontext von Mk 12,40 und Mk 13,2 vor der Erfahrung der Tempelzerstörung und dem Verlust der dort zur Verwahrung deponierten Besitztümer. Jesus beklage, dass eine Person wie die arme Witwe alles, was sie zum Leben braucht, verlieren würde, weil sie auf die falsche Sicherheit gesetzt habe.[98] Die Perikope über die Witwe würde daher exemplarisch den Vorwurf an die Schriftgelehrten, die Häuser der Witwen zu fressen, ausführen.[99]

LAU meint, dass Markus die Schriftgelehrten dafür verantwortlich macht, dass die Witwen ihr Geld dem Tempel anvertrauen.[100] Die Funktion von Schreibern im Abgaben- und Bankwesen wird verschiedentlich in Dokumenten bezeugt. Auch Josephus sagt in Ant. 9,164, dass γραμματεῖς mit verantwortlich für die Verwaltung des γαζοφυλάκιον sind.[101] Inwieweit sie aber *Werbung* für das Deponieren von Besitz in der Tempelkasse machen oder dieses motivieren, wie LAU suggeriert, ist schwer belegbar. Einen Hinweis in eine vergleichbare Richtung gibt es in Mk 7,6–13, wo Pharisäer:innen und Schriftgelehrten vorgeworfen wird, mit eigenen Überlieferung Gottes Gebote auszuhebeln.

ANDREAS BEDENBENDER schlägt vor, diese markinische Perikope im Kontext der Belagerung Jerusalems und der Hungersnot zu lesen.[102] Laut Josephus wurden die Opfer im Tempel trotz der prekären Lage weitergeführt – unterstützt durch einen großen Teil der Bevölkerung, um Gott zur Hilfe zu bewegen (Josephus,

95 Vgl. ebd., 191.

96 Vgl. ebd., 196: Josephus, bell. 5,200; 6,282; 2Makk 3,6.10.12.

97 Vgl. ebd., 198.

98 Vgl. ebd., 203–204. Bedenbender, Messias, 77–78 macht darauf aufmerksam, dass der griechische Text liest: „ihr ganzes Leben“ und damit Jesus drastische Worte in den Mund läge, die die Übersetzungen mit Umschreibungen abschwächen würden. Bedenbender, Messias, 88–89 hält die Annahme Laus, es handele sich um die Einlage von Vermögen, nicht für plausibel, denn er betrachtet es als abwegig, dass dieser kleine Betrag tatsächlich als Vermögen deponiert werden könnte. Zudem sei angesichts der Tempelzerstörung Geld und Vermögen zweitrangig gewesen (Ez 7,19; Josephus, bell. 6,282).

99 Vgl. Lau, Witwe, 204. Dies hat bereits 1982 Wright, Widow's Mites, 162 herausgearbeitet.

100 Vgl. Lau, Witwe, 205.

101 Vgl. ebd., 205.

102 Vgl. Bedenbender, Messias, 79–80.

bell. 5,429-438; 6,94.113-118). Mk 13,1 knüpft zudem thematisch an, wenn es auf die Bautätigkeiten am Tempel anspielt, die aus den Tempeleinnahmen mitfinanziert wurden.[103] BEDENBENDER interpretiert die Perikope daher im Kontext von Jer 7 und der prophetischen Sozialkritik, dass man Gerechtigkeit und Armenfürsorge praktizieren soll (Jer 7,5-6), da ansonsten der Tempel Gottes sinnentleert wird (Jer 7,4.8.10-11) und Gott seinen Namen auch woanders wohnen lassen kann (Jer 7,12.14).[104] Die Kritik Jesu richte sich demnach gegen eine bestimmte Form der Tempelfrömmigkeit in der Bevölkerung, die Menschen ihr Leben opfern lässt.[105]

Für die Adressat:innen des Markusevangeliums kann sich diese Szene nicht auf eine Tempelfrömmigkeit begrenzen. Vielmehr veranschaulicht es für sie eine grundlegende Perspektive: Gaben können nicht an ihrer Höhe bemessen werden, sondern stehen in Relation zum Besitz der/des Geber:in. Besonders dort, wo ihre Höhe nicht am Besitz bemessen wird wie bei kultischen Abgaben. Wenn jede Person nach ihren Möglichkeiten gibt, dann muss niemand die letzten Ressourcen einwerfen. Handelt es sich um eine Warnung, den Menschen finanziell nicht übermäßig viel im Namen der Religion abzuverlangen? Oder um die Aufforderung sich der Armen anzunehmen, wie einige Auslegungen betonen? Ich denke, dass das Evangelium hier vor allem eine Problemanzeige macht. Und wie schon bei der Frage nach der Abgabe für den Kaiser, ist die markinische Gruppe aufgerufen, wie Jesus selbst, dieses Problem im Auge zu behalten.

3.3 Zusammenfassung

Im Markusevangelium kommt Abgabenpersonal nur in der Levi Perikope vor. Diese ist jedoch zentral und legt einen Grundstein. Jesus wird in Gemeinschaft mit Abgabenpersonal gezeigt und so wird der in der Logienquelle bewahrte Vorwurf an Jesus, mit Zöllner:innen und Sünder:innen befreundet zu sein, von der anderen Seite her illustriert. Christologisch wird diese Gemeinschaft damit begründet, dass Jesus wie ein Arzt sei. Markus scheint sich mit einer Exklusion von Abgabenpersonal wahrscheinlich aufgrund ihres Berufs auseinanderzusetzen. Er versucht diese Haltung jedoch durch verschiedene Methoden zu verändern. Er personalisiert Levi den Abgabeneinnehmer, er weckt Empathie und Solidarität mit der gesamten Gruppe des Abgabenpersonals, er integriert sie in eine neue übergeordnete Gruppe der Jesus-nachfolgenden Sünder:innen und schafft somit gleichzeitig eine Untergruppe im Stereotyp des Abgabenpersonals. Dies eröffnet der markinischen Gemeinschaft die Möglichkeit, Abgabenpersonal als Teil der eigenen Gruppe wahrzunehmen und

103 Vgl. ebd., 81.
104 Vgl. ebd., 82-83.
105 Vgl. ebd., 95.

nach außen zu verteidigen. Unabhängig davon, ob die Gemeinschaft sich selbst mit einem solchen Vorwurf konfrontiert sah oder ob dies ein Überbleibsel aus der Zeit des historischen Jesus war, zeigt Markus einen Weg, damit umzugehen.

Das Markusevangelium spricht sowohl staatliche Abgaben als auch kultische Abgaben im Tempel an. Die Perikope über die Abgaben für den Kaiser spricht sich weder eindeutig fürs Abgabenzahlen aus noch dagegen. Die Antwort ruft auf, dem Kaiser und Gott das zu geben, was ihnen zusteht, überlässt aber den Adressierten die Entscheidung, was das ist. In dieser Zwischenposition ist sie jedoch versteckt politisch. Ähnlich gibt der markinische Jesus bei den kultischen Abgaben nicht explizit eine Aufforderung, sondern es wird auf ein Problem aufmerksam gemacht zwischen Vermögenden und Besitzlosen. Auch dies ist eine versteckte Kritik.

Im Folgenden werden wir sehen, dass das Lukasevangelium der markinischen Vorlage insgesamt eng folgt, indem er all diese Perikopen inkorporiert und auch Levis Namen belässt. Das Matthäusevangelium entscheidet sich dafür, die Perikope über die Gabe der Witwe auszusparen. Es nimmt die Gemeinschaft mit Abgabenpersonal auf und geht sogar so weit, den Zöllner Matthäus in die Jüngerliste zu setzen, wofür es nur einige Handschriften gibt, die das auch im Markusevangelium tun. Wir werden sehen, dass dies zu Spannungen führt mit den negativen Traditionen über Abgabenpersonal, die Matthäus in sein Evangelium einarbeitet.

4. Matthäusevangelium

4.1 Vorbemerkungen zum Matthäusevangelium

Es ist inzwischen weitestgehend Forschungskonsens, dass das Matthäusevangelium in der Provinz Syria zwischen 80–90 n. Chr. entstanden ist.[106] Begründet wird dies mit zwei Notizen im Matthäusevangelium. Mt 4,24 redet davon, dass sich die Kunde über Jesus in ganz Syrien verbreitete und Mt 19,1 bezeichnet Judäa als *jenseits des Jordans* gelegen, was einer Perspektive von Osten nach Westen, d. h. östlich des Jordans, entspräche.[107]

---

106 Luz, Matthäus (1), 75–76 spricht sich für eine frühe Entstehung Anfang der 80er Jahre aus. Ähnlich Ebner/Schreiber, Einleitung, 146. Broer, Einleitung, 121 setzt wie bei Lukas einen Zeitraum von 80–100 n. Chr. an.

107 Meistens wird noch das Argument angeführt, dass Ignatius von Antiochien Matthäus zitiere (exemplarisch Schnelle, Einleitung, 265), doch ist die Datierung seiner Werke inzwischen deutlich nach hinten gerückt und wird nun eher Ende statt Beginn des 2. Jh. vermutet. Der zweite gängige Verweis ist die Didache, da sie die matthäische Version des Vaterunsers beinhalte (ebenso Schnelle, Einleitung, 265). Bereits Koester, Gospels, 315 hat auf die Probleme mit der Ignatius- und Didache-These hingewiesen.

Antiochien wird häufig als Abfassungsort angenommen.[108] Grund dafür ist auch, dass die Apostelgeschichte die Notiz überliefert, dass in Antiochien die Messiasanhänger:innen zum ersten Mal Christ:innen genannt wurden (Apg 11,26). Es kann bislang nicht eindeutig geklärt werden, wo genau die matthäische Gruppe lokalisiert war. Besonders das matthäische Sondergut bietet im Vergleich zum lukanischen eher Material mit ländlichem Bezug.[109] Es gab also zumindest einen Überlieferungsbereich bzw. Tradentengruppen aus dem ländlichen Milieu.[110]

Mt 13,52 legt nahe, dass der matthäischen Gruppe Schriftgelehrsamkeit wichtig war, was neben der Kenntnis der Tora und ihre Bedeutung für den Alltag auch bedeutet, dass mindestens einige lesen und schreiben konnten.[111] Auch Worte wie Mt 5,17 über Jesu Auftrag zur Gesetzeserfüllung zeigen, dass Schreibertätigkeit, Torakunde und Gebotsauslegung einen hohen Stellenwert innehatten. Ulrich Luz nimmt an, dass der Verfasser selbst Judenchrist gewesen sei.[112] Immer wieder sichtbar wird, dass das Matthäusevangelium Teil einer polemischen Auseinandersetzung ist.[113] Besonders deutlich ist dies an Aussagen, die sich gegen Pharisäer:innen richten.[114] Neben dieser innerjüdischen Abgrenzung, warnt das Matthäusevangelium auch vor der nicht-jüdischen Umgebung (Mt 5,47; 10,5; 18,17).[115] Anhand geographischer Angaben wie Kanaan oder die Bezeichnung von Gebieten nach den 12 Stämmen Israels zeigen, dass das Matthäusevangelium sich in Tora-Erzählungen einschreibt.[116] Das Verhältnis zur Logienquelle wird von Luz als besonders eng angenommen, da die Gruppe von eben diesen Trägerkreisen gegründet worden sei und die Logienquelle damit ein Teil der eigenen Tradition sei.[117]

---

108 Vgl. Street, Four Gospels, 486-487, der die Antiochien-These als erster ausführlich diskutiert; Carter, Margins, 15-17 bietet einen kompakten Überblick über die Argumente, die für Antiochien sprechen und Sim, Gospel of Matthew widerlegt ausführliche die These einer Abfassung in Galiläa und spricht sich ebenso für Antiochien aus. Vgl. auch Fiedler, Matthäusevangelium, 19; Ebner/Schreiber, Einleitung, 146; Broer, Einleitung, 122; Luz, Matthäus (1), 73-75 stellt die Argumente für Antiochien vor, schränkt sie jedoch ein, indem er zeigt, dass diese Argumente auch für andere Städte in Syrien sprechen könnten. Dennoch favorisiert er auch Antiochien.

109 Vgl. das Gleichnis vom Unkraut unter Weizen (Mt 13,24-30.36-43); Schatz im Acker (Mt 13,44); Fischnetz (Mt 13,47-48); Tempelabgabe (Mt 17,27-27); Arbeiter im Weinberg (Mt 20,1-16); die ungleichen Söhne (Mt 21,28-30).

110 Vgl. zum Sondergut als Spiegel verschiedener Gruppen in der Gemeinde Wrege, Sondergut, 10-14.

111 Vgl. zur Bedeutung der Schriftgelehrten bzw. pharisäischen Schule für Alltagsprobleme in der matthäischen Gruppe Fiedler, Matthäusevangelium, 25–26. Vgl. allgmein zur Zusammensetzung der Christus-Gruppe Saldarini, Community, 84-123.

112 Vgl. Luz, Matthäus (1), 62-65.

113 Vgl. Bormann, Theologie, 271.

114 Vgl. dazu Fiedler, Matthäusevangelium, 24-29.

115 Vgl. Ebner/Schreiber, Einleitung, 143.

116 Vgl. Bormann, Theologie, 268.

117 So Luz, Matthäus (1), 66.

Die matthäischen Aussagen über Abgabenpersonal können verschiedenen Themenkreisen zugeordnet werden. Sie dienen der Abgrenzung von anderen (Mt 5,46; 18,17), der rhetorischen Beschämung von Opponent:innen (Mt 21,32–33) und illustrieren Jesu Gemeinschaft mit Abgabenpersonal (Mt 9,9–13; 10,2–4). Abgaben werden als religiöse Abgaben (Mt 17,17–24; 23,23) und staatliche Abgaben (Mt 18,21–35; 22,15–22) thematisiert.

Matthäus übernimmt das gesamte markinische Material zum Thema Abgabenpersonal und Abgaben außer die Abgabe der Witwe (Mk 12,41–44). Aus Q übernimmt er besonders negative Sprüche. Matthäus hat nur die Perikope über die Tempelabgabe in Kapitel 17 als eigenständige Erzählung und Sondergut mit fiskalischem Bezug.

4.2 Matthäische Aussagen über Abgabenpersonal und Abgabenwesen

4.2.1 Von der Feindesliebe (Mt 5,46)

> 46 Wenn ihr nämlich liebt, die euch lieben, welchen Lohn habt ihr? Tun dasselbe nicht auch die Abgabeneinnehmende [τελώνης]? 47 Und wenn ihr nur eure Geschwister grüßt, was habt ihr Besseres gemacht? Tun nicht dasselbe auch diejenigen aus den Völkern? (Mt 5,46–47)

Im Matthäusevangelium ist dies die erste Stelle, an der Abgabenpersonal genannt wird. Matthäus übernimmt hier Material aus der Logienquelle und baut es in seine sogenannte Bergpredigt ein. Wie wir bereits gesehen haben, rezipiert die Logienquelle negative Traditionen über Abgabenpersonal. Der Abschnitt fordert auf, die Feinde zu lieben und für die Verfolger zu beten (Mt 5,43–48). Eine Begründung ist die weisheitliche Aussage, dass Gott über Böse und Gute die Sonne aufgehen und es regnen lässt (Mt 5,45). Darauf folgen zwei rhetorische Fragen in den Versen 46 und 47. Abgabeneinnehmende und nicht-jüdische Personen dienen als Negativfolie einer Haltung, die sich positiv nur dem eigenen Netzwerk zuwendet. Den Abgabeneinnehmenden als Berufsgruppe wird durch diesen Spruch in besonderer Weise unterstellt, nur diejenigen zu lieben, die sie lieben. Die Parallelstelle in Lk 6,32 liest Sünder:innen statt Abgabeneinnehmende. Wir werden später sehen, dass dieser Unterschied entscheidend ist für ein anderes Bild von Abgabenpersonal im Lukasevangelium.

Das Matthäusevangelium übernimmt hier unverändert die Tradition aus der Logienquelle.[118] Matthäus nimmt an, dass dieser Vergleich unmittelbar einleuchtend

118 Vgl. auch Luz, Matthäus (1), 312. Er führt allerdings nicht aus, warum hier Zöllner genannt werden.

ist und auf instinktive Zustimmung stößt. Es handelt sich demnach um stigmatisierende Stereotype.[119] Der Spruch beschreibt nichts anderes als eine Reziprozität, wie sie in antiken Netzwerken überall anzutreffen ist. Abgabenpersonal sind nicht die einzigen, die sich innerhalb reziproker Systeme bewegen.[120] Vielleicht war lediglich ihre gute Vernetzung besonders offenkundig. Sowohl bei dem Praktor Nemesion als auch Soterichos gab es Dokumente, die belegen, dass sie anderen Gefallen taten. Dabei spielte offenbar ihre gute Vernetzung eine Rolle, da sie viele Personen kannten – besonders innerhalb des administrativen Apparates.

Dass gerade Abgabeneinnehmende als Beispiel herausgegriffen werden, signalisiert, dass von einer instinktiven Distanzierung von dieser Gruppe ausgegangen wird. Diese Distanzierung findet auf der ethischen bzw. moralischen Ebene statt. Behauptet wird dabei, dass es keinen Lohn gibt für reziproke Liebe, sondern nur dann, wenn ich die liebe, die mich nicht lieben. Deutlich wird durch den Kontext von Feind:innen und Verfolger:innen, dass hier die Hörerschaften in ihrer eigenen Situation angesprochen werden. Der ethische Anspruch ist, sich besser zu verhalten. Die eigene Gruppenidentität wird durch Abgrenzung nach außen konstruiert und gefestigt. Vielleicht baut Matthäus hier auch ein eigenes Stereotyp aus, das stigmatisierende Zuschreibungen enthält.

4.2.2 Die Berufung des Levi und die Tischgemeinschaft mit Abgabenpersonal (Mt 9,9–13)

> 9 Und als Jesus von dort weiterging, sah er einen Menschen, der beim Abgabenhaus saß, Matthäus genannt, und sagte zu ihm: „Folge mir." Und er stand auf und folgte ihm. 10 Und es geschah als er im Haus zu Tisch lag und siehe, viele Abgabeneinnehmer:innen [τελώνης] und Sünder:innen waren gekommen und lagen gemeinsam zu Tisch mit Jesus und seinen Jünger:innen. 11 Und nachdem die Pharisäer [dies] gesehen hatten, sagten sie zu seinen Jünger:innen: „Warum/Wozu isst euer Lehrer mit Abgabeneinnehmer:innen [τελώνης] und Sünder:innen?" 12 Er aber hörte [dies] und sagte: „Die Gesunden brauchen keinen Arzt, sondern die Schlechten. 13 Setzt euch aber in Bewegung und lernt was es bedeutet: ich will Mitgefühl [ἔλεος]und kein Opfer [Hos 6,6]; ich bin nicht gekommen Gerechte zu rufen, sondern Sünder:innen [zur Umkehr]." (Mt 9,9-13)

---

119 Vgl. auch Herrenbrück, Zöllner, 248-249. Herrenbrück meint jedoch, dass hier exklusiv diejenigen jüdischen Personen angesprochen werden, die Abgabenpersonal ablehnen. Ich denke nicht, dass die Stigmatisierung auf eine spezifische Gruppe in der Christus-Gruppe zugespitzt werden kann, denn die Quellenübersicht hat negative und positive Einstellungen quer durch die antike Gesellschaft gezeigt.

120 Es war in der Antike üblich, sich Netzwerke aufzubauen und sich in Netzwerken anhand geteilter Interessen zu organisieren. Vgl. vor allem die privaten Vereine, die eben solche Netzwerke formten. Mit anschaulichen Beispielen dargestellt bei Kloppenborg, Christ's Association, 55-80.

Matthäus übernimmt die Berufungserzählung von Markus, ändert sie aber redaktionell. Das Evangelium klingt sich hier kurz in die Perikopenreihenfolge seiner markinischen Vorlage wieder ein: Unmittelbar davor wird die Heilung eines Gelähmten berichtet (Mt 9,1-8) und nach der Mahlerzählung folgt die Frage nach dem Fasten (Mt 9,14-17). Die Berufungserzählung (Mt 9,9) wird mit dem Streitgespräch (Mt 9,10-13) durch das Stichwort τελώνης (Mt 9,10-11) hergestellt.

Matthäus nimmt redaktionelle Veränderungen vor. Er ändert in der Nachfolgegeschichte den Namen Levi zu Matthäus (Mt 9,9). Der Name gibt aramäisch מתי oder מתא wieder, was auf Mathanja oder Mathithja zurückzuführen ist und so viel wie *Geschenk Gottes* bedeutet.[121] Luz nimmt an, dass der Evangelist die Namensänderung vornahm, um dem ihm bekannten Jünger Matthäus, der τελώνης, eine Berufungsgeschichte zu geben.[122] Er würde damit die Bedeutung des 12er-Kreises hervorheben. Auch wenn diese Erklärung in sich plausibel ist, so passt nicht dazu, dass das Matthäusevangelium im Folgenden die bei Markus zu findenden Bezüge zum See Genezareth abschwächt und diese Jüngerberufung von den anderen abtrennt. Aus der restlichen Erzählung ist klar, dass es sich bei den Jüngern des 12er-Kreis – Simon, Andreas, Jakobus und Johannes -, um Fischer handelt (Mt 4,18-22).

In der markinischen Version der Nachfolgeerzählung des Levi wird eigens betont, dass Levi in einem Abgabenhaus am See Genezareth Dienst versieht. Im Matthäusevangelium wird diese Verbindung zum See sowie zum Fischereigewerbe und damit zu den anderen Jüngern übergangen. Mehr noch: Jesus hat sich bereits vom See entfernt. In Mt 9,1 heißt es, dass er über den See gesetzt und in seine eigene Stadt gegangen war. Mit Mt 4,13 wird angenommen, dass es sich um Kaphernaum handelt, wo Jesus sich in seinem oder einem Haus seiner Nachfolger:innen aufhielt.[123] Von dort zieht Jesus dann in Mt 9,9 weiter. Erst in Mt 13,1 wird explizit gesagt, dass Jesus wieder am See Genezareth ist. Der Evangelist entkoppelt somit den Abgabeneinnehmer Matthäus vom See, an dem die anderen erzählten 12er-Nachfolgegeschichten stattfanden. Gefördert wird dies auch dadurch, dass er nicht wie Markus von „seinem Haus" spricht, was zumindest doppeldeutig das Haus des Abgabeneinnehmers oder Jesu sein könnte, sondern einfach nur „im Haus" schreibt. Theoretisch könnte es sich auch um eine Zollstation im Grenzgebiet von Galiläa zu einer der angrenzenden Gebiete von Philipp, der Provinz Syria oder der Dekapolis handeln. Das Matthäusevangelium lässt dies offen. Ebenso erweitert Matthäus das Arzt-Wort um eine Belehrung, die in einem Prophetenzitat gipfelt:

121 Vgl. Luz, Matthäus (2), 41.
122 Vgl. ebd., 42-43.
123 Vgl. ebd., 43.

„Mitgefühl will ich und nicht Opfer". Das Zitat stammt aus Hosea 6,6 und gibt die Septuaginta wörtlich wieder.

Im Matthäusevangelium ist die τελώνης-Berufung deutlich abgesetzt von der ersten Jüngerberufung. Matthäus schiebt verschiedene Heilungserzählungen und die Bergpredigt dazwischen (Mt 4,18–9,8). In der Erzählfolge des Matthäus ist ein Großteil der Unterweisungen und Heilungen Jesu schon geschehen und bekannt, bevor Matthäus sich der Jesusbewegung anschließt. Die Erzählung von der Nachfolge enthält einige Irritationsmomente. Wenn ein Abgabeneinnehmer seinen Posten verlässt – unabhängig davon, auf welcher hierarchischen Ebene er anzusiedeln ist –, kann das nicht unbemerkt bleiben. Die epigraphischen und papyrologischen Quellen haben deutlich gezeigt, dass kein Abgabeneinnehmer alleine Dienst hat, sondern mehrere Personen in verschiedenen Funktionen insbesondere eine Zollstation besetzen. Die Namen Levi/Matthäus signalisieren, dass es sich um einheimische Personen handelt. Bewohner:innen der östlichen Provinzen waren mit lokalen Kräften im Abgabenwesen vertraut, wie wir gesehen haben. Sollte dieser Levi/Matthäus ein Angestellter eines Abgabenpächters gewesen sein, so hat ein Verlassen der Station den Verlust des Gehaltes und Jobs zur Folge. Je nach Aufgabe konnte es unterschiedlich mühsam sein, die Person zu ersetzen. Sollte es sich um den Abgabenpächter selbst handeln, so sieht die Sache anders aus. Kehrte er seiner Tätigkeit einfach den Rücken, so hatte dies nicht nur für ihn Konsequenzen, sondern wie in der Provinz Asia unter Umständen auch für die Personen, die die finanziellen Sicherheiten gegeben hatten. Zudem konnte er von Kollegen angezeigt und vom Staat verfolgt werden. So wie Nemesion seinen Kollegen Horion angezeigt hatte, weil der seinen Aufgaben nicht nachkam und Nemesion verhindern wollte, dass er für ihn finanziell einstehen musste. Auch seine Familie konnte zur Kasse gebeten werden. Ebenso wie die Aufgabe des Fischens seitens der anderen Jünger Konsequenzen für das soziale Umfeld hatte, so auch für diejenigen, die mit diesem Abgabeneinnehmer familiär oder beruflich verbunden waren. Das Verlassen des Zollhauses wird teilweise so interpretiert, als müsse der Zöllner seine Tätigkeit aufgeben, um zur Gruppe zu gehören.[124] Wie bereits gesagt, geben auch die anderen Jünger ihre Tätigkeiten für die Nachfolge (temporär) auf. Daraus kann aber nicht gefolgert werden, dass man kein Fischer sein durfte, wenn man zur matthäischen Gruppe gehörte. Dies ist im matthäischen Kontext nur, durch die Abgrenzung gegenüber Abgabenpersonal wie in Mt 18,17 plausibel. Carter macht auf einen anderen Aspekt aufmerksam: „Despised tax collectors (even emperors!) can walk away from the oppressive imperial tax system".[125] Er interpretiert die Szene dem-

124 Vgl. Carter, Matthew, 218; Herrenbrück, Zöllner, 246.

125 Carter, Margins, 218–219.

nach so, dass immer eine Wahl bestünde bzw. die Nachfolge aus unterdrückerischen Zusammenhängen befreie.

Die Szene der Tischgemeinschaft verlagert Matthäus in ein nicht näher bestimmtes Haus. Er folgt der markinischen Vorlage darin, dass viele Abgabeneinnehmer:innen und Sünder:innen kommen und mit Jesus und seinen Schüler:innen eine Tischgemeinschaft teilen. Unabhängig davon, dass hier zwei Einzelperikopen zusammengefügt wurden, entsteht der Eindruck, dass der eine τελώνης, der Jesus nachfolgt, weitere animiert, zur Jesusgruppe dazuzustoßen. Zöllner bzw. Abgabenpersonal treten als Gruppe auf. Im Kontext des Matthäusevangeliums klingt hier auch die erste im Evangelium getroffene Aussage über Abgabeneinnehmer:innen an: Sie lieben nur ihresgleichen (Mt 5,46). Häufig wird der Anstoß, den die anderen nehmen, darin gesehen, dass hier mit Menschen gegessen würde, die kein Teil der (jüdischen) Gemeinschaft (mehr) seien.[126]

Einige Pharisäer:innen (in Mk 2,16 deren Schreiber:innen) fragen seine Jünger:innen, warum oder wozu Jesus mit Sünder:innen und Abgabeneinnehmer:innen isst (Mt 9,11, ebenso Lk 5,30). In Markus äußern sie diesen Satz lediglich als Beobachtung. In der matthäischen Version wird also nach einem Grund, einer Motivation gefragt. Die Umformulierung als Frage lässt vielleicht Anfragen an die matthäische Gruppe oder der Adressierten selbst durchscheinen. Die Antwort stigmatisiert Abgabenpersonal (und Sünder:innen): sie sind nicht gesund, sondern krank, sie sind nicht Gerechte, sondern Sünder. Es ist möglich, dass Matthäus vorhandene negative Zuschreibungen über Abgabenpersonal aufgreift. Dies fügt sich jedenfalls in die abwertenden Sätze über Abgabenpersonal gut ein. Inkonsistent zu diesen anderen matthäischen Sätzen wie Mt 5,46 ist, dass er durch die markinische Vorlage übernimmt, dass die Inklusion der Abgabeneinnehmer nun gerechtfertigt wird.

Matthäus fügt das Prophetenzitat Hos 6,6 ein und zwar mit einer einleitenden Belehrung. Die LXX überträgt das Hebräische חסד mit ἔλεος. Im Hebräischen hat der Begriff das Bedeutungsspektrum Mitgefühl, Erbarmen, aber auch Bundestreue. Jesus ruft den Pharisäer:innen bzw. Adressierten des Evangeliums damit ein Prophetenwort in Erinnerung. Das Zitat passt mit seinen beiden Stichwörtern Erbarmen/Mitgefühl/Treue und Opfer auf den ersten Blick nicht in den Erzählkontext. Luz schlägt vor, dass „Opfer" sich auf die pharisäische Reinheitstora beziehe und damit auf den Ausschluss von „Zöllnern und Sündern".[127] In einem kleinen Exkurs zu Hos 6,6, erklärt er dann aber selbst, dass das Kultgebot angesprochen sei. Mit einer komparativischen Deutung hieße Hos 6,6 dann: „Barmherzigkeit will

126 Vgl. Perrin, Jesus, 113.116–117.
127 Vgl. Luz, Matthäus (2), 44.

ich mehr als Opfer."[128] Ich halte es für plausibel, dass es hier nicht spezifisch um Ausschluss von Abgabenpersonal aus der pharisäischen Bewegung ging, sondern Matthäus von dem Arzt-Logion auf eine weitere allgemeine Weisung kommt, sich derer anzunehmen, die als Sünder:innen betrachtet werden und dies als wichtiger zu erachten als regelmäßige Opfergaben. Denn Matthäus hat gar kein Problem damit an anderen Stellen Abgabenpersonal aus der Gemeinschaft auszuschließen. Zudem benutzt Matthäus erneut in 12,7 eben dieses Hoseazitat im Kontext der Frage nach der Sabbatruhe. Es fällt also auf, dass Matthäus das Prophetenzitat gerade bei offenbar innerjüdisch diskutierten Verhaltensweisen einsetzt. Matthäus flicht das Zitat so ein, dass es wirkt, als würde Jesus damit sein Verhalten zusätzlich mit der Schrift begründen bzw. es von der Schrift legitimiert wird. Dadurch wird die Tischgemeinschaft als Zeichen des Mitgefühls oder der (Bundes-)Treue in einen größeren Kontext gestellt: Die (Bundes-)Treue zu Gott und innerhalb der Gemeinschaft selbst. Das Matthäusevangelium verstärkt damit rhetorisch den Apell zur Solidarität.

Die Tischgemeinschaft macht Netzwerke sichtbar, die unsichtbar schon da sind. Vielleicht ist das eine Botschaft an die Lesegemeinschaft: Jesus Nachfolge bedeutet offengelegte Beziehungen zu Abgabenpersonal, ohne dass daran eine Vorbedingung geknüpft ist, dass sie erst aufhören müssen im Abgabenwesen tätig zu sein. Gleichzeitig bleibt ein moralisches Gefälle bestehen – die Tischgemeinschaft mit Abgabenpersonal und Sünder:innen ist akzeptabel, weil sie krank sind und umkehren sollen. Impliziert scheint auf der Ebene des Endtextes zu sein, dass eine Umkehr notwendig ist – offen bleibt nur, ob die Heilung des Abgabenpersonals analog zu den Sünder:innen bedeuten würden, dass sie aufhören Abgabeneinnehmer:innen zu sein. Dies scheint Matthäus durch seine anderen Aussagen über Abgabenpersonal zu implizieren.

4.2.3 Die Jüngerliste (Mt 10,2–4)

> 2 Die Namen der zwölf Ausgesandten waren diese: Zuerst Simon, der Petrus genannt wird, und Andreas, sein Bruder, und Jakobus der Zebedaide und Johannes, sein Bruder, 3 Philippus und Bartholomäus, Thomas und Matthäus, der Abgabeneinnehmer [τελώνης], Jakobus, der [Sohn] des Alphäus und Thaddäus, 4 Simon, der Kanaanäer, und Judas, der Iskarier, der ihn auch auslieferte. (Mt 10,2–4)

Mt 10,3 ist eng verknüpft mit der von Markus übernommenen Nachfolge- und Tischgemeinschaftserzählung in Mt 9,9–13, da der Abgabeneinnehmer Matthäus wieder auftaucht. Es handelt sich um einen redaktionellen Eingriff des Evangelisten.

---

128 Vgl. ebd., 44.

In der matthäischen Version folgt demnach ein Abgabeneinnehmer Jesus nicht nur nach, sondern bekommt einen Platz im 12er-Kreis. Die anderen Jünger werden über ihre verwandtschaftlichen Beziehungen oder Beinamen identifiziert. Matthäus wird als einziger über eine berufliche Tätigkeit gekennzeichnet. In epigraphischen Zeugnissen haben wir gesehen, dass Abgabenpersonal in Listen von Kultvereinen und Stiftungen namentlich und mit Beruf genannt wurde. Die Nennung des Abgaben-Berufes in einer Liste mit öffentlichem Charakter ist demnach nicht auffällig. Relevant wird die explizite Nennung einer Person und ihres Berufes, sobald es sich um eine wohlhabende bzw. einflussreiche Person der Gemeinschaft handelt. Dann bekommt die Nennung Signalcharakter und bezieht sich auf die Ebene der Vernetzung bzw. des sozialen Kapitals einer Gruppe.

Der Evangelist vermittelt seinen Adressierten, dass mindestens ein Abgabeneinnehmer nicht nur Jesus nachfolgt, sondern sogar zu seinem engsten Kreis gehört.[129] Ein bisschen ergibt sich der Eindruck einer Abfolge analog zu einem sozialen Aufstieg: Nachfolge, Tischgemeinschaft, Jüngerliste. Matthäus hat es quasi geschafft. Gleichzeitig wird damit auch impliziert, dass er wie die anderen 12er-Jünger seinen Beruf nicht mehr nachgeht, um Jesus zu folgen.

Es ist auffällig, dass Matthäus ebenso wie Lukas den Satz der markinischen Version auslässt bzw. nicht vorliegen hat, dass es viele waren und diese Jesus nachfolgten (Mk 2,15). Im Matthäusevangelium folgt explizit nur Matthäus der Abgabeneinnehmer Jesus nach, die anderen Abgabeneinnehmer:innen teilen die Tischgemeinschaft mit Jesus und seinen Nachfolger:innen. Ein Abgabeneinnehmer kann auch in der Jesusgemeinschaft einen sichtbaren Platz einnehmen. Er muss sich nicht verstecken und nicht versteckt werden. Damit erscheint dieser Abgabeneinnehmer regelrecht als Gegengewicht zur Pauschalisierung und zur Distanzierung in Mt 5,46. Matthäus geht damit in der Dekategorisierung sogar weiter als Markus. Offen bleibt jedoch, ob dies als *Ausnahme von der Regel* verstanden wurde oder ob hier literarisch der Versuch unternommen wird, ein Stereotyp tatsächlich zu verändern.

4.2.4 Das Urteil über den Menschensohn (Mt 11,19)

> Der Menschensohn kam, aß und trank, und sie sagten: Seht, der Mensch ist ein Esser und Weintrinker, ein Freund von Abgabeneinnehmer:innen und Sünder:innen. Und der Weisheit wurde Recht gegeben durch ihre Werke. (Mt 11,19)

129 Zu Vorschlägen, wie es zu der Änderung des Namens von Levi zu Matthäus kam vgl. Walker, Jesus, 235-236. Die Namensvarianten in den Handschriften zeigten vor allem, dass es nicht klar war, ob es einen Abgabeneinnehmer namens Levi (Lk 5,27 und Handschriftenvariante zu Mk 2,14) oder Levi Sohn des Alphäus (Mk 2,14), einen Jakobus Sohn des Alphäus (Mk 3,18 und andere Handschriften zu Mk 2,14, Mt 10,3) oder einen Jünger namens Matthäus, der Zöllner war (Mt 10,3), gab.

Der Vers ist eingebettet in Mt 11,16–19 und wurde von Matthäus aus Q 7,31–35 übernommen. Der Vers bildet den Abschluss der Rede Jesu über Johannes den Täufer, in der Jesus sagt, dass Johannes mehr als ein Prophet sei. Danach wendet sich Jesus den Hörer:innen mit einem Gleichnis zu und vergleicht *dieses Geschlecht* mit Kindern, die die zu ihnen geschickten Boten kritisieren, egal, was sie tun. Dies legt er dann in einem Deutewort aus, indem er es auf Johannes und den Menschensohn überträgt. Johannes sei unterstellt worden, dass er einen Dämon habe (Mt 11,18) und dem Menschensohn, dass er trinken und essen würde, ein Freund von Abgabeneinnehmer:innen und Sünder:innen sei (Mt 11,19). Den Abschluss bildet eine weisheitliche Sentenz, die wahrscheinlich eine spätere Erweiterung des jesuanischen Gleichnisses und ein Kommentar ist.[130]

Die Vorwürfe lassen erkennen, dass es hier um die Kritik von Verhalten geht, das als unangemessen und extrem bewertet wird. Johannes isst nicht und Jesus isst zu viel, wie man wohl mitdenken soll. Er pflegt Freundschaften, die mit Unverständnis betrachtet werden. Erneut wird der Kontakt zu Abgabenpersonal negativ gewertet, da er als Vorwurf an das Verhalten des Menschensohnes, d. h. hier Jesus, gedacht ist. Gleichzeitig wird dieser Vorwurf auf der Erzählebene lächerlich gemacht. Der Vorwurf zu essen und zu trinken scheint lächerlich, umso mehr, als Johannes genau das Gegenteil negativ angerechnet wird. Essen und Trinken, Freundschaft mit Abgabenpersonal und Sünder:innen scheinen nicht zu den Erwartungen einiger an den Menschensohn zu passen. Wie schon bei der Tischgemeinschaft wird besonders eine soziale Verbindung zu Abgabeneinnehmenden negativ dargestellt. Da es im Matthäusevangelium zwei Aussagen zu Jesu Gemeinschaft mit Abgabeneinnehmenden sowie die Nachfolgeerzählung gibt, ist es unwahrscheinlich, dass der Vorwurf als lächerlich abgetan wird. Das Evangelium setzt sich damit auseinander. Der Vorwurf wird umgekehrt, indem lächerlich gemacht wird, dem Menschensohn vorzuwerfen, mit stigmatisierten Personen Umgang zu haben. Die Stigmatisierung wird dabei nicht in Frage gestellt.

4.2.5 Die Frage nach der Didrachme (Mt 17,24–27)

24 Und als sie nach Kaphernaum kamen, kamen die, die die Doppeldrachme einzogen, zu Petrus und sagten: „Zahlt euer Lehrer keine Doppeldrachme?“ 25 Er sagt: „Doch!“ Und als er in das Haus kam, kam ihm Jesu zuvor und sagte: „Was meinst du Simon? Von wem ziehen die Könige der Erde steuerliche Abgaben [τέλος] oder Personensteuer [κῆνσος] ein? Von ihren Söhnen oder von den Fremden?“ 26 Als er aber sagte: „Von dem Fremden“, sprach Jesus zu ihm: „Also sind die Söhne frei. 27 Damit wir ihnen aber nicht Anlass zu Ärger geben, geh an den See, wirf die Angel aus und nimm den

130 Vgl. Luz, Matthäus (2), 184.

ersten Fisch, der heraufkommt. Und nachdem du sein Maul geöffnet hast, wirst du ein Stater (Vierdrachmenstück) finden. Nimm diesen und gib ihnen für mich und für dich." (Mt 17,24-27)

Die Perikope folgt auf die Verklärung (Mt 17,1–13) sowie die Heilung eines epileptischen Kindes (Mt 17,14–21) und ist eingebettet in die zweite Leidensankündigung (Mt 17,22f) und die Frage nach dem Größten im Königreich der Himmel (Mt 18,1ff). Geographisch wird sie am See Genezareth in Kaphernaum verortet. Der Ort wird schon in Mt 4,13 und 9,1 als Basis oder sogar Wohnort von Jesus bezeichnet.[131] Die Erzählung gehört zu den letzten Begegnungen in Galiläa, bevor Jesus und die ihm Nachfolgenden nach Judäa und schließlich Jerusalem aufbrechen. Die Gattungsbestimmung der Perikope wird kontrovers diskutiert.[132] Die Perikope lässt sich in zwei Teile gliedern: Die Verse 24 und 25a schildern die Ausgangssituation, in der Petrus danach gefragt wird, ob Jesus die Doppeldrachme bezahlen würde, was dieser bejaht. Die Szene erinnert an ein Streitgesprächsetting und wirkt wie eine Parallelperikope zur Frage nach der Abgabe für den Kaiser (Mt 22,15-22). Die Verse 25b–27 wechseln in ein Haus, in dem Jesus sich aufhält und geben ein Lehrer-Schüler-Gespräch zwischen Jesus und Petrus über staatliche Abgaben wieder. Gestaltet ist dies wie ein Weisheitsgleichnis, da Jesus Suggestivfragen zur Entscheidungsfindung stellt.[133] Zum Schluss gibt Jesus Petrus die Handlungsanweisung, einen Fisch zu fangen, der das benötigte Geldstück in sich haben wird. Der letzte Teil ist damit eine Wundererzählung bzw. beinhaltet ein Märchenmotiv.[134]

Matthäus erzählt von Personen, die die Didrachme einsammeln. Er benutzt keinen spezifischen Berufsbegriff, sondern eine Umschreibung: οἱ τὰ δίδραχμα λαμβάνοντες. Unklar bleibt also, in welchem Auftrag diese Einnehmer Abgaben einsammeln und ob sie jüdisch oder nicht-jüdisch sind. Obwohl Jesus in der Szene nicht anwesend ist, spricht er Petrus, als dieser das Haus betritt, nahtlos darauf an. Das folgende Gespräch zwischen Jesus und Petrus macht deutlich, dass es sich um eine Abgabe handelt. Eine Doppeldrachme ist der Betrag, der vor der Tempelzerstörung als Abgabe für den Tempel eingezogen wurde und nach der Tempelzerstörung von Vespasian als *fiscus Iudaicus*[135] erhoben wurde. Dies war

---

131 Gegen Klein, Bewährung, 173, der meint, es könne sich nur um ein Lehrhaus handeln.

132 Ausführlich dazu Dautzenberg, Jesus, 224-227. Zur Einheitlichkeit der Perikope ebd., 227-231.

133 Vgl. zum Weisheitsgleichnis Erlemann, Gleichnisse, 122.

134 Vgl. Klein, Bewährung, 173.

135 Der Ausdruck selbst bezeichnet eigentlich lediglich die Kasse, die zur Sammlung dieser Abgabe eingerichtet wurde, wird aber geläufiger Weise zur Bezeichnung der Abgabe selbst verwendet. Stenger, Besteuerung, 85 weist auf diese sprachliche Ungenauigkeit hin oder auch Stern, Judaea, 335.

den Adressierten wahrscheinlich bekannt. Josephus beschreibt die Maßnahme folgendermaßen und nennt eben diesen Betrag:

> Allen Judäern aber, wo sie auch wohnen mochten, legte er eine jährliche Kopfsteuer von zwei Drachmen [δὺο δραχμὰς], die sie für das Kapitol wie früher für den Tempel zu Jerusalem entrichten sollten. (Josephus, bell. 7,6,6 [7,218])

Auch Cassius Dio hält am Schluss seiner Darstellung des Jüdischen Krieges fest:

> Seit dieser Zeit wurde angeordnet, dass die Juden, die ihre überlieferten Bräuche [τὰ πάτρια] ihres Volkes fortführten, jährlich eine Didrachme [δίδραχμον] für Jupiter Capitolinus entrichten sollten. (Cassius Dio 65,7,2)

Daran wird deutlich, dass τὰ δίδραχμα sowohl die Tempelabgabe als auch die staatliche Abgabe, die meistens unter *fiscus Judaicus* firmiert, bezeichnen konnte. Die Auslegungen zu Mt 17,24–27 konzentrieren sich vor allem auf die Frage, welche Abgabe hier gemeint sei (V24f.27).[136] Carters These sticht hervor, denn er nimmt an, dass anhand des Fischwunders für die matthäische Gruppe eine subversive Praxis illustriert wird, die Gottes Macht auch über die römischen Abgaben behauptet und damit die (erzwungenen) Abgabenzahlungen aus dem Machtbereich Roms holt und im Lichte des Evangeliums uminterpretiert.[137] Je nachdem, wie die Perikope historisch, sozialgeschichtlich, politisch und theologisch verortet wird, entscheidet sich, wem kein Anstoß gegeben werden soll (V 27), wer die Söhne und Fremden in dem Vergleich seien (VV 25f) und welche Botschaft das Fischwunder enthält (V 27). Die Perikope lebt von ihrer Unbestimmtheit, die uns erneut bei der Kaiserabgabe begegnen wird. Jeweils wird eine konkrete Frage nach Abgabenzahlungen gestellt und Jesus Antwort ist ausweichend. Der Evangelist unterstreicht dies, indem eine Wundererzählung diese Perikope abschließt.

Wir können nicht einfach davon ausgehen, dass alle Juden die Didrachmen-Abgabe – egal welche – bezahlten. Sara Mandell weist darauf hin, dass meistens

---

136 Luz, Matthäus (2), 529 und Konradt, Matthäusevangelium, 280–281: Tempelabgabe; Montefiore, Temple Tax, 64–65; Stenger, Besteuerung, 97.181; Fiedler, Matthäus, 300: Reminiszenz an die Tempelabgabe, doch dann *fiscus Judaicus*; Carter, Margins, 359: *fiscus Judaicus*. Meistens wird der Perikope eine deeskalierende Strategie gegenüber anderen jüdischen Gruppen unterstellt. Vgl. Stenger, Besteuerung, 181. Ebenso Luz, Matthäus (2), 534–535. Luz vertritt dabei die Position, dass es hier um Jesu Stellung zur Tempelabgabe ginge und ordnet die Erzählung damit in die innerjüdische Diskussion, in welchem Rhythmus und freiwillig oder verpflichtend die Tempelabgaben zu bezahlen seien, ein. Konradt, Matthäus, 280–281 nimmt dieses Argument auf. Andere vermuten eine Apologie gegenüber dem Römischen Reich (Carter, Margins, 359; Fiedler, Matthäus, 301).

137 Vgl. Carter, Margins, 359f oder ders., Matthew, 141f.

unbeachtet bleibt, wer diese Tempelabgabe und später den sog. *ficsus Judaicus* überhaupt bezahlte: „The belief that in the matter of the Temple Tax – and only that tax – all were in accord and everybody paid annually seems to be based on Rabbinic ideology, not on historical data."[138] Sie zählt Samaritaner:innen und die Qumrangemeinschaft auf, von denen wir sicher wissen, dass die ersteren keine Abgaben an den Tempel in Jerusalem bezahlten und die letzteren die Tempelabgabe als einmalige Abgabe statt jährliche verstanden.[139] Vielmehr zeigten Quellen wie Philo, Josephus oder griechisch-römische Schriftsteller, dass diejenigen jüdischen Personen, die den Traditionen der Vorfahr:innen folgten und nach jüdischen Gebräuchen lebten, eben die seien, die auch die Tempelabgabe und wahrscheinlich später den *fiscus Judiacus* bezahlten.[140] Diese können jedoch nicht gleichgesetzt werden mit allen Juden. Sie weist damit auch auf ein Problem für die Römer:innen hin, die festlegen mussten, wer jüdisch war, um von diesen Personen dann den *fiscus Judiacus* einzunehmen. Es ist nicht ungewöhnlich, dass von einem Ethnos eine Abgabe unabhängig vom Wohngebiet eingenommen wird. Dies war z. B. auch bei den Alexandriener:innen der Fall. Diese mussten ihre Abgaben auch bezahlen, wenn sie außerhalb Alexandrias in einer anderen Stadt oder Provinz des Römischen Reiches lebten. Ebenso ist aus Edfu in Ägypten eine Sammlung von Ostraka bekannt, auf denen die Zahlung einer *Iudaikon Telesma* quittiert wird. Die Höhe dieser Abgabe differiert voneinander. „Thus, there is no justification for the identification of the *Fiscus Iudaicus* with the *Didrachmon*, and the further identification of that with the *Iudaikon Telesma*"[141], schlussfolgert MANDELL. Sie nimmt an, dass die Didrachma-Abgabe eine Kriegsentschädigung war, die lediglich von denjenigen bezahlt werden musste, die den Aufstand unterstützt hatten, wie es auch sonst üblich war.[142] Im Falle des Jüdischen Krieges, der auf jüdischer Seite zum Teil aus dem Tempelschatz finanziert worden sei, seien das damit eben die Personen, die den Tempel unterstützten:

> [T]hose Jews who financially supported the Temple and whose lives seemed to be centered on the cultic activities, who observed the paternal customs (including circumcision), who lived a Jewish life, were mulcted in lieu of the Temple treasury itself (now that the Temple was no longer in existence) for the amount of the tax. Thus, the *Didrachmon*, like the

138 Mandell, Temple Tax, 227.

139 Vgl. Mandell, Temple Tax, 227. Ebenso Horbury, Temple Tax, 281–282, der noch die Priester nennt. Deswegen sieht Horbury, Temple Tax, 285 das Hauptthema der Perikope in der Frage danach, ob es Tora-gemäß sei, eine jährliche Halb-Schekel Abgabe einzusammeln. Zur Ausnahme von Priestern vgl. yShekalim 3b-4a, besprochen bei Selvén, Privilege, 70–71.

140 Mandell, Temple Tax, 225–226.

141 Ebd., 228.

142 Ebd., 230.

> Temple Tax, was a religious, albeit a war, indemnity, not a national or racial tax. It was only levied on one sect of Jews: the Pharisaic-Rabbinic. [...] Since the *Didrachmon* was imposed upon circumcised Jews who followed the paternal customs and lived a Jewish life, as a substitute for the Temple Tax they had paid before 70 CE.[143]

Es ist unklar, ob die Tempelabgabe eine finanzielle Belastung darstellte. Luz interpretiert dies so, wenn er anmerkt, dass Jesus Forderung in Mt 17,24–27 gewesen sei, „die Armen Galiläas [...] vom Zwang, jährlich eine erhebliche Menge Bargeld an den fernen Tempel in Jerusalem beisteuern zu müssen" zu befreien.[144] Wir haben bereits gesehen, dass solche Einschätzungen erstens auf der Annahme beruhen, dass alle Leute die Abgaben bezahlten,[145] zweitens es keine Ausnahmen bei wirtschaftlicher Not gab, drittens außer Acht lässt, dass nicht alles in Bargeld abgeliefert werden musste sowie viertens voraussetzt, dass die religiösen Abgaben unverhältnismäßig für das jeweilige Einkommen gewesen seien. Sanders errechnet hypothetisch, dass die religiösen Abgaben eines jüdischen Bauern, der gerade so über dem Existenzminimum lebte, bei 15,2 % und die staatlichen Abgaben bei 12,5 % lagen. So dass insgesamt die Abgaben im besten Fall unter 28 % und im schlimmsten Fall bei 33 % lagen.[146] Er weist selbst darauf hin, dass dies nicht bedeutet, dass so ein Leben ökonomisch einfach war, aber eben auch nicht unmöglich.

Vers 24 beginnt wie schon gesagt mit der Nennung der Personen, die die Doppeldrachme einsammeln. Lediglich vom Begriff her kann nicht entschieden werden, ob es sich um Personen handelt, die die Tempelabgabe oder evtl. sogar die Sanhedrinabgabe einsammeln möchten oder um Abgabeneinnehmer, die im Auftrag des Römischen Imperiums handeln. Nach der Tempelzerstörung entwickelte sich ein System von Abgaben, um die jüdische Gemeinde und ihre Institutionen – wie z. B. die Akademien in Jamnia und Babylon – zu finanzieren.[147] Dazu konnte auch die Finanzierung einer Synagoge, der Heiligen Schriften, Wasserversorgung, Anbauflächen für Obst und Gemüse sowie die Versorgung von Bedürftigen gehören – also insgesamt die Infrastruktur einer jüdischen Gemeinde an einem Ort.[148] Auch

---

143 Ebd., 231–232.

144 Luz, Matthäus (2), 534.

145 Vgl. zur Vermeidung des Bezahlens religiöser oder auch staatlicher Abgaben Horbury, Temple Tax, 282.

146 Vgl. Sanders, Judaism, 167. Ebd., 166 stellt Sanders fest, dass alle Versuche, den Prozentsatz römischer Abgaben oder religiöser Abgaben zu einer spezifischen Zeit an einem spezifischen Ort zu beziffern, häufig scheitern, weil uns schlicht verlässliche Zahlen fehlen.

147 Vgl. Schreiner, Abgaben, 176.

148 Vgl. ebd., 177. Quellen: bBB 7b; tBM 11,17.

wurden Abgabenschulden von Gemeindemitgliedern übernommen, damit sie nicht in Schuldknechtschaft gerieten.[149]

Im weiteren Verlauf der Perikope geht es nicht um den Tempel, sondern dezidiert um τέλος und κῆνσος. Mit τέλος sind nicht nur Zollabgaben gemeint, wie HERRENBRÜCK ausführlich dargelegt hat, sondern verschiedene Abgaben.[150] Der Begriff κῆνσος gibt das lateinische *census* wieder und bezeichnet daher Abgaben, die auf Grundlage eines Zensus, d. h. einer Personenzählung, basieren. Das sind eine Grundbesitz- sowie eine Personensteuer. Es geht damit um Abgaben, die nur von den Herrschern eines Landes eingezogen werden können. Allerdings haben die Adressierten wahrscheinlich die doppelte Bedeutung des Begriffs *Didrachme* verstanden. Sie waren sowohl mit der Tempelabgabe als auch speziell mit der Personen- oder Kopfabgabe, die in allen römischen Provinzen für Provinziale üblich war, vertraut.[151] In der Provinz Syrien mussten diese von 12-65 jährigen Frauen und von Männern im Alter von 14-65 Jahren bezahlt werden.[152] Eventuell waren einige jüdische Mitglieder der Gruppe vom *fiscus Iudaicus* betroffen. Vielleicht sogar mit der neuen Ersatzzahlung für den Sanhedrin.

An der nun folgenden Frage danach, ob „euer Lehrer", sprich Jesus, diese Abgabe bezahlt, werden verschiedene Dinge deutlich: Zum einen scheint es nicht selbstverständlich zu sein, die Abgabe zu bezahlen, wie MANDELL ausführlich darlegt. Das verweist entweder darauf, dass sie freiwillig oder umstritten war bzw. evtl. nicht bezahlt werden konnte. WILLIAM HORBURY überlegt, ob dahinter die Annahme steht, ob die Abgabe in Jesu Fall von einem Patron bezahlt wird.[153] Für wahrscheinlicher hält er es jedoch, dass es sich hier um einen weiteren Test der Pharisäer:innen handelt, um zu prüfen, ob Jesus die Tempelabgabe wie andere jüdische Gruppen verweigert.[154] Es ginge damit wieder um eine Positionierung gegenüber dem pharisäischen Judentum. Allerdings möchte ich anmerken, dass es dafür im Text keinen Hinweis gibt. Für Matthäus wäre es ein leichtes gewesen, diese Begegnung als durch die Pharisäer:innen inszeniert darzustellen. Er tut es aber nicht. Damit wird die angedeutete Position unbestimmter: Die Abgabenzahlung –

149 Vgl. bBB 8b s. ebd., 177.

150 Vgl. Herrenbrück, Zöllner, 23-27 untersucht das Wortfeld und kommt zu dem Ergebnis, dass der Begriff weiter zu fassen ist als nur auf Zollabgaben. Das spiegelt sich auch in den meisten Übersetzungen wieder.

151 Vgl. Stenger, Besteuerung, 19-21. Luther, Steuersünder, 489 nimmt an, dass in der mündlichen Tradition dieser Perikope lediglich die Tempelsteuer gemeint gewesen sei und nach der Verschriftlichung in der matthäischen Rezeption zusätzlich der *fiscus Iudiacus* sowie alle direkten und indirekten Abgaben.

152 Vgl. Stenger, Besteuerung, 24.

153 Horbury, Temple Tax, 282.

154 So ebd., 282.

egal ob religiös oder staatlich – drückt nach außen Zugehörigkeit aus zu den spezifischen jüdischen Gruppierungen, die aus religiösen und/oder nationalen Gründen die Abgabe bezahlten. Klein nimmt an, dass sich die Perikope an Personen in der Gruppe wendet, die die Tempelabgabe mit dem Verweis auf ihre Gotteskindschaft nicht mehr bezahlen wollen.[155] Dies betrachtet er als Thema des hellenistischen Judenchristentums. Es ist tatsächlich denkbar, dass diese Frage in der matthäischen Gruppe diskutiert wurde. Dazu würde auch passen, dass Petrus der Protagonist ist.

Auf der Bildebene handelt es sich um eine Beschreibung der realen Gegebenheiten: Die Herrscher über Länder legen Abgaben und Zölle fest.[156] Entscheidend ist die Übertragung: wer ist hier mit Söhnen und Fremden gemeint? Es gibt verschiedene Vorschläge in der Forschung. Beispielsweise, dass mit den Söhnen ganz Israel oder nur die Christ:innen gemeint seien.[157] Beide Übertragungen bergen Probleme in sich, denn wenn mit den Söhnen nur Christ:innen gemeint sind, dann würde dies eine Zurückweisung jüdischer Personen bedeuten, was nicht zu anderen Aussagen im Matthäusevangelium über Israel und die differenzierte Reaktion verschiedener jüdischer Gruppen auf Jesus passen würde.[158] Zudem wäre der Sonderstatus der Gruppe ja gerade nicht, dass sie frei wäre vom *fiscus Iudaicus*, sondern lediglich einige ihrer Mitglieder nach römischem Verständnis. Fiedler vertritt die Position, dass hier alle Angehörigen des jüdischen Volkes gemeint seien und Jesus darauf verweise, dass das Selbstverständnis Israels, frei zu sein, durch den *fiscus Iudaicus* in Frage gestellt werden würde.[159] Mit anderen Worten sei das Volk Israel zu den Söhnen zu zählen, werde aber wie Fremde behandelt. Bei einer solchen Interpretation muss man davon ausgehen, dass der König für Gott steht und die Abgaben religiöse Abgaben meinen.[160] Ansonsten kann nämlich nicht erklärt werden, von welchen Königen Israel der Sohn sein sollte. Ein weiterer Vorschlag ist, dass die Söhne ganz konkret entweder die engsten Vertrauten eines Königs bezeichnen[161] oder tatsächlich seine leiblichen Nachkommen[162]. Stenger plädiert dafür, dass die Söhne die römischen Bürger seien und die Fremden die Provinzialen. Die Könige der Erde stünden für die römischen Finanzbehörden.[163] Hier werde daher auf eine

---

155 Vgl. Klein, Bewährung, 174–175.

156 Vgl. Carter, Margins, 358 und ders., Matthew, 137f. Im Anschluss auch Csernai, Jesus, 112–114.

157 Vgl. die Darstellung der Positionen bei Konradt, Matthäus, 280.

158 Vgl. Fiedler, Matthäus, 300 und Carter, Matthew, 132.

159 Vgl. Fiedler, Matthäus, 301.

160 Vgl. auch die Kritik bei Horbury, Temple Tax, 285 gegen diese Gleichsetzung.

161 Vgl. Konradt, Matthäus, 280.

162 Vgl. Carter, Margins, 358.

163 Stenger, Besteuerung, 13. Er bezieht sich auf die Regierungszeit Augustus und Tiberias. Luise Schottroffs Übersetzung in der BigS zeigt eine ähnliche Annahme, wenn sie *Söhne* mit „Landeskindern" wiedergibt.

ungleiche Abgabenverteilung hingewiesen. Im Hintergrund dieser Annahme steht, dass römische Bürger von direkten Abgaben befreit waren.[164] Ebenso wie manche Städte temporär oder permanent, wie wir gesehen haben.

Der matthäische Jesus sagt im Gespräch mit Petrus μὴ σκανδαλίζωμεν. Die Verwendung von σκανδαλίζειν im Matthäusevangelium beschreibt meistens ein Verhalten, das von Gottes Weisungen wegführt[165] oder Opposition verursacht.[166] Häufig wird übersetzt, dass kein Anstoß erregt werden soll, also kein Anlass zu Ärger entstehen soll. Es ist im Kontext der Gruppe – unabhängig von der exakten Lokalisierung – plausibel, dass es darum geht, keine Opposition zu provozieren. Solche Spaltungen in Lager sind innergemeindlich, innerjüdisch oder gegenüber dem Staat denkbar. Es wird nicht ausdrücklich gesagt, wem kein Anlass zum Ärger gegeben werden soll, sondern ein Pronomen verwendet. Eine Festlegung, wer hier angesprochen wird, hängt auch mit dem Verständnis von σκανδαλίζειν zusammen. In der Perikope werden vier Gruppen benannt: Die Didrachmeneinsammler, die Könige der Erde, die Söhne und die Fremden. Dabei bilden die ersten drei Personenkreise eine gemeinsame Gruppe. Die beiden Gruppen stehen einander konträr gegenüber: die einen fordern Abgaben und sind von ihnen frei, die anderen bezahlen die Abgaben. Abgabenpflichtig ist auch die intendierte Hörerschaft, die wahrscheinlich in V22 angesprochen wird, indem gesagt wird: „euer Lehrer". Es wird auf jeden Fall ein Verhalten gefordert, das auf Deeskalation und Vermeidung von Spaltungen zielt.

Das Ende erinnert an andere Wunder im Kontext vom See Genezareth oder Fischen wie die Speisung der 5.000/4.000 (Mt 14,13–21; 15,32–38), die Sturmstillung (Mt 14,22–33) oder auch Bezüge zu Moseerzählung (Ex 7,18.21), Psalmen (Ps 8,9) und Propheten (Ez 29,4; 38,20; Jona). Es kann angenommen werden, dass diese Assoziationen absichtlich wachgerufen werden. So werden am Ende Erinnerungen an Gottes Macht und Fürsorge geweckt.[167] CARTER sieht darin den Kern der Perikope: „Rather it reframes the significance of paying tax, offering those who pay it in a new context and perspective, that of God's sovereignty.[168] […] This story refuses to let the empire determine that the act of paying signifies subjugation to its control and power."[169] Diese politische Lesart der Perikope nimmt eine Umdeutung auf der symbolischen Ebene an: Abgabenbezahlung bedeutet nicht mehr Unterwerfung, sondern drückt Widerstand gegen die imperiale Macht aus. Die Perikope fordert zur Abgabenzahlung auf. Andere Gruppen sind andere Wege gegangen und

164 Stenger, Besteuerung, 13.
165 Mt 5,29; 13,21; 18,6, 24,10.
166 Mt 11,6; 13,57; 15,12; 17,27; 24,10; 26,31f.
167 Vgl. Carter, Tax, 27.
168 Vgl. ebd., 28.
169 Vgl. ebd., Tax, 30.

haben die Abgabenzahlung verweigert.[170] Mit der Entscheidung, die Abgabe zu bezahlen, wird sich religiös und politisch positioniert. Es wird nicht auf Abstand zu jüdisch praktizierenden Menschen gegangen, sondern sich selbst zu dieser Gruppe gezählt. Dies ist ein Zeichen an die Gruppe selbst und nach außen. Ökonomisch ist es schwer, sich gegen die Auswirkungen dieser Abgabe zu wehren. Doch was geschieht, ist eine deutliche Absage an die intendierten symbolischen Implikationen der Abgabe. Das von den Menschen zu beschaffende Wiedergutmachungsgeld wird nun von Gott zur Verfügung gestellt. Es wird ermöglicht, sich eine Haltung der Unabhängigkeit anzueignen, auch wenn dies zunächst keine äußere Unabhängigkeit bedeutet. Es wird sich dagegengestemmt, sich auf das Kapitol ausrichten zu lassen. Stattdessen wird Gottes Macht und Souveränität im fürsorglichen Wunder zum Ausdruck gebracht. In der selbstbestimmten Abgabenzahlung drücken sich Solidarität und Einheit aus.

4.2.6 Konflikte in der matthäischen Gruppe (Mt 18,15–17)

> 15 Wenn aber dein Bruder sich fehlverhalten sollte [gegen dich], stelle ihn zur Rede, indem du ihn nur zwischen dich und ihn beschämst. Wenn er hören sollte, hast du deinen Bruder gewonnen. 16 Wenn er aber nicht hört, nimm mit dir noch einen oder zwei, damit aus dem Mund zweier oder dreier Zeugen die ganze Angelegenheit festgestellt wird. 17 Wenn er aber auch auf sie nicht hört, sage [es] der Versammlung; wenn er aber auch die Versammlung überhört, sei er für dich wie einer aus den Völkern und ein Abgabeneinnehmer [τελώνης]. (Mt 18,15-17)

Die Perikope wird von den meisten Exeget:innen als vormatthäische Erweiterung von Q betrachtet.[171] Vers 15a hat eine ungefähre Parallele bei Lk 17,3, einem weisheitlichen Mahnspruch dem Bruder zu vergeben. Es wird angenommen, dass er aus Q stammt.[172]

Kapitel 18 im Matthäusevangelium widmet sich verschiedenen Fragen rund um den Umgang miteinander in der eigenen Gruppe. In den Versen 15-20 wird illustriert, wie mit einem Bruder oder einer Schwester umgegangen werden soll, der oder die die Beziehung zu einem (εἰς σὲ) verletzt (ἁμαρτάνω) oder generell „sündigt“ – je nach Lesart.[173] Sollte ein Vieraugengespräch und schließlich ein Gespräch mit ein oder zwei weiteren Zeugen nichts nützen, so soll der Fall der

170 Vgl. in Gallien der Aufstand wegen der Abgabenlast bei Tacitus, ann. 3,40.

171 Vgl. Luz, Matthäus (3), 39.

172 Vgl. ebd.

173 Die Mehrheiten der Handschriften außer dem Codex Sinaiticus, dem Codex Vaticanus, der Majuskel 0281, der Minuskelfamilie 1 und der Minuskel 579 sowie zwei koptischen Übersetzungen und einem Lemma bei Origenes bezeugen das εἰς σὲ.

ganzen Versammlung (ἐκκλησία) zugetragen werden. Wenn die Person auch auf die Versammlung nicht hört, dann heißt es in V. 17: „so sei er für dich wie ein nicht-jüdische Person und ein Abgabeneinnehmer."

Geschildert wird ein interner Ablauf, wie mit beziehungsschädigendem Verhalten umgegangen werden soll. Die Person ist kein Bruder oder keine Schwester mehr, sondern wie eine Person – so soll wohl zum Ausdruck gebracht werden -, die nicht dazugehört. Erneut werden Völker und Abgabenpersonal als Beispiel herangezogen, um Abgrenzung zu verdeutlichen. Da es hier um die eigene Gruppensituation geht, wirkt es, als ob nicht-jüdische Personen und Abgabenpersonal nicht zur Gruppe gehören.[174] HERRENBRÜCK nimmt an, dass beide Gruppen als Beispiel für Personen stehen, mit denen religiöse Gemeinschaft unmöglich ist.[175] Er zieht dafür rabbinische Stellen heran, in denen das zum Ausdruck käme.[176] In mNed 3,4 heißt es, dass man gegenüber Mördern, Räubern und Abgabeneinnehmern (מוכסין) einen Falschschwur ablegen darf. In bShevu 39a wird die Lehrmeinung diskutiert, ob die Familie eines Abgabeneinnehmers (מוכס) genauso schuldig wird wie der Abgabeneinnehmer selbst. Zu beachten ist, wie HERRENBRÜCK auch selbst schreibt, dass die rabbinischen Quellen zeitlich nach Matthäus anzusetzen sind und es auch neutrale Aussagen über Abgabenpersonal gibt. Wir sehen demnach lediglich, dass es eine pharisäische Tradition gibt, die Abgabenpersonal ablehnt. Zu dieser Tradition scheint auch Matthäus zu gehören. Wie auch in pharisäischer Unterscheidung gibt es für Matthäus auf der einen Seite die eigene Gemeinschaft und auf der anderen Seite Völker oder Abgabenpersonal. Einzelpersonen dieser Gruppen können durchaus zur Gemeinschaft gehören, aber es gibt keine Überschneidung. Es muss entschieden werden, ob man zu der einen oder anderen Gruppe gehört. CARTER drückt es so aus, dass in diesen Gruppen immer Personen sind, die potentiell für die eigene Gemeinschaft gewonnen werden können.[177] Andersherum aber auch, dass man bei Fehlverhalten aus der Gemeinschaft ausgestoßen werden kann und dann wieder zu diesen Gruppen gehört. Auffällig ist vielmehr, dass Abgabenpersonal neben nicht-jüdischen Personen überhaupt als eigene Gruppe erwähnt wird. Dadurch entsteht der Eindruck, dass es sich um ein Sprichwort handeln könnte.[178] Allerdings gibt es dafür ansonsten keine Belege, denn die negativen Reihen mit Abgabeneinnehmern (מוכסין) und liturgischen Abgabeneinnehmern (גבאי) in der rabbinischen Literatur

---

174 Luz, Matthäus (3), 40 hält die Verse 15–17 für eine Regel aus einer jüdisch-christlichen Gemeinde.

175 Vgl. Herrenbrück, Zöllner, 244.

176 Vgl. ebd., 198–200.

177 Carter, Margins, 368.

178 So Herrenbrück, Zöllner, 245 im Anschluss ans Rostovtzeff und Hengel.

zählen Räuber, Gewalttäter, Mörder, Geldwechsler, Wucherer und Hirten auf.[179] Nicht aber wie Matthäus ὁ ἐθνικὸς ὁ τελώνης (Mt 18,17) bzw. οἱ δὲ τελῶναι καὶ αἱ πόρναι (Mt 21,32).

In Mt 18,21 folgt die Frage des Petrus, wie oft er einem Bruder vergeben sollte, der ihm gegenüber Grenzen überschritten hat (ἁμαρτάνω). Es ist auffällig, dass Lukas lediglich die Zurechtweisung unter Vier-Augen übernimmt und das Vergeben (Lk 17,3-4). Nur Matthäus baut das Jesus-Wort zu einem regelrechten Prozess aus und fügt den τελώνης-Spruch hinzu. Vielleicht nimmt Matthäus hier eine bestehende Praxis aus der Gruppe auf und beschreibt sie. Herrenbrück vergleicht die Stelle mit den Auseinandersetzungen um Gruppenzugehörigkeit bei Fehlverhalten in 1Kor 5,5.11 und Tit 3,10.[180] Hier spiegele sich eine Haltung, dass eine Gemeinschaft in bestimmten Situationen nicht mehr möglich sei. Auch wenn durch die nachfolgenden Verse der Schwerpunkt auf Vergebung gelegt wird, so bleibt doch erneut die negative Zuschreibung zu Abgabenpersonal. Herrenbrück erkennt hier eine Parallele im Ausschluss von Abgabeneinnehmenden aus pharisäischen Kreisen.[181] In rabbinischen Schriften des 2./3. Jh. kann lediglich der liturgisch gezwungene Abgabeneinnehmer (גבאי) wieder in die Gemeinschaft aufgenommen werden, wenn er seinen Dienst beendet hat (tDem 3,4; bBekh 31a; bSan 25b).[182] Hierbei muss beachtet werden, dass diese Liturgen zu einer wohlhabenderen Schicht gehörten, wie Nemesion, um überhaupt das Amt ausüben zu können. Die gesellschaftliche Stellung dieses Personenkreises spielte also sehr wahrscheinlich eine Rolle bei der Entscheidung, dass sie nach dem Dienst wieder zur pharisäischen Gemeinschaft gehören konnten. Solche Überlegungen scheint es in der matthäischen Gruppe (noch) nicht gegeben haben. Dies wird bei Lukas ein Thema.

Sowohl die zeitliche Einordnung als auch der Rückschluss auf eine tatsächliche Praxis ist bei den rabbinischen Aussagen, wie bereits festgestellt, eher schwierig. Herrenbrück schließt aus Mt 18,17, dass die matthäische Gruppe Abgabenpersonal nur aufnimmt, wenn sie ihren Beruf aufgeben. Davon ist jedoch tatsächlich nirgendwo die Rede, es sei denn man möchte das Verlassen des Zollhauses (Mt 9,9) so interpretieren. Selbst wenn die Mitglieder des 12er-Kreises ihre Fischertätigkeit (temporär) aufgegeben hätten, so kann darauf kein Rückschluss für die matthäische Gruppe gezogen werden. Tatsächlich setzt sich Matthäus anders als Lukas gar nicht damit auseinander, welche Änderungen ein τελώνης in seiner Berufspraxis vornehmen muss, um der Jesusbewegung anzugehören. Denkbar bleibt demnach,

---

179 Vgl. mNed 3,4 und Parallelen (nur yNed 3,4. fügt „Menschen aus den Völkern" hinzu); bSan 25b Bar; bBQ 94,b; tBM 8,26; tSan 5,5; DER 2,11; mBQ 10,2a; MekhSh zu Ex 22,26; MekhY zu Ex 23,1b; bSan 27a Bar; bShevu 39a Bar. S. ausführlich Herrenbrück, Zöllner, 205-207.

180 Vgl. Herrenbrück, Zöllner, 245.

181 Vgl. ebd., 245-246.

182 Vgl. ebd., 203-204.

dass für Matthäus die Gruppenzugehörigkeit analog zu 1Kor 5,11 die Aufgabe der Tätigkeit als Abgageneinnehmer verlangt.

4.2.7 Der unbarmherzige Versklavte (Mt 18,21–35)

> 21 Danach kam Petrus und sagte zu ihm: „Herr, wie oft kann mein Bruder (oder meine Schwester) die Beziehung zu mir verletzen [ἁμαρτάνω] und ich sollte ihm/ihr vergeben? Bis zu siebenmal?" 22 Da sagte Jesus zu ihm: „Ich sage dir, nicht bis zu siebenmal, sondern bis zu siebenundsiebzigmal. 23 Deswegen ist es mit dem Königreich der Himmel wie mit einem menschlichen König, der mit seinen Versklavten die Abrechnung machen wollte. 24 Nachdem er aber begonnen hatte abzurechnen, wurde zu ihm einer gebracht, der ihm zehntausend Talente schuldete. 25 Aber weil er sei nicht zurückzahlen konnte, befahl der Herr, ihn zu verkaufen und seine Frau und seine Kinder und alles, was ihm gehörte, und [so die Schulden] zu begleichen. 26 Da fiel der Sklave nieder und warf sich nieder zur Ehrerbietung vor ihm und sagte: Hab Geduld mit mir, und ich werde dir alles zurückzahlen. 27 Nachdem der Herr aber Mitleid mit jenem Sklaven hatte, entließ er ihn und erließ ihm das Darlehen [δάνειον]. 28 Nachdem jener Sklave aber hinausgegangen war, sah er einen seiner Mitsklaven, der ihm hundert Denare schuldete, und er packte ihn, würgte ihn und sagte: Gib, was du schuldest. 29 Da fiel sein Mitsklave nieder und bat ihn, indem er sagte: Hab Geduld mit mir, und ich werde dir zurückzahlen. 30 Er aber wollte nicht, sondern ging weg und warf ihn ins Gefängnis, bis er das Geschuldete abbezahlt hätte. 23 Nachdem nun seine Mitversklavten das Geschehene gesehen hatten, waren sie sehr besorgt und sie gingen und berichteten ihrem Herrn alles, was geschehen war, ungeschönt. 32 Dann ließ sein Herr ihn zu sich rufen und sagte ihm: Du böser Sklave, alles Geschuldete habe ich dir erlassen, weil du mich gebeten hast. 33 Hättest du nicht auch Mitleid mit deinem Mitsklaven haben sollen, so wie auch ich mit dir Mitleid hatte? 34 Und nachdem sein Herr zornig geworden war, übergab er ihn den Folterern bis er ihm das ganze Geschuldete zurückgezahlt hätte. 35 So wird auch mein himmlischer Vater an euch handeln, wenn ihr nicht euren Geschwistern[183] vergebt von eurem Herzen." (Mt 18,21-35)

In Kapitel 18 des Matthäusevangeliums wird thematisiert, wie man in der Gruppe zusammenleben sollte. Die Verse 21 bis 35 schließen thematisch an Mt 18,15-20 an, wo eine Art Vergebungs-Verfahren geschildert wird bezüglich einer Person, die „sündigt". Die Perikope schließt die Gemeinderede ab. Petrus fragt in Vers 21, wie oft man einem Bruder oder einer Schwester, die einer Beziehungsverletzung schuldig werden, vergeben sollte. Jesus illustriert seine Antwort, dass „bis siebzigmal sieben" vergeben werden sollte (Vers 22), mit einem Gleichnis (Verse 23-34). Das

183 Wörtlich im Griechischen: jeder seinem Bruder.

Gleichnis wird von den meisten für einheitlich gehalten aufgrund der durchdachten Komposition.[184] Abgeschlossen wird der Abschnitt mit einer Gerichtsandrohung und Aufforderung zur Nachahmung (Vers 35). Es wird vermutet, dass Matthäus ein bereits vorliegendes Gleichnis allegorisch auslegt und redaktionell bearbeitet.[185] Sichtbar wird dies z. B. an matthäischen Vorzugsvokabular wie προσκυνέω (Vers 26), σφόδρα (Vers 31) und Formen von ἔλεος (Vers 33).[186] Besonders deutlich wird die Zuspitzung der Redaktion in Mt 18,23 und 35. Der einleitende Satz in Vers 23 vergleicht das Königreich des Himmels mit einem König, der mit seinen Versklavten abrechnet. In Vers 35 wird angekündigt, dass das Verhalten Gottes dem Verhalten des Königs entsprechen wird, wenn man seinem Bruder oder seiner Schwester nicht vergeben wird. Die (Geld-)Schulden aus dem Gleichnis werden mit Schuld im menschlichen Miteinander verglichen. Somit wird ein Bogen zu den Versen 21–22 geschlagen und die Thematik Vergebung im 18. Kapitel beendet. Das Gleichnis wird von LUZ in drei Szenen untergliedert: König und Versklavter (Verse 24–27); Versklavte (Verse 28–30); König und Versklavter (Verse 31–34).[187]

Es handelt sich um ein Alltagsgleichnissen, da Schulden, Schuldeneintreibung und Schuldenerlass zur gängigen antiken Lebenswirklichkeit gehörten.[188] In der ersten Szene wendet ein hochverschuldeter Versklavter den Verkauf seiner Familie und seines Besitzes ab, indem er den König um Rückzahlungsaufschub bittet. Der König lässt sich vom Mitleid bewegen und erlässt ihm die kompletten Schulden (Verse 24.–27). Die hohe Schuldensumme, der Versklavte und der König signalisieren, dass es sich um Vorgänge in der obersten Administration handelt. Dies mag vom Alltag der Adressat:innen zwar entfernt sein, potenziert aber letztendlich eine eigene mögliche Alltagserfahrung von Schulden- und Machtverhältnissen. Die nächste Szene wechselt auf die Ebene der Versklavten: der von seinen Schulden befreite Versklavte versucht mit Gewalt die Schulden bei einem Mitversklavten einzutreiben. Er lässt sich von dessen Bitten um Geduld nicht erweichen, sondern lässt ihn ins Gefängnis werfen (Verse 28–30).

Verschuldung war ein komplexes System und Personen konnten in beiden Positionen – Schuldner und Gläubiger – zugleich sein. Dies ist besonders in der Finanzadministration der Fall, wenn z. B. die Abgabeneinnahme auf mehrere Personen verteilt wird oder an Angestellte delegiert wird. In der letzten Szene melden andere Versklavte das unbarmherzige Verhalten an den König weiter. Daraufhin zitiert er den Versklavten zu sich, hält ihm eine Strafpredigt, nimmt den Schuldenerlass zurück und übergibt ihn den Folterknechten (Verse 31–34). Der König handelt

---

184 Wiefel, Matthäus, 327; Luz, Matthäus (3), 66.

185 Vgl. Linnemann, Gleichnisse, 111.113; De Boer, Talents, 219.

186 Vgl. Snodgrass, Stories, 65.

187 Vgl. Luz, Matthäus (3), 65.

188 Vgl. Erlemann, Gleichnisse, 193.195–196.

hier gemäß den Erwartungen an einen Herrscher, indem er ungerechtes Verhalten bestraft. Seine unbeschränkte Entscheidungsgewalt wird deutlich, denn er kann den Schuldenerlass wieder zurücknehmen. Die Strafe ist zudem individualisiert und potenziert im Vergleich zur anfänglichen Androhung des Verkaufs und der Schuldhaft, in die der Mitversklavte geworfen wird. Der Versklavte wird gefoltert bis er die Schulden beglichen hat.

Das Gleichnis schildert auf der Bildebene die Macht eines Herrschers: Er kann über seine Versklavten verfügen, wie er will. So will er zunächst das ausstehende Geld dadurch bekommen, dass der Schuldner und seine Familie verkauft werden und auch der ganze Besitz veräußert wird (Mt 18,25). Der König lässt sich dann erweichen und erlässt dem Schuldner die Schulden und er kann den König ohne Repressalien verlassen (Mt 18,27). Nachdem er dann aber hört, dass der Schuldner selbst von einem anderen Versklavten ausstehende Schulden eintreibt und ihn ins Gefängnis steckt (Mt 18,28–30), nimmt er alles zurück: Der Schuldner wird Peinigern überantwortet, d. h. wahrscheinlich Folterern, bis er die Summe abbezahlt hat (Mt 18,32–34). Carter entlarvt die angebliche Barmherzigkeit des Königs als „self-serving act that reinforces his own power“[189]. Denn am Ende profitiert der König immer: das Nichtverkaufen seines Versklavten erhält ihm dessen administrative Fähigkeiten und macht ihn noch abhängiger. Der Schuldenerlass kommt allen zu Gute, die diese Abgaben eigentlich aufbringen mussten. Die Maßnahme erhöht also sein Prestige. Die Folterung zum Schluss und das Eintreiben der Schuld gleicht wieder die Kassen aus. Die Verlierer des Systems sind demnach nie die Herrschenden und immer die Beherrschten.

Für das Thema dieser Arbeit ist das Gleichnis relevant, weil aufgrund der hohen Geldsummen oft angenommen wird, dass es sich um verschuldete Abgabenpächter bzw. -einnehmer handelt.[190] Bernard Brandon Scott meint, dass sich ein fiskalischer Kontext durch den Begriff δάνειον nahelegen würde.[191] In den außerneutestamentlichen Quellen findet sich dieser Begriff jedoch nicht, um das ausstehende Geld eines Abgabenkaufs zu bezeichnen. Allerdings muss man auch nicht erwarten, dass Matthäus fiskalisch *korrekte* Begriffe benutzt. Der Begriff spielt auf Verschuldung durch Darlehen an. Schottroff sieht durch die Verwendung von ὀφείλω den Bezug zu Geldschulden hergestellt und hält aufgrund der hohen Summe einen fiskalischen statt privaten Kontextes für wahrscheinlich.[192] Die Höhe

---

189 Carter, Resisting, 267.

190 Wiefel, Matthäus, 329; Luz, Matthäus (3), 69.72; Snodgrass, Stories, 68; Schottroff, Gleichnisse, 258.

191 Vgl. Scott, Accounting, 433.436.

192 Schottroff, Gleichnisse, 258–259.

der Geldsumme sehen auch andere als Beleg für einen Abgabenhintergrund.[193] Carter legt dar, dass 10.000 Talente nahe an den 8.000 Talenten sind, die der Abgabeneinnehmer Joseph unter den Ptolemäern laut Josephus einsammelte (Josephus, ant. 12,175–176) und dies exakt die Summe ist, die Pompeius 60 v. Chr. Judäa als Tribut auferlegte.[194] So bekommt die Summe auch einen symbolischen Wert, indem sie auf die horrenden Tributsummen in den Provinzen rekurriert. Als weiterer Hinweis wird gewertet, dass es sich um Versklavte handelt, die vor allem in der Finanzadministration im Römischen Reich tätig waren.[195] Versklavte standen in Abhängigkeitsverhältnissen, hatten wenig bis gar keinen eigenständigen Zugang zu Machtpositionen, waren leichter zu kontrollieren bzw. zu bestrafen und zu foltern.[196]

Insgesamt bietet die Perikope Hinweise, dass an einen fiskalischen Kontext gedacht sein könnte, diese sind jedoch nicht eindeutig – weder auf der sprachlichen noch inhaltlichen Ebene. Zentral ist das Thema des mitmenschlichen Schuldenerlasses, der aus dem Schuldenerlass Gottes hervorgeht wie schon im Vaterunser mit den Lemmata ἀφίημι und ὀφείλημα beschrieben (Mt 6,12).

Die Bildebene ist den Adressierten zunächst vertraut. Das Gleichnis skizziert eine ökonomische Situation, die von Verschuldung und gegenseitigen Abhängigkeiten geprägt ist. Dies gilt sowohl für die Finanzadministration als auch andere ökonomische Zusammenhänge. Der Herrscher setzt Geldsummen als zu erbringende Leistung fest, die dann durch eine Kette von Personen eingetrieben wird, die alle in einem Schuldverhältnis zum Herrscher und untereinander stehen bis die Summe eingebracht ist. Diese Abhängigkeitsverhältnisse sind in der frühen Kaiserzeit alltäglich. Wenig relevant ist, welche Rechtsverhältnisse gespiegelt werden, denn die Realität von Verschuldung war allgemein bekannt.[197] Klyne Snodgrass

---

193 So Luz, Matthäus (3), 69, der annimmt, dass es sich um einen Großsteuerpächter handelt und die Hörenden sich deswegen nicht mit dieser Person identifizieren könnten; Jeremias, Gleichnisse, 208; Leutzsch, Verschuldung, 113–116.

194 Vgl. Carter, Resisting, 266. Gegen Jeremias, Gleichnisse, 36, der die Summe als Ausschmückung und „Phantasiesumme" wertet, die die Hörenden schocken sollte. De Boer, Talents, 227–228 schlägt einen Mittelweg ein, indem er annimmt, dass Matthäus die Summe erhöhte, indem er aus ursprünglich 10.000 Denaren Talente machte, um die Größe der Vergebungsbereitschaft Gottes zu betonen.

195 Vgl. Glancy, Slaves, 86; Schottroff, Gleichnisse, 258; Snodgrass, Stories, 68. Anders Linnemann, Gleichnisse, 113, die annimmt, es handele sich hier um einen Statthalter und der später auftretende Sklave sei ein kleiner Beamter oder Steuerpächter.

196 Vgl. zum Aspekt der Folter auch Schottroff, Gleichnisse, 258.

197 Wiefel, Matthäus, 329 nimmt wie viele an, dass in der Perikope hellenistische oder römische Rechtsverhältnisse gespiegelt werden, weil im Judentum die Ehefrau nicht verkauft werden darf. Ebenso Erlemann, Gleichnisse, 193. Allerdings relativiert sich das, wenn es sich um einen Versklavten handelt – auch ein jüdischer König dürfte diesen und seine Familie verkaufen Vgl. Glancy, Slaves,

betont, dass das Gleichnis ursprünglich nicht dafür gedacht war, Jesu Worte zur Vergebungsbereitschaft in Vers 22 zu illustrieren.[198] Erst Matthäus verwendet das Gleichnis dafür, das Gespräch zwischen Petrus und Jesus zu illustrieren. Daher ist mit einem Bedeutungsüberschuss zu rechnen und keine perfekte Schablone, denn ein Gleichnis arbeitet mit Analogien.[199] Es beabsichtigt Strukturen zu illustrieren.[200] Erst die Verse, die die Überleitung am Anfang und Ende des Gleichnisses bilden, kreieren den theologischen Bezugsrahmen.

Das Gleichnis schildert, was passiert, wenn man nicht bereit ist, seinen Mitmenschen zu vergeben so wie Gott einem selbst vergeben hat. Es findet eine gesellschaftliche Analyse in theologischem Horizont statt.[201] Einige Forschende weisen darauf hin, dass Gleichnisse keine Gleichsetzung im Detail bezwecken, sondern eine Analogie einiger Aspekte darstellen, so dass der König und Gott nicht in alles Aspekten gleichzusetzen seien.[202] Einen anderen Weg geht Carter, der behauptet, dass Gott und König hier kontrastiert würden.[203] Er schlägt vor, dass die Gemeinsamkeit zwischen Gott und dem König, wie sie in Vers 23 und 35 behauptet werden, in der Rechenschaftspflicht gegenüber Gott und der Bestrafung beim Ignorieren seines Willens besteht.[204] Ob man nun einen Kontrast oder eine Analogie zwischen Gott und König sieht, so bietet Matthäus zumindest auch an anderen Stellen Strafandrohungen im Endgericht, so dass diese einem ansonsten vergebenden und barmherzigen Gottesbild nicht widersprechen.[205] Der Widerspruch besteht darin, dass der König nicht unendlich vergibt. In dem Moment, in dem seine Vergebung nicht nachgeahmt wird, vergibt er auch nicht mehr.[206]

Textpragmatisch illustriert das Gleichnis, dass es für Irritationen sorgt und nicht angemessen ist, wenn man an Schuldverhältnissen festhält, obwohl einem selbst Schulden vergeben wurden. Die Mitversklavten zeigen die erwünschte Reaktion:

---

86. Ebenso merkt Snodgrass, Stories, 66 zu Recht an, dass auch jüdische Schriften davon erzählen, dass Mitglieder jüdischer Familien in die (Schuld-)Sklaverei verkauft werden (z. B. Neh 5,5).

198 Snodgrass, Stories, 67.

199 Vgl. ebd., 68.71.

200 Vgl. Schottroff, Gleichnisse, 135.

201 Vgl. zu dieser Funktion von Gleichnissen ebd., 136.

202 Vgl. ebd., 262.265 hält das Gleichnis für ein antithetisches Gleichnis und der König sei nicht mit Gott gleichzusetzen; Snodgrass, Stories, 71 betont, dass der König eine Analogie und kein Bild von Gott sei; Hultgren, Parables, 24. Blumenthal, Basileia, 128 lehnt die Position ab, dass Gott und König nicht gleichzusetzen seien. Ebenso Erlemann, Gleichnisse, 197 und in Aufnahme von Erlemann auch Roose, Schuld, 455.

203 Vgl. Carter, Resisting, 264-265.

204 Vgl. ebd., 268.

205 Vgl. Mt 8,12; 11,23; 12;36; 13,30.42; 24,41; 25,30.41.

206 Vgl. Roose, Schuld, 449-450.

Diese Zurschaustellung von Unbarmherzigkeit und fehlender Empathie wirkt verstörend vor dem Hintergrund, dass der Versklavte Barmherzigkeit und Gnade erfahren hat. Das Gleichnis zeigt, dass Schuldenstrukturen nur durch unverdienten Schuldenerlass durchbrochen werden können. Matthäus selbst flicht mit Vers 35 einen extremen Apell ein, der auf Angst setzt: Wenn ihr einander nicht vergebt, dann werdet ihr von Gott bestraft werden. Matthäus steht damit in der Tradition jüdischer Gerichtsrede, in der Gott souverän, autoritär und gerecht handelt.[207]

Carter interpretiert das Verhalten des ersten Versklavten gegenüber dem anderen Versklavten in den damaligen Macht- und Sozialstrukturen. Gerade weil der Versklavte durch den König begnadigt wurde, müsse er nun selbst seine Stärke beweisen, indem er Strenge und Durchsetzungsfähigkeit zeige. Ohne es weiter auszuführen, macht Carter hier auf ein anderes Ungleichgewicht aufmerksam: Der König kann sich den Akt der Barmherzigkeit leisten, ohne dass es als Schwäche ausgelegt wird. Sein Sklave kann dies nicht. Gerade weil er weniger mächtig ist, muss er seine Macht besonders deutlich machen. Denn wo der König auf eine Person angewiesen ist, die ihm die 10.000 Talente herbeischafft, hat der Versklavte eine ganze Gruppe von Einzelpersonen, die ihm die 100 Talente bringen müssen, damit er die 10.000 zusammen bekommt. Vielleicht liegt hier auch der Grund, warum die anderen Versklavten diesen Vorfall melden. Sie wollen vermeiden, dass es ihnen ebenso ergeht und suchen Schutz beim König.[208]

Martin Leutzsch meint, dass die Mitversklavten als Identifikationsfigur für die Adressierten dienten.[209] Sie spiegelten das Entsetzen der Angesprochenen und die Ohnmacht, Unrecht alltäglich sehen zu müssen. Zugleich fragt man sich, warum der Sklave die 100 Talente eintreiben muss, wenn doch gerade die Abgabenschuld erlassen wurde. Es erscheint konstruiert, sollten diese beiden Schulden nicht in einem Zusammenhang stehen. Vielleicht erregt also den Zorn des Königs, dass die 100 Talente ein Teil der erlassenen Schuld sind und damit nicht mehr eingetrieben werden müssen. Will der Versklavte sie also in die eigene Tasche stecken? Carter nimmt an, dass der König wütend wird, weil der Versklavte durch seine unnachgiebige Bestrafung des anderen Versklavten, den König selbst schwach aussehen lässt.[210] Somit würde es also wieder um die Herstellung der Macht gehen, um dem Eindruck entgegenzutreten, dass der König nicht durchsetzungsfähig sei. Dies zeige er durch die Folterung des Versklavten.

Das Gleichnis illustriert wie gesehen verschiedene Ebenen und ist offen für mehrere Interpretationen. Zum einen enthält es Elemente, die skizzieren, wie in der Antike Abgaben- und Pachtsysteme sowie Sklaverei funktionierten. Es gab eine

207 Vgl. Erlemann, Gleichnisse, 197.
208 Vgl. auch Carter, Resisting, 268.
209 Leutzsch, Verschuldung, 107.121.
210 Vgl. Carter, Resisting, 268.

Kette von Personen, die die vom Herrscher festgesetzte Summe eintreiben musste. In dem Gleichnis liegt das Finanzwesen ausschließlich in der Hand von Versklavten.[211] Dabei wurden sie jeweils persönlich für ihren Teil haftbar gemacht. Dadurch entstand ein hoher Druck, diese Summe tatsächlich abzuliefern, da ansonsten wie in der Parabel Verkauf, Schuldgefängnis, Besitzverlust und Folter drohten. Dies alles sind bekannte Szenarien für Menschen in der Antike.[212] Diese Verkettung haben wir in Ägypten z. B. in der Petition des Abgabeneinnehmers Nemesion und seiner Kollegen wegen fehlender Abgabeneinnahmen oder in Dörfern, die für ausstehende Abgaben des Tempels aufkommen mussten, gesehen. Außerdem, dass die Nutznießer des Systems ganz oben sitzen und die hohen Summen abschöpfen, die bei Matthäus so astronomisch ausfallen. Hier wird demnach eine bekannte Realität geschildert. Es findet sich in diesem System eben keine Solidarität, sondern der Druck wird nach unten weitergereicht. Schuldenerlass, Nachsicht oder Verständnis ist willkürlich und hängt erneut vom Individuum und dessen Machtposition ab. Es ist daher auch nicht überraschend und passt zu antiken literarischen Stereotypen über Versklavte, dass der Versklavte, obwohl er selbst mit Nachsicht behandelt wurde, einem anderen Versklavten gegenüber unnachsichtig ist.[213] Das bedeutet zugleich, dass sowohl Matthäus als auch die Hörerschaft mit dem Druck im Abgabensystem, dem Abgabeneinnehmer ausgesetzt waren, und möglichen Strafen vertraut waren. Hier scheint demnach ein differenzierteres Verständnis des Abgabensystems und des Abgabenpersonals durch.

Es wird theologisch ausgeführt, dass empfangene Vergebung die eigene Vergebungsbereitschaft zu Folge haben sollte. Für Eta Linnemann ist Vers 33 die Pointe der Parabel: „Hättest du nicht auch Mitleid mit deinem Mitsklaven haben sollen, so wie auch ich mit dir Mitleid hatte?“[214] Ebenso wie Verschuldung weitergereicht wird bzw. Entschuldung weitergegeben werden sollte, soll Vergebung weitergereicht werden – ökonomisch oder sozial. Die gegenseitige Vergebung in der Gruppe heilt geschädigte Beziehungen und führt in die Gemeinschaft zurück.[215] Ebenso hat das Nichtvergeben laut Matthäus jedoch eschatologische Konsequenzen und wird im Endgericht bestraft.[216] Das Gleichnis illustriert, dass finanzielle Schuld- und Abhängigkeitsverhältnisse wie moralische Schuldverhältnisse nur durch Vergebung durchbrochen werden können. Statt unbarmherzig eine abstrakte und tote Gerechtigkeit einzufordern, schafft die Vergebung Überlebensmöglichkeiten.

---

211 Vgl. Schottroff, Gleichnisse, 258.

212 Vgl. Glancy, Slaves, 87.

213 Vgl. ebd., 87.

214 Linnemann, Gleichnisse, 116.

215 Vgl. auch Leutzsch, Verschuldung, 130–131.

216 Schottroff, Gleichnisse, 261–266 führt diesen eschatologischen Aspekt ausführlich aus.

4.2.8 Die ungleichen Söhne (Mt 21,28-32)

> 28 „Was aber meint ihr: Ein Mensch hatte zwei Kinder. Und er ging zu dem ersten und sagte: Kind, geh heute, arbeite im Weinberg. 29 Der aber antwortete, indem er sagte: Ich will nicht, später aber, nachdem er umgedacht hatte, ging er. 30 Er ging zu dem anderen und sagte dasselbe. Der aber antwortete, indem er sagte: Ja, Herr. Und er ging nicht. 31 Wer von den zweien hat den Willen des Vaters getan?" Sie sagten: „Der erste." Jesus sagte zu ihnen: „Amen, ich sage euch, dass die Abgabeneinnehmenden [τελώνης] und die Sexarbeiter:innen vor euch in das Königreich Gottes gehen werden. 32 Johannes ist nämlich zu euch gekommen auf dem Weg der Gerechtigkeit und ihr habt ihm nicht geglaubt, aber die Abgabeneinnehmenden [τελώνης] und Sexarbeiter:innen haben ihm geglaubt. Ihr aber, die ihr gesehen habt, habt später nicht umgedacht, ihm zu glauben."
> (Mt 21,28-32)

Zum Sondergut des Matthäus gehört das Gleichnis über die zwei Söhne, die der Vater bittet, im Weinberg zu arbeiten (Mt 21,28-32). Zwei unterschiedliche Wege werden einander gegenübergestellt und suggestiv gefragt, welcher der richtige sei. Damit kann man die Perikope zu den Weisheitsgleichnissen zählen.[217] Insgesamt sind die Verse des Gleichnisses redaktionell geprägt, wobei Vers 31c eine übernommene Tradition zu sein scheint, wegen der untypischen Wendungen.[218] Vers 32 gehörte wahrscheinlich nicht ursprünglich zum Gleichnis, da er vor allem Vers 31 erklärt.[219] Der Evangelist hat das Gleichnis zwischen die Frage nach der Vollmacht Jesu (Mt 21,23-27) und dem Gleichnis von den Weingärtnern (Mt 21,33-46) gestellt.[220]

Der Sohn, der vom Vater zuerst gefragt wird, lehnt ab, bereut es aber später und geht dann doch in den Weinberg zum Arbeiten. Der andere Sohn versichert, dass er in den Weinberg geht, tut es dann aber nicht. Die Anwesenden leiten ab, dass nur der erste Sohn den Willen des Vaters erfüllt hätte. In dem anschließenden Logion sagt Jesus, dass die Abgabeneinnehmer:innen und Sexarbeiter:innen vor den Angesprochenen, im Ablauf des Erzählfadens könnte es sich um Hohepriester und Älteste oder Pharisäer:innen handeln, in das Königreich Gottes gehen werden (V 31). Imaginieren kann man sich hier die erstaunte Frage: Wieso? Vers 32 antwortet darauf. Es wird erklärt, dass Johannes der Täufer auf dem Weg der Gerechtigkeit kam und die Angesprochenen ihm nicht geglaubt hätten, das Abgabenpersonal

---

217 Vgl. Erlemann, Gleichnisse, 110-113.

218 Vgl. Luz, Matthäus (3), 206 und Fn. 20, in der er als nicht matthäisch markiert: Zöllner und Prostituierte; Königreich Gottes; Amen, ich sage euch.

219 Vgl. Klein, Bewährung, 94-95.

220 Luz, Matthäus (3), 205 sieht das Streitgespräch und das Gleichnis als zusammenhängenden Textabschnitt. Ich lasse es hier lediglich außer Acht, weil im Mittelpunkt Vers 31 steht.

und die Sexarbeiter:innen dagegen schon. Damit endet die Erklärung jedoch nicht, denn es hätte eine weitere Chance gegeben: als die Angesprochenen dies sahen, hätten sie sich erneut entscheiden können, Johannes zu glauben. Dieser letzte Teil geht über die Söhne im Gleichnis hinaus.

Die Abgabeneinnehmenden und Sexarbeiter:innen sind also wie der erste Sohn, die es zunächst ablehnen, den Willen des Vaters zu tun, sich dann aber doch anders entscheiden als Johannes der Täufer sie zur Umkehr aufruft. HERRENBRÜCK bestimmt den Text daher genauer als Krisis-Gleichnis.[221] Matthäus stellt hier erneut Gruppen und ihr Reden und Handeln gegenüber. Besonders den Führungspersonen wird vorgeworfen, dass sie anders handeln als sie reden, was zu den wiederkehrenden Motiven im Matthäusevangelium gehört (vgl. Mt 23). Diese Gegenüberstellung gewinnt dann Schärfe, wenn sie als unangemessen wahrgenommen würde: Abgabenpersonal und Sexarbeiter:innen auf der einen Seite und Führungspersonen auf der anderen.[222] Der Vergleich wird zur Beschämung eingesetzt.

Auffällig ist, dass Matthäus Abgabenpersonal mit Johannes dem Täufer verbindet – eine Tradition, die sich ausgebaut im Lukasevangelium wiederfindet (Lk 3,12–13), dort allerdings ohne Sexarbeiter:innen. Die Zusammenstellung von Abgabeneinnehmenden und Sexarbeiter:innenn ist ohne weitere Parallele in den Evangelien. Tatsächlich kommen Sexarbeiter:innen explizit ansonsten gar nicht im Matthäusevangelium vor.[223] Ein Zusammenhang zwischen beiden Gruppen wird meistens durch die Besteuerung von Sexarbeiter:innenn (seit Caligula [37–41 n. Chr.]), angenommen.[224] KATHLEEN E. CORLEY zeigt, dass philosophische Schulen die Anhängerinnen anderer Schulen als Sexarbeiterinnen verunglimpften und die Anhänger als Zuhälter, Bordelbesitzer oder Abgabeneinnehmer.[225] Demnach könnte es sich vor allem um rhetorische Polemik handeln.

Abgabenpersonal und Sexarbeiter:innen waren bereit, die Botschaft des Täufers zu hören, was Umkehrbereitschaft zu implizieren schein.[226] Die Zusammenstellung von Sexarbeiter:innen und Abgabenpersonal setzt voraus, dass die beiden Gruppen etwas verbindet. Beide werden im literarischen Diskurs des Matthäus als Gruppen konstruiert, von denen andere sich abgrenzen und deren Verbindung zur

221 Vgl. Herrenbrück, Zöllner, 266.

222 Luz, Matthäus (3), 211 nimmt an, dass Zöllner und Prostituierte als religiös und moralisch untauglich betrachtet wurden.

223 Lediglich implizit in der Vorfahr:innen Linie Jesu durch die Erwähnung von Tamer (Mt 1,3), die sich jedoch nur als Prostituierte ausgab, und Rahab (Mt 1,5), die in Jos 2,1 und 6,22.25 ausdrücklich als Prostituierte bezeichnet wird.

224 Zur Besteuerung von Sexarbeiter:innen bzw. Zuhältern vgl. Zollgesetz von Palmyra, evtl. Gebührenliste von Koptos.

225 Vgl. Corley, Women, 63–65.92.

226 Die Umkehrbereitschaft von Zöllnern betont z. B. Herrenbrück, Zöllner, 243.

Jesusgruppe für Kontroversen sorgt. Wir haben bereits gesehen, dass der Kontakt zu Abgabenpersonal unvermeidbar war. Auch Sexarbeiter:innen sind ein fester Bestandteil des antiken Alltaglebens – unabhängig davon, ob ihre Dienstleitungen in Anspruch genommen werden.[227] Ein konkreter Berührungspunkt beider Gruppen, abgesehen von einem möglichen Klientenverhältnis, war die Abgabenpflicht, der Sexarbeiter:innen unterlagen.[228] Davon abgesehen gehören sowohl Abgabeneinnehmende als auch Sexarbeiter:innen in ein soziales Netzwerk – sei es die Familie oder eine andere religiöse, ethnische oder berufliche Gruppe. Die Gesellschaft, die sich von ihnen abgrenzt, ist auch die Gesellschaft, die beide Gruppen hervorbringt. Sie sind durch vielfältige Verbindungen unauflöslich miteinander verbunden, selbst wenn das negiert wird. Die Gemeinschaft Jesu mit Abgabenpersonal und Sexarbeiter:innen ist damit Ausdruck dieser gegenseitigen Zugehörigkeit. Sie entlarvt, dass Abgrenzung genau diese Zugehörigkeit und den eigenen Anteil an den Ausbeutungsstrukturen – hier sexuell oder finanziell – verschleiert und damit aufrechterhält. Wenn von den Abgabeneinnehmer:innen und Sexarbeiter:innen gesagt wird, dass sie dem Täufer glaubten, dann wird ausgedrückt, dass sie bereit sind, sich als Teil einer Struktur zu erkennen, die auf verschiedenen Ebenen Beziehungen verletzt: zu sich selbst, zu anderen Mensch und damit zu Gott. Und dass diese Beziehungen geheilt werden können durch die Umkehr. Diejenigen, die mit ihnen essen und in einer Gemeinschaft sind, bringen damit zum Ausdruck, dass sie selbst ebenso Teil dieser Struktur sind. Sexarbeiter:innen illustrieren, wie die Gesellschaft sich selbst gegenseitig ausbeutet und ihre Bedürfnisse auf Kosten anderer befriedigt. Durch Abgabenpersonal wird das Beziehungsgeflecht zwischen römischer Administration und Provinzgesellschaft sichtbar. Die Aufrechterhaltung der jeweiligen Netzwerke hängt nicht an den Tätigkeiten einzelner, sondern an der gesamtgesellschaftlichen Struktur. Komplexe Machtverhältnisse, ökonomische Abhängigkeiten und soziale Zusammenhänge werden simplifiziert und in ihrer Komplexität reduziert, indem ausgewählte Segmente der Gesellschaft stellvertretend stigmatisiert und ausgegrenzt werden.

Schottroff und Stegemann meinen, dass Abgabeneinnehmende und Sexarbeiter:innen für Heidenchrist:innen stehen und somit ausgesagt würde, dass diese überraschenderweise in das Reich Gottes kommen und dies vor denjenigen, die dies für sich in Anspruch nahmen.[229] Ob nun eine spezifische Gruppe in der matthäischen Gruppe damit gemeint ist oder alle – jedenfalls nimmt Matthäus wahrscheinlich Gegnerpolemik auf und benutzt sie für einen rhetorischen Gegenangriff. Die Stereotypen haben eine rhetorisch-polemische Funktion.

---

227 Vgl. zu Prostitution in der Antike Stumpp, Prostitution; McGinn, Prostitution; Kapparis, Prostitution.

228 Zur Besteuerung von Prostituierten vgl. Kapparis, Prostitution, 248–287.

229 Vgl. Schottroff/Stegemann, Jesus, 48.

4.2.9 Die Frage nach den Abgaben für den Kaiser (Mt 22,15–22)

> 15 Da gingen die Pharisäer und hielten einen Rat ab, wie sie ihn durch seine Rede fangen könnten. 16 Und sie schickten zu ihm ihre Jünger:innen mit Herodesanhänger:innen. Sie sagten: „Lehrer, wir wissen, dass du wahrhaftig bist und den Weg Gottes wahrheitsgemäß lehrst und du scherst dich wegen niemanden. Du schaust nicht auf das Ansehen der Menschen. 17 Also sage uns, was meinst du: ist es erlaubt dem Kaiser die Zensus(-Abgabe) zu geben oder nicht?“ 18 Jesus aber erkannte ihre Bosheit und sagte: „Ihr Heuchler, was versucht ihr mich? 19 Zeigt mir eine Zensus-Münze.“ Sie aber gaben ihm einen Denar. 20 Und er sagte zu ihnen: „Wessen Bild und Inschrift ist das?“ 21 Sie sagten ihm: „Des Kaisers.“ Da sagte er zu ihnen: „Also gebt dem Kaiser, was des Kaisers ist, und Gott, was Gottes ist.“ 22 Und nachdem sie gehört hatten, staunten sie und nachdem sie von ihm abgelassen hatten, gingen sie fort. (Mt 22,15–22)

In der Erzählfolge des Matthäusevangeliums befindet sich Jesus inzwischen in Jerusalem. Mt 22,15–22 ist die erste von drei Frage, die Jesus von Vertreter:innen verschiedener Gruppen gestellt werden.[230] Es handelt sich um ein Streitgespräch. Mt 22,15–22 hält sich insgesamt eng an die markinische Vorlage.[231] Der Beginn der Perikope ähnelt jedoch inhaltlich Lk 20,20 bezüglich der Absicht, Jesus eine Falle zu stellen und ihn zu einer Aussage zu bringen, die ihm schadet. Bei Matthäus sind es die Pharisäer:innen, die einen Rat abhalten und dann Abgesandte gemeinsam mit Anhänger:innen des Herodes zu Jesus schicken (vgl. Mk 12,13). Die Frage, die Jesus in Bedrängnis bringen soll, lautet, ob man dem Kaiser Zensus bezahlen soll – der Ausdruck meint die zensusbasierten Abgaben wie Kopf- und Besitzabgabe. Lk 20,22 liest hier gegen Markus und Matthäus φόρος, was begrifflich verbreiteter ist nach den uns bekannten Quellen. Wie bei Matthäus üblich, werden die Pharisäer:innen dann als Heuchler:innen beschimpft (vgl. Mt 23,13).[232] Ebenso sperrig formuliert Matthäus danach, dass Jesus nach einer Zensus-Münze fragt, d. h. nach einem Denar, wie es dann am Ende des Verses wie bereits vorher schon bei Mk 12,15 und Lk 20,24 schlicht heißt. Auf die Frage, wer auf der Münze abgebildet sei und wessen Inschrift auf ihr zu lesen sei, antworten die Gefragten, dass es des Kaisers Bild und Inschrift seien. Jesus erwidert dann den bekannten Satz, dem Kaiser zu geben, was dem Kaiser gehöre, und Gott, was Gott gehöre. Diese Antwort bietet

---

230 Es folgen in Mt 22,23–33 die Frage nach der Auferstehung und in Mt 22,34–40 die Frage nach dem höchsten Gebot.

231 Förster, Steuerfrage, 11–19 bietet einen detaillierten synoptischen Vergleich der Perikope und kommt zu dem Ergebnis, dass Mt und Lk von Mk abhängen und keine weiteren Quellen heranziehen.

232 Mk 12,15 benutzt zwar auch das Substantiv Heuchelei, doch nicht in direkter Anrede, sondern als Beschreibung des Vorgehens der Fragenden.

offenbar nicht die erhoffte Angriffsfläche, denn die Gruppe der Pharisäer:innen und Herodesanhänger:innen geht weg, ohne Jesus anzuklagen.

Die ausführlichste Interpretation dieser Perikope hat NICLAS FÖRSTER in einer Monographie vorgelegt. Er sieht hier einen zeitgenössisch jüdischen eschatologischen Vorbehalt formuliert, demnach alles Gott gehört: „Dem Kaiser werden durch Abgaben an den Fiskus die Geldstücke eingezahlt, die er herstellen und durch Portrait und Münzlegende als sein Geld kennzeichnen ließ. Von ihnen erwartet er, dass sie zu ihm in Form eines Kreislaufes wieder zurückkehren. Gott aber kommt als Weltschöpfer alles Gold und Silber, auch das zur römischen Münzprägung verwendete, als Eigentümer zu und wird ihm darum dereinst übergeben werden."[233] Damit hätte Jesus sich in der jüdischen Diskussion auf der Seite derer verortet, die einen Abgabenboykott ablehnen und stattdessen die römischen Machtdemonstrationen wie im Fall der Abgabenerhebung mit Hilfe des eigenen religiöse Deutehorizontes relativieren. Bereits FREDERICK F. BRUCE vertrat eine ähnliche These: Das Münzbild zeige den Besitzer der Münze an, zu dem diese wieder zurückkehren müsse – also dem Kaiser.[234] DIETRICH-ALEX KOCH weist darauf hin, dass dies kaum vorstellbar ist, da das römische Finanzsystem nicht erwartete, dass jede Münze als Abgabe an den Kaiser zurückgegeben werden musste.[235] KOCH versteht das Logion so, dass die fiskalische Oberhoheit der Römer akzeptiert würde, solange gleichzeitig der Gehorsam gegenüber Gott möglich sei.[236]

FÖRSTER weist darauf hin, dass zur Zeit Jesu virulent diskutiert wurde, ob Abgaben gezahlt werden sollten oder nicht – befeuert durch den Zensusboykott 6 n. Chr.[237] Auch Paulus spricht das Thema in Röm 13,6 an. War diese Frage immer noch aktuell zur Zeit der Abfassung des Matthäusevangeliums und in den frühen Christus-Gruppen? BRUCE nimmt an, dass das Logion und die Perikope deswegen überliefert wurden, um als vorbildhafte Beispielgeschichte zu dienen: „Obedience to God's will is not compromised by letting Caesar have the money which bears his name."[238]

Wir haben gesehen, dass Abgabenboykotte immer wieder vorkamen, aber hart bestraft wurden. Es ist auffällig, dass die Verweigerung von Abgabenzahlungen vor allem aus Randgebieten des Römischen Imperiums berichtet wird und die Anführer oft vorher in den Hilfstruppen des römischen Heeres gedient haben.[239] Tacitus stellt diese Aufstände häufig so dar, dass sie durch ausbeuterisches und brutales Verhalten

---

233 Förster, Steuerfrage, 8-9.
234 Vgl. Bruce, Render, 258-259.
235 Koch, Kontroverse, 221.
236 Ebd., 222-223.
237 Vgl. Förster, Steuerfrage, 152-153.
238 Bruce, Render, 261.
239 Vgl. Woolf, Provincial Revolts, 31-32.38.

untere Ränge der Administration oder der Armee provoziert würden.[240] Damit entlastet Tacitus zugleich die senatorische Schicht, zu der er selbst gehörte sowie das Vorgehen des Römischen Reiches allgemein.[241] Wir haben bereits im Edikt des Tiberius Julius Alexander gesehen, dass selten die fiskalische Struktur kritisch betrachtet wurde, sondern einzelne für Missstände verantwortlich gemacht wurden. Individuelle Abgabenverweigerung war möglich, ging jedoch mit Repressalien einher, denen man selbst bzw. die Angehörigen ausgesetzt waren. Die politische Botschaft, die auch noch ein paar Jahrzehnte später verstanden werden konnte, lag darin, wie man das Abgabenzahlen interpretieren und betrachten konnte. Statt es als Unterstützung oder Machtdemonstration des Staates verstehen zu müssen, konnte man mit Jesu Worten im Ohr jede Abgabenzahlung unter einen Vorbehalt stellen. Gleichzeitig wird die Bedeutungslosigkeit des ganzen Abgabensystems deutlich. Vergessen werden darf dabei jedoch nicht, dass lediglich der symbolische Bedeutungsgehalt relativiert wird und dies auch nur innerhalb einer Gruppe. Die gesellschaftliche Gesamtbedeutung sowie die Auswirkungen auf die individuelle ökonomische Situation kann auch diese Einstellung zum Abgabensystem nicht relativieren. Kontrafaktisch wird ein Spielraum eröffnet, der wiederum politisches Handeln stimulieren kann. Das Potential liegt gerade in der Bandbreite – man kann aus dem Satz ableiten, keine Abgaben zu bezahlen oder ihn als eschatologischen Vorbehalt verstehen. Es wird sich nicht festgelegt. Genau das, was Jesus auf der narrativen Ebene vor Auslieferung schützt, bietet den frühen Christus-Gruppen den Impuls eben diesen Mittelweg einzuschlagen.

4.2.10 Der Zehnte (Mt 23,23)

> Wehe euch, Schriftgelehrte und Pharisäer, die ihr so tut als ob, weil ihr den Zehnten bezahlt von süßer Minze, Dill und Kümmel und das Schwerwiegendere des Gesetzes ignoriert/unterlasst – das Recht [κρισίς],[242] das Mitgefühl [ἔλεος] und das Vertrauen [πιστίς]. Es war nötig, dieses zu machen und das andere nicht zu ignorieren/unterlassen. (Mt 23,23)

Der Vers steht in dem langen Abschnitt der sogenannte Weherufe (Mt 23,1–24,2). Grob gesagt knüpft Matthäus hier an Mk 12,37–40 an, wo vor den Schriftgelehrten und Pharisäern gewarnt wird. Die folgenden Weherufe stammen aus Q 11,39–52, wobei Matthäus die Reihenfolge redaktionell verändert.[243] Vers 23 ist vermutlich

240 Vgl. ebd., 37–38.43.

241 Vgl. ebd., 42.

242 Luz, Matthäus (3), 332 weist darauf hin, dass hier mehr gemeint sei als ein gerechtes Urteil zu bekommen.

243 Vgl. ebd., 292–293.

vormatthäisch und lediglich der Weheruf am Anfang matthäische Redaktion.[244] Die Belehrung am Ende (Mt 23,23d) ist formgeschichtlich vom Weheruf zu trennen und wurde vor oder in Q hinzugefügt.[245]

Es soll nicht um den Vorwurf an die Schriftgelehrten und Pharisäer gehen, sondern um den Hinweis, dass sie Güter verzehnteten. Im 1. Jh. n. Chr. existieren wahrscheinlich zwei Verzehntungssysteme nebeneinander: ein priesterliches 14-Zehnt-System, wie es bei Josephus bezeugt ist. In einem sieben Jahreszyklus wird im 1.–6. Jahr ein erster Zehnt für die Leviten bezahlt. Diese geben davon ein Zehntel den Priestern. Zusätzlich gibt es einen zweiten Zehnt, den die Leute in Jerusalem ausgeben sowie im 3. und 6. Jahr einen zusätzlichen Armenzehnt.[246] Daneben scheint es jedoch die Meinung gegeben zu haben, dass im 3. und 6. Jahr der Armenzehnt den 2. Zehnt ersetzte, d. h. ein 12-Zehnt-System.[247] Dieses findet sich auch in der Mishna, so dass SANDERS davon ausgeht, dass es sich hierbei um eine pharisäische Interpretation handelt.[248] GÜNTHER STEMBERGER bewertet dies im Anschluss an AVERY-PECK anders, demnach diese „mischnaischen Gesetze nicht direkt an die Praxis der Zeit des Zweiten Tempels anknüpfen."[249]

Die Zehntabgabe wird grundsätzlich von Matthäus bestätigt. Die Pharisäer:innen werden nicht dafür kritisiert, dass sie den Zehnten leisten. Vielmehr wird sogar deutlich, dass sie die Zehntabgabe großzügig auslegen, wenn sie Kräuter des alltäglichen Gebrauches verzehnten und damit auch die Umverteilung von Ressourcen unterstützen. Mit Mal 3,8-12 im Ohr, wo Gott das Volk des Betruges anklagt, weil sie den Zehnten und die Erstlinge nicht bezahlt haben, wird vielmehr deutlich, wie der Zehnte religiös begründet werden kann: Gott antwortet auf die kultischen Abgaben mit Segen, und zwar in Maleachi konkret mit Regen oder dem Schutz der Ernte vor Heuschrecken. D. h. am Zehnten hängt nach diesem Verständnis nicht allein die Versorgung des Tempelpersonals, sondern Gottes Segen für das ganze Volk. Matthäus richtet sich dagegen, die Abgaben als wichtiger als ethische Weisungen zu erachten. Dass die Pharisäer:innen dies täten ist natürlich eine Unterstellung seinerseits. Dieser Vorwurf mit gleichzeitigem Apell erinnert an den Verweis auf Hos 6,6 in Mt 9,13. Ein Blick in die theologische und soziale Begründung des Zehnten im Ersten Testament zeigt, dass diese und andere Abgaben einen spezifischen Sinn im Bundesgefüge haben.

Der Vorwurf gewinnt seine Schärfe durch die Hierarchisierung und durch die Einbettung in die weiteren harschen Vorwürfe, die das Matthäusevangelium gegen

---

244 Vgl. ebd., 329-330.

245 Vgl. ebd., Bd. 3, 330.

246 Sanders, Judaism, 148-149.

247 Vgl. ebd., 249-150.

248 Vgl. ebd., 150-151.

249 Stemberger, Pharisäer, 78-79.

Pharisäer:innen und Schriftgelehrte erhebt sowie die ständige Wiederholung der abwertenden Bezeichnung als Heuchler, die jede Handlung der Pharisäer:innen doppeldeutig erscheinen lässt (Mt 23,13.23.25.27.29). Für die Adressierten ist somit zugleich der Appell an sie hörbar, eben beides zu tun: religiöse Abgaben zu leisten und die anderen Weisungen des Gesetzes zu halten. Rhetorisch wird ein Stereotyp eines Pharisäers geschaffen, das in der christlichen Tradition wirkmächtig wurde.

4.3 Zusammenfassung

Die Aussagen über Abgabenpersonal im Matthäusevangelium sind von Ambivalenzen geprägt. Diese Spannungen werden manchmal auf unterschiedliche Traditionen, die Matthäus verarbeitet, zurückgeführt. Inklusive Jesustradition und exklusive Pharisäertradition werden einander gegenübergestellt.[250] Herrenbrück zeigt dagegen, dass es positive, negative und neutrale Aussagen über Abgabenpersonal in der rabbinischen Literatur gibt.[251] Es gibt also keine einheitliche *pharisäische* Linie. Matthäus greift häufig auf negative Zuschreibungen zurück und impliziert dabei ein kollektives Wissen bzw. Stereotype seiner Adressatenschaft(en). Im Kontext von ethischen Weisungen an die eigene Gruppe (Mt 5,46; Mt 18,17) dienen Abgabeneinnehmer als negatives ethisches Beispiel. Matthäus benutzt Abgabenpersonal als pejoratives Vorbild, das diejenigen, die Jesus als Messias in Frage stellen, herabsetzen soll (Mt 21,31-32). Jesu Gemeinschaft mit Abgabenpersonal ruft Nachfragen hervor (Mt 9,11) oder führt zu Diskreditierung (Mt 11,19) von Seiten der Opposition. Auch hier steht ein negatives Bild im Hintergrund. Schließlich erzählt Matthäus über Abgabenpersonal, dass Einzelpersonen Jesus nachfolgten, mit ihm aßen und zu den Jüngern gehörten (Mt 9,9; 10-11; 10,3).

Die matthäischen negativen Aussagen über Abgabenpersonal im Sondergut (Mt 5,46; 18,17) sind im Rahmen der jüdischen und griechisch-römischen Literatur des 1. und 2. Jh. wenig auffällig. Sie spiegeln *einen* Strang der literarischen Tradition wider, in dem ein Stereotyp über Abgabenpersonal konstruiert wird. Matthäus hält an diesen Stellen an Stereotypen fest und stärkt sie. Das *Sogar-Schema* in Mt 21,31 und 32 thematisiert den Glauben von Gruppen oder Personen, die an der Peripherie oder außerhalb der jüdischen Gemeinschaft stehen, die Matthäus vor Augen hat: Sünder:innen, Sexarbeiter:innen, der Hauptmann von Kaphernaum (Mt 8,10) sowie die Kanaanäerin (Mt 15,28). Rhetorisch rekurriert Matthäus auf diese Außenseiter:innen, um sowohl jüdische Repräsentant:innen des Establishments zu beschämen als auch an die eigene Gruppe einen Apell zu richten. Dadurch erschafft er zugleich eine Subgroup, nämlich die des umkehrbereiten Außenseiters, der mit

250 So besonders Jeremias, Zöllner.

251 Vgl. Herrenbrück, Zöllner, 193-208.

Barmherzigkeit und Mitgefühl behandelt werden soll. Matthäus setzt vor allem auf Solidarisierung, die theologisch in Prophetenworten verankert wird, die Empathie und Vergebung von den Menschen einfordern, um so an der göttlichen Vergebung mitzuwirken.

Auch das Abgabensystem kommt bei Matthäus in den Blick. Um Verschuldung und administrative Hierarchien geht es in Mt 18. Mt 22 diskutiert allgemein die Abgaben für den römischen Staat und evtl. auch Mt 17, wobei es hier auch um religiöse Abgaben gehen kann wie auch in Mt 23, wo es um den Zehnten geht. Egal ob religiöse oder staatliche Abgaben, es ist besser, diese zu bezahlen, um Konflikte und Spaltungen zu vermeiden. Deutlich wird aber auch hier, dass dies nicht bedeutet, dass Gottes Macht relativiert wird. Der eigentliche Gehorsam gehört uneingeschränkt Gottes Weisungen. Matthäus illustriert vor allem Identitätsfragen anhand der Erzählungen übers Abgabenwesen.

Meiner Ansicht nach spiegelt Matthäus vor allem eine inhärente Spannung eines (jüdischen) Diskurses über das Fiskalsystem wider. Zum einen liegt das an den von Matthäus benutzen Quellen: Die Logienquelle skizziert Abgabenpersonal als Gegner. Folgt man Kloppenborg und Arnal, dann könnte dies eine Konkurrenz zwischen Dorfschreibern und Abgabenpersonal spiegeln. Markus dagegen betont Jesu Gemeinschaft mit eben dieser Gruppe und ihre soziale Vernetzung. Darüber hinaus wird sich gegen Abgabenboykott ausgesprochen, aber ein Abgabeneinnehmer verlässt seinen Posten. Matthäus rezipiert diese widersprüchlichen Traditionen und spitzt sie weiter zu.

Auf gesellschaftlicher Ebene entstehen diese Spannungen durch ein Herrschaftssystem, das die Provinzeliten und auch die restliche Bevölkerung zur Kooperation auf verschiedenen Wegen anreizt und zwingt. Abgabenpersonal macht in seiner Tätigkeit verschiedene Aspekte der römischen Vorherrschaft sichtbar: Macht und Ausbeutung sowie Profit und Nutzen – und zwar gilt dies nicht allein für die römischen Machthabenden, sondern ebenso für die Provinzbewohner:innen. Sie sind zentral für ein weit gespanntes administratives und ökonomisches Netzwerk vor Ort. Abgabenpersonal stellt einerseits eine Verbindung zwischen lokaler Bevölkerung und administrativen Ebene sowie andersherum her, andererseits stabilisiert es die jeweiligen Machtverhältnisse. Sollte man nicht völlig autark leben, konnte man sich diesem System kaum entziehen. Vor allem war es schwer, nicht mit Personen in Kontakt zu sein, die für die römische Administration arbeiteten. Lucius, der Geschäftspartner des Praktor Nemesions, hatte z. B. zwei jüdische Handelspartner. Das Matthäusevangelium konkretisiert diese Spannung, indem er der Jesus-τελώνης-Tradition andere Traditionen zur Seite stellt und damit sein eigenes Bild von Abgabenpersonal kreiert: Abgabeneinnehmer:innen gehören eigentlich nicht zur Gemeinschaft, es kann nur Ausnahmen geben wie in der Nachfolgeerzählung Matthäus des Zöllners. Ansonsten distanziert sich das Evangelium eher von Abgabenpersonal.

Matthäus zeigt weder Interesse noch Kenntnis des Abgabensystems. Aus seiner Perspektive steht Abgabenpersonal am Rande der Gesellschaft mit anderen marginalisierten Personen. Für Matthäus überwiegt eine religiöse Bewertung von Abgabeneinnehmenden als sündig. Er erklärt Jesu Nähe zu Abgabenpersonal als Ausnahme. Jesu Verhalten hat keinen Vorbildcharakter für seine Gruppe. Es ist eher eine Notwendigkeit, die erklärt werden muss gegenüber Personen, die Abgabenpersonal aus der eigenen Gruppe ausschließen. Abgabeneinnehmer:innen in der eigenen Gemeinschafft sind nur denkbar, wenn sie ihre Tätigkeit aufgeben. Matthäus nimmt eine Haltung ein, die der der Dorfschreiber in der Logienquelle ähnelt. Gab es auch bei Matthäus eine konkrete soziale Konkurrenzsituation? Matthäus bewegt sich definitiv in Kreisen, die Abgabeneinnehmer:innen kritisch sehen. Ein enger Kontakt ist schwer vorstellbar. Eher aus der Notwendigkeit heraus, wie bei so vielen Abgabenpflichtigen. Politisch ist Matthäus zwar umsichtig – Abgaben, egal ob für den Staat oder Kult, sollen bezahlt werden. Die jeweiligen Autoritäten werden aber gleichzeitig nicht anerkannt. Es gibt kein Bemühen, integrativ zu wirken. Es ist Matthäus lieber, wenn sich Abgabenpersonal nur in Ausnahmen der Jesusbewegung anschließt. Dies mag daran liegen, dass Matthäus inmitten einer pharisäischen Debatte steht. Die Ablehnung von Abgabenpersonal ist eine Möglichkeit zu zeigen, weiterhin in spezifischen pharisäischen Überzeugungen beheimatet zu sein. Trotz der Traditionen über Jesus, die ihn in die Nähe von Abgabenpersonal rücken. Die matthäische Gruppe zeigt so, dass das Bekenntnis zu Jesus als Messias nicht bedeutet, dass sie nicht mehr zur jüdischen Gemeinschaft gehören. Zugleich signalisiert sie, dass sie offen für nicht-jüdische Personen ist, aber nicht wahllos.

5. Lukanische Aussagen über Abgabenpersonal und Abgabenwesen

5.1 Vorbemerkungen zum Lukasevangelium

Das Lukasevangelium wurde häufig zwischen 80–90 n. Chr. datiert, gegenwärtig setzt sich die Meinung durch, dass die Schrift erst nach der Jahrhundertwende (110–125 n. Chr.) verfasst wurde.[252] Als Abfassungsort wird meistens eine Stadt im Osten des Römischen Reiches angenommen.[253] Einige tendieren dazu, den

252 Für 80–90 n. Chr. sprechen sich Wolter, Lukasevangelium, 10; Yoder, Representatives, 58; Ebner/Schreiber, Einleitung, 199; Bormann, Theologie, 294 aus. Broer, Einleitung, 144 dehnt die Zeit bis 100 n. Chr. aus. Vertreter einer Frühdatierung ist Mittelstaedt, Lukas als Historiker, 255, der das Evangelium auf 59 v. Chr. und die Apg auf 62 v. Chr. datiert.

253 Für eine hellenistische Stadt sprechen sich z. B. Wolter, Lukasevangelium, 10; Balch, Rich, 223; Moxnes, Social Context, 380 aus. Für Philippi: Pilhofer, Philippi, 153–205.248–254; für Ephesus oder Korinth: Streeter, Four Gospels, 529.535. Für Rom: Schnelle, Einleitung, 288.

Ort offen zu lassen.[254] Lukas selbst repräsentiert sein Evangelium im Stil eines Geschichtswerkes, wie die Widmung und die Einleitung deutlich machen (Lk 1,1–4). Als Adressat wird Theophilus genannt, der bereits vertraut ist mit christlicher Lehre (Lk 1,3–4). Es ist nicht feststellbar, ob es sich bei Theophilus um einen tatsächlichen Gönner/Patron handelt oder um eine fiktive Figur.[255] Jedenfalls präsentiert Lukas dadurch sein Werk analog zu anderen antiken Autoren wie Josephus, die Widmungen vornehmen. Aus dem literarischen gehobenen Stil des Lukas und der Gestaltung des Evangeliums und der Apostelgeschichte als kleines Geschichtswerk, lässt sich auf seine eigene Bildung zurückschließen, jedoch nicht zwingend ableiten, dass auch die Leserschaft durchgehend gebildet war. Wer über eine *lukanische Gemeinde* spricht, nimmt entweder an, es handele sich um eine vorwiegend ursprünglich nicht-jüdische Gruppe, Gottesfürchtige oder eine gemischte Gruppe.[256] Joshua Yoder beschreibt die Gemeinde als „Gentile Church with valued jewish roots“[257]. Lukas zu verorten fällt deswegen schwer, weil eine gewisse Ambivalenz oder Unbestimmtheit sein Werk kennzeichnet. Probleme werden zwar angesprochen, aber es wird keine eindeutige Position bezogen.[258] Lukas bemüht sich um Fachterminologie. Wie wir auch im Bereich der Abgaben feststellen werden, gelingt dies nicht immer. Wie auch andere Autoren in der Antike, kreiert Lukas eher Stereotype. Diese haben bei ihm häufig einen sozial geachteten Status inne.[259]

Das Lukasevangelium galt lange als apologetisches Werk. Inzwischen haben verschiedene Studien herausgearbeitet, inwiefern sich das Lukasevangelium in die griechisch-römische Gesellschaft einfügt und gleichzeitig einen Gegenakzent setzt.[260] Schreiber stellt z. B. fest, dass das lukanische Doppelwerk sich an Christ:innen wende, die in ihrem städtischen Alltag mit Rom als Ordnungsmacht konfrontiert waren und daher sicher keine Apologie vor eben dieser Macht sein wolle.[261] „Lukas zeigt durch seine Erzählung, dass die ersten Christen keine Aufstände, keine Steuerverweigerung oder anti-kaiserliche Rhetorik benötigen. Das für sie charakteristische Leben an sich enthält genügend politisch-kritisches Potential. Den Rest, die Verwirklichung der Gottesherrschaft, können sie getrost

254 So Ebner/Schreiber, Einleitung, 199; Broer, Einleitung, 145.

255 Vgl. auch Yoder, Representatives, 56.

256 Eine Übersicht über Vertreter beider Positionen bietet Du Plessis, Lukan Audience, 256–258.

257 Yoder, Representatives, 56.

258 So Böttrich, Lukas, 128 und ähnlich Yoder, Representatives, 40.

259 Vgl. zur antiken Erzählweise anhand von Stereotypen Yoder, Representatives, 49 und zur sozialen Position der lukanischen Protagonist:innen vgl. Bormann, Theologie, 299–300. Er weist darauf hin, dass in der Apostelgeschichte Paulus besonders oft Begegnungen mit der lokalen Provinzelite hat.

260 Einen Überblick verschiedener Interpretationsansätze gibt Yoder, Representatives, 6–38.

261 Schreiber, Lukas, 149.

Gott und seinem Christus überlassen."[262] DAVID L. BALCH hebt hervor, dass Lukas die Geschichte des Tanakh als politische Erzählung über die Verantwortung von Begüterten in der Gemeinschaft gegenüber den Armen weiterschreiben würde.[263] Dies geschehe zugleich mit Bezug auf griechisch-römische bzw. stoische Wertvorstellungen.[264]

Die Interpretationsansätze sind vor allem durch feministische und postkoloniale Studien noch vielfältiger geworden. Im Feminist Companion to Luke von AMY-JILL LEVINE erhält man einen Eindruck der unterschiedlichen Perspektiven.[265] Postkoloniale Ansätze stellen das Imperium kritische Potential im lukanischen Doppelwerk heraus. So meint ERIC D. BARRETO, dass das lukanische Doppelwerk auf subtile Weise Widerstand gegen imperiale Staatsmacht narrativ entfalte.[266] Während das Römische Reich ideologisch und strukturell seine Narration von Ordnung und Hierarchie, Zugehörigkeit und Ausschluss verbreite, so das Lukasevangelium von Gleichheit, Zugehörigkeit und Gemeinschaft.[267] BRIGITTE KAHLS Ansatz *Lukas gegen Lukas* zu lesen deutet an, dass das Evangelium nicht pauschal anti-imperialistisch interpretiert werden kann.[268] Sie betont die Brüche und Widersprüchlichkeiten im Evangelium.

Ich kann vorwegnehmen, dass die lukanischen Stellen über Abgabenpersonal keinen Hinweis liefern, ob die Abgabeneinnehmenden, von denen er erzählt, zu Pachtgesellschaften gehörten oder nicht. Der Evangelist präsentiert exemplarische Figuren und hebt diese aus einer nicht näher definierten Menge hervor. Lukas ist das Evangelium, das am meisten Sondergut bezüglich des Themas Abgabenwesen bietet. Analog zu Mk und Mt wird Jesu Gemeinschaft mit Abgabenpersonal und die Nachfolge dessen übernommen, jedoch ausgebaut (Lk 5,27–32; Lk 7,34; Lk 15,1). Ein zentrales Thema ist die Umkehrbereitschaft von Abgabenpersonal (Lk 3,12–13; Lk 7, 29). Daneben gibt es im Sondergut ausführliche Beispielgeschichten über Abgabenpersonal (Lk 18,9–14; Lk 19,1–10). Eine Besonderheit ist die Rahmung der Lebensgeschichte Jesus durch Bezüge zur fiskalischen Administration (Lk 2,1–2; Lk 23,2). Ansonsten bietet Lukas Diskurse um religiöse und staatliche Abgaben, die sich entweder bei Mk (Lk 20,20–26; Lk 21,1–4) oder Matthäus (Lk 11,42) finden. Im Vergleich zu den anderen Evangelien und der Logienquelle verknüpft Lukas Abgabenpersonal besonders mit dem Thema der Umkehr.[269]

---

262 Ebd., 184.

263 Balch, Rich, 216.232–233.

264 Ebd., 227.

265 Vgl. Levine, Feminist Companion.

266 Barreto, Colonial Identities, 107–108.

267 Ebd., 109.

268 Kahl, Reading Luke, 73–76.

269 So auch Schottroff/Stegemann, Jesus 47.

5.2 Lukanische Aussagen über Abgabenpersonal und Abgabenwesen

5.2.1 Der Zensus (Lk 2,1–3)

> 1 Es geschah in diesen Tagen, dass ein Befehl von Kaiser Augustus ausging, die ganze bewohnte Welt zu registrieren [ἀπογράφω]. 2 Diese Registrierung [ἀπογραφή] erfolgte als erste während Kyrenios [Quirinius] Statthalter von Syria war. 3 Und alle gingen, um sich registrieren zu lassen, jeder in seine Stadt. (Lk 2,1-3)

Die Schilderungen beschreiben einen Zensus. Spezifischer benennt Lukas den Vorgang als ἀπογραφή, die Registrierung von Personen zum Zweck der Abgabenerhebung und anderer Pflichten.[270] Auf der narrativen Ebene dienen der Verweis auf den Kaiser und die Statthalterschaft des Quirinius als Erklärung, dass Jesus aus Nazareth in Bethlehem geboren wurde. So erfüllt sich die messianische Verheißung Mich 5,2. Gleichzeitig markiert er den machtpolitischen Rahmen.

Historisch fand eine Volkszählung in der Provinz Syria und damit auch Judäa beim Amtsantritt des Quirinius um 6 n. Chr. statt – also zu einer Zeit als Herodes der Große schon nicht mehr lebte.[271] In den Abgabenzeugnissen aus Ägypten haben wir gesehen, dass es nicht unüblich war, an einem Ort steuerlich registriert zu sein und an einem anderen zu leben. Ebenso, dass die Menschen deshalb bei einem Zensus aufgefordert wurden, an ihren Wohnort zurückzukehren.[272] Dieses Prozedere war daher allen Provinzbewohner:innen vertraut, da diese Erhebungen regelmäßig stattfanden. Dass Joseph und Maria nach Bethlehem gehen, weil Joseph aus dem Haus David stammt, gehört in den Bereich der literarischen Fiktion und ist keine akkurate Darstellung administrativer Vorgänge.[273] Bisher konnte die Forschung rekonstruieren, dass ein Zensus wahrscheinlich mit einem Edikt in Gang gesetzt wurde, das alle Provinzbewohner:innen zur Registrierung aufforderte, unabhängig von Alter, Geschlecht und Status. Dies geschah am Wohnort bzw. dort, wo Eigentum

---

270 Vgl. Bovon, Lukas, Bd. 1, 118.

271 Josephus, ant. 18,1-6 berichtet von diesem Zensus und wie Judas Galiläus die Menschen aufforderte, sich dem Zensus zu entziehen. Vgl. die prägnante historische Aufarbeitung bei Klein, Lukasevangelium, 131-133, der zu dem Schluss kommt, dass Lukas hier falsch datiert.

272 Vgl. das Edikt des Vibius Maximus von 104 n. Chr. für Ägypten. Dort ist der Begriff *Herd* gebraucht, zu dem alle zurückkehren sollten. Bagnall/Frier, Demography, 14-15 schlagen vor, dass dies als fiskalischer (Wohn-)Sitz zu verstehen sei. Anhand des Soterichos Archivs haben wir bereits gesehen, dass Personen an einem Ort wohnten und an einem anderen steuerlich registriert sein konnten (SB 20,15106).

273 Vgl. dazu Klein, Lukasevangelium, 133.

war. Manchmal wurde dafür eine zweite Zensuserklärung abgegeben.[274] Wie gesagt, geht es Lukas nicht um die korrekte Darstellung administrativer Abläufe.

Der Zensus führt Maria und Joseph von Nazareth nach Bethlehem. Es wird von Engeln, Hirten, Simeon und Hanna eine neue Herrschaft, Befreiung und Rettung angekündigt – ein Gegenentwurf zur Regierung des jeweiligen Augustus.[275] Die Abgabenschätzung, die der Kaiser initiiert, um die Berechnungsgrundlage für die Abgabenleistungen der Provinzbevölkerung zu schaffen, wird ein Baustein in Gottes Heilsplan. Lukas kann so verdeutlichen, dass Gott die eigentliche Kraft hinter den Geschehnissen ist und der Kaiser und seine Herrschaftsinstrumente letztendlich Gott dienen.[276] Der Kaiser mag „Herr über die Geldwirtschaft"[277] sein, doch diese Strukturen können nicht den Anbruch der Gottesherrschaft verhindern. Josef und Maria entziehen sich der Abgabenschätzung nicht – im Unterschied zu Judas Galiläus, der 6 n. Chr. die in Galiläa lebenden Menschen aufrief, sich dem Zensus zu verweigern (Josephus, ant. 18,4). Auch Gruppen wie die Zeloten wandten sich gegen die Abgabenforderungen der Römer, da sie diese als unvereinbar mit der Loyalität Gott gegenüber als wahren Herrscher über das Land betrachteten.[278] Stattdessen zeigt die Erzählung, dass Gott und der Messias in den vorgegebenen Machtstrukturen wirken. Das Evangelium wird entfalten, wie Gott und Jesus als Gesalbter bzw. später die Jesus-Nachfolgenden diesen Strukturen sogar entgegenwirken, ohne eine offene Rebellion zu starten.

5.2.2 Abgabenpersonal und Johannes der Täufer (Lk 3,12–13)

> 12 Es kamen aber auch Abgabeneinnehmer:innen [τελώνης], um sich taufen zu lassen, und sagten zu ihm [AEM: Johannes]: „Lehrer, was sollen wir machen?" 13 Er aber sagte zu ihnen: „Nehmt nicht mehr für euch als das Vorgeschriebene." (Lk 3,12–13)

Das dritte Kapitel im Lukasevangelium ist bis Vers 19 Johannes dem Täufer gewidmet. Nach der Ansprache an die Personen, die sich von ihm taufen lassen wollen, und dem Hinweis, dass sie Früchte der Umkehr bringen müssen (Vers 8), fragen ihn verschiedene Gruppen, wie sie sich verhalten sollen, um ihre Umkehr zu zeigen.[279] In den Versen 10–11 sind es unbestimmt „Leute" und Johannes fordert sie auf, mit denen zu teilen, die weniger haben. Dann folgen die Abgabeneinnehmenden.

---

274 Vgl. Bagnall/Frier, Demography, 11–15.

275 Schreiber, Lukas, 151–154.

276 Barreto, Colonial Identities, 112 formuliert, dass Augustus unwissentlich den Messias in den Haushalt Davids übergibt.

277 Vgl. Schreiber, Lukas, 164.

278 Vgl. Koch, Kontroverse, 207–208.223 oder Bruce, Render, 254–255.

279 Bormann, Recht, 235 hebt hervor, dass es hier deswegen nicht um eine Individualethik ginge.

Danach in Vers 14 Soldaten, die andere nicht misshandeln, erpressen und mit ihrem Lohn zufrieden sein sollen. Abgabenpersonal und Soldaten werden hier als einzige Berufsgruppen spezifiziert.[280] Sie verbindet, dass sie Teil einer Hierarchie waren, die den Druck nach unten weitergab. [281]Bei beiden wird angesprochen, dass ihre Tätigkeiten Übergriffe beinhalten konnten. Wir haben an verschiedenen Beispielen gesehen, dass das Abgabensystem anfällig war für Betrug und Missbrauch. Lukas erste Aussage zu Abgabenpersonal ist daher, dass sie umkehrwillig sind, zu Johannes dem Täufer kommen und er ihnen sagt, dass ihr Zeichen der Umkehr ist, dass sie nur das Vorgeschriebene einnehmen. Hier sind verschiedene Signale enthalten, die sich in der Darstellung der Abgabeneinnehmenden bei Lukas wie ein roter Faden durchziehen: sie wollen umkehren und sie müssen dafür die Abgabeneinnahme nicht aufgeben. Allerdings müssen sie mögliches Unrecht wieder gut machen, wie wir bei Zachäus sehen werden, und vor allem korruptes Verhalten unterlassen. Sie werden damit als Vorbilder oder mindestens positive Beispiele von umkehrwilligen Personen konstruiert. Gleichzeitig behauptet Lukas nicht, dass sie grundsätzlich umkehrbedürftig wären, weil sie im Abgabensystem arbeiten. Lukas kritisiert somit nicht das System an sich, sondern das Verhalten der Repräsentant:innen dieses Systems.[282] Levine und Ben Witherington III denken, dass das Abgabenpersonal im Lukasevangelium für Sünden stünde, die Gemeinschaftssolidarität verhinderten.[283] Meines Erachtens zeigt die Perikope mit Johannes dem Täufer, dass Willkür und Übergriffe staatlicher Repräsentant:innen angeprangert werden. Dieses Verhalten verhindert nicht nur Gemeinschaftssolidarität, sondern schädigt Menschen und kostet sie unter Umständen das Leben.

Das gemeinsame Auftreten von Abgabenpersonal und Sicherheitspersonal war üblich, wie wir z. B. im Nemesion Archiv oder besonders auch an Zollstationen gesehen haben.[284] Vielleicht soll ihre Zusammenarbeit betont werden, vielleicht steht aber auch im Fokus, dass sie für den Staat Dienstleistungen erfüllten, die sie in Machtpositionen setzten. Bemerkenswert ist noch ein weiterer Aspekt. Es erscheint banal, dass Lukas durch den Mund des Johannes den Abgabeneinnehmer:innen aufträgt, nur das Vorgeschriebene einzunehmen. Dieser Satz enthält tatsächlich eine implizite Kritik. Nicht nur die offensichtliche, dass einige Abgabeneinnehmer:innen betrogen. Vielmehr weist es auf die Unfähigkeit des Staates hin, dieses

---

280 Esler, Motivations, 210 leitet daraus ab, dass es ein römisches Element in der lukanischen Adressatenschaft gab. Dafür setzt er allerdings voraus, dass die Abgabeneinnehmenden römisch sind, wofür es keinen Anlass gibt.

281 Brawley, Luke, 57 übernimmt den Begriff „sub-opressors" für diese Gruppen, die die Hierarchien des Römischen Reiches aufrechterhalten und im Dienste dieses Systems stehen.

282 Vgl. auch Davis Zimmerman, Social Revolution, 779.

283 Levine/Witherington III, Luke, 89.

284 So auch Herrenbrück, Zöllner, 250–251.

Problem in den Griff zu bekommen. Wir haben in Ägypten und Ephesus gesehen, dass die Provinzverwaltung teils gegen Betrug vorging, teils in diesen selbst verstrickt war.[285] Sichtbar wurde, dass das System langsam arbeitete und teilweise auch der Korruption und dem Betrug hilflos gegenüberstand. Johannes der Täufer wird mit der Wirkmacht dargestellt, an das Abgabenpersonal appellieren zu können. Impliziert ist, dass seine Worte die Überzeugungskraft haben, dass sie ihre Tätigkeit gemäß den Vorschriften ausführen. Lukas Bormann hält fest, dass dieses Maßhalten eine der Grundlagen „für ein befriedetes und überlebensfähiges Gemeinwesen" sei.[286] Laut Lukas garantiert demnach nicht Rom, sondern die Gesandten Gottes den Frieden.

Das Abgabenpersonal arbeitet zwar weiter im Abgabensystem, doch werden sie nicht von Umkehr und Vergebung oder der Gemeinschaft ausgeschlossen. Wenn das Abgabenpersonal nur das Vorgeschriebene einnimmt, dann wird auch angedeutet, wie das Verhältnis zu den Abgabenleistenden verändert werden kann.[287] Wir haben anhand verschiedener Quellen gesehen, wie ein gutes Verhältnis zwischen Abgabeneinnehmer:innen und Abgabenleistenden aussehen konnte.[288] Ebenso, dass es nützlich war, Abgabenpersonal wegen ihrer guten Vernetzung in der eigenen Gemeinschaft zu haben.

5.2.3 Die Berufung des Levi (Lk 5,27–32)

> 27 Nach diesen Dingen ging er hinaus und sah einen Abgabeneinnehmer [τελώνης] namens Levi, wie er beim Abgabenhaus saß und sagte zu ihm: „Folge mir." 28 Und er ließ alles zurück, stand auf und folgte ihm. 29 Und Levi machte ein großes Gastmahl in seinem Haus und es war eine große Menge von Abgabeneinnehmenden [τελώνης] und anderen, die mit ihnen bei Tisch lagen. 30 Und es näherten sich Pharisäer und ihre Schriftgelehrten seinen Jüngern und sagten: „Warum/wozu isst und trinkt er mit Abgabeneinnehmer:innen [τελώνης] und Sünder:innen?" 31 Und Jesus antwortete und sagte zu ihnen: „Die Gesunden haben keinen Bedarf an einem Arzt, sondern die Schlechten. 32 Ich bin nicht gekommen, Gerechte zur rufen, sondern Sünder:innen zur Umkehr." (Lk 5,27–32)

---

285 Vgl. das Edikt von Tiberius Julius Alexander; der Brief zur Unterlassung der Verzögerung in der Zollabwicklung; die Zollinschriften; der Zollbetrug in Soknopaiu Nesos.

286 Bormann, Recht, 236.

287 Vgl. Barreto, Colonial Identities, 114.

288 Vgl. der Abgabeneinnehmer in Cäsarea als Teil einer Gesandtschaft; die Bitten in Ägypten um Gefallen durch Abgabenpersonal; die geschäftlichen Beziehungen zu Abgabenpersonal; die Stiftungen von Abgabenpersonal.

Lukas verwebt die Nachfolge- und Gastmahlepisode bzw. das Streitgespräch engmaschig zu einer fortlaufenden Geschichte. Dies geschieht durch Levi, der nicht nur berufen wird, sondern auch der Ausrichter des Gastmahls ist. In der Erzählabfolge des Evangeliums hat Jesus in einem Haus an einem unbekannten Ort einen Gelähmten geheilt. Im Erzählduktus würde Jesus daher aus dem Haus heraus gehen und zum Abgabenhaus kommen. Wie schon Matthäus entkoppelt Lukas das Abgabenhaus vom See Genezareth. Allerdings ist er der einzige, der Levi dezidiert als Abgabeneinnehmer bezeichnet und so eindeutig macht, dass er nicht irgendeine Person ist, die in der Nähe des Abgabenhauses sitzt. Lukas beschreibt auch als einziger explizit, dass Levi alles zurücklässt bzw. verlässt oder im Stich lässt. So wird hier deutlich gesagt, dass Levi seinen Aufgaben als Abgabeneinnehmer (temporär) nicht mehr nachkommt. Es ist ausdrücklich Levis Haus, in dem er ein großes Gastmahl ausrichtet. Dies alles suggeriert einen gewissen Wohlstand. Barbara E. Reid und Shelly Matthews weisen darauf hin, dass hier eine Verbindung zu Frauen im Lukasevangelium besteht, die Jesus und seine Verkündigung auch mit ihren Ressourcen unterstützen (Lk 8,1-3).[289]

Auffallend ist, dass viele Abgabeneinnehmer:innen bei dem Gastmahl zugegen sind, jedoch die Sünder:innen aus der markinischen Vorlage durch ein neutrales „andere“ ersetzt werden. Es sind später die Pharisäer:innen und ihre Schriftgelehrten, die von „Abgabeneinnehmer:innen und Sünder:innen“ sprechen (Vers 30). Die anderen Abgabeneinnehmenden sind erneut ein Hinweis auf Netzwerke im Abgabenwesen. Gleichzeitig überrascht dies, da Levi vorher seinen Posten in Stich gelassen hat. Nemesion hatte einen Kollegen, der seiner Aufgabe nicht nachkam, angezeigt. Die Pharisäer:innen und Schreiber:innen der Pharisäer:innen – hier kombiniert Lukas Matthäus und Markus – fragen die Jünger:innen, warum sie mit Sünder:innen essen und trinken. Lukas fügt „trinken“ ein und antizipiert so schon den Vorwurf in Lk 7,34, dass der Menschensohn ein Esser und Weintrinker, ein Freund der Abgabeneinnehmer:innen und Sünder:innen sei. Ebenso zum Schluss ergänzt Lukas die markinische Vorlage um das Wort Umkehr, so dass erneut Abgabeneinnehmer:innen in einem unmittelbaren Zusammenhang mit Umkehr stehen (vgl. Lk 3). Lukas rückt Abgabenpersonal als Gastgebende in den Blick (vgl. Lk 19,6). Angesprochen wird damit eine Dimension der Messias-Jesus-Gruppen, die bei Lukas auch anderorts zur Sprache kommt: die Finanzierung. Die Gemeinschaften waren auf Personen angewiesen, die materielle und soziale Sicherheiten geben konnten.[290] Stellte sich Lukas wohlhabenderes Abgabenpersonal in ebenso einer Rolle vor? Oder spiegelt dies Erfahrungen aus Jesus-Gruppen?

---

289 Vgl. Reid/Matthews, Luke, 184.

290 Vgl. Moxnes, Social Context, 384.

Wolter meint, dass das aus der hellenistischen Tradition übernommene Arzt-Wort verdeutlichen solle, dass Abgabenpersonal und Sünder:innen Kranke seien, die Heilung brauchen und geheilt werden können und nicht grundsätzlich verworfen sind.[291] Rhetorisch wird Empathie und Solidarität geweckt.

5.2.4 Das Urteil über Johannes den Täufer und den Menschensohn (Lk 7,29–34)

> 29 Und das ganze Volk und die Abgabeneinnehmer:innen [τελώνης], die zuhörten, erwiesen Gott Gerechtigkeit, indem sie mit der Taufe des Johannes getauft wurden. 30 Die Pharisäer:innen aber und die Gesetzeskundigen haben den Beschluss Gottes zurückgewiesen gegen sich selbst, nachdem sie sich nicht taufen ließen von ihm. 31 Mit wem soll ich die Menschen dieses Geschlechts vergleichen und wem ähneln sie? 32 Sie sind Kindern ähnlich, die auf dem Marktplatz[292] sitzen und einander zurufen, was sie sagen: Wir haben euch gespielt und ihr habt nicht getanzt, wir haben Klagelieder gesungen und ihr habt nicht geweint. 33 Johannes der Täufer ist gekommen, aß kein Brot und trank keinen Wein, und ihr sagt: Er hat einen Dämon. 34 Der Sohn des Menschen ist gekommen, aß und trank und ihr sagt: siehe der Mensch ist ein Esser und Weintrinker, ein Freund der Abgabeneinnehmer:innen [τελώνης] und Sünder:innen. 35 Und die Weisheit ist gerecht gesprochen worden von ihren Kindern. (Lk 7,29–34)

Lukas teilt mit Matthäus diese Rede Jesu über Johannes den Täufer (vgl. Mt 11,16–19). Bei den Versen 29 und 30 handelt es sich um lukanisches Sondergut. Unter dem Volk werden die Abgabeneinnehmer:innen herausgestellt – die Formulierung lässt offen, ob sie als eine Untergruppe des Volkes betrachtet werden oder als eine extra Gruppe neben dem Volk. Sie hörten Johannes zu und ließen sich mit der Johannestaufe taufen, was als gerechte Handlung in Bezug auf ihr Gottesverhältnis charakterisiert wird.[293] Pharisäer:innen und Schriftgelehrte, die sich nicht taufen ließen, werden ihnen gegenübergestellt. In der Verurteilung der Askese des Johannes hat Lukas Brot und Wein eingefügt, so dass durch den Wein eine stärkere sprachliche Parallele zu dem Weintrinker Vorwurf entsteht. Ebenso wie Matthäus übernimmt Lukas, dass Jesus vorgeworfen wird, soziale Kontakte zu Abgabeneinnehmern:innen zu haben. Im letzten Vers findet sich wieder lukanisches Sondergut, da hier die Weisheit von ihren Kindern und nicht Werken gerecht gesprochen wird.

---

291 Vgl. Wolter, Lukasevangelium, 229.

292 Herrenbrück, Zöllner, 260-261 sieht dies als Schilderung einer Gerichtsszene.

293 Wolter, Lukasevangelium, 285 interpretiert dies als Umkehr wie sie auch im Sündenbekenntnis mit anschließender Gerechterklärung durch Gott zum Ausdruck käme.

Die Einfügung über das Abgabenpersonal, das sich taufen ließ, verändert den Duktus der Stelle und führt gleichzeitig das lukanische Bild aus Lk 3 weiter, wo Abgabenpersonal mit Johannes dem Täufer im Gespräch ist. Sie werden mit Gerechtigkeit vor Gott in Verbindung gebracht. Sie reagieren auf die Bußaufrufe des Johannes und lassen sich taufen. Sie stehen mit dem Volk den Pharisäer:innen und Schriftgelehrten gegenüber, die in Lk 5 gefragt hatten, warum Jesus mit Abgabeneinnehmer:innen und Sünder:innen isst und trinkt. Lukas signalisiert dadurch, dass der Vorwurf ein Freund von Abgabeneinnehmer:innen zu sein, sich selbst ins Unrecht setzt. Denn mit allen, die sich von Johannes taufen ließen, steht das Abgabenpersonal auf der Seite derer, die sich gerecht verhalten und Gottes Weg folgen. Gleichzeitig nutzt Lukas das Abgabenpersonal stereotyp, um Pharisäer:innen und Schriftgelehrte zu beschämen, wie es sich auch bei Matthäus an einigen Stellen beobachten ließ.

5.2.5 Der Zehnte (Lk 11,42)

> Aber wehe euch Pharisäer:innen, weil ihr süße Minze, Raute und alle Kräuter verzehntet und das Recht und die Liebe Gottes übergeht. Dieses war aber nötig zu tun und das andere nicht zu unterlassen. (Lk 11,42)

Der Vers ist Teil der Weherede, die sich im Unterschied zu Mt 23 und Mk 12 zunächst an Pharisäer:innen (Lk 11,39-44) und dann Schriftgelehrte richtet (Lk 11,45-52).[294] Lukas verortet diese Rede im Haus eines Pharisäers, der Jesus zum Essen eingeladen hat (Lk 11,37). Das Setting ist also erneut eine Mahlgemeinschaft, diesmal mit mindestens einem Pharisäer, in der Logik des narrativen Aufbaus zusätzlich mindestens einem Schriftgelehrten (Lk 11,45). Das Thema Verzehntung begegnet auch beim Gebet des Pharisäers im Tempel (Lk 18,12) und somit scheint Lukas Pharisäer:innen und die Zehntabgabe miteinander zu verbinden. Vergleicht man diese Rede mit ihrer Parallelstelle in Mt 23,1-36 so fällt auf, dass Lk und Mt in der Reihenfolge der Anschuldigungen voneinander abweichen und der jeweilige Vers über die Verzehntung im Vergleich zu den anderen Punkten die meisten Übereinstimmungen auf der Wortebene enthält und sich nur in wenigen Ausdrücken unterscheidet: Lukas spricht ebenso wie Matthäus von der Verzehntung von Minze, nennt ansonsten aber andere Kräuter. Ebenso fehlt bei Lukas der Verweis auf das Wichtigere des Gesetzes sowie Barmherzigkeit und Glauben. Gemeinsam mit Matthäus ist die Nennung des Rechts an erster Stelle.

294 Mt 23,1-36 ist an das Volk und die Jünger:innen gerichtet und wendet sich gegen Pharisäer:innen und Schriftgelehrte. Mk 12,37b-40 richtet sich an das Volk und kritisiert Schriftgelehrte.

Durch den Verzicht auf eine Hierarchisierung, stehen bei Lukas die Zehntabgabe, Recht und Liebe auf einer Stufe nebeneinander.

Die Gestaltung der Rede erweckt bei Lukas zumindest den Anschein eines Gespräches und nicht eines reinen Monologes. Anlass der Rede ist hier, dass der Pharisäer, bei dem Jesus zu Gast ist, fragt, warum Jesus sich nicht vor dem Essen wasche (Lk 11,38). Auch Matthäus und Markus berichten von der Frage nach dem Händewaschen vor dem Essen, doch in einem anderen Kontext: Pharisäer:innen und Schriftgelehrte kommen aus Jerusalem und fragen, warum die Jünger:innen sich nicht die Hände waschen würden (Mt 15,1–2; Mk 7,1–2). In Lk 11,45 stellt ein Schriftgelehrter zwischendurch fest, dass sie auch von den Vorwürfen gegen die Pharisäer:innen betroffen seien (Lk 11,45), was dann der Anlass für den zweiten an die Schriftgelehrten gerichteten Teil der Rede ist.

Lukas lässt die Zehntabgabe gleichwertig neben Recht und Liebe stehen. Es ist auf jeden Fall wie bei Matthäus eine Zurechtweisung und Belehrung. Abgemildert wird sie höchstens durch den Kontext der Mahlgemeinschaft. Es ist auffällig, dass im Unterschied zum Mahl beim Zöllner Zachäus, wo dieser eine kleine Rede hält, Lukas hier die Kritik an Pharisäer:innen platziert. Im Unterschied zu Matthäus, der durchgehend die Pharisäer:innen und Schriftgelehrte als Heuchler:innen (ὑποκριτής) bezeichnet (Mt 23, 13.23.25.27.29), benutzt Lk 11,40 nur einmal den pejorativen Begriff Narren (ἄφρων).

Mit der Zehntabgabe befinden wir uns im Bereich der Kultfinanzierung, wie schon bei Mt 23 ausgeführt. Auch Lukas wendet sich nicht gegen den Zehnten. Die Struktur dieser Kritik könnte man aus beiden Evangelien folgendermaßen komprimieren: „Weh euch Pharisäer:innen: Ihr gebt den Zehnten von Minze und anderen Dingen, aber ihr übergeht das Recht und andere Dinge. Das eine sollte man tun und das andere nicht lassen." Der letzte Satz wirkt wie ein Lehrsatz, wenn es um die Frage nach der Bedeutung des Zehnten geht: Der Zehnte ist wichtig und gleichzeitig kann man sich durch ihn nicht anderer ethischer Ansprüche gegenüber Gott und den Mitmenschen entledigen. Die Notwendigkeit der Ressourcenumverteilung durch Abgaben im Kontext der Religion bzw. des Kultes wird damit beibehalten.

5.2.6 Abgabenpersonal bei Jesus (Lk 15,1–2)

> 1 Es waren aber viele Abgabeneinnehmer:innen und Sünder:innen, die sich näherten, um ihn zu hören. 2 Und die Pharisäer:innen und Schriftgelehrten murrten, indem sie sagten: „Dieser nimmt Sünder:innen auf und isst mit ihnen." (Lk 15,1–2)

Der Vers steht zwischen der Rede über die Nachfolge (Lk 14,25–35) und den Gleichnissen über Verlorenes (Lk 15,3–32). Die Sätze stellen keine Überleitung oder Verbindung her und scheinen wie dazwischengeschoben. Es ist eher eine erzählende

Einleitung zum folgenden Gleichnis.[295] Es handelt sich um lukanisches Sondergut. WOLTER vermutet, dass Lukas hier bewusst erneut den Konflikt um die Gemeinschaft mit Abgabenpersonal und Sünder:innen aufgreift.[296] Wieder werden Abgabenpersonal mit Sünder:innen zusammengestellt. Kritisiert wird lediglich die Gemeinschaft mit Sünder:innen, was entweder suggeriert, dass Abgabeneinnehmer:innen auch als Sünder:innen betrachtet werden oder sie bewusst nicht genannt werden. Wieder findet sich die Gegenüberstellung Abgabenpersonal/Sünder:innen und Pharisäer:innen/Schriftgelehrte. Wie bei Johannes dem Täufer, kommt Abgabenpersonal auch, um Jesus zuzuhören. Es ist auffällig, dass Lukas Abgabenpersonal pro-aktiv darstellt: sie kommen zu Johannes oder Jesus und hören zu. Dadurch entsteht der Eindruck, dass Johannes und Jesus eine besondere Anziehung auf Abgabeneinnehmer:innen ausüben. Die Gemeinschaft mit ihnen wird immer nur von außen kritisiert.

5.2.7 Pharisäer und Abgabeneinnehmer im Tempel (Lk 18,9–14)

> 9 Er aber sagte zu einigen, die überzeugt waren von sich selbst, gerecht zu sein während sie andere verachteten, dieses Gleichnis: 10 Zwei Menschen gingen hinauf zum Tempel, um zu beten, der eine ein Pharisäer und der andere ein Abgabeneinnehmer [τελώνης]. 11 Der Pharisäer stellte sich hin und betete für sich selbst dieses: „Gott, ich danke dir, dass ich nicht bin wie die anderen Menschen, Räuber, Ungerechte, Ehebrecher oder auch wie dieser Abgabeneinnehmer [τελώνης]. 12 Ich faste zweimal in der Woche, ich gebe den Zehnten von allem, was ich einnehme." 13 Aber der Abgabeneinnehmer [τελώνης] stand abseits und war nicht bereit noch nicht einmal die Augen zum Himmel zu erheben, sondern schlug seine Brust und sagte: „Gott, erbarme dich über mich Sünder." 14 Ich sage euch, dieser ging gerechtfertigter[297] hinab in sein Haus im Vergleich zu jenem. Weil jeder, der sich selbst erhöht, wird erniedrigt, aber wer sich selbst erniedrigt, wird erhöht. (Lk 18,9-14)

Die Forschung kategorisiert die Perikope als Beispielerzählung – ein Sonderfall der Parabel.[298] Sie arbeitet mit Gegenüberstellungen und Kontrasten, Klischees und Moralvorstellungen. Sie kann daher auch als Alltagsgleichnis verstanden werden.[299] Sie folgt auf die Erzählung von der Witwe und dem ungerechten Richter (Lk 18,1-8)

---

295 Vgl. Wolter, Lukasevangelium, 522.

296 Vgl. ebd., 522.

297 Vgl. Doran, Pharisee, 265.

298 Einen Überblick mit weiterführenden Hinweisen findet sich bei Friedrichsen, Temple, 91. Erlemann, Gleichnisse, 62; Kähler, Gleichnisse, 190. Wolter, Lukasevangelium, 591 ordnet sie allgemein der Gattung Gleichnis zu.

299 Vgl. Erlemann, Gleichnisse, 116.122.

und ist lukanisches Sondergut. TIMOTHY A. FRIEDRICHSEN hat in seinen ausführlichen Untersuchungen dargelegt, welche Passagen lukanische Redaktion sein könnten.[300] Lukas richtete sich an eine spezifische Zielgruppe, wenn davon ausgegangen wird, dass er den Rahmen hinzufügte[301]: Personen, die sich für gerecht halten und gleichzeitig auf andere herabschauen. Die Adressierten sind somit zugleich sehr allgemein und spezifisch benannt. Auf der Erzählebene ist die letztgenannte Gruppe, die Jesus anspricht, die Jünger:innen in Lk 17,22. Das vorhergehende Gleichnis der hartnäckigen Witwe wird an eine nur durch das Pronomen in der 3. Person Plural gekennzeichnete Gruppe gerichtet. Da es aber in Lk 18,1 ausdrücklich heißt, dass das Gleichnis ihnen sagen soll, dass sie immer beten sollen, scheint es möglich, dass es hier um eine innere Unterweisung geht. Ebenso könnte sich dann auch Lk 18,9 an diejenigen unter den Jünger:innen/Jesus-Nachfolgenden richten, die sich für gerecht halten.[302]

Pharisäer:innen und Abgabeneinnehmende werden antagonistisch gegenübergestellt. FRIEDRICHSEN vergleicht dies mit einem modernen Witz analog zu „Zwei Leute gingen zum Petersdom zum Beten, der eine der Papst, der andere ein Zuhälter".[303] Ich halte diesen Vergleich für überzogen – sowohl in die eine als auch andere Richtung. Wir haben inzwischen an vielen Beispielen gesehen, dass Abgabenpersonal durchaus geachtet war, wenn auch nicht immer beliebt. Gerade in der Literatur überwiegt zwar die negative Darstellung, aber die lukanische Darstellung hat diese Stereotype bisher wenig aufgenommen. Wenn er auf sie zurückgreift, so hat dies stets eine spezifische Funktion. Vielleicht wird hier wie im Matthäusevangelium das Moment der Beschämung genutzt, um besonders die anzusprechen, die auf Abgabenpersonal herabschauen. Bedeutsam ist, dass Lukas hier mit eventuellen positiven Stereotypen (Pharisäer:innen) und negativen Stereotypen (Abgabeneinnehmer:innen) arbeitet, um diese zu dekonstruieren.

---

300 Vgl. Friedrichsen, Temple, 98–102. Als lukanische Redaktion stuft er ein: V. 14: λέγω ὑμῖν; παρ'ἐκεῖνον.

301 Vgl. Farris, Two Taxations, 23 Fn. 1. Farris entscheidet sich, den Rahmen deswegen außer Acht zu lassen.

302 Gegen Friedrichsen, Temple, 103–104, der annimmt, dass die Pharisäer:innen aus Lk 17,20 immer noch anwesend sind. Selbst wenn Lukas intendieren würde, dass sie noch dabei stünden, bleibt es dabei, dass er Jesus dezidiert zu seinen Jünger:innen sprechen lässt. Auch Linnemann, Gleichnisse, 150 geht davon aus, dass Jesus hier zu Pharisäer:innen spricht. Jülicher, Gleichnisreden, 599–600 sieht pharisäisch Gesinnte angesprochen. Solche könnten sich sowohl innerhalb als auch außerhalb der Jesus-Gruppe finden.

303 Vgl. Friedrichsen, Temple, 95 mit Verweis auf Crossan in Fn. 22.

Das Setting der Erzählung ist vielleicht das Tamid Gebet, das täglich morgens und nachmittags im Tempel stattfand.[304] Dafür spricht laut DENNIS HAMM, dass der Abgabeneinnehmer ἱλάσκομαι verwendet, ein kultischer Begriff, der auch in Ex 30,16 im Kontext des Tamid Gebetes vorkommt.[305] Inwieweit das der Hörerschaft des Lukasevangeliums klar war, ist schwer abzuschätzen. Sowohl der Pharisäer als auch der Abgabeneinnehmer stehen für sich – wahrscheinlich ist gemeint, dass sie nicht bei den anderen Anwesenden stehen.[306] Der Pharisäer spricht ein Dankgebet, in dem er Gott dankt, nicht wie andere zu sein und sich stattdessen an religiöse kultische Weisungen hält. Der Abgabeneinnehmer stimmt ein Bittgebet an und bittet um Erbarmen, weil er ein Sünder sei. Zum Abschluss stellt Jesus fest, dass der Abgabeneinnehmer gerechtfertigter nach Hause ging als der Pharisäer.

In Vers 11 bietet Lukas eine Negativreihung, wie sie auch in rabbinischer Literatur vorkommt: Räuber:innen, Betrüger:innen und Ehebrecher:innen.[307] Der Abgabeneinnehmer ist streng genommen kein Teil dieser Negativreihung, sondern wird situativ hinzugefügt, weil er zeitgleich im Tempel ist. Für WALKER ist dies ein Hinweis darauf, dass Lukas auch negative Traditionen über Abgabeneinnehmer rezipiert.[308] Lukas scheint jedenfalls damit zu rechnen, dass die Zuhörerschaft den Pharisäer als gerecht und den Abgabeneinnehmer als ungerecht einstuft. Er greift also auf Stereotype zurück. Als Gerechtigkeit rechnet sich der Pharisäer das Fasten und die Zehntabgabe an – er dankt Gott dafür. Fasten und die Zehntabgabe zählen zu den Taten, die vor Gott und den Menschen als gerecht gelten. Der Pharisäer übererfüllt sogar die Vorgaben, wenn er sagt, dass er den Zehnten gibt von allem, was er besitzt.[309] Jedoch scheint das Dankgebet durch die deplatzierten Vergleiche und durchschimmernde Selbstzufriedenheit in eine Schieflage zu geraten. ROBERT DORAN bezeichnet es als eine Parodie von ähnlichen Gebeten, wie sie in Qumran oder in rabbinischen Traditionen gefunden wurden.[310] Es ist tatsächlich etwas

304 Vgl. dazu Hamm, Tamid Service, 223. Friedrichsen, Temple, 105–106 spricht sich dagegen aus, weil der Text dafür nicht genug Hinweise gäbe und diese an anderen Stellen eindeutig durch Uhrzeiten oder Rituale auf das Tamid Gebet verwiesen würde (Lk 1.10; Apg 2,15; 3,1)

305 Vgl. Hamm, Tamid Service, 224.

306 Vgl. ebd., 224. Friedrichsen, Temple, 111–112 nimmt an, dass der Abgabeneinnehmer im Vorhof oder sogar am Osttor stünde.

307 Vgl. die Auslegung zur Berufung des Levi.

308 Vgl. Walker, Jesus, 229.

309 Der Zehnte wird normalerweise nur von Lebensmitteln genommen (Lev 27,30) und Fasten ist eigentlich nur zu bestimmten Zeiten vorgeschrieben (Jom Kippur: Lev 23,29; David fastet wegen Erkrankung seines Kindes: 2 Sam 12,16; Esra ruft ein Fasten vor der Rückkehr aus dem Exil aus: Esr 8,21). Ebenso die Fastenfrage der Pharisäer:innen in Lk 5,33. Vgl. Doran, Pharisee, 267.

310 Doran, Pharisee, 266–267 weist hier auf häufig als Paralleltexte herangezogene Gebete heran, die jedoch für unverdientes Glück oder den Platz, den Gott dem Betenden zugedacht hat, danken (1GH^{a} 15:34–35; tBer. 6,18, bBer. 28b).

merkwürdig, sich mit Räuber:innenn, Betrüger:innen und Ehebrecher:innen zu vergleichen. SCHOTTROFF und andere halten ihn deswegen für eine Karikatur, die zum Schmunzeln bringen soll – auch andere Pharisäer:innen.[311]

FARRIS ist in einem Artikel besonders auf die Bedeutung des Tempels als Protagonisten eingegangen und wie durch ihn das kultische Abgabensystem thematisiert würde.[312] Das Setting im Tempel sowie die Zehntabgabe rekurrieren auf die Tempelökonomie.[313] FARRIS sieht den Abgabeneinnehmer – den er als Zöllner identifiziert – als Repräsentanten des staatlichen fiskalen Konkurrenzsystems. Es stünden sich zwei Ökonomien gegensätzlicher Interessen und sozialer Spannungen gegenüber.[314] Die Verzehntung jeglichen Besitzes interpretiert er als gute Tat des Pharisäers, der ausfallende Zahlungen kompensieren würden. Nicht alle Juden könnten sich wegen der staatlich geforderten Abgaben, die der Zöllner eintrieb, den Zehnten leisten.[315] Die Tätigkeit des Zöllners würde somit die Einnahmen des Tempels schmälern, weil die Gläubigen ihre kultischen Abgaben nicht bezahlen könnten. Er wäre demnach schuld daran, dass andere Juden ihrer religiösen Zehntpflicht nicht nachkommen könnten und unrein würden.[316] Der Tempel übe gleichzeitig ideologischen Druck aus, die kultischen Abgaben zu bezahlen, und schließe so arme Menschen aus.[317] Die Erzählung fordere daher eine Weltsicht heraus, „that placed those who paid Temple tithes in prominence and shamed those who did not support the system."[318] FARRIS arbeitet mit einem Fokus auf den Tempel einen wichtigen Aspekt der Erzählung heraus, der leicht übergangen werden kann. Meines Erachtens übersieht er jedoch, dass der Abgabeneinnehmer auch Teil der Tempelökonomie ist. Als gläubiger Jude, der zum Beten in den Tempel geht und bei Gott um Vergebung bittet, ist es wahrscheinlich, dass er auch die kultischen Abgaben bezahlt. Andersherum wird auch der Pharisäer seinen staatlichen Abgabenpflichten nachkommen. Der Tempel bietet beiden Platz – dem Pharisäer und dem Abgabeneinnehmer. Am Beispiel ägyptischer Tempel ist deutlich geworden, dass die Priesterschaft in der Ptolemäerzeit staatliche fiskalische Aufgaben übernommen hatten und dass auch in der Kaiserzeit die Tempelökonomie nicht losgelöst war von der staatlichen Ökonomie – indem der Staat z. B. Tempeleinnahmen oder Priesterdienste besteuerte. Soweit

311 Vgl. Doran, Pharisee, 267. Schottroff, Erzählung, 448–452. Downing, Ambiguity, 85–86; Kähler, Gleichnisse, 200–202.

312 Vgl. Farris, Two Taxations.

313 Vgl. ebd., 24–25. Farris nennt die Erstlingsfrüchte (1–3 %), der jährliche Zehnte zur Versorgung der Priester und Leviten sowie der zweite Zehnte, so dass er auf bis zu 23 % kultische Abgaben kommt.

314 Vgl. Farris, Two Taxations, 25–26.

315 Vgl. ebd., 28–29. Friedrichsen, The Temple, 111 schließt sich Farris an.

316 Vgl. Farris, Two Taxations, 30.

317 Vgl. ebd., 31.

318 Ebd., 32.

wir wissen, war dies nicht der Fall beim Jerusalemer Tempel in römischer Zeit. Manchmal standen Tempel und Staat in Konkurrenz um Ressourcen, manchmal kooperierten sie. Die Verquickung von Tempel- und Staatfinanzen ist ein bekanntes Phänomen für antike Personen. Die Hörerschaft(en) des Lukas könnte(n) daher eine solche Parallele durchaus gezogen haben.

Im Staat musste jede registrierte Person ihre Schulden begleichen oder wenn sie dies nicht konnte, zwangsweise ihre Familien. Die Perikope legt eine andere Logik nahe. Das Nichtbezahlen-Können (oder Wollen) der Tempelabgabe führt nicht ins Gefängnis. Ebenso wenig soll die staatliche Besteuerung Personen aus dem Tempel ausschließen – weder die, die die Abgaben nicht bezahlen können noch die, die für das staatliche Abgabensystem arbeiten. Unter Umständen bezahlten sogar einige Personen wie der Pharisäer mehr Abgaben aus Solidarität. Die Erzählung kann auch als eine Mahnung verstanden werden, dass Abgaben keinen Keil zwischen Menschen, die alle dem Gott Israels dienen, treiben sollen. Im Gegenteil zum staatlichen Fiskalsystem mit seinen Privilegierungen und Ausnahmen, mit seinen Strafen und extra Abgaben. Wir haben gesehen, dass es die Einzelinitiative von wohlhabenden Gönner:innen war, wenn sie Abgaben für ganze Städte oder bestimmte Bereiche bezahlten. Ansonsten führte das Abgabensystem weitaus häufiger zu einer Entsolidarisierung. Ich gehe davon aus, dass auch nach der Zerstörung des Tempels dieser Sinnzusammenhang für die frühen Christus-Gemeinschaften verständlich war, wenn sie mit den Traditionen des Judentums und der Ökonomie paganer Tempel vertraut waren.

Die Gerechtigkeit des Pharisäers an sich steht nicht in Frage. Das Gebet ist auch nicht anstößig, genauso wenig wie das des Abgabeneinnehmers.[319] Beide verbindet, dass sie zum Gebet in den Tempel gehen.[320] Eine kurze Bemerkung zum Bild der Pharisäer:innen im lukanischen Doppelwerk, da Lukas sie gezielt in eine Gegenüber zu Abgabeneinnehmer:innen stellt. Lukas zeichnet ein ambivalenteres Bild von ihnen als die anderen Evangelien.[321] Sie hinterfragen zum einen Jesu Taten sowie sein Verhalten und das seiner Jünger:innen (Lk 5,21.30; 6,2.7) und wollen Jesus schaden (Lk 6,11). Zum anderen laden sie Jesus zum Essen ein (Lk 7,36; 11,37), sie warnen Jesus vor Herodes (Lk 13,31), Pharisäer bekommen einen Namen (Lk 7,40: Simon; Apg 5,34: Gamaliel) oder schließen sich der Bewegung an (Apg 15,5; Apg 23,6 [Paulus]). Anders ausgedrückt: Lukas arbeitet rhetorisch auch bezüglich der Pharisäer:innen mit Dekategorisierung, Empathie und Subgrouping.

319 Zum Charakter als Dankgebet (Pharisäer) und Buß- und Bittgebet (Abgabeneinnehmer) und deren jeweiliger Rezeption im Judentum und antiken Kulten vgl. Herrenbrück, Zöllner, 270–271.273–274; Friedrichsen, Temple, 93–94; Downing, Ambiguity, 82–83.

320 Vgl. Popp, Werbung, 691, der meint, dass Pharisäer und Abgabeneinnehmer die Sehnsucht nach einer Gottesbegegnung im Tempel verbände.

321 Vgl. Doran, Pharisee, 269.

Betrachtete man ihr Auftreten mit Abgabenpersonal näher, so lässt sich ein Muster erkennen. Pharisäer:innen fragen gemeinsam mit Schriftgelehrten Jesu Gemeinschaft mit ihnen an (Lk 5,28-32; Lk 15,1) und der Evangelist stellt dagegen heraus, dass die Abgabeneinnehmer:innen etwas machen, was die Pharisäer:innen und Schriftgelehrten (Lk 7,29) oder ein spezifischer Pharisäer (Lk 18,9-14) versäumen.

Im weiteren Verlauf der Perikope geht es nicht darum, ob der Abgabeneinnehmer diese Gebote auch befolgt – das wird gar nicht thematisiert. Es ist wichtig festzuhalten, dass der Abgabeneinnehmer natürlich auch den Zehnten geben und fasten kann, denn er ist auch jüdischen Glaubens bzw. dass er für Dinge in seinem Leben dankbar sein könnte.[322] Es geht eher um eine generelle Haltung: Der Abgabeneinnehmer hält sich nicht selbst für gerecht, sondern bittet Gott um Erbarmen, weil er ein Sünder sei. Es geht nicht darum, ob der Abgabeneinnehmer tatsächlich ein Sünder ist und der Pharisäer gerecht, sondern darum, wie sie sich selbst vor Gott einschätzen und präsentieren. Thematisch knüpft Lukas hier an Lk 3,3, wo Johannes die Taufe zur Vergebung der Sünden verkündet und dem Volk in Lk 3,8 sagt, dass es nichts bringt sich auf die Abrahamskindschaft zu verlassen ohne Umkehr – die Abgabeneinnehmer:innen fragen dann ja auch, was sie zur Umkehr tun müssen (Lk 3,12). Auch Simon Petrus sagt während seiner Berufung, dass er sündig sei (Lk 5,9). Die beispielhafte Erzählung in Lk 18 richtet sich gegen Selbstgerechtigkeit und Erhebung über andere Menschen. Lukas nutzt dafür erneut Sterotype. Er stellt den Pharisäer als Beispiel einer selbstgerechten Person hin, der aus einer Gruppe kommt, die für gerecht erachtet wird, und den Abgabeneinnehmer als eine selbstkritische, die aus einer Gruppe kommt, die als ungerecht betrachtet wird. Ich denke, dass Lukas den Abgabeneinnehmer hier als Beispiel für einen selbstkritischen Menschen nimmt, weil er daran anknüpfen kann, dass manche Personen Abgabenpersonal verachten – in diesem Fall unterstellt er dies insbesondere den Pharisäer:innen auf der Ebene der Geschichte, zugleich aber auch mindestens einen Teil seiner Adressatenschaft. Damit bleibt Lukas in seinem Muster, dass Pharisäer:innen sich von Abgabenpersonal distanzieren würden. Der Abgabeneinnehmer wird hier als nachzuahmendes und positives Beispiel konstruiert. Das bedeutet aber nicht, dass sein Gebet keine karikaturistischen Elemente enthält, wie F. Gerald Downing herausarbeitet und Pharisäer und Abgabeneinnehmer deswegen als Zwillings-Karikatur bezeichnet.[323] Der Abgabeneinnehmer wird als religiös beschrieben: Er geht in den Tempel, betet zu Gott und bittet um

322 Gegen Rau, Jesus, 116, der annimmt, dass der Abgabeneinnehmer nichts hätte, wofür er Gott danken kann.

323 Downing, Ambiguity, 81.98.

Erbarmen. Er schlägt sich sogar auf die Brust als Zeichen der Reue.[324] Er verhält sich also so, wie auch andere jüdische Personen.

HERRENBRÜCK weist in Aufnahme von YOUTIE und ROSTOVTZEFF darauf hin, dass die Gegenüberstellung soziale Spannungen zwischen einfachen Leuten (Pharisäer:innen) und wohlhabenden Personen (Abgabenpersonal) ansprechen könnte.[325] Gleichzeitig darf nicht vergessen werden, dass dies ein literarisches Stereotyp ist. Nicht jeder Abgabeneinnehmende war wohlhabend und einflussreich, wie wir in den Quellen gesehen haben. Es ist daher schwierig, auf tatsächliche Spannungen zurückzuschließen. Allerdings zeigt sich im Lukasevangelium eine Tendenz, wohlhabendes Abgabenpersonal darzustellen. Dies fügt sich in das Gesamtevangelium ein, dass jeder Vergebung durch Gott braucht und dass es oft die unerwarteten Personen sind, die das bessere Verhalten zeigen.[326] Doch vor Gott werden beide gehört und selbst diejenigen, die glauben, alles richtig zu machen, geraten dann in Gefahr überheblich zu sein, wenn sie ihr Selbst in Abgrenzung zu anderen konstruieren und ihre eigene Fehlerhaftigkeit aus dem Blick verlieren.

Man soll sich also nicht täuschen lassen von gesellschaftlichen Stereotypen. Vor allem aber Menschen aufgrund dieser Zuschreibungen nicht stigmatisieren.[327] Pharisäer und Abgabeneinnehmer stehen weder positiv noch negativ als Repräsentanten einer Gruppe, sondern zeigen den Adressierten ihre eigenen Vorurteile.[328] Diese Vorurteile werden dekategorisiert. Zugleich wird betont, dass sowohl Pharisäer als auch Abgabeneinnehmer ihren Platz im Tempel und damit in der Glaubensgemeinschaft haben.[329] Zum Abschluss der Perikope wiederholt Lukas einen Spruch, den er schon in 14,11 zitiert hat: „Wer sich selbst erhöht, wird erniedrigt werden, wer sich selbst erniedrigt, wird erhöht werden." SCHOTTROFF weist zu Recht darauf hin, dass damit kein moralisch innerweltlicher Tun-Ergehens-Zusammenhang

---

324 Bovon, Lukas, 213 weist darauf hin, dass dies meistens eine weibliche Geste in der Antike sei. Allerdings sind Gesten der Reue und Trauer auch von Männern bezeugt (Gen 37,34; Jos 7,6; 2 Sam 1,11–12; 12,16–17; 13,36; 1 Kön 21,27). Für die antike vgl. z. B. Huber, Ikonographie der Trauer; Merthen, Klage und Trauer; Allen, Portraits of Grief.

325 Vgl. Herrenbrück, Zöllner, 269–270.

326 Vgl. Völkel, Freund, 8. Ebenso Doran, Pharisee , 270. Beispiele für Personen, die sich überraschend besser verhalten im Vergleich zu anderen z. B.: die salbende Frau (Lk 7,37–38), der barmherzige Samaritaner (Lk 10,33–35), Maria und Marta (Lk 10,38–42), der arme Lazarus (Lk 16,19–31), der geheilte Samaritaner (Lk 17,15–19), die arme Witwe (Lk 21,1–4).

327 Schottroff, Erzählung, 454–455 beschreibt es als Aufruf dazu, eine „verhasste Gruppe nicht auch zu hassen." Allerdings hält sie es gleichzeitig für plausibel, dass Zöllner bereits im Neuen Testament anfängt zu einer Metapher zu werden.

328 Gegen Rau, Jesus, 120, der den Pharisäer als Repräsentanten für alle Pharisäer:innen betrachtet.

329 Kähler, Gleichnisse, 204 formuliert: „Die Tendenz zur gegenseitigen Schismatisierung im zeitgenössischen Judentum dürfte angesichts der Krisensituation zwar sozialpsychologisch verständlich sein, aber zu den leidvollen Erfahrungen der Betroffenen gehört haben."

formuliert wird, sondern vielmehr auf die eschatologische Gerechtigkeit Gottes hingewiesen wird.[330] Darüber entscheiden nicht Menschen, sondern Gott rechtfertigt, wie es im Satz direkt davor heißt. Menschliches (Ver-)Urteilen wird somit in Frage gestellt.

5.2.8 Zachäus (Lk 19,1–10)

> 1 Und er ging hinein und ging durch Jericho hindurch. 2 Und siehe, ein Mann, der mit Namen Zachäus genannt wurde, und er war der ἀρχιτελώνης und er war reich. 3 Und er war eifrig Jesus zu sehen und er konnte nicht wegen der Menge, weil er von kleiner Statur war. 4 Und er lief voraus in die Nähe und stieg hinauf auf einen Maulbeerfeigenbaum, damit er ihn sah, weil dort sollte er vorbeikommen. 5 Und als er zu dem Ort kam, blickte Jesus hoch und sagte zu ihm: „Zachäus, beeil dich, komm herunter, denn heute ist es nötig, dass ich mich in deinem Haus aufhalte." 6 Und sofort stieg er hinab und empfing ihn mit Freude. 7 Und alle, die es sahen, murrten, indem sie sagten: „Bei einem sündigen Mann [ἁμαρτωλός ἀνήρ] ist er hineingegangen, um einzukehren." 8 Zachäus aber stellte sich hin vor den Herrn und sagte: „Siehe, die Hälfte meines Vermögens, Herr, gebe ich den Armen und wenn ich irgendjemanden erpresst habe [συκοφαντέω], gebe ich vierfach zurück." 9 Jesus aber sagte zu ihm: „In diesem Haus ist heute Rettung geschehen, denn auch er ist ein Sohn Abrahams. 10 Denn der Menschensohn ist gekommen zu suchen und zu retten das Verlorene." (Lk 19,1–10)

Die Erzählung von Zachäus ist lukanisches Sondergut und wahrscheinlich nachösterlich, denn Jesus wird bereits als κύριος (Vers 8) bezeichnet. Lukas verbindet hier eine Erzählung über Zachäus mit einem Streitgespräch.[331] Die Darstellung enthält einige bemerkenswerte und auch humoristische Details. Die Episode wird in Jericho verortet. In Lk 18,31 hatte sich Jesus mit den Jünger:innen auf den Weg nach Jerusalem gemacht, in Lk 18,35 befinden sie sich in der Nähe von Jericho, in Lk 19,1 betreten sie Jericho und in Lk 19,11 sind sie dann nahe Jerusalem. In Jericho lag eine Zollstation, da die Stadt an der Grenze zwischen Peräa und Judäa lag.[332] Unabhängig davon, ob der Evangelist dies wusste, kann es einer der Gründe sein, warum die Zachäus Erzählung dort verortet wurde. Lukas benutzt in seinem Evangelium viele Ortsangaben und berichtet, dass Jesus Orte betritt (εἰσέρχομαι).[333] Es ist aber singulär, dass er betont, dass Jesus durch eine Stadt *hindurch*geht. Damit wird ein besonderes Augenmerk auf die Bewegung gelegt, was vielleicht schon

330 Schottroff, Gleichnisse, 7.
331 Vgl. Wolter, Lukasevangelium, 611.
332 Riedo-Emmenegger, Provokateure, 137.
333 Vgl. Lk 7,1; 10,38; 17,12.

einen Zollkontext evoziert. Im nächsten Vers wird dann auch sofort auf Zachäus, einen ἀρχιτελώνης übergegangen und es entsteht der Eindruck, dass im Zoll- oder Abgabenwesen Tätige nicht nur den Warenverkehr kontrollieren, sondern auch mitbekommen, wer die Stadt im Personenverkehr betritt.

Der Abgabeneinnehmer hat im Unterschied zur Erzählung vom Abgabeneinnehmer im Tempel einen Namen. Dieser ist jüdisch, wie auch schon Levi. Zachäus kann auf die hebräischen Wurzeln זכר (erinnern: Gott erinnert sich) oder זכך (unschuldig) zurückgeführt werden. In beiden Fällen läge dem Namen eine versteckte Botschaft inne oder könnte auch ironisierend wirken. Die Bezeichnung ἀρχιτελώνης wurde bisher nicht außerhalb von christlicher Literatur gefunden und ist damit wahrscheinlich entweder eine lukanische Wortschöpfung oder Übersetzung.[334] Vorgestellt wird sich hier ein Abgabeneinnehmer oder Zöllner in einer höheren Position, dem andere unterstellt waren. Eine solche Struktur ist uns sowohl in Ägypten als auch Kleinasien bzw. im Westen des Römischen Reiches begegnet, wo jeweils eine Person für das unterschiedliche Personal verantwortlich war. Ebenso bei Abgabeneinnehmern wie Nemesion, die andere einstellten, um beim Abgabeneinnehmen zu helfen. Betont wird zudem sein Reichtum. Dies muss nicht vorschnell darauf zurückgeführt werden, dass Zachäus sich unrechtmäßig bereichert. Es ist zunächst schlicht eine Grundvoraussetzung für eine höhere Position im Abgabenwesen, die durch die eigenen finanziellen Ressourcen abgesichert werden musste. Denken wir zudem daran, dass in manchen Regionen diese Ämter zu einer Liturgie geworden waren, für die nur vermögende Personen in Frage kamen. Nichtsdestotrotz negiert dies nicht, dass Zachäus durch Abgabenbetrug (noch) reicher geworden sein könnte.

Geradezu lächerlich wirkt dagegen seine geringe Körpergröße, die ihn dazu veranlasst, auf einen Baum zu klettern, um Jesus überhaupt im Gedränge sehen zu können. Physiognomie war ein zentraler Bestandteil antiker Charakterbeschreibungen wie z. B. in Suetons Kaiserviten sichtbar wird.[335] Parsons ist der Frage nachgegangen, was eine kleine Körperstatur für Assoziationen wecken soll. Er kommt zu dem Ergebnis, dass so die Kleingeistigkeit und die Gier zum Ausdruck gebracht werden sollen und zugleich die Person lächerlich wirken soll.[336] Er fasst zusammen: „Luke has spared no insulting image to paint Zachaeus as a pathetic, even despicable, character. The image of a traitorous, small-minded, greedy, physically diminutive tax collector is derisive and mocking."[337] Umso überraschender sei

334 Herrenbrück, Zöllner, 276–277 merkt an, dass Lukas keine Wortschöpfungen vornehmen würde und es sich um eine Übersetzung von מוכס רב handeln würde.

335 Vgl. Parsons, Short, 51–53.

336 Vgl. ebd., 53–55.

337 Ebd., 55.

es dann für die Adressierten, dass Lukas festhält, dass auch Zachäus ein Sohn Abrahams sei.[338] PARSONS setzt – wie schon in der Einleitung erwähnt – ein durch und durch negatives Bild von Abgabenpersonal voraus, wie in seiner eigenen Wortwahl zum Ausdruck kommt. Er malt ein Stereotyp, das sich so nicht im lukanischen Text finden lässt. Vielleicht hatten einige Personen der lukanischen Hörerschaft(en) ein solches Bild. Vielleicht sollte auf diese Weise aber auch Solidarität oder Empathie geweckt werden für eine Person, die wegen der Körpergröße und Menschenmenge Jesus nicht sehen kann. Die Stereotypen, die Lukas in seinem Text reproduziert, sind, dass ein Abgabeneinnehmer reich ist (Vers 2), sündig (Vers 7) und andere erpresst (Vers 8).

Auch hier inszeniert Lukas erneut einen Abgabeneinnehmer, der aktiv Jesu Nähe sucht und dafür Anstrengungen unternimmt. Allerdings kommt Zachäus nicht wie das andere Abgabenpersonal in Lk 15,1, um Jesus zu hören, sondern um ihn zu sehen. WOLTER meint, dass dies lediglich „indifferente Neugier“ ausdrücke und kein echtes Interesse.[339] Die Schilderung in Lukas spricht dagegen, da Zachäus einiges unternimmt, um Jesus zu sehen. Zachäus freut sich, dass Jesus in sein Haus kommen will. Wie auch schon vorher gefällt dies einigen Leuten nicht – überraschenderweise wird diesmal aber keine spezifische Gruppe genannt, besonders nicht Pharisäer:innen und Schriftgelehrte. Alle stören sich daran. Sie bezeichnen Zachäus als Sünder – wegen seiner Tätigkeit als Abgabeneinnehmer wird meistens angenommen. Zachäus selbst sagt auch später, dass er Leute übervorteilt hat. Spezifischer kann man also wohl sagen, dass es darum geht, dass er ein Abgabeneinnehmer ist, der Leuten unrechtmäßig Geld wegnimmt. Nicht per se darum, dass er ein Abgabeneinnehmer ist und deswegen automatisch ein Sünder. Lukas baut hier erzählerisch Spannung auf. Noch bevor wir wissen, was Zachäus konkret gemacht hat, erfahren wir, dass er einen schlechten Ruf hat.

Im Haus wird keine Mahlszene geschildert, denn die Tischgemeinschaft mit Abgabenpersonal scheint hier weniger das Thema. Ohne eine vorherige Aufforderung verspricht Zachäus, dass er die Hälfte seines Vermögens den Armen geben wird und Geschädigten die vierfache Summe erstatten wird.[340] Letzteres ist eine übliche Reparationszahlung bei zu viel eingenommenen bzw. unrechtmäßigen Abgaben oder Erpressung.[341] HYAM MACCOBY weist darauf hin, dass in tBM 8,26 empfoh-

---

338 Vgl. ebd., 56.

339 Vgl. Wolter, Lukasevangelium, 612.

340 Bovon, Lukas, 270 sieht diese Wiedergutmachung von Zachäus als einen Beleg dafür, dass der Reichtum wohlhabender Christ:innen in der lukanischen Gruppe ein Problem gewesen sei. Hier würde demnach exemplarisch ein Weg gezeigt, wie sie ihren Besitz für die Allgemeinheit einsetzten könnten.

341 Vgl. Zollinschrift von Andriake Z. 72-74 oder das Zweifache in der Zollinschrift von Ephesus (§ 34 Z. 78-81).

len wird, die Wiedergutmachungsleistung für Gemeinschaftsprojekte zu geben, weil kaum rekonstruierbar sei, wer übervorteilt wurde.[342] Vielleicht steht hinter Zachäus Ankündigung einer Spende an Bedürftige eine ähnliche Überlegung. Der verwendete Begriff συκοφαντέω wird häufig im Kontext von Erpressung durch administratives Personal verwendet.[343] Wie schon eingangs Johannes der Täufer, inspiriert Jesus hier einen Abgabeneinnehmer, Wiedergutmachung zu leisten. Es wäre eigentlich die Aufgabe der römischen Verwaltung für Gerechtigkeit zu sorgen. Im Lukasevangelium stellt diese der Messias wieder her, indem Menschen bereuen, umkehren und ihr Verhalten ändern. Zachäus Erklärung vor der Tischgemeinschaft wirkt wie ein Versprechen vor der Gemeinschaft der Jesus-Nachfolgenden. Und vielleicht ist es auch erzählerisch so intendiert – Lukas bietet eine weitere Beispielgeschichte, unter welchen Bedingungen Abgabenpersonal ein Teil der Gemeinschaft sein kann.

Halvor Moxnes beschreibt Zachäus als den „idealen Reichen", der nicht zur Elite gehöre und am Rande der Gesellschaft stünde.[344] Ich denke, dass die Untersuchungen zu Abgabenpersonal gezeigt haben, dass die antike Gesellschaft – sei es in Dorf oder Stadt – weitaus komplexer war. Die Mehrheit des Abgabenpersonals gehörte nicht zur obersten Elite, gleichzeitig konnten sie eine herausgehobenen Stellung unter ihresgleichen haben – und dafür ist es irrelevant, ob wir uns im Kreis von Versklavten, einigermaßen wohlhabenden Landwirten oder Zollangestellten bewegen. Ihre gute Vernetzung, ihre administrativen Fähigkeiten, ihr lokales Wissen über die ökonomische Situation der Abgabenleistenden sowie ihre Befugnisse machten sie zu Personen mit einem gewissen sozialem Gewicht. Analog zu anderen Gruppen der Gesellschaft mit Tätigkeiten in anderen Bereichen – wie Schreiber:innen, Sicherheitspersonal, Handwerker:innen oder Händler:innen. Statt in einem starren Gegenüber zu denken, sind Relationen hilfreicher: Abgabenpersonal war relativ einflussreich und relativ wohlhabend, jedoch auf ihrer eigenen Ebene nicht ohne Konkurrenz. Ein Beispiel dafür ist das Amt des Komogrammateus in Ägypten. Aber auch Schreiber, die in der Administration Positionen besetzten, die ihnen eine gewisse Macht gaben. So fand sich im Nemesion Archiv eine Beschwerde gegen Schreiber, die Bilanzen gefälscht hatten und von den Abgabeneinnehmern Geld erpressten.

Jesus reagiert, indem er feststellt, dass dies ein Zeichen der Rettung sei und Zachäus ein Sohn Abrahams. Eine Rekategorisierung findet statt, indem daran erinnert wird, dass es die Abrahamskindschaft ist, die miteinander verbindet. Zachäus verliert seine Abstammung und Zugehörigkeit zum Volk Gottes nicht. Es

342 Vgl. Maccoby, Tax-Collector, 63.

343 Vgl. Eintrag bei Little/Scott/Jones.

344 Vgl. Moxnes, Social Context, 387.

sind die anderen, die diese vergessen oder ignorieren. Lukas lässt Jesus die anderen daran erinnern. Ähnlich wie bei der Nachfolgeerzählung des Levi wird zum Schluss in einem Menschensohnwort festgestellt, dass Zachäus zu den Verlorenen zählt, die gesucht und gerettet werden sollen. Auch hier dient dies rhetorisch dazu, Empathie und damit Solidarität zu erzeugen.

Lukas kreiert mit Zachäus einen umkehrwilligen Abgabeneinnehmer, der Wiedergutmachung leistet. Dies knüpft an die Aufforderung des Täufers an, dass Abgabenpersonal nur das Vorgeschriebene einnehmen soll. Lukas gibt einem Abgabeneinnehmer einen Namen und eine Geschichte, die ihn zum Sympathieträger macht. Er dekategorisiert damit das Stereotyp, das er selbst in seinem Text zitiert. Zachäus sucht Jesu Nähe und schlägt von alleine vor, was er als Widergutmachung zu leisten hat. Der Evangelist lässt Jesus explizit daran erinnern, dass Zachäus zum Volk Israel gehört. So wird die Zuwendung zu Abgabeneinnehmer:innen auch als Zeichen der Zuwendung zu ganz Israel interpretiert.[345] Er wird zu einem Vorbild der Umkehr gemacht, wie schon die Abgabeneinnehmer:innen im Kontext des Täufers. Lukas baut aus, was bei Markus in der Geschichte von Levi angefangen wurde. Walker meint, dass letztendlich dennoch die negative Zuschreibung bleibe, dass Abgabeneinnehmer:innen verloren sind und der Umkehr bedürften.[346] Sowohl die Evangelien als auch Paulus gehen allerdings davon aus, dass alle Menschen der Umkehr bedürfen. Es sticht lediglich hervor, dass mit den Abgabeneinnehmern eine spezifische Berufsgruppe herausgegriffen wird.

5.2.9 Die Frage nach den Abgaben für den Kaiser (Lk 20,20–26)

> 20 Und nachdem sie [ihn] beobachtet hatten, schickten sie versteckt welche, die vorgaben selbst Gerechte zu sein, damit sie ihn anhand seiner Rede haftbar machen konnten, damit sie ihn der Behörde [ἀρχή] und der Amtsgewalt [ἐξουσία] des Statthalters [ἡγεμών] übergeben könnten. 21 Und sie fragten, indem sie sagten: „Lehrer, wir wissen, dass du aufrichtig redest und lehrst und nicht das Ansehen gewichtest, sondern gemäß der Wahrheit lehrst du den Weg Gottes. 22 Ist es uns erlaubt, dem Kaiser die Abgabe (φόρος) zu geben oder nicht?“ 23 Er aber merkte ihre betrügerische Absicht und sagte zu ihnen: 24 „Zeigt mir einen Denar. Wessen Bild und Inschrift hat er?“ Sie aber sagten: „Des Kaisers.“ 25 Er aber sagte zu ihnen: „Also gebt dem Kaiser, was des Kaisers ist, und Gott, was Gottes ist.“ 26 Und sie vermochten nicht, ihn haftbar zu machen wegen seiner Worte vor dem Volk und sie staunten über seine Antwort und schwiegen. (Lk 20,20–26)

345 Z. B. Völkel, Freund, 10.
346 Vgl. Walker, Jesus, 229.

Da ich die Perikope schon besprochen habe, möchte ich bei Lukas vor allem auf das Sondergut eingehen. Dieses findet sich in der Rahmung der Perikope (V 20 und V 26). Lukas beginnt damit, einen elaborierten Plan vorzustellen, um Jesus aus dem Verkehr zu ziehen. Dabei zeigt sich das Lukasevangelium vertraut mit den administrativen Strukturen des Römischen Reiches in den Provinzen, wie auch am Vokabular deutlich wird. Lukas spricht von ἀρχή und ἐξουσία des ἡγεμών (Lk 20,20). Der Ausdruck ἡγεμών ist geschickt gewählt, da er allgemein das höchste Verwaltungsamt in einer Provinz bezeichnen kann, ohne sich hier damit aufzuhalten, was die genaue provinziale Amtsbezeichnung ist. Dies stellt einen direkten Bezug zur Hörerschaft her, der ihre eigene jeweilige Verwaltungsstruktur vor Augen stehen mag. Dem Hegemon werden ἀρχή und ἐξουσία zugeordnet. In der Verwaltung sind diese beiden Begriffe inhaltlich fast identisch: sie können beide allgemein eine Behörde mit richterlicher Kompetenz bezeichnen und besonders ἐξουσία drückt zudem Autorität aus.[347] Somit macht Lukas hier bereits deutlich, dass versucht werden soll, den *Fall Jesus* vor die römischen eingesetzten Autoritäten zu bringen, damit sie kraft der ihnen verliehenen jurisdiktiven Macht eine Entscheidung fällen. Implizit enthält die Perikope somit illustriert am Beispiel des Schicksals Jesu selbst eine Warnung: der Verdacht der Verweigerung von Abgaben war ein schneller und sicherer Weg, um die Institutionen gegen einen aufzubringen – unabhängig davon, ob es sich um eine Verleumdung oder einen Fakt handelte.

Weder Markus noch Matthäus weisen darauf hin, was Pharisäer:innen und Herodesanhänger:innen eigentlich davon haben, wenn sie Jesus durch seine Worte verdächtig machen können. Lediglich Lukas führt aus, dass sie versuchen, Jesus vor der Verwaltung anzuzeigen. Es ist dabei nicht klar, wer die Personengruppe ist, die Jesus überführen will. In Lk 20,1 und 19 werden die Hohenpriester, Schriftgelehrten und Ältesten genannt, so dass es zumindest auf der narrative Ebene diese sein müssten.[348] Sie schicken Leute, man kann fast sagen, Spitzel, die Jesus mit einer Frage zu einer Aussage gegen den Kaiser provozieren sollen. Sie wollen also einen Grund finden, Jesus dem Statthalter auszuliefern. Dabei ist die Frage nach der Abgabenzahlung, wie sich in V 22 zeigt, geschickt gewählt. Der Leserschaft des

---

347 Vgl. Liddle/Scott/Jones.

348 Förster, Steuerfrage, 144–145 meint, dass Lukas die Herodianer nicht erwähnen würde – nicht nur hier, sondern im ganzen Evangelium werden sie ausgelassen -, weil er nicht wusste, wer diese gewesen seien. Ich halte das für nicht sehr wahrscheinlich, denn König Herodes kommt in seinem Evangelium vor und Lukas sollte in der Lage gewesen sein abzuleiten, dass Ἡρῳδιανοὶ dessen Anhänger:innen waren. Es entsteht der Eindruck, dass Lukas bewusst politische und religiöse Strömungen weglässt und sich stattdessen auf Gruppen (Hohepriester, Schriftgelehrte, Älteste) konzentriert, die auch später bei Jesus Gefangennahme und Anklage eine Rolle spielen (Lk 22,2.25.66).

Lukas standen wahrscheinlich sowohl Beispiele von Abgabenboykotten als natürlich auch der Jüdische Krieg vor Augen. Genauso wenig, wie es wahrscheinlich war, dass Jesus zur Abgabenverweigerung aufrufen würde, genauso unwahrscheinlich scheint es, dass die Adressierten damit liebäugelten, die staatlichen Abgaben zu verweigern. Schon Paulus stellt in Röm 13,7 nüchtern fest, dass Abgaben bezahlt werden sollen. Wenn es Aufrufe zum Abgabenboykott in den Jesus-Gruppen gab, dann handelte es sich wie auch im Judentum und Randgruppen, von denen wir leider nichts überliefert haben. Woran sicherlich ein Interesse bestand, war das Verhältnis der Abgabenzahlung zum eigenen Glauben. Denn mindestens der Abgabenboykott in Galiläa war religiös begründet worden mit der Unvereinbarkeit des Gehorsams gegenüber Gott. Und auch in dem Jesuswort geht es um Kaiser und Gott. Schreiber interpretiert, dass Lukas hier bewusst zwei Räume für die Gruppe mit Hilfe des Apophthegmas konstruiert: einen äußeren Raum, in dem die Christusnachfolgenden keine Konflikte mit der Staatsmacht provozieren, und einen inneren, in dem ein gottgemäßes Leben geführt werden kann.[349]

Abweichend von Markus und Matthäus benutzt Lukas den Begriff φόρος und verweist so auf die direkten zensusbasierten Abgaben. Dies wird später in Lk 23,3 bei der Anklage gegen Jesus erneut aufgegriffen. Damit verknüpft das Lukasevangelium die Geschehnisse. Selbst wenn die Anklage hier scheitert, wird sie später gegen Jesus verwendet werden. Vers 26 rekurriert auf den Anfang der Perikope zurück, indem festgestellt wird, dass Jesus so geantwortet hat, dass es keine Grundlage gab, um ihn an die Autoritäten auszuliefern. Der Plan ist also gescheitert. Die Adressierten können für ihre eigene Situation mitnehmen, wie sie ihr Überleben im Römischen Reich sichern und gleichzeitig nach den Maßstäben des Reiches Gottes leben können.

5.2.10 Die Gabe der armen Witwe (Lk 21,1–4)

> 1 Nachdem er aber aufgeblickt hatte, sah er, wie Reiche ihre Gaben [δῶρον] in das γαζοφυλάκιον einwarfen. 2 Aber er sah irgendeine arme/bedürftige [πενιχρός] Witwe. Die dort zwei Lepta einwarf. 3 Und er sagte: „Wahrhaftig, ich sage euch, dass diese arme [πτωχός] Witwe mehr als alle eingeworfen hat. 4 Denn diese haben aus ihrem Überfluss zu den Gaben eingelegt, aber sie hat aus ihrem Mangel alles, was sie zum Leben hat, eingeworfen." (Lk 21,1-4)

Die Perikope kann zu der Gattung der Apophthegmata gezählt werden.[350] Lukas hält sich bis auf wenige Ausnahmen bei der Einbettung der Perikope eng an die

349 Schreiber, Lukas, 164.

350 Vg. Wolter, Lukasevangelium, 664.

markinische Vorlage (vgl. Lk 20,9–21,6 entspricht Mk 12,1–27.35–13,2). Direkt vor der Perikope steht die fast exakt im Wortlaut übernommene Warnung vor Schriftgelehrten (Lk 20,47 und Mk 12,40).[351] Auf die Perikope der Witwe folgt die Ankündigung der Tempelzerstörung (Lk 21,5–6; Mk 13,1–2), bei der Lukas von Markus abweicht bis auf das Steinwort am Schluss. Alle drei Perikopen sind miteinander verbunden: In der Warnung vor den Schriftgelehrten werden Witwen genannt und bei der Ankündigung über die Tempelzerstörung wird der Ort des Tempels aufgegriffen.

Lukas weicht besonders am Anfang von Markus ab, er übernimmt lediglich die Protagonist:innen – die Witwe, die Reichen und das γαζοφυλάκιον, zu dessen Bedeutung wir später kommen werden, das Einwerfen und die zwei Lepta. Das Jesuswort in Lk 3–4 lehnt sich eng an Mk 12,43–44 an, hat aber einige Auslassungen und wichtige Einfügungen. Gehen wir die Verse durch, um die Änderungen nachzuvollziehen.

In der lukanischen Fassung setzt sich Jesus nicht absichtlich gegenüber dem γαζοφυλάκιον hin, sondern scheint zufällig aufzublicken (Lk 21,1). Er sieht, wie Reiche Gaben einwerfen, wobei δῶρον eine freiwillige Gabe oder ein Geschenk bezeichnet. Manchmal auch im Kontext von Gegenständen, die als Tribut abgegeben wurden.[352] Im kultischen Kontext bezeichnete es verschiedene Opfergaben.[353] Die LXX übersetzt so das hebräische קורבן. Mk 7,11 erklärt: κορβᾶν, ὅ ἐστιν δῶρον. Der Begriff δῶρον ist eine der wichtigsten Hinzufügungen gegenüber Markus. Markus spricht davon, dass alle Kupfermünzen einwerfen würden und die Reichen davon viele (Mk 12,41). Bei Lukas sieht Jesus dann eine arme oder bedürftige Witwe und benutzt überraschenderweise das Adjektiv πενιχρός statt πτωχός, obwohl er dieses dann in Lk 21,3 wie in der markinischen Vorlage belässt. Die beiden Lemmata bedeuten beide arm, wobei bei πτωχός auch noch die Bedeutung betteln mitschwingt. Es beschreibt eher den beschämenden Aspekt der Armut wohingegen πενιχρός anklingen lässt, dass eine Person hart arbeiten muss, um über die Runden zu kommen.[354]

Wie bei Mk 12,42 wirft die Witwe bei Lukas zwei Lepta ein, jedoch bietet Lukas nicht die markinische Erklärung, dass es sich dabei um einen Quadrans handelt. Ebenso wenig ruft Jesus im Lukasevangelium seine Jünger:innen zu sich (vgl. Mk 12,43), sondern er spricht einfach. Statt seine Rede mit Amen, wie bei Markus, einzuleiten, beginnt Jesus mit einem ἀληθῶς. Ebenso erwähnt Lukas nicht noch einmal das γαζοφυλάκιον (vgl. Mk 12,43). Davon abgesehen hält sich Lukas im

---

351 Lediglich in Lk 20,47 am Anfang steht κατεσθίω in der 3. Person Pl. Präsens statt wie in Mk 12,40 als Partizip Präsens.

352 Vgl. Liddell/Scott/Jones.

353 Vgl. Fabry, קרבן *qŏrbān*, 165–171.

354 Vgl. Bovon, Lukas (4), 155–156.

Wortlaut an die markinische Vorlage. Lediglich ergänzt er in Lk 21,4 erneut das Wort δῶρον und verkürzt das Ende, so dass nicht wie bei Markus betont wird, dass diese zwei Lepta der ganze Besitz der Witwe waren.

Bei Lukas scheint der für die Markus Variante herausgearbeitete Zusammenhang der Vermögensverwahrung schon nicht mehr verstanden worden zu sein oder bewusst ignoriert zu werden, da er zum einen das γαζοφυλάκιον nur einmal erwähnt und zum anderen δῶρον einfügt. Gerade letzteres lässt gar nichts mehr von dem Bedeutungsspektrum einer Besitzdeponierung übrig. Lau weist für Markus darauf hin, was auch für Lukas auffällig ist: In Lk 20,47 sind es die Schriftgelehrten, die die Häuser, also den Besitz, der Witwen verschlingen. In Lk 21,2.4 ist es der Tempel, der den ganzen Besitz vertilgt.

Lukas spricht sich nicht gegen religiöse Abgaben generell aus, wie wir beim Zehnten sehen konnten (Lk 11). Doch was hier geschildert wird, ist eben keine Umverteilung unterschiedlich verteilten Reichtums: die einen geben zu wenig und die anderen zu viel. Hier wird geschildert, wie ein religiöses Abgabensystem in Schieflage gerät.

5.2.11 Der Vorwurf des Abgabenboykottes (Lk 23,1–2)

> 1 Und die ganze Menge stand auf und sie führten ihn vor Pilatus. 2 Sie begannen aber, ihn anzuklagen, indem sie sagten: „Wir haben entdeckt, dass dieser unser Volk in die Irre führt und er verhindert, dem Kaiser die Abgabe (φόρος) zu geben und er sagt von sich selbst, dass er der gesalbte König sei." (Lk 23,1–2)

Bereits in Lk 20,20 hat das Evangelium über den Plan informiert, Jesus vor dem ἡγεμών anzuklagen. In Lk 23,1–2 wird dieses Vorhaben nun umgesetzt. Jesus wird vor Pilatus geführt, der als Präfekt Judäas zuständig war. Sein Vorgesetzter war der Statthalter der Provinz Syria, von der Judäa ein Teil war, namens Pacuvius, der vermutlich den offiziell eingesetzten Statthalter Lucius Aelius Lamia vertrat.[355] Tacitus bezeichnet Pilatus in einer Notiz als Prokurator (Tacitus, ann. 15,44). Eine in Cäsarea gefundene Inschrift betitelt ihn jedoch als Präfekten (GLICMar 00043). Für die Adressatenschaft(en) des Lukasevangeliums ist entscheidend, dass dies der Zeitpunkt ist, an dem die römische Administration tatsächlich Akteurin wird. Und zwar auf der Ebene der personellen Repräsentation in der Provinz. Der Vorwurf, zum Abgabenboykott aufzurufen, kommt im Mikrokontext unerwartet und Pilatus geht auch gar nicht darauf ein. Es handelt sich um lukanisches Sondergut und schafft eine Verbindung zu der Frage nach der Kaisersteuer (Lk 20,20–26). Im Lukasevangelium ist der Vorwurf der Abgabenverweigerung eine der Strategien,

---

355 Harrer, Studies, 63–64.

um die Vertreter der römischen Staatsmacht auf Jesus aufmerksam zu machen und ihn aus dem Weg zu räumen. Das Thema des Abgabensystems zieht sich damit von Anfang bis Ende durch das Evangelium, wenn wir an die Geburtsgeschichte zurückdenken. Lukas präsentiert Abgaben als den Schalter, um das Römische Reich in Bewegung zu setzen. Gleichzeitig als Stellschraube, um es für die eigenen Interessen zu manipulieren. Lukas stellt es so dar, dass die Provinzelite sich dessen bewusst war. Damit haben wir ein Beispiel dafür, wie Abgabenpflichtige selbst das Abgabensystem für ihre Zwecke nutzten. Sie wurden so zu aktiv Handelnden. Zugleich kann es auch als Warnung aufgefasst werden, eben keinen Anlass zu geben, dass die römische Staatsmacht involviert wird, da dies einen tödlichen Ausgang haben konnte.

5.3 Zusammenfassung

Lukas konstruiert ein eigenes Bild von Abgabenpersonal: Es gibt gute Abgabeneinnehmende, die umkehrbereit sind und Teil der Gemeinschaft sein können. Er entwirft damit eine neue Kategorie für diese Personen, was als Subgrouping bezeichnet werden kann. Das hervorstechendste Merkmal im Lukasevangelium ist die Umkehrbereitschaft von Abgabenpersonal (vgl. Lk 3; 5; 18; 19). Sie sind zudem in Täufer-Erzählungen verankert (Lk 3; 7). Sie suchen aktiv die Nähe Johannes des Täufers bzw. später Jesu (Lk 15; 19). All dies signalisiert Offenheit für die Botschaft vom Reich Gottes und betont die Umkehrbereitschaft. Deutlicher als im Matthäusevangelium werden Abgabeneinnehmende Pharisäer:innen und Schriftgelehrten gegenübergestellt. Vor allem im Kontext der Gemeinschaft Jesu mit dieser Gruppe, die von Pharisäer:innen und Schriftgelehrten (Lk 5; 15) oder pauschal von allen (Lk 19) kritisiert wird. Lukas stellt Abgabenpersonal vorwiegend wohlhabend dar (Lk 5; 19). Besonders hervorzuheben ist, dass Lukas Einzelporträts von Abgabenpersonal entwirft, die als Beispielgeschichten dienen (Lk 18; 19). Damit bedient er sich des Mittels der Dekategorisierung.

Lukas scheint daran interessiert zu sein, zu zeigen, dass rechtschaffenes Abgabenpersonal ein Teil der Gemeinschaft sein kann. Ob dieses Sondergut nun darauf verweist, dass dies eine Frage der lukanischen Adressierten oder generell von Jesus-Gemeinschaften war oder ob Lukas hier ein Motiv der Jesustradition ausbaut, ist Spekulation. Offensichtlich ist, dass Lukas Abgabenpersonal mehr Raum als alle anderen Evangelien einräumt und ein dezidiert positiveres Bild von ihm zeichnet. Die Aufnahme von Abgabenpersonal in die Gemeinschaft konnte auf jeden Fall soziale und politische Vorteile bieten. Aus einer pharisäisch/schriftgelehrten-theologischen Perspektive schien laut Lukas ein solcher Schritt jedoch erklärungs- wenn nicht sogar rechtfertigungsbedürftig. Auch Lukas rezipiert ein negatives Stereotyp über Abgabenpersonal, doch grenzt er sich dagegen ab und entlarvt die Vorurteile.

Lukas kritisiert religiöse Abgaben wie den Zehnten nicht (Lk 11). Kritisch gesehen wird allerdings, wenn religiöse Abgaben nicht zu einer Ressourcenumverteilung, sondern zur Verarmung beitragen (Lk 21).

Eine der wichtigsten sozial-theologischen Botschaft in den Perikopen über Abgabenpersonal (Lk 3; 19) und Abgaben (Lk 2) ist, dass Gott selbst oder die von Gott gesandten Boten – sei es Johannes der Täufer oder Jesus der Messias – Gerechtigkeit wiederherstellen, wo der Staat zuständig wäre und scheitert. Alle fiskalischen Forderungen des Staates – sei es der Zensus (Lk 2) oder Abgaben an den Kaiser (Lk 20) – sollen erfüllt werden. Ansonsten besteht die Gefahr, dass der Staat zu Repressalien greift, wie in der Jesus-Erzählung angedeutet wird (Lk 20; 23). Gleichzeitig zeigt bereits der Anfang des Evangeliums, dass die eigentliche Macht nicht beim Staat, sondern bei Gott liegt (Lk 2). Gottes Vorhersehung und der Weg seines Messias können nicht aufgehalten werden – weder am Anfang noch am Ende.

Lukas ist in einem gewissen Grad vertraut mit dem Abgabensystem wie andere gebildete Autoren wie Plutarch. Er benutzt Fachterminologie und beschreibt fiskalische Prozesse wie den Zensus. Zwar lässt er kein tieferes administratives Wissen erkennen, aber eine solide Kenntnis. Lukas ist sich den größeren fiskalischen Strukturen in den Provinzen bewusst. Er kann sie adäquat für seine Darstellung nutzen. Politisch sind ihm Ereignisse wie Abgabenboykotte präsent. Er weiß um die Bedeutung der Abgabenzahlung und um die Konsequenzen, sollte man diese verweigern. Lukas scheint Abgabenpersonal als einen geachteten und integrierten Teil der Gesellschaft zu kennen. Er stellt einige Aspekte ihres Lebens akkurat dar. Er weiß um ihre gute Vernetzung, dass sie häufig gemeinsam anzutreffen sind und um die Probleme, die beim Abgabeneinzug entstehen. Bemerkenswert ist, dass Lukas sich Gedanken macht, um Missstände im Abgabenwesen zu beseitigen. Er fordert, sich an die vorgegebenen Abgabensätze zu halten sowie Wiedergutmachung zu leisten. Für Lukas sind Abgabeneinnehmende auch Teil der religiösen Gemeinschaft. Er vermeidet es, sie zu oft in die Nähe zu Sündern zu rücken und ist sich gleichzeitig der Vorurteile einiger religiöser Gruppen bewusst. Es ist gut vorstellbar, dass Lukas selbst Abgabeneinnehmer kennt. Und zwar solche des Typs Nemesion: Wohlhabend, in die Gesellschaft gut vernetzt und integriert. Er sieht Vorteile darin, wenn solche Personen zur Gemeinschaft gehören. Er kennt aber auch die religiösen Einwände dagegen. Er bietet viel Stoff, um diese Einwände auszuhebeln. Für Lukas sind Abgabeneinnehmer Teil der jüdischen Gemeinschaft und Abrahamskinder. Sie sind keine Konkurrenz, sondern bringen finanzielles und soziales Kapital mit. Für Lukas scheinen sie Partner zu sein. Durch seine Darstellung stärkt Lukas diejenigen, die Abgabenpersonal nicht ausschließen.

6. Ertrag

In den synoptischen Evangelien werden verschiedene Abgaben thematisiert. Besonders sticht die Perikope über die Frage nach der Abgabe für den Kaiser hervor (Mk 12,13–17 parr). Die Anfrage zur Abgabenzahlung kommt von Gruppen, die auf verschiedene Weise als provinziale Akteurinnen aktiv sind: Bei Markus sind es Pharisäer:innen und Herodianer:innen (Mk 12,13), bei Matthäus Pharisäer:innen (Mt 22,16) und bei Lukas Hohepriester und Schriftgelehrte (Lk 20,19–20). Bei Lukas sind es die Hohepriester, die Jesus später des Steuerboykotts anklagen wollen (Lk 23,3). Wie die markinische Vorlage vorgibt, wird Jesus die Frage gestellt, um ihm eine Falle zu stellen. Lediglich Lukas führt aus, dass Jesus auf diese Weise an die Obrigkeit und den Statthalter ausgeliefert werden soll (Lk 20,20). Eine Botschaft dieser Perikope lautet, dass alle Abgaben unter einem eschatologischen Vorbehalt stehen. Jede:r steht selbst vor der Aufgabe abzuwägen, was Gott und was dem Staat zusteht. Die Evangelien vermitteln so auch deutlich, dass Vorsicht geboten ist, wenn es um das Verhältnis zum Staat geht. Jesus zeigt, wie man sich geschickt aus der Affäre zieht, ohne sich festlegen zu lassen, um dann angezeigt werden zu können. Für die Adressierten schwingt sicherlich auch eine Warnung mit: Abgabenverweigerung kann das Leben gefährden. Es bietet anderen einen Vorwand zur Anzeige.

Matthäus und Lukas übernehmen aus der Logienquelle einen Vers zur Zehntabgabe. Matthäus richtet seinen Vorwurf, die Verzehntung über die Ethik zu stellen, an Pharisäer:innen und Schriftgelehrte (Mt 23,23) und Lukas nur gegen die Pharisäer:innen (Lk 11,42). Beide Evangelien machen klar, dass sie den Zehnten als religiöse Abgabe unterstützen. Sie rufen lediglich ins Gedächtnis, dass es weitere ebenso wichtige religiös begründete Handlungen gibt. Lukas nimmt dieses Thema erneut im Gebet des Pharisäers im Tempel auf (Lk 18,12). Auch hier geht es darum, dass die Übererfüllung des Zehntgebots nicht zu Überheblichkeit berechtigt. Zum einen greifen die beiden Evangelien hier jüdische Diskussionen um die Bedeutung, Höhe und Leistung des Zehnten auf. Zum anderen verdeutlichen sie, dass sie sich den innerjüdischen Positionen anschließen, die andere Weisungen Gottes für ebenso wichtig wie den Zehnten erachten. Religiöse Abgaben und damit verbunden auch die Finanzierung von Tempeln und Tempelpersonal ist wie gesehen auch bei anderen Kulten zentral. Zugleich sind sie fester Bestandteil antiker Wirtschaft. Tempelabgaben erfüllen verschiedene Funktionen: Durch sie kann beispielsweise Zugehörigkeit zu einem bestimmten Kult signalisiert werden, sie halten den Tempelbetrieb aufrecht, sie können das eigene Ansehen und das des Tempels steigern, sie erkaufen Dienstleistungen, sie sind Ausdruck spiritueller Anliegen oder Teil kultischer Pflichterfüllung. Daher bedeutet diese Thematik im Neuen Testament, dass sich hier Diskussionen um religiöse Pflichterfüllung, um finanzielle Versorgung und Gruppenzugehörigkeit spiegeln.

Dies zeigte sich auch in der Perikope über die Didrachmenabgabe im Matthäusevangelium (Mt 17,24–27). Analog zu staatlichen Abgaben ist auch hier die Grundaussage, dass religiöse Abgaben bezahlt werden sollten, um Konflikte zu vermeiden. Außerdem, dass diejenigen, die sich dem Volk Israel zugehörig fühlen, die Abgabe zahlen. Erneut rezipiert Matthäus eine spezifische jüdische, vielleicht pharisäische Meinung und drückt so die Zugehörigkeit zu dieser Gruppe aus. Die mögliche Verbindung dieser Erzählung mit dem *fiscus Iudaicus* verdeutlicht zudem, dass ethnische und religiöse Zugehörigkeit besondere fiskalische Konsequenzen haben können.

Etwas anders gelagert ist die Perikope über die Gabe der armen Witwe (Mk 12,41–44; Lk 21,1–4). Dort wird das Verhältnis von Einkommen und Spenden thematisiert sowie bei Markus vielleicht die Funktion eines Tempels als Bank. Sowohl bei Markus als auch bei Lukas wird kritisiert, dass Tempelabgabensysteme in Schieflage geraten können, wenn Menschen sich genötigt sehen, das Geld, was sie zum Überleben brauchen, abzugeben. Die Evangelien nehmen dafür die Schriftgelehrten in die Verantwortung, deren Kenntnisse sie sowohl zu administrativen Aufgaben als auch zur Schriftauslegung befähigt. Erkennbar wird hier ebenso wie bei Tempeln in Ägypten, die Einzahlungen von Abgabeneinnehmern entgegennahmen oder Abgabenquittungen ausstellten, dass Schreiber Doppelfunktionen im religiösen sowie fiskalischen Bereich einnehmen können.

Die synoptischen Evangelien präsentieren mit unterschiedlichen Nuancierungen Abgabenpersonal. Markus bietet die Vorlage für die Erzählung über den Abgabeneinnehmer Levi, der Jesus nachfolgt, und die Anschlusserzählung über Jesu Tischgemeinschaft mit Abgabenpersonal (Mk 2,14–17; Mt 9,9–11; Lk 5,27–32). Dieser kurze Nachfolgebericht personalisiert im Abgabenwesen tätige Personen. Einem Abgabeneinnehmer wird ein Name, eine Familienzugehörigkeit und eine eigene Begegnung mit Jesus zugeschrieben. Die Wahrnehmung des Individuums statt der Gruppe steht im Mittelpunkt. Dieser Vorgang wird in der Stereotypenforschung als Dekategorisierung bezeichnet. Danach wird in der Erzählfolge jedoch wieder die ganze Gruppe der Abgabeneinnehmenden in den Blick genommen. Abgabenpersonal wird neben Sünder:innen gestellt – sie werden damit einer anderen Gruppe zugeordnet und re-gruppiert. Der Gedanke, dass sie, wie Kranke Heilung durch den Arzt, Rettung durch den Menschensohn brauchen (Mk 2,17; Mt 9,12; Lk 5,31), hat verschiedene Funktionen. Erstens werden sie einer übergeordneten Gruppe – Sünder:innen – zugeordnet, was man als Rekategorisierung in der Stereotypenforschung bezeichnet. Lediglich Lukas schafft auch eine positive Rekategorisierung durch die Abrahamskindschaft (Lk 19,9).[356] Zweitens wird Empathie geweckt, da

356 Vgl. ebenso Lk 13,16 bei der Heilung einer Frau am Sabbat.

Krankheit ein den Adressierten bekanntes Phänomen ist, und damit unter Umständen Solidarität bei den Adressierten erzeugt. Der dritte Schritt, die Konstruktion einer Untergruppe, wird erst komplett bei Lukas vollzogen.

Die Logienquelle überliefert eine kritische Tradition über Abgabenpersonal (Q 6,32.34; 7,34), die dem negativen Stereotyp entspricht, das auch in griechisch-römischer Literatur begegnet. Matthäus greift dies auf. Zum einen kombiniert er Abgabenpersonal mit Sünder:innen, nicht-jüdischen Personen und Sexarbeiterinnen, zum anderen verweist er entweder in Abgrenzung auf sie oder beschämt andere Gruppen dadurch, dass er Abgabenpersonen als Vorbild verwendet (Mt 5,46; 18,17; 21,31-32). In beiden Fällen verfestigt er das negative Stereotyp über Abgabeneinehmende und die Abgrenzung ihnen gegenüber. Da Matthäus jedoch auch Markus rezipiert und obendrein den Abgabeneinnehmer Matthäus in die Jüngerliste aufnimmt (Mt 9,9-11; 10,3), entsteht eine Spannung. Diese Spannung führt jedoch nicht wie bei Lukas zu einem Abbau der Vorbehalte gegen Abgabenpersonal. Der Zöllner Matthäus wird im Evangelium als eine Ausnahme konstruiert.

Im Lukasevangelium werden wohlhabende, gut vernetzte und religiös aktive Abgabeneinnehmer wie Levi (Lk 5,27-32), der Abgabeneinnehmer im Tempel (Lk 18,9-14) und Zachäus (Lk 19,1-10) präsentiert. Lukas kreiert einen spezifischen Typ: Der umkehrbereite Abgabeneinnehmende (Lk 3,12; 5,27; 7,29; 15,1; 18,13). Bei ihm fragt Abgabenpersonal danach, was sie tun müssen, um am Reich Gottes Anteil zu haben (Lk 3,12), nimmt die Botschaft und Taufe des Johannes an (Lk 7,29), hört die Botschaft vom Reich Gottes (Lk 3,12; 5,27; 15,1), ist demütig vor Gott und bittet um Vergebung (Lk 18,13) und Zachäus versucht Wiedergutmachung zu leisten (Lk 19,8). Insgesamt sticht hervor, dass Matthäus und Lukas Abgabenpersonal mit Johannes dem Täufer verbinden (Mt 21,32; Lk 2,12-13; 7,29).

Es lässt sich festhalten, dass alle Synoptiker das Stereotyp des Abgabeneinnehmers als Sünder aufnehmen. Nachfolge- und Tischgemeinschaftserzählungen erklären, warum Abgabenpersonal dennoch oder gerade deswegen in der Jesus- bzw. den Christusgemeinschaften zu finden ist. Markus inkludiert Abgabenpersonal in die Nachfolgegemeinschaft, da sie Jesu Zuwendung brauchen. Matthäus greift dies auf, jedoch stellt er es als Ausnahme dar, dass Abgabenpersonal Teil der Gemeinschaft sei. Ansonsten sollte sich die eigene Gruppe von ihnen distanzieren. Für Matthäus ist es aufgrund der moralischen negativen Zuschreibungen schwierig, dass Abgabenpersonal dazugehört. In der (markinischen) Jesus-Tradition ist dies möglich, doch Matthäus rät seiner Adressatenschaft eher von einer Gemeinschaft ab. Lukas schlägt einen anderen Weg ein, indem er Abgabeneinnehmer:innen als umkehrbereite, vergebungsbedürftige Menschen vor Augen malt – so wie es alle anderen Menschen auch sind. Sie gehören zur Jesus- und Christusgemeinschaft dazu. Lukas ist es aufgrund seiner theologischen Haltung und seines ethischen Anspruches möglich, dass Abgabenpersonal dazugehören kann.

Bezüglich des Abgabenpersonals lassen Matthäus und Lukas deutlich andere theologische und soziale Haltungen sowie eine unterschiedliche Intention erkennen. Sie lesen sich wie zwei unterschiedliche Strategien, die von einer gemeinsamen Richtung – nämlich der Logienquelle und dem Markusevangelium – herkommen. Gemeinsam ist den Synoptikern, dass es vor allem Pharisäer:innen sind, die kritisch anfragen, warum Jesus Umgang mit Abgabenpersonal hat (Mk 2,15–17 parr; Lk 7,29; 15,1) oder einander gegenübergestellt werden (Lk 18,9–14), wobei Lukas dies besonders ausbaut. In der Forschung wird dies häufig auf eine ablehnende Haltung bei den Pharisäer:innenn gegenüber Abgabeneinnehmenden zurückgeführt bzw. bei Matthäus gesagt, dass er diese negative Einstellung zum Teil übernehmen würde. Hier werden vor allem Jeremias Forschungen rezipiert, der, wie im Forschungsüberblick erläutert, anhand von Negativlisten[357] aus der rabbinischen Literatur die These aufstellt, dass Pharisäer:innen Abgabenpersonal nicht akzeptierten. Des Weiteren werden mNed 3,4 (ein Falschschwur vor Abgabenpersonal ist erlaubt), bShev 39 (die Familie eines Abgabeneinnehmers ist ebenso wie er kompromittiert) und tDem 3,4/bBekh 31a Bar (ein Abgabeneinnehmer kann kein חבר sein) als Beleg herangezogen, dass die Rabbinen (gleichgesetzt mit Pharisäern), kein Abgabenpersonal akzeptieren.

Herrenbrück hat sich mit diesen rabbinischen und weiteren Stellen umfassend auseinandergesetzt und seine Erkenntnisse verdienen mehr Beachtung[358]. Zunächst weist er auf das Problem hin, dass die frühesten datierbaren Stellen, die von Abgabenpersonal sprechen, zwischen 130–160 n. Chr. enstanden und der dritten tannaitischen Generation zuzurechnen sind.[359] Schließlich zeigt er, dass die Positionen gegenüber Abgabenpersonal in der rabbinischen Literatur vielfältig sind.[360] In einigen gilt Abgabenpersonal als betrügerisch, unehrlich, sündig und evtl. unrein. Sie durchsuchen gründlich zu verzollende Waren. Bewusst ist rabbinischen Quellen jedoch auch, dass sie zum Teil zur Tätigkeit gezwungen werden und dann die ganze Familie in die Tätigkeit involviert werden kann. Ihre Umkehr wird für möglich gehalten, es ist jedoch umstritten, inwiefern der Kontakt zu ihnen erlaubt ist und zum Teil werden sie aus der (pharisäischen) Gemeinschaft ausgeschlossen, es sei denn, sie geben die Tätigkeit auf. Die Synoptiker teilen mit den rabbinischen Quellen, dass Abgabenpersonal als sündig gilt, ihre Umkehr

357 Eine komprimierte Übersicht der Negativlisten bietet Herrenbrück, Zöllner, 206. z. B. mNed 3,4; mBQ 10,2a; tSan5,5; bSan 25b Bar, bBQ 49b; DER 2,11.

358 So rezipiert Schreiner, Steuern die Erkenntnisse von Herrenbrück gar nicht. Schreiner selbst bietet eine sehr wertvolle Stellensammlung zum Thema Abgaben und Abgabenpersonal bei den Rabbinen, doch auch er arbeitet von vornherein mit der These, dass Abgabenpersonal (zu Recht) ein negatives Image hätte.

359 Herrenbrück, Zöllner, 193–194.

360 Vgl. ebd., 201–203.

aber möglich und der Kontakt zu ihnen erlaubt ist. Matthäus nimmt zusätzlich die Haltung ein, dass sie nicht zur Gemeinschaft gehören. Es gibt diejenigen, die eine Umkehr nach Wiedergutmachung für möglich halten (vgl. Lk 19,1-10), diejenigen, die eine aufrichtige Amtsführung fordern (vgl. Lk 3,12-13) sowie diejenigen, die Abgabenpersonal ablehnen (vgl. Mt 5,46; 18,17). Die Evangelien sind damit ein Teil dieser innerjüdischen Diskussion, inwieweit Abgabenpersonal ein Teil der eigenen Gruppe ist bzw. sein kann. Es gibt demnach keinen Grund, anhand der Zöllnerstellen, einen Gegensatz zwischen *Judentum* und *Christentum* zu konstruieren oder anzunehmen, dass alle Pharisäer gegen Abgabenpersonal waren.

Im Vergleich der Evangelien kann man gut beobachten, wie unterschiedliche Bilder über Abgabenpersonal durch literarische Einbettung, rhetorische Verwendung eines Stereotyps und die Repräsentation von Einzelfiguren erzeugt werden. Im Lukasevangelium tritt Abgabenpersonal ausdrücklich in Gruppen auf (Lk 3,12; Lk 5,29; 7,29; 15,1). Ihre Einbettung in lokale und familiäre Strukturen wird ansonsten nur angedeutet (Mk 2,14). Grabinschriften sowie das Beispiel der Familie des Abgabeneinnehmers in Ägypten haben gezeigt, dass zum Teil auch ganze Familiengenerationen im Abgabengeschäft tätig waren. Auch wenn dieser Aspekt in den Evangelien nicht deutlich wird, so gehört er zur sozialen Realität der antiken Adressatenschaft. Besonders Lukas greift Themen auf, die sich in Papyri, Inschriften, bei Philo, Josephus oder in griechisch-römischen Schriften finden - sichtbar an den Schlagworten Gier, Unehrlichkeit und Wohlstand.

Theologisch beleuchten die Synoptiker anhand der Darstellung von Abgabenpersonal vor allem drei Aspekte: Erstens tätigen sie eine Aussage über Jesus als Messias. Zweitens illustrieren sie Menschen in der Nachfolge. Drittens beschreiben sie, wie sie sich die eigenen Gruppen vorstellen. Anhand von Abgabeneinnehmer:innen lässt sich demnach ableiten, wie die synoptischen Evangelien ihren Messias präsentieren, wer sich von der Botschaft Jesu ansprechen lässt und wie sie sich die ideale Gruppe vorstellen.

Die Aussage über Jesus als Messias ähnelt sich in allen drei Evangelien, da diese vor allem an die Berufung des Levi/Matthäus und die folgende Tischgemeinschaft mit Abgabenpersonal geknüpft ist. Jesus wird damit einerseits als ein Messias ohne Vorbehalte und Berührungsängste dargestellt. Dies richtet sich gegen Haltungen, die den Abgabeneinnehmenden kritisch gegenüber eingestellt sind. In der Tischgemeinschaft wird exemplarisch die jesuanische Gemeinschaft aufgezeigt, die sich denen zuwendet, mit denen seltener eine Tischgemeinschaft eingegangen wird. Jesus als Messias bringt Menschen zusammen.

Das Markusevangelium belässt es dabei und unterstreicht damit, dass die christliche Gemeinschaft so inklusiv wie ihr Messias sein sollte. Es werden verschiedene Menschen in die Nachfolge gerufen, die diesem Ruf widerstandslos folgen. Die Konsequenzen spielen keine Rolle. Die eigene Gruppe ist dazu aufgerufen, sich nicht nach außen zu verschließen. Dies entspricht der markinischen Tendenz, dass die Gemeindekonturen fluide sind.[361]

Im Matthäusevangelium spiegeln sich Widersprüche und Konflikte anhand des Abgabenpersonals. Jesus der Messias beruft den Abgabeneinnehmer in die Nachfolge und sogar in den 12er-Kreis. So etwas ist dem Messias möglich. Die eigene Gruppe allerdings sollte sich ihre Skepsis bewahren und sich von ihnen abgrenzen. Abgabenpersonal gehört nicht selbstverständlich zur eigenen Gruppe, eher wird deutlich gemacht, dass sie nur in Ausnahmefällen dazugehören können. Ihr Platz ist außerhalb der Gruppe mit Sexarbeiter:innen und nicht-jüdischen Menschen. Es spiegelt sich somit das matthäische Bemühen, innerhalb von jüdisch-pharisäischen Erwartungshorizonten zu bleiben und sich deutlich nach außen gegenüber nicht-jüdischen Personen abzugrenzen.[362]

Das Lukasevangelium belässt es nicht bei der einen Begegnung mit Abgabenpersonal. Abgabeneinnehmer erscheinen unter den Zuhörenden Jesu oder Johannes des Täufers. Jesus besucht nicht nur Levi, sondern auch Zachäus in seinem Haus. Sie kommen sogar als Beispiel in einem Gleichnis vor. Der lukanische Jesus geht also über den der anderen Synoptiker hinaus: Er wendet sich Abgabenpersonal wiederholt zu. Diese vermehrte Thematisierung führt auch dazu, dass wir mehr über Abgabenpersonal in der Nachfolge erfahren. Sie sind laut Lukas bereit, ihre Berufspraxis zu ändern, damit sie den Werten der Christusgemeinschaft entspricht. Zachäus ist bereit, Wiedergutmachung für vergangenes Unrecht zu leisten. Beim Täufer und im Gleichnis im Tempel erkennen sie sich als vergebungsbedürftig. Für die Gruppe gehören Abgabeneinehmer, die sich den Werten der Christusgemeinschaft verpflichten, zur Gemeinschaft. Sie sind keine Ausnahme und es gibt keinen Grund, sich gegen sie abzugrenzen. Hier wie an anderer Stelle thematisiert Lukas, wie wohlhabende Personen Teil der Christusgemeinschaft sein können und wie wichtig das Teilen des eigenen Besitzes mit Bedürftigen ist.[363]

Besonders die lukanischen Darstellungen evozieren einen bestimmten Typ des Abgabeneinnehmers, wie er in vielen kleineren und größeren Städten des Römischen Reiches zu finden ist: in der Gemeinschaft verwurzelte Personen, die in ein Netzwerk von Abgabenpersonal und wahrscheinlich anderen administrativen Funktionären eingebettet sind und einen gewissen Wohlstand besitzen. Man könnte vom *Nemesion-Typos* sprechen als Verweis auf den Abgabeneinnehmer aus dem Fayum, mit dem wir uns eingehend beschäftigt haben. Dieser Typ von Abgabeneinnehmer ist ambivalent – wenn er seine Position nicht missbraucht, ist er eine wichtige Ressource einer Gemeinschaft. Wenn er sie jedoch zur eigenen

361 Vgl. Ebner/Schreiber, Einleitung, 166.

362 Vgl. ebd., 143–144.

363 Vgl. ebd., 199.201.

Bereicherung, zur Durchsetzung seiner oder anderer Interessen benutzt, dann ist er eine Gefahr. Gleichzeitig kann er je nach Einfluss bzw. Vernetzung in Konkurrenz zu anderen Gruppierungen stehen, wie das Gegenüber zu Schriftgelehrten und Pharisäer:innen implizieren könnte. Die Darstellung bei Markus und Matthäus ist offener bzw. generischer. Sie skizzieren Abgabenpersonal wie es auf verschiedenen Ebenen angetroffen werden kann.

VII. Ertrag

1. Abgabenpersonal und Abgabenwesen in Antiken Quellen

Die Untersuchung hat zum einen den antiken Diskursraum über Abgabenpersonal und zum anderen die Erfahrungen mit Abgabeneinnehmer:innen in der frühen Kaiserzeit rekonstruiert. Die philosophischen, rhetorischen und historischen Darstellungen demonstrieren, wie unterschiedlich die griechischen, römischen und jüdischen Eliten in Rom und in den Provinzen auf Abgabenpersonal blickten. Dabei ließen sich unterschiedliche Positionen herausfiltern. Diese reichten von einer negativen Bewertung über die Anerkennung der Notwendigkeit von Abgabenpersonal bis hin zu positiven Darstellungen.

Plutarch bezeichnet τελῶναι als Harpyien, die die Menschen ausrauben und knechten (Plutarch, Luc. 7,6; 20,1). Philo stellt dar, wie sie Familienangehörige öffentlich folterten, um Abgabenflüchtige zum Zahlen zu bewegen (Philo, spec. 3,158.163). Dion Chrysostomos listet sie neben Krämern und Bordellwirten auf (Dion Chrysostomos, orat. 4,98 [4 Regn.]). Artemidor rückt sie in die Nähe von Schankwirten und rücksichtlosen Menschen (Artemidor, oneir. 1,23). Philostrat stellt Zollpersonal als ungebildet und gierig dar (Philostrat, vit. Apoll. 1,20). Lukian bezeichnet τελῶναι mit Ehebrechern, Bordellbesitzern, Schmeichlern und Denunziatoren als Abschaum (Lukian Men. 38,11). Gier und Betrug wird häufig mit Abgabenpersonal in Verbindung gebracht (z. B. Velleius 2,92,2; Seneca, ben. 6,18,1). Ebenso wie unerbittliche Abgabeneintreibung (Cassius Dio 48,43,1). Bei Philo wird Abgabenpersonal als brutal, ungebildet und loyal ihren Herren gegenüber dargestellt (Philo, spec. 3,159–163). Josephus bezichtigt die Abgabeneinnehmenden des Herodes der Erpressung (Josephus, ant. 17,308) und diejenigen des Hohenpriesters der Brutalität bei der Zehnteinnahme (Josephus, ant. 20,207).

Cassius Dio beschreibt, wie τελῶναι in Syrien wegen Piraten keine Abgaben mehr einsammeln können (Cassius Dio 39,59,2). Bei Appian erlässt Kaiser Augustus Abgabenpersonal die Schulden (Appian, bell. civ. 5,130). Ihren Einfluss nutzt der Feldherr Gaius Marius, um Vorwürfe gegen einen Rivalen zu stützen, wie Velleius Paterculus berichtet (Velleius 2,11,2). Der Rhetoriklehrer Quintilian mahnt, dass Abgabenpersonal nicht per se beleidigt werden sollte (Quintilian 11,6,86). Plutarch beschreibt, wie das Geschrei von Abgabenpersonal schon am frühen Morgen durch die Stadt schallt (Plutarch, quaest. conv., mor. 655a). In all diesen Stellen begegnet uns eine eher nüchterne Sicht auf Abgabenpersonal als Teil des administrativen Apparates. Es wird von ihrer Arbeit und damit einhergehenden Schwierigkeiten berichtet, von ihrem Einfluss und auch auf Vorurteile ihnen gegenüber hingewiesen.

Positiv notiert Sueton über Kaiser Vespasians Vater, dass ihm eine Statue aufgestellt worden sei mit der Inschrift: Dem rechtschaffenen Abgabeneinnehmer (Sueton, Vesp. 1,2–3). In Artemidors Traumdeutungsbuch bedeutet ein Traum mit einem τελώνης mehr Positives als Negatives (Artemidor, oneir. 3,58). Abgabenpersonal wird auch Opfer von Gewalt: Pyrrhos lässt laut Plutarch Abgabeneinnehmende töten (Plutarch, Pyrrh. 23). Positiv wird über Aristeides von Athen berichtet, dessen gerechte Abgabenverteilung gelobt wird (Philostrat, vit. Apoll. 6,21). Josephus erzählt über den Abgabenpächter und -einnehmer Joseph, der trotz seiner brutalen Vorgehensweise positiv bewertet wird. Er habe dem jüdischen Volk zu Ansehen und Reichtum verholfen (Josephus, ant. 12,223). Ebenso ist ein Abgabeneinnehmer aus Cäsarea Teil einer Gesandtschaft an den Statthalter Florus (Josephus, bell. 2,285–287). In den positiven Berichten werden vor allem die Wohltätigkeit, Gerechtigkeit und der Einsatz fürs Gemeinwohl einzelner Abgabeneinnehmer hervorgehoben.

Die administrativen Zeugnisse wie Edikte und Gesetze spiegeln die Schwächen des Abgabensystems, die von allen Seiten ausgenutzt werden konnten. Auch in den literarischen Quellen wird dies deutlich. In all diesen Zeugnissen zeigt sich die Tendenz, Abgabenpersonal für Missbrauch verantwortlich zu machen (Edikt des Tiberius Julius Alexanders: OGIS 669; Edikt eines unbekannten Präfekten in Ägypten: P.Princ. 2,20; Tacitus, ann. 13,50,2–3). Gleichzeitig gibt es Versuche, fiskalische Strukturen zu reformieren und transparent zu gestalten (Abgabenordnung von Ephesus, Andriake, Koptos, Kaunos, Myra und Palmyra; Tacitus, ann. 13,50,2–3). Der Brief des Strategen von Oxyrhynchos, Papiskos, berichtet über die Schwierigkeiten, Abgabenpächter zu finden.

Zudem wird die Bedeutung von Abgaben diskutiert. Tacitus betrachtet es als Schande abgabenpflichtig zu sein (Tacitus, Germ. 29,1). Dion Chrysostomos fragt kritisch, ob die Römer sich nicht selbst tributpflichtig machen würden, wenn sie Luxusgüter aus eroberten Provinzen kaufen (Dion Chrysostomos, orat. 79,5–6). Plinius d. J. wehrt sich heftig gegen den Eindruck, dass Rom von Provinzen wie Ägypten und ihren Kornlieferungen abhängig sei (Plinius d. J., pan. 31,2–3.5). Insgesamt scheint es eine Selbstverständlichkeit zu sein, dass eroberte Völker Abgaben an die Sieger leisten müssen. Dabei steht vor allem die Militärfinanzierung, die den Frieden aufrechterhalten würde, im Mittelpunkt (Appian, bell. civ. 5,1,5; Cassius Dio 52,28,6–29,2). Cassius Dio lässt Cäsar, Agrippa und Mäcenas diskutieren, welche Staatsform die beste Abgabenmoral hervorbrächte (Cassius Dio 52,6).

Listen von Abgabenpflichtigen, Abgabenquittungen sowie Eingaben und Beschwerden veranschaulichen die Berührungspunkte und Verbindungen zwischen Abgabenpersonal und Abgabenpflichtigen. Die Abgabenlisten hielten akkurat fest, wer abgabenpflichtig war. Aus ihnen sind das Alter, die Eltern oder auch manchmal die Berufe ersichtlich. Abgabenpersonal hatte eine sehr genaue Kenntnis über die lokale Gesellschaft, ihre finanziellen und familiären Verhältnisse. Abgabenquittungen sind ein wichtiger Beleg, dass Abgaben geleistet worden waren. Die Erstellung von Belegen und das Führen von Listen war die zentrale Aufgabe von Abgabenpersonal. Aus den Quittungen ist auch ersichtlich, dass Abgabeneinnehmer teilweise in Teams arbeiteten oder bei einem höher gestellten Abgabeneinnehmenden angestellt waren.

Die Archive, Epitaphe, Weihungen und Stiftungen einzelner Abgabeneinnehmer geben Einblicke in deren Leben und illustrierten ihre Vernetzung und soziale Einbindung in lokale Strukturen. Die Archive von Abgabenpflichtigen verdeutlichen die Vielzahl an unterschiedlichen Abgaben und Abgabenpersonal, mit denen sie konfrontiert waren. Die Epitaphe sowie Ehr- und Weihinschriften zeugen von einem Standesbewusstsein des Abgabenpersonals. Sie beteiligten sich an fiskalischen Bauten, legten Gelübde ab und ehrten Gottheiten. Sie hielten auf Grabsteinen dezidiert ihre Tätigkeit im Abgabenwesen für die Nachwelt fest. Das Archiv des Nemesions illustriert, dass Abgabeneinnehmende auch noch anderen Tätigkeiten nachgingen, wie Nemesion der Landwirtschaft und Viehzucht. Ebenso finden sich in diesem Archiv private und offizielle Korrespondenz. Diese zeugt von geschäftlichen Kontakten, aber auch Konflikten mit anderen Abgabeneinnehmenden oder Abgabenflüchtigen. Aus den Ausgabenlisten wird sichtbar, dass Abgabenpersonal Schreibmaterial selbst bezahlen musste ebenso wie weitere Angestellte, die zum Abgabeneinnehmen eingesetzt wurden, oder Wachpersonal, das für verschiedene Zwecke angestellt war. Das Archiv des Abgabeneinnehmers Sokrates verdeutlicht, dass Familien über Generationen im Abgabenwesen tätig sein konnten. Das Wissen wurde wie in anderen Berufen weitergegeben. Sokrates wurde auch von anderen Personen als Vermittler genutzt. Die Archive zeigen insbesondere die gute Vernetzung des Abgabenpersonals zu anderen administrativen Kräften, aber auch insgesamt in der Gemeinschaft.

All dies macht deutlich, dass eine Pauschalisierung der Komplexität der Verbindung von Abgabenpersonal und der restlichen Gesellschaft sowie der Haltungen ihnen gegenüber nicht gerecht wird. Die negativen Stereotype über Abgabenpersonal sind lediglich ein Ausschnitt eines diversen Diskurses und vielfältiger Erfahrungen. Sie bilden in vielen Fällen nicht die historische Realität ab.

2. Abgabenpersonal und Abgabenwesen im Neuen Testament

Die neutestamentlichen Texte über Abgabenpersonal und Abgabenwesen sind Teil eines vielstimmigen Raumes. Die Evangelisten sowie die Adressierten bzw. Hörenden/Lesenden konnten unterschiedliche Assoziationen zu τελῶναι haben. Das Wissen über die Umwelt ermöglicht uns zweierlei: Erstens die Zuordnung der Darstellung von Abgabenpersonal zu größeren gesellschaftlichen Diskursen. Zweitens das Herausarbeiten der Assoziationen, die in den Darstellungen angelegt sind und die sich den Adressierten erschließen konnten. So kann die Funktion der Darstellungen von Abgabenpersonal in der Geschichte Jesu nach den Synoptikern und die möglichen Implikationen für die Jesus-Gruppen ausgewertet werden.

Bei den τελῶναι handelte es sich um Personen, die einen Dienst – freiwillig oder unfreiwillig, aus ökonomischer Alternativlosigkeit oder selbstgewählt – für das Römische Reich ausführten. Sie waren ein Teil des Fiskalsystems und damit der römischen Administration in den Provinzen. Die politische Brisanz ihrer Tätigkeit hing von den jeweiligen Perspektiven, Haltungen und Interessen ab. Für einige, die die Fremdherrschaft kategorisch ablehnten, grenzte es an Verrat, Abgaben einzunehmen. Für andere stellten Abgabeneinnehmende eine Konkurrenz um die lokale Machtverteilung dar. Für Teile der Gesellschaft konnten sie ökonomische Rival:innen sein. Manche schätzten und nutzten ihre guten Kontakte. Einige fürchteten sie wegen ihrer Befugnisse und ihres Spielraums beim Abgabeneinzug. Wieder andere profitierten von ihnen. Wahrscheinlich gab es Personen, die ihre Tätigkeit indifferent oder als Notwendigkeit betrachteten. Wie auch immer die individuellen Haltungen ausgesehen haben mögen, so haftete Abgabenpersonal einer oder mehrere dieser Aspekte an – zumindest bis sie persönlich das Gegenteil bewiesen.

Im Mittelpunkt der Evangelien stehen die Fragen jesuanischer Gemeinschaften: Wer kann unter welchen Bedingungen zu uns gehören und wie rechtfertigen wir das nach außen? Darauf antworten die Logienquelle, Markus, Matthäus und Lukas unterschiedlich.

2.1 Die Darstellung von Abgabenpersonal im Neuen Testament

Gemessen an den diversen und vielseitigen Bildern von Abgabenpersonal, die sich in antiken Quellen finden, beinhalten die synoptischen Evangelien eine deutlich reduzierte Vorstellung von Abgabenpersonal. Ihre Darstellung ist eher oberflächlich und eindimensional.[1] Lediglich das Lukasevangelium verleiht Abgabeneinnehmern mehr Tiefe und gibt ihnen eine Geschichte und eine Stimme.

Die Logienquelle überliefert die Sprüche, die Abgabenpersonal in ein kritisches Licht rücken. Sie bewahrt zum einen ein negatives Stereotyp über Abgabenpersonal, das angeblich nur ihresgleichen liebe (Q 6,32). Zum anderen überliefert sie den Vorwurf an Jesus, er sei ein Freund von Abgabeneinnehmer:innen und Sünder:innen (Q 7,34). Dadurch zeigt sich eine kritische Haltung gegenüber Abgabeneinnehmer:innen. Außerdem wird deutlich, dass es Vorwürfe von anderen gab,

1 Dies trifft sicherlich im Detail auch auf andere Berufsgruppen bzw. Tätigkeiten zu, die bei den Synoptikern vorkommen. Vgl. grundsätzlich zur Erwerbsarbeit im Neuen Testament Herz, Erwerbsmöglichkeiten, 190–198 und Kegler/Eisen, Arbeit, 19–20. Dies., Berufe, 45 nennen hier und explizit dies., Verfemte Berufe, 604 den Abgabeneinnehmer.

die Jesus die Gemeinschaft mit Abgabenpersonal anlasteten. Ein Vorwurf, der so ernst genommen wurde, dass er entkräftigt bzw. gerechtfertigt werden musste.

Das Markusevangelium baut diesen Vorwurf an Jesus erzählerisch aus. Es überliefert als erstes Evangelium die Berufung vom Abgabeneinnehmer Levi (Mk 2,14) und die Rechtfertigung der Tischgemeinschaft Jesu mit Abgabenpersonal (Mk 2,15-17). Die Erzählung über Levi zeigt, dass ein Abgabeneinnehmer bereit ist, Jesus nachzufolgen. Dabei wird in der kurzen Notiz kein tiefergehendes Interesse an den Konsequenzen des Verlassens des Zollhauses gezeigt oder daran, dass Levi sicherlich nicht alleine dort seinen Dienst verrichtete. Die Kontexte – vor allem die personellen – der Tätigkeit des Abgabenpersonals werden ausgeblendet. Wichtig ist jedoch, dass Levi als Sohn des Alphäus einer Familie zugeordnet und als jüdische Person gekennzeichnet wird und eine Berufungsgeschichte erhält, die sonst nur von einigen Fischern des 12er Kreises berichtet wird. Von dem individuellen Abgabeneinnehmer wechselt der Evangelist dann zur Gruppe des Abgabenpersonals allgemein. Dieser rhetorische Aufbau vollzieht damit eine Wendung von der Einzelperson hin zur Gruppe. Dadurch werden positive Konnotationen der Levi-Geschichte über einen Abgabeneinnehmer, der Jesus folgt, in die nächste Szene mitgenommen.

Die Anfrage der pharisäischen Schriftgelehrten nach der Tischgemeinschaft mit Abgabenpersonal und Sünder:innen beantwortet der markinische Jesus mit dem Arzt-Wort. Die Abgabeneinnehmer:innen und Sünder:innen werden in dem Vergleich zu Kranken und Sünder:innen. Damit vollzieht der Evangelist eine Verengung auf die Zuschreibung der „Sündhaftigkeit" von Abgabenpersonal, die in der Levi-Geschichte noch gar keine Rolle spielte. Die negativen Stereotype über Abgabenpersonal, die sich z. B. im moralisch-philosophischen Diskurs finden, werden in hamartologische Kategorien übertragen. Markus rechtfertigt die Gemeinschaft mit Abgabenpersonal, indem er sie als sündig und heilungsbedürftig deklariert. Für die Gruppe liefert dies zum einen eine Apologie für mögliche Anfragen von außen an ihren Christus, sein Leben und seine Nachfolger:innen und zum anderen eine Erklärung für ihre eigene eventuelle Gemeinschaft mit Abgabenpersonal. Ethisch werden Empathie und Zuwendung trotz Stigmatisierung gefordert. Gleichzeitig bietet die Figur des Levi ein Vorbild der Nachfolge.

Als möglicher Bedeutungsüberschuss lässt sich in der Tischgemeinschaft mit Abgabenpersonal eine Verbindung mit gut vernetzten Personen der Administration, die Scharnierfunktion haben, erkennen. Die Vernetzung sollte dabei nicht nur auf den administrativen Sektor beschränkt werden – Abgabenpersonal hat viele Kontakte zur lokalen Gemeinschaft. Es wird darüber hinaus ein Weg gezeigt, wie Personen mit stigmatisierten Berufen zur Gemeinschaft gehören können und wie möglichen Konflikten oder Vorbehalten in der eigenen Gemeinschaft begegnet werden kann.

Das Matthäusevangelium nimmt sowohl die kritischen Traditionen aus der Logienquelle als auch die narrative Apologie des Markus auf. Dadurch entsteht im Matthäusevangelium eine Spannung: In der Jesus-Tradition wird die Berufung eines Abgabeneinnehmers und die Tischgemeinschaft übernommen und der Abgabeneinnehmer sogar zum 12er-Kreis gezählt (Mt 10,3). In ethischen Weisungen an die Gruppe wird jedoch dazu geraten, sich abzugrenzen und das Abgabenpersonal als nicht zugehörig zu betrachten. Ebenso wird Abgabenpersonal in Kombination mit Sünder:innen und Prostituierten rhetorisch als Polemik gegen Älteste und Hohepriester benutzt (Mt 21,31-32). Daran ist erkennbar, dass das Matthäusevangelium wahrscheinlich Strömungen nahesteht, die Abgabenpersonal skeptisch betrachten. Wie wir gesehen haben, ist dies aber nicht zu verwechseln mit einer allgemeinen jüdischen Position. Es ist sicher kein Zufall, dass Matthäus die Rechtfertigung der jesuanischen Gemeinschaft mit Abgabenpersonal ausbaut und argumentativ durch ein Prophetenzitat (Mt 9,13 vgl. Hos 6,6) abrundet. Dadurch stärkt er den ethischen Impetus und verankert ihn religiös: Es ist ein Zeichen der von Gott geforderten Barmherzigkeit, sich Sünder:innen zuzuwenden.

Insgesamt hält Matthäus an der Haltung fest, dass Abgabenpersonal nicht zur eigenen Gruppe gehören kann (Mt 5,46; 18,17). Es gibt lediglich Ausnahmen wie Matthäus, den Abgabeneinnehmer, der Jesus im 12er Kreis nachfolgt (Mt 9,9; 10,3), und die Abgabeneinnehmer:innen, die Johannes dem Täufer glaubten (Mt 21,32). Im Gegensatz zu Lukas vertieft Matthäus diese Verbindung nicht. Es bleibt somit eine Distanz und Skepsis gegenüber Abgabenpersonal. So zieht das Matthäusevangelium für seine Adressierten eine schärfere Abgrenzung gegenüber Abgabenpersonal, die es durch die Reproduktion negativer Stereotype aufrecht erhält: Abgabeneinnehmer:innen lieben nur ihresgleichen, sind krank und sündig, brauchen Barmherzigkeit, gehören nicht zur Gemeinschaft, werden in einem Atemzug mit Sünder:innen, nicht-jüdischen Personen und Prostituierten genannt.

Das Matthäusevangelium schafft so theologisch den Spagat, zum einen deutlich zu machen, dass seine Gruppe eine ablehnende Haltung gegenüber Abgabenpersonal teilt. Zum anderen bietet er der Gruppe theologische und christologische Argumente, Jesu Umgang mit Abgabenpersonal zu rechtfertigen. In der Herausstellung der Figur des Matthäus, der zum 12er-Kreis gehört, scheint die (temporäre) Aufgabe des Berufes angesprochen zu werden: Wie die anderen 12er-Jünger das Fischereigewerbe verlassen, so auch Matthäus das Abgabeneinnehmen. Abgabenpersonal kann demnach auch in bedeutenden Positionen in der Jesusgemeinschaft sein.

Das Lukasevangelium wählt einen anderen Weg als Matthäus. Es verstärkt sowohl das Motiv der Tischgemeinschaft als auch die Verbindung von Abgabenpersonal zu Johannes dem Täufer. Abgabenpersonal tritt gleich am Anfang des Evangeliums auf, weil sie Johannes den Täufer aufsuchen, sich taufen lassen wollen und um Rat bitten (Lk 3,12-13). Johannes fordert nicht die Aufgabe ihrer Tätigkeit, sondern

Ehrlichkeit in der Ausführung. Lukas ist der einzige der Synoptiker, der Levi in der Nachfolgeerzählung bereits als Abgabeneinnehmer bezeichnet (Lk 5,27-28). Auch lässt er ausdrücklich Levi das folgende Gastmahl ausrichten und streicht die Sünder:innen aus dem Vers (Lk 5,29). Damit lässt sich schon eine Tendenz bei Lukas benennen: Abgabeneinnehmer:innen werden individualisiert und personalisiert. Sie werden zudem zweimal als wohlhabend dargestellt (Lk 5,29; Lk 19,2).

Insgesamt bietet Lukas die meisten Perikopen über Abgabenpersonal. In diesen Erzählungen werden sie häufig als positives Beispiel dargestellt: Sie sind umkehrbereit und suchen Johannes den Täufer auf (Lk 3,12; Lk 7,29), sie folgen Jesus oder kommen zu ihm, um zuzuhören (Lk 5,27; Lk 15,1; Lk 19,3), und sie sind vor Gott demütig (Lk 18,13). Im Lukasevangelium wird Abgabenpersonal aktiv dargestellt – sie fragen, wie sie ihre Tätigkeit ausführen sollen, sie gehen in den Tempel zum Gebet, sie leisten Wiedergutmachung. Es entsteht der Eindruck einer Gruppe, die Gottes Weisungen folgen möchte und nach Wegen dafür sucht. Sie scheinen sich jedoch von neu auftretenden Propheten wie Johannes und Gesalbten wie Jesus angesprochen zu fühlen. Lukas macht deutlich, dass Abgabenpersonal zu Israel und zur Gemeinschaft gehört: Sie sind Abrahamskinder (Lk 19,9). Christologisch ist der Messias der Arzt, der sie heilt und zur Umkehr ruft (Lk 5,31-32), der sie sucht und rettet (Lk 19,10). Lukas nimmt Traditionen auf, in denen Abgabeneinnehmer:innen mit Sünde verbunden werden (Lk 5,30; 32; Lk 7,34; 15,1; Lk 18,13; Lk 19,7). Gleichzeitig schreibt Lukas Abgabenpersonal ein Bewusstsein dafür zu, dass sie Vergebung bedürfen (Lk 3,12; Lk 7,29; Lk 18,13; Lk 19,8). Von keiner anderen Einzelgruppe wird dies so häufig berichtet.[2] Abgabeneinnehmer:innen sind umkehrbereit und sollten in die Gemeinschaft aufgenommen werden.

Lukas nimmt damit das negative Stereotyp der Sündhaftigkeit auf, spitzt es jedoch auf die Bereitschaft der Umkehr zu und so werden Abgabeneinnehmer:innen zum Vorbild nach Gottes Vergebung zu fragen. Denn alle brauchen Vergebung. Zusätzlich bietet das Lukasevangelium Anklänge an die soziale Wirklichkeit für seine Adressierten. Abgabenpersonal tritt häufig in Gruppen auf (Lk 3,12; Lk 5,29; Lk 7,29; Lk 15,1). Dies entspricht administrativ ihrer engen Zusammenarbeit und der Tatsache, dass sie meistens nicht alleine tätig waren. In Lk 3 erscheinen sie neben Soldaten – hier spiegelt sich ihre Verbindung zu Sicherheitspersonal. Sie begegnen an verschiedenen Orten – real oder fiktiv: am Jordan (Lk 3,3), an unbestimmten Orten Galiläas und Judäas (Lk 5,12; Lk 15,1), im Jerusalemer Tempel (Lk 18,10) und in Jericho (Lk 19,1). Sie sind mobil und überall anzutreffen. Ihnen werden Namen gegeben. Zachäus ist in Jericho bekannt, wie die Reaktion der Leute zeigt.

---

2 Ebenso wird dies angedeutet von Soldaten (Lk 3,14), evtl. bei der salbenden Sünderin (Lk 7,37-38.50) und dem Reichen (Lk 18,18) sowie von dem einen mitgekreuzigten Verbrecher (Lk 23,41-42).

Die Kritik an der Tischgemeinschaft mit Abgabeneinnehmer:innen setzt auch voraus, dass diese als solche erkennbar bzw. bekannt sind. Abgabenpersonal wird ausdrücklich als jüdisch bzw. zur Gemeinde Gottes gehörig vorgestellt, sichtbar in den Namen, der Abrahamskindschaft und dem Tempelbesuch. Besonders hebt Lukas hervor, dass auch Abgabenpersonal seine Tätigkeiten ehrlich ausführen bzw. vergangenes Unrecht wiedergutmachen kann. So nimmt das Evangelium zum einen negative Erfahrungen und Zuschreibungen auf, nach denen Abgabeneinnehmer:innen mehr eintreiben und sich bereichern. Zum anderen macht es jedoch auch deutlich, dass die Tätigkeit des Abgabeneinnehmens auch ehrlich ausgeführt werden kann. Möchte Abgabenpersonal zur Gemeinschaft und Gott gehören, so ist dies eine Voraussetzung.

Lukas zeigt damit seinen Adressierten Wege auf, wie Abgabenpersonal Teil der Gemeinschaft sein kann. Zugleich formuliert er einen ethischen Anspruch an das Abgabenpersonal. Soteriologisch wird deutlich, dass keiner verloren ist und alle gerettet werden können, wenn sie bereit sind zur Umkehr. Abgabeneinnehmende erinnern daran, dass alle der Umkehr bedürfen und Vergebung erhalten – auch Personen, deren Zugehörigkeit zur Christusgemeinschaft aufgrund ihrer Tätigkeit und gesellschaftlichen Position schwierig erscheint.

Darüber hinaus thematisiert Lukas anhand ihrer das Verhältnis von Wohlhabenden zu Jesus und zur Christusgemeinschaft. Es ist auffällig, dass Lukas hervorhebt, dass Levi und Zachäus wohlhabend seien. Dies trifft insofern eine soziale Realität, wenn es um Abgabenpersonal in Verantwortungspositionen geht. Der Blick in die Umwelt hat gezeigt, dass die Lebensumstände solcher Personen ganz unterschiedlich sein konnten: Manche entschieden sich freiwillig fürs Abgabeneinnehmen, andere wurden durch Liturgien dazu gezwungen. Lukas stellt seiner Christus-Gruppe Abgabenpersonal mit Geschichten vor Augen – so kann Solidarität entstehen, denn Lukas erinnert in diesen Geschichten daran, dass alle durch Jesus Christus zur Umkehr aufgerufen sind. Auch hier setzt er einen anderen Akzent als Matthäus, der sich auf Mitgefühl und Barmherzigkeit konzentriert, was eher ein Gefälle impliziert. Gleichzeitig illustriert Lukas, dass die Christusnachfolge den Abgabeneinnehmer:innen etwas zu bieten hat: Vergebung, ein Leben nach Gottes Weisungen, Zugehörigkeit und Gerechtigkeit – und das alles ohne die Aufgabe ihrer Tätigkeit im Abgabenwesen.

Die Synoptiker beschäftigen sich nur implizit mit dem Verhältnis zwischen Abgabenpersonal und Abgabenleistenden. Letztere werden dazu angehalten, offenen Abgabenboykott zu vermeiden, wobei jedoch Abgabenzahlungen an den Staat (Mk 12,13–17 parr) oder die Zensusregistrierung (Lk 2,1–2) unter einem theologischen Vorbehalt stehen. Lukas thematisiert explizit, dass Abgabenleistende von Abgabeneinnehmenden übervorteilt oder erpresst werden (Lk 3,13; 19,8). Die Abgabenleistenden kommen vor allem in Markus und Matthäus indirekt vor, indem ein negatives Stereotyp über Abgabenpersonal rezipiert wird. Wobei diese kritischen Zuschreibungen mit spezifischen Gruppen in Verbindung gebracht werden wie den Schriftgelehrten der Pharisäer:innen (Mk 2,16), Pharisäer:innen (Mt 9,11) oder Hohepriestern und Ältesten (Mt 21,32). Lukas unterstellt Pharisäer:innen und Schriftgelehrten eine ablehnende Haltung gegenüber Abgabenpersonal (Lk 5,30; 7,29; 18,11), kann im Fall von Zachäus aber auch formulieren, dass alle ihn ablehnen (Lk 19,7).

Aus theoretischer Perspektive kristallisieren sich spezifische Merkmale heraus. Anhand der Positionierung zu Abgabeneinehmenden wird eine Abgrenzung zu anderen Gruppen vorgenommen und die eigene Identität konstruiert. Dies ist ein normaler Vorgang in Prozessen der Identitätsbildung und Stereotype erfüllen darin eine soziale Funktion. Die Akzeptanz des Abgabenpersonals durch die Abgabenleistenden wird vor allem versucht über Empathie, Solidarität und Gemeinsamkeiten zu schaffen (Mk 2,17; Mt 9,12–13; Lk 5,31–32; 19,10).

2.2 Staatliches und religiöses Abgabenwesen im Neuen Testament

Alle drei Synoptiker bieten die Diskussion um die Abgabe an den Kaiser (Mk 12,13–17 parr). Anhand dieser Szene wird verschiedenes illustriert. Zum einen, dass es gefährlich sein kann gegen das Abgabenzahlen zu sein, weil es als Boykott und politischer Widerstand gewertet wird. Zum anderen machen Die Evangelien deutlich, dass auch die Abgaben, die Macht des Kaisers und das Wirtschaftssystem unter einem eschatologischen Vorbehalt stehen. Sie bieten einen Weg, unsichtbar Widerstand zu leisten.

Markus und Lukas teilen die Perikope der Witwe, die im Tempel ihr Geld einwirft (Mk 2,41–44 par). Sie machen durch diese Perikope darauf aufmerksam, dass religiöse Abgabensysteme dazu führen können, dass Menschen verarmen. Wie schon bei den staatlichen Abgaben werden Abgabensysteme problematisiert, sobald sie über theologische und ethische Ansprüche gestellt werden. Dies wird auch bei der Diskussion des Zehnten bei Matthäus (Mt 23,23) und Lukas (Lk 11,42) erkennbar. Die Zehntabgabe wird nicht in Frage gestellt, aber Recht, Mitgefühl und Vertrauen (Mt) sowie Recht und Liebe Gottes (Lk) sind wichtiger.

Eine Sondergut-Perikope bei Matthäus dreht sich um die Zahlung von speziellen Abgaben entweder für den Tempel oder den Staat (Mt 17,24–27). Auch hier wird Jesus zugeschrieben, dass er die Zahlung nicht als theologisch geboten sieht, sie aber aus sozialen Gründen befürwortet. Auf diese Weise können Zugehörigkeit und Solidarität zum Ausdruck gebracht werden. Matthäus kann so die Nähe zum Tempel bzw. Thora orientierten Judentum demonstrieren.

Im Lukasevangelium findet sich zweimal Sondergut mit Bezug zu Abgaben. Zum einen berichtet er vom Zensus (Lk 2,1–2), der Gottes Heilswirken nicht aufhalten kann, sondern die Reise von Maria und Joseph nach Bethlehem sogar in Gang setzt. Am Ende des Evangeliums wird Jesus vor Pilatus durch Hohepriester und Schriftgelehrte des Abgabenboykotts beschuldigt (Lk 23,3). Eine Anklage wegen Aufruhr und Abgabenverweigerung vor der römischen Obrigkeit ist eine ernste Angelegenheit, die mit Gefängnis oder Tod enden kann. Lukas lässt genau das geschehen, was Jesus bei der Frage nach der Kaiserabgabe versucht hatte, zu verhindern. Auch hier führt Lukas warnend vor Augen, wie gefährlich Abgabenverweigerung sein kann – tatsächliche wie in Apg 5,37 oder auch nur der Verdacht oder die Beschuldigung derselben.

Die provinziale Realität schimmert so auch in den Evangelien durch. Lokale Eliten sind zum einen unabdingbar für die römische Verwaltung und zum anderen sind diese sowohl von ihr abhängig als auch in der Lage, sie für eigene Zwecke zu instrumentalisieren. Diese Ambivalenz stellt politische, ethnische oder religiöse Gruppen vor die Grundsatzfrage, wie die eigene Identität und besonders das eigene (Über-)Leben im Gegenüber zu den römischen Machthabenden aufrechterhalten werden kann. Die Texte des Neuen Testaments über Abgabenzahlung sind ein Beispiel dafür. Als Muster lässt sich erkennen, dass staatliche und religiöse Abgabensysteme als Tatsache anerkannt werden, allerdings unter einem theologischen Vorbehalt stehen. Es gibt ethische und theologische Werte wie Barmherzigkeit oder Gottes Herrschaft, die wichtiger sind. Vielleicht werden Abgabeneinnehmende deswegen nicht in erster Linie sozial-politisch als Repräsentant:innen dieses Abgabensystems betrachtet, sondern aus soteriologischer Perspektive als vergebungsbedürftige Menschen. Sie werden auf diese Weise den sozialen, politischen oder fiskalischen Machtbereichen entzogen und in den Herrschaftsbereich Gottes gestellt, in dem die Umkehr zu Gott das Entscheidende ist. Anders ausgedrückt ist die Zuwendung zu und Einbeziehung von Abgabenpersonal in sich schon eine Infragestellung der staatlichen Ordnung und Macht, indem ihre Loyalität zu Gott, ihr Glauben und das Befolgen von Gottes Weisungen an erste Stelle gesetzt werden.

3. Die literarische Funktion des Abgabenpersonals in den synoptischen Evangelien

Die τελῶναι und die Abgaben erfüllen spezifische Funktionen im neutestamentlichen Diskurs. Anhand von Abgabenpersonal und Abgaben kann über das Verhältnis zu Gott, zur griechisch-römischen Umwelt, zu anderen jüdischen Positionen sowie die eigene Identitätskonstruktion reflektiert werden. Hinsichtlich des Abgabenwesens wird eine subversive Haltung bezogen, die davon bestimmt ist, offene Konflikte zu vermeiden und gleichzeitig das Abgabensystem zu relativieren und zu kritisieren.

Betrachtet man diese Ergebnisse aus der Perspektive der Stereotypenforschung, so wird deutlich, dass die Evangelien negative literarische Stereotype über Abgabenpersonal rezipieren. Jedoch bauen sie sie um. Markus bestätigt das negative

Stereotyp der sündigen Abgabeneinnehmenden, legitimiert jedoch christologisch die Zuwendung Jesu zu ihnen: Es ist die ureigenste Aufgabe des Messias, sich den Sünder:innen zuzuwenden wie der Arzt zu den Kranken (Mk 2,17 parr). Gleichzeitig stellt Markus Levi als Einzelperson nicht negativ dar, sondern seine Nachfolgeerzählung ist analog zu der anderer Jünger aufgebaut. Matthäus bestätigt das negative Stereotyp. Er verfestigt es sogar, indem er es um weitere negative Traditionen erweitert und Abgabenpersonal als Gegenüber zur Gruppe konstruiert. Lediglich der Jünger Matthäus, der Abgabeneinnehmer, stellt eine Ausnahme dar, die jedoch nicht als exemplarisch betrachtet wird. Lukas schlägt genau den entgegengesetzten Weg ein. Er transformiert das negative Stereotyp in ein positives. Das Abgabenpersonal als Gruppe wie einzelne Abgabeneinnehmer werden zum Beispiel umkehrbereiter Menschen, die danach fragen, wie sie ihr Leben nach Gottes Weisungen führen können.

Die Verse über Abgabenpersonal haben entsprechend ihrer Ausgestaltung und Positionierung in den jeweiligen Evangelien spezifische Funktionen. Im Markusevangelium treten sie in dem Teil auf, in dem zum ersten Mal Konflikte und Kontroversen rund um Jesu Verhalten thematisiert werden, die schließlich darin münden, seinen Tod zu beschließen (Mk 2,6–3,6). Abgabenpersonal ist ein Baustein, durch den Unterschiede erläutert werden. Die Perikope gehört in den Kontext der Frage nach der Vollmacht Jesu, Sünden zu vergeben (Mk 2,6–12), sowie seiner Tischgemeinschaft mit Sünder:innen (Mk 2,15–17). Die darauf folgenden Debatten drehen sich jeweils um Tätigkeiten am Sabbat (Mk 2,18–3,5). Anhand des Abgabenpersonals wird die Diskussion um Weisungen, die den Umgang mit bestimmten Gruppen für schädlich halten, angesprochen (vgl. Dtn 20,18; Esr 9,1.14; Ps 1,1; 1Kor 5,11–13). Es geht um religiös begründete Ethik. Markus macht anhand des Abgabenpersonals deutlich, dass die Zuwendung zu ihnen christologisch-soteriologisch begründet ist. Zudem verdeutlicht er, dass die negativen Stereotype hinterfragt werden sollten, da auch Abgabenpersonal wie die zwölf Jünger bereit ist, Jesus ungefragt zu folgen.

Matthäus folgt in seiner Erzählung der Nachfolge Matthäus des Abgabeneinnehmers und der Tischgemeinschaft mit Abgabenpersonal der markinischen Erzählfolge. Die übrigen Stellen sind auffälliger Weise vergleichbar mit Spruchweisheiten. Abgabeneinnehmer:innen dienen dazu, Argumenten Allgemeingültigkeit zu verleihen bzw. Einsprüchen entgegenzuwirken. Diese Tendenz kommt zum einen aus der Logienquelle (Mt 5,46/Q 32; Mt 11,19/Q 7,34). Zum anderen bietet Matthäus im Sondergut ähnliche spruchartige Aussagen (Mt 18,17; 21,31–32). Gleichzeitig sind diese Stellen nicht in der Jesusgeschichte verortet, sondern in der gemeindlichen Paränese (Mt 5; 18; 21). Matthäus macht anhand des Abgabenpersonals daher vor allem die Gruppenidentität und ihre theologische Positionierung deutlich.

Bei Lukas treten Abgabeneinnehmer:innen als Akteur:innen in der Täufer- und Jesusgeschichte auf (Lk 3,13; 5,27–29; 7,29; 15,1; 19,1–6). Außerdem dienen sie der Illustration vorbildlicher Nachfolge (Lk 3,13; 15,1; 18,13–14; 19,8–10). Die negative

Tradition der Sündhaftigkeit wird verlagert auf ihre Umkehrbedürftigkeit, so dass sie dadurch erneut Vorbilder werden. Abgabenpersonal verstärkt und illustriert somit ein Kernthema lukanischer Theologie. Lukas macht anhand des Abgabenpersonals deutlich, dass alle Menschen umkehren können und Vergebung bedürfen. Gleichzeitig richtet er einen Appell an die Christus-Gruppe, stigmatisierte Personen in die Gemeinschaft aufzunehmen bzw. erinnert daran, dass sie grundsätzlich dazugehören.

Insgesamt ist erkennbar, dass die Synoptiker relativ wenige und zugleich hauptsächlich negative Beschreibungen aus dem Diskurs über Abgabenpersonal aufgreifen. Sie bilden in ihren Evangelien nicht die historische Realität ab. So zeigt sich, wie irreführend es ist, von der neutestamentlichen Darstellung von Abgabeneinnehmer:innen allgemeine Aussagen über Abgabenpersonal in der Antike abzuleiten. Eine solche Rezeption bedeutet nicht nur eine Verengung, sondern verdeckt auch die verschiedenen Assoziationen, die Menschen in den ersten beiden nachchristlichen Jahrhunderten bezüglich Abgabenpersonal haben konnten. Es zeigt sich, wie das Neue Testament den Blick von uns Lesenden der Gegenwart, die nicht mehr dieselben Erfahrungs- und Assoziationsräume teilen, auf einen Ausschnitt des Diskurses lenkt. Die drei dominanten Schlagwörter der Forschung – Sündhaftigkeit, Unehrlichkeit und Kollaboration – sind in den Quellen selbst sehr unterschiedlich prominent.

Das Thema Sünde findet sich - wenig überraschend -im Neuen Testament und in rabbinischer Literatur. Lediglich Unehrlichkeit findet sich in fast allen Quellen wieder. Von Kollaboration spricht explizit nur Philo in den hier untersuchten Quellen. Andere Aspekte wie Wohlstand und Gier liest die Forschung aus Lukas und außerneutestamentlichen Quellen ab. Interessant ist der Aspekt der Gewalttätigkeit, der in den Synoptikern gar nicht thematisiert wird, in der Forschung jedoch häufig eine Rolle spielt, analog zu einigen der antiken Quellen wie Philo oder Beschwerden gegen Abgabenpersonal. Zuschreibungen wie Rivalität, Marginalisierung oder Unbeliebtheit, die in der Forschung zum Zöllnerbild gehören, beinhalten schon eine Wertung bzw. Erklärung für negative Zuschreibungen zu Abgabenpersonal. Sie liegen auf einer Metaebene und lassen sich nicht als Beschreibung in Quellen finden.

Die Forschungsliteratur zeigt eine Tendenz, ein in einigen Quellen zu findendes Stereotyp über Abgabenpersonal zu rezipieren und dadurch überhaupt so wirkmächtig zu machen. Es wird vor allem auf negative Aspekte zur Illustration von Abgabenpersonal zurückgegriffen, obwohl dies eben nur bestimmte Quellen widerspiegelt und nicht zur Gesamtaussage des ganzen Materials erklärt werden kann. Die Adressierten der Evangelien waren zwar sicherlich auch mit diesem negativen Stereotyp vertraut, doch ebenso gibt es zahlreiche Hinweise, dass es auch andere Erfahrungen, Verbindungen und Assoziationen zu Abgabenpersonal in der Antike gab. Die Darstellungen der Synoptiker müssen in diesem gesamten Kontext gelesen werden, denn diesen weiten Assoziationsraum mussten auch sie bei den Leserschaften voraussetzen. Dies wird besonders deutlich im Vergleich von Matthäus und Lukas, die unterschiedliche Haltungen gegenüber Abgabenpersonal zeigen. Da die Ursache dafür nicht allein in der Umwelt liegen kann, die eben verschiedene Diskurse über Abgabenpersonal bietet, muss eine Antwort zusätzlich in den Evangelien und den Christus-Gruppen selbst gesucht werden.

Die Abgabeneinnehmer:innen erfüllen in den Synoptikern eine spezifische literarische und theologische Funktion. Die Evangelien verhandeln anhand des Abgabenpersonals Fragen der Identität, Zugehörigkeit und Außenwirkung. Dafür entwerfen sie ein Bild von Abgabeneinnehmer:innen, das nicht der sozialen Realität entspricht, sondern das Aspekte betont, die sie für ihre Aussage brauchen. Das Markusevangelium legitimiert die Zuwendung Jesu zu Abgabeneinnehmenden aus dessen christologischen Auftrag heraus, sich Sünder:innen zuzuwenden. Dadurch bestätigt es grundsätzlich, dass Abgabenpersonal sündig sei und messianischer Zuwendung bedürfe. Diese Gemeinschaft zu kritisieren oder die Jesus-Gruppe deswegen zu diskreditieren sei daher absurd. Sie ist gerade ein Zeichen der waren Messianität. Matthäus verweist auf Abgabenpersonal besonders dann negativ, wenn er eine Aussage bekräftigen und ihr Nachdruck verleihen will. Die Abgabeneinnehmer:innen sind ein Bestandteil von Redewendungen oder Phrasen. Sie dienen zur Beschämung von religiösen Führungsgruppen oder zur Abgrenzung der eigenen Gemeinschaft von anderen. Vielleicht steht er damit mitten in einer jüdisch-pharisäischen Diskussion, inwieweit Abgabeneinnehmende zur Gemeinschaft gehören können. Matthäus entscheidet sich dafür, dass er seine Gruppe nicht entfremden will von den jüdischen Gruppierungen, die keine Gemeinschaft mit Abgabenpersonal haben wollen. Das Handeln Jesu wird damit zur spezifisch messianischen Handlung, der jedoch nicht gefolgt werden soll. Lukas entscheidet sich hingegen zugunsten der Abgabeneinnehmer:innen. Daraus kann abgeleitet werden, dass hier eine Entfremdung von den jüdischen Gruppierungen, denen Matthäus nahesteht, mindestens in Kauf genommen wird. Stattdessen zeigt Lukas dezidiert Wege auf, wie die Gemeinschaft Abgabenpersonal in ihren Reihen akzeptieren kann. Gleichzeitig formuliert er ethische Appelle, wie sich Abgabeneinnehmende, die ernsthaft umkehren, zu verhalten haben. Die Jesus-Nachfolge von Abgabenpersonal führt somit zur Diskussion um Gruppenidentität und Zugehörigkeiten. Letzteres im doppelten Sinn: Wer kann zur Christus-Gruppe gehören und welchen anderen Gruppen steht sie nahe? Warum sich diese Debatten gerade an Abgabenpersonal entzünden, scheint auf eine Tradition, wie sie Markus als erstes bietet, zurückzuführen zu sein, laut der Jesu Umgang mit Abgabeneinnehmer:innen hatte. Diese Tradition war jedoch nicht in allen jüdischen Kreisen positiv besetzt, wie besonders die Logienquelle zeigt, sondern musste gerechtfertigt werden. Die matthäische Gruppe bevorzugte wahrscheinlich eine Abgrenzung von Abgabenpersonal. Sie verteidigten den Ruf ihres Messias, indem die Nachfolge von Abgabenpersonal zu einer Ausnahme stilisiert bzw. christologisch legitimiert wurde. Diejenigen, die Jesus Christus und die Gemeinschaft so diffamieren wollen, setzen sich selbst ins Unrecht. Die Gruppe bleibt damit auch auf politischer Distanz zum Römischen Reich. Es soll gerade keine Vernetzung gefördert werden. In der lukanischen Christus-Gruppe scheint es vorstellbar, dass es tatsächlich einzelne oder mehrere Abgabeneinnehmer:innen gab, die zur Gemeinschaft gehören (wollen). Dies konnte für beide Seiten zweischneidig sein: Einer neuen und kleinen Gruppe anzugehören, die die Aufgabe der fiskalischen Tätigkeit erforderte, konnte sowohl den Abgabeneinnehmenden als auch die Gruppe gefährden. Lukas macht für seine Adressierten deutlich, dass diese Tätigkeitsaufgabe eben nicht nötig ist. Gleichzeitig bot der Zugang zu den Netzwerken des Abgabenpersonals einer kleinen Gruppe sicherlich auch Vorteile. Im Lukasevangelium zeigt sich am deutlichsten die Ambivalenz der Position, die Abgabenpersonal innerhalb der Provinzadministration einnahm, sowie der Tätigkeit an sich. Politisch findet so mindestens äußerlich eine Annhäherung statt – an das Römische Reich, doch weitaus wichtiger an die örtliche Provinzgemeinschaft.

Es überrascht, dass die Synoptiker sich bereits mit den Fragen auseinandersetzen, die auch in den späteren rabbinischen Schriften aus dem 2. bis 5. Jahrhundert eine Rolle spielen: Ist der Kontakt zu Abgabenpersonal erlaubt, sollen sie aus der Gemeinschaft ausgeschlossen werden, inwiefern sind sie sündig, ist eine Umkehr möglich? Diese Fragen scheinen also über mehrere Jahrhunderte immer wieder kontrovers diskutiert worden zu sein.

In der Untersuchung haben wir auch die Erfahrungen von Abgabenleistenden betrachtet. Die Personen, die sich Jesus-Gruppen anschlossen, waren fast ausnahmslos von Abgaben betroffen. Da sind Handwerker wie Weber, die gleichzeitig Mitglied eines Berufsvereins sind. Sie sammeln die Abgaben gemeinsam ein. Sie müssen rechtzeitig daran denken, an die Administration weiterzugeben, wenn ein Arbeiter stirbt oder aus Altersgründen nicht mehr arbeiten kann. Damit sie nicht mit veranlagt werden. In manchen Jahren haben sie Pech und es wird ein Abgabeneinnehmer eingesetzt, der zusätzlich Geld erpresst. Vielleicht gibt es Angestellte von Abgabenpächtern. Ihr Dienstherr zahlt ihnen Lohn und übernimmt kleine Abgaben wie die Bierabgabe. In manchen Fällen war ein Abgabeneinnehmer vielleicht selbst Teil einer Christus-Gruppe und setzte seine guten Verbindungen ein. Eine Freigelassene verkauft Waren auf dem Markt. Neben der Kopfabgabe, bezahlt sie auch dafür Abgaben. Ihr Zulieferer schlägt den Zoll anteilig auf die Ware drauf. Dann gibt es die, die so arm sind, dass sie ihre Abgaben schon lange nicht mehr bezahlt haben. Die deswegen fortgegangen waren und sich nun hier durchschlugen. Manchmal gab es Gerüchte, dass Abgabeneinnehmer Personen suchten, um ausstehende Abgaben einzufordern. Dann konnte auch Gefängnis anstehen. Einer der Versklavten, der an einer Zollstation arbeitete, hatte neulich das gemeinsame Mahl finanziert. Der Fährmann, der sich gut mit dem Fährabgabeneinnehmer verstand, hatte durch diese Beziehung Öl billiger bekommen. Das hatte er dann umsonst in der Jesus-Gruppe verteilt. Man kann diese Szenarien noch weiterspinnen. Festzuhalten bleibt: Egal wie die Haltung einer markinischen, matthäischen oder lukanischen Jesus-Gruppe zu Abgabenpersonal war, das Leben der Christusgläubigen hatte regelmäßig und in unterschiedlicher Intensität Bezugspunkte zur Finanzadministraiton und ihren Repräsentanten. Damit einher gingen automatisch theologisch und sozial-politische Fragen zum Verhältnis zu und Umgang mit dem imperialen Fiskalsystem.

Die synoptischen Evangelien bieten dabei, wie oben ausführlich gezeigt, unterschiedliche Modelle und geben unterschiedliche Antworten. Allen gemeinsam ist jedoch, dass sie mit den Geschichten leben und sie tradieren, in denen ihr Messias Jesus Abgabeneinnehmer:innen in die Nachfolge ruft und mit ihnen eine Tischgemeinschaft teilt. Sie setzen sich mit den τελῶναι auf ihre Weise auseinander – zwischen sozialer Realität und literarischem Stereotyp.

VIII. Abkürzungsverzeichnis

Die in der Untersuchung verwendeten Abkürzungen richten sich in der Regel nach den Abkürzungen Theologie und Religionswissenschaft RGG^4, hg. von der Redaktion der RGG^4, Tübingen 2007. Die Abkürzung antiker Werke folgen dem Verzeichnis SBL Handbook of Style 2. Auflage, hg. von der Redaktion des SBL Handbook of $Style^2$, Atlanta 2014. Die Abkürzungen der Papyri und Ostraca folgt der Checklist (2017–03), hg. von Joshua D. Sosin u. a. (papyri.info/docs/checklist). Kritische Zeichen der Texteditionen folgen dem Leidener Klammersystem. In den Übersetzungen sind eigene Hinzufügungen durch [] markiert.

IX. Literatur

1. Sekundärliteratur

ABD-EL-GHANI, Mohamed, The *Arabs* in Ptolemaic and Roman Egypt through Papyri and Inscriptions, in: Lucia Criscuolo/Giovanni Geraci (Hg.), Egitto e Storia Antica Dall'Ellenismo All'Età Araba. Bilancio di un Confronto. Atti del Colloquio Internazionale, Bologna 31 Agosto – 2 Settembre 1987, Bologna 1989, 233–242.

ADAMS, Samuel L., Social and *Economic Life* in Second Temple Judea, Louisville 2014.

ALCOCK, Susan E., The *Eastern Mediterranean*, in: Walter Scheidel (Hg.), The Cambridge Economic History of the Greco-Roman World, Cambridge 2007, 671–697.

ALFÖLDY, Géza, *Noricum*, Routledge 1974.

ALKIER, Stefan/Kessler, Rainer/Rydryck, Michael, Wirtschaft und Geld, Gütersloh 2016.

ALLEN, Molly Evangeline, *Portraits of Grief*, Death, Mourning, and the Expression of Sorrow on White-Ground *Lêkythoi*, Columbia University 2017 (online-Ressource).

ALPERS, Michael, Das nachrepublikanische *Finanzsystem*. Fiscus und Fisci in der frühen Kaiserzeit, UALG 45, Berlin/New York 1995.

APPLEBAUM, Shimon, *Judea* in Hellenistic and Roman Times. Historical and Archaeological Essays, Leiden u. a. 1989.

ARNAL, William E., Jesus and the *Village Scribes*. Galilean Conflicts and the Setting of Q, Minneapolis 2001.

ARZT-GRABNER, Peter, How to *Abbreviate* a Papyrological Volume? Principles, Inconsistencies, and Solutions, in: Alberto Nodar, Sofía Torallas Tovar u. a. (Hg.), Proceedings of the 28th Congress of Papyrology Barcelona 1–6 August 2016, Scripta Orientalia 3, Barcelona 2019, 28–55.

BAATZ, Dietwulf, "Gebt dem Kaiser, was des Kaisers ist.", *Steuern* im Römerreich, in: Uwe Schultz (Hg.), Mit dem Zehnten fing es an. Eine Kulturgeschichte der Steuer, München [3]1992, 38–50.

BAGNALL, Roger S., *Army* and Police in Roman Upper Egypt, JARCE 14 (1977), 67–86.

–/Frier, Bruce W., The *Demography* of Roman Egypt, Cambridge 1994.

BALCH, David L., *Rich* and Poor, Proud and Humble in Luke-Acts, in: L. Michael White/O. Larry Yarbrough (Hg.), The Social World of the First Christians. Essays in Honor of Wayne A. Meeks, Minneapolis 1995, 214–233.

BARRETO, Eric D., Crafting *Colonial Identities*: Hybridity and the Roman Empire in Luke-Acts, in: Adam Winn (Hg.), An Introduction to Empire in the New Testament, Resources for Biblical Study 84, Atlanta 2016, 107–121.

BAUDY, Gerhard/Ley, Anne, Art. *Hermes*, in: DNP, consulted online on 26 August 2019 <http://dx.doi.org/10.1163/1574-9347_dnp_e510080> First published online: 2006.

Bazzana, Giovanni B., *Kingdom* of Bureaucracy. The Political Theology of Village Scribes in the Sayings Gospel Q, BEThL CCXXIV, Leuven u. a. 2015.

Bedenbender, Andreas, Der gescheiterte *Messias*, ABU 5, Leipzig 2019.

Bell, Harold Idris, The *Economic Crisis* in Egypt under Nero, JRZ 28.1 (1938), 1-8.

Bennett, Julian, *Trajan*. Optimus Princeps. A Life and Times, London/New York 1997.

Bernand, André, *Les Portes* du Desert. Recueil des Inscriptions grecques d'Antinooupolis, Tentyris, Koptos, Apollonopolis Parva et Apollonopolis Magna, Paris 1984.

Beutler, Franziska, Wer war ein Procurator usiacus? Die *Verwaltung* des Patrimoniums in Ägypten in der ersten Hälfte des 2. Jahrhunderts, Cahiers Glitz XVIII (2007), 67-82.

Bierhoff, Hans-Werner, *Solidarität* gegenüber Fremdgruppenmitgliedern, in: Lars-Eric Petersen/Bernd Six (Hg.), Stereotype, Vorurteile und soziale Diskriminierung. Theorien, Befunde und Interventionen, Basel 2008, 341-349.

Birley, Anthony R., Art. Cassius, DNP, consulted online on 25 July 2021 <http://dx.doi.org/10.1163/1574-9347_dnp_e510080> First published online: 2006.

Bleicken, Jochen, *Augustus*. Eine Biographie, Hamburg 2010.

Blumenthal, Christian, *Basileia* im Matthäusevangelium, Tübingen 2019.

Böttrich, Christfried, *Lukas* in neuer Perspektive, EvTh 79/2 (2019), 114-129.

Bohak, Gideon, *Joseph and Aseneth* and the Jewish Temple in Heliopolis, SBL 10, Atlanta 1996.

-, The Egyptian Reaction to *Onia's Temple*, JSJPHR 26, 1 (1995), 32-41.

Bormann, Lukas, *Theologie* des Neuen Testaments. Grundlinien und wichtigste Ergebnisse der internationalen Forschung, Göttingen 2017.

-, *Recht*, Gerechtigkeit und Religion im Lukasevangelium, StUNT 24, Göttingen 2001.

Bovon, François, Das Evangelium nach *Lukas. 4.* Teilband Lk 19,28-24,53, EKK III/4, Neukichen-Vluyn/Zürich 2009.

-, Das Evangelium nach *Lukas. 3.* Teilband Lk 15,1-19,27, EKK III/3, Neukirchen-Vluyn/Zürich u. a. 2001.

-, Das Evangelium nach *Lukas. 1.* Teilband Lk 1,1-9,50, EKK III/1, Neukirchen-Vluyn/Zürich 1989.

Bowersock, Glen W., Social and Economic *History* of Syria, in: Jean-Marie Denzter/Winfried Orthmann (Hg.), Archeologie et Histoire de la Syrie II. La Syrie de l'époque achéménide à l'avènement de l'Islam, Saarbrücken 1989, 63-80.

Braunert, Horst, Die *Binnenwanderung*. Studien zur Sozialgeschichte Ägyptens in der Ptolemäer- und Kaiserzeit, Bonn 1996.

-, IΔIA. *Studien* zur *Bevölkerungsgeschichte* des ptolemäischen und römischen Ägyptens, JJP 9/10 (1955/1956), 211-328.

Brawley, Robert L., *Luke*. A Social identity Commentary, London/New York 2020.

Bringmann, Klaus/Schäfer, Thomas, *Augustus* und die Begründung des römischen Kaisertums, Studienbücher Geschichte und Kultur der Alten Welt, Berlin 2002.

Bringmann, Klaus, Art. *Iosephos*, DNP, consulted online on 25 July 2021 <http://dx.doi.org/10.1163/1574-9347_dnp_e526670> First published online: 2006.

-/Leonhardt, Jürgen, Art. *Cicero*, DNP, consulted online on 25 July 2021 <http://dx.doi.org/10.1163/1574-9347_dnp_e234410> First published online: 2006.

Broer, Ingo in Verbindung mit Hans-Ulrich Weidemann, *Einleitung* in das Neue Testament, Würzburg ^{3}2010.

Broshi, Magen, The Role of the *Temple* in the Herodian Economy, JJS 38 (1987), 31-37.

Bruce, Frederick F., *Render* to Caesar, in: Ernst Bammel und C. F. D. Moule (Hg.), Jesus and the Politics of His Day, Cambridge 1984, 249-264.

Brunt, Peter A., The Revenues of Rome, JRS 71 (1981), 161-172.

-, The '*Fiscus*' and Its Developments, JRS 56 (1966), 75-91.

Bruzen de la Martinière, Antoine-Augustin, Historisch-Politischer-Geographischer *Atlas* der gantzen Welt, Bd. 5, Leipzig 1745.

Bryen, Ari Z., *Violence* in Roman Egypt. A Study in Legal Interpretation, Philadelphia 2013.

Calpino, Teresa J., *Women*, Work and Leadership in Acts, Tübingen 2014.

Capponi, Livia, Augustan *Egypt*. The Creation of a Roman Province, New York 2005.

Carter, Warren, *Mark*, Wisdom Commentary 42, Collegeville 2019.

-, *Resisting* and Imitating the Empire. Imperial Paradigms in Two Matthean Parables, Interpretation 56/3 (2002), 260-272.

-, *Matthew* and Empire. Initial Explorations, Harrisburg 2001.

-, Matthew and the *Margins*. A Sociopolitical and Religious Reading, New York 2000.

Chalon, Gerard, *L'Edit* de Tiberius Alexander, Lausanne 1964.

Chankowski, Véronique, Les Catégories du Vocabulaire de la Fiscalité Dans les cités Grecques, in: Jean Andreau/Véronique Chankowski (Hg.), Vocabulaire et expression de l'économie dans le monde antique, Ausonius Études 19, Pessac 2008, 299–329.

Clarysse, Willie, *Egyptian Temple* and Priests: Graeco-Roman, in: Alan B. Loyd (Hg.), A Companion to Ancient Egypt, Chichester 2010, 274-290.

-, Nemesion son of Zoilos, Leuven Homepage of Papyrus Collections, 1-3 (www.trismegistos.org/archive/149).

Claytor, W. Graham, *Heron*, Son of Satyros: a Scribe in the Grapheion of Karanis, ZPE 190 (2014), 199-202.

-/Bagnall, Roger S., The Beginning of the Roman *Provincial Census*: A New Declaration from 3 BCE, GRBS 55 (2015), 637-653.

-/Feucht, Birgit, *(Gaii) Iulii Sabinus* and Apollinarius, 1-13 (https://www.trismegistos.org/arch/archives/pdf/116.pdf).

Corbier, Mireille, *City*, Territory and Taxation, in: John Rich und Andrew Wallace-Hadrill (Hg.), City and Country in the Ancient World, Leicester-Nottingham Studies in Ancient Society 2, London 1992, 211–239.

Corley, Kathleen E., Private *Women* Public Meals. Social Conflict in the Synoptic Tradition, Massachusetts 1993.

Cottier, Michel, The *Customs Districts* of Roman Egypt, Pap. Congr. 25 (2010), 141-148.

CSERNAI, Balázs, *Jesus* und die Tempelsteuer, in: György Benyik (Hg.): The Bible and Economics. International Biblical Conference XXV. Ferenc Gal Theological College 22nd–24th August 2013, Szeged 2014, 111–117.

DĄBROWA, Edward, The *Hasmoneans* and their State. A Study in History, Ideology, and the Institutions, Krakau 2010.

DAUTZENBERG, Gerhard, *Jesus* und der Tempel. Beobachtungen zur Exegese der Perikope von der Tempelsteuer (Mt 17,24–27), in: Lorenz Oberlinner/Peter Fiedler (Hg.), Salz der Erde – Licht der Welt. Exegetische Studien zum Matthäusevangelium, FS Anton Vögtle, Stuttgart 1991, 223–238.

DAVIES, William D./Allison, Dale C, A Critical and Exegetical Commentary in the Gospel According to Saint *Matthew*. 2. Commentary on Matthew VIII–XVIII, ICC, Edinburgh 1991.

DAVIS ZIMMERMAN, Kari-Shane, Neither *Social Revolution* Nor Utopian Ideal: A Fresh Look at Luke's Community of Goods Practice for Christian Economic Reflection in Acts 4:32–35, Heythrop Journal 53/5 (2012), 777–786.

DAVOLI, Paola, *Archaeological* Research in Roman Soknopaiou Nesos: Results and Perspectives, in: Katja Lembke/Martina Minas-Nerpel/Stefan Pfeiffer (Hg.), Tradition and Transformation: Egypt under Roman Rule. Proceedings of the International Conference, Hildesheim, Roemer- and Pelizaeus-Museum, 3.–6. July 2008, Leiden 2010, 53–77.

DE BOER, Martinus C., Ten Thousand *Talents*? Matthew's Interpretation and Redaction of the Parable of the Unforgiving Servant (Matt 18:23–35), CBQ 50 (1988), 214–232.

DE LAET, Siegfried, *Portorium*. Étude sur l'Organisation Douanière chez les Romains, surtout à l'Époque du Haut-Empire, Werken iutgeven door de faculteit van de wijsbegeerte en letteren 105, Brügge 1949.

DERDA, Tomasz, *Arsinoites* Nomos. Administration of the Fayum under Roman Rule, The Journal of Juristic Papyrology. Supplements 7, Warschau 2006.

D'HAUTCOURT, Alexis, Les Cités Grecques et les Revenues de leurs Sanctuaires. L'Exemple de l'Asie Mineure à l'Époque Romaine, in: Il capitolo delle entrate nelle finanze municipali in Occidente ed in Oriente. Actes de la Xe Rencontre franco-italienne sur l'épigraphie du monde romain (Rome, 27–29 mai), CEFR 256, Rom 1999, 249–260.

DIGNAS, Beate, *Economy* of the Sacred in Hellenistic and Roman Asia Minor, Oxford 2010.

–, '*Inventories*' or 'Offering Lists'? Assessing the Wealth of Apollo Didymaeus, ZPE 138 (2002), 235–244.

DIJKMAN, Jessica, De *Dorpsschrijver* in Romeins Egypte, TG 128 (2003), 5–30.

DMITRIEV, Sviatoslav, *City Government* in Hellenistic and Roman Asia Minor, Oxford 2005.

DONAHUE, John R., *Tax Collectors* and Sinners. An Attempt at Identification, CBQ 33 (1971), 39–61.

–/Harrington, Daniel J., The Gospel of *Mark*, Sacra Pagina 2, Collegeville 2002.

DORAN, Robert, The *Pharisee* and the Tax Collector: An Agonistic Story, CBQ 69 (2007), 259–270.

DOWNING, F. Gerald, The *Ambiguity* of "The Pharisee and the Toll-collector" (Luke 18:9-14) in the Greco-Roman World of Late Antiquity, CBQ 54 (1992), 80–99.

DREXHAGE, Hans-Joachim, *Wirtschaft* und Handel in den frühchristlichen Gemeinden (1.-3. Jahrhundert), Freiburg 1981.

DREXHAGE, Heinrich-Wilhelm, *Wirtschaftspolitik* und Wirtschaft in der römischen Provinz Asia in der Zeit von Augustus bis zum Regierungsantritts Diokletians, Bonn 2007.

DSCHULNIGG, Peter, Das *Markusevangelium*, ThKNT, Stuttgart 2007.

DUNCAN-JONES, Richard, *Structures* and Scale in the Roman Economy, Cambridge 1990.

–, *Money* and Government in the Roman Empire, Cambridge 1994.

DU PLESSIS, Isak, The *Lukan Audience* – Rediscovered? Some Reactions to Bauckham's Theory, Neotestamentica 34/2 (2000), 243-261.

EBNER, Martin/Schreiber, Stefan, *Einleitung* in das Neue Testament, Studienbücher Theologie 6, Stuttgart 2008.

–, *Jesus* von Nazaret in seiner Zeit. Sozialgeschichtliche Zugänge, SBS 196, Stuttgart ^{2}2004.

ECK, Werner, Sklaven und Freigelassene von Römern in Iudaea und den angrenzenden Provinzen, NT (2013), 1-21.

–, Die römischen *Repräsentanten* in Judaea: Provokateure oder Vertreter der römischen Macht?, in: Mladen Popović (Hg.), The Jewish Revolt, Leiden 2011, 45–68.

–, Art. *Sentius* II 4, DNP, consulted online on 16 April 2018 <http://dx.doi.org/10.1163/1574-9347_dnp_e1108770> First published online: 2006.

–, Die *Verwaltung* des Römischen Reiches in der hohen Kaiserzeit. Ausgewählte und erweiterte Beiträge, Arbeiten zur römischen Epigraphik und Altertumskunde 1,3, Basel/Berlin 1998.

–, *Inschriften* aus Holz. Ein unterschätztes Phänomen der epigraphischen Kultur Roms, in: Peter Kneissl (Hg.): Imperium Romanum. Studien zu Geschichte und Rezeption. FS Karl Christ, Stuttgart 1998, 202–217.

ENGELS, Donald W., *Roman Corinth*. An Alternative Model for the Classical City, Chicago 1990.

ERLEMANN, Kurt, *Gleichnisse*. Theorie – Auslegung – Didaktik, utb 5494, Tübingen 2020.

ERRINGTON, Robert Malcom/Wirbelbauer, Eckhard, Art. Philippoi, DNP, consulted online on 12 June 2021 <http://dx.doi.org/10.1163/1574-9347_dnp_e920110> First published online: 2006.

ESLER, Philip F., Community and Gospel in Luke-Acts. The Social and Political *Motivations* of Lucan theology, Cambridge 1987.

FABRY, H.-J., Art. קָרְבָּן qŏrbān, ThWAT VII, Stuttgart u. a. 1993, 165–171.

FARMER, William R., „Who are the '*Tax Collectors* and Sinners' in the Synoptic Tradition?", in: Dikran Y. Hadidian (Hg.), From Faith to Faith. Essays in Honor of Donald G. Miller on his Seventieth Birthday, Pittsburgh Theological Monograph Series, Pittsburgh 1979, 167–174.

FARRIS, Michael, A Tale of *Two Taxations* (Luke 18:10-14b). The Parable of the Pharisee and the Toll Collector, in: V. George Shillington (Hg.), Jesus and His Parables. Interpreting the Parables of Jesus Today, Edinburgh 1997, 23-33.

FIEDLER, Peter, Das *Matthäusevangelium*, ThKNT, Stuttgart 2006.

–, *Jesus* und die Sünder, BET 3, Frankfurt a. M./Bern, 1976.

FLAIG, Egon, Art. *Tacitus*, DNP, consulted online on 25 July 2021 <http://dx.doi.org/10.1163/1574-9347_dnp_e1128350> First published online: 2006.

FÖRSTER, Niclas, Jesus und die *Steuerfrage*. Die Zinsgroschenperikope auf dem religiösen und politischen Hintergrund ihrer Zeit mit einer Edition von Pseudo-Hieronymus, De haeresibus Judaeorum, WUNT 294, Tübingen 2012.

FRANCE, Jérome, Les Catégories du *Vocabulaire* de la Fiscalité dans le Monde Romain. In: Jean Andreau und Véronique Chankowski (Hg.), Vocabulaire et expression de l'économie dans le monde antique, Ausonius Études 19, Pessac 2008, 333–365.

FRANKFURTER, David, *Religion* in Society: Graeco-Roman, in: Alan B. Lloyd (Hg.), Companion to Ancient Egypt, Malden/Oxford 2010, 526-546.

FRENSCHKOWSKI, Marco, Welche Biographischen *Kenntnisse* von Jesus setzt die Logienquelle voraus? Beobachtungen zur Gattung von Q im Kontext antiker Spruchsammlungen, in: Jon Ma. Asgeirsson, Kristin De Troyer und Marvin W. Meyer (Hg.), From Quest to Q. Festschrift James M. Robinson, Leuven 2000, 3-42.

FRIEDRICHSEN, Timothy A., The *Temple*, a Pharisee, a Tax Collector, and the Kingdom of God: Rereading a Jesus Parable (Luke 18:10-14A), JBL 124/1 (2005), 89-119.

FROEHLICH, Susanne, Das *Zollpersonal* an den römischen Alpenstraßen nach Aguntum und Virunum, Klio 96.1 (2014), 67-92.

GARNSEY, Peter/Saller, Richard P., The *Roman Empire*. Economy, Society, and Culture. Berkeley 1987.

GEENS, Karolien, *Sokrates*, Tax-collector, and Family, Leuven Homepage of Papyrus Collections, 2013, 1-6 (https://www.trismegistos.org/arch/archives/pdf/109.pdf).

–, *Harthotes* and his brother Marsisuchos, public farmers, Leuven Homepage of Papyrus Collections, 2013, 1-4 (https://www.trismegistos.org/arch/archives/pdf/99.pdf).

GIBBS, Matthew, Tax Farming, in: Roger S. Bagnall u. a. (Hg.): The Encyclopedia of Ancient History, Chichester 2013, 6553–6555.

–, *Trade Associations* in Roman Egypt: Their "Raison D'Être", Ancient Society 41 (2011), 291-315.

GIZEWSKI, Christian, Art. *Lictor*, DNP, consulted online on 29 July 2021 <http://dx.doi.org/10.1163/1574-9347_dnp_e705160> First published online: 2006.

GLANCY, Jennifer A., *Slaves* and Slavery in the Matthean Parables, JBL 119.1 (2000), 67-90.

GNILKA, Joachim, Das *Matthäusevangelium*. Teil *2*: 14,1-28,20, HThK, Freiburg 1988.

–, Das *Matthäusevangelium*. Teil *1*: 1,1-13,58, HThK, Freiburg 1986.

–, Das Evangelium nach *Markus*. 8,27-16,20, EKK II/*2*, Neukirchen-Vluyn/Zürich 1979.

–, Das Evangelium nach *Markus*. 1-8,26, EKK II/*1*, Neukirchen-Vluyn/Zürich 1978.

Gonzales, Matthew, New Observations on the *Lindian Cult-Tax* for Enyalios ("SEG" 4.171), ZPE 166 (2008), 121-134.

Graf, Fritz, Art. *Leto*, DNP, consulted online on 26 August 2019 (<http:// dx.doi.org/10.1163/ 1574-9347_dnp_e702410> First published online: 2006).

Günther, Sven, *Sklaven* im römischen Zollwesen, in: Peter Kritzinger u. a. (Hg.), Studien zum römischen Zollwesen, Reihe Geschichte 7, Duisburg 2015, 229-241.

–, „*Vectigalia* nervos esse rei publicae". Die indirekten Steuern in der Römischen Kaiserzeit von Augustus bis Diokletian, Philippika: Marburger Altertumskundliche Abhandlungen 26, Wiesbaden 2008.

Hagedorn, Dieter, *Sokrates* und Asklepiades, Praktoren in Karanis, ZPE 167 (2008), 149-150.

–, *Κυνηγίδες*, ZPE 109 (1995), 187-192.

–, Zum *Amt* des διοικητής im römischen Ägypten, YClSt 28 (1985), 167-210.

Hainzmann, Manfred, *Fortunati* Servi Vel Servus Fortunatus. Zur Identität einzelner norischer Zollsklaven, in: Maria Letizia Caldelli u. a. (Hg.), Epigrafia 2006. Atti della XIVe Rencontre sur L'Épigraphie in Onore di Silvio Panciera con Altri Contributi di Colleghi, Allievi e Collaboratori, Bd. 3, TITVLI 9, Rom 2008, 1291-1300.

Hamm, Dennis, The *Tamid Service* in Luke-Acts: The Cultic Background behind Luke's Theology of Worship (Luke 1:5-25; 18:9-14; 24:50-53; acts 3:1; 10:3, 30), CBQ 25 (2003), 215-231.

Hanson, Ann Ellis, *Topographical Arrangement* of Tax Documents in the Philadelphia Tax Archive, Proceedings of the 20th international Congress of Papyrologists Copenhagen, 23-29 August, 1992, Kopenhagen 1994, 210-218.

–, *Egyptians*, Greeks, *Arabes*, and *Ioudaioi* in the First Century A.D. Tax Archive from Philadelphia: P.Mich. Inv. 880 Recto and *P. Princ.* III 152 Revised, in: Janes H. Johnson (Hg.), Life in a Multi-Cultural Society. Egypt from Cambyses to Constantine and Beyond, Studies in Ancient Oriental Civilizations 51, Chicago 1992, 133-145.

–, *Ancient Illiteracy*, in: Mary Beard (Hg.), Literacy in the Roman World, Journal of Roman Archeaology Supp. Series 3, Ann Arbor 1991, 159-198.

–, *Village Officials* at Philadelphia: A Model of Romanization in the Julio-Claudian Period, in: Lucia Criscuolo/Giovanni Geraci (Hg.): Egitto e Storia Antica Dall'Ellenismo All'Età Araba. Bilancio di un Confronto. Atti del Colloquio Internazionale, Bologna 31 agosto – 2 settembre 1987, Bologna 1989, 429-440.

–, The Keeping of *Records* at Philadelphia in the Julio-Claudian Period and the "Economic Crisis under Nero", in: Basil G. Mandilaras (Hg.), Proceedings of the XVIII International Congress of Papyrology Athens 25-31 May 1986, Vol. II, Athen 1988, 261-277.

Harrer, Gustave A., *Studies* in the History of the Roman Province of Syria, Eugene 2010 (reprint Oxford 1915).

Harris, William V., *Ancient Literacy*, Cambridge (Mass.) 1989.

Hennig, Dieter, *Arabotoxotai* und Eremophylakes im römischen Ägypten, Chiron 34 (2004), 267-304.

HERRENBRÜCK, Fritz, Jesus und die *Zöllner*, WUNT 41, Tübingen 1990.

HERZ, Peter, 2.3.4 *Erwerbsmöglichkeiten*, in: Kurt Erlemann u. a. (Hg.): Neues Testament und Antike Kultur Bd. 2: Familie – Gesellschaft – Wirtschaft, Neukirchen-Vluyn 2005, 190–198.

HIGBIE, Carolyn, The *Lindian* Chronicle and the Greek Creation of their Past, Oxford 2003.

HOBSON, Deborah, Agricultural *Land* and Economic Life in Soknopaiou Nesos, BASPap 21/1 (1984), 89-109.

HOFFMANN, Paul/Heil, Christoph, Die *Spruchquelle* Q. Studienausgabe Griechisch und Deutsch, Darmstadt 2002.

HOFFMANN-SALZ, Julia, Die wirtschaftlichen *Auswirkungen* der römischen Eroberung. Vergleichende Untersuchungen der Provinz Hispania Tarraconensis, Africa Proconsularis und Syria, Historia Einzelschriften 218, Stuttgart 2011.

HOGARTH, David George, The *Classical Inscriptions*, in: William M. Flinders Petrie (Hg.): Koptos, London 1896, 26–35.

HOHMEIER, Jürgen, *Stigmatisierung* als sozialer Definitionsprozess, in: Manfred Brusten (Hg.), Stigmatisierung. ZUr Produkton gesellschaftlicher Randgruppen, Bd.1., Neuwied 1975.

HOLLANDER, David B., *Taxation*, Roman, in: Roger S. Bagnall u. a. (Hg.): The Encyclopedia of Ancient History. Chichester 2013, 6551–6553.

HOMOTH-KUHS, Clemens, *Phylakes* und Phylakon-Steuer im griechisch-römischen Ägypten. Ein Beitrag zur Geschichte des antiken Sicherheitswesens, Archiv für Papyrusforschung und verwandte Gebiete Beiheft 17, München/Leipzig 2005.

HOPKINS, Keith, *Rome*, Taxes, Rents, and Trade, in: Walter Scheidel/Sitta von Reden (Hg.), The Ancient Economy, Edinburgh 2002, 190–230.

–, *Taxes* and Trade in the Roman Empire (200 B.C.-A.D. 400), JRS 70 (1980), 101–125.

HORBURY, William, The *Temple Tax*, in: Ernst Bammel/C. F. D. Moule (Hg.), Jesus and the Politics of His Day, Cambridge 1984, 265-286.

HUBER, Ingeborg, *Ikonographie der Trauer* in der griechischen Kunst, Wiesbaden 2009.

HUEBNER, Sabine R., *Papyri* and the Social World of the New Testament, Cambridge 2019.

HULTGREN, Arland, J., The *Parables* of Jesus. A Commentary, Grand Rapids 2000.

JEREMIAS, Joachim, Die *Gleichnisse* Jesu, Göttingen ^{11}1998.

–, *Zöllner* und Sünder, ZNW 30/3 (1931), 293–300.

JOHNSON, Allan Chester, *Roman Egypt*. To the Reign of Diocletian, An economic Survey of Ancient Rome Bd. 2, Baltimore 1936.

JOHNSON, Luke Timothy, The Gospel of *Luke*, Sacra Pagina 3, Collegeville 1991.

JONES, Arnold Hugh Marti/Brunt, Peter Astbury (Hg.), The Roman *Economy*. Studies in Ancient Economic and Administrative History, Oxford 1974.

JÖRDENS, Andrea, Zur *Flucht* von Liturgen, Pap. Congr. 2010, 345-354.

JÜLICHER, Adolf, Die *Gleichnisreden* Jesu. 2 Teile in 1 Band, Darmstadt 1963 (reprint 1910).

KAHL, Brigitte, *Reading Luke* Against Luke: Non-Uniformity of Text, Hermeneutics of Conspiracy and the 'Scriptural Principle' in Luke 1, in: Amy-Jill Levine und Marianne Blickenstaff (Hg.), A Feminist Companion to Luke, London/New York 2002, 70–88.

KÄHLER, Christoph, Jesu *Gleichnisse* als Poesie und Therapie. Versuch eines integrativen Zugangs zum kommunikativen Aspekt von Gleichnissen Jesu, WUNT 78, Tübingen 1995.

KAIZER, Ted, The *Religious Life* of Palmyra. A Study of the Social Pattern of Worship in the Roman Period, OeO 4, Stuttgart 2002.

KAPPARIS, Konstantinos, *Prostitution* in the Ancient Greek World, Berlin u. a. 2018.

KARTVEIT, Magnar, The *Origin* of the Samaritans, Supplements to Vetus Testamentum 128, Leiden 2009.

KAYE, Noah, *Taxation* in the Greco-Roman World: The Hellenistic East, Oxford Handbooks°Online,°Oxford°2018,°1-17°(https://www.oxfordhandbooks.com/view/10.1093/oxfordhb/9780199935390.001.0001/oxfordhb-9780199935390-e-36?print=pdf).

KEDDIE, Anthony, *Class* and Power in Roman Palestine. The Socioeconomic Setting of Judaism and Christians Origins, Cambridge 2019.

KEGLER, Jürgen/Eisen, U. Eva, Art. *Arbeit*/Lohnarbeit, in: Frank Crüsemann u. a. (Hg.), Sozialgeschichtliches Wörterbuch zur Bibel, Gütersloh 2009, 16–22.

–, Art. *Beruf*, in: Frank Crüsemann u. a. (Hg.), Sozialgeschichtliches Wörterbuch zur Bibel, Gütersloh 2009, 44–47.

–, Art. *Verfemte Berufe*, in: Frank Crüsemann u. a. (Hg.), Sozialgeschichtliches Wörterbuch zur Bibel, Gütersloh 2009, 602–604.

KLAUER, Karl Christoph, *Soziale Kategorisierung* von Stereotypisierung, in: Lars-Eric Petersen/Bernd Six (Hg.), Stereotype, Vorurteile und soziale Diskriminierung. Theorien, Befunde und Interventionen, Basel 2008, 23–32.

KLAWANS, Jonathan, *Impurity* and Sin in Ancient Judaism, Oxford 2000.

KLEIN, Hans, Das *Lukasevangelium*, KEK I/3, Göttingen 2006.

–, *Bewährung* im Glauben. Studien zum Sondergut des Evangelisten Matthäus, BThSt 26, Neukirchen-Vluyn 1996.

KLOPPENBORG, John S., *Christ's Associations*. Connecting and Belonging in the Ancient City, New Haven/London 2019.

–, Jesus, *Fishermen* and Tax Collectors: Papyrology and the Construction of the Ancient Economy of Roman Palestine, EThL 94/4 (2018), 599.

–, *Excavating Q*. The History and Setting of the Sayings Gospel, Edinburgh 2000.

–, Literary *Convention*, Self-Evidence and the Social History of the Q-People, Semeia 55 (1991), 77–102.

KLOTZ, David, *Caesar* in the City of Amun: Egyptian Temple Construction and Theology in Roman Thebes, Turnhout 2012.

KOCH, Dietrich-Alex, Die *Kontroverse* über die Steuer (Mt 22,15–22/Mk 12,13–17/Lk 20,20–26), in: Gilbert van Belle/Joseph Verheyden (Hg.): Christ and the Emperor. The Gospel Evidence, Biblical tools and studies 20, Leuven 2014, 203–227.

Koester, Helmut, Ancient Christian *Gospels*. Their History and Development, London/ Philadelphia 1990.

Konradt, Matthias, Studien zum *Matthäusevangelium*. WUNT 358, Tübingen 2016.

Kornemann, Ernst, *Tiberius*, Stuttgart 1960.

Kraabel, Alf Thomas, *New Evidence* of the Samaritan Diaspora Has Been Found on Delos, NEA 47/1 (1984), 44-46.

Krasser, Helmut/Sallmann, Klaus, Art. *Plinius* [2], DNP, consulted online on 25 July 2021 <http://dx.doi.org/10.1163/1574-9347_dnp_e928160> First published online: 2006.

Kritzinger, Peter, *Contrascriptores* im römischen Zollwesen, in: Burak Takmer u. a. (Hg.), Vir doctus Anatolicus. Studies in Memory of Sencer Şahin, Istanbul 2016, 567-589.

-, Das römische *Zollsystem* bis in das 3. Jh. n. Chr., in: Peter Kritzinger u. a. (Hg.), Studien zum römischen Zollwesen, Reihe Geschichte 7, Duisburg 2015, 11-55.

Kruse, Thomas, Der königliche *Schreiber* und die Gauverwaltung. Untersuchungen zur Verwaltungsgeschichte Ägyptens in der Zeit von Augustus bis Philippus Arabs (30 v. Chr.-245 n. Chr.), Bd. II, APF.B 11/2, Leipzig 2002.

-, *Katakrima* – Strafzahlung oder Steuer? ZPE 124 (1999), 157-190.

Lancier, Eddy, The *Isis Cult* in Western Thebes in the Graeco-Roman Period (Part II), Chronique D'Egypte 90/180 (2015), 379-405.

Langellotti, Micaela, *Professional Associations* and the State in Roman Egypt: The Case of Fist-Century Tebtunis, Chronique D'Egypte 91/181 (2016), 111-134.

Lau, Markus, Der gekreuzigte *Triumphator*. Eine motivkritische Studie zum Markusevangelium, NTOA/StUNT 114, Göttingen 2019.

-, Die *Witwe*, das γαζοφυλάκιον und der Tempel. Beobachtungen zur mk Erzählung vom „Scherflein der Witwe" (Mk 12,41-44), ZNW 107/2 (2016), 186-205.

Leutzsch, Martin, *Verschuldung* und Überschuldung, Schuldenerlaß und Sündenvergebung. Zum Verständnis des Gleichnisses Mt 18,23-35, in: Marlene Crüsemann/Willy Schottroff (Hg.), Schuld und Schulden. Biblische Traditionen in gegenwärtigen Konflikten, 104-131.

Levick, Barbara, *Vespasian*, New York ^{2}2017.

-, *Claudius*, London 1990.

-, *Tiberius* the Politican, London 1976.

Levine, Amy-Jill/Witherington III, Ben, The Gospel of *Luke*, New Cambridge Bible Commentary, Cambridge 2018.

- (Hg.), *A Feminist Companion* to Luke, Feminist Companion to the New Testament and Early Christian Writings 3, Sheffield 2002.

Link, Stefan, *Anachoresis*. Steuerflucht im Ägypten der frühen Kaiserzeit, KLIO 75 (1993), 306-320.

Linnemann, Eta, *Gleichnisse* Jesu. Einführung und Auslegung, Göttingen ^{5}1969.

Lippert, Sandra L./Schentuleit, Maren, Die *Tempelökonomie* nach den demotischen Texten aus Soknopaiu Nesos, in: Dies. (Hg.), Tebtynis und Soknopaiu Nesos. Leben im römerzeitlichen Fajum, Wiesbaden 2005, 71-78.

Lippmann, Walter, Die öffentliche *Meinung*, München 1964.

LLEWELLYN, Stephen R., *Tax-Collection* and the τελῶναι in the New Testament, in: Ders. (Hg.), A Review of the Greek Inscriptions and Papyri Published 1984-85, NDIEC 8, Grand Rapids/Cambridge 1998, 47-76.

LO CASCIO, Elio, The Early Roman *Empire*: The State and the Economy, in: Walter Scheidel (Hg.): The Cambridge Economic History of the Greco-Roman World, Cambridge 2007, 619–647.

LOHMEYER, Ernst, Das Evangelium des *Matthäus*, KEK, Göttingen [4]1967.

LOPEZ, Davina C., *Apostle* to the Conquered. Reimagining Paul's Mission, Minneapolis 2008.

-/Penner, Todd, De-Introducing the *New Testament*. Texts, World, Methods, Stories, Malden u. a. 2015.

LUCK, Ulrich, Das Evangelium nach *Matthäus*, Zürcher Werkkommentare zur Bibel, Zürich 1993.

LÜHRMANN, Dieter, Das *Markusevangelium*, HNT 3, Tübingen 1987.

LUPACK, Susan, *Deities* and Religious Personnel as Collectors, in: Massimo Perna (Hg.), Fiscality in Mycenaean and Near Eastern Archives. Proceedings of the Conference held at Soprintendenza Archivistica per la Campania, Naples, 21–23 October 2004, Studi Egei E Vicinorientali 3, Neapel 2006, 89-104.

LUTHER, Susanne, *Steuersünder* mit Angellizenz (Die Zahlung der Tempelsteuer). Mt 17,24-27 (EpAp 5,12f.), in: Ruben Zimmermann (Hg.), Die Wunder Jesu. Kompendium der frühchristlichen Wundererzählung Bd. 1, Gütersloh 2013, 485-493.

LUZ, Ulrich, Das Evangelium nach *Matthäus* (Mt 1-7), EKK I/*1*, Zürich/Neukichen-Vluyn [5]2002.

-, Das Evangelium nach *Matthäus* (Mt 8-17), EKK I/*2*, Zürich/Neukichen-Vluyn [5]2002.

-, Das Evangelium nach *Matthäus* (Mt 18-25), EKK I/*3*, Zürich/Neukichen-Vluyn [5]2002.

LYTLE, Ephraim, A Custom *House* of our Own: Infrastructure, Duties and a Joint Association of Fishermen and Fishmongers (IK, 11.1a-Ephesos,20), in: Véronique Chankowski/Pavlos Karvonis (Hg.): Tout vendre, tout acheter. Structures et équipements des marchés antiques, Actes du Colloque d'Athènes, 16–19 juin 2009 Bordeaux, Scripta Antiqua 42, Pessa/Athen/Paris 2012, 213–224.

MACCOBY, Hyam, How Unclean Were *Tax-Collectors*?, BTB 31/2 (2001), 60–63.

MACHUNSKY, Maya, *Substereotypsierung*, in: Lars-Eric Petersen/Bernd Six (Hg.), Stereotype, Vorurteile und soziale Diskriminierung. Theorien, Befunde und Interventionen, Basel 2008, 45-52.

MALMENDIER, Ulrike, *Publicani*, in: Roger S. Bagnall u. a. (Hg.): The Encyclopedia of Ancient History, Chichester 2013, 5658–5660.

-, *Societas* Publicanorum: Staatliche Wirtschaftsaktivitäten in den Händen privater Unternehmer, Forschungen zum Römischen Recht 49, Köln u. a. 2002.

MANDELL, Sara, Who Paid the *Temple Tax* When the Jews Were under Roman Rule? HTR 77/2 (1984), 223-232.

MAREK, Christian, *Stadt*, Bund und Reich in der Zollorganisation des kaiserzeitlichen Lykien. Eine neue Interpretation der Zollinschrift von Kaunos, in: Hans-Ulrich Wiemer (Hg.):

Staatlichkeit und politisches Handeln in der römischen Kaiserzeit, Millennium-Studien 10, Berlin 2006, 107–121.

MATTHEWS, John Frederick, The *Tax Law* of Palmyra: Evidence for Economic History in a City of the Roman East, JRS 74 (1984), 157-180.

MCGINN, Thomas A.J., *Prostitution*, Sexuality, and the Law in Ancient Rome, Oxford 2003.

MCCOLLOUGH, C. Thomas, *City* and Village in Lower Galilee: The Import of the Archeological Excavations at Sepphoris and Khirbet Qana (Cana) for Framing the Economic Context of Jesus, in: David A. Fiensy/Ralph K. Hawkins (Hg.), The Galilean Economy in the Time of Jesus, SBL 11, Atlanta 2013, 49-74.

MERTHEN, Claudia, Beobachtungen zur Ikonograpie von *Klage und Trauer*. Griechische Sepulkralkeramik vom 8. Bis 5. Jh. v. Chr., Würzburg 2005 (online-Ressource).

MICHEL, Otto, Art. *τελώνης*. ThWNT 8, Stuttgart 2019 (Nachdruck), 88–106.

MILLAR, Fergus, The Roman Near East 31 BC - AD 337, Cambridge (MA)/London 1993.

–, The *Fiscus* in the first two Centuries, JRS 53 (1963), 29-42.

MITFORD, Terence B., *Notes* on Some Published Inscriptions from Roman Cyprus, ABSA 42 (1947), 201-230.

MITTELSTAEDT, Alexander, *Lukas als Historiker*. Zur Datierung des lukanischen Doppelwerkes, TANZ 43, Tübingen 2006.

MITTHOF, Fritz, Betrügerische *Zollbeamte* und der procurator usiacus Bemerkungen zu P. Amh. II 77, ZPE 159 (2007), 256-260.

MONSON, Andrew, From the *Ptolemies* to the Romans. Political and Economic Change in Egypt, Cambridge 2012.

MONTEFIORE, Hugh, Jesus and the *Temple* Tax, NTS 10 (1965), 60-71.

MOXNES, Halvor, The *Social Context* of Luke's Community, Interpretation, 48/4 (1994), 379–389.

MUHS, Brian Paul, *Tax Receipts*, Tax Payers, and Taxes in Early Ptolemaic Thebes, OIP 126, Chicago 2005.

NEESEN, Lutz, *Untersuchungen* zu den direkten Staatsabgaben der römischen Kaiserzeit (27 v. Chr.-284 n. Chr.), Abhandlungen zur alten Geschichte 32, Bonn 1980.

NIGDELIS, Pantelis/Arvanitaki, Anna, *Direct Taxation* in Roman Macedonia: A New Votive Inscription of a δεκαπρωτος in an Unknown Citiy of Western Pieria, Chiron 42 (2012), 271-286.

NOREÑA, Carlos F., Nero's Imperial *Administration*, in: Shadi Bartsch/Kirk Freudenburg/Cedric Littlewood (Hg.), The Age of Nero, Cambridge 2017, 48-62.

OATES, John F., *Fugitives* from Philadelphia, in: Essays in Honor of C. Bradford Welles, American Studies in Papyrology 1, New Haven 1967, 87-95.

OERTEL, Friedrich, Die *Liturgie*. Studien zur ptolemäischen und kaiserlichen Verwaltung Ägyptens, Aalen 1965.

OLÁH, Zoltán, Die *Steuereintreiber* in der Septuaginta von Jesaja, in: György Benyik (Hg.): The Bible and Economics, International Biblical Conference XXV, Ferenc Gal Theological College 22nd-24th August 2013, Szeged 2014, 273-288.

Omar, Sayed, *Neue Kopfsteuerquittungen* aus dem Archiv des Soterichos, ZPE 86 (1991), 215-229.

-, Das Archiv des Soterichos. (P. Soterichos), Papyrologia Colonensiensia VIII, Opladen 1979.

Ott, Joachim, Die *Beneficarier*. Untersuchungen zu ihrer Stellung innerhalb der Rangordnung des Römischen Heeres und zu ihrer Funktion, Hist.-E. 92, Stuttgart 1995.

Otten, Sabine/Matschke, Christina, *Dekategorisierung*, Rekategorisierung und das Modell wechselseitiger Differenzierung, in: Lars-Eric Petersen/Bernd Six (Hg.), Stereotype, Vorurteile und soziale Diskriminierung. Theorien, Befunde und Interventionen, Basel 2008, 292-300.

Owens, E. J., *Equites*, Republic and Empire, in: Roger S. Bagnall u. a. (Hg.): The Encyclopedia of Ancient History, Chichester 2013, 2474-2477.

Pafford, Isabelle, *Priestly Portion* vs. Cult Fees - The Finances of Greek Sanctuaries, in: Marietta Horster/Anja Klöckner (Hg.): Cities and Priests. Cult Personnel in Asia Minor and the Aegean Islands from the Hellenistic to the Imperial Period, Religonsgeschichtliche Versuche und Vorarbeiten 64, Berlin 2013, 49-64.

Palme, Bernhard, *Zivile Aufgaben* der Armee im kaiserzeitlichen Ägypten, in: Anne Kolb (Hg.), Herrschaftsstrukturen und Herrschaftspraxis. Konzepte, Prinzipien und Strategien der Administration im römischen Kaiserreich. Akten der Tagung an der Universität Zürich 18.-20.10.2004, Berlin 2006, 299-328.

-, Das *Amt* des apaitetes in Ägypten, MPSW 20, Wien 1990.

Parassoglou, George M., Imperial Estates in Roman Egypt, ASP 18, Amsterdam 1978.

Parsons, Mikeal C., '*Short* in Stature': Luke's Physical Description of Zacchaeus, NTS 47 (2001), 50-57.

Pekáry, Thomas, *Seditio*. Unruhen und Revolten im Römischen Reich von Augustus bis Commodus, Ancient Society 18 (1987), 133-150.

Pelling, C. B. R., Art. *Plutarchos*, DNP, consulted online on 25 July 2021 <http://dx.doi.org/10.1163/1574-9347_dnp_e928690> First published online: 2006.

Perrin, Norman, Was lehrte *Jesus* wirklich? Rekonstruktion und Deutung, Göttingen 1972.

Petersen, Lars-Eric /Six, Bernd (Hg.), *Stereotype*, Vorurteile und soziale Diskriminierung. Theorien, Befunde und Interventionen, Basel 2008.

Petzke, Gerd, Das *Sondergut* des Evangeliums nach Lukas, Zürcher Werkkommentare zur Bibel, Zürich 1990.

Pfeiffer, Stefan, Die Zeit der *Flavier*. Vespasian - Titus - Domitian, Darmstadt 2009.

Pilhofer, Peter, *Philippi*. Die erste christliche Gemeinde Europas, WUNT 87, Tübingen 1995.

Pirenne-Delforge, Vinciane/Ley, Anne, Art. *Aphrodite*, DNP, consulted online on 26 August 2019 <http://dx.doi.org/10.1163/1574-9347_dnp_e127370> First published online: 2006.

Popp, Thomas, *Werbung* in eigener Sache (Vom Pharisäer und Zöllner). Lk 18,9-14, in: Ruben Zimmermann (Hg.), Kompendium der Gleichnisse Jesu, Gütersloh 2007, 681-695.

Preisigke, Friedrich, *Girowesen* im griechischen Ägypten. Enthaltend Korngiro, Geldgiro, Girobanknotariat mit Einschluss des Archivwesens. Ein Beitrag zur Geschichte des Verwaltungsdienstes im Altertume, Hildesheim/New York 1971.

Radt, Stefan, Art. *Strabon*, DNP, consulted online on 25 July 2021 <http://dx.doi.org/10.1163/1574-9347_dnp_e1123550> First published online: 2006.

Rathbone, Dominic, The *Age* of Poll-Tax Exemption in Roman Egypt, in: Marco Maiuro u. a. (Hg.), Uomini, Istituzioni, Mercati. Studi di storia per Elio Lo Cascio, Bari 2019, 353-361.

–, *Poverty* and Population in Roman Egypt, in: E. M. Atkins/Robin Osborne (Hg.), Poverty in the Roman World, Cambridge 2006, 100–114.

–/Temin, Peter, Financial *Intermediation* in First-Century AD Rome and Eighteenth-Century England, in: Koenraad Verboven/Katelijn Vandorpe/Véronique Chankowski (Hg), Pistoi dia tèn technèn. Bankers, Loans and Archives in the Ancient World, Studies in Honour of Raymond Bogaert, Leuven 2008, 371–419.

Rau, Eckhard, *Jesus* – Freund von Zöllnern und Sündern. Eine methodenkritische Untersuchung, Stuttgart 2000.

Reger, Gary, Aspects of the Role of *Merchants* in the Political Life of the Hellenistic World, in: Carlo Zaccagnini (Hg.), Mercanti e Politica nel Mondo Antico, Saggi Di Storia Antica 21, Rom 2003, 165-197.

Regev, Eyal, The *Hasmoneans*. Ideology, Archaeology, Identity, JAJS 10, Göttingen 2013.

Reid, Barbara E./Matthews, Shelly, *Luke* 1-9, Wisdom Commentary 43A, Collegeville 2021.

Reiter, Fabian, Die *Nomarchen* des Arsinoites. Ein Beitrag zum Steuerwesen im römischen Ägypten, Abhandlungen der NRW Akademie der Wissenschaften, PapyCol 31, Paderborn 2004.

Rey-Coquais, Jean-Paul, *Divinités* féminines du Liban, Topoi 16/1 (2009), 225-239.

Riedo-Emmenegger, Christoph, Prophetisch-messianische *Provokateure* der Pax Romana. Jesus von Nazaret und andere Störenfriede im Konflikt mit dem Römischen Reich, NTOA 56, Göttingen 2005.

Robinson, James M., *LOGOI* SOPHON: Zur Gattung der Spruchquelle Q, in: Helmut Köster und James M. Robinson (Hg.), Entwicklungslinien durch die Welt des frühen Christentums, Tübingen 1971, 67-106.

Roose, Hanna, Das Aufleben der *Schuld* und das Aufheben des Schuldenerlasses (Vom unbarmherzigen Knecht). Mt 18,23-35, in: Ruben Zimmermann (Hg.), Kompendium der Gleichnisse Jesu, Gütersloh 2007, 445-460.

Rosenberg, Stephan, The Jewish Temple at *Elephantine*, NEA 67/1 (2004), 4–13.

Rostovtzeff, Michael I., Die hellenistische Welt – *Gesellschaft* und Wirtschaft, Bd. 2, Stuttgart 1955.

Ruffing, Kai, *Kult*, Wirtschaft und Gesellschaft im römischen Ägypten – das Beispiel Soknopaiu Nesos, in: Martin Fitzenreiter (Hg.), Das Heilige und die Ware. Zum Spannungsfeld von Religion und Ökonomie, IBAES VII, London 2007, 95-122.

–, Einige Überlegungen zu *Koptos*: Ein Handelsplatz Oberägyptens in römischer Zeit, MBAH 14/1 (1995), 1–42.

–, Das *Nikanor-Archiv* und der römische Süd- und Osthandel, MBAH 12/2 (1993), 1–26.

Runesson, Anders/Binder, Donald D./Olsson, Birger (Hg.), The *Ancient Synagogue* from its Origins to 200 C.E. A Sourcebook, AJEC 72, Leiden/Boston 2008.

Runia, David T., Art. *Philon*, DNP, consulted online on 26 August 2019 <http://dx.doi.org/10.1163/1574-9347_dnp_e921480> First published online: 2006.

Saldarini, Anthony J., Matthew's Christian-Jewish *Community*, Chicago/London 1994.

Sallmann, Klaus, Art. *Suetonius*, DNP, consulted online on 25 July 2021 <http://dx.doi.org/10.1163/1574-9347_dnp_e11252130> First published online: 2006.

Sanders, Ed Parish, *Judaism*. Practice and Belief. 63 BCE - 66 CE, London/Philadelphia 1992.

Sato, Migaku, *Q* und Prophetie. Studien zur Gattungs- und Traditionsgeschichte der Quelle Q, WUNT II 29, Tübingen 1988.

Schaff, Adam, *Stereotypen* und das menschliche Handeln, Wien 1980.

Schalit, Avraham, König *Herodes*. Der Mann und sein Werk, Berlin ^{2}2001.

Schnegg, Kordula, Antike *Geschlechterdebatten*. Die soziale Verantwortung der Frauen und Männer in der griechisch-römischen Antike, Tübingen 2021.

Schnelle, Udo, *Einleitung* in das Neue Testament, Göttingen ^{9}2017.

Schottroff, Luise, Die *Gleichnisse* Jesu, Gütersloh 2005.

–, Die *Erzählung* vom Pharisäer und Zöllner, in: Dies./Hans-Dieter Betz (Hg.), Neues Testament und christliche Existenz, FS Herbert Braun, Tübingen 1973, 439–461.

–/Stegemann, Wolfgang, *Jesus* von Nazareth – Hoffnung der Armen, Stuttgart u. a. ^{2}1981.

Schreiber, Stefan, Der politische *Lukas*, ZNW 110/2 (2019), 146–185.

–, *Caesar* oder Gott (Mk 12,17)? Zur Theoriebildung im Umgang mit politischen Texten des Neuen Testaments, in: Ders., Rand-Perspektiven. Beiträge zur kulturellen Interaktion der esten Christen mit ihrer Lebenswelt, SBA 72, Stuttgart 2021, 101–126.

Schreiner, Stefan, „…dem Kaiser, was des Kaisers ist" – Steuern, Zölle und *Abgaben* in der (früh-)rabbinischen Literatur, in: Hilmar Klinkott/S. Kubisch/Renate Müller-Wollermann (Hg.): Geschenke und Steuern, Zölle und Tribute. Antike Abgabenformen in Anspruch und Wirklichkeit, Culture and history of the Ancient Near East 29, Boston 2007, 159–184.

Schröter, Jens/Jacobi, Christine (Hg.), *Jesus* Handbuch, Tübingen 2017.

Schuler, Christof, *Local Elites* in the Greek East, in: Christofer Bruun/J.C. Edmonson (Hg.), The Oxford Handbook of Roman Epigraphy, 250–273.

Schuman, Verne B., The *Income* of the Office of the Πρακτορές Ἀργυρικῶν of Karanis A.D. 172–173, BASP 12 (1977), 23–58.

Schürmann, Heinz, Das *Lukasevangelium*. Teil *1*. Kommentar zu Kap. 1,1–9,50, HThK, Freiburg 1969.

Schwarz, Hertha, *Soll* oder Haben? Die Finanzwirtschaft kleinasiatischer Städte in der Römischen Kaiserzeit am Beispiel von Bithynien, Lykien uns Ephesos (29 v. Chr. –284 n. Chr.), Bonn 2001.

SCORNAIENCHI, Lorenzo, Der umstrittene Jesus und seine Apologie – Die *Streitgespräche* im Markusevangelium, NTOA 110, Göttingen 2016.

SCOTT, Bernard Brandon, The King's *Accounting*: Matthew 18:23-34, JBL 104/3 (1985), 429-442.

SEAGER, Robin, *Tiberius*, London 1972.

SELVÉN, Sebastian, The *Privilege* of Taxation: Jewish Identity and the Half-Shekel Temple Tax in the Talmud Yerushalmi, SEÅ 81 (2016), 63-89.

SHARP, Michael, *Shearing Sheep*: Rome and the Collection of Taxes in Egypt, 30 BC - AD 200, in: Werner Eck (Hg.), Lokale Autonomie und römische Ordnungsmacht in den kaiserzeitlichen Provinzen vom 1. bis ins 3. Jahrhundert, Schriften des Historischen Kollegs. Kolloquien 42, Berlin ^{2}2016, 213-241.

SIDEBOTHAM, Steven E., Roman Economic *Policy* in the Erythra Thalassa: 30 B.C.-A.D. 217, Mnemosyne 91, Leiden 1986.

SIJPENSTEIJN, Pieter J., *Custom* Duties in Greco-Roman Egypt, Studia Amstelodamensia ad epigraphicam, ius antiquum et papyrologicam pertinentia 17, Zutphen 1987.

SIM, David, S., The *Gospel of Matthew* in Galilee. An Evaluation of an Emerging Hypothesis, ZNW 107/2 (2016), 141-169.

SIPPEL, Benjamin, *Gottesdiener* und Kamelzüchter. Das Alltags- und Sozialleben der Sobek-Priester im Kaiserzeitlichen Fayum, Philippika 144, Wiesbaden 2020.

SMITH, William, A Classical *Dictionary* of Greek and Roman Biography, Mythology, and Geography, London ^{23}1925.

SNODGRASS, Klyne, *Stories* with Intent. A Comprehensive Guide to the Parables of Jesus, Grand Rapids/Cambridge 2008.

SOKOLOWSKI, F., *Fees* and Taxes in the Greek Cults, HTR 47.3 (1954), 153-164.

STEMBERGER, Günter, *Pharisäer*, Sadduzäer, Essener, SBS 144, Stuttgart 1991.

STENGER, Werner, „Gebt dem Kaiser, was des Kaisers ist" …! Eine sozialgeschichtliche Untersuchung zur *Besteuerung* Palästinas in neutestamentlicher Zeit, BBB 68, Frankfurt 1988.

STERN, Menahem, The Province of *Judaea*, in: Shemuel Safrai/ders. (Hg.): The Jewish people in the first century. Historical geography, political history, social, cultural and religious life and institutions, CRAI 1, Assen 1976, 308-376.

STREETER, Burnett Hillman, The *Four Gospels*. A Study of Origins Treating of the Manuscript Tradition, Sources, Authorship, & Dates, London ^{9}1956.

STROTMANN, Angelika, Der historische *Jesus*. Eine Einführung, Paderborn ^{2}2015.

STUMPP, Bettina, *Prostitution* in der römischen Antike, Berlin 1998.

SWARNEY, Paul R., The Ptolemaic und Roman *Idios Logos*, ASP 8, Toronto 1970.

TENGER, Bernhard, Quid faciunt leges, ubi sola pecunia regnat. Zur *Korruption* in der römischen Verwaltung der frühen und mittleren Kaiserzeit, Kai Ruffing/ders. (Hg.): Miscellanea oeconomica. Studien zur antiken Wirtschaftsgeschichte. Harald Winkel zum 65. Geburtstag, Studien zur griechisch-römischen Antike 9, St. Katharinen 1979, 181–212.

THEIßEN, Gerd, Die *Entstehung* des Neuen Testaments als literaturgeschichtliches Problem, Schriften der philosophisch-historischen Klasse der Heidelberger Akademie der Wissenschaften 40, Heidelberg 2007.

–,/Merz, Anette, Der historische *Jesus*. Ein Lehrbuch, Göttingen ^{2}1997.

TIWALD, Markus, Die *Logienquelle*. Text, Kontext, Theologie, Stuttgart 2016.

UDOH, Fabian E., To Caesar what is Caesar's. *Tribute*, Taxes and Imperial Administration in Early Roman Palestine (63 B.C.E.–70 C.E.), BJS 343, Providence 2006.

VAN MELKEBEKE, Lore, *Eponychos* alias Apathes, son of Herakleios, Leuven Homepage of Papyrus Collections, 2020 (https://www.trismegistos.org/arch/archives/pdf/587.pdf).

VAN MINNEN, Peter, House-to-House *Enquiries*: An Interdisciplinary Approach to Roman Karanis, ZPE 100 (1994), 227–251.

VAN NIJF, Onno, The *Social World* of Tax Farmers and their Personnel, in: M. Cottier u. a. (Hg.), The Customs Law of Asia, Oxford 2008, 279–311.

VANDORPE, Katelijn, *Roman Egypt* and the Organisation of Custom Duties, in: Peter Kritzinger u. a. (Hg.), Studien zum römischen Zollwesen, Reihe Geschichte 7, Duisburg 2015, 89–110.

VERHOOGT, Arthur M.F.W., *Menches*, Komogrammateus of Kerkeosiris. The Doings and Dealings of a Village Scribe in the Late Ptolemaic Period (120–110 B.C.), Papyrologica Lugduno-Batava 29, Leiden 1998.

VÖLKEL, Martin, *Freund* der Zöllner und Sünder, ZNW 69 (1978), 1–10.

WACHTEL, Klaus, *Sklaven* und Freigelassene in der staatlichen Finanzverwaltung des römischen Kaiserreiches, AAASH 15 (1967), 341–346.

WALDZUS, Sven/Wenzel, Michael, Die Theorie der *Selbstkategorisierung*, in: Lars-Eric Petersen/Bernd Six (Hg.), Stereotype, Vorurteile und soziale Diskriminierung. Theorien, Befunde und Interventionen, Basel 2008, 231–239.

WALKER, William O., *Jesus* and the Tax Collectors, JBL 97/2 (1978), 221–238.

WALLACE, Sherman Leroy, *Taxation* in Egypt. From Augustus to Diocletian. Reprint 1938. New York 1969 (Nachdruck 1938).

WANDREY, Irina, Art. *Tobiaden*, DNP, consulted online on 16 April 2018 (<http://dx.doi.org/10.1163/1574-9347_dnp_e1216410> First published.online: 2006).

WEAVER, Paul R. C., The Slave and Freedman '*Cursus*' in the Imperial Administration, Cambridge Classical Journal 10 (1964), 74–92.

WEIß, Konrad, Art. *φόρος*, ThWNT 9, Stuttgart 2019 (Nachdruck 1973), 81–86.

WIEFEL, Wolfgang, Das Evangelium nach *Matthäus*, ThKNT 1, Leipzig 1998.

WINKLER, Gerhard, Die Reichsbeamten von Noricum und ihr Personal bis zum Ende der römischen Herrschaft, Österreichische Akademie der Wissenschaften Philosophisch-historische Klasse 261.2, Wien 1969.

WOLTER, Michael, Das *Lukasevangelium*, HNT, Tübingen 2008.

WOLTERS, Reinhard, *Vectigal*, Tributum und Stipendium – Abgabenformen in der römischen Republik und Kaiserzeit, in: Hilmar Klinkott/S. Kubisch/Renate Müller-Wollermann

(Hg.), Geschenke und Steuern, Zölle und Tribute. Antike Abgabenformen in Anspruch und Wirklichkeit, Culture and History of the Ancient Near East 29, Boston 2007, 407–430.

Woolf, Greg, *Provincial Revolts* in the Early Roman Empire, in: Mladen Popović (Hg.), The Jewish Revolt, Leiden 2011, 27-44.

Worp, Klaas A., Observations on *Demotic Tax Receipts* from the Theban Region in Roman Times, ZPE 80 (1990), 253-256.

Wrege, Hans-Theo, Das *Sondergut* des Matthäusevangeliums, ZBK.NT, Zürich 1991.

Wright, Addison G., The *Widow's Mites*: Praise or Lament? - A Matter of Context, CBQ 44/2 (1982), 256-265.

Yarbro Collins, Adela, *Mark*. A Commentary, Hermeneia, Philadelphia 2007.

Yavetz, Zvi, *Tiberius*. Der traurige Kaiser, München 1999.

Yoder, Joshua, *Representatives* of Roman Rule. Roman Provincial Governors in Luke-Acts, BZNW 209, Berlin 2014.

Youtie, Herbert C., *Publicans* and Sinners, ZPE 1 (1967), 1-20 [Michigan Alumnus 34 (1937), 650-662].

Youtie, Louise C., Because They Do Not Know *Letters*, ZPE 19 (1975), 101-108.

Zahrnt, Michael, Zum *Fiskalgesetz* von Palmyra und zur Geschichte der Stadt in hadrianischer Zeit, ZPE 62 (1989), 279-293.

Zeitlin, Solomon, The *Rise* and Fall of the Judean State. A Political, Social and Religious History of the Second Commonwealth, Philadelphia 1987.

-, The *Tobias Family* and the Hasmoneans. A Historical Study in the Political and Economic Life of the Jews of the Hellenistic Period, PAAJR 4 (1932–1933), 169-223.

-, *Megillat Taanit* as a source for Jewish Chronology and History in the Hellenistic and Roman Periods, Oxford 1922.

Zimmermann, Klaus, *Zöllner* in Illyricum: Job oder Beruf? in: Peter Kritzinger u. a. (Hg.), Studien zum römischen Zollwesen, Reihe Geschichte 7, Duisburg 2015, 141-153.

Zoete, Elien, *Psais* son of Senphthoumonthes, Leuven Homepage of Papyrus Collection, 2018 (https://www.trismegistos.org/arch/archives/pdf/513.pdf).

-, *Herakles*, Senkametis and their offspring, Leuven Homepage of Papyrus Collections, 2018, 1-6 (https://www.trismegistos.org/arch/archives/pdf/460.pdf).

2. Quellen

2.1 Griechisch-Römische Literatur

Für die Texte wurden jeweils auch die englischen Ausgaben der Loeb Classical Library herangezogen, die nicht extra aufgeführt werden. Bei Werken, bei denen keine deutsche Übersetzung angeführt wurde, wurde ausschließlich mit der LCL Ausgabe gearbeitet.

APPIAN von Alexandria, Römische Geschichte. Zweiter Teil; Die Bürgerkriege, übers. von Otto Veh, Stuttgart 1989.

ARTEMIDORUS, Traumkunst, übers. von Gerhard Löwe, Leipzig 1991.

CASSIUS DIO, Römische Geschichte, übers. von Otto Veh, Berlin ^{2}2012.

DION CHRYSOSTOMOS, Sämtliche Reden, übers. von Winfried Elliger, Zürich 1967.

PHILOSTRATUS, Flavius, Leben der Sophisten, übers. von Kai Brodersen, Wiesbaden 2014.

-, Das Leben des Apollonios von Tyana übers. von Vroni Mumprecht, München 1983.

PLINIUS D. Ä., Die Naturgeschichte, übers. von G. C. Wittstein, Wiesbaden 2007.

PLINIUS D. J., Panegyrikus. Lobrede auf den Kaiser Trajan, übers. von Werner Kühn, Darmstadt ^{2}2008.

-, Sämtliche Briefe, übers. von André Lambert, Zürich 1969.

PLUTARCHUS, Große Griechen und Römer, 6 Bd., übers. von Konrat Ziegler, München 1980.

-, Moralia, 2 Bd., übers. von Joh. Christian Felix Bähr, Wiesbaden 2012.

SUETONIUS, C. Tranquillius, Die *Kaiserviten*/De Vita Caesarum und Berühmte Männer/De Viris Illustribus, übers. von Hans Martinet, Berlin 2014.

-, LCL, übers. von J.C. Rolfe, Cambridge (Mass.) 1998.

TACITUS, P. Cornelius, Agricola und Germania, übers. von Lenelotte Müller, Wiesbaden 2012.

-, Annalen, übers. von Erich Heller, Mannheim ^{6}2011.

-, Das Gespräch über die Redner/Dialogus de Oratoribus, übers. von Hans Volkmer, Berlin 2011.

-, Historien/Historia, übers. von Helmut Borst, Joseph Borst, Helmut Hross, Berlin ^{7}2011.

VELLEIUS PATERCULUS, Historia Romana, übers. von Marion Giebel, Stuttgart 2014.

2.2 Frühjüdische Literatur

AVERY-PECK, Alan J., Mishnah's *Division* of Agriculture. A history and theology of Seder Zeraim, Brown Judaic studies, 79, Chico 1985.

JOSEPHUS, Flavius, Jüdische Altertümer, übers. von Heinrich Clementz, Wiesbaden ^{3}2011.

-, Der Jüdische Krieg, übers. von Hermann Endrös, München ^{7}1993.

PHILO VON ALEXANDRIA, Die Werke in deutscher Übersetzung, 7 Bd., übers. von Leopold Cohn, Isaak Heinemann, Maximilian Adler, Willy Theiler, Breslau 1909-1964.

2.3 Inschriften

Ascough, Richard S./Harland, Philip A./Kloppenborg, John. S., *Associations* in the Greco-Roman World. A Sourcebook, Waco 2012.

Blümel, Wolfgang, Die *Inschriften von Iasos*. Teil II: Nr. 219-640, Bonn 1985.

Bruneau, Philippe, Les *Israélites* de Délos et la juiverie délienne, BCH 106/1 (1982), 465-504.

Corsten, Thomas (Hg.), Die Inschriften von Kibyra. Teil 1: Die Inschriften der Stadt und ihrer näheren Umgebung, Bonn 2002.

Engelmann, Helmut/Knibbe, Dieter, Das *Zollgesetz* der Provinz Asia. Eine neue Inschrift aus Epheos, Epigraphica Anatolica 14, Bonn 1989.

Frisch, Peter, Die *Inschriften* von Lampsakos, IK 6, Bonn 1978.

Harland, Philip, *Greco-Roman Associations*: Texts, Translations, and Commentary. II North Coast oft he Black Sea, Asia Minor, BZNW 204, Berlin/Boston 2014.

Herrmann, Peter/Polatkan, Kemal Ziya, Das Testament des Epikrates und andere neue Inschriften aus dem Museum von Manisa. (mit 18 Abbildungen auf 6 Tafeln), ÖAW.Phil-Hist. Klasse, Sitzungsberichte 265 (1969), 5–64.

Jördens, Andrea, Das *Edikt* des Tiberius Julius Alexander, TUAT NF Bd. 2: Staatsverträge, Herrscherinschriften und andere Dokumente zur politischen Geschichte, Gütersloh 2005, 384-389.

Meriç, Recep/Merkelbach, Reinhold/Nollé, Johannes, Die *Inschriften* aus Ephesos, Teil VII.1, Bonn 1981.

Ruprechtsberger, Erwin M. (Hg.), Palmyra. Geschichte, Kunst und Kultur der syrischen Oasenstadt. Einführende Beiträge und Katalog zur Ausstellung. Stadtmuseum Linz-Nordico 10. April - 27. Mai 1987, Linz 1987.

Schumacher, Leonhard, Römische Inschriften, Leipzig 2001.

Takmer, Burak, *Lex Portorii* Provinciae Lyciae. Ein Vorbericht über die Zollinschrift aus Andriake aus neronischer Zeit, Gephyra 4 (2007), 165-188.

Wörrle, Michael, Zwei neue *Inschriften* aus Myra zur Verwaltung Lykiens in der Kaiserzeit, in: J. Borchardt (Hg.), Myra. Eine lykische Metropole in antiker und byzantinischer Zeit, Berlin 1975, 254-300.

2.4 Papyri und Ostraka

Armoni, Charikleia/Cowey, James M. S./ Hagedorn, Dieter, Die griechischen *Ostraka* der Heidelberger Papyrus-Sammlung, Veröffentlichungen aus der Heidelberger Papyrus-Sammlung Neue Folge 11, Heidelberg 2005.

Bagnall, Roger S./Cribiore, Raffaella, *Women's Letters* from Ancient Egypt, Ann Arbor 2006.

Borkowski, Zbigniew/Derda, Tomasz, Receipt Issued to a Practor for the Taxes transferred by him to a Bank, in: Michael Gronewald u. a. (Hg.), Kölner Papyri (P.Köln), PapyCol 9, Wiesbaden 2001, 119–121.

Claytor, W. Graham/Litinas, Nikos/Nabney, Elizabeth, Labor Contracts from the Harthotes Archive, BASP 53 (2016), 79–119.

-,/Warga, Richard G./Smith, Zachary, Four *Poll Tax* Receipts on Papyrus from the Early-Roman Fayum, BASP 53 (2016), 121-144.

Cuvigny, Hélène, *Papyrus Graux* II (P. Graux 9 à 29), III Hautes Études du Monde Gréco-Romaine 19, Genf 1995.

El-Maghrabi, Mohamed Gaber/Römer, Cornelia (Hg.), *More Texts* from the Archive of Socrates. Papyri from House 17, Level B, in Karanis (P. Cair. Mich. III), APF.B 45, Berlin 2021.

-, *Texts* from the Archive of Socrates, the Tax Collector and other Contexts at Karanis, APF.B 35, Berlin 2015.

Hanson, Ann Ellis, Revision of *P.Mich.* X 578 (Census List), Pap. Congr. 25 (2010), 307-312.

-, *P.Princeton* I 13: Text and Context Revised, in: Mario Capasso u. a. (Hg.), Miscellanea Papyrologica. In Occasione del Bicentenario Dell'Edizione della Charta Borgiana, Papyrologica Florentina Vol. XIX, Florenz 1990, 259–283.

Keenan, James G./John C. Shelton, *Four Papyri* from Second-Century Tebtunis, ZPE 7 (1971), 173-183.

Keyes, Clinton W., The *Petition* of a State Farmer in Roman Egypt, CP 23/1 (1928), 25-29.

Klotz, David, *λογεία-Receipts* and the Construction of Deir Shelwet, ZPE 168 (2009), 252-256.

Knibbe, Dieter, Zeigt das Fragment IvE 13 das steuertechnische Inventar des fiscus Asiaticus?, Tyche 2 (1987), 75–93.

Knudtzon, Erik J., *Bakchiastexte* und andere Papyri der Lunder Papyrussammlung (PLundUnivBibl 4), Lund 1946.

Llewellyn, Stephen R., A *Tax-Bureaucrat* Humiliated in a Bath House in: ders. (Hg.), A Review of the Greek Inscriptions and Papyri Published in 1986-87, NDIEC 9, Grand Rapids/Cambridge 2002, 42–44.

Metzger, Hubert, Zur *Tempelverwaltung* im frührömischen Ägypten: Zwei Papyri aus der Sammlung Erzherzog Rainer in Wien (Erstpublikation), MH 3/4 (1946), 246–252.

Monson, Andrew, Receipts for "sitonion, syntaxis," and "epistatikon" from Karanis: Evidence for Fiscal Reform in Augustan Egypt? ZPE 191 (2014), 207–230.

Nelson, Caroll A., *Receipts* for Trade-Tax in Elephantine/Syene, ZEP 107 (1995), 259-262.

Omar, Sayed, *Zwei Kopfsteuerquittungen* aus dem Archiv des Soterichos (*PKairo* SR 3732/20,21), in: Basil G. Mandilaras (Hg.), Proceedings oft he XVIII International Congress of Papyrology, Athens, 25-31 May 1986, Vol. II, Athens 1988, 287-291.

Reiter, Fabian, Wächtersteuerquittung, in: Michael Gronewald u. a. (Hg.), Kölner Papyri (P.Köln), PapyCol 9, Wiesbaden 2001, 138–142.

-, Quittung für Deich-, Bade- und Wächtersteuer. in: Michael Gronewald u. a. (Hg.), Kölner Papyri (P.Köln), PapyCol 9, Wiesbaden 2001, 143–151.

-, Quittung für Deichsteuer und Flusswachtschiffabgabe (?), in: Michael Gronewald u. a. (Hg.), Kölner Papyri (P.Köln), PapyCol 9, Wiesbaden 2001, 152–156.

SHELTON, John, List of τελῶναι and ἐπιτηρηταί of the Temple Granary at Thebes, ZPE 76 (1989), 77–84.
SIJPENSTEIJN, P. J., *Three Tax-Receipts* from the Michigan Papyrus Collection, ZPE 103 (1994), 93-97.
-, *Another Female Tax Collector*, ZPE 64 (1986), 121–122.
-, *A Female Tax Collector*, ZPE 61 (1985), 71-73.
YOUNG, Gary K., The *Costums-Officer* at the Nabatean Port of Leuke Kome ("Periplus Maris Erythraei" 19), ZPE 119 (1997), 266-268.
YOUTIE, Louise C., Receipt for τελος καταλοχισμον P. Princ. III 131, Revised, ZPE 38 (1980), 277-280.
-, P.Gen. Inv. 211 and P.Mich. Inv. 864, ZPE 10 (1973), 186-188.

2.5 Biblische Schriften

ALAND, Barbara/Aland, Kurt, et. al. (Hg.), Novum Testamentum Graece post Eberhart et Erwin Nestle, Stuttgart ^{28}2012.
ELLIGER, Kurt/Rudolph, Wilhelm (Hg.), Biblia Hebraica Stuttgartensia, Stuttgart ^{2}1983.
JÜLICHER, Adolf/Matzkow, Walter/Aland, Kurt (Hg.), Marcus-Evangelium, Itala Bd. 1, Berlin 1970.
-, Matthäus-Evangelium, Itala Bd. 2, Berlin 1971.
-, Lucas-Evangelium, Itala Bd. 3, Berlin 1975.
RAHLFS, Alfred (Hg.), Septuaginta. I test Vetus Testamentum Graece Iuxta LXX Interpretes, 2. Bd., Stuttgart, ^{8}1965.

X. Stellenverzeichnis

Griechisch-römische Schriften

Jüdische Schriften

Inschriften

Papyri und Ostraka

Biblische Schriften

Altes Testament

Neues Testament

Logienquelle